21世纪高等学校经济管理系列规划教材

# 审计学：实务与案例

孟宪胜　冀锋昌　编著



中国财经出版传媒集团
中国财政经济出版社

图书在版编目（CIP）数据

审计学：实务与案例／孟宪胜，冀锋昌编著．—北京：中国财政经济出版社，2016．8

21世纪高等学校经济管理系列规划教材

ISBN 978－7－5095－6735－7

Ⅰ．①审…　Ⅱ．①孟…　②冀…　Ⅲ．①审计学－高等学校－教材　Ⅳ．①F239．0

中国版本图书馆CIP数据核字（2016）第102866号

责任编辑：李　磊　　　　封面设计：汪俊宇

中国财政经济出版社 出版

URL：http：//ckfz．cfeph．cn

E－mail：ckfz@cfeph．cn



社址：北京市海淀区阜成路甲28号　邮政编码：100142

营销中心电话：010－88190406

天猫网店：中国财政经济出版社旗舰店

网址：https：//zgczjjcbs．tmall．com

北京财经印刷厂印刷　各地新华书店经销

710×1 000毫米　16开　31．25印张　635 000字

2016年8月第1版　2016年8月北京第1次印刷

定价：68．00元

ISBN 978－7－5095－6735－7/F・5417

（图书出现印装问题，本社负责调换）

质量投诉电话：010－88190744

**打击盗版举报热线：010－88190492、QQ：634579818**

# 前言

20世纪70年代以后，由于企业经营环境不确定性的增加、企业规模的扩大、管理活动的复杂化以及法律和政府对投资者和社会公众利益保护力度的加大，管理者的受托责任空前扩大，投资者、管理者和其他利益相关者产生了控制公司风险的意愿，直接催生了现代风险导向审计理念。进入21世纪以来，国内外相继出现了震惊世人的上市公司会计舞弊事件，如我国的银广夏、黎明股份，国外的安然、世通、帕马拉特等，许多会计师事务所陷入旷日持久的法律诉讼或被迫关闭。目前，现代风险导向审计理念广为理论界与实务界所认同。

在我国，1996年审计准则颁布后，注册会计师审计执业环境发生了巨大变化，主要表现为：企业组织结构及其经营活动的方式日益复杂；全球化和科学技术的影响日益加深；会计准则要求的判断和估计日益增加；企业管理当局进行财务舞弊的动机和压力日益增大。在此背景下，财政部于2006年发布了全新的审计准则，确立了以风险导向为核心的准则体系，以规范风险导向审计实务。2010年11月印发了《中国注册会计师审计准则第1101号——注册会计师的总体目标和审计工作的基本要求》等38项准则，同时废止了《中国注册会计师审计准则第1101号——财务报表审计的目标和一般原则》等35项准则。中国注册会计师协会自2013年起陆续公布了《中国注册会计师审计准则问题解答》，对如何正确理解审计准则和应用指南、解决实务问题提供了细化指导和提示。风险导向审计要求从宏观上了解被审计单位及其环境，包括内部控制，以充分识别和评估财务报表重大错报风险，然后针对评估的重大错报风险设计和实施相应的审计测试与程序。

《审计学》是高等学校会计学、审计学和财务管理等专业的核心课程，其教学目标无疑是通过本课程学习，使学生能够系统掌握审计的基本理论、方法与技能。一般的审计教材认为，通过阐述审计理论和审计程序后，学生就应当知道如何作审计。但据我们多年的教学和调查，学生的回答却是：不知道如何作审计！一般的审计教材都是抽象的理论居多，这充分说明大学审计教材的编写体例要改进，教师的教学方式要改革。正是基于让学生知道如何作审计的想法，我们试图编写一本倾向于财务报表审计实务的教科书，力求深入浅出，使学生在完成本课程的学习之后，能够了解财务报表审计的全貌，并能将之运用于实践。本书以财政部、中国注册会计师协会颁布的最新规范性文件为指导，每章章首有导读案例，引出每章需重点关注和解决的问题，各章节中针对性地穿插大量的真实案例、实务表格；各个业务循环审计后专设一节，以希尔公司某年度财务报表审计作为全书的主线，以审计工作底稿为纽带，结合公司实际情况，从风险评估、风险应对两方面来讲述审计理论与实务，以充分体现审计是一个客观、系统地收集证据、评价证据、得出结论的过程；每章最后都附有复习思考题和案例分析，以利于拓宽知识面。

本书既可作为高等学校会计学、审计学、财务管理专业本科生审计学教材，也可作为企事业单位中高层次财会、内部审计人员的参考读物，或相关人员继续教育的参考书。

本书写作中参考了国内同行的相关著作并吸收了最新的研究成果，在此向相关作者表示感谢！

在出版过程中，得到中国财政经济出版社会计分社编辑们的大力支持，他们付出了辛勤努力，在此表示诚挚的感谢！

由于编者理论水平和实务知识有限，书中难免存在错漏和不当之处，欢迎广大读者批评指正。

编　者

2016 年 8 月

# 目 录

第一章　注册会计师职业与审计 …………………………………… ( 1 )
第一节　审计的需求动因与定义 ………………………………… ( 2 )
第二节　审计职业环境 ………………………………………… ( 8 )
第三节　注册会计师审计组织与管理 ……………………………… ( 12 )
第四节　注册会计师执业准则 ………………………………… ( 23 )

第二章　注册会计师职业道德与法律责任 ……………………………… ( 29 )
第一节　注册会计师的职业道德 ………………………………… ( 30 )
第二节　注册会计师的法律责任 ………………………………… ( 45 )

第三章　审计目标与及其实现过程 …………………………………… ( 52 )
第一节　财务报表审计的基本概念与前提条件 ……………………… ( 54 )
第二节　财务报表审计目标与管理层认定 …………………………… ( 57 )
第三节　审计目标的实现过程 ………………………………… ( 63 )
第四节　审计方法 …………………………………………… ( 65 )
第五节　审计证据的收集与评价 ………………………………… ( 75 )
第六节　审计工作底稿的编制与复核 ……………………………… ( 87 )

第四章　计划审计工作 ………………………………………… ( 99 )
第一节　初步业务活动 ………………………………………… (100)
第二节　总体审计策略和具体审计计划 …………………………… (110)
第三节　审计重要性 ………………………………………… (123)
第四节　审计风险 …………………………………………… (132)

第五章　实施风险评估程序——评估重大错报风险 ……………………… (142)
第一节　风险评估概述 ………………………………………… (144)
第二节　风险评估程序 ………………………………………… (146)
第三节　了解被审计单位及其环境 ……………………………… (152)

第四节　了解被审计单位的内部控制 …………………………………… (157)
第五节　评估财务报表层次和认定层次的重大错报风险 ……………… (172)

**第六章　实施进一步程序——应对重大错报风险 ……………………… (180)**
第一节　针对财务报表层次重大错报风险的总体应对措施 …………… (182)
第二节　针对认定层次重大错报风险的进一步审计程序 ……………… (184)
第三节　控制测试 ……………………………………………………… (188)
第四节　实质性程序 …………………………………………………… (197)

**第七章　销售与收款循环审计 ……………………………………………… (204)**
第一节　销售与收款循环概述 ………………………………………… (205)
第二节　销售与收款循环的内部控制及其控制测试 …………………… (212)
第三节　销售与收款循环的实质性程序 ……………………………… (225)
第四节　销售与收款循环审计实例 …………………………………… (251)

**第八章　采购与付款循环审计 ……………………………………………… (268)**
第一节　采购与付款循环概述 ………………………………………… (270)
第二节　采购与付款循环的内部控制及控制测试 ……………………… (276)
第三节　采购与付款循环的实质性程序 ……………………………… (288)
第四节　采购与付款循环审计实例 …………………………………… (301)

**第九章　生产与存货循环审计 ……………………………………………… (321)**
第一节　生产与存货循环概述 ………………………………………… (323)
第二节　生产与存货循环的内部控制及其控制测试 …………………… (327)
第三节　生产与存货循环的实质性程序 ……………………………… (337)
第四节　生产与存货循环审计实例 …………………………………… (350)

**第十章　筹资与投资循环审计 ……………………………………………… (368)**
第一节　筹资与投资循环概述 ………………………………………… (369)
第二节　筹资与投资循环的内部控制及控制测试 ……………………… (372)
第三节　筹资与投资循环的实质性程序 ……………………………… (380)
第四节　筹资与投资循环审计实例 …………………………………… (392)

**第十一章　货币资金审计 …………………………………………………… (404)**
第一节　货币资金与业务循环 ………………………………………… (405)
第二节　库存现金审计 ………………………………………………… (406)

第三节　银行存款审计 …… (412)
第四节　其他货币资金审计 …… (419)
第五节　货币资金审计实例 …… (419)

**第十二章　终结审计 …… (428)**
第一节　完成外勤工作 …… (429)
第二节　编制审计差异调整表和试算平衡表 …… (448)
第三节　评价审计结果 …… (458)

**第十三章　审计报告 …… (464)**
第一节　审计报告概述 …… (466)
第二节　审计报告的类型及其决策 …… (472)

**参考文献 …… (489)**

# 第一章

# 注册会计师职业与审计

## 学习目标

1. 了解审计产生的动因；
2. 理解审计的含义与特征；
3. 了解现代审计的环境；
4. 了解会计师事务所的鉴证业务；
5. 理解中国注册会计师执业准则体系。

## 适用的准则和规范

1.《中国注册会计师审计准则第 1101 号——注册会计师的总体目标和审计工作的基本要求》

2.《中国注册会计师鉴证业务基本准则》

3.《中国注册会计师质量控制准则第 5101 号——会计师事务所对执行财务报表审计和审阅、其他鉴证和相关服务业务实施的质量控制》

4.《中国注册会计师审计准则第 1121 号——对财务报表审计实施的质量控制》

## 导读案例

**审计能降低信息风险，你了解吗？**

**——一位银行信贷经理的决策逻辑**

杨晓华是瑞丰银行的信贷经理，他正在对某企业的贷款申请做决策。他认为，进行这个决策需要考虑借款人的财务报表所反映的财务状况。如果决定贷款给企业，那么贷款利率主要由以下三个因素决定：(1) 无风险利率。该利率近似于同期国库券的收益率。(2) 客户的经营风险。这一风险反映了客户由于内外部环境变化而不能偿还贷款的可能性。(3) 信贷决策的信息风险。这一风险反映的是信贷决策所依据的信息不准确的可能性，而财务报表不准确可的能性是导致信息风险的重要因素。

杨经理认为，对于无风险利率和客户的经营风险，他是无法控制的，唯一重要的是降低决策的信息风险，进而正确地评估客户的经营风险。对于降低信息风险，他认为理论上有三种途径：(1) 由他自己亲自验证借款人的财务报表信息；(2) 让银行和借款人共同分担信息风险；(3) 要求借款人提供已经审计过的财务报表。

当他仔细考量了一下后，他认为前两种途径都是不可取的。第一种途径下，虽然他可以直接去借款人现场检查相关的记录，以取得有关报表可靠性的信息，但这并非他的专长，而且成本高的难以接受。在第二种途径下，如果因信赖了不准确的财务报表而遭受损失，可以对企业起诉，但一旦企业破产无法偿还贷款，企业也不可能有足够的资金偿还贷款。所以他还是认为第三种途径最为稳健：如果借款人的财务报表已经过审计，从而认可其微小的信息风险，它就考虑降低借款利率。

如果你是信贷经理，你会这样考虑吗？

# 第一节　审计的需求动因与定义

## 一、审计的需求动因

在我们的社会中为什么需要审计？这看似简单的问题其实并没有一个统一的答案。比较流行的观点是从受托责任观的角度解释审计的产生和发展。而从我们已经进入信息时代的角度看，更进一步的解释是，我们之所以需要审计是因为我们越来越需要更加准确的财务信息和经济信息。

人们的经济生活少不了决策，而这种决策又离不开信息，因此与相关决策有关的信息的可靠性对相关人员作出“最优决策”是至关重要的。例如，随着证券市场的发展，企业所有权与经营权的分离，绝大多数股东都已远离了企业的经营管理，为了确保自身投资的保值与增值，他们非常关心企业的经营成果，以便作出能否继续持有企业股票的决定。同样地，投资市场上潜在的投资者也会关注企业的经营情况，以便决定是否购买企业股票。同时，债权人也关注着这一切，以便作出是否继续贷款或者索回债务的决定。他们所关注的信息大多是通过企业提供的财务报表来反映的。

受托责任关系可以以股份公司为例加以说明。在股份公司中，股东是企业的所有者，从最初的权利关系看，股东有权自己直接监督检查公司的财务信息，如英国股份公司发展的早期，就是股东们选派自己的代表对公司管理人员提供的财务报告进行审查。但是随着公司规模的扩大、股东人数的增多以及会计核算日益复杂，股东自己核实信息的做法变得不可行了，股东们必须聘用专职审计师，所以在市场经济条件下，较为普通采用的监督检查方式是安排独立的专职审计师代表所有者对管理人员进行审计监督。

当资源财产所有者不能直接经营管理其所拥有的财富时就需要授权或委托他人代为经营和管理。由于这种所有权与经营管理权的分离以及相继出现的管理者内部分权制便产生了委托和受托关系，即受托经济责任关系。所有者为了保护资源财产的安全完整并力求增值，就需要对经营管理者承担和履行经济责任的情况实行监督。在这种情况下，只有经过与责任双方不存在经济利害关系的人员对经营管理资料（如会计报告等）独立进行审查和评价，才能对经营管理者承担和履行经济责任的情况作出客观公正的确认，于是审计得以产生和发展。

不仅是在两权分离的情况下公司的直接投资者需要审计，经济社会中其他一些单位和个人也需要审计。我们以案例中的银行经理制定对某企业的贷款决策为例进行说明：这一决策取决于几个因素，如企业贷款的用途及前景、银行以前同企业之间的财务关系、企业财务报表所反映出的财务状况等。如果银行发放这笔贷款，那么其贷款利率主要由以下部分组成：（1）无风险利率。该利率大致相当于银行投资于与企业贷款期限相同的国库券所能获取的利息率。（2）经营风险利率。经营风险反映的是企业由于经济或经营上的原因，如经济衰退、管理部门决策不当、出现意料之外的行业竞争等，而无法归还贷款的可能性。（3）信息风险利率。信息风险反映的是进行贷款决策所依赖的信息不正确的可能性。导致信息风险的原因之一，就是决策所依赖的财务报表不正确的可能性。

审计对无风险利率或经营风险利率没有影响，而对信息风险利率却有重大影响。如果银行经理认为借款人的财务报表已经过审计，故信息风险不存在或很低，那么信息风险就可以排除或确定为很小，对借款人的利率就可以降低。即使信息风险不能完全排除，它的降低也会对借款人以合理的成本取得资金的能力产生重大影响。例如，假设某大型公司有总计约1000万元的带息债务，即使这些债务的利率只降低一个百分点，每年也可节约利息支出10万元。

为什么会产生信息风险呢？为什么我们越来越感到信息风险的存在呢？因为随着社会经济与企业经营活动的日益复杂，我们赖以决策的信息也变得日益复杂，因而得到不可靠信息的可能性大大增加。其中的原因又可以分解为：信息的距离、信息提供者的偏见和动机、信息量过大和复杂交易业务的产生。

（1）信息的距离。在现代社会中，随着社会经济与企业经营活动的日益复杂，人们之间的分工越来越细、规章制度越来越严密、事务处理程序和环节越来越多，决策者往往远离信息产生源，很难获取直接的第一手资料，而是必须依赖他人提供的间接信息。信息一旦由他人提供，就需要进行加工整理，这中间被有意或无意错报的可能性就会增大。

（2）信息提供者的偏见和动机。如果信息由目标不同于决策者的人提供，就有可能出现有利于提供者的偏差。其原因可能是对未来事项的盲目乐观，或是有意以某种方式对信息使用者或决策者施加影响。无论是哪种情况，都将导致信息的错报。以贷款决策为例，在借款人提交给银行的财务报表中很可能存在有利于提高借款人获得贷款机会的偏差信息。错报形式可能是直接的金额错误，也可能是信息揭示的不充分或不完整性。

（3）信息量过大。随着组织规模的扩大，业务量的增加，反映经济业主的信息量也与之剧增，这就增加了生成不当信息的可能性——这种不当信息很容易被大量的其他信息所掩盖。例如，某公司向供货商开支票付款时多付了200元，那么除非该部门设有比较完善的程序能够发现这类错误，否则这一错误很可能被忽视而沉淀起来。如果大量的小额错误没能被发现，其累计起来的合计金额就会相当重大。

（4）复杂的交易业务。20世纪下半叶以来，随着经济发展和科技水平的提高，各类组织之间的业务日趋复杂，从而加大了生成正确和准确信息的困难。例如，企业并购业务、融资租赁业务、衍生金融工具业务等就是一些容易产生错弊信息的复杂业务。

由于以上四个原因的存在，使得人们在作经济决策时所用信息存在信息风险，所以，为了更好地作出相关决策，就必须降低对应的信息风险。

降低这种信息风险的途径有三种：信息使用者直接去验证信息、信息使用者和信息提供者共同分担信息风险、聘请独立的第三方来鉴证信息。

（1）信息使用者直接去验证信息。信息使用者可以直接到信息提供方的现场检查相关记录，以确信所获信息的可靠性。但一般来说，这种方法的成本太高，并不可行。另外，让所有使用者都亲自去验证信息也不经济。然而，现实中也存在这种情况。例如，国内各税务机关要对企业和个人的纳税申报表进行大量的验证，以确定申报者实际申报额是否与应缴税额相符。同样地，如果一个企业欲购买另一个企业，通常购买方会派遣一个特别审计小组去独立验证及评价被购并方未来业务的关键信息。

（2）使用者和管理层共同分担信息风险。国外大量的法律判例表明管理部门有责任对使用者提供可靠的信息。如果使用者因依赖了不准确的财务报表而遭受了财务损失，就有权对公司管理层起诉。但与管理层分担信息风险的难处在于使用者可能无法挽回其遭受的损失。一旦公司因破产无法偿还贷款，管理层也不可能有足够的资金偿还贷款。同时，这一途径也存在不经济、成本过高的情况。

（3）聘请独立的第三方来鉴证信息。信息使用者获取可靠信息的最常见方法是由独立的第三方对所需信息执行独立审计。这是因为已审计过的信息有这样一个假设：审计后的信息之所以适用于决策过程，是因为它们具有合理的完整性、准确性和无偏性。一般地，私人公司管理层或公众公司审计委员会通过聘请审计师向使用者提供财务报表可靠性的保证。一旦财务报表最终被发现是不正确的，审计师可能会遭到使用者和管理层的起诉，显然他们要对其工作承担相当大的法律责任。

在市场经济中，从事任何经营活动，风险总是不可避免的，信息风险也是如此，对待风险的基本态度应该是将其控制在一个合理的水平上。资源财产的所有者、债权人需要依赖审计控制信息风险，以便作出合理的决策。

## 二、审计的定义

解释了审计的需求动因以后，我们再来讨论审计的定义。审计的最初形态是政府（国家）审计，经过几千年的发展，已经出现了类型与目标各不相同的审计业务，这些审计业务是应社会需求的不同而产生的，因此也产生了各种不同的审计定义。其中，要数美国会计学会在1973年的《审计基本概念说明书》公告中的审计定义最具代表性。

美国会计学会在《基本审计概念说明书》中将审计定义为："审计是指为了查明有关经济活动和经济现象的认定与所制定标准之间的一致程度，而客观地收集和评价证据，并将结果传递给有利害关系的使用者的系统化过程。"

为了更好地理解这一概念，现就其中的术语作进一步的解释。

（一）经济活动和经济现象的认定

经济活动和经济现象是审计的对象，也是审计的内容。经济活动和经济现象的认定代表着被审单位对本单位经济活动的合法性、合规性或有效性及经济现象（如会计资料）的真实公允性的一种看法。

（二）收集和评价证据

证据是审计人员用来确定被审单位经济活动合法、合规性或有效性及经济现象真实公允性的凭据。收集充分、有力的审计证据是审计工作的核心。从一定意义上说，审计是有目的和有计划地收集、鉴定、综合和利用审计证据的过程。

（三）客观性

客观性是指不偏不倚、实事求是，这是对审计人员的职业道德要求。审计人员只有客观地收集和评估证据作出审计结论、报告审计结果，才能达到审计目标，也才能使审计工作令审计意见的利害关系人信服。

（四）所制定的标准

所制定的标准是审计的依据，即判断被审单位的经济活动合法合规与否、经济效益如何、经济现象真实公允与否的尺度。如国家颁布的法律、规章和标准，职业团体制定的会计准则（如发布的《企业会计准则》），企业制定的各种消耗定额、计划和预算等。

（五）传递结果

向依赖和利用审计意见的组织和人员传递结果是通过编制审计报告进行的。编制审计报告是审计工作的最后步骤，它是向使用者传达审计结果的一种手段。虽然各种审计报告的性质不同，但都必须向报告使用者说明管理层认定与既定标准之间的相符程度。审计报告的格式有些是标准化的，如年度会计报表审计报告；有些则是非标准化的，如职员舞弊专项审计报告。在有些情况下，审计人员甚至还可以采取口头的非正式形式报告审计结果。

（六）系统化过程

系统化过程指的是审计过程应该是合理的、有序的和有组织的。审计是一个系统的求证过程。如同科学家从事科学研究一样，审计师必须就所要达成的结论，判断所需收集证据的质量与数量，然后再根据所收集的证据，得出审计结论并出具审计报告。它包括充分了解被审计单位及其环境，充分了解被审计单位的内部控制；计划审计程序的性质、时间与范围；执行交易与余额的细节测试；评估财务报表各部分及整体的公允性。

例如，在美国审计必须按照公认的规范（如美国注册会计师协会颁布的10条公认审计准则及审计准则公告，统称为“GASS”）要求，遵循一定的程序以保证审计的质量，提高审计的效率。

概括地说，审计就是对经济活动认定予以验证的过程，即针对相关认定收集证据，按照客观标准评价证据以及报告结果的过程。比如，历史财务报表就是企业管理层对其所经营企业一定时点和一定期间的财务状况、经营成果和现金流量等情况的认定，这些认定是否真实可靠就需要审计师加以验证。审计师可以将这些认定同与之适用的财务报告框架进行比较，看它是否与可适用的财务报告框架相符并判断其相符程度，最后将其结果传达给相关利益者。

我国2010年修订的《中国注册会计师执业准则》中，对审计作如下定义：审计属于鉴证业务之一，它是指注册会计师对责任方编制的财务报表提出结论，以增强除责任方之外的预期使用者对财务报表信任程度的业务。

## 三、审计的特征

审计的特征，是指审计这一经济活动区别于其他经济活动的显著特性。它包括两方面的含义：首先，它是审计活动的前提和标志，是审计实体的内在要求；其次，它是判别审计工作优劣成败、质量高低的标准。审计的特征主要体现在以下3个方面：

1. 独立性

独立性是审计最主要、最突出的特征，并决定着审计的其他特征的存在。它表现为审计人员在实施审计过程中，努力排除其他意志的干扰和影响，保持其组织上、精神上、行为上的高度独立。具体来说，它有如下内容。

（1）审计机构的独立性。审计机构只有独立于它所实施审计的单位、部门之外，且仅同委托方保持一种委托与被委托的关系，才能从组织上为整个审计工作的有效开展提供保证。为此，法律上应为审计人员的工作职权、人事关系和审计机构的隶属关系提供应有的保护。

（2）审计意识的独立性。它是指审计人员对委托方或被审单位不抱任何偏见，不对任何一方有蔽护或刁难意图。在实施审计过程中，审计人员心理状态的变化主要受自己掌握的审计证据的支配，不受他人的意志、愿望左右。

（3）审计利益及社会关系的独立性。国家审计机构应有能满足其工作需要的独立的预算资金；独立核算的审计机构除了按受托审计业务量及收费标准向委托人收取费用或收取咨询等服务费用之外，不应与委托人或被审单位有其他不正当、不合理的经济关系，如相互投资、借贷、接受馈赠、吃请甚至收受贿赂行为等。审计人员如与委托人或被审单位的有关人员有亲属、朋友等亲密关系，易使审计工作受到牵制，也应加以回避。

（4）审计行为的独立性。首先，审计人员编制审计计划应有独立自主性。审计对象、范围、重点、时间、程序和方法的选择和确定主要依据审计人员的测试和判断结果，不受他人指定或某种逃避意图的干涉。其次，审计调查行为应有独立性，审计人员必须亲自对有关资料进行审阅、核对、查询，对有关实物进行盘点和技术鉴定，有时审计人员还要亲临有关现场进行观察。审计人员不应随意委托他人代为调查取证。再次，审计分析、推理过程应有独立性。审计分析、推理是对现有资料进行剖析，由此及彼、由表及里、进行推断、揭示问题的过程。最后，审计报告要有独立性。审计报告中的结论依据的是客观证据，如重要事实。审计意见、建议的充分表述也源自审计人员自负其责的自主精神。

2. 客观公正性

客观公正性是指审计人员必须坚持客观公正的原则，以公正的客观标准衡量获取的客观证据，以作出恰当公允的审计结论。它有以下3个方面内容：

（1）审计标准的客观公认。审计活动意在查错制弊、评价优劣，用以审查鉴证的标准的客观公认性就非常重要。国外审计一般以国家法规或公认会计原则、公认审计准则等社团规则作为标准，其客观性和社会性影响是勿庸置疑的。

（2）审计证据的客观性。审计证据是指审计人员在审计过程中取得的、可作为对被审单位评价和提供佐证的一系列事实和资料。审计人员表达的意见要令人信服和接受，审计证据的可靠性是非常关键的。

（3）审计结论的客观公正性。审计结论是对于检查出来的问题，经过充分的验证和分析，最后作出的对被审单位和被审事项的综合性、总括性评价的定性意见。审计人员作出审计结论时，应当坚持审计标准，抓住审计证据，实事求是，既不夸大事实，也不有意袒护。把审计结论和处理意见写入审计报告时，要观点明确、立场坚定，不可模棱两可，避免导致误解和纠纷。只有审计结论的客规公正性保证了，审计工作才能真正成功，审计的目的才能实现。

3. 权威性

一般认为，审计的权威性较高，是因为在法律上赋予了审计机构和人员较高的地位和权限，审计不但有权对被审单位的财务资料进行审计，而且对被审单位被审事项有加以处置的建议权或裁决权。例如，我国《宪法》第91条规定："审计机关在国务院总理的领导下，依照法律规定独立行使审计监督权，不受其他行政机关、社会团体和个人的干涉。”法律手段固然显示和加强了审计的权威性，但审计的权威性特征更主要地是由审计的内因决定的。人们在经济活动中形成了各种经济责任关系，需要对这些经济责任关系加以确定或解除，由于审计具有第三者的超然独立身份，站在公正的立场上不偏不倚地开展工作，所以审计结论的公认程度极高，赢得了公众威望和信赖，树立了权威性。

## 第二节　审计职业环境

### 一、审计的外部环境——证券市场中的利益相关者

我们通过证券市场中注册会计师的作用来对审计职业环境进行分析。证券市场是筹资投资的场所，即股票和债券的发行和买卖市场，又称资本市场，也就是长期证券市场。注册会计师审计在市场经济中的作用主要体现在证券资本市场上。

证券市场有几种经济功能：首先，证券市场作为投资和筹资的场所，决定着经济资源的配置，资本买卖双方的相互作用决定了交易资产的价格和资产的收益率，从而决定了资源的分配和流向，证券市场的正常运行有利于社会资源的优化配置；其次，投资者能够通过证券市场实现长短期资金的互相转化，证券市场具有的流动性能够吸引投资者被迫或主动买卖各种证券，促使资源加速流转，提高资源利用效率；最后，证券市场能够提供有意义的信息，企业充分利用这种信息进行财务管理，有利于减少企业的交易成本和信息成本；国家宏观管理部门利用证券市场运行的信息，有助于提高宏观调控效率和决策水平。

证券市场中有众多的参与者和利益相关者，它的运行涉及许多不同的机构和个人。股票和债券等证券的发行者是证券市场中首要的参与者和利益相关者，它们通过发行证券筹集资金，是社会资源的接受者和运用者，证券发行需要投资银行或券商、律师、注册会计师、银行等中介机构为其服务；证券的购买者是证券市场中与发行者相对的参与者和利益相关者，它们通过购买证券提供资金、进行投资，主要目的是获得投资回报，为投资者服务的有证券公司、证券分析师等；证券交易所为证券买卖双方的交易提供了平台。证券购买者因购买股票或债券的不同区分为股东和债权人，股票在证券交易所流通的公司被称作上市公司。证券市场上存在着大量的机构投资者，如投资公司、基金管理公司等。证券发行公司从事生产经营活动还将要获得物质资源和人力资源，向发行者提供物质资源的成为公司的供应商，发行者获得的人力资源构成公司职工，供应商和职工及其工会是证券市场中间接的参与者和利益相关者。证券市场的运行涉及一些政府部门，直接的如证券监管机构，间接的如税务机关。有意购买证券的机构和个人成为证券市场中的潜在投资者，对证

券市场和上市公司进行分析研究的机构和个人成为证券分析师以及以资本市场为背景的研究人员，对证券市场及各类事件进行追踪报道的有各种各样的新闻媒体等。

证券发行者和证券购买者是证券市场中的主角，其他相关者，尤其是那些直接相关者，都是围绕着他们而衍生出来的。一般来说，证券发行者处于强势或优势地位，而购买者往往处于弱势或劣势地位。政府证券监管机构的政策措施需要向证券购买者倾斜，即要保护投资者的利益。在资本市场上证券发行者和证券购买者都有专门的研究人员为他们服务。主要为发行者服务的证券分析师，习惯上被称作“卖方分析师”，他们是投资银行或券商的雇员，而投资银行或券商的收入主要来自承销、推销证券或者买卖证券的佣金；另一类则是投资公司、基金管理公司的证券分析师与基金经理，以及投资者和这些基金公司提供分析报告但不靠证券交易本身挣钱的独立证券分析师，他们被通称为“买方分析师”。因买方分析师的最终收入取决于其分析报告的准确程度，他们在通常情况下有较为充分的激励和动机去对上市公司作客观的分析。

## 二、证券市场中会计信息的决策有用性

如前所述，在证券市场上，众多的投资者虽然从理论上说是公司的所有者委托人，但实际上往往处于弱势或劣势地位，一个重要的原因是信息不对称。政府的证券监管机构需要采取措施保护投资者，措施之一就是建立信息披露制度，加强信息披露监管。

信息披露制度体现在三个层次的法律规范中：一是最高立法机关制定的证券基本法律；二是政府行政机关制定的有关证券市场的法规：三是证券监管机构制定的各类规章。此外，证券交易所及有关自律组织也制定市场规则或行业守则，它们对信息披露也有制约作用。上市公司的信息披露一般分为首次发行股票信息披露和上市后定期披露。这些信息是投资者进行投资决策的依据，为提高其中的财务信息的可信性，制度规定必须进行审计。信息披露制度和其他制度的作用就是维护公正、公平和公开的运行环境，建立一个健康、活跃的证券市场，为企业提供融资渠道、为资金持有者提供投资机会。健全的规章制度、良好的运行环境是市场参与者承担自我决策经济后果的前提。

财务报告的最重要功能是提供一个经营主体的财务状况、经营成果和现金流量信息，同时反映企业管理层对受托资源的经管责任或受托责任的实施效果。证券市场上的投资者及分析专家是在对上市公司的会计信息及其他信息进行分析比较以后进行投资决策的，上市公司需要提供给市场足够数量和质量的信息来满足他们的需要。

以上所述的基本思想是财务报表应提供对报表使用者进行决策有用的信息，可概括为决策有用性。会计信息的决策有用性在于其与使用者的决策相关，并且信息本身要可靠，从决策有用性出发，会计信息的相关性和可靠性成为最主要的质量特

征要求。

相关的信息应具有预测作用和反馈作用。当信息通过帮助使用者评价过去、现在和未来事项或确认、更改他们过去的评价从而影响到他们的经济决策时，信息就具有相关性。相关的信息具有重要性特征，在某些情况下，单凭信息的性质就足以确定其相关性。如果信息的遗漏或错报会影响使用者根据财务报表所作的经济决策，信息就具有重要性。

有用的信息还必须是可靠的。当信息没有重要错误或偏见并能够真实反映其所拟反映或理应反映的情况以供使用者作依据时，信息就具备了可靠性。可靠的信息要具备这样一些特性：真实反映、实质重于形式、中立性、审慎性和完整性。这些都是会计信息应具有的质量特征。

### 三、审计的内部环境——公司治理过程及利益相关者

注册会计师审计制度诞生以来，其执业环境不断发生变化。这是因为企业的经营环境在持续发生变化，审计实务也相应地变化。审计是环境的产物，审计从业人员必须认识自己所处的执业环境，要能够顺势而为，适应环境变化的需要。

近年来，审计执业环境的变化主要表现为：企业组织结构及其经营活动的方式日益复杂、全球化和科学技术的影响日益加深、会计准则要求的判断和估计日益增加、企业管理当局进行财务舞弊的动机和压力日益增大。这些变化给注册会计师审计带来风险，导致社会公众对审计有效性的信心产生了动摇。这是当前注册会计师职业环境的主要特征。

对于注册会计师来说，认识所处职业环境的核心是认识客户，其中一个重要方面是要弄清公司治理结构及其治理过程。公司治理结构可以概括为有关所有者、董事会和高级经理人员三个层次之间权力分配和制衡关系的一种制度安排，表现为明确界定股东会、董事会与监事会和经理人员权利、职责和功能的一种企业组织结构。从本质上讲，公司治理结构是企业所有权安排的具体化，是有关企业控制权和剩余索取权分配的一整套法律、文化和制度性安排，这些安排决定了公司的目标和行为，决定了在公司的利益相关者中在什么状态下由谁来实施控制、如何控制、如何分担风险和如何分配收益等有关公司生存和发展的一系列重大问题。

公司治理过程可从两个方面进行分析，一是外部治理过程，即公司外部主体（如政府机构、中介组织、其他企业等）和市场监督约束机制发挥作用的过程，比如资本市场和职业经理人市场等市场机制对企业利益相关者的权力和利益的制约作用。例如兼并、收购和接管等市场机制对高级管理人员控制权的制约作用是内部治理过程，即公司内部通过组织程序明确所有者、董事会和高级经理人员等利益相关者之间权利分配、制约以及对公司经营施加影响的过程，具体表现为公司章程、董事会议事规则、决策程序与权利分配等一些企业内部制度安排能有效运行、发挥作用。

现行审计实务中将公司治理结构分为两个层次，即治理层和管理层。治理层是指对被审计单位战略方向以及管理层履行经营管理职责负有监督责任的人员或机构。治理层的责任包括对财务报告和披露过程的监督。管理层是指对被审计单位经营活动的执行负有管理责任的人员。管理层负责编制财务报表，并受治理层的监督。注册会计师需要及时与治理层沟通，讨论与财务报表审计相关的事项，这些事项和治理层的责任相关。

被审计单位治理结构中的治理层是需要注册会计师利用在了解被审计单位及其环境时获取的有关治理结构和治理过程的情况加以确定。实务发展的趋势是在公司治理结构中由董事会下属的审计委员会负责公司的审计事务、决定审计相关事项。审计委员会从公司董事会成员中推举产生，大多数审计委员会都由 3 ~7 名不承担公司管理责任的董事和独立董事组成。典型的审计委员会要决定下列事项：选择会计师事务所；确定会计师事务所提供服务的范围；定期与会计师事务所会面讨论审计进程和审计发现的问题；帮助解决会计师事务所与管理部门之间的冲突等等。如果被审计单位设有审计委员会，注册会计师就会着重与审计委员会沟通。

### 四、当前的审计模式——风险导向审计

进入 21 世纪以来，国内外相继出现了震惊世人的会计舞弊事件，如中国的银广夏、黎明股份，国外的安然、世通、帕马拉特等，提供审计服务的会计师事务所也牵涉其中，有的陷入旷日持久的法律诉讼，有的被迫关闭，如中天勤、沈阳华伦、安达信等。在这样的背景下，审计界加快了已开始探讨和试行的风险导向审计，国际国内先后制定颁布了有关指导风险导向审计的审计准则，以规范风险导向审计实务。

由于传统审计风险模型和审计方法有其局限性，国外一些大型会计师事务所开始探索新的审计方法。新的审计方法注重从企业宏观层面了解财务报表存在的重大错报风险，这就是国内外审计职业界所称的风险导向审计。风险导向审计作为一种重要的审计理念和方法，随着国内外审计失败事件的爆发，受到行业内外新的关注。

一些大型会计师事务所对风险导向审计方法的探索，引起了审计准则制定机构和有关方面的关注。早在 1998 年，由加拿大、英国和美国准则制定机构和学术机构成立的联合工作组，就开始研究和了解与风险导向审计方法发展相关的问题。2000 年，联合工作组发表了研究报告——《大型会计师事务所审计方法的发展》。该报告指出，基本的审计风险模型并没有完全失效，但需要改进。联合工作组同时建议准则制定机构根据研究结论修订现行审计准则。

在上述背景下，国际会计师联合会下属的国际审计与鉴证准则理事会、美国审计准则理事会各自成立了审计风险项目小组。由于两个准则制定机构面临相似的问题，具有提高审计质量的共同目的，因此两个项目小组后来进行了合并，成立了联合风险评估工作组，制定共同的审计风险准则，从源头上实现国际协调。

联合风险评估工作组于 2002 年 10 月发布了审计风险准则征求意见稿。2003 年 10 月，国际审计与鉴证准则理事会在东京的会议上对征求意见稿进行了最后修订，获得委员会通过，审计风险准则在 2004 年 12 月 15 日之后正式施行。

国际审计与鉴证准则理事会起草的审计风险准则，在很大程度上吸收了风险导向审计方法的优点，克服了其存在的缺陷，并保留了原有审计准则可取之处，受到国际职业界和社会公众的好评。新国际审计风险准则的颁布并没有改变财务报表审计目标和责任的基本定位，也没有改变现行的审计基本理论和方法，而只是为指导审计人员更好地实现审计目标和履行审计责任提供应对风险的指南。

在这样的国际背景下，中国注册会计师需要借鉴国际审计风险准则的基本原则和必要程序，应该注意从宏观上了解被审计单位及其环境，包括内部控制，以充分识别和评估财务报表重大错报的风险，针对评估的重大错报风险设计和实施相应的审计测试和审计程序。

从新国际审计风险准则的规定和实务发展趋势来看，中国注册会计师必须认识到现代财务报表审计就是风险导向审计，即以重大错报风险为导向的审计。风险导向审计的两项主要的、同等重要的工作是：评估重大错报风险和降低重大错报风险。识别风险、评估风险是前提，检查风险、降低风险是实质。两者缺一不可，绝不能只重其一。

## 第三节 注册会计师审计组织与管理

### 一、会计师事务所的组织形式

在中国，注册会计师必须组织或加入会计师事务所才能承办审计业务和其他业务。注册会计师在考虑事务所的组织形式时一般关注以下几点：①独立性的要求。这是使审计师能够不偏不倚地对财务报表提出意见的基础；②职业能力的要求，事务所要将注册会计师的职业能力整合起来，高效率、有效果地实施审计；②应对诉讼风险的要求，会计师事务所会遇到法律纠纷、遭到起诉，为降低风险，需要在组织形式的选择时作出权衡。

目前，国际注册会计师行业主要有个人独资、一般合伙制、有限公司制、有限责任合伙制等组织形式。根据《中华人民共和国注册会计师法》的有关规定，我国会计师事务所的组织形式只能采取合伙会计师事务所和有限责任会计师事务所两种形式。但是，2010 年 7 月财政部下发的《关于推动大中型会计师事务所采用特殊普通合伙组织形式的暂行规定》（财会［2010］12 号）指出，大型会计师事务所应当于 2010 年 12 月 31 日前转制为特殊普通合伙制形式；鼓励中型会计师事务所于 2011 年 12 月 31 日前转制为特殊普通合伙制形式。

1. 独资事务所

独资会计师事务所由具有注册会计师执业资格的个人独立开业，承担无限责任。独资事务所的优点对执业人员的需求不多，容易设立，自由度大、经营灵活，能够在代理记账、代理纳税等方面很好地满足小型企业的需求，主要为小客户服务。但其无限责任的风险较大，无力承担大型业务，发展空间有限，许多这类事务所发展到一定程度都转变为合伙制或有限责任制的组织形式。

2. 普通合伙事务所

普通合伙事务所是由两位或两位以上注册会计师组成的合伙组织。合伙人按照出资比例或合伙协议，以各自的财产对事务所的债务承担无限连带责任。它的优点是，在风险的牵制和共同利益的驱动下，促使事务所强化专业发展，扩大规模，提高规避风险的能力；缺点是发展成大型事务所要经历漫长的过程。同时，任何一个合伙人的失误或舞弊行为，会给事务所带来巨大风险，甚至解散。

3. 有限责任公司制事务所

有限责任公司制事务所是由注册会计师认购其股份，并以其认购股份对会计师事务所承担有限责任，会计师事务所以其全部资产对其债务承担有限责任。这种形式的优点是，可以通过公司制形式迅速聚集一批注册会计师，建立规模型大所，承办大型业务；缺点是风险责任不合理，股东以出资额为限承担职业责任，淡化了股东的风险约束和赔偿责任。我国对合伙人数量限制在50人以内，也影响了其规模的扩大。

4. 有限责任合伙制事务所

有限责任合伙制事务所在我国又称特殊普通合伙制事务所，是指由两个或两个以上普通合伙人组成，以《合伙企业法》核准注册。当一个合伙人或数个合伙人在执业活动中因故意或者重大过失造成合伙事务所债务时，应当承担无限责任或者连带责任，其他合伙人以其在事务所的财产份额为限承担责任。合伙人在执业活动中因非故意或重大过失造成的合伙事务所债务，由全体合伙人承担无限连带责任。这种组织形式，既保留了普通合伙制下的个人责任，又把合伙人的法律责任风险控制在一定范围内，使责任承担更加公平，令专业人士既感到压力，又不至于丧失信心。目前国际“四大”事务所和其他一些事务所都采取有限责任合伙事务所的组织形式。

从世界各国的情况来看，典型的会计师事务所的内部级别包括合伙人、高级经理、主管、督导、项目经理（或主管注册会计师）和助理人员等。新雇员通常从担任助理人员开始，在每一级别工作两到三年，最终达到合伙人的地位。这些职位在不同的事务所有不同的名称，但结构大致相同。

## 二、注册会计师鉴证业务

审计的基本功能是提高会计信息质量，降低会计信息使用者的信息风险。随着信息技术的发展和社会经济活动的日益复杂，决策者对信息需求的种类和质量也处于不断的变化之中，这就要求审计职业能适应时代的要求，凭借其自身特有的专业能力和良好社会信誉不断地提高自身能力，扩大职业范围，为决策者提供更全面、更高质量的服务。20 世纪 90 年代以来，传统的历史财务报表审计已经成为一个相对较为成熟的审计职业服务。社会期望过高，行业竞争激烈，诉讼风险加大，职业服务的特征迫使审计职业对其职业服务进行拓展，很自然地将传统的历史财务报表审计拓展至非审计鉴证服务，并将其作为职业发展的远景方向。

根据 1994 年 AICPA 成立的保证服务特别委员会的定义，保证服务是“向决策制定者提供的，能改善信息质量或内涵的独立专业服务的总称”。保证服务是审计“横向”发展的产物，而鉴证服务则是审计初步发展的产物，可以视为审计保证服务发展的中间阶段。目前，AICPA 已经制定了电子商务认证、信息系统认证、风险评估认证、绩效评价认证、养老工作认证五项相关保证服务的标准。

为了便于理解会计师事务所的业务，首先介绍一下鉴证业务。

（一）鉴证业务的定义

《中国注册会计师鉴证业务基本准则》中的鉴证业务是指注册会计师对鉴证对象信息提出结论，以增强除责任方之外的预期使用者对鉴证对象信息信任程度的业务。

上述定义可从以下几个方面理解：

（1）鉴证业务的用户是“预期使用者”，即鉴证业务可以用来有效地满足预期使用者的需求。

（2）鉴证业务的目的是改善信息的质量或内涵，增强除责任方之外的预期使用者对鉴证对象信息的信任程度，即以适当保证或提高鉴证对象信息的质量为主要目的，而不涉及为如何利用信息提供建议。

（3）鉴证业务的基础是独立性和专业性，通常由具备专业胜任能力和独立性的注册会计师来执行，注册会计师应当独立于责任方和预期使用者。

（4）鉴证业务的“产品”是鉴证结论，注册会计师应当对鉴证对象信息提出结论，结论应当以书面报告的形式予以传达。

（二）鉴证业务的分类

根据鉴证对象信息是否以责任方认定的形式为预期使用者所获取，鉴证业务分为基于责任方认定的业务和直接报告业务。

1. 基于责任方认定的业务

在基于责任方认定的业务中，责任方对鉴证对象进行评价或计量，鉴证对象信息以责任方认定的形式为预期使用者获取。如在财务报表审计中，被审计单位管理层（责任方）对财务状况、经营成果和现金流量（鉴证对象）进行确认、计量和列报（评价或计量）而形成的财务报表（鉴证对象信息）即为责任方的认定，该财务报表可为预期使用者获取，注册会计师针对财务报表出具审计报告。这种业务属于基于责任方认定的业务。

2. 直接报告业务

在直接报告业务中，注册会计师直接对鉴证对象进行评价或计量，或者从责任方获取对鉴证对象评价或计量的认定，而该认定无法为预期使用者获取，预期使用者只能通过阅读鉴证报告获取鉴证对象信息。如在内部控制审计业务中，注册会计师可能无法从管理层（责任方）获取其对内部控制有效性的评价报告（责任方认定），或虽然注册会计师能够获取该报告，但预期使用者无法获取该报告，注册会计师直接对内部控制的有效性（鉴证对象）进行评价并出具审计报告，预期使用者只能通过阅读该审计报告获得内部控制有效性的信息（鉴证对象信息）。这种业务属于直接报告业务。

基于责任方认定的业务和直接报告业务的区别主要表现在四个方面：预期使用者获取鉴证对象信息的方式不同；注册会计师提出结论的对象不同；责任方的责任不同以及鉴证报告的内容和格式不同。表1－1说明了两种鉴证业务的差异。

**表1－1　　基于责任方认定的业务和直接报告业务的差异对比**

| 业务类型<br>差异 | 基于责任方认定的业务 | 直接报告业务 |
|---|---|---|
| 预期使用者获取鉴证对象信息的方式 | 直接获取鉴证对象信息，不一定要通过阅读鉴证报告 | 仅通过阅读鉴证报告获取 |
| 提出结论的对象 | 责任方认定或鉴证对象 | 鉴证对象 |
| 责任方的责任 | 对鉴证对象信息负责，同时也可能鉴证对象负责 | 仅对鉴证对象负责 |
| 鉴证报告的内容和格式 | 引言段通常会提供责任方的认定的相关信息，说明所执行的鉴证程序并提出鉴证结论 | 直接说明鉴证对象，执行的鉴证程序并提出鉴证结论 |

（三）鉴证业务要素

《中国注册会计师鉴证业务基本准则》规定，鉴证业务要素包括：鉴证业务的三方关系、鉴证对象、鉴证标准、证据和鉴证报告五个方面。关于鉴证证据和报告将在后续章节中论述。

1. 鉴证业务的三方关系

鉴证业务涉及的三方关系人包括注册会计师、责任方和预期使用者。

三方之间的关系是注册会计师对由责任方负责的鉴证对象或鉴证对象信息提出结论，以增强除责任方之外的预期使用者对财务报表信任程度。

（1）注册会计师。注册会计师是指取得注册会计师证书并在会计师事务所执业的人员，有时也指其所在的会计师事务所。

注册会计师是执行鉴证业务的主体。如果鉴证业务涉及的特殊知识或技能超出了注册会计师的能力，注册会计师可以利用专家协助执行鉴证业务。在这种情况下，注册会计师必须确信包括专家在内的项目组整体已具备执行鉴证业务所需的知识和技能，并充分参与该项业务和了解专家所承担的工作。

（2）责任方。对责任方的界定与所执行鉴证业务的类型有关。

①在直接报告业务中，责任方是指对鉴证对象负责的组织或人员。例如，在系统鉴证业务中，注册会计师直接对系统的有效性进行评价并出具鉴证报告，该业务的鉴证对象是被鉴证单位系统的有效性，责任方是对该系统负责的组织或人员，即被鉴证单位的管理层。

②在基于责任方认定的业务中，责任方是指对鉴证对象信息负责并可能同时对鉴证对象负责的组织或人员。例如，企业聘请注册会计师对企业管理层编制的持续经营报告进行鉴证。在该业务中，鉴证对象信息为持续经营报告，由该企业的管理层负责，企业管理层为责任方。该业务的鉴证对象为企业的持续经营状况，它同样由企业的管理层负责。责任方可能是鉴证业务的委托人，也可能不是委托人。

（3）预期使用者。是指预期使用鉴证报告的组织或人员。责任方可能是预期使用者，但不是唯一的预期使用者。

如果鉴证业务服务于特定的使用者或具有特殊目的，注册会计师可以很容易地识别预期使用者。例如，企业向银行贷款，银行要求企业提供一份与贷款项目相关的预测性财务信息审核报告，那么，银行是该鉴证报告的预期使用者。

注册会计师可能无法识别使用鉴证报告的所有组织和人员，尤其在各种可能的预期使用者对鉴证对象存在不同的利益需求时。此时，预期使用者主要是指那些与鉴证对象有重要和共同利益的主要利益相关者，例如，在上市公司财务报表审计中，预期使用者主要是指上市公司的股东。

2. 鉴证对象

（1）鉴证与鉴征对象信息的表现形式。在注册会计师提供的鉴证业务中，存在着不同类型的鉴证对象，相应地，鉴证对象信息也具有不同的形式。

①当鉴证对象为历史或预测的财务状况、经营成果和现金流量等财务业绩或状况时，鉴证对象信息是财务报表；

②当鉴证对象为企业生产经营情况等非财务业绩或状况时，鉴证对象信息可能是反映效率或效果的关键指标；

③当鉴证对象为设备运行状况等物理特征时，鉴证对象信息可能是有关鉴证对象，物理特征的说明文件；

④当鉴证对象为某种系统和过程时（如企业的内部控制或信息技术系统），鉴证对象信息可能是关于其有效性的认定；

⑤当鉴证对象为遵守法律法规的情况等某种行为时，鉴证对象信息可能是对法律法规遵守情况或执行效果的声明。

鉴证对象信息，是指按照标准对鉴证对象进行评价和计量的结果。如责任方按照会计准则和相关会计制度（标准）对其财务状况、经营成果和现金流量（鉴证对象）进行确认、计量和列报而形成的财务报表（鉴证对象信息）。对内部控制有效性的认定（鉴证对象信息）是将评估内部控制有效性的框架（标准），例如美国“COSO”的内部控制“整合框架”或“企业风险管理：整合框架”、企业内部控制基本规范，应用到内部控制过程（鉴证对象）所形成的信息。

鉴证对象信息应当恰当反映既定标准运用于鉴证对象的情况。如果没有按照既定标准恰当反映鉴证对象的情况，鉴证对象信息可能存在错报，而且可能存在重大错报。例如，某企业的财务报表未能按照会计准则和相关会计制度的要求在所有重大方面公允反映其财务状况、经营成果和现金流量，则鉴证对象信息就可能存在错报，而且可能是重大错报。

（2）签征对象的特征。鉴证对象具有不同的特征，可能表现为定性或定量、客观或主观、历史或预测、时点或期间。这些特征将影响按照标准对鉴定对象进行评价或计量的准确性和证据的说服力。通常，如果鉴证对象的特征表现为定量的、客观的、历史的或时点的，评价和计量的准确性相对较高，注册会计师获取证据的说服力相对较强；相应地，对鉴证对象信息提供的保证程度也较高。

（3）适当的鉴证对象应具备的条件。鉴证对象是否适当是注册会计师能否将一项业务作为鉴证业务予以承接的前提条件。适当的鉴证对象应同时具备下列条件：鉴证对象可以识别；不同的组织或人员对鉴证对象按照既定标准进行评价或计量的结果合理一致；注册会计师能够收集与鉴证对象有关的信息，获取充分、适当的证据，以支持其提出适当的鉴证结论。

不适当的鉴证对象可能会误导预期使用者。如果注册会计师在承接业务后发现鉴证对象不适当，应视其重大与广泛程度，出具保留结论或否定结论的报告。不适当的鉴证对象还可能造成工作范围受到限制。如果注册会计师在承接业务后发现鉴证对象不适当，应当视工作范围受到限制的重大与广泛程度，出具保留结论或无法提出结论的报告。在情况严重时，注册会计师可以考虑解除业务约定。

3. 鉴证标准

鉴证标准是指用于评价或计量鉴证对象的基准，当涉及列报时，还包括列报和披露的基准。注册会计师运用职业判断对鉴证对象作出评价或计量，离不开适当的标准。

标准可以是正式的规定，如编制财务报表所使用的会计准则和相关会计制度，也可以是某些非正式的规定，如单位内部制定的行为准则或确定的绩效水平。正式的规定通常是一些“既定的”标准，是由法律法规规定的，或是由政府主管部门或国家认可的专业团体依法发布的。如编制财务报表时，其标准是财政部发布的会计准则和相关会计制度；编制内部控制报告时，其标准可能是已确立的内部控制规范或指引；编制遵循性报告时，标准可能是适用的法律法规。非正式的规定通常是一些“专门制定的”标准，如企业内部制定的行为准则、确定的绩效预算或商定的行为规则等。需要指出的是，对同一鉴证对象进行评价或计量并不一定要选择同一个标准，只要能够对鉴证进行正确的鉴证，产生了希望达到的结果，那么也可以根据实际情况制定不同的鉴证标准。

适当的鉴证标准应具备的特征和获取方式：

注册会计师在运用职业判断对鉴证对象作出合理一致的评价或计量时，需要有适当的标准。如果使用的标准不适当或不适用于具体业务，发表的鉴证结论将毫无意义。适当的标准应具备下列所有持征：

①相关性。相关的标准有助于得出结论，便于预期使用者作出决策；

②完整性。完整的标准不应忽略业务环境中可能影响得出结论的相关因素及列报时，还包括列报的基准；

③可靠性。可靠的标准能够使能力相近的注册会计师在相似的业务环境中对鉴证对象作出合理一致的评价或计量；

④中立性。中立的标准有助于得出无偏向的结论；

⑤可理解性。可理解的标准有助于得出清晰、易于理解的不会产生重大歧义的结论。

标准可以通过下列方式供预期使用者获得：①公开发布；②在陈述鉴证对象时以明确的方式表达；③在鉴定报告中以明确的方式表达；④常识理解，例如计量时间的标准是小时或分钟。

4. 证据

注册会计师应当以职业怀疑态度计划和执行鉴证业务，获取有关鉴证对象信息是否不存在重大错报的充分、适当的证据。注册会计师应当及时对制定的计划、实施的程序、获取的相关证据以及得出的结论作出记录。注册会计师在计划和执行鉴证业务，尤其在确定证据收集程序的性质、时间和范围时，应当考虑重要性、鉴证业务风险以及可获取证据的数量和质量。

5. 鉴证报告

（1）出具鉴证报告的总体要求。注册会计师应出具含有验证结论的书面报告，该鉴证结论应说明注册会计师就鉴证对象信息获取的保证。注册会计师应考虑其他报告责任，包括在适当时与治理层沟通。

注册会计师应考虑就执行业务过程中注意到的与治理层责任相关的事项与治理层沟通的适当性。

（2）鉴证结论的两种表述形式。在基于责任方认定的业务中，注册会计师的鉴证结论可以采用的表述形式：

一是明确提及责任方认定，如“我们认为，责任方作出的，根据××标准，内部控制在所有重大方面是有效的，这一认定是公允的”。

二是直接提及鉴证对象和标准，如“我们认为，根据××标难，内部控制在所有重大方面是有效的”。

在基于责任方认定的业务中，可以获取责任方认定，注册会计师是针对鉴证对象信息进行评价并出具报告的，鉴证对象信息也可以以责任方认定的形式为预期使用者所获取，注册会计师在鉴证报告中显然可以明确提及责任方认定。这时，注册会计师可以将该认定附于鉴证报告后，在鉴证报告中引述该认定或指明预期使用者能够从何处获取该认定。

在直接报告业务中，注册会计师应当明确提及鉴证对象和标准。在直接报告业务中，注册会计师可能无法从责任方获取其对鉴证对象评价或计量的认定；即使可以获取这种认定，该认定也无法为预期使用者获取，预期使用者只能通过阅读鉴证报告获取鉴证对象信息。注册会计师应当直接对鉴证对象进行评价并出具鉴证报告，明确提及鉴证对象和标准。

## 三、会计师事务所的业务范围

会计师事务所提供以下两大类服务：鉴证服务和会计、税务、管理咨询和其他各种相关服务。

### （一）鉴证服务

如上所述，鉴证服务是会计师事务所通过收集证据以特定标准衡量被鉴证对象，并对衡量结果进行分析判断，然后提出意见作出结论并进行报告的各种服务。鉴证服务有以下几种类型：历史报表审计、历史报表复核、特殊目的业务的审计或复核和其他鉴证服务。

历史财务报表审计：历史财务报表审计是会计师事务所提供的最主要的鉴证服务。在历史财务报表审计中，另一方责任人是客户，他们以财务报表方式作出各种认定。审计报告要对这些报表是否符合公认会计原则发表意见。财务报表的外部使用者出于决策目的的需要，将审计报告视为报表可靠性的标志。

历史报表复核：许多非上市公司也希望向报表使用者提交财务报告，但又不愿承担与之相应的审计费用。在这种情况下，复核服务就是一种很有用的鉴证服务。在审计业务中，会计师事务所要进行大量的检查工作，以便收集充分的证据，为客户财务报表提供高水平的保证。在复核业务中，只需要收集能够提供中等水平保证程度的证据。这通常既能满足使用者的需要，又能使客户以比全面审计少得多的费用聘请事务所提供此类服务。

我国类似的业务叫财务报表审阅，是注册会计师接受委托，主要通过实施查询和分析性程序，说明是否发现财务报表在所有重大方面有违反企业会计准则及国家其他有关财务会计法规规定的情况，然后出具审阅报告。

特殊目的业务的审计或复核：注册会计师审计或复核下列财务报表或其他信息并出具审计报告或复核报告：①按照特殊编制基础编制的财务报表；②财务报表的组成部分，包括财务报表特定项目、特定账户或特定账户的特定内容；③法规、合同所涉及的财务会计规定的遵循情况；④简要财务报表。

其他鉴证服务：其他鉴证服务的类型有很多。近年来，一些会计师事务所通过开发新型鉴证服务，使其业务范围不断扩大。例如，对预测财务报表的鉴证，为投资基金等组织的投资绩效进行的鉴证和对计算机软件性能的鉴证等等。

上述审计、鉴证和保证性服务之间的包含关系如图 1－1 所示。

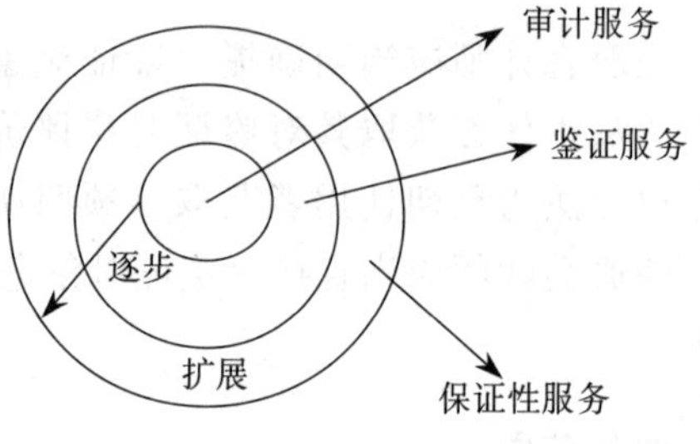


图 1－1 审计、鉴证和保证性服务之间的包含关系

（二）相关服务

1. 会计服务

许多小企业不必聘用过多的会计人员，而是依靠会计师事务所为他们编制财务报表。因此，事务所提供各种会计和记账服务以满足这些客户的要求。在有的时候，如果财务报表要向第三者提供，还要一并实施复核甚至是审计。如果既不复核也不审计，则财务报表也要附上一份事务所出具的报告，称为“记账编报报告”，该报告不对第三者提供任何保证。

2. 税务服务

会计师事务所可以为审计客户和非审计客户编制公司和个人纳税申报单。除此之外，大多数事务所还提供房产税、赠与税、税务筹划和其他方面的税务服务。目前，几乎每一家事务所都提供税务服务。

3. 管理咨询服务

大多数会计师事务所都向客户提供帮助其提高经营效率的服务。这类服务的范围从改进客户会计制度的简单建议直至营销战略、计算机安装和保险精算方面的咨询。许多大型事务所设有专职部门提供管理咨询服务。

4. 其他服务

验资。注册会计师依法接受委托，按照独立审计准则的要求，对被审验单位注册资本的实收或变更情况进行审验，并出具验资报告。验资分为设立验资和变更验资。设立验资是指注册会计师对被审验单位申请设立登记的注册资本实收情况进行的审验。变更验资是指注册会计师对被审验单位申请变更登记的注册资本变更情况进行的审验。

对财务信息执行商定程序。注册会计师接受委托，对特定财务数据、某一财务报表或整套财务报表等财务信息执行与特定主体商定的程序，并就执行的商定程序及其结果出具报告。特定主体是指委托人和业务约定书中指明的其他报告使用人。

## 四、注册会计师职业管理体制

（一）审计人员的种类

目前审计职业界中有几种不同种类的审计人员：政府审计人员、民间审计人员、内部审计人员。

（1）政府审计人员。政府审计人员代表政府组织执行审计，因而国家审计人员基本为国家公务员。在一些国家中，他们一般分为三种，即高级审计师、审计师和助理审计师。但是，有些国家在国家审计机构内不设置职称，只设置职务，或者规定国家审计人员只需取得注册会计师资格即可。在我国，国家审计人员按级别的不同分为高级审计师、审计师和助理审计师。

（2）民间审计人员。民间审计人员即独立审计师，是在社会中介审计组织中接受委托，从事审计和会计咨询、会计服务的执业人员。独立审计师也被称为外部审计师，还经常被人称为注册会计师、公共执业会计师、公共会计师，他们不为聘请其执行审计业务的经济主体雇用，因此他们要为自己的服务收取一定的费用。他们主要负责审计所有的上市公司、绝大多数的大型公司、众多小型公司及非营利性组织公布的历史财务报表，以满足信息使用者的需要以及管理机构的要求。独立审计师有时也会执行合规性审计和绩效审计，他们执行其他保证服务的数量也正在逐渐增加。

我国民间独立审计人员主要是注册会计师，注册会计师是依法取得注册会计师证书并接受委托从事审计和会计咨询、会计服务业务的执业人员。

在美国，注册会计师也称为独立审计师；在英国和英联邦国家又称为特许会计师；在德国称为经济审计师；在日本称为公认会计师；在我国香港地区称为核数师。尽管称谓不同，但他们从事的职业的实质都是提供独立审计服务。而要以“注册会计师”头衔执业，必须通过考试取得职业资格。取得职业资格并公开执业的注册会计师都在组织形式和规模大小不同的会计师事务所里工作。

为了保证独立审计质量，维护投资者和社会公共利益，提高注册会计师职业的声誉和权威性，世界上许多国家都建立了较为完善的注册会计师考试和注册制度。我国于 1991 年开始实行注册会计师全国统考制度。参加注册会计师统考成绩合格，并从事审计业务工作两年以上的，可以向省、自治区、直辖市注册会计师协会申请注册。准予注册的申请人，由中国注册会计师协会颁发财政部统一印制的注册会计师证书。

（3）内部审计人员。内部审计人员，是指在部门、单位内部审计机构从事审计事务的人员，以及在部门、单位设置的专职从事审计事务的人员。自从 1941 年美国内部审计师协会成立以来，美国就把有资格获得独立工作能力的内部审计工作人员称为内部审计师。世界上，多数国家也同样把这些人称为内部审计师，并积极参与了国际内部审计师协会开展的国际内部审计师考试与资格认定。近几年来，我国内部审计协会不仅积极组织了国际内部审计师考试工作，而且积极开展了内部审计人员岗位资格证书认定与考试工作。因此，我国内部审计人员由获得国际内部审计师资格和国内内部审计岗位资格证书的人组成。

（二）注册会计师行业的管理体制

对注册会计师行业进行管理所形成的管理体系和管理制度的总称构成注册会计师行业的管理体制。由于各国所处的政治、经济环境不同，各国注册会计师行业的管理体制也存在明显差异。目前国际上具有代表性的是英国模式和美国模式。

在英国模式中，主要的职业会计师称作特许会计师，会计师职业团体高度自律，负责资格认定、会员注册、业务监督、标准制定等，政府没有收揽这些权力。不过，职业团体自律机制如果出现问题，议会随时可以通过制定法律将这些权力收归政府。

在美国模式中，注册会计师是通行的称谓，会计师职业团体相对自律，负责资格认定、会员注册、标准制定等，政府有较大的业务监管权力，由各州政府发放注册会计师执业证书。近年来，由于安然事件的出现和安达信会计师事务所的审计失败，美国国会于 2002 年 7 月 25 日通过了《2002 年公众公司会计改革和投资者保护法》，又称《2002 年萨班斯——奥克斯利法案》，根据该法案建立了专门的独立监管机构，即公众公司会计监管委员会，负责监管证券市场中从事上市公司审计业务的会计师事务所，由此形成了新的监管体制。

我国注册会计师行业的管理采取政府管制与自律相结合的机制。政府管制主要由财政部、审计署等机构负责，自律则由中国注册会计师协会负责。

（1）政策管制。各级政府财政部门对注册会计师、会计师事务所、注册会计师协会进行监督和指导。中国自 20 世纪 80 年代恢复注册会计师制度以来，已逐步完善了注册会计师行业的管理体制。这一管理体制是依据《注册会计师法》建立起来的。国务院财政部门和省、自治区、直辖市人民政府财政部门，依法对注册会计师、会计师事务所和注册会计师协会进行监督、指导。此外，依据审计法，如果会计师事务所、审计的单位属于审计机关审计监督对象的，审计署有权对事务所出具的相关审计报告进行检查。

（2）中国注册会计师协会。中国注册会计师协会是依据《注册会计师法》和《社会团体登记条例》的有关规定设立的社会团体法人，是中国注册会计师行业的自律管理组织，成立于 1988 年 11 月。1999 年，根据国务院规范国内会计服务市场管理的要求，中国注册会计师协会和中国注册审计师协会联合，组成新的中国注册会计师协会，对注册会计师行业实行管理，接受财政部的监督、指导。

中国注册会计师协会的会员有三类：个人会员、团体会员和名誉会员，会员人会均邦履行申请和登记手续。《中国注册会计师协会章程》规定了会员的权利和义务。

中国注册会计师协会的宗旨是：服务、监督、管理、协调。根据《注册会计师法》和《中国注册会计师协会章程》的规定，中国注册会计师协会有以下职责：①

组织实施注册会计师全国统一考试；②注册会计师注册的管理；③拟订注册会计师执业推则、规则；④对注册会计师的任职资格和执业情况进行年度检查；⑤监督检查注册会计师执业推则、规则实施情况；⑥组织和推动注册会计师的培训工作；⑦组织业务交流、开展理论研究；⑧强调行业内外关系；⑨维护注册会计师的合法权益；⑩开展国际合作与交流；⑪指导地方注册会计师协会工作。

## 第四节　注册会计师执业准则

### 一、中国注册会计师审计准则概述

注册会计师执业准则是指会计师事务所和注册会计师在执业过程中必须遵循的技术行为规范，它包括业务准则和质量控制准则。执业准则的根本作用在于保证注册会计师执业质量，维护社会经济秩序，此外执业准则的制定、颁布和实施，对于增强社会公众对注册会计师职业的信任、合理压分客户管理层的责任和注册会计师的责任，客观评价注册会计师执业质量，保护责任方和利害关系人的合法权益，以及推动审计理论的发展都具有一定的作用。

20 世纪 40 年代，美国最早提出了比较全面的独立审计准则，对其他国家乃至国际审计准则的建立，都产生了巨大的影响。

我国于 1996 年 1 月起，由中国注册会计师协会逐步颁布了一系列的审计职业规范体系，这些准则在中国改革开放的关键时期起到了重要的作用，形成了具有中国特色的审计职业标准。随着中国加入 WTO，全球化和科学技术的影响日益加深，企业组织结构、经营活动方式、会计政策和估计日益复杂，一些企业进行财务舞弊的动机日益增大，注册会计师面临的审计风险越来越大，需要出台新的准则予以指导，而部分准则项目已不能满足行业要求，需要及时加以修订。所以，财政部于 2006 年 2 月 15 日发布了 48 项中国注册会计师执业准则（财会［2006］4 号）。在 2006 年版审计准则的基础上，根据审计发展需要，同时借鉴西方主要国家经验，我国财政部开始对审计准则展开新一轮修订调整，并于 2010 年 11 月印发了《中国注册会计师审计准则第 1101 号——注册会计师的总体目标和审计工作的基本要求》等 38 项准则（财会［2010］21 号），自 2012 年 1 月 1 日起执行；同时废止了《中国注册会计师审计准则第 1101 号——财务报表审计的目标和一般原则》等 35 项准则。

### 二、中国注册会计师执业准则体系

注册会计师执业准则受中国注册会计师职业道德守则的统御。职业道德规范是针对会计师事务所和注册会计师应遵守的职业道德而出台的标准，它是为了加强注册会计师行业的诚信建设、规范行业的道德行为、提高行业道德水平、维护社会公众利益而制定的。它不是用来直接指导注册会计师执业的，因此不属于执业准则但又高于执业准则。我国注册会计师执业准则体系包括中国注册会计师业务准则和会计师事务所质量控制准则，其中中国注册会计师业务准则又包括鉴证业务准则和相关服务准则。鉴证业务准则可以进一步细分为审计准则、审阅准则和其他鉴证业务准则；相关服务准则包括对财务信息执行商定程序、代编财务信息、税务咨询和管理咨询等方面的准则。

（一）中国注册会计师鉴证业务准则

鉴证业务准则由鉴证业务基本准则统领，按照鉴证业务提供的保证程度和鉴证对象的不同，分为审计准则、审阅准则和其他鉴证业务准则。

1. 中国注册会计师审计准则

审计准则是整个业务准则体系的核心，用以规范注册会计师执行历史财务信息的审计业务。审计准则包括如下方面：

（1）一般原则与责任。

中国注册会计师审计准则第 1101 号——注册会计师的总体目标和审计工作的基本要求

中国注册会计师审计准则第 1111 号——就审计业务约定条款达成一致意见

中国注册会计师审计准则第 1131 号——审计工作底稿

中国注册会计师审计准则第 1141 号——财务报表审计中与舞弊相关的责任

中国注册会计师审计准则第 1142 号——财务报表审计中对法律法规的考虑

中国注册会计师审计准则第 1151 号——与治理层的沟通

中国注册会计师审计准则第 1152 号——向治理层和管理层通报内部控制缺陷

中国注册会计师审计准则第 1153 号——前任注册会计师和后任注册会计师的沟通

（2）风险评估及风险的应对。

中国注册会计师审计准则第 1201 号——计划审计工作

中国注册会计师审计准则第 1211 号——通过了解被审计单位及其环境识别和评估重大错报风险

中国注册会计师审计准则第 1221 号——计划和执行审计工作时的重要性

中国注册会计师审计准则第 1231 号——针对评估的重大错报风险采取的应对措施

中国注册会计师审计准则第 1241 号——对被审计单位使用服务机构的考虑

中国注册会计师审计准则第 1251 号——评价审计过程中识别出的错报

（3）审计证据。

中国注册会计师审计准则第 1301 号——审计证据

中国注册会计师审计准则第 1311 号——对存货、诉讼和索赔、分部信息等特定项目获取审计证据的具体考虑

中国注册会计师审计准则第 1312 号——函证

中国注册会计师审计准则第 1313 号——分析程序

中国注册会计师审计准则第 1314 号——审计抽样

中国注册会计师审计准则第 1321 号——审计会计估计（包括公允价值会计估计）和相关披露

中国注册会计师审计准则第 1323 号——关联方

中国注册会计师审计准则第 1324 号——持续经营

中国注册会计师审计准则第 1331 号——首次审计业务涉及的期初余额

中国注册会计师审计准则第 1332 号——期后事项

中国注册会计师审计准则第 1341 号——书面声明

（4）利用其他主体的工作。

中国注册会计师审计准则第 1401 号——对集团财务报表审计的特殊考虑

中国注册会计师审计准则第 1411 号——利用内部审计人员的工作

中国注册会计师审计准则第 1421 号——利用专家的工作

（5）审计结论与报告。

中国注册会计师审计准则第 1501 号——对财务报表形成审计意见和出具审计报告

中国注册会计师审计准则第 1502 号——在审计报告中发表非无保留意见

中国注册会计师审计准则第 1503 号——在审计报告中增加强调事项段和其他事项段

中国注册会计师审计准则第 1511 号——比较信息：对应数据和比较财务报表

中国注册会计师审计准则第 1521 号——注册会计师对含有已审计财务报表的文件中的其他信息的责任

（6）特殊领域。

中国注册会计师审计准则第 1601 号——对按照特殊目的编制基础编制的财务报表审计的特殊考虑

中国注册会计师审计准则第 1602 号——验资

中国注册会计师审计准则第 1603 号——对单一财务报表和财务报表特定要素审计的特殊考虑

中国注册会计师审计准则第 1604 号——对简要财务报表出具报告的业务

中国注册会计师审计准则第 1611 号——商业银行财务报表审计

中国注册会计师审计准则第 1612 号——银行间函证程序

中国注册会计师审计准则第 1613 号——与银行监管机构的关系

中国注册会计师审计准则第 1631 号——财务报表审计中对环境事项的考虑

中国注册会计师审计准则第 1632 号——衍生金融工具的审计

中国注册会计师审计准则第 1633 号——电子商务对财务报表审计的影响

2. 中国注册会计师审阅准则

《中国注册会计师审阅准则第 2101 号——财务报表审阅准则》用以规范注册会计师执行历史财务信息的审阅业务。在提供审阅服务时，注册会计师对所审阅信息是否不存在重大错报提供有限保证，并以消极的方式提出结论。

3. 中国注册会计师其他鉴证业务准则

其他鉴证业务准则用以规范注册会计师执行历史财务信息审计或审阅以外的其他鉴证业务，根据鉴证业务的性质和业务约定书的要求，提供有限保证或合理保证。其他鉴证业务主要包括内部控制鉴证、预测性财务信息的审核等。具体包括两个准则：《中国注册会计师其他鉴证业务准则第 3101 号——历史财务信息审计》和《中国注册会计师其他鉴证业务准则第 3111 号——预测性财务信息的审核》。

（二）中国注册会计师相关服务准则

相关服务准则用以规范注册会计师执行除鉴证业务外的其他相关服务业务。相关服务业务主要包括对财务信息执行商定程序、代编财务信息、税务咨询和管理咨询等。在提供相关服务时，注册会计师不提供任何程度的保证。该准则包括《中国注册会计师相关服务准则第 4101 号——对财务信息执行商定程序》和《中国注册会计师相关服务准则第 4111 号——代编财务信息》。

（三）会计师事务所质量控制准则

质量控制准则用以规范会计师事务所在执行各类业务时应当遵守的质量控制政策和程序，是对会计师事务所质量控制提出的制度要求。

目前，财政部已发布两个质量控制准则，即会计师事务所《质量控制准则第 5101 号——会计师事务所对执行财务报表审计和审阅、其他鉴证和相关服务业务实施的质量控制》和《中国注册会计师审计准则第 1121 号——对财务报表审计实施的质量控制》。前者从事务所层面进行规范，适用于包括财务报表审计在内的各项业务；后者从执行审计项目的合伙人层面上进行规范，仅适用于财务报表审计业务。这两项准则联系紧密，前者是后者的制定依据。

质量控制制度包括针对下列要素而制定的政策和程序：对业务质量承担的领导责任、相关职业道德要求、客户关系和具体业务的接受与保持、人力资源、业务执行以及监控。

1. 质量控制的目标

制定会计师事务所质量控制准则是为了规范会计师事务所建立并保持有关财务报表审计和审阅、相关服务业务的质量控制制度。会计师事务所的目标是建立并保持质量控制制度，以合理保证以下两个方面：一是会计师事务所及其人员遵守职业准则和使用的法律法规的规定；二是会计师事务所和项目合伙人出具适合具体情况的审计报告。注册会计师的目标是在业务层面实施质量控制程序，以合理保证其在审计报告中遵守职业道德准则和适用的法律法规的规定并出具适合具体情况的审计报告。

2. 质量控制的要求

会计师事务所内部负责建立并保持质量控制制度的人员应当了解事务所质量控制准则及其应用指南的全部内容，以理解该准则的目标并适当遵守其要求，其主要内容体现在以下几个方面：

（1）要求会计师事务所制定政策和程序。①培育以质量为导向的内部文化，并规定主任会计师对质量控制制度承担最终责任；②合理保证会计师事务所及其人员遵守职业道德规范。对于鉴证业务，要专门针对独立性制定有关政策和程序；③对质量控制制度各要素的运行情况适当记录；④对执行的业务从下列方面进行质量控制：一是项目负责人对项目组的工作进行指导、监督与复核；二是项目负责人负责就疑难问题或争议进行适当咨询；三是如果存在业务质量的分歧，在意见分歧得到解决之前，会计师事务所和项目负责人不得出具报告；四是会计师事务所对所有上市公司、商业银行、非银行金融机构、国有大型企业财务报表审计实施项目质量控制，即由独立于项目组的专门人员实施项目质量控制复核。

（2）要求会计师事务所制定有关客户关系和特定业务的接受与保持的政策和程序，以合理保证只有在符合有关条件时才能接受与保持客户关系和特定业务。

（3）要求会计师事务所制定监控政策和程序，周期性地选择已经完成的业务进行检查，周期不得超过 3 年。在每个周期内应对每个项目负责人的业务至少选取一项进行检查。

## 课后复习题

### 一、复习思考题

1. 什么是审计？社会为什么需要审计职业？

2. 什么是鉴证业务？鉴证业务主要有哪些？

3. 注册会计师审计准则的性质是什么？我国的准则体系构成如何？

4. 在一次审计专题研讨会上，一个会计师事务所的所长兼主任会计师递给你一张名片，名片的背面，印着该事务所的业务范围如下：报表审计、代理记账、税务代理、管理咨询、内控审核、资本验证。

请解释该所长名片上各项业务的含义，说明会计师事务所的业务范围包括哪些？

5. 证券交易所要求所有在其交易所上市的成员公司必须建立审计委员会。你能解释什么是审计委员会？审计委员会的主要职能是什么？

6. 在国外有人批评审计委员会总是偏好于选取规模大、收费高的会计师事务所。这一批评的意思是说审计委员会成员为了降低自己承担的风险，导致公司承受更高的成本。请对此批评作出评论。

7. 凯特公司从2004年起，一直聘请泰信会计师事务所进行会计报表审计。在会计师事务所完成审计后，将已审计过的会计报表和审计报告提交给了股东大会。有一位股东告诉注册会计师："你们应对会计报表的公允性负主要责任。"试对这个观点进行分析评价。

## 二、案例分析题

下面是两名注册会计师的谈话，内容如下：

CPA1：要想知道公司财务报表的所有使用人的特定需要是不可能的，比方说，我怎么能够知道工会或银行会如何利用我所审计公司的财务报表呢？

CPA2：可是你必须知道财务报表用户的需要，否则你无法判断某一个特定的交易事项的会计处理是否对用户非常重要。

CPA1：但是我无法知道他们所有人的需要。我只好将精力偏向股东或银行的放贷部门，他们是更重要的报表所有人。此外，管理层最终负责报表的公允表达方式，我只负责对他们编制的财务报表发表意见，又不是我自己编制报表，你不要对我们审计期望太高了。

CPA2：是公众的期望，而非我的期望。我可不希望因为没有达到用户的要求而被告上法院，但是我却同意你的看法，要想知道所有用户的需要是相当困难的，而且，每种用户的需要信息似乎都不同，你无法满足每个人。如果利润高了，员工会要求加工资，税务局要求收取更多税，管理人员就希望将利润报告的低一点。我看我们只能运用会计准则来作判断，只要符合会计准则，我们就假设它是符合用户需要的了。

CPA1：这点我是同意的。

讨论：

1. 为什么审计人员需要了解可能使用审计报告的各种用户及他们的需要呢？

2. 评价CPA2的结论：因为无法确知所有使用人的需求，结果就只能依赖会计准则判断会计报表是否公允表达。

# 第二章

# 注册会计师职业道德与法律责任

## 学习目标

1. 理解职业道德基本原则；
2. 理解职业道德概念框架；
3. 掌握职业道德概念框架的具体运用；
4. 掌握对独立性的基本要求；
5. 理解独立性的不利影响及其防范措施；
6. 掌握注册会计师法律责任产生的行为原因。

## 适用的准则和规范

1. 《中国注册会计师职业道德守则第 1 号——职业道德基本原则》
2. 《中国注册会计师职业道德守则第 2 号——职业道德概念框架》
3. 《中国注册会计师职业道德守则第 3 号——提供专业服务的具体要求》
4. 《中国注册会计师职业道德守则第 4 号——审计和审阅业务对独立性的要求》
5. 《中国注册会计师职业道德守则第 5 号——其他鉴证业务对独立性的要求》
6. 《中华人民共和国注册会计师法》、《中华人民共和国证券法》 等

## 导读案例

### 莲里 · 沃克在会计师事务所工作的故事

1989 年春天，莲里 · 沃克这位毕业于一所有名的州立大学的女大学生，取得了会计学学士学位。她思想活跃、学业优秀，为了找工作，她去了几家公司和会计师事务所面试，很快就有六家愿意给她提供工作机会。仔细权衡之后，沃克接受了当时作为“十大”之一的某会计师事务所的邀请，到该所做一名初级审计人员。虽然她还没有确定是否把成为事务所合伙人当作自己追求的目标，但她认为，事务所提供的培训计划以及不同的委托项目能为她获得丰富的经验，给职业生涯带来一个好的开端，于是，沃克决心勤学实干。

她先被派到审计职员培训学校培训两周。1989年6月，她被分配去从事圣安德鲁医院的审计任务。沃克的任务是不仅要帮助审计应收账款，还要对现金账户的审计负责。她很兴奋，工作勤恳，踏实能干，沃克在计划期内圆满地完成了现金项目审计，工作底稿也做得非常好。沃克的上一级主管杰基·沃恩是一名高级审计人员，知识渊博，技术水平高，业务要求非常严格。沃恩对沃克的工作十分满意，很快就表扬和鼓励了她。沃克也愿意努力工作，给沃恩留下好印象，并从她身上学到很多东西，希望其成为自己的良师益友。一天，她们共进午餐，沃恩问沃克，有没有报名参加5月份的注册会计师考试，经过短暂的停顿，沃克回答说，她没有报名但已打算强化学习，参加11月份的考试。沃恩鼓励她，另愿意传给她一套复习指南，沃克婉言谢绝。事实上，沃克已于五月初回到家乡参加注册会计师考试，因为担心考得不是特别好，决定不将此事声张出去。尽管知道大多数参加考试的人并不能一次就通过所有考试科目，她还是想避免在以后的职业生涯中因承认不是第一次就通过而感到难为情。

8月上旬的一个周五，沃克收到邮寄来的注册会计师考试成绩，她参加考试四门课全部通过。她立即兴奋地打电话告诉沃恩这一好消息，但令她吃惊的是，沃恩反应冷淡。她马上向沃恩道歉，并解释了为什么她未透露自己参加考试这件事，沃恩还是显得有些不高兴，沃克决定以后当面解释这件事。

几天后，圣安德鲁项目审计的合伙人、当地事务所的主管合伙人道恩·罗伯茨叫来沃克，并告诉她，他已与沃恩谈过几次话，而又与事务所其他三个审计合伙人讨论了有关沃克的情况。沃恩对于沃克在报考注册会计师这件事上对她撒谎感到非常忧虑。她以后不想让沃克参加到她的任何业务中去，因为她觉得沃克不值得信赖。沃恩建议不聘用沃克，她的行为已表明她不够诚实，事务所同意沃恩的建议。罗伯茨告诉沃克事务所给她60天的时间去另找工作，并保密她被事务所除名这件事情。

这是一件发生在美国会计师事务所中不起眼的真实小事，学业优秀、勤奋能干的大学生却因对顶头上司撒了个小谎，结果丢了饭碗。从这一案例中可以看出美国注册会计师行业对注册会计师道德品质的高要求。这个案例让我们明白作为一名注册会计师，不仅需要精湛的专业技术，而且要有良好的职业道德，还要有一定的灵活变通的社交能力。如果你是沃克，有她那样的顾虑，该如何回答上司有关报考注册会计师这一问题呢?

## 第一节　注册会计师的职业道德

道德属于一种社会意识形态，是调整人与人之间、个人与社会之间的关系行为规范的总和，它以真诚与虚伪、善与恶、正义与非正义、公正与偏私等观念来衡量和评价人们的思想、行动。通过各种形式的教育和社会舆论力量，使人们逐渐形成一定的信念、习惯、传统并发生作用。

为了规范中国注册会计师协会会员的职业行为，进一步提高职业道德水平，维护职业形象，2009 年 10 月中国注册会计师协会制定了《中国注册会计师职业道德守则》和《中国注册会计师协会非执业会员职业道德守则》。其中，《中国注册会计师职业道德守则》包括 5 个组成部分：《中国注册会计师职业道德守则第 1 号——职业道德基本原则》、《中国注册会计师职业道德守则第 2 号——职业道德概念框架》、《中国注册会计师职业道德守则第 3 号——提供专业服务的具体要求》、《中国注册会计师职业道德守则第 4 号——审计和审阅业务对独立性的要求》和《中国注册会计师职业道德守则第 5 号——其他鉴证业务对独立性要求》，自 2010 年 7 月 1 日起施行。中国注册会计师职业道德守则在全面规范注册会计师的职业道德行为的基础上，强调了注册会计师行业的社会责任和注册会计师的独立性问题，为注册会计师解决职业道德遇到的问题提供了方法指导。

## 一、注册会计师职业道德基本原则

注册会计师为实现执业目标，必须遵守一系列前提或一般原则。这些基本原则包括下列职业道德基本原则：诚信、独立、客观和公正、专业胜任能力和应有的关注、保密、良好职业行为。

（一）诚信

诚信，是指诚实、守信。也就是说，一个人言行与内心思想一致，不虚假；能够履行与别人的约定而取得对方的信任。诚信原则要求注册会计师应当在所有的职业关系和商业关系中保持正直和诚实，秉公处事、实事求是。

注册会计师如果认为业务报告、申报资料或其他信息存在下列问题，则不得与这些有问题的信息发生牵连：

（1）含有严重虚假或误导性的陈述；

（2）含有缺乏充分根据的陈述或信息；

（3）存在遗漏或含糊其辞的信息。

注册会计师如果注意到已与有问题的信息发生牵连，应当采取措施消除牵连。在鉴证业务中，如果注册会计师依据执业准则出具了恰当的非标准业务报告，不被视为违反上述要求。

（二）独立性

独立性，是指不受外来力量控制、支配，按照一定之规行事。独立原则通常是对注册会计师而不是对非执业会员提出的要求。在执行鉴证业务时，注册会计师必须保持独立性。在市场经济条件下，投资者主要依赖财务报表判断投资风险，在投资机会中作出选择。如果注册会计师不能与客户保持独立性，而是存在经济利益、关联关系，或者屈从于外界压力，就很难取信于社会公众。

那么，什么是独立性呢？较早给出权威解释的是美国注册会计师协会。美国注册会计师协会在1947年发布的《审计暂行标准》（The Tentative Statement of Auditing Standards）中指出："独立性的含义相当于完全诚实、公正无私、无偏见、客观认识事实、不偏袒。"传统观点认为，注册会计师的独立性包括两个方面：实质上的独立和形式上的独立。美国注册会计师协会在职业行为守则中要求："在公共业务领域中的执业注册会计师，在提供审计和其他鉴证业务时应当保持实质上与形式上的独立。"国际会计师联合会职业道德守则也要求执行公共业务的职业会计师（执业注册会计师）保持实质上的独立和形式上的独立。

注册会计师执行审计和审阅业务及其他鉴证业务时，应当从实质上和形式上保持独立性，不得因任何利害关系影响其客观性。

会计师事务所在承办审计和审阅业务及其他鉴证业务时，应当从整体层面和具体业务层面采取措施，以保持会计师事务所和项目组的独立性。

（三）客观和公正

客观，是指按照事物的本来面目去考察，不添加个人的偏见。公正，是指公平、正直、不偏袒。

客观和公正原则要求注册会计师应当公正处事、实事求是，不得由于偏见、利益冲突或他人的不当影响而损害自己的职业判断。如果存在导致职业判断出现偏差，或者对职业判断产生不当影响的情形，注册会计师不得提供相关专业服务。

（四）专业胜任能力和应有的关注

专业胜任能力和应有的关注原则要求注册会计师通过教育、培训和执业实践获取和保持专业胜任能力。注册会计师应当持续了解并掌握当前法律、技术和实务的发展变化，将专业知识和技能始终保持在应有的水平，确保为客户提供具有专业水准的服务。

1. 专业胜任能力

注册会计师作为专业人士，在许多方面都要履行相应的责任，保持和提高专业胜任能力就是其中的重要内容。专业胜任能力是指注册会计师具有专业知识、技能和经验，能够经济、有效地完成客户委托的业务。注册会计师如果不能保持和提高专业胜任能力，就难以完成客户委托的业务。事实上，如果注册会计师在缺乏足够的知识、技能和经验的情况下提供专业服务，就构成了一种欺诈。一个合格的注册会计师，不仅要充分认识自己的能力，对自己充满信心，更重要的是，必须清醒地认识到自己在专业胜任能力方面存在的不足。如果注册会计师不能认识到这一点，承接了难以胜任的业务，就可能给客户乃至社会公众带来危害。

注册会计师在应用专业知识和技能时，应当合理运用职业判断。专业胜任能力可分为两个独立阶段：① 专业胜任能力的获取；② 专业胜任能力的保持。注册会计师应当持续了解和掌握相关的专业技术和业务的发展，以保持专业胜任能力。持续职业发展能够使注册会计师发展和保持专业胜任能力，使其能够胜任特定业务环境中的工作。

2. 应有的关注

注册会计师遵守执业准则和职业道德规范的要求，勤勉尽责，认真、全面、及时地完成工作任务。在审计过程中，注册会计师应当保持职业怀疑态度，运用专业知识、技能和经验，获取和评价审计证据。同时，注册会计师应当采取措施以确保在其授权下工作的人员得到适当的培训和督导。在适当情况下，注册会计师应当使客户、工作单位和专业服务的其他使用者了解专业服务的固有局限性。

（五）保密

注册会计师能否与客户维持正常的关系，有赖于双方能否自愿而又充分地进行沟通和交流，不掩盖任何重要的事实和情况。只有这样，注册会计师才能有效地完成工作。注册会计师与客户的沟通，必须建立在为客户信息保密的基础上。这里所说的客户信息，通常是指涉密信息。一旦涉密信息被泄露或被利用，往往会给客户造成损失。因此，许多国家规定，在公众领域执业的注册会计师，在没有取得客户同意的情况下，不能泄露任何客户的涉密信息。

保密原则要求注册会计师应当对在职业活动中获知的涉密信息予以保密，不得有下列行为：

（1）未经客户授权或法律法规允许，向会计师事务所以外的第三方披露其所获知的涉密信息；

（2）利用所获知的涉密信息为自己或第三方谋取利益。

注册会计师在社会交往中应当履行保密义务。注册会计师应当警惕无意泄密的可能性，特别是警惕无意中向近亲属或关系密切的人员泄密的可能性。近亲属是指配偶、父母、子女、兄弟姐妹、祖父母、外祖父母、孙子女、外孙子女。

另外，注册会计师应当对拟接受的客户或拟受雇的工作单位向其披露的涉密信息保密。在终止与客户或工作单位的关系之后，注册会计师仍然应当对在职业关系和商业关系中获知的信息保密。如果变更工作单位或获得新客户，注册会计师可以利用以前的经验，但不应利用或披露任何由于职业关系和商业关系获得的涉密信息。注册会计师应当明确在会计师事务所内部保密的必要性，采取有效措施，确保其下级员工及为其提供建议和帮助的人员遵循保密义务。

注册会计师在下列情况下可以披露涉密信息：

（1）法律法规允许披露，并且取得客户或工作单位的授权；

（2）根据法律法规的要求，为法律诉讼、仲裁准备文件或提供证据，以及向有关监管机构报告发现的违法行为；

（3）法律法规允许的情况下，在法律诉讼、仲裁中维护自己的合法权益；

（4）接受注册会计师协会或监管机构的执业质量检查，答复其询问和调查；

（5）法律法规、执业准则和职业道德规范规定的其他情形。

在决定是否披露涉密信息时，注册会计师应当考虑下列因素：

（1）客户同意披露的涉密信息，是否为法律所禁止；

（2）如果客户同意披露涉密信息，是否会损害关系人的利益；

（3）是否已了解和证实所有相关信息；

（4）信息披露的方式和对象；

（5）可能承担的法律和后果。

（六）良好职业行为

注册会计师应当遵守相关法律法规，避免发生任何损害职业声誉的行为。

注册会计师在向公众传递信息及推介自己和工作时，应当客观、真实、得体、不得损害职业形象。

注册会计师应当诚实、实事求是，不得有下列行为：

（1）夸大宣传提供的服务、拥有的资质或获得的经验；

（2）贬低或无根据地比较其他注册会计师的工作；

（3）暗示有能力影响有关主管部门、监管部门或类似机构；

（4）作出其他欺骗性的或有可能导致误解的声明。

## 二、注册会计师职业道德概念框架

（一）职业道德概念框架的内涵

中国注册会计师职业道德守则提出的职业道德概念框架，是用以指导注册会计师遵循职业道德基本原则，履行维护公众利益的职责。职业道德概念框架是指解决职业道德问题的思路和方法，用以指导注册会计师：（1）识别对职业道德基本原则的不利影响；（2）评价不利影响的严重程度；（3）必要时采取防范措施消除不利影响或将其降低至可接受的水平。职业道德概念框架适用于注册会计师处理对职业道德基本原则产生不利影响的各种情形，其目的在于防止注册会计师认为只要《职业道德守则》未明确禁止的情形就是允许的。

在运用职业道德概念框架时，注册会计师应当运用职业判断。如果发现存在可能违反职业道德基本原则的情形，注册会计师应当评价其对职业道德基本原则的不利影响。在评价不利影响的严重程度时，注册会计师应当从性质和数量两个方面予以考虑。如果认为对职业道德基本原则的不利影响超出可接受的水平，注册会计师应当确定是否能够采取防范措施消除不利影响或者将其降低至可接受的水平。

在运用职业道德概念框架时，如果某些不利影响是重大的，或者合理的防范措施不可行或无法实施，注册会计师可能面临不能消除不利影响或将其降至可接受水平的情形。如果无法采取适当的防范措施，注册会计师应当拒绝或终止所从事的特定专业服务，必要时与客户解除合约关系，或向其工作单位辞职。

（二）对遵循职业道德基本原则产生不利影响的因素及防范措施

注册会计师对职业道德基本原则的遵循可能受到多种因素的不利影响。不利影响的性质和严重程度因注册会计师提供服务类型的不同而不同。可能对职业道德基本原则产生不利影响的因素包括：自身利益、自我评价、过度推介、密切关系和外在压力。

（1）自身利益导致的不利影响。如果经济利益或其他利益对注册会计师的职业判断或行为产生不当影响，将产生自身利益导致的不利影响。

（2）自我评价导致的不利影响。如果注册会计师对其（或者其所在会计师事务所或工作单位的其他人员）以前的判断或服务结果作出不恰当的评价，并且将据此形成的判断作为当前服务的组成部分，将产生自我评价导致的不利影响。

（3）过度推介导致的不利影响。如果注册会计师过度推介客户或工作单位的某种立场或意见，使其客观性受到损害，将产生过度推介导致的不利影响。

（4）密切关系导致的不利影响。如果注册会计师与客户或工作单位存在长期或亲密的关系，而过于倾向他们的利益，或者认可他们的工作，将产生密切关系导致的不利影响。

（5）外在压力导致的不利影响。如果注册会计师受到实际的压力或感受到压力（包括对注册会计师实施不当影响的意图）而无法客观行事，将产生外在压力导致的不利影响。

防范措施是指可以消除不利影响或将其降至可接受水平的行动或其他措施。应对不利影响的防范措施包括下列两类：（1）法律法规和职业规范规定的防范措施；（2）在具体工作中采取的防范措施。

法律法规和职业规范规定的防范措施主要包括：

（1）取得注册会计师资格必需的教育、培训和经验要求；

（2）持续的职业发展要求；

（3）公司治理方面的规定；

（4）执业准则和职业道德规范的规定；

（5）监管机构或注册会计师协会的监控和惩戒程序；

（6）由依法授权的第三方对注册会计师编制的业务报告、申报资料或其他信息进行外部复核。

某些防范措施可以增加识别或禁止不道德行为发生的可能性。由行业、法律法规、监管机构及工作单位规定的这类防范措施包括：

（1）由所在的工作单位、行业及监管机构建立有效的公开投诉系统，使同行、工作单位及社会公众能够注意到不专业或不道德的行为；

（2）明确规定注册会计师有义务报告违反职业道德守则的行为或情形。

（三）道德冲突的解决

在遵循职业道德基本原则时，注册会计师应当解决遇到的道德冲突问题。在解决道德冲突问题时，注册会计师应当考虑下列因素：

（1）与道德冲突问题有关的事实；

（2）涉及的道德问题；

（3）道德冲突问题涉及的职业道德基本原则；

（4）会计师事务所或工作单位制定的解决道德冲突问题的程序；

（5）可供选择的措施。

在考虑上述因素并权衡可供选择措施的后果后，注册会计师应当确定适当的措施。如果道德冲突问题仍无法解决，注册会计师应当考虑向会计师事务所或工作单位内部的适当人员咨询，寻求帮助解决问题。如果道德问题涉及注册会计师与某一组织的冲突或是组织内部的冲突，注册会计师还应当确定是否向该组织的治理层（如董事会）咨询。

如果某项重大冲突未能解决，注册会计师可以考虑向相关职业团体或法律顾问获取专业建议。如果以不提及相关方的方式与相关职业团体讨论所涉事项，或者在法律特权保护下与法律顾问讨论所涉事项，注册会计师通常能够在不违反保密原则的条件下获得解决道德问题的指导。在考虑所有相关可能措施后，如果道德冲突仍未解决，注册会计师应当在可能的情况下拒绝继续与产生冲突的事项发生关联。注册会计师可视情况确定是否解除业务约定或退出某项特定任务，或者完全退出该项业务，或者向所在会计师事务所或工作单位辞职。

## 三、注册会计师对职业道德概念框架的具体运用

注册会计师遇到的不利影响或可能对职业道德基本原则遵循产生不利影响的各种情形和关系，包括专业服务委托、利益冲突、应客户要求提供第二次意见、收费、专业服务营销、礼品和款待、保管客户资产、对客观和公正原则的要求。

（一）可能对职业道德基本原则产生不利影响的因素

1. 自身利益导致不利影响的情形

（1）鉴证业务项目组成员在鉴证客户中拥有直接经济利益；

（2）会计师事务所的收入过分依赖某一客户；

（3）鉴证业务项目组成员与鉴证客户存在重要且密切的商业关系；

（4）会计师事务所担心可能失去某一重要客户；

（5）鉴证业务项目组成员正在与鉴证客户协商受雇于该客户；

（6）会计师事务所与客户就鉴证业务达成或有收费的协议；

（7）注册会计师在评价所在会计师事务所以往提供的专业服务时，发现了重大错误。

2. 自我评价导致不利影响的情形

（1）会计师事务所在对客户提供财务系统的设计或操作服务后，又对系统的运行有效性出具鉴证报告；

（2）会计师事务所为客户编制原始数据，这些数据构成鉴证业务的对象；

（3）鉴证业务项目组成员担任或最近曾经担任客户的董事或高级管理人员；

（4）鉴证业务项目组成员目前或最近曾受雇于客户，并且所处职位能够对鉴证

对象施加重大影响；

（5）会计师事务所为鉴证客户提供直接影响鉴证对象信息的其他服务。

3. 过度推介导致不利影响的情形

（1）会计师事务所推介审计客户的股份；

（2）在审计客户与第三方发生诉讼或纠纷时，注册会计师担任该客户的辩护人。

4. 密切关系导致不利影响的情形

（1）项目组成员的近亲属担任客户的董事或高级管理人员；

（2）项目组成员的近亲属是客户的员工，其所处职位能够对业务对象施加重大影响；

（3）客户的董事、高级管理人员或所处职位能够对业务对象施加重大影响的员工，最近曾担任会计师事务所的项目合伙人；

（4）注册会计师接受客户的礼品或款待；

（5）会计师事务所的合伙人或高级员工与鉴证客户存在长期业务关系。

项目合伙人是指会计师事务所中负责某项业务及其执行，并代表会计师事务所在报告上签字的合伙人。在有限责任制的会计师事务所，项目合伙人是指主任会计师、副主任会计师或具有同等职位的高级管理人员。如果项目合伙人以外的其他注册会计师在业务报告上签字，中国注册会计师职业道德守则对项目合伙人作出的规定也适用于该签字注册会计师。

5. 外在压力导致不利影响的情形

（1）会计师事务所受到客户解除业务关系的威胁；

（2）审计客户表示，如果会计师事务所不同意对某项交易的会计处理，则不再委托其承办协议中的非鉴证业务；

（3）客户威胁将起诉会计师事务所；

（4）会计师事务所受到降低收费的影响而不恰当地缩小工作范围；

（5）由于客户员工对所讨论的事项更具有专长，注册会计师面临服从其判断的压力；

（6）会计师事务所合伙人告知注册会计师，除非同意审计客户不恰当的会计处理，否则将影响晋升。

（二）应对不利影响的防范措施

注册会计师应当运用判断，确定如何应对超出可接受水平的不利影响，包括采取防范措施消除不利影响或将其降低至可接受的水平，或者终止业务约定或拒绝接受业务委托。在运用判断时，注册会计师应当考虑：一个理性且掌握充分信息的第三方，在权衡注册会计师当时可获得的所有具体事实和情况后，是否很可能认为这些防范措施能够消除不利影响或将其降低至可接受的水平，以使职业道德基本原则不受损害。应对不利影响的防范措施包括法律法规和职业规范规定的防范措施和在具体工作中采取的防范措施。

在具体工作中，应对不利影响的防范措施包括会计师事务所层面的防范措施和具体业务层面的防范措施。

1. 会计师事务所层面的防范措施

（1）领导层强调遵循职业道德基本原则的重要性；

（2）领导层强调鉴证业务项目组成员应当维护公众利益；

（3）制定有关政策和程序，实施项目质量控制，监督业务质量；

（4）制定有关政策和程序，识别对职业道德基本原则的不利影响，评价不利影响的严重程度，采取防范措施消除不利影响或将其降低至可接受的水平；

（5）制定有关政策和程序，保证遵循职业道德基本原则；

（6）制定有关政策和程序，识别会计师事务所或项目组成员与客户之间的利益或关系；

（7）制定有关政策和程序，监控对某一客户收费的依赖程度；

（8）向鉴证客户提供非鉴证服务时，指派鉴证业务项目组以外的其他合伙人和项目组，并确保鉴证业务项目组和非鉴证业务项目组分别向各自的业务主管报告工作；

（9）制定有关政策和程序，防止项目组以外的人员对业务结果施加不当影响；

（10）及时向所有合伙人和专业人员传达会计师事务所的政策和程序及其变化情况，并就这些政策和程序进行适当的培训；

（11）指定高级管理人员负责监督质量控制系统是否有效运行；

（12）向合伙人和专业人员提供鉴证客户及其关联实体的名单，并要求合伙人和专业人员与之保持独立；

（13）制定有关政策和程序，鼓励员工就遵循职业道德基本原则方面的问题与领导层沟通；

（14）建立惩戒机制，保障相关政策和程序得到遵守。

2. 具体业务层面的防范措施

（1）对已执行的非鉴证业务，由未参与该业务的注册会计师进行复核，或者在必要时提供建议；

（2）对已执行的鉴证业务，由鉴证业务项目组以外的注册会计师进行复核，或者在必要时提供建议；

（3）向客户审计委员会、监管机构或注册会计师协会咨询；

（4）与客户治理层讨论有关的职业道德问题；

（5）向客户治理层说明提供服务的性质和收费的范围；

（6）由其他会计师事务所执行或重新执行部分业务；

（7）轮换鉴证业务项目组合伙人和高级员工。

下列防范措施有助于识别或制止违反职业道德基本原则的行为：

（1）由所在的工业单位、行业及监管机构建立有效的公开投诉系统，使同行、工作单位及社会公众能够注意到不专业或不道德的行为；

（2）明确规定注册会计师有义务报告违反职业道德守则的行为或情形。

（三）专业服务委托

1. 接受客户关系

在接受客户关系前，注册会计师应当确定接受客户关系是否会对职业道德基本原则产生不利影响。注册会计师应当考虑客户的主要股东、关键管理人员和治理层是否诚信，以及客户是否涉及非法活动（如洗钱）或存在可疑的财务报告问题等。

客户存在的问题可能对注册会计师遵循诚信原则或良好职业行为原则产生不利影响，注册会计师应当评价不利影响的严重程度，并在必要时采取防范措施消除不利影响或将其降低至可接受的水平。防范措施主要包括：

（1）对客户及其主要股东、关键管理人员、治理层和负责经营活动的人员进行了解；

（2）要求客户对完善公司治理结构或内部控制作出承诺。

如果不能将客户存在的问题产生的不利影响降低至可接受的水平，注册会计师应当拒绝接受客户关系。如果向同一客户连续提供专业服务，注册会计师应当定期评价继续保持客户关系是否适当。

2. 承接业务

注册会计师应当遵循专业胜任能力和应有的关注原则，仅向客户提供能够胜任的专业服务。在承接某一客户业务前，注册会计师应当确定承接该业务是否会对职业道德基本原则产生不利影响。

如果项目组不具备或不能获得执行业务所必需的胜任能力，将对专业胜任能力和应有的关注原则产生不利影响。注册会计师应当评价不利影响的严重程度，并在必要时采取防范措施消除不利影响或将其降低至可接受的水平。防范措施主要包括：

（1）了解客户的业务性质、经营的复杂程度以及所在行业的情况；

（2）了解专业服务的具体要求和业务对象，以及注册会计师拟执行工作的目的、性质和范围；

（3）了解相关监管要求或报告要求；

（4）分派足够的具有胜任能力的员工；

（5）必要时利用专家的工作；

（6）就执行业务的时间安排与客户达成一致意见；

（7）遵守质量控制政策和程序，以合理保证仅承接能够胜任的业务。

当利用专家的工作时，注册会计师应当考虑专家的声望、专长及其可获得的资源以及适用的执业准则和职业道德规范等因素，以确定专家的工作结果是否值得依赖。注册会计师可以通过以前与专家的交往或向他人咨询获得相关信息。

3. 客户变更委托

如果应客户要求或考虑以投标方式接替前任注册会计师，注册会计师应当从专业角度或其他方面确定应否承接该业务。如果注册会计师在了解所有相关情况前就承接业务，可能对专业胜任能力和应有的关注原则产生不利影响，注册会计师应当评价不利影响的严重程度。

由于客户变更委托的表面理由可能并未完全反映事实真相，根据业务性质，注册会计师可能需要与前任注册会计师直接沟通，核实与变更委托相关的事实和情况，以确定是否适宜承接该业务。

注册会计师应当在必要时采取防范措施，消除因客户变更委托产生的不利影响或将其降低至可接受的水平。防范措施主要包括：

（1）当应邀投标时，在投标书中说明，在承接业务前需要与前任注册会计师沟通，以了解是否存在不应接受委托的理由；

（2）要求前任注册会计师提供已知悉的相关事实或情况，即前任注册会计师认为，后任注册会计师在作出承接业务的决定前，需要了解的事实或情况；

（3）从其他渠道获取必要的信息。

如果采取的防范措施不能消除不利影响或将其降低至可接受的水平，注册会计师不得承接该业务。

注册会计师可能应客户要求在前任注册会计师工作的基础上提供进一步的服务。如果缺乏完整的信息，可能对专业胜任能力和应有的关注原则产生不利影响。注册会计师应当评价不利影响的严重程度，并在必要时采取防范措施消除不利影响或将其降低至可接受的水平。

采取的防范措施主要包括将拟承担的工作告知前任注册会计师，提请其提供相关信息，以便恰当地完成该项工作。

前任注册会计师应当遵循保密原则。前任注册会计师是否可以或必须与后任注册会计师讨论客户的相关事务，取决于业务的性质、是否征得客户同意以及法律法规或职业道德规范的有关要求。

注册会计师在与前任注册会计师沟通前，应当征得客户的同意，最好征得客户的书面同意。前任注册会计师在提供信息时，应当实事求是、清晰明了。如果不能与前任注册会计师沟通，注册会计师应当采取适当措施，通过询问第三方或调查客户的高级管理人员、治理层的背景等方式，获取有关对职业道德等原则产生不利影响的信息。

（四）利益冲突

注册会计师应当采取适当措施，识别可能产生利益冲突的情形。这些情形可能对职业道德基本原则产生不利影响。注册会计师与客户存在直接竞争关系，或者与客户的主要竞争者存在合资或类似关系，可能对客观和公正原则产生不利影响。注册会计师为两个以上客户提供服务，而这些客户之间存在利益冲突或对某一事项或交易存在争议，可能对客观和公正原则或保密原则产生不利影响。

注册会计师应当评价利益冲突产生不利影响的严重程度，并在必要时采取防范措施消除不利影响或将其降低至可接受的水平。在接受或保持客户关系和具体业务前，如果与客户或第三方存在商业利益或关系，注册会计师应当评价其所产生不利影响的严重程度。

注册会计师应当根据可能产生利益冲突的具体情形，采取下列防范措施：

（1）如果会计师事务所的商业利益或业务活动可能与客户存在利益冲突，注册会计师应当告知客户，并在征得其同意的情况下执行业务；

（2）如果为存在利益冲突的两个以上客户服务，注册会计师应当告知所有已知相关方，并在征得他们同意的情况下执行业务；

（3）如果为某一特定行业或领域中的两个以上客户提供服务，注册会计师应当告知客户，并在征得他们同意的情况下执行业务。

如果客户不同意注册会计师为存在利益冲突的其他客户提供服务，注册会计师应当终止为其中一方或多方提供服务。

除采取上述防范措施外，注册会计师还应当采取下列一种或多种防范措施：

（1）分派不同的项目组为相关客户提供服务；

（2）实施必要的保密程序，防止未经授权接触信息，例如，对不同的项目组实施严格的隔离程序，做好数据文档的安全保密工作；

（3）向项目组成员提供有关安全和保密问题的指引；

（4）要求会计师事务所的合伙人和员工签订保密协议；

（5）由未参与执行相关业务的高级员工定期复核防范措施的执行情况。

如果利益冲突对职业道德基本原则产生不利影响，并且采取防范措施无法消除不利影响或将其降低至可接受的水平，注册会计师应当拒绝承接某一特定业务，或者解除一个或多个存在冲突的业务约定。

（五）应客户的要求提供第二次意见

在某客户运用会计准则对特定交易和事项进行处理，且已由前任注册会计师发表意见的情况下，如果注册会计师应客户的要求提供第二次意见，可能对职业道德基本原则产生不利影响。

如果第二次意见不是以前任注册会计师所获得的相同事实为基础，或者依据的证据不充分，可能对专业胜任能力和应有的关注原则产生不利影响。不利影响存在与否及其严重程度，取决于业务的具体情况，以及为提供第二次意见所能获得的所有相关事实及证据。

如果被要求提供第二次意见，注册会计师应当评价不利影响的严重程度，并在必要时采取防范措施消除不利影响或将其降低至可接受的水平。

防范措施主要包括：

（1）征得客户同意与前任注册会计师沟通；

（2）在与客户沟通中说明注册会计师发表专业意见的局限性；

（3）向前任注册会计师提供第二次意见的副本。

如果客户不允许与前任注册会计师沟通，注册会计师应当在考虑所有情况后决定是否适宜提供第二次意见。

（六）收费

会计师事务所在确定收费时应当主要考虑专业服务所需的知识和技能、所需专业人员的水平和经验、各级别专业人员提供服务所需的时间和提供专业服务所需承担的责任。在专业服务得到良好的计划、监督及管理的前提下，收费通常以每一专业人员适当的小时收费标准或日收费标准为基础计算。

收费是否对职业道德基本原则产生不利影响，取决于收费报价水平和所提供的相应服务。注册会计师应当评价不利影响的严重程度，并在必要时采取防范措施消除不利影响或将其降低至可接受的水平。防范措施主要包括让客户了解业务约定条款，特别是确定收费的基础，以及在收费报价内所能提供的服务、安排恰当的时间和具有胜任能力的员工执行任务。

在承接业务时，如果收费报价过低，可能导致难以按照执业准则和相关职业道德的要求执行业务，从而对专业胜任能力和应有的关注原则产生不利影响。如果收费报价明显低于前任注册会计师或其他会计师事务所的相应报价，会计师事务所应当确保在提供专业服务时，遵守执业准则和相关职业道德要求的要求，使工作质量不受损害并使客户了解专业服务的范围和收费基础。

或有收费可能对职业道德基本原则产生不利影响。不利影响存在与否及其严重程度取决于下列因素：

（1）业务的性质；

（2）可能的收费金额区间；

（3）确定收费的基础；

（4）是否由独立第三方复核交易和提供服务的结果。

除法律法规允许外，注册会计师不得以或有收费方式提供鉴证服务，收费与否或收费多少不得以鉴证工作结果或实现特定目的为条件。注册会计师应当评价或有收费产生不利影响的严重程度，并在必要时采取防范措施消除不利影响或将其降低至可接受的水平。防范措施主要包括：

（1）预先就收费的基础与客户达成书面协议；

（2）向预期的报告使用者披露注册会计师所执行的工作及收费的基础；

（3）实施质量控制政策和程序；

（4）由独立第三方复核注册会计师已执行的工作。

注册会计师收取与客户相关的介绍费或佣金，可能对客观和公正原则，以及专业胜任能力和应有的关注原则产生非常严重的不利影响，导致没有防范措施能够消除不利影响或将其降低至可接受的水平。注册会计师不得收取与客户相关的介绍费或佣金。注册会计师为获得客户而支付业务介绍费，可能对客观和公正原则，以及专业胜任能力和应有的关注原则产生非常严重的不利影响，导致没有防范措施能够消除不利影响或将其降低至可接受的水平。注册会计师不得向客户或其他方支付业务介绍费。

（七）专业服务营销

注册会计师通过广告或其他营销方式招揽业务，可能对职业道德基本原则产生不利影响。在向公众传递信息时，注册会计师应当维护职业声誉，做到客观、真实、得体。

注册会计师在营销专业服务时，不得有下列行为：

（1）夸大宣传提供的服务、拥有的资质或获得的经验；

（2）贬低或无根据地比较其他注册会计师的工作；

（3）暗示有能力影响有关主管部门、监管机构或类似机构；

（4）作出其他欺骗性的或可能导致误解的声明。

注册会计师不得采用强迫、欺诈、利诱或骚扰等方式招揽业务。注册会计师不得对其能力进行广告宣传以招揽业务，但可以利用媒体刊登设立、合并、分立、解散、迁址、名称变更和招聘员工等信息。

（八）礼品和款待

如果客户向注册会计师（或其近亲属）赠送礼品或给予款待，将对职业道德基本原则产生不利影响。注册会计师不得向客户索取、收受委托合同约定以外的酬金或其他财物，或者利用执行业务之便，谋取其他不正当的利益。

注册会计师应当评价接受款待产生不利影响的严重程度，并在必要时采取防范措施消除不利影响或将其降低至可接受的水平。如果款待超出业务活动中的正常往来，注册会计师应当拒绝接受。

（九）保管客户资产

除非法律法规允许或要求，注册会计师不得提供保管客户资金或其他资产的服务。注册会计师保管客户资金或其他资产，应当履行相应的法定义务。保管客户资金或其他资产可能对职业道德基本原则产生不利影响，尤其可能对客观和公正原则，以及良好职业行为原则产生不利影响。

注册会计师如果保管客户资金或其他资产，应当符合下列要求：

（1）将客户资金或其他资产与其个人或会计师事务所的资产分开；

（2）仅按照预定用途使用客户资金或其他资产；

（3）随时准备向相关人员报告资产状况及产生的收入、红利或利得；

（4）遵守所有与保管资产和履行报告义务相关的法律法规。

如果某项业务涉及保管客户资金或其他资产，注册会计师应当根据有关接受与保持客户关系和具体业务政策的要求，适当询问资产的来源，并考虑应当履行的法定义务。如果客户资金或其他资产来源于非法活动（如洗钱），注册会计师不得提供保管资产服务，并应当向法律顾问征询进一步的意见。

（十）对客观和公正原则的要求

在提供专业服务时，注册会计师如果在客户中拥有经济利益，或者与客户董事、高级管理人员或员工存在家庭和私人关系或商业关系，应当确定是否对客观和公正原则产生不利影响。

在提供专业服务时，对客观和公正原则的不利影响及其严重程度，取决于业务的具体情形和注册会计师所执行工作的性质。注册会计师应当评价不利影响的严重程度，并在必要时采取防范措施消除不利影响或将其降低至可接受的水平。防范措施主要包括：

（1）退出项目组；

（2）实施督导程序；

（3）终止产生不利影响的经济利益或商业关系；

（4）与会计师事务所内部较高级别的管理人员讨论有关事项；

（5）与客户治理层讨论有关事项。

如果防范措施不能消除不利影响或将其降低至可接受的水平，注册会计师应当拒绝接受业务委托或终止业务。

在提供鉴证服务时，注册会计师应当从实质上和形式上独立于鉴证客户，客观公正地提出结论，并且从外界看来没有偏见、无利益冲突、不受他人的不当影响。在执行审计和审阅业务及其他鉴证业务时，为了达到保持独立性的要求，注册会计师应当分别遵守《中国注册会计师职业道德守则第 4 号——审计和审阅业务对独立性的要求》和《中国注册会计师职业道德守则第 5 号——其他鉴证业务对独立性的要求》的规定。

**[案例 2 -1]**

希尔有限公司是奥特会计师事务所 2015 年发展的审计客户。在承接业务、签订业务约定书过程中，存在以下涉及职业道德的具体情况：

（1）在承接业务前，奥特会计师事务所在向希尔有限公司介绍本所专业人员情况时，顺便提供 A 注册会计师的父亲是本市国税局分管希尔有限公司所属行业的副局长这一消息。

（2）为便于沟通和稳定项目组成员构成，奥特会计师事务所指定 B 项目负责人的任期到业务约定期满的 2015 年。

（3）C 注册会计师于 2015 年 11 月接受指派，按计划对希尔有限公司进行了预审，但该事务所认为该情况不属于自我评价，允许 C 注册会计师继续留在审计项目组。

（4）完成审计工作后，项目组成员 D 向希尔有限公司财务负责人表达了希望将其妹妹调入希尔有限公司的愿望，并说明无论结果如何，都将遵循注册会计师职业道德规范。

要求：逐项单独针对上述情况，不考虑其他情况，分别指出注册会计师是否符合相关的职业道德规范，并说明理由。

分析：

（1）不符合职业道德规范。有关A注册会计师之父的信息与审计业务无关，容易引起客户的误解，因此有诱导客户的嫌疑。

（2）不符合职业道德规范。如果注册会计师与客户存在长期关系，将产生由密切关系导致的不利影响。会计师事务所应当定期轮换项目负责人。

（3）符合职业道德规范。预审工作属于整个审计工作业务的一部分，它与后续的审计工作并不重复，不产生自我评价。

（4）不符合职业道德规范。注册会计师不得利用职务之便，谋取其他不正当利益。

## 第二节　注册会计师的法律责任

### 一、注册会计师承担法律责任的依据

注册会计师在执行审计业务时，应当按照审计准则的要求审慎执业，保证执业质量，控制审计风险。否则，一旦出现审计失败，就有可能承担相应的责任。在普通法（已有法律判决案例的累积）下，注册会计师有责任履行对客户的合同。如果因过失或违约而没有提供服务，或者没有提供合格的服务，应当承担对客户的责任。在某些情况下，注册会计师可能要对客户以外的其他人承担责任，如对“已预见”将依赖财务报表的有限第三者承担责任。除了普通法以外，注册会计师还可能依据成文法对第三者承担责任。如在美国，1933年《证券法》和1934年《证券交易法》包含的一些条款，都可以作为起诉注册会计师的依据。在极少的情况下，注册会计师可能还要承担刑事责任。因此，无论按照普通法还是成文法，注册会计师都可能因执业原因承担相应的法律责任。进一步说，法律责任是与违反合约条款、侵害民事权益、违反行政法律规定或犯罪联系在一起的。对于客户和非客户而言，这些责任是不言而喻的。由于非合约方不凭借合约来要求经济利益，所以，非合约方（非客户）通常被排除在与合约方利益相关的部分之外。

法律责任的出现，通常是因为注册会计师在执业时没有保持应有的职业谨慎，并因此导致了对他人权利的损害。应有的职业谨慎，是指注册会计师应当具备足够的专业知识和业务能力，按照执业准则的要求执业。注册会计师承担的责任，通常是由被审计单位的经营失败所引发的，如果没有应有的职业谨慎，就会出现审计失败，审计风险就会变成实际的损失。

经营失败，是指企业由于经济或经营条件的变化（如经济衰退、不当的管理决策或出现意料之外的行业竞争等）而无法满足投资者的预期。经营失败的极端情况是申请破产。被审计单位在经营失败时，也可能连累注册会计师。很多会计和法律

专业人士认为，财务报表使用者控告会计师事务所的主要原因之一，是不理解经营失败和审计失败之间的差别。众所周知，资本投入或借给企业后就会面临某种程度的经营风险。审计失败则是指注册会计师由于没有遵守审计准则的要求而发表了错误的审计意见。例如，注册会计师可能指派了不合格的助理人员去执行审计任务，未能发现应当发现的财务报表中存在的重大错报。审计风险是指财务报表中存在重大错报，而注册会计师发表不恰当审计意见的可能性。由于审计中的固有限制影响注册会计师发现重大错报的能力，注册会计师不能对财务报表整体不存在重大错报作出绝对保证。特别是，如果被审计单位管理层精心策划和掩盖舞弊行为，尽管注册会计师完全按照审计准则执业，有时还是不能发现某项重大舞弊行为。

在绝大多数情况下，当注册会计师未能发现重大错报并出具了错误的审计意见时，就可能产生注册会计师是否恪守应有的职业谨慎这一法律问题。如果注册会计师在审计过程中没有尽到应有的职业谨慎，就属于审计失败。在这种情况下，法律通常允许因注册会计师未尽到应有的职业谨慎而遭受损失的各方，获得由审计失败导致的部分或全部损失的补偿。但是，由于审计业务的复杂性，判断注册会计师未能尽到应有的谨慎也是一项困难的工作。尽管如此，注册会计师如果未能恪守应有的职业谨慎，通常会由此承担责任，并可能导致会计师事务所也遭受损失。

## 二、注册会计师法律责任逐步拓展的社会原因和表现形式

### （一）注册会计师法律责任逐步拓展的社会原因

从目前看，注册会计师涉及法律诉讼的数量和金额都呈上升趋势。由于审计环境发生很大变化，企业规模扩大、业务全球化及企业经营的错综复杂性，使会计业务更加复杂，审计风险变大。同时，政府监管部门保护投资者的意识日益增强，监管措施日益完善，处罚注册会计师的力度日益加大。在这种情况下，利益相关者起诉注册会计师的案件逐渐增多，注册会计师败诉的案例也日益增多。这使得律师有非常强烈的动机，以或有收费为基础向利益相关者提供法律服务，无论是否有道理，都将注册会计师作为起诉的对象。

总体来讲，注册会计师法律责任逐步加重的社会原因可归结为以下三个方面。

（1）消费者利益的保护主义兴起。随着美国20世纪30年代早期《证券法》的通过和证券市场的发展，投资者和债权人更多开始使用经审计的财务报表作为决策依据。这种现象提高了社会公众对注册会计师工作的期望，也极大增强了依赖注册会计师工作的投资者和债权人中因遭受损失而向注册会计师获取补偿的欲望。这可以视为对消费者权益与商业利益之间出现利益失衡进行的一种补偿，表明人们开始对消费者的利益逐渐认识和重视。

（2）有关审计保险论的运用。社会公众将注册会计师看作财务报表的保证人。因此，当注册会计师作为“保证人”被看作一个拥有经济实力的团体时，投资者和债权人在每次遭遇困境时，往往将注册会计师作为索取赔偿的对象，当作承担责任

的“深口袋”。这就是所谓的“深口袋”理论（Deep - pocket Theory）（即任何看上去拥有经济财富的人都可能受到起诉，不论其应当受到惩罚的程度如何）和“风险社会化”（即把责任推向那些被认为可以避免损失或可以通过向其他人收取更高的费用转嫁损失的人），注册会计师越来越明显地被看作担保人而非独立、客观的审计者和报告者。

（二）注册会计师法律责任逐步拓展的表现形式

“诉讼爆炸”是注册会计师责任加重的主要表现形式。近十多年来，企业经营失败或者因管理层舞弊造成破产倒闭的事件剧增，投资者和贷款人蒙受重大损失，注册会计师因而被指控未能及时揭示或报告这些问题，并被要求赔偿有关损失。迫于社会的压力，许多国家的法院判决逐渐倾向于扩大注册会计师在这些方面的法律责任。

注册会计师法律责任的不断扩大，履行责任的对象随之拓宽，这些都使得注册会计师很容易被指控为民事侵权，“诉讼爆炸”也由此产生。在目前的法律环境下，注册会计师职业引人关注的一个问题是，指控会计师事务所和注册会计师执业不当的诉讼案件和赔偿金额日益增多。20 世纪 90 年代美国专家估计，由于法律诉讼和赔偿金额的激增，美国会计师事务所诉讼的直接费用支出占其审计收入的 20%。诉讼赔偿不仅是大型会计师事务所面临的问题，也是中小会计师事务所提供鉴证服务应当考虑的问题。

在国外，政府和民间诉讼者一样，也越来越多地就注册会计师执业不当提起诉讼，并从法律上要求获得赔偿。例如，美国联邦储备局和美国司法部联合对与一家主要金融机构审计失败有关的会计师事务所提出诉讼，英国政府也曾经在美国起诉一家与一个现已不存在的汽车制造公司有关的会计师事务所，以求弥补损失。起诉注册会计师的案件不断增长这一现象不仅出现在美国，在其他一些国家和地区也是如此。一家大型国际保险经纪公司的总裁在一次讲话中说，对注册会计师指控的案件至少在 70 个国家中有所增长。

保险危机是注册会计师责任加重的另一种表现形式。伴随着诉讼迅速增长的趋势，出现了另外一个重要的现象：职业过失保险赔付急剧增长，而保险赔付的增加又不可避免地导致保险费用的攀升。例如在美国，在对执业不当的审判中，凡涉及大额赔付的，陪审团裁决的基础就是认为赔偿金额通常由保险公司而非被告承担。陪审团的裁决表明他们已先入为主地认为被告都事先投了保。很明显，在陪审团眼中，保险金额的支付就像天上掉下来的馅饼。

早期的司法制度倾向于限定注册会计师对第三方的法律责任，但自 20 世纪 70 年代末以来，不少法官已放弃上述判例原则，转而规定注册会计师对已知的第三方使用者或财务报表的特定用途必须承担法律责任。当注册会计师涉及民事侵权案件时，诉讼带来的直接后果就是导致赔偿金额的持续上涨。这又导致注册会计师由于支付高额保险费用而引发提供的服务价格持续上涨。

## 三、对注册会计师法律责任的认定

### （一）违约

所谓违约，是指合同的一方或多方未能履行合同条款规定的义务。当违约给他人造成损失时，注册会计师应负违约责任。例如，会计师事务所在商定的期间内未能提交纳税申报表，或违反了与被审计单位订立的保密协议等。

### （二）过失

所谓过失，是指在一定条件下，没有保持应有的职业谨慎。评价注册会计师的过失，是以其他合格注册会计师在相同条件下可做到的谨慎为标准的。当过失给他人造成损失时，注册会计师应负过失责任。过失按程度不同区分为普通过失和重大过失。

普通过失，有的也称为一般过失，通常是指没有保持职业上应有的职业谨慎；对注册会计师而言则是指没有完全遵循专业准则的要求。例如，未对待定审计项目获取充分、适当的审计证据就出具审计报告的情况，可视为一般过失。

重大过失是指连起码的职业谨慎都没有保持。对注册会计师而言，则是指根本没有遵循专业准则或没有按专业准则的基本要求执行审计。

### （三）欺诈

欺诈又称舞弊，是以欺骗或坑害他人为目的的一种故意的错误行为。作案具有不良动机是欺诈的重要特征，也是欺诈与普通过失和重大过失的主要区别之一。对于注册会计师而言，欺诈就是为了达到欺骗他人的目的，明知委托单位的财务报表有重大错报，却加以虚伪的陈述，出具无保留意见的审计报告。

与欺诈相关的另一个概念是“推定欺诈”，又称“涉嫌欺诈”，是指虽无故意欺诈或坑害他人的动机，但却存在极端或异常的过失。推定欺诈和重大过失这两个概念的界限往往很难界定，在美国，许多法院曾经将注册会计师的重大过失解释为推定欺诈，特别是近年来有些法院放宽了“欺诈”一词的范围，使得推定欺诈和欺诈在法律上成为等效的概念。这样，具有重大过失的注册会计师的法律责任就进一步加大了。

## 四、注册会计师承担法律责任的种类

注册会计师因违约、过失或欺诈给被审计单位或其他利害关系人造成损失的，按照有关法律规定，可能被判承担行政责任、民事责任或刑事责任。这三种责任可单处，也可并处。行政责任，对注册会计师而言，包括警告、暂停执业、吊销注册会计师证书；对会计师事务所而言，包括警告、没收违法所得、罚款、暂停执业、撤销等。民事责任主要是指赔偿受害人损失。刑事责任是指触犯刑法所必须承担的法律后果，其种类包括罚金、有期徒刑以及其他限制人身自由的刑罚等。

### 五、中国注册会计师的法律责任

随着社会主义市场经济体制在我国的建立和完善，注册会计师在社会经济生活中的地位越来越重要，发挥的作用越来越大。如果注册会计师工作失误或犯有欺诈行为，将会给客户或依赖经审计财务报表的第三者造成重大损失，严重的甚至导致经济秩序的紊乱。因此，强化注册会计师的法律责任意识，严格注册会计师的法律责任，以保证职业道德和执业质量，就显得越来越重要。近年来我国颁布的大多经济法律法规中，都有专门规定会计师事务所、注册会计师法律责任的条款，其中比较重要的有：《注册会计师法》、《违反注册会计师法处罚暂行办法》、《公司法》、《证券法》及《刑法》等。此外，为了正确审理涉及会计师事务所在审计业务活动中的民事侵权赔偿责任，维护社会公共利益和相关当事人的合法权益，根据《民法通则》、《注册会计师法》、《公司法》、《证券法》等法律，结合审判实践，最高人民法院相继出台了一系列相关司法解释。

## 课后复习题

### 一、复习思考题

1. 注册会计师审计独立、客观、公正原则的内容是什么？

2. 可能损害独立性的因素有哪些？

3. 什么是不相容业务？为什么会损害独立性？

4. 如何接任前任注册会计师的审计业务？

5. 注册会计师法律责任产生的行为原因是什么？

6. 你是否同意注册会计师做广告？注册会计师做广告是否应该受到限制？应受那些限制？

7. 为什么所有其他行业的工作报酬，均可按工作后的结果来取得，唯独注册会计师审计不行？

### 二、案例分析题

（一）注册会计师李某是湖北某会计事务所法定代表人，2004 年 2 月至 3 月期间接受武汉中级人民法院的委托，对湖北某汽车公司与武汉某集团公司、湖北某实业公司等单位之间于 2001 年至 2002 年 12 月间的财务往来及债权债务情况进行审计。

李某指派没有注册会计师资格的审计助理人员周某、左某单独进行审计工作，在审计时审计范围受到限制，因而未能收集到足够的审计证据，审计报告也是周某和左某起草，注册会计师李某未参加审计工作，但由他审核、定稿并签发审计报告。

该审计报告被武汉中级人民法院采信，据此法院判决有关案件被告人王某无罪。

后经再次审计，发现注册会计师李某出具的审计报告与事实严重不符，法院重新审理后，认定王某犯挪用公款罪，判处有期徒刑12年。

注册会计师李某被起诉至江汉区人民法院，法院审理认为，有关证据均经当庭质证，查证属实，足以认定。注册会计师李某，严重不负责任，提供的证明文件严重失实，造成本应受到刑事追究的犯罪人得到无罪判决的严重后果，其行为构成出具鉴证文件重大失实罪。

鉴于注册会计师李某能够自首并主动交代问题配合检查机关调查，可从轻处罚，江汉区人民法院依法判处李某有期徒刑1年，缓刑1年，并处罚金5万元。

问题：

1. 对注册会计师李某的认定是普通过失、重大过失还是欺诈？为什么？

2. 法院对李某的量刑是否妥当？

（二）注册会计师老王接受本市一家小型工艺品厂的委托验资业务，约定书约定工作在1个月后开始。没过几天，工艺品厂刘经理愁眉苦脸地又来到事务所，请老王帮助销售产品以解燃眉之急。经询问，得知该厂产品没有稳定的销路，近来产品大量积压，资金紧张，特别是银行存款不足，按惯例当月发放工资日期已过5天而工资未能发放。该厂许诺如有人能为企业摆脱困境则给予重奖，一些积极响应的职工挖空心思找门路，献计献策，但几天下来仍无所获，工厂已经停工，整个工厂人心慌慌。老王想到他有个同学是做外贸的，不防试一试，废了一番周折才联系上他的同学，拿走几件产品做样品，一星期后，该厂接到订单，积压产品大部分发出，货款逐渐收回，工艺品厂复苏，刘经理高兴得宴请老王，并聘请老王为该厂顾问，老王欣然应允。刘经理请老王到某风景区观光几日，老王说快到验资时间了，计划还未完成，等验资结束后再说。

1. 注册会计师老王帮助该厂及接受聘请是否影响验资的客观公正性？

2. 老王可能从该厂获得的经济利益有哪些？验资结束后如果邀请老王观光，他应该接受吗？为什么？之前如果时间充裕可以吗？为什么？

**延伸阅读**

## 普华永道的违反独立性事件

1999年1月14日，美国证监会（SEC）在一项调查中发现普华永道（PWC）的专业人士职业操守不良，违反了注册会计师的独立性准则，于是决定对PWC进行调查。根据SEC与PWC达成的协议，在SEC聘请的独立顾问Jess Fardella的监督下，PWC先进行一个内部调查，要求PWC的专业人士自报有关独立性的违规行为，然后对这些人士的违规情况，SEC进行随机抽样，复核其完整性和准确性。

调查发现，PWC中的很多专业人士，特别是合伙人，违反了有关独立性的规定，许多人甚至是多次违反。在PWC的2698名合伙人中，1301人自报有独立性违规行为，平均每人5次，其中有153人超过20次。在8064次自报的违规行为中，81.3%是合伙人自报，17.4%是经理人员自报，45.2%是从事审计相关业务的合伙人自报。几乎一半的违规行为是PWC的专业人员直接投资与客户有关的证券、共同基金或保险产品，将近1/3的违规行为是拥有客户的股票或认股权。督导这次内部调查的11名高级合伙人中的6名以及12名地区合伙人自报有违规行为，其中一人自报38次，另一人自报34次。PWC合伙人委员会及其美国管理委员会的43名合伙人中的31人自报有违规行为，4人超过20次，一人41次，另一人40次。虽然事先明确警告说SEC在监督自报的过程，但在随机抽样复核中还是发现有77.5%的合伙人少报了至少1次违规。综合自报和随机抽查的结果，86.5%的合伙人和10.5%的其他专业人士违反了独立性规定。[①]

① 来源：《中国注册会计师》，2001年第9期。

# 第三章

# 审计目标与及其实现过程

## 学习目标

1. 熟悉注册会计师审计的总目标；
2. 理解被审计单位和注册会计师在财务报表审计中的责任划分；
3. 掌握管理层对财务报表认定的内容；
4. 掌握管理层对财务报表认定与审计具体目标的关系；
5. 熟悉审计的基本过程；
6. 掌握审计技术方法；
7. 熟悉审计证据的含义和要素；
8. 掌握审计证据的收集整理方法；
9. 熟悉审计工作底稿的基本要素。

## 适用的准则和规范

1. 《中国注册会计师审计准则第 1101 号——注册会计师的总体目标和审计工作的基本要求》
2. 《中国注册会计师审计准则第 1111 号——就审计业务约定条款达成一致意见》
3. 《中国注册会计师审计准则第 1201 号——计划审计工作》
4. 《中国注册会计师审计准则第 1211 号——通过了解被审计单位及其环境识别和评估重大错报风险》
5. 《中国注册会计师审计准则第 1501 号——对财务报表形成审计意见和出具审计报告》
6. 《中国注册会计师审计准则第 1301 号——审计证据》
7. 《中国注册会计师审计准则第 1131 号——审计工作底稿》
8. 《中国注册会计师审计准则第 1312 号—— 函 证》
9. 《中国注册会计师审计准则第 1313 号—— 分析程序》
10. 《中国注册会计师审计准则第 1314 号—— 审计抽样》

## 导读案例

银广夏，全称是广夏（银川）实业股份有限公司（股票代码：0557），于1994年6月17日获准在深圳上市，短短几年的时间其股价大涨，被称为“中国第一蓝筹股”。然而，2001年8月7日，《财经》杂志发表《银广夏陷阱》（以下简称《陷阱》）一文披露，银广夏利润赖以实现，以及其神话得以延续的秘密武器在于萃取技术和利用该技术进行的生产销售活动，而所谓的萃取技术和萃取产品是“不可能的产量、不可能的价格、不可能的产品”。《陷阱》发表后，社会舆论一片哗然。2001年8中国证监会针对此事正式立案稽查。据调查，发现以下事实：

银广夏公司1998—2001年间共计虚增利润77 156万元，其中，1999年虚增17 781万元，2000年虚增56 704万元，从原料购进到生产、销售、出口等环节，公司伪造了全部单据，包括销售合同、发票、银行票据、出口报关单和所得税免税文件等。

银广夏案件披露以后，社会舆论在同仇敌忾声讨上市公司的同时，对中介机构的信任也大打折扣。中天勤事务所注册会计师作为为社会公众和广大投资者提供鉴证服务的专业人士，却对银广夏的巨额利润造假熟视无睹，并出具持续多年的无保留意见，其专业技能和职业操守受到人们强烈的质疑，也给整个行业的社会形象造成严重的冲击。该事务所在对银广夏的审计过程中，违反了审计准则的规定，在审计方法和程序上存在如下严重缺陷：

1. 重形式而轻实质地执行函证、存货监盘等公认审计程序

在对天津广夏的审计过程中，将所有询证函交由公司发出，而并未要求公司债务人将回函直接寄达注册会计师处。这一做法使得被审计单位得以伪造函证结果，函证失去了意义。

2. 对财务报告及其相关信息中显示的异常变动缺乏应有的关注

银广夏的财务报表中关键产品投入产出异常。2000年度生产卵磷脂的投入产出比率较1999年度大幅下降的异常情况（事务所的工作底稿显示，银广夏公司萃取产品——卵磷脂1999年度的投入产出率为14:1，2000年度投入产出率为3.2:1），注册会计师既未实地考察，又没有咨询专家意见，而轻信银广夏管理层声称的“生产进入成熟期”。

**思考与讨论**

1. 中天勤在审计过程中，哪些审计程序的缺陷导致审计失效。
2. 结合案例说明注册会计师应该如何完成审计目标？
3. 注册会计师应如何发现会计报表中的舞弊？

# 第一节 财务报表审计的基本概念与前提条件

《中国注册会计师审计准则第1101号——财务报表审计的目标和审计工作的基本要求》规定，在执行财务报表审计工作时，注册会计师的总体目标是：(1) 对财务报表整体是否不存在由于舞弊或错误导致的重大错报获取合理保证，使得注册会计师能够对财务报表是否在所有重大方面按照适用的财务报告编制基础编制发表审计意见；(2) 按照审计准则规定，根据审计结果对财务报表出具审计报告，并与管理层和治理层沟通。

在学习如何执行财务报表审计之前，首先需要理解财务报表、适用的财务报表编制基础、错报、合理保证等重要概念。

## 一、财务报表审计的基本概念

### （一）财务报表

财务报表，是指依据某一财务报告编制基础对被审计单位历史财务信息作出的结构性表述，包括相关附注，旨在反映某一时点的经济资源或义务或者某一时期经济资源或义务的变化。相关附注通常包括重要会计政策概要和其他解释性信息。财务报表通常是指整套财务报表，有时也指单一财务报表。整套财务报表的构成应当根据适用的财务报告编制基础的规定确定。历史财务信息，是指以财务术语表述的某一特定实体的信息，这些信息主要来自特定实体的会计系统，反映了过去一段时间内发生的经济事项，或者过去某一时点的经济状况或情况。

### （二）适用的财务报告编制基础

财务报告编制基础分为通用目的编制基础和特殊目的编制基础。

通用目的编制基础，是指旨在满足广大财务报表使用者共同的财务信息需求的财务报告编制基础，主要是指会计准则和会计制度。

特殊目的编制基础，是指旨在满足财务报表特定使用者对财务信息需求的财务报告编制基础，包括计税核算基础、监管机构的报告要求和合同的约定等。

适用的财务报告编制基础，是指法律法规要求采用的财务报告编制基础；或者管理层和治理层（如适用）在编制财务报表时，就被审计单位性质和财务报表目标而言，采用的可接受的财务报告编制基础。所以，适用的财务报告编制基础，既可能是通用目的编制基础，也可能是特殊目的编制基础。

通常情况下，适用的财务报告编制基础是指会计准则（财务报告准则）和法律法规的规定。此外，其他文件可能对如何应用适用的财务报告编制基础提供指引。在这种情况下，适用的财务报告编制基础可能还包括下列文件：

(1) 与会计事项相关的法律法规、司法判决和职业道德要求；

（2）准则制定机构发布的具有不同权威性的会计解释；

（3）准则制定机构针对新出现的会计问题发布的具有不同权威性的意见；

（4）得到广泛认可和普遍使用的一般惯例或行业惯例。

如果会计准则与提供指引的文件存在冲突，或者构成财务报告编制基础的文件之间存在冲突，以具有最高权威性的文件为准。

适用的财务报告编制基础的规定决定了财务报表的格式和内容。尽管财务报告编制基础可能并没有对所有交易或事项的处理或披露作出具体规定，但通常包含具有普遍适用性的一般原则，这些原则可作为制定和运用会计政策的基础，从而使制定的会计政策与财务报告编制基础中的规定所依据的概念相一致。

适用的财务报告编制基础的规定也决定了整套财务报表的构成。就许多财务报告编制基础而言，财务报表旨在提供有关被审计单位财务状况、经营成果和现金流量的信息。对于这些财务报告编制基础，整套财务报表通常包括资产负债表、利润表、现金流量表、所有者权益（或股东权益）变动表和相关附注。对于另外一些财务报表编制基础而言，单一财务报表和相关附注也可能构成整套财务报表。

（三）错报

错报是指某一报表项目的金额、分类、列报或披露，与按照适用的财务报告编制基础应当列示的金额、分类、列报或披露之间存在的差异。错报可能是由于错误或舞弊行为导致的。

当注册会计师对财务报表是否在所有重大方面按照适用的财务报告编制基础编制并实现公允反映发表意见时，错报还包括根据注册会计师的判断，为使财务报表在所有重大方面实现公允反映，需要对金额、分类、列报或披露作出的必要调整。

（四）合理保证

合理保证是指注册会计师在财务报表审计中提供的一种高度但非绝对的保证水平。注册会计师应当根据审计准则的规定，对财务报表整体是否不存在由于舞弊或错误导致的重大错报获取合理保证，以作为发表审计意见的基础。

社会公众不应期望注册会计师将审计风险降至零，事实上注册会计师也不可能将审计风险降至零，无法对财务报表不存在重大错报获取绝对保证。这是因为财务报表审计存在固有限制，导致注册会计师据以得出结论和形成审计意见的大多数审计证据是说服性而非结论性的。审计的固有局限表现在以下三个方面：

（1）财务报告的性质。管理层编制财务报表，需要根据被审计单位的事实和情况运用适用的财务报告编制基础的规定，并在这一过程中作出判断。此外许多财务报表项目涉及主观决策、评估或一定程度的不确定性，并且可能存在一系列可接受的解释或判断。因此，某些财务报表项目的金额本身就存在一定的变动幅度，这种变动幅度不能通过实施追加的审计程序来消除。例如，某些会计估计通常如此。

（2）审计程序的性质。注册会计师获取审计证据的能力受到实务和法律上的限制。例如，管理层或其他人员可能有意或无意地不提供与财务报表编制相关的或注册会计师要求的全部信息。即使实施了旨在保证获取所有相关信息的审计程序，注册会计师也不能保证信息的完整性。再如舞弊，特别是涉及高级管理人员的舞弊或串谋舞弊，可能是精心策划和蓄意隐瞒的。在这种情况下，用以收集审计证据的审计程序对于发现舞弊可能是无效的，而且审计不是对涉嫌违法行为的官方调查。注册会计师没有被授予特定的法律权力（如调查权），而这种权力对调查可能是必要的。

（3）在合理的时间内以合理的成本完成审计的需要。注册会计师经常需要在获取信息的可靠性和成本之间进行权衡。为了在合理的时间内以合理的成本对财务报表形成审计意见，注册会计师需要恰当计划审计工作，将审计资源投向最可能存在重大错报风险的领域，并且综合运用测试以及其他方法检查总体中的错报。

正是由于上述固有限制的存在，注册会计师据以得出结论和形成审计意见的大多数审计证据是说服性而非结论性的。财务报表审计只能提供合理保证，不能提供绝对保证。

## 二、财务报表审计的前提条件

审计的前提条件，是指管理层在编制财务报表时采用可接受的财务报告编制基础，以及管理层对注册会计师执行审计工作的前提的认同。

为了确定审计的前提条件是否存在，注册会计师应当确定管理层在编制财务报表时采用的财务报告编制基础是否是可接受的，并且就管理层认可并理解其责任与管理层达成一致意见。

（一）确定财务报告编制基础是可接受的

会计师事务所承接鉴证业务的条件之一是评价标准适当，且能够为预期使用者获取。适当的标准使得注册会计师能够运用职业判断对鉴证对象作出合理一致的评价或计量。就财务报表审计而言，适用的财务报告编制基础为注册会计师提供了用以审计财务报表的标准。

在确定编制财务报表所采用的财务报告编制基础是否可接受时，注册会计师需要考虑下列相关因素：

（1）被审计单位的性质（例如，被审计单位是商业企业、公共部门实体还是非营利组织）；

（2）财务报表的目的（例如，编制财务报表是用于满足广大财务报表使用者共同的财务信息需求，还是用于满足财务报表特定使用者的财务信息需求）；

（3）财务报表的性质（例如，财务报表是整套财务报表还是单一财务报表）；

（4）法律法规是否规定了适用的财务报告编制基础。

如果确定被审计单位在编制财务报表时采用的财务报告编制基础是不可接受的，注册会计师不应承接这项审计业务。

（二）管理层认同注册会计师执行审计工作的前提

财务报表是由被审计单位管理层在治理层的监督下编制的。管理层和治理层（如适用）认可与财务报表相关的责任，是注册会计师执行审计工作的前提，构成注册会计师按照审计准则的规定执行审计工作的基础。

管理层，是指对被审计单位经营活动的执行负有经营管理责任的人员。在某些被审计单位，管理层包括部分或全部的治理层成员，如治理层中负有经营管理责任的人员，或者参与日常经营管理的投资者。

治理层，是指对被审计单位战略方向以及管理层履行经营管理责任负有监督责任的人员或组织。治理层的责任包括对财务报告过程的监督。在某些被审计单位，治理层可能包括管理层，如治理层中负有经营管理责任的人员，或业主兼经理。

具体来说，管理层和治理层（如适用）认可的与财务报表相关的责任包括：

（1）按照适用的财务报告编制基础编制财务报表，并使其实现公允反映（如适用）；

（2）设计、执行和维护必要的内部控制，以使财务报表不存在由于舞弊或错误导致的更大错报；

（3）向注册会计师提供必要的工作条件，包括允许注册会计师接触与编制财务报表相关的所有信息（如记录、文件和其他事项），向注册会计师提供审计所需的其他信息，允许注册会计师在获取审计证据时不受限制地接触其认为必要的内部人员和其他相关人员。

如果注册会计师未能与被审计单位就上述责任达成一致意见，注册会计师不应承接该审计业务。

需要说明的是，管理层或治理层的责任并不因为财务报表审计而减轻，也不对被审计单位未来生存能力或管理层经营效率、效果提供保证。

## 第二节　财务报表审计目标与管理层认定

审计目标是指在一定的历史环境下，审计主体通过审计实践活动所期望达到的境地或最终结果。审计目标规定了审计的基本任务，决定了审计的基本过程和应采取的审计程序。

### 一、审计目标的演变

在审计发展的不同阶段，为了适应社会的要求，审计的目标也在不断变化。注册会计师审计的发展主要经历了详细审计、资产负债表审计和财务报表审计三个阶段。

在详细审计阶段，查错防弊是审计的总体目标，由于当时公司中内部牵制制度尚不完整，而且不被人重视，技术错误和舞弊行为经常发生。为了察觉营私舞弊、技术上的错误、原理上的错误，保证会计记录的正确和财产的安全，必须采取详细的审计方法，对检查期内所有会计资料进行逐一查明，以取得充分的证据，便于作出有无错误和舞弊的结论。

在资产负债表审计阶段，查错防弊的审计目标已退居第二位，第一位的审计目标是提供信用证明，对资产负债表进行公正性审计。

在财务报表审计阶段，注册会计师的审计目标是判定被审计单位被审期内的财务报表是否公允地反映了其财务状况和经营成果，被审单位所采用的会计政策和会计处理方法是否符合公认会计准则。第二次世界大战以后，随着现代经济和科学技术的迅速发展，审计也突破了财务会计的范畴，涉及管理领域，管理审计（包括经营审计、效益审计、效果审计）也由此诞生，审计目标也因此增加了经济性、效率性和效果性的内容。

尽管注册会计师的审计目标在不断变化，但其基本职责仍然是执行财务报表审计，而其他性质的审计业务也只是在财务报表审计的基础上延伸和发展。

### 二、我国注册会计师审计的总体目标

根据《中国注册会计师审计准则第1101号——注册会计师的总体目标和审计工作的基本要求》规定，在执行财务报表审计工作时，注册会计师的总体目标是：

（1）对财务报表整体是否不存在由于舞弊或错误导致的重大错报获取合理保证，使得注册会计师能够对财务报表是否在所有重大方面按照适用的财务报告编制基础编制发表审计意见；

（2）按照审计准则的规定，根据审计结果对财务报表出具审计报告，并与管理层和治理层沟通。

审计的目的是提高财务报表预期使用者对财务报表的信赖程度。这一目的可以通过注册会计师对财务报表是否在所有重大方面按照适用的财务报告编制基础编制发表审计意见得以实现。就大多数通用目的财务报告框架而言，注册会计师针对财务报表是否在所有重大方面按照财务报告编制基础编制并实现公允反映发表审计意见。注册会计师按照审计准则和相关职业道德要求执行审计工作，能够形成审计意见。财务报表审计的目标侧重于提高会计信息的质量，维护公众的利益，服务于市场经济。

### 三、注册会计师审计的具体目标

具体审计目标是审计总目标的具体化。它必须根据审计总目标和被审计单位管理层的认定来确定。为了实现总体目标，注册会计师首先要明确审计工作的起点，这一起点通常是被审计单位的财务报表。财务报表是由被审计单位管理层编制完成的，由管理层对财务报表上所有数字、披露等的全部内容构成，即由管理层关于各类交易、账户余额和列报的认定所构成，注册会计师通过获取适当、充分的审计证

据支持管理层认定，从而形成审计意见，实现总体审计目标。概括地说，注册会计师的主要工作就是确定管理层认定是否恰当。在审计实务中，注册会计师通常是针对每项财务报表认定设计、实施审计程序进而获取审计证据的。

（一）管理层认定

管理层认定是指管理层对财务报表组成要素的确认、计量、列报作出的明确或隐含的表达。例如，资产负债表中列报存货 50 万元，则意味着管理层作出了下列明确的认定：记录的存货是存在的；存货以恰当的金额包括在财务报表中，与之相关的计价或分摊调整已恰当记录。同时，管理层也作出下列隐含的认定：所有记录的存货均已记录；记录的存货都由被审计单位拥有。

管理层对财务报表各组成要素均作出了认定，注册会计师的审计工作就是要确定管理层的认定是否恰当。管理层认定主要包括以下三个层次。

1. 与各类交易和事项相关的认定

注册会计师对所审计期间的各类交易和事项运用的认定通常分为下列类别：

（1）发生。记录的交易和事项已发生且与被审计单位有关。

（2）完整性。所有应当记录的交易和事项均已记录。

（3）准确性。与交易和事项有关的金额及其他数据已恰当记录。

（4）截止。交易和事项已记录于正确的会计期间。

（5）分类。交易和事项已记录于恰当的账户。

2. 与期末账户余额相关的认定

注册会计师对期末账户余额运用的认定通常分为下列类别：

（1）存在。记录的资产、负债和所有者权益是存在的。

（2）权利和义务。记录的资产由被审计单位拥有或控制，记录的负债是被审计单位应当履行的偿还义务。

（3）完整性。所有应当记录的资产、负债和所有者权益均已记录。

（4）计价和分摊。资产、负债和所有者权益以恰当的金额包括在财务报表中，与之相关的计价或分摊调整已恰当记录。

3. 与列报相关的认定

各类交易和账户余额的认定正确只是为列报正确打下了必要的基础，财务报表还可能因被审计单位误解有关列报的规定或舞弊等而产生错报。另外，还可能因被审计单位没有遵守一些专门的披露要求而导致财务报表错报。注册会计师还应当对各类交易、账户余额及相关事项在财务报表中列报的正确性实施审计。注册会计师对列报运用的认定通常分为下列类别：

（1）发生及权利和义务。披露的交易、事项和其他情况已发生，且与被审计单位有关。

（2）完整性。所有应当包括在财务报表中的披露均已包括。

（3）分类和可理解性。财务信息已被恰当地列报和描述，且披露内容表述清楚。

（4）准确性和计价。财务信息和其他信息已公允披露，且金额恰当。

（二）具体审计目标

注册会计师了解认定以后，将审计总目标与管理层认定相对应，便形成了具体审计目标，并以此作为评估重大错报风险以及设计和实施进一步审计程序的基础。与管理层认定一样，具体审计目标也分为三个层次。

1. 与各类交易和事项相关的审计目标

（1）发生。由发生认定推导的审计目标是记录的交易和事项已经发生且与被审计单位有关。例如，如果没有发生销售交易，但在销售日记账中记录了一笔销售，则违反了该目标。它所要解决的问题是管理层是否把那些不曾发生的销售项目计入了财务报表中。

发生认定所要解决的问题是管理层是否把那些不曾发生的项目记入财务报表，它主要与财务报表组成要素的高估有关。

（2）完整性。由完整性认定推导的审计目标是已发生的交易确实已经全部记录。例如，如果发生了销售交易，但没有在销售日记账和总账中记录，则违反了该目标。

发生和完整性两者强调的是相反的关注点。发生针对潜在的高估，而完整性目标则针对漏记交易（低估）。

（3）准确性。由准确性认定推导出的审计目标是已记录的交易是按正确金额反映的。例如，如果在销售交易中，发出商品的数量与账单上的数量不符，或是开账单时使用了错误的销售价格，或是账单中的乘积或加总有误，或是在销售日记账中记录了错误的金额，则违反了该目标。

准确性与发生、完整性之间是存在区别的，若已记录的销售交易是不应当记录的（如发出的商品是寄销商品），则即使发票金额是准确计算的，仍违反了发生目标。若已入账的销售交易是对正确发出商品的记录，但金额计算错误，则违反了准确性目标，但没有违反发生目标。同样，在完整性与准确性之间也存在同样的关系。

（4）截止。由截止认定推导出的审计目标是接近于资产负债表日的交易和事项记录于恰当的期间。例如，如果本期交易推到下期，或下期交易提到本期，均违反了截止目标。

（5）分类。由分类认定推导出的审计目标是被审计单位记录的交易经过适当分类。例如，如果将现销记录为赊销，将出售经营性固定资产所得的收入记录为营业收入，则将导致交易分类的错误，违反了分类的目标。

2. 与期末账户余额相关的审计目标

（1）存在。由存在认定推导的审计目标是记录的资产、负债和所有者权益是存在的。例如，如果不存在某顾客的应收账款，在应收账款试算平衡表中却列入了对该顾客的应收账款，则违反了存在目标。

（2）权利和义务。由权利和义务认定推导的审计目标是资产归属于被审计单位，负债属于被审计单位的义务。例如，将他人寄售商品记入被审计单位的存货中，违反了权利的目标；将不属于被审计单位的债务记入账内，违反了义务目标。

（3）完整性。由完整性认定推导的审计目标是所有应当记录的资产、负债和所有者权益均已记录。例如，如果存在某顾客的应收账款，在应收账款试算平衡表中却没有列入对该顾客的应收账款，则违反了完整性目标。

（4）计价和分摊。资产、负债和所有者权益以恰当的金额包括在财务报表中，与之相关的计价或分摊调整已恰当记录。

3. 与列报相关的审计目标

各类交易和账户余额的认定正确只是为列报正确打下了必要的基础，财务报表还可能因被审计单位误解有关列报的规定或舞弊等而产生错报。另外，还可能因被审计单位没有遵守一些专门的披露要求而导致财务报表错报。因此，即使注册会计师审计了各类交易和账户余额的认定，实现了各类交易和账户余额的具体审计目标，也不意味着获取了足以对财务报表发表审计意见的充分、适当的审计证据。注册会计师还应当对各类交易、账户余额及相关事项在财务报表中列报的正确性实施审计。

（1）发生及权利和义务。披露的交易和事项已经发生且与被审计单位有关。将没有发生的交易、事项，或与被审计单位无关的交易和事项包括在财务报表中，则违反该目标。例如，复核董事会会议记录中是否记载了固定资产抵押等事项，询问管理层固定资产是否被抵押，即是对列报的权利认定的运用。如果抵押了固定资产则需要在财务报表中列报，说明其权利受到限制。

（2）完整性。所有应当包括在财务报表中的披露均已包括。如果应当披露的事项没有包括在财务报表中，则违反该目标。例如，检查关联方和关联交易，以验证其在财务报表中是否得到充分披露，即是对列报的完整性认定的运用。

（3）分类和可理解性。财务信息已被恰当地列报和描述，且披露内容表述清楚。例如，检查存货的主要类别是否已披露，是否将一年内到期的长期负债列为流动负债，即是对列报的分类和可理解性认定的运用。

（4）准确性和计价。财务信息和其他信息已公允披露，且金额恰当。例如，检查财务报表附注是否分别对原材料、在产品和产成品等存货成本核算方法作了恰当说明，即是对列报的准确性和计价认定的运用。

表 3－1 举例说明了注册会计师在确定审计目标以及设计用以获取证据的审计程序时，是如何考虑上述认定的。在表 3－1 中，每项审计程序与一个特定的审计目标相对应。在实际审计工作中，经常有这种情况：为了完成一个审计目标，需要执行多个审计程序，而一些审计程序又与一个或多个审计目标相关。比如说，对存货进行监盘，不仅可以获取资产负债表中存货真实存在的证据，而且还可以验证存放在公用仓库或在公司之外保管的存货的存在性以及其数量是否正确。此外，对存货盘点过程进行观察，还为存货数量是否包含了现有所有产品、原料和易耗品提供了证

据（完整性目标）。最后，它也提供了与其他账户和目标（比如机器设备的存在性）以及与公司内部控制（比如管理层如何经营公司、如何限制接近仓库以及职员的胜任能力）有关的证据。

**表3－1　认定、审计目标和审计程序之间的关系示例**

| 管理层认定 | 审计目标 | 审计程序 |
| --- | --- | --- |
| 存在 | 资产负债表中所列存货存在 | 实施存货监盘程序 |
| 完整性 | 销售收入包括了所有已经发货的交易 | 检查根据发货单和销售发票的编号；检查销售收入明细账 |
| 计价和分摊 | 存货以恰当的金额包括在财务报表中，与之相关的计价或分摊调整已恰当记录 | 确认计价方法；重新计算存货数量、金额，并与账面记录核对；关注存货可变现净值的确定；关注存货跌价准备的计提情况 |
| 权利和义务 | 公司对所有存货均拥有所有权，且存货未用作抵押 | 了解存货的内容、性质、存放场所，询问存货有无抵押；检查相关存货购货发票、抵押协议 |

**［案例3－1］面对客户的欺诈伎俩，审计师不能忘记自己的目标！**

20世纪80年代的凯锐公司总经理王小宾用并不存在的化肥槽做抵押来获得他永远也无法偿还的贷款。他的做法很简单，注册会计师周一在广丰县稽核过的化肥槽连夜运到上饶市，这样当注册会计师周二赶到上饶市的时候，化肥槽又被计算一遍。诸如此类的小伎俩却让债权人受到数以百万计的损失。

注册会计师为什么不在不同地区同时进行审计？原因也许是他们过于相信他们的客户。可是，注册会计师又为什么在面对客户可能的欺诈伎俩时，不牢记自己的目标呢？还是80年代，四季建筑公司将一批建筑合同的收入确认入账，而该合同根本从未动工。物料采购从来并存放在施工地点，四周用篱笆围着。而公司的注册会计师认为没必要去施工现场，他们仅仅靠使用完工百分比法来计算成本和收益。尽管这在技术上是合法的，但夸大了收入。当这一事实被披露时，该公司股价大跌。媒体宣称被注册会计师欺骗了，而注册会计师却说他们的做法无可厚非。

20世纪90年代，一位名叫李滔滔的男士使用了类似王小宾的做法来欺骗注册会计师，他利用管道把色拉油在不同地区的容器间移动，这样注册会计师便把一件资产多次计算。注册会计师又一次被愚弄了。他们为什么没有考虑到这些可能性并使用有效手段来保证正确稽核存货呢？答案就是，注册会计师们那时不需要这么做，而当他们在另一些案例中发现了类似问题时，他们却说那不过是与公认会计原则有关的一个可笑的意外。

以上三个经典骗局有两个是注册会计师由于客户的欺诈行为而出具错误审计意

见。四季公司的会计对收入的确认不符合逻辑，且就GAAP而言过于牵强。对于此类欺骗，公众投资者实际上是无法避免的。于是，人们发问：面对客户的欺诈伎俩，注册会计师到哪里去了？如果你是注册会计师，你的最佳反应应该是：在任何时候，在任何地点，不要忘了自己的目标。

## 第三节　审计目标的实现过程

在财务报表审计中，审计目标的实现过程通常包括接受业务委托、计划审计工作、实施风险评估程序、实施控制测试和实质性程序、以及完成审计和出具审计报告五个阶段。

### 一、接受业务委托

会计师事务所应当按照执业准则的规定，谨慎决定是否接受或保持某客户关系和具体审计业务。在接受委托前，注册会计师应当初步了解审计的业务环境，包括业务约定事项、审计对象特征、使用的标准、预期使用者的需求、责任方及其环境的相关特征，以及可能对审计业务产生重大影响的事项、交易、条件和惯例等其他事项。

只有在确定审计的前提条件存在，并且已经就审计业务约定条款与被审计单位达成一致意见后，注册会计师才能承接或保持该审计业务。

如果是连续审计，注册会计师应当根据具体情况评估是否需要对审计业务约定条款作出修改，以及是否需要提醒被审计单位注意现有的条款。

有关接受业务委托阶段注册会计师的具体工作，请详见本书的第四章“计划审计工作”。

### 二、计划审计工作

计划审计工作是整个审计工作的起点。计划审计工作的目的就是为了确定成本合理的有效审计方式。计划审计工作包括在本期审计业务开始时开展的初步业务活动、针对审计业务制定总体审计策略和制定具体审计计划等。在计划审计工作阶段，注册会计师还应当初步确定计划和执行审计工作时的重要性以及可接受的审计风险水平。

计划审计工作不是审计业务的一个孤立阶段，而是一个持续的、不断修正的过程，贯穿于整个审计过程的始终。

有关计划审计工作阶段注册会计师的具体工作，请详见本书的第四章“计划审计工作”。

### 三、风险评估

了解被审计单位及其环境有助于注册会计师理解整个审计过程中所获取信息的含义。不同行业的不同单位经营的特点最终将反映到财务报表上，如果不了解被审计单位的不同经营特点，就谈不上以应有的职业谨慎态度执行审计。《中国注册会计师审计准则第1211号——通过了解被审计单位及其环境识别和评估重大错报风险》规定，在每次审计中，注册会计师都应当实施风险评估程序，以此作为评估财务报表层次和认定层次重大错报风险的基础。具体来说，风险评估程序包括询问、分析程序、观察和检查等。注册会计师应当通过实施风险评估程序和相关活动，以了解被审计单位及其环境（包括内部控制）。

了解被审计单位及其环境实际上是一个连续和动态地收集、更新与分析信息的过程，贯穿于整个审计过程的始终。注册会计师应当运用职业判断确定需要了解被审计单位及其环境的程度。

在通常情况下，实施风险评估程序的主要工作包括：了解被审计单位及其环境，识别和评估财务报表层次和认定层次重大错报风险，包括确定需要特别考虑的重大错报风险（特别风险）以及仅通过实质性程序无法应对的重大错报风险。

有关风险评估阶段注册会计师的具体工作请详见本书的第五章“实施风险评估程序——评估重大错报风险”。

### 四、风险应对

在风险应对阶段，针对评估的财务报表层次重大错报风险，注册会计师应当设计和实施总体应对措施。针对评估的认定层次重大错报风险，注册会计师应当设计和实施进一步审计程序，包括控制测试和实质性程序。实质性程序包括实质性分析程序和细节测试，是每次审计业务都必须执行的，而控制测试却不是。

有关风险应对阶段注册会计师的具体工作，请详见本书的第六章“实施进一步程序——应对重大错报风险”。

### 五、终结审计和审计报告

终结审计阶段的任务包括两个方面：一是完成外勤工作；二是评价审计结果。在完成外勤工作中，注册会计师需要复核期后事项，考虑被审计单位的持续经营能力，获取书面声明，并且对财务报表实施分析程序以作最终的总体性检查。在评价审计结果时，注册会计师需要评价审计过程中识别出的错报，财务报表形成审计意见，并且对审计工作底稿进行最终的复核后，注册会计师需要编写审计报告发表审计意见。

有关终结审计和审计报告阶段注册会计师的具体工作，请详见本书的第十二章“终结审计”和第十三章“审计报告”相关内容。

# 第四节　审计方法

人们总是要采取一定的手段来达到预期的目的，审计目标的实现同样需要借助一定的手段，这些手段就是审计的方法和技术。为实现表达意见的审计目标，注册会计师的核心工作可以说就是取得支持其意见的审计证据。从狭义上讲，审计方法是指与取得审计证据直接有关的各种办法和手段。但审计过程不仅仅是取证，还有编制计划、进行分析、撰写报告等工作，这些工作中采用的方法和技术也是从广义上理解的审计方法。

概括来说，审计方法是指审计人员计划审计过程、收集审计证据、检查审计对象、形成审计结论并据以编写审计报告的各种办法和手段的总称。

## 一、审计的一般方法

审计的一般方法，按照取证顺序不同，分为顺查法与逆查法；按照会计资料或征集证据的检查范围或数量，可分为详查法与抽查法；按照对财务报表的项目进行划分的标准不同，可分为报表项目法和业务循环法。

（一）顺查法与逆查法

1. 顺查法

顺查法就是按照经济活动发生的先后顺序，依次从起点查到终点的审计方法。对会计资料的审查就按照会计核算程序的先后顺序，依次审核和分析凭证、账簿和报表。具体做法是：首先审查原始凭证及记账凭证，然后进一步结合凭证查账簿，最后根据账簿审阅会计报表。

这种方法的主要优点是简便易行，由于它按记账程序逐一地、仔细地核对，审计内容详细，一般来说，账务上的错误和弊端可以毫无遗漏，审计结果较为可靠。缺点是事无大小都同等对待，往往把握不住重点和主次方向，且着重对账表的机械核对，费时费力，可能因小失大，因此一般适用于对规模较小、业务不多的单位审计。

2. 逆查法

逆查法就是按照经济活动进行的相反顺序，从终点查到起点的审计方法。具体做法是：先审查会计报表，从中发现错弊和问题，然后有针对性地依次审查和分析报表、账簿和凭证。

这种方法的主要优点是从大处着手，审计面较宽，审查的重点和目的比较明确，易于查清主要问题，审计功效较高；不足之处是着重审查分析报表，并据以重点逆查账目，可能遗漏或疏忽某些更重要的问题，难以揭露错弊，而且逆查法难度较大，因此对审计人员业务素质要求较高，适用于规模较大、业务量较多的大型企业和内部控制较好的单位。

逆查法和顺查法各有侧重、各有利弊，实际中常将两种方法结合起来运用。采用逆查法时，对于需要了解的部分，不妨局部兼用顺查法详细查核；采用顺查法时，对于重要事项也可兼用逆查法，以免遗漏。

（二）详查法与抽查法

1. 详查法

详查法是指对被审计单位一定时期内的全部会计资料，特别是重点和可疑事项的全部会计资料，包括凭证、账册、报表等，进行全面详细的审查，并获取审计证据的一种审查方法。早期的财务审计通常采用这种方法。

2. 抽查法

抽查法是指从全部会计资料中选取部分资料进行审查，根据审查结果推断全部资料正确程度。其优点是节约审计成本，提高审计效率；缺点是如果选取的项目不具有代表性，会得出错误的结论。

（三）报表项目法与业务循环法

1. 报表项目法

按照报表项目来组织财务报表审计的方法称为报表项目法。这种方法的优点是审计项目与账号设置体系及财务报表格式相吻合，操作方便；缺点是审计工作会有重复，效率比较低。

2. 业务循环法

把紧密相连的报表项目和涉及的交易和账户归入同一业务循环，按照业务循环来组织财务报表审计的方法称为业务循环法。例如，制造业企业可以划分：销售与收款循环，采购与付款循环、生产与存货循环、筹资与投资循环等。

## 二、审计的技术方法

审计的技术方法是审计人员收集审计证据时所用的技术手段。一般包括审查书面资料的方法、证实客观事物的方法。

审查书面资料的方法是审计最基本的方法，这类方法审查的对象主要是会计凭证、会计账簿和会计报表，因此也叫查账法。按审查书面资料的技术可分为审阅法、核对法、查询及函证法、计算法、分折性复核等。

证实客观事物的方法，是审计人员搜集书面资料以外的审计证据，证明和落实客观事物的形态、性质、所有权、存放地点、数量和价值等的方法。这类方法包括盘点法、调节法、观察法和鉴定法。

（一）审阅法

审阅法是指仔细地审查和翻阅会计凭证、账簿、报表、计划、预算、决策方案、合同等书面资料，以查明资料及经济业务的公允性、正确性、合法性、合规性，从中发现错弊或疑点，收集书面证据的一种审查方法。审阅法在审计中运用广泛，主要是审阅会计凭证、会计账簿和会计报表。

1. 对原始凭征的审阅

对原始凭证的审阅，主要审阅原始凭证上反映的经济业务是否符合规定，还要审阅凭证上记载的抬头、日期、数量、单价、金额等方面的字迹是否清晰、数字是否相符，还要审阅原始凭证上单位名称、地址和图章，审查凭证的各项手续是否完备。

2. 对记账凭证的审阅

对记账凭证的审阅，主要审阅记账凭证是否附有合法的原始凭证；记账凭证的记载是否符合会计制度的规定，是否依据原始凭证，所记账户名称和会计分录是否正确，有无错用账户或错记方向的情况。

3. 对会计账簿的审阅

对会计账簿的审阅，主要审阅记录的内容是否真实、正确，账户对应关系是否正确、合理，有无错误或舞弊，特别是注意审阅应收应付账款、材料成本差异、预提费用、待摊费用、管理费用、制造费用、销售费用、财务费用等容易掩盖错弊和经常反映会计转账事项的账簿。

4. 对会计报表的审阅

对会计报表的审阅，主要审阅报表项目是否按规定编制是否齐全，相关数据是否相符，勾稽关系是否正确；各项目有无异常变化现象，报表附注是否对重大问题作了充分的披露。

除此之外，对有关内部规章制度、计划预算资料、经济合同、生产记录和其他有关书面文件也应进行审阅，以便掌握情况、发现问题、获取证据。

（二）核对法

核对法是指对凭证、账簿和报表等书面资料之间的有关数据进行相互对照检查，借以查明证证、账证、账账、账表、表表之间是否相符，从而取得有无错弊的书面证据的一种复核查对的方法。在审查会计资料时，一般主要核对下列内容：（1）核对原始凭证的数量、单价、金额和合计数是否相符；（2）核对记账凭证与其所附原始凭证是否相符；（3）核对记账凭证是否已记入有关明细账和总账；（4）核对各发生额、余额合计数与总账中有关账户的发生额、余额是否相符；（5）核对总账各账户的期初余额、本期发生额和期末余额的计算是否正确，各账户的借方发生额、余额合计与贷方发生额、余额合计是否平衡；（6）核对会计报表的分析填列数字是否与总账余额或明细账余额相符；（7）核对银行对账单、客户往来清单等外来对账单是否与本单位有关账项的记载相符；（8）核对资产负债表、利润表、现金流量表、所有者权益（或股东权益）变动表上的数字计算是否正确无误。报表之间相关数字是否相符；（9）核对账实是否相符。

通过上述详细核对之后，可以发现会计资料中存在的差错和问题，然后再进一步分析其性质。有的可能是一般工作的差错，有的则可能是违法乱纪行为，应根据问题的性质及其严重程度作进一步处理。

（三）查询及函证法

查询及函证都是通过调查询问获取审计证据的方法，其区别在于调查询问是当面进行，还是通过发函进行。当面进行的调查询问称为查询，也称为面询；发函进行的调查询问称为函证，也称为函询。

1. 询问

询问是审计人员对有关人员当面进行书面或口头询问以获取审计证据的方法。询问的对象通常是经办人员或有关知情人员。

询问的方式可以是书面询问，也可以是口头查询。书面询问通常运用调查表的形式，事前将所提问题有序排列，设计成表格，发给相关人员进行填写；口头询问通常采用与有关人员谈话或者召开座谈会的形式。

2. 函证

函证是指审计人员为印证被审计单位会计记录所记载事项而向第三者发函询证的一种方法。这种方法往往是发函给审计单位的债权人、债务人及其他有关方面，请求核实往来账目以及有关财产的余额。不论函证对象对函证内容是否认为正确，都要求给予复函。否定式函证也称消极式函证，是指仅当函证对象对函证内容认为有误，才要求给予复函。在否定式函证中，应当写明给予复函的最后期限，超过这一期限，则认为函证内容真实。对于一般的函证事项，可以采用否定式函证；对于较为重要的函证事项，必须采用肯定式函证。

审计人员应当根据实际情况确定审计事项的重要性，从而确定所采用的函证方式及函证数量多少。为保证审计质量，函证必须由审计人员进行，由审计人员选择函证单位并办理函件的收发，而不能交由被审计单位进行。如果没有回函或对回函结果不满意，审计人员应实施必要的替代程序，以获取相应的审计证据。

（四）重新计算（复算法）

重新计算法是审计人员对被审计单位的原始凭证及会计记录中的数据所进行的验算或另行计算。注册会计师进行验算时，要证实有关计算的结果是否正确，所采用的计算方法、口径是否恰当。计算只能验证计算本身是否正确，而对于据以进行计算的数据是否正确，则需要注册会计师通过其他的审计方法先加以验证。

（五）分析性复核

分析性复核是指审计人员对被审计单位重要的比率或趋势进行的分析，包括调查异常变动，以及这些比率或趋势与预期数额和相关信息的差异。对于异常变动项目，审计人员应重新考虑其所采用的审计程序是否适当；必要时，应追加适当的审计程序，以获取相应的审计证据。

一般而言，审计人员在整个审计过程中，都将运用分析性复核的方法。在审计计划阶段，需要对被审计单位所提供的会计报表及其他有关资料进行分析性复核，以了解被审计单位的业务经营情况，研究具有潜在风险的审计领域，计划审计工作所需要的时间、人员。考虑有可能提供给被审计单位的其他服务，确定对经济业务和各会计科目实施符合性测试的范围。在审计实施阶段，审计人员通过分斯性复核，可以收集一定的审计证据，以发现尚需进一步检查的事项。在审计终结阶段，审计人员应对会计信息进行全面的分析性复核，以评价局部的审计结论和拟形成的整体的审计意见。

分析性复核常用的方法包括：比较分析法、比率分析法和趋势分析法三种。

1. 比较分析法

比较分析法是通过某一会计报表项目与其既定标准的比较，以获取审计证据的一种技术方法。它包括本期实际数与计划数、预算数或注册会计师的计算结果之间的比较，本期实际与同业标准之间的比较等。

2. 比率分析法

比率分析法是将会计报表中的某一项目与相关的另一项目相比计算其比率，通过对所得比率进行分析，获取审计证据的一种技术方法。

3. 趋势分析法

趋势分析法是通过连续若干期会计报表某一项目的变动金额及其百分比的计算，分析该项目的增减变动方向和幅度，以获取有关审计证据的一种技术方法。

（六）盘点法

盘点法又称实物清查法，是指对被审计单位各项财产物资进行实地盘点，以确定其数量、品种、规格及其金额等实际状况，借以证实有关实物账户的余额是否真实、正确，从中收集实物证据的一种方法。

盘点法按其组织方式，分为直接盘点和监督盘点两种。

直接盘点是指由审计人员亲自到现场盘点实物，证实书面资料同有关的财产物资是否相符的方法。在直接盘点方式下，对于容易出现舞弊行为的现金、贵重的原材料，应采用突击性盘点。对于大宗的原材料、产成品等，应采用抽查性的盘点。抽查性的盘点，是指不对所有的财产物资都进行盘点，而只是对一部分财产物资进行抽查核实，以便检查日常盘点工作质量的优劣，检验盘点记录是否真实和正确，查明财产物资是否安全、完整，有无损坏或被挪用、贪污和盗窃等情况。

直接盘点时，如果被盘点的物资存放在几个地点，则要同时进行或将已盘点过的物资贴上封条，防止被审计单位将已经盘点过的物资运到未盘点的仓库。

监督盘点是指为了明确责任，审计人员不亲自进行盘点，而是由经管财产人员及其他人员进行实物盘点清查，审计人员只是在一旁对实物盘点进行监督，如发现疑点可以要求复查核实。

（七）调节法

调节法是指在审查某个项目时，通过调整有关数据，从而求得需要证实的数据的方法。

在审计过程中，往往出现现有的数据和需要证实的数据在表面上不一致，为了证实数据是否正确，可用调节法。如对银行存款实存数的审查，通常运用调节法编制银行存款余额调节表，对企业单位与开户银行双方所发生的未达账项进行增减调节，以便根据银行对账单的余额来验证银行存款账户的余额是否正确。

运用调节法还可以证实财产物资账实是否相符。当盘点日同书面资料结存日不同时，结合实物盘点，将盘点日与结存日之间所发生的出入数量对结存日有关财产物资的结存数进行调节，以推算结存日有关财产物资的应结存数。其计算公式为：

结存日数量 = 盘点日盘点数量 + 结存日至盘点日发出的数量 - 结存日至盘点日收入的数量

上述公式是指结存日在前，盘点日在后的情况。如果在结存日之前已经进行过盘点，审计人员准备采纳前面盘点的数字，则应当采用如下公式：

结存日数量 = 盘点日盘点数量 - 结存日至盘点日发出的数量 + 结存日至盘点日收入的数量

[**案例 3-2**] 某企业 2006 年 12 月 31 日账面结存 A 材料 1 000 千克，2007 年 1 月 1 日至 15 日期间收入 2 800 千克，发出 1 500 千克。1 月 1 日期初余额及至 1 月 15 日收发数额均经核对、审阅和复算无误。2007 年 1 月 15 日下班后监督盘点实存量为 3 000 千克。调节计算如下：

结存日数量 = 3 000 + 1 500 - 2 800 = 1 700（千克）

经过上述调节，计算 2006 年 12 月 31 日 A 材料的实存数为 1 700 千克，与账面记录的 A 材料 1 000 千克不一致。审计人员应要求有关人员说明原因，并进行查账核实，查明原因作出处理。

（八）观察法

观察法是指审计人员进入被审计单位后，对于生产经营管理工作的进行、财产物资的保管、内部控制系统的执行等，进行实地观察、检查，借以查明被审计单位经济活动的事实真相，核实是否符合有关标准和书面资料的记载，以取得审计证据的方法。

（九）鉴定法

鉴定法是指对书面资料、实物和经济活动等的分析、鉴别，超过一般审计人员的能力和知识水平而邀请有关部门或人员运用专门技术进行确定和识别的方法。

鉴定法可应用于财务审计、财经法纪审计和经济效益审计。如对实物性能、质量、价值的鉴定，涉及书画资料真伪的鉴定，以及对经济活动的合理性和有效性的鉴定等，如当伪造凭证的人不承认其违法行为，可通过公安部门鉴定其笔迹，以确定其违法行为，又如对质次价高的商品材料的质量情况难于确定时，请商检部门，通过检查化验确定商品质量和实际价值等；还可以邀请基建方面的专家，对基建工程进行质量检查等。这些是通过观察法不能取证时，必须使用的一种方法。

鉴定法的鉴定结论必须是具体的、客观的和准确的，并作为一种独立的审计证据，详细地记入审计工作底稿。

### 三、审计抽样

根据《中国注册会计师审计准则第 1314 号——审计抽样》的规定：审计抽样是指注册会计师对具有审计相关性的总体中低于百分之百的项目实施审计程序，使所有抽样单元都有被选取的机会，为注册会计师针对整个总体得出结论提供合理基础。

（一）审计抽样的特征

（1）抽样审计不同于详细审计。详细审计是指百分百地审计对象总体中的全部项目，并根据审计结果形成审计意见。而抽样审计是从审计对象总体根据统计原理选取部分样本进行审计，根据样本推断总体并发表审计意见。

（2）审计抽样不能等同于抽查。抽查作为一种技术，可以用于审前调查、确定审计重点、取得审计证据，在使用中无严格要求。而审计抽样作为一种审计方法，需运用统计原理，并严格按规定的程序和抽样方法的要求实施。

（3）抽样审计一般可用于逆查、顺查、函证等审计程序，也可用于控制测试和细节测试。但审计师在进行询问、观察、分析性复核时则不宜运用审计抽样。

（二）审计抽样的适用条件

审计抽样可用于内部控制测试和实质性测试，但它并不适用于这些测试中的所有程序。例如，审计抽样可在检查和函证中广泛运用，但不用于询问、观察和分析性复核程序。一般而言，审计抽样不适用于下列情况：

（1）检查总体的完整性；

（2）抽样单位较少；

（3）总体中的每笔业务金额均超过重要性水平；

（4）可接受检查风险过低或要求审计检查保证程度过高；

（5）有特殊风险或需要特别关注的事项；

（6）使用审计抽样不符合成本效益原则。

（三）审计抽样的类型

按照是否使用概率论与统计知识，审计抽样可以分为统计抽样和非统计抽样。

1. 统计抽样和非统计抽样的相同点

（1）都需合理运用专业判断；

（2）都可以提供审计所要求的充分、适当的证据；

（3）都存在某种程度的抽样风险和非抽样风险。

2. 统计抽样和非统计抽样的根本区别

统计抽样是利用概率法则来量化控制抽样风险；非统计抽样中，注册会计师全凭主观标准和个人经验确定样本规模和评价样本结果。

需要特别注意的是，统计抽样的产生并不意味着非统计抽样的消亡，只要设计得当，非统计抽样也可达到统计抽样一样的效果。

**【案例3-3】**审计ABC公司2012年财务报表时，注册会计师确定的财务报表层次的重要性水平为200万元，为了提高审计效率，注册会计师决定采用审计抽样，有关信息如下。

（1）短期借款全年共发生贷方记录4笔，其中3笔金额在100万~150万元的范围，另外两笔分别为25万元和8万元。

（2）应收账款100个明细账户中有2个余额分别在100万元左右，占总额的40%，其余的余额均在50万元以下。

（3）2011年控制测试显示，销售发票必须附有销售单和出库单的内部控制执行有效，2008年共开具销售发票4 256张。

分析：

（1）短期借款不适宜抽样，因为短期借款的笔数仅4笔，并且大部分金额达到了重要性水平的50%以上，适宜选用全部项目进行测试。

（2）对于两个余额100万元左右的应收账款，由于金额比较大，必须测试，这属于选取特定项目，其余的应收账款可以采用抽样。

（四）抽样风险和非抽样风险

注册会计师在进行审计抽样时，检查风险可能受到两方面因素的影响：其中一个因素直接与抽样相关，称为抽样风险；另一个因素与抽样无关，称为非抽样风险。

1. 抽样风险

抽样风险是注册会计师依据样本结果得出的结论与审计对象总体全部项目实施同样的审计程序得出的结论存在差异的可能性，即样本不能代表总体的风险。产生抽样风险的原因可能是样本量过小，或者选择抽样的方法不适当。在审计工作中，注册会计师可以通过扩大样本量来减少抽样风险。

注册会计师在实施控制测试时的抽样风险有两种：

（1）信赖不足风险：即抽样结果使注册会计师推断的控制有效性低于实际有效性的可能性。信赖不足风险与审计的效率有关。

（2）信赖过度风险：即抽样结果是注册会计师推断的控制有效性高于其实际有效性的可能性。信赖过度风险与审计的效果有关。对于注册会计师而言，信赖过度风险更容易导致注册会计师发表不恰当的审计意见，因而更应予以关注。

在实施细节测试时，注册会计师要关注两类抽样风险。

（1）误拒风险：即注册会计师推断某一重大错报存在而实际上不存在的风险。与信赖不足风险类似，误拒风险影响审计效率。如果账面金额不存在重大错报而注册会计师认为其存在重大错报，注册会计师会扩大细节测试的范围并考虑获取其他审计证据。

（2）误受风险：即注册会计师推断某一重大错报不存在而实际上存在的风险。

如果账面金额实际上存在重大错报而注册会计师认为其没有存在重大错报，注册会计师通常会停止对该账面金额继续进行测试，并根据样本结果得出账面金额无重大错报的结论。误受风险影响审计效果，容易导致注册会计师发表不恰当的审计意见，因此，注册会计师更应予以关注。

只要使用了审计抽样，抽样风险就总会存在。在使用统计抽样时，注册会计师可以准确地计量和控制抽样风险。在使用非统计抽样时，注册会计师无法量化抽样风险，只能根据职业判断对其进行定性的评价和控制。

对特定样本而言，抽样风险与样本规模反方向变动：样本规模越小，抽样风险越大；样本规模越大，抽样风险越小。

无论是控制测试还是细节测试，注册会计师都可以通过扩大样本规模降低抽样风险。如果对总体中的所有项目都实施检查，就不存在抽样风险，此时审计风险完全由非抽样风险产生。

2. 非抽样风险

非抽样风险是指由于某些与样本规模无关的因素而导致注册会计师得出错误结论的可能性。非抽样风险包括审计风险中不是由抽样导致的所有风险。注册会计师即使对某类交易或账户余额的所有项目实施某种审计程序，也可能仍未发现重大错报或控制失效。在审计过程中，可能导致非抽样风险的原因包括下列情况：

（1）注册会计师选择的总体不适合于测试目标。

（2）注册会计师未能适当地定义控制偏差或错报，导致注册会计师未能发现样本中存在的偏差或错报。

（3）注册会计师选择了不适于实现特定目标的审计程序。例如，注册会计师依赖应收账款函证来披露未入账的应收账款。

（4）注册会计师未能适当地评价审计发现的情况。例如，注册会计师错误解读审计证据导致没有发现误差；对所发现误差的重要性的判断有误，从而忽略了性质十分重要的误差，也可能导致得出不恰当的结论。

（五）选取样本的基本方法

常用的选样方法有随机数选样、系统选样、分层选样和随意选样。

1. 随机数选样

随机数是一组从长期来看出现概率相同的数码，且不会产生可识别的模式。注册会计师可以使用计算机生成随机数，如电子表格程序、随机数码生成程序、通用审计软件程序等计算机程序产生的随机数，也可以使用随机数表获得所需要的随机数。随机数表也称乱数表，是由数字 0，1，2，…，9 按随机原则组成的一定位数的数表，每个数字在表中出现的次数是大体相同的，出现的顺序是随机的。如表 3－2 所示。

表 3-2　随机数表（部分列示）

| | | | | | | | | | |
|---|---|---|---|---|---|---|---|---|---|
| 32 044 | 69 037 | 29 655 | 92 114 | 81 034 | 40 582 | 01 584 | 77 184 | 85 762 | 46 505 |
| 23 821 | 96 070 | 82 592 | 81 642 | 08 971 | 07 411 | 09 037 | 81 530 | 56 195 | 98 425 |
| 82 383 | 94 987 | 66 441 | 28 677 | 95 961 | 78 346 | 37 916 | 09 416 | 42 438 | 48 432 |
| 68 310 | 21 792 | 71 635 | 86 089 | 38 157 | 95 620 | 96 718 | 79 554 | 50 209 | 17 705 |
| 94 856 | 76 940 | 22 165 | 01 414 | 01 413 | 37 231 | 05 509 | 37 489 | 56 459 | 52 983 |
| 95 000 | 61 958 | 83 430 | 98 250 | 70 030 | 05 436 | 74 814 | 45 978 | 09 277 | 13 827 |
| 20 764 | 64 638 | 11 359 | 32 556 | 89 822 | 02 713 | 81 293 | 52 970 | 25 080 | 33 555 |
| 71 401 | 17 964 | 50 940 | 95 753 | 34 905 | 93 566 | 36 318 | 79 530 | 51 105 | 26 952 |
| 38 464 | 75 707 | 16 750 | 61 371 | 01 523 | 69 205 | 32 122 | 03 436 | 14 489 | 02 086 |
| 59 442 | 59 247 | 74 955 | 82 835 | 98 378 | 83 513 | 47 870 | 20 795 | 01 352 | 89 906 |

注册会计师在使用随机数表时，选择一个随机起点和一个选号路线，随机起点和选号路线可以任意选择，但一经选定就不得改变。从随机数表中任选一行或任何一栏开始，按照一定的方向（上、下、左、右均可）依次查找，符合总体项目编号要求的数字，即为选中的号码，与此号码相对应的总体项目即为选取的样本项目，一直到选足所需的样本量为止。

例如，利用随机数表，从序号 500～5 000 的转账支票中选取样本，样本量为 20，假设选号时以随机数表后四位数来与转账支票号码一一对应，并选定第 2 列第一个数为起点，选号路线为从上到下，从左往右，依次进行，则选出的前 5 个号码为：4 987、1 792、1 958、4 638、2 592。

2. 系统选样

系统选样也称等距选样，是指按照相同的间隔从审计对象总体中等距离地选取样本的一种选样方法。采用系统选样法，首先要计算选样间距，确定选样起点，然后再根据间距顺序，选取样本。选样间距的计算公式如下：

选样间距 = 总体规模 ÷ 样本规模

例如，如果销售发票的总体范围是 652～3 151，设定的样本量是 125，那么选样间距为 20［（3 152－652）÷125］。注册会计师必须在 0～19 中选取一个随机数作为抽样起点。如果随机选择的数码是 9，那么第一个样本项目是发票号码为 661（652＋9）的那一张，其余的 124 个项目是 681（661＋20），701（681＋20）……以此类推，直至第 3 141 号。

3. 分层选样

分层抽样，也叫类型抽样，就是将总体样本按其属性特征分成若干类型或层，然后在类型或层中随机抽取样本单位。由于通过划类分层，增大了各类型中样本间的共同性，容易抽出具有代表性的调查样本。它并非一种独立的样本选择方法，必须结合简单随机选样法等方法使用。

4. 随意抽样

随意抽样也叫任意抽样，是指注册会计师本着随意性原则去选择样本的方法。随意选样的缺点在于注册会计师很难完全无偏见地选取样本项目，因而很可能使样本失去代表性。例如，从发票柜中取发票时，注册会计师可能倾向去抽取柜子中间位置的发票，这样就会使柜子上面和下面的发票缺乏同等的被选取的机会，因此，在运用随意选样时，注册会计师要尽量避免由于项目性质、大小、外观和位置的不同而引起的偏见，使所选取的样本具有代表性。

**[案例 3-4]**

**接受客户的说法，只有 2.5% 正确的可能性**

审计方法有其局限性，因为审计是一种事后检查，任何方法都不可能完全还原企业已发生的业务，尤其是审计抽样技术的运用及其不可避免的限制，这使得审计不可能起到完全查错防弊的作用，也不可能对被审计单位的财务状况和盈利能力给予完全的保证，从而给财务报表使用者吃一颗定心丸。在审计方法的运用中，审计师有时面临两难选择。

津城会计师事务所在审查海河毛纺厂的销售与收款循环时，从 2 000 个应收账款账户余额中随机抽取 50 个进行审查，结果发现有一个账户记录的客户欠款金额巨大，是在年终前客户刚签署购货合同时记入的。审计师老刘认为这不符合收入确认原则，海河毛纺厂的总会计师解释说，该客户是一个老客户，企业已经接客户口头打招呼和以往的惯例在组织生产，合同早就该签，但由于双方主管领导事务繁忙，一拖再拖；再者由于是老客户，所以直到年终才签合同，合同价款肯定能收到，而且只有这一个客户存在这种情况。

老刘知道，行业审计惯例一般要根据样本中存在的错误推断总体，据此推断该客户当年虚增收入为样本中的错误数乘以 40（2 000 ÷ 50）。如果要按这一推断进行审计调整，则该企业将由盈变亏。如果确如总会计师所说，这种情况是唯一的，则只应调整一个数据。接受客户的说法，只有 2.5%（1 ÷ 40 × 100%）正确的可能性，老刘觉得需要好好想想这个问题。

## 第五节　审计证据的收集与评价

要实现审计目标，必须收集和评价审计证据。注册会计师形成任何审计结论和意见都必须以合理的证据作为基础，否则，审计报告就不可信赖。因此，审计证据是财务报表审计的一个核心概念。为了规范注册会计师在财务报表审计中确定审计证据的构成，明确注册会计师设计和实施审计程序以获取充分、适当的审计证据的责任，财政部发布了《中国注册会计师审计准则第 1301 号——审计证据》。注册会计师应当按照该准则的要求做好审计证据的获取和整理分析工作。

## 一、审计证据的概念与特征

审计证据是指注册会计师为了得出审计结论和形成审计意见而使用的信息。审计证据包括构成财务报表基础的会计记录所含有的信息和其他信息。会计记录是被审单位管理层编制财务报表的基础，包括原始凭证、记账凭证、各种账簿资料等，注册会计师应测试会计记录，以获取审计证据。但是，会计记录中含有的信息本身并不足以提供充分的审计证据作为对财务报表发表审计意见的基础，注册会计师还应获取用作审计证据的其他信息。例如，巨额应收账款的存在认定，就不能仅仅凭借会计记录，还需要函证等其他方法来获得足够的审计证据。

可用作审计证据的其他信息包括注册会计师取得的被审单位董事会会议记录、组织机构图、内部控制制度、所在行业的平均财务指标等；通过询问、观察和检查等审计程序获取的信息，如通过观察了解到的被审单位内部控制政策与程序的执行状况、通过监督性盘点获取存货实际存在与否的证据等；以及自身编制或获取的可以通过合理推断得出结论性信息，如注册会计师亲自编制的固定资产折旧计算表、主营业务收入总体合理性分析表等。

审计证据要具有较强的证明力，必须具有充分性、适当性两大特征。注册会计师应当保持职业怀疑态度，运用职业判断，评价审计证据的充分性和适当性。

### （一）审计证据的充分性

#### 1. 充分性的内涵

审计证据的充分性是对审计证据数量的衡量，是指审计证据的数量足以支持注册会计师的审计意见。充分性主要与注册会计师确定的样本量有关。例如，对某个审计项目实施某一选定的审计程序，从 200 个样本中获得的证据要比从 100 个样本中获得的证据更充分。审计证据的充分性主要受下列因素影响：（1）样本量；（2）错报风险；（3）审计证据质量。需要特别注意的是：充分性是指审计证据的数量能足以将与每个重要认定相关的审计风险限制在可接受的水平，但并不是指审计证据越多越好。

#### 2. 影响审计证据充分性的因素

（1）重大错报风险：若评估的重大错报风险越高，需要的审计证据可能越多。

（2）审计证据质量：受注册会计师获取审计证据质量的影响。若审计证据质量越高，需要的审计证据可能越少。但是，注册会计师仅靠获取更多的审计证据可能无法弥补其质量上的缺陷。

### （二）审计证据的适当性

#### 1. 适当性的内涵

审计证据的适当性是对审计证据质量的衡量，即审计证据在支持审计意见所依据的结论方面具有的相关性和可靠性。相关性和可靠性是审计证据适当性的核心内容，只有相关且可靠的审计证据才是高质量的审计证据。

2. 审计证据的相关性

相关性是指审计证据要有证明力，必须与注册会计师的审计目标相关。例如，注册会计师在审计过程中怀疑被审计单位发出存货却没有给顾客开具发票，需要确认销售是否完整。注册会计师应当从发货单中选取样本，追查与每张发货单相应的销售发票副本，以确定是否每张发货单均已开具发票。如果注册会计师从销售发票副本中选取样本，并追查至与每张发票相应的发货单，由此所获得的证据与完整性目标就不相关。

在确定审计证据的相关性时，注册会计师应当考虑：

（1）特定的审计程序可能只为某些认定提供相关的审计证据，而与其他认定无关。例如，检查期后应收账款收回的记录和文件可以提供有关存在和计价的审计证据，但不一定与期末截止是否适当相关。

（2）针对同一项认定可以从不同来源获取审计证据或获取不同性质的审计证据。例如，注册会计师可以分析应收账款的账龄和应收账款的期后收款情况，以获取与坏账准备计价有关的审计证据。

（3）只与特定认定相关的审计证据并不能替代与其他认定相关的审计证据。例如，有关存货实物存在的审计证据并不能够替代与存货计价相关的审计证据。

3. 审计证据的可靠性

审计证据的可靠性，是指证据的可信程度。例如，注册会计师亲自检查存货所获得的证据，就比被审计单位管理层提供给注册会计师的存货数据更可靠。

审计证据的可靠性受其来源和性质的影响，并取决于获取审计证据的具体环境。注册会计师在判断审计证据的可靠性时，通常会考虑下列原则：

（1）外部独立来源比其他来源更可靠。例如，注册会计师从银行取得的存款余额询证函，就比审阅银行存款余额调节表中所附的银行对账单更能证明存款的真实性。

（2）内控有效时比薄弱时更可靠。

（3）直接获取比间接获取或推论得出更可靠。例如，有注册会计师亲自参与的存货监盘结果，能有力地证明存货的存在性。

（4）文件、记录形式比口头形式更可靠。

（5）原件获取比传真件或复印件更可靠。

## 二、审计证据的种类

为有助于注册会计师评价单个审计证据的作用，需要对审计证据按照来源、表现形式等进行分类。

（一）审计证据按表现形式分类

1. 实物证据

实物证据是通过实地观察或清查盘点所取得的，以确定某些实物资产是否确实存在的证据。例如，对于库存现金可以通过实地的监督盘点来对其数额进行验证。对于各种存货和固定资产也可以通过实地的观察和清点来确定其是否实际存在。由于实物证据是注册会计师通过亲自观察或者在其监督下得到的第一手证据，所以具有很强的说服力和证明力。但是实物证据也有其局限性：通过观察或监盘并不能确切了解资产的质量，从而对资产的价值无法作出判断；当企业存放的资产中有已经销售、但对方尚未提货的代保管资产时，实物证据也并不能说明资产所有权的归属。可见，实物证据只是证明了实物资产的存在与否，而对于资产的价值和所有权归属还需通过其他程序得到的审计证据加以证明。

2. 书面证据

书面证据是注册会计师获得的各种以书面文件形式表现的审计证据。这类证据主要包括：与审计有关的各种原始凭证、记账凭证、会计账簿和各种明细表等书面记载的会计资料；还包括：与审计有关的各种会议记录、文件、合同、通知书、声明书、报告及往来函件等。书面证据数量多，是审计证据的主要组成部分，构成了审计证据的基本证据。它按来源可分为外部证据和内部证据。

3. 口头证据

口头证据是指注册会计师从被审单位员工或其他有关人员那里得到的口头答复所形成的一类证据。比如，询问其会计记录、文件等的存放地点，特殊会计政策使用的理由，内部控制制度的设计和执行情况等。通常，这些答复所形成的审计证据并不足以证明事情真相，往往仅作为旁证资料存在。然而，注册会计师可以通过口头证据发掘出一些重要线索，从而有利于对某些需要审核的情况作进一步的调查，以收集到更为可靠的证据。例如，注册会计师在判断坏账损失是否合理时，可以询问应收账款负责人对收回逾期应收款的可能性的意见，看其是否与注册会计师自行估计的数额基本一致。如果基本一致，说明坏账损失较为合理；如果出入很大，则需进一步对应收账款进行详细分析。

注册会计师对于口头证据需及时做成记录，并注明是何人、何时、何地、在何种情况下提供的，必要时还应取得陈述人的签名确认。相对而言，不同人员对同一问题所作的口头陈述相同时，口头证据具有较高的可靠性。优点是可发掘一些线索，但需要其他证据的支持，属于辅助证据，口头证据很可能会带有个人成见和片面观点，可靠性较差，证明力较小。

4. 环境证据

环境证据是指对被审单位产生影响的各种环境事实，因此也称状况证据。它主要包括以下几种：

（1）被审单位内部控制情况。内部控制越健全、严密，所需的其他各类审计证据就越少，反之，注册会计师就必须获得较大数量的其他审计证据。

（2）被审单位管理条件和管理水平。通常情况下，如果被审单位的管理条件良好、管理水平较高，那么其所提供的审计证据的可靠性也较高。

(3) 被审单位管理人员和财务人员的素质。被审单位管理人员的素质越高，则其所提供的证据发生差错的可能性越小，可靠性也就越高。

环境证据是一类带有一定综合性的证据，它可以帮助注册会计师对被审单位作出整体性的评价，有助于注册会计师将各种孤立的审计事项联系起来，同时也可以通过它提供进一步寻找审计证据的线索。

（二）审计证据按来源分类

1. 外部证据

外部证据是指源自外部单位，并且不经过被审单位系统就直接被注册会计师获得的证据，如从客户处直接得到的应收账款询证回函，这类证据的证明力最强。

2. 外－内证据

外－内证据始于外部单位，然后由被审单位进行处理或保存，如外购货物或劳务的发票。外部单位的参与增强了此类证据的证明力，然而，这类证据经过了被审单位，就有被篡改的可能性，从而其证明力被削弱。

3. 内－外证据

该类证据由被审单位产生，但经过外部单位的处理。例如，被审单位签发的支票要由银行进行处理，支票金额的合理性在银行的兑付过程中得到了证实。内－外证据的证明力比单纯的内部证据强。但两者都产生于被审单位，都受制于被审单位。

4. 内部证据

内部证据是指由被审单位产生和处理的审计证据。例如，职工的工时记录卡、收货单等通常属于内部证据，因为它是由被审单位制作、处理和保存的。一般来说，内部证据与那些有外部实体参与处理的证据相比，证明力要低一些。原因在于两种审计证据的客观性不同，后者比前者更客观，更不容易为被审单位所歪曲。

## 三、审计证据收集

审计证据收集是审计人员为了发现和取得证据所进行的活动。取证是整个审计活动的关键工作，既关系到审计工作的成效，又关系到审计质量的好坏。因此，在取证前必须进行正确的决策，在取证中要遵循一定的原则和运用科学的方法。

（一）取证决策

审计人员在进行每一项审计活动时，都要面对纷繁复杂的业务和大量多变的信息数据以及多种多样的制度规定，更重要的是他们要运用科学的审计方法和专业判断去选取充分而恰当的审计证据，以说明事实真相、支持审计意见和作为审计决定依据。为了保证审计证据质量，节约取证时间，提高取证效率，有必要在取证前进行正确决策。取证决策主要包括以下四个方面：

1. 审计手续决策

有了明确而具体的审计目标以后，审计组或审计人员就应该确定证实目标的各种审计手续。也就是确定取证的途径和方式以及应办理的各种审计手续，并编制审计工作方案，以便审计人员遵照执行。例如，审查资产负债表的部分手续是：取得应审的资产负债表和上期资产负债表；取得总账和有关资产、负债、所有者权益的明细账；审阅与分析资产负债表并将有关科目余额与总账及相关的明细账核对；查明不相符的金额和不相符的经济业务，在分析错误影响的基础上，提出调整意见；对资产负债表的真实性、合法性及有效性表示意见等。

2. 证据规模决策

在采取抽样审计的情况下，决定了审计手续之后，就应该确定证据规模，也就是决定样本量的大小。证据规模或样本量的大小既可以根据统计抽样来计算，又可以凭着审计人员的经验判断。总之，要有利于取得充分的审计证据。

3. 选取项目的决策

在证据规模决策后，审计人员就要为选取证据项目决策。审计人员首先应把自己非常关注的项目选进样本，其次就是要把具有代表性的项目选进样本。

4. 实施审计手续时间的决策

对不同的审计种类，实施审计手续进行取证的时间也不尽相同。例如，进行财务审计，有些作业手续可在期中实施，而对有些账户余额审核、验证，一般要在结账后实施。管理审计中的取证工作，可以在期中进行，也可以在期末进行，例如，对管理功能的审查可放在期中，对管理绩效的取证可放在期末。取证时间选样恰当与否关系到是否选择到恰当的审计证据。

（二）取证原则

审计人员要想取得充分而恰当的书证、物证、人证、证言、当事人陈述以及鉴定证据，必须遵循如下的取证原则。

1. 依照法定的取证程序

收集证据必须符合审计法规的规定，严格遵守审计工作程序和有关审计证据具体准则，履行法定的审计手续。

2. 客观全面、实事求是

审计证据是客观存在的真实材料，取证必须尊重客观事实，按照证据的本来面目进行收集。取证时应防止以主观臆断代替客观事实，防止以个人成见、长官意志替代实际，绝不能偏听偏信、断章取义、歪曲事实、弄虚作假。取证时还应全面周到，只有全面地收集能够证明被审计事项的一切证据，才能为澄清事实、表示意见和作出决定提供充分的依据。

3. 认真严谨、深入细致

收集证据犹如大海捞针，必须深入细致、善于思索，保持敏锐的目光和清醒的头脑，不失时机地收集一切有用的证据；收集证据时应认真严谨，绝不能草率从事，应抓住每一条线索，不放掉任何一个疑点。

4. 必须运用现代科学技术

在取证过程中，经常会遇到一些很复杂的情况和一些专门性的问题，如果只靠一些原始的手工操作技术，往往易出差错，也难以收集到证据力强的证据和大量进行取证。实地取证必须借助于一些科学工具，必要时，对所涉及的单据、账表、文件、实物等进行拍照、录像、复制等，形成视听证据，增强证据的真实性、直观性和说服力。

总之，在取证过程中，必须客观公正、实事求是，防止主观判断，保证审计证据具有客观性，对收集的证据进行分析、判断，决定取舍，保证审计证据具有相关性；必须收集足够的证据，以保证审计证据的充分性；严格遵守法律、法规规定，保证审计证据的合法性。

（三）取证程序与具体方法

为了获取充分、适当的审计证据，审计人员应当实施必要的取证程序。根据《中国注册会计师审计准则第1301号——审计证据》的规定，我国注册会计师实施取证程序的目的有以下两个方面：(1) 了解被审计单位及其环境，包括内部控制，以评估会计报表层次和认定层次的重大错报风险；(2) 必要时或决定测试内部控制时，测试内部控制在防止或发现并纠正认定层次重大错报方面的运行有效性；(3) 发现认定层次的重大错报。因此，注册会计师取证程序为风险评估程序、控制测试程序和实质性测试程序。

1. 风险评估程序

审计准则规定，注册会计师应当通过了解被审计单位及其环境，识别和评估财务报表层次和认定层次的重大错报风险，从而为设计和实施针对评估的重大错报风险采取的应对措施提供基础。根据该要求，注册会计师需要实施一系列风险评估程序，包括询问管理层以及被审计单位内部其他人员、分析程序、观察和检查等。

了解被审计单位及其环境的风险评估程序是每次财务报表审计都必须执行的。风险评估程序本身并不足以为发表审计意见提供充分、适当的审计证据，它只能作为评估会计报表层次和认定层次重大错报风险的基础。

2. 控制测试程序

控制测试是指用于评价内部控制在防止或发现并纠正认定层次重大错报方面的运行有效性的审计程序。比如，假定控制程序规定“现金应每天如数送存银行”，那么注册会计师可通过观察实际送存过程和检查有效的存款单据，测试该项控制的运行有效性。控制测试还包括向雇员询问控制程序的执行情况，以及由注册会计师重新执行某项控制程序。

值得注意的是，控制测试不是每次财务报表审计都必须执行的。测试内部控制在防止或发现并纠正认定层次重大错报方面的运行有效性，一是为了支持风险评估的结果，二是弥补实质性测试所获取证据的不足。

3. 实质性测试程序

实质性程序是指用于发现认定层次重大错报的审计程序。实质性程序包括两类：一是对各类交易、账户余额和披露的细节测试；二是实质性分析程序。

运用实质性程序可以获取证明管理层在财务报表上的各项认定是否正确的直接证据。因此，实质性程序是每次财务报表审计业务都必须执行的。

在选择审计程序时，必须考虑两个基本问题：一是审计程序的有效性，即选择的审计程序要能够有效地证实某特定审计目标；二是审计程序的经济性，即执行这些程序所需的成本要合理。

收集审计证据可能使用的取证方法有七种，分别是检查、观察、函证、重新计算、重新执行、分析程序和询问。

1. 检查法

检查是指注册会计师对被审计单位内部或外部生成的，以纸质、电子或其他介质形式存在的记录或文件进行审查，或对资产进行实物审查。

（1）检查记录或文件。包括注册会计师对会计记录和其他书面文件可靠程度的审阅与复核。审阅是为了发现有无不正常现象而批判性地阅读书面资料的审计技术，其目的在于确认书面文件是否真实、合法；复核是确认各种书面文件之勾稽关系的审计技术，通过书面文件之间的对照检查，确认双方对交易或事项的记录是否一致、计算是否正确。

（2）检查有形资产。检查有形资产是指注册会计师对资产实物进行审查。运用这种方法的目的在于确定被审计单位实物形态的资产是否真实存在并且与账面数量相符，查明有无短缺、毁损及其他舞弊行为。它主要适用于存货和现金的检查，也适用于有价证券、应收票据和固定资产等。监盘是其常用的操作技术。

2. 观察法

观察是指注册会计师察看相关人员正在从事的活动或执行的程序。注册会计师按照审计具体目标的要求，前往被审计单位的工作现场，察看业务活动的方法、程序及实施情况，以掌握整个业务活动或执行程序的实际情况，获取审计证据。

3. 询问法

询问是指注册会计师以书面或口头方式，向被审计单位内部或外部的知情人员获取财务信息和非财务信息，并对答复进行评价的过程。

4. 函证法

函证是指注册会计师为了获取影响财务报表或相关披露认定的项目的信息，通过直接来自第三方对有关信息和现存状况的声明，获取和评价审计证据的过程。实施函证的目的是证实影响财务报表或相关披露认定的账户余额或其他信息，从外部独立源来获取强有力的审计证据。

函证强调从第三方直接获取有关信息。正因为函证来自独立于被审计单位的第三方，所以受到高度重视，被经常使用。虽然函证提供的证据相对比较可靠，但受到被征询者是否认真对待询证函、是否能够保持独立性和客观性、是否熟悉所函证事项等诸多因素的影响，注册会计师在设计询证函必须要考虑这些因素。

（1）函证的分类。函证分为肯定式函证和否定式函证。肯定式函证就是向债务人发出询证函，要求其证实所函证的欠款是否正确，无论对错都要求复函。否定式函证是向债务人发出询证函，但所函证的款项相符时不必复函，只有不符时才要求债务人复函。

两种函证方式各有优缺点，前者获取的审计证据较为可靠，但审计成本较高；后者因为不可知因素的存在，获取的审计证据较前者来说不可靠，但成本相对较低。这里值得注意的是，对于重要的应收账项不应以审计成本的高低作为减少审计程序的理由。

具体采用哪种方式应根据不同情况作出选择：当个别账户欠款金额较大，或有理由相信欠款可能会存在争议、差错等问题时采用肯定式函证。当符合以下所有条件时，可采用否定式函证：

①相关的内部控制是有效的；

②预计差错率较低；

③欠款余额小的债务人数量很多；

④有理由确信大多数被函证者能认真对待询证函，并对不正确的情况予以反馈。

这里应注意，上述函证方式的选择并不是绝对的，有时候两种方式结合起来使用，将其优缺点互补，可能会更适宜。例如，按照重要性原则，对于大余额账项采用肯定式函证，对于小余额账项则采用否定式函证。

（2）函证控制措施。询证函应当交由被审计单位盖章，并且询证函应由注册会计师直接发出，回函要求寄至会计师事务所。注册会计师要将发函、收函情况记录于工作底稿。

若注册会计师在实施函证后的合理时限内未能收到回函，则应对询证人进行二次函证，仍旧未收到回函的，应追加实施替代审计程序。

5. 重新计算法

重新计算是指注册会计师以人工方式或使用计算机辅助审计技术，对记录或文件中的数据计算准确性进行核对。注册会计师往往需要对文件或记录中的数字大量实施重新计算，以验证其是否正确，获取必要的审计证据。

注册会计师进行验算时，要证实有关计算的结果是否正确，所采用的计算方法、口径是否恰当。计算方法只能验证计算本身是否正确，而对于据以进行计算的数据是否正确，则需要注册会计师通过其他的审计方法先加以验证。

6. 重新执行法

重新执行是指注册会计师以人工方式或使用计算机辅助审计技术，重新独立执行作为被审计单位内部控制组成部分的程序或控制。实施重新执行可以验证被审计单位内部控制的有效性，获取内部控制是否有效的审计证据。例如，注册会计师为调查评价被审单位购货付款循环内部控制的健全性，并测试内部控制执行的有效性，选择一种存货按照其申请采购到付款的整个过程执行一遍。

7. 分析性程序

分析程序是指注册会计师通过研究不同财务数据之间以及财务数据与非财务数据之间的内在关系，对财务信息作出评价。分析程序的主要目的是确认是否有异常或意外的波动，它贯穿审计的全过程。

如果不发生影响财务数据或非财务数据以及数据之间相互关系的事项（如异常业务或事项的发生、会计政策变更、重大错报等），那么数据之间的关系将会合理存在。利用这一前提，注册会计师通过数据之间的内在关系的研究，就可以发现影响事项、获取审计证据，对鉴证对象信息作出评价。常用的比较方法有：

（1）与前期数据的比较；

（2）与预期数据的比较；

（3）与其他单位数据的横向比较。

需要特别注意的是：如果分析程序发现特定项目出现了异常波动，并不代表该项目一定就是错的，注册会计师还需要执行其他审计程序，进一步采集更多的审计证据。

注册会计师实施分析程序的目的包括如下几方面：

（1）用作风险评估程序，以了解被审计单位及其环境。注册会计师实施风险评估程序的目的在于了解被审计单位及其环境，并评估财务报表层次和认定层次的重大错报风险。在风险评估过程中使用分析程序也服务于这一目的。分析程序可以帮助注册会计师发现财务报表中的异常变化，或者预期发生而未发生的变化，识别存在潜在重大错报风险的领域。分析程序还可以帮助注册会计师发现财务状况或盈利能力发生变化的信息和征兆，识别那些表明被审计单位持续经营能力问题的事项。

（2）当使用分析程序比细节测试能更有效地将认定层次的检查风险降至可接受的水平时，分析程序可以用作实质性程序。在针对评估的重大错报风险实施进一步审计程序时，注册会计师可以将分析程序作为实质性程序的一种，单独或结合其他细节测试，收集充分、适当的审计证据。此时运用分析程序可以减少细节测试的工作量，节约审计成本，降低审计风险，使审计工作更有效率和效果。

（3）在审计结束或临近结束时对财务报表进行总体复核。在审计结束或临近结束时，注册会计师应当运用分析程序，在已收集的审计证据的基础上，对财务报表整体的合理性作最终判断，评价报表仍然存在重大错报风险而未被发现的可能性，考虑是否需要追加审计程序，以便为发表审计意见提供合理基础。

（四）取证手段

取证手段是指审计人员在收集证据的过程中所采用的具体手段。它主要包括以下几种：

（1）笔录。它是通过文字记录来获取证据的一种方法，通常是用叙述性方式对有关审计事项加以描述、说明，从而使证据保全。笔录一般与询问方法结合起来使用。

（2）绘图。它是指运用绘图技术从而把需要证明的审计内容描绘出来，以收集审计证据一种方法，如流程图。

（3）复制。它是把审计的具体事项原样复制下来，从而收集证据的一种方法。如书面证据的复印，实物证据复制及录音、录像、拍照等。

取得可靠的审计证据是一项艰苦的工作，取证时应注意以下几个问题：

（1）取证方法要适应审计内容。即根据审计内容的重要性来决定审计证据的收集方法。审计内容越重要，对审计证据的质量要求也就超高，数量也就越多。

（2）取证方法要适应审计证据分类。一般地，不同的审计证据有不同的取证方法，但有时为了收集一种证据，要采用几种不同的取证方法，而且一种取证方法又能用来取得不同的审计证据。

（3）利用专家工作。审计工作通常不涉及鉴定文件的真伪，审计人员也不是鉴定文件真伪的专家，但为了考虑用作审计证据的信息的可靠性，如果发现文件存在伪造或篡改迹象时，审计人员应当考虑利用专家的工作，取得鉴定结论，作为审计证据。

（4）证实已生成信息的准确性。如果在审计时使用被审计单位生成的信息，审计人员应当就该信息的准确性和完整性获取审计证据。

（5）追加审计程序澄清不能相互印证的证据。针对某项认定，如果从不同来源获取的审计证据或不同性质的审计证据不一致，可能表明某项审计证据不可靠，审计人员应当追加审计程序予以澄清。

（6）重要事项的审计证据应由提供者签章。审计人员收集的有关重要事项的审计证据，应当由有关单位、人员签名或盖章。如果提供者拒绝签章，应当注明拒绝的原因和日期。拒绝签章不影响事实存在的，该证据仍然有效。

（7）应注意重大疑虑的处理方法。审计人员在审计过程中发现尚有疑虑的重要事项，应进一步获取证据以消除疑虑，否则就应出具保留意见或无法表示意见的审计报告。

（8）取证时注意技巧。如不应引起提供证据者的反感、坚持总体的观点、相互联系的观点、善于发现证据间的内在联系、善于构筑证据体系等。同时还要注意办理必要的手续，如在现场取证时，所取得的证据应经过复核和被取证者签章，调查取得的证据，应注明来源并由提供者签章；对拒绝签章的证据，应附说明材料；对有异议的证据，应进行核实或重新取证；对重要事项应由两名以上人员取证。

（9）取证时应考虑成本效益。一般来说，非常理想的审计证据的获得通常要花费高昂的审计费用和较长的时间，在有可能的情况下，审计人员可转而收集质量稍逊的其他证据予以替代。但对于重要审计项目，不应将审计成本的高低或获取审计证据的难易程度作为减少必要审计程序的理由。

（10）证据保护。审计人员在收集审计证据时，对认为必要的审计证据应当及时取证；在当时不能取得而以后审计证据可能灭失或者难以取得的情况下，可以先行登记保存。

## 四、审计证据鉴定

项目组在提出审计报告前，应当对收集的审计证据进行归纳、分析和判断，形成审计结论。审计项目组对收集的审计证据的客观性、相关性、充分性和合法性进行鉴定，如果发现审计证据不符合要求的，应当进一步取证。

审计人员所收集到的证据资料，在未对其进行分析评价之前，通常只具有潜在的证明被审计事项的能力。要使这种潜在的证据力转化为现实的证据力，就必须将收集到的证据加以鉴定，以确定其是否是所需要的审计证据。鉴定证据的步骤是：首先是评定证据本身的真实性及可靠程度，认定具有证明事项能力的资料，对不具有真实性的资料予以舍弃；其次是鉴定证据资料与被审计事项的相关性，确定其能否直接或间接地证明被审计事项，对那些没有关系的证据也要舍弃；最后是判断证据内容是否重要，即证据的内容应该是证明和评价被审计事项所不可缺少的。

对不同种类的证据，应该根据它们各自的特点，着重从不同方面进行鉴定。例如，物证不仅要核实数量是否真实存在，而且要鉴定其质量是否可靠，如有必要，物证要经过权威部门作出技术鉴定。书面证据着重鉴定书面是否伪造、内容是否准确无误、样式上是不是符合要求。言词证据着重审定提供者是否故意作虚伪陈述。如果证人与当事人或审计结果无利益关系，则应着重审查言词证据形成的具体情况：一是审阅所取得的询问证据信息是不是合理，有无自相矛盾之处，有无疑点。二是将询问取得的证据与其他已掌握的相关证据核对，分析它们之间的差异和原因。直接证据与审计事项事实的联系很明显，关键是审查它的客观性、准确性；还应着重审查与事项事实存在什么联系及能证明什么事项事实。外来证据的鉴定主要是审查外来证据在转述、转抄中有无错误等。审计人员对审计证据客观性、相关性、充分性和合法性进行鉴定后，如发现审计证据不够充分和可靠，审计人员应进一步收集证明材料。

## 五、审计证据整理

收集到的大量证据经过认真的鉴定工作后，其现实证据力已经形成。但由于审计证据的作用源于它的证明力，为了使分散的个别证据的证据力结合起来形成具有充分的证明力，用来评价被审事项和支持审计意见，必须对经过鉴定的证据进行整理。整理证据是指把鉴定后的审计证据进行归纳、分类和综合，把具有个别证据力的分散的审计证据有机地联系起来，形成综合证明力，以证明被审计事项。

审计证据整理的关键在于使具有现实证据力的证据对证实对象具有条理化，并要综合全部证据进行评价。这就要求审计人员具有较高的政策水平、业务水平和丰富的实践经验，整理证据的基本方法主要有以下几种。

（1）分类。分类是指各种审计证据按其证据力的强弱或按与审计目标的关系是否直接等分门别类地排列成序。

（2）计算。是指按照一定的方法对数据方面的证据进行计算，从计算中进一步收集新的证据。

（3）比较。一是将各种审计证据进行比较，借以分析审计单位经济活动的特征及其变动趋势；二是将审计证据与审计目标比较，判断证据是否符合需要。

（4）小结。在分类、计算、比较的基础上，审计人员对审计证据进行归纳、总结，得出局部审计结论。

（5）综合。审计人员根据各类审计证据及其局部结论，进行综合分析，形成证据群及整体审计意见。

整理审计证据时，还应运用以下三个方面技巧：

（1）矛盾解决法。在收集到的各种证据中，某个证据与其他证据之间不可避免地会出现这样或那样的矛盾。整理证据首先在于发现相关证据之间尚未解决的矛盾。随着矛盾的不断揭露和不断解决，证据与事项的事实之间的联系被揭示，证据体系得到完善，使证据的证明力更加充分。矛盾解决法主要从两方面分析解决矛盾：①查明证据与证据之间有无矛盾。要分析言词证据与物证、书证之间有无矛盾以及原始证据与外来证据之间有无矛盾。如书证的原本与正本以及副本是否一致。直接证据与间接证据对照查核有无矛盾，间接证据之间有无矛盾，能否协调一致等。②查明审计证据与审计事项事实之间有无矛盾。用于证明审计事项的证据必须是与审计事项相关联的。如果形式上似有联系，在实质上并无内在联系，或者两者之间存在矛盾，就必须针对不同的矛盾根据具体情况采用不同的方法加以解决。

（2）联系整理法。联系整理法是指围绕某一具体被审事项，按照一定的审计目的的要求，从各种证据中找出证据间的某种联系，从而将有联系的证据归纳整理，形成相关证据组。

（3）共性归集法。共性归集法就是找出各种形态证据的共同点，把具有相同点的证据归集在一起，形成一个相同的证据组。共性归集法一般是在联系整理法的基础上使用，它是对有相同问题的相关性证据进一步归纳和分类，使问题的重要性系统地反映出来。

## 第六节　审计工作底稿的编制与复核

### 一、审计工作底稿的含义

审计工作底稿，是指注册会计师对制定的审计计划、实施的审计程序、获取的相关审计证据，以及得出的审计结论作出的记录。审计工作底稿是审计证据的载体，是注册会计师在审计过程中获取的资料，形成的审计工作记录，它形成于审计过程，也反映整个审计过程。

注册会计师编制审计工作底稿的最根本目的有：

(1) 提供证据，作为注册会计师实现总体目标并形成审计报告的基础。审计工作底稿是审计证据的载体，因而是形成审计结论、出具审计报告的基础。注册会计师只有通过编制、整理和分析审计工作底稿，才能对财务报表整体是否不存在由于舞弊或错误导致的重大错报获取合理保证，进而对财务报表是否在所有重大方面按照适用的财务报告编制基础编制发表审计意见。

(2) 提供证据，证明注册会计师按照审计准则规定计划和执行了审计工作。审计工作底稿能够直接、全面地体现注册会计师遵守审计准则的情况。比如，审计准则对注册会计师技术上的训练与精通、独立性、遵守应有的谨慎等提出了要求。审计工作底稿能反映出注册会计师对审计准则的掌握情况，及其实施审计程序的能力。同样，审计工作底稿所记录的注册会计师的结论，能说明他们的客观性和独立性。此外，审计工作底稿的完整性也能证明注册会计师保持了应有的关注。

编制审计工作底稿还可以实现其他目的：有助于项目组计划和执行审计工作；有助于负责督导的项目组成员按照《中国注册会计师审计准则第 1121 号——对财务报表审计实施的质量控制》的规定，履行指导、监督与复核审计工作的责任；便于项目组说明其执行审计工作的情况；保留对未来审计工作持续产生重大影响的事项的记录；便于会计师事务所按照《质量控制准则第 5101 号——会计师事务所对执行财务报表审计和审问、其他鉴证和相关服务业务实施的质量控制》的规定，实施质量控制复核与检查；便于监管机构和注册会计师协会根据相关法律法规或其他相关要求，对会计师事务所实施执业质量检查等。

## 二、编制审计工作底稿使用的文字和控制程序

编制审计工作底稿的文字应当使用中文。少数民族自治地区可以同时使用少数民族文字。中国境内的中外合作会计师事务所、国际会计公司成员所和联系所可以同时使用某种外国文字。会计师事务所执行涉外业务时可以同时使用某种外国文字。

会计师事务所应当按照《会计师事务所质量控制准则第 5101 号——业务质量控制》的规定，对审计工作底稿实施适当的控制程序，以满足下列要求：

(1) 安全保管审计工作底稿并对审计工作底稿保密；

(2) 保证审计工作底稿的完整性；

(3) 便于对审计工作底稿的使用和检索；

(4) 按照规定的期限保存宙计工作底稿。

为了保证审计工作底稿的完整性，注册会计师不得对其进行不当删除、废弃或改动。

## 三、审计工作底稿的种类

审计工作底稿可以以纸质、电子或其他介质形式存在，根据审计工作底稿的性

质和作用，可将其分为综合类、业务类和备查类工作底稿。

1. 综合类工作底稿

综合类工作底稿是指审计人员在审计计划和审计报告阶段，为规划、控制和总结整个审计工作，并发表审计意见所形成的审计工作底稿，主要包括：审计业务约定书、审计计划、审计总结、未审计会计报表、审计报告书未定稿、审计调整分录汇总表、管理建议书、被审计单位声明书等。一般来说，该类工作底稿较多地在注册会计师的办公地完成。

2. 业务类工作底稿

业务类工作底稿是指审计人员在审计实施阶段执行具体审计程序所形成的审计工作底稿，主要包括审计人员执行的预备调查、控制测试和实质性程序等审计程序时所形成的工作底稿。该类工作底稿的形成时间主要是在审计实施阶段，其作用是反映注册会计师执行具体审计程序的情况，具体包括注册会计师编制的控制测试工作底稿、实质性程序工作底稿、注册会计师执行具体审计程序时从被审单位或他人处取得的各种审计资料的重要摘录和复制件。例如，销售与收款业务循环控制测试表、应收账款汇总表等。这类工作底稿通常在审计外勤工作时完成。

业务类工作底稿按其性质和内容不同，又可分为审计日记、调查类、查账类、盘点类和专项审计工作底稿。

（1）审计日记。是承担审计项目的每位注册会计师对每天所做的记录。包括日期、审计种类、审计工作内容等。

（2）调查类工作底稿。调查类工作底稿是注册会计师为了了解被审计单位有关情况或被审计事项的实际情况，以及为了收集审计证据所作的各种审计记录。例如，内部控制调查表、被审计单位基本情况表等。

（3）查账类工作底稿。查账类工作底稿是注册会计师审查会计凭证、账簿和报表过程中所编写的各种工作记录。例如，在进行财务报表审计时常用的试算平衡表、汇总表、分析表、计算表、账项调整表等。

（4）盘点类工作底稿。盘点类工作底稿是注册会计师对库存现金、有价证券、存货、固定资产等实物资产进行清金盘点时所作的记录。例如，库存现金清点表、有价证券清点表、库存材料抽查表、固定资产盘点表等。

（5）专项审计工作底稿。专项审计工作底稿是除了上述四类工作底稿之外，注册会计师为了记录其他特殊事项所设计的工作底稿，这些特殊事项包括伪造凭证、贪污盗窃等违法乱纪事件。针对这些特殊事项，应当根据不同情况设计不同格式的工作底稿，详细说明审计过程、取得的审计证据、问题性质、金额、被审计人的态度和注册会计师的分析意见等。

3. 备查类工作底稿

备查类工作底稿是指审计人员在审计过程中形成的，对审计工作仅具有备查作用的审计工作底稿。该类工作底稿的形成时间是审计全过程，该类工作底稿对本年和以后年度审计工作均具有证明效力，主要包括：与审计约定事项有关的重要法律性文件、重要会议记录与记要、重要经济合同与协议、企业经营执照、不同章程等原始资料的副本或者复印件等。

注册会计师在将上述资料归档为备查类工作底稿的同时，还应根据具体需要，将其中与具体审计项目有关的内容复印、摘录或综合后归入业务类工作底稿的具体审计项目之后。备查类工作底稿常常是由被审计单位或第三者提供或代为编制。注册会计师应对所取得的有关文件资料标明其来源。

## 四、审计工作底稿的基本要素

审计工作底稿的形成方式主要有两种：一种是注册会计师直接编制；另一种是取得。一般而言，注册会计师直接编制的审计工作底稿主要应包括以下基本要素：

（1）被审计单位名称。被审计单位名称用以明确审计客体，防止混淆，如果被审计单位有子公司或业务单元等，则应同时注明子公司或业务部门的名称。

（2）审计项目名称：审计项目名称是某一会计报表项目名称或某一审计程序及实施对象名称，用以明确审计内容。例如，审查财务报表中的存货项目，对购货及付款循环进行控制测试等。

（3）审计项目时点或期间。审计项目时点或期间用以明确审计范围。

（4）审计过程及结论记录。注册会计师的审计过程包括：实施的审计程序、获取的审计证据、形成的各种专业判断、得出的审计结论。应当注意每张审计工作底稿都应该有经过注册会计师审计的轨迹或者专业判断的记录，这一点很重要。有的工作底稿只是抄录了被审计单位账簿上的一些记录，而没有审计过程记录，也没有注册会计师专业判断或者审计结论，这种不说明问题的工作底稿实际是无用的底稿。

（5）审计标识及其说明。审计标识是注册会计师为方便表达审计含义而采用的符号。为便于他人理解，注册会计师应在审计底稿中说明各种审计标识所代表的含义，或者采用审计标识及其说明表的形式在整套审计工作底稿前统一说明。审计标识应前后一致，常用的审计标识如表 3-4 所示。

**表 3-4　　常用的审计标识**

| 顺序号 | 标识 | 图意 | 顺序号 | 标识 | 图意 |
|---|---|---|---|---|---|
| 1 | √ | 已核对 | 7 | < | 横向核对 |
| 2 | ? | 疑问待查 | 8 | B | 与上年结转数核对一致 |
| 3 | S | 与明细账核对相符 | 9 | T | 与原始凭证核对一致 |
| 4 | G | 与总账核对相符 | 10 | T/B | 与试算平衡表核对一致 |
| 5 | ∧ | 纵向核对 | 11 | ?/√ | 疑问已查清 |
| 6 | C: | 已发询证函 | 12 | C\: | 已收回询证函 |

（6）索引号及页次。为了便于整理和查阅，在每张审计工作底稿上都要注明索

引号及页次。索引号也称编号，是注册会计师为整理利用审计工作底稿，将具有同一性质或反映同一具体审计事项的审计底稿分别归类所形成的相互联系、相互控制的特定编号。页次是在同一索引号下不同的工作底稿的顺序编号。如 A1—2 可以表示库存现金盘点核对表。其中，A 代表资产类工作底稿，1 代表货币资金工作底稿，2 代表货币资金类的第 2 张底稿。会计师事务所可以通过制定“审计工作底稿目录表”，来规定各种工作底稿的索引号，以备查阅。

（7）编制者姓名及编制日期。编制者姓名及编制日期目的在于明确职责，以便检查者、使用者了解谁能提供审计资料；另外，可证明编写工作底稿的时间，便于追查审计步骤与顺序，为以后类似审计工作安排时间。

（8）复核者姓名及复核日期。复核者姓名及复核日期目的在于明确复核责任，便于查询。

（9）其他应说明事项。由被审计单位、其他第三者提供的资料或代为编制的审计工作底稿，应在上面注明其来源，实施必要的审计程序，并按照上述基本要素的要求记录在底稿上。

### 五、审计工作底稿的编制

审计工作底稿应如实反映审计计划的制定及实施情况，包括与形成和发表审计意见有关的所有重要事项，以及审计人员的专业判断。一般来讲，审计工作底稿的编制应遵循以下原则。

1. 结构完整、要素齐全

无论是通用审计工作底稿，还是专用审计工作底稿，都要按照各工作底稿的格式要求，做到结构完整、要素齐全。既有未审定情况、审计过程记录和审计结论等内容，又有被审计单位名称、审计项目名称、会计期间或截止日、编制人、复核人等要素。

2. 内容完整、记录真实

审计人员编制审计工作底稿时，应做到内容完整、记录真实。审计方案规定的审计手续实施后，必须全部编制审计工作底稿。记录在审计底稿上的各类资料来源必须真实、可靠，应如实反映被审计单位的财政财务收支情况，以及审计方案的编制和实施情况。审计工作底稿不得擅自删节和修改。

3. 重点突出、繁简得当

审计人员编制审计工作底稿时，应做到重点突出、繁简得当。一张审计工作底稿往往只能说明某一个或几个问题，因此，每张审计工作底稿所反映的内容，必须重点突出，对需要说明的与审计结论有重大影响的内容进行记录；要根据记录内容的不同，按照重要性原则，对重要的、与形成审计结论密切相关的内容事项详细记录，对一般内容可酌情简单记录。

4. 观点明确、条理清楚

审计人员编制审计工作底稿时，应做到观点明确、条理清楚，以便使用者能够准确、完整地把握审计工作底稿所要说明的内容。审计工作底稿载明的审计事项及其时间、地点、数据、计算方法以及因果关系等必须准确无误，前后一致；对涉及审计事项的评价，形成的初步结论和处理意见要观点明确，不可含糊其辞；对审计事项的未审定情况、审计过程和审计结论等要排列有序、条理清楚、行文工整。

5. 格式规范、手续完备

审计工作底稿的格式要符合规范要求，各项要素必须齐备，不可缺项；审计工作底稿的编制者和复核者必须签上各自的姓名和相应日期；所附的证明材料，特别是那些证明被审计单位严重违反财政财务收支法规的材料，应当经被审计单位有关当事人或其他提供证明资料的人员签名盖章。如果有特殊情况无法盖章的，应当由审计组作出书面说明。

## 六、审计工作底稿的复核

审计机构应当建立完善的审计工作底稿分级复核制度。会计师事务所对审计工作底稿的复核可以分为两个层次：项目组内部复核和独立的项目质量控制复核。

项目组内部复核又分为以下两个层次。

（一）审计项目经理的现场复核

审计项目经理对审计工作底稿的全面复核通常在审计现场完成，以便及时发现和解决问题，争取审计工作的主动。由审计项目经理在审计过程进行中对工作底稿的复核属于第一层复核，这层复核主要是评价已完成的审计工作、所获得的证据和工作底稿编制人员形成的结论。

（二）项目合伙人的复核

在完成审计外勤工作时，则需项目合伙人对审计工作底稿实施复核。既是对审计项目经理复核的再监督，也是对重要审计事项的重点把关。

（三）项目质量控制复核，该复核是指会计师事务所挑选不参与该业务的人员，在出具报告前，对项目组作出的重大判断和在准备报告时形成的结论作出客观评价的过程。

对一些特殊行业或特别重要、审计风险较大的被审计单位，例如上市公司，有些会计师事务所的全面质量控制政策与程序中还规定，在报送审计报告之前，应由一位完全独立的、并不直接负责这一审计项目的其他合伙人对财务报表进行独立复核。

## 七、审计工作底稿的归档和保管

在审计工作底稿形成之后，审计人员应该按照一定的标准予以归档，形成审计档案。审计工作底稿的归档期限为审计业务终止后的60天内。《会计师事务所质量控制准则第5101号——业务质量控制》和《中国注册会计师审计准则第1131

号——审计工作底稿》对审计工作底稿的归档和管理作出了详细的规定。

1. 审计工作底稿的归档

审计工作底稿归档后形成审计档案。按照使用期限的长短，可以将审计档案分为永久性档案和当期档案。永久性档案记录内容相对稳定，具备长期使用价值，对今后的审计工作具有重要影响和直接作用，这类档案主要由综合类工作底稿和备查类工作底稿构成。

当期档案和永久性档案相比，记录内容经常变化，并且只能供当期使用和下期审计参考，它主要由业务类审计工作底稿构成。

2. 审计工作底稿的保管

在我国，审计工作底稿的所有权属于承接该项业务的会计师事务所。审计档案的保管年限视档案类别不用而不同。当期档案从签发审计报告之日起至少保存10年。永久性档案因为具备长期使用价值，故应长期保存。若会计师事务所终止了对该单位的后续审计服务，那么，该永久性档案的保管年限与最近一年当期档案的保管年限相同。

会计师事务所应当建立审计工作底稿保密制度，对审计档案进行妥善保管。但由于下列情况需要查阅审计工作底稿的，不属于泄密：

（1）法院、检察院及其他部门依法查阅；

（2）中国注册会计师协会对其执业情况进行检查。

# 课后复习题

## 一、复习思考题

1. 下列审计证据属于什么依据？比较这些审计证据证明力的强弱，并说明理由。

（1）被审计单位律师的声明书；

（2）被审计单位管理当局的声明书；

（3）银行存款对账单；

（4）被审计单位的销售发票；

（5）注册会计师对库存现金监盘取得的证据；

（6）注册会计师亲自计算取得的证据；

（7）注册会计师对被审计单位有关人员的口头询问；

（8）被审计单位的收料单；

（9）注册会计师实地观察被审计单位的内部控制运行取得的证据；

（10）关于应收账款函证的回函。

2. 注册会计师王某和李某正在阅读和分析W公司2006年12月31日的资产负

债表和2006年度的利润表，针对会计报表项目认定应实施哪些最为有效的审计程序？

| 审计目标 | 审计程序 | 审计证据 |
|---|---|---|
| 已发生购货业务的完整性 | | |
| 账面存货金额的准确性 | | |
| 固定资产的真实性 | | |
| 长期股权投资的成本核算方法的正确性 | | |
| 长期借款利息计算的正确性 | | |
| 资产负债表银行存款余额的真实性 | | |
| 资产负债表日无形资产的真实性 | | |
| 资产负债表日长期股权投资是否存在 | | |
| 2006年度的主营业务收入是否跨期入账 | | |
| 资产负债表日应收账款的真实性 | | |

3. 确认以下各项审计工作属于获取审计征据的具体方法（检查记录或文件、检查有形资产、观察、询问、函证、重新计算、重新执行、分析程序）中的哪一种：

(1) 与信用管理经理复核应收账款以确认其可收回性；

(2) 在打卡机旁看是否有员工重复打卡；

(3) 与客户员工一起盘点存货项目并将金额记录在工作底稿中；

(4) 从客户的保险公司处获得确认信以说明律师未发现任何现存法律诉讼；

(5) 测试存货列表中的存货成本和数量以检验其准确性；

(6) 从客户的保险公司处获得确认信以确认建筑物和设备投保大险的金额；

(7) 检查建筑物和设备火险的合同；

(8) 计算销售成本占销售收入的比重，以确定毛利率的合理性；

(9) 让客户填写问券以获得内控的信息；

(10) 核对现金支出总额与日记账；

(11) 检查某项设备以确定该设备为计划采购且已购入并在运行中；

(12) 计算销售佣金占销售额的比重以确定销售佣金的合理性；

(13) 检查公司有关会议记录以确定发行债务的授权；

(14) 从管理层获得确认信以认定没有未入账的负债；

(15) 复核每个月的修理和维护费总额，以确认是否有某个月的金额非正常的偏大；

(16) 对比销售发票与销售记账，以确定客户姓名和金额；

(17) 加总销售日记账分录以确认总额是否正确；

(18) 从银行处获得书面证明证实客户的存款以及负债。

## 二、案例分析题

1. ABC会计师事务所指派A注册会计师对Y股份有限公司（以下简称Y公司）进行年报审计工作，A注册会计师于2013年初对Y公司2012年度财务报表进行审计时初步了解到，Y公司2012年度的经营形势、治理及组织结构与2011年度比较未发生重大变化，且未发生重大重组行为，相关资料如下。

| 指标项目 | 2012年 | 2012年行业平均 | 2011年 | 2011年行业平均 |
|---|---|---|---|---|
| 速动比率 | 0.346 | 0.465 | 0.240 | 0.388 |
| 流动比率 | 1.094 | 1.160 | 0.924 | 1.115 |
| 利息保障倍数 | 1.052 | 11.850 | 15.616 | 12.385 |
| 资产负债率（%） | 52.750 | 53.864 | 48.800 | 54.733 |
| 投资报酬率（%） | 0.080 | 3.884 | 7.010 | 3.828 |
| 主营业务毛利率（%） | 3.460 | 16.114 | 25.590 | 15.877 |
| 净资产收益率（%） | 0.070 | 5.486 | 10.620 | 5.453 |
| 应收账款周转率（次） | 11.200 | 144.117 | 15.711 | 101.789 |
| 存货周转率（次） | 3.946 | 8.056 | 3.335 | 7.430 |

要求：为确定重点审计领域，A注册会计师拟实施分析性复核程序，请对资料一进行分析后，指出利润表中的重点审计项目，并简要说明理由。

2. A和B注册会计师在审计X公司2012年度主营业务收入时，为了确定X公司销售业务是否真实、完整，会计处理是否正确，A和B注册会计师拟从X公司2012年开具的销售发票的存根中选取若干张，核对销售合同和发运单，并检查会计处理是否符合规定。X公司2012年共开具连续编号的销售发票4 000张，销售发票号码为第2001号至第6000号，A和B注册会计师计划从中选取10张销售发票样本。随机数表（部分列示）如下表所示。

**随机数表（部分列示）**

| 行号＼随机数＼列号 | (1) | (2) | (3) | (4) | (5) |
|---|---|---|---|---|---|
| (1) | 10 480 | 15 011 | 01 536 | 02 011 | 81 647 |
| (2) | 22 368 | 46 573 | 25 595 | 85 313 | 30 995 |
| (3) | 24 130 | 48 360 | 22 527 | 97 265 | 76 393 |
| (4) | 42 167 | 93 093 | 06 243 | 61 680 | 07 856 |
| (5) | 37 570 | 39 975 | 81 837 | 16 656 | 06 121 |
| (6) | 77 921 | 06 907 | 11 008 | 42 751 | 27 756 |
| (7) | 99 562 | 72 905 | 56 420 | 69 994 | 98 872 |
| (8) | 96 301 | 91 977 | 05 463 | 07 972 | 18 876 |
| (9) | 89 759 | 14 342 | 63 661 | 10 281 | 17 453 |
| (10) | 85 475 | 36 857 | 53 342 | 53 988 | 53 060 |

要求：

假定A和B注册会计师以随机数表所列数字的后4位数与销售发票号码一一对应，确定第（2）列第（4）行为起点，选号路线为自上而下、自左而右。请代A和B注册会计师确定选取的10张销售发票样本的发票号码分别为多少？

3. CPA李文在对甲公司应收账款进行审计时了解到，该公司年末应收账款有220个明细账，余额共计3 000万元，总资产8 000万元。上年审计中发现函证的差异较大，有关内部控制也不够健全，而且上年虽提交了管理建议书，但甲公司并未按照建议对内部控制进行改进和完善。应收账款明细账中的部分情况如下。

A客户：余额185万元，账龄2个月；

B客户：余额30万元，账龄9个月；

C客户：余额4万元，账龄3个月；

D客户：余额1万元，账龄2年零3个月。

问：（1）对应收账款进行函证有两种方案：一是函证22个客户；二是函证100个客户，你认为选哪个？为什么？

（2）你认为对A、B、C、D应分别对他们采用何种方式函证？为什么？

（3）若B客户回函表示该笔款项已于10月24日付讫，你认为甲公司账上尚有30万元余额的原因是什么？CPA应如何对此进行处理？

（4）如函证结果有较大差异，你认为CPA该怎么做？

**延伸阅读**

### 一、“科隆”审计案例

“科隆”是中国驰名商标，涵盖空调、冰箱、冷柜、小家电等多个产品系列。广东科龙电器股份有限公司是于1992年12月16日注册成立的股份有限公司。1996年7月23日，科龙公司在香港联合交易所有限公司上市交易；1999年7月13日该公司在深圳证券交易所上市交易。2001年，科龙财务报表出现问题，当时负责审计的安达信会计师事务所出具了无法表示意见的审计报告。安达信破产后，德勤接受委托，承担了该上市公司2002~2004年的年报审计工作。虽然德勤事务所是四大事务所之一，有很高的声誉，但是在审计过程当中却没有采取充分恰当的审计程序，以至于德勤对于科隆电器审计期间共计75.5亿元的不正常现金流居然没有丝毫的察觉。后经调查，德勤对科龙审计过程中存在如下主要问题：

（1）德勤对科龙存货及主营业务成本执行的审计程序不充分、不适当。德勤对科龙电器各期存货及主营业务成本进行审计时，直接按照科龙电器期末存货盘点数量和各期平均单位成本确定存货期末余额，并推算出科龙电器各期主营业务成本。在未对产成品进行有效测试和充分抽样盘点的情况下，德勤通过上述审计程序对存货和主营业务成本进行审计并予以确认，其审计方法和审计程序均不合理。

（2）德勤在存货抽盘过程中缺乏必要的职业谨慎，确定的抽盘范围不适当，执行的审计程序不充分。德勤在年报审计过程中实施抽样盘点程序时，未能确定充分有效的抽样盘点范围，导致其未能发现科龙电器通过压库方式确认虚假销售收入的问题。存货监盘也是一项重要的审计程序，如果进行账实相符核查，科龙虚增的主营业务利润其实并不难发现。

（3）德勤在对应收账款及主营业务收入审计过程中执行的程序不充分，函证方法不当；收入的确认应该以货物的风险和报酬是否转移为标准，一般来说仅以“出库开票”确认收入明显不符合会计准则。德勤对科龙电器2003年度审计时，就存货已出库未开票项目向4家客户所发的询证函中，客户仅对询证函的首页盖章确认，但该首页没有对后附明细列表进行金额或数量的综述。因此，调查人员认为该类询证函的回函结果不能满足发函的目的。如果一项销售行为不符合收入确认原则，就不应确认为收入。未曾实现的销售确认为当期收入必然导致利润虚增。科龙销售收入确认问题，体现出德勤未能恰当地解释和应用会计准则，同时这也说明德勤未能收集充分适当的审计证据。对较敏感的“销售退回”这一块，德勤也没有实施必要的审计程序，致使科龙通过关联交易利用销售退回大做文章，转移资产，虚增利润，这也是德勤所不能回避的错误。德勤审计科龙电器分公司时，没有对各年未进行现场审计的分公司执行其他必要审计程序，无法有效确认其主营业务收入实现的真实性及应收账款等资产的真实性。

（4）德勤事务所未能就科龙电器2003年度确认对合肥维希的销售收入30 484万元事项对其出具的2003年度审计报告进行更正或相关处理。另外，其2004年度审计报告中保留意见金额错误。

（5）德勤事务所对科龙电器内部票据贴现未能适当关注，未发现科龙电器2003年现金流量表重大差错问题。在执行审计程序等方面，德勤的确出现了严重纰漏，对科龙电器的审计并没有尽职。

**思考与讨论**

1. 在该案例中，注册会计师执行上市公司财务报表审计时存在的主要问题是什么？

2. 注册会计师应该如何提高审计证据的质量？

## 二、G外高桥诉普华永道

G外高桥于2005年6月发现，公司存放在国海证券上海圆明园路营业部证券保证金账户中的资金实际余额与经审计的公司2003年度和2004年度报表明细账上金额不符，上述资金实际已被挪用。经审计的2003年、2004年财务报表显示，G外高桥2003年年底在某证券公司存有保证金约9 000万元，但实际上该账户内仅有3 000元；G外高桥2004年年底在同一证券公司存有保证金约2亿元，但实际上该账户仅有2 000多万元至今被挪用的资金无法收回。

G外高桥发布公告称，公司5月9日以审计师普华永道中天不尽责，即未保持应方的职业谨慎、实施有效的审计程序，使公司蒙受了巨额经济损失为由，向中国国际经济贸易仲裁委员会上海分会提起仲裁，要求普华永道中天退还全部审计服务费共计人民币170万元，赔偿申请人的全部经济损失共计人民币2亿元，并承担全部仲裁费用和公司的律师费。

据称，2003年、2004年，普华永道在对前述保证金账户资金余额实施函证时，均未直接向国海证券上海圆明园路营业部发出询证函，而交给G外高桥的相关人员处理；并且这些询证函也不是由国海证券上海圆明园路营业部直接向普华永道回函，同样是由G外高桥的相关人员交还给普华水道。G外高桥认为，询证函的发出和收回均控制在G外高桥相关人员手里，属于违反审计准则的行为。

资料来源：中国证券报网站（www. cs. com. cn）。

# 第四章

# 计划审计工作

## 学习目标

1. 了解审计计划的含义和作用；
2. 掌握总体审计策略的具体内容；
3. 了解制定总体审计策略时应考虑的主要事项；
4. 掌握编制总体审计策略时常用表格的填制方法；
5. 了解编制具体审计计划时常用表格的填制方法；
6. 掌握重要性的确定和应用；
7. 掌握审计风险类型及审计风险模型；
8. 理解审计风险、重要性、审计证据三者之间的关系。

## 适用的准则和规范

1. 《中国注册会计师审计准则第1111号——就审计业务约定条款达成一致意见》
2. 《中国注册会计师审计准则第1201号——计划审计工作》
3. 《中国注册会计师质量控制准则第5101号——会计师事务所对执行财务报表审计和审阅、其他鉴证和相关服务业务实施的质量控制》
4. 《中国注册会计师审计准则第1121号——对财务报表审计实施的质量控制》
5. 《中国注册会计师审计准则第1221号——计划和执行审计工作时的重要性》
6. 《中国注册会计师审计准则第1251号——评价审计过程中识别出的错报》

## 导读案例

**不恰当的审计计划可以导致审计失败**

Crenshaw Properties 公司是一家不动产开发商，专营销售给有限合伙投资者的自储设施，公司有公开交易的债券上市，美国证券交易委员会要求它定期提供财务报表。投资的成功使得 Crenshaw Properties 公司的业务十分兴旺。短短几年，公司已在全国各地设有10个分支机构，未收回的应收账款接近3亿美元，占合并总资产的30%。由于投资的期限都比较长，投资者一般都不太注意公司的情况。然而，到了20世纪80年代中期，全国各地的自储设施市场趋于饱和。占用率、租用率和市场价值开始下降。该公司市场策略方面的弊端日益凸现，债务拖欠率日渐升高，因此，不得不采用多种非法手段粉饰其财务报表。1988年该公司陷入财务困境，最终申请破产。

SEC指控Crenshaw Properties公司始终没有对应收账款计提重组的坏账准备。1986年以前，坏账准备率为1.5%；1986年调增至2.5%；1987年调增至3.5%。尽管如此，美国证券交易委员会仍然认为该公司所选用的应收账款余额百分比法的固定比率太小。事实上，截至1987年6月，该公司应收账款拖欠期超过180天的金额已高达22%以上。这直接导致了该公司财务报表中坏账准备金额被严重低估。

SEC对Hambusch & Robinson会计师事务所在Crenshaw Properties公司1986年度审计中的工作提出了质疑，指责其在该年度的审计中“没有进行充分的计划和监督”。SEC宣称，事务所在编制1986年的审计计划和设计审计程序时，对审计风险的估计不足。事实上，SEC发现，1986年度的审计计划与以前年度的审计计划相比，并没有大的变化，基本上是以前年度审计计划的延续。其审计计划中的不足如下：

(1) 会计师事务所没有对应收账款执行相应的控制测试，致使审计人员无法判断从客户那里获取的账龄汇总表的准确性。

(2) 对应收账款的实质性测试比例偏低。审计计划中只要求测试6%的未收回应收账款，致使事务所忽略了相当部分无法收回的应收账款。

(3) 在人员分配上存在不足。事务所未考虑该公司审计业务的复杂性及较高的风险性，在分派的执行当年审计的审计人员中，多数对不动产业的情况非常陌生。

最后，Hambusch & Robinson会计师事务所也因此而招致法律诉讼，SEC决定处罚该事务所，要求其承担Crenshaw Properties公司出具虚假财务报告所带来的损失。

## 第一节　初步业务活动

在财务报表审计中，注册会计师必须计划审计工作，使审计工作以有效的方式得到执行。为了规范注册会计师计划财务报表审计工作，财政部颁布了《中国注册会计师审计准则第1201号——计划审计工作》。计划审计工作对于完成审计工作和控制审计风险具有非常重要的意义。在计划审计工作时，注册会计师需要进行初步业务活动、制定总体审计策略和具体审计计划。在此过程中，需要作出很多关键决策，包括确定可接受的审计风险水平和重要性、配置项目人员等。

## 一、审计计划的作用

审计计划是指注册会计师为了完成各项审计业务，达到预期的审计目标，在具体执行审计程序之前编制的工作计划，包括制定总体审计策略和具体审计计划。注册会计师在整个审计过程中，应当按照审计计划执行审计业务。但审计计划仅是对审计工作的一种预先规划，在计划的执行过程中，情况会不断发生变化，常常会产生预期计划与实际不一致的情况。例如，在审计过程中通过检查，发现被审计单位某些内部控制执行效果不佳，导致原来制定的审计程序需要改变，这时，就应及时对审计计划进行修订和补充，对审计计划的补充、修订贯穿于整个审计过程。

通过制定和实施审计计划，可以实现以下几方面的作用：

（1）有助于注册会计师适当关注重要的审计领域；

（2）有助于注册会计师及时发现和解决潜在的问题；

（3）有助于注册会计师适当地组织和管理审计业务，以有效率和效果的方式执行审计业务；

（4）有助于选择具备必要的专业素质和胜任能力的项目组成员应对预期的风险，有助于向项目组成员分派适当的工作；

（5）有助于指导和监督项目组成员并复核其工作；

（6）在适用的情况下，有助于协调组成部分注册会计师和专家的工作。

项目合伙人和项目组其他关键成员应当参与计划审计工作，包括参与项目组成员的讨论。因为，这些人员拥有丰富的经验和有见地的见解，有助于提高计划过程的效率和效果。

在实践中，注册会计师有时候可能决定与管理层讨论审计计划的要素，从而使审计业务更易于执行和管理（如协调某些计划的审计程序与被审计单位员工的工作）。虽然这种讨论经常发生，制定总体审计策略和具体审计计划仍然是注册会计师的责任。当与管理层讨论计划事项时，注册会计师需要保持职业谨慎，以防止审计工作有效性受到损害。例如，注册会计师与管理层讨论详细的审计程序的性质和时间安排就是不恰当的，可能导致这些审计程序易于被管理者预见，从而损害审计工作的有效性。

## 二、初步业务活动

注册会计师审计是一种受托审计，为了促使注册会计师与被审计单位双方责任的履行，需要签订或修改时间业务约定书，而要完成此项工作，就必须开展一些工作，如在接受客户委托时应考虑被审计单位是否诚信及其对保证审计质量的影响、注册会计师的独立性和专业胜任能力等，这些工作就是本期审计业务开始时应进行的初步业务活动。

开展初步业务活动的实质是评估客户的可接受性，以确保注册会计师具备执行业务所需要的独立性与专业胜任能力，且不存在因管理层诚信问题而影响注册会计师保持该项业务的意愿，同时与被审计单位不存在对业务约定条款的误解。这是注册会计师控制审计风险的重要环节。

（一）初步业务活动内容

为了正确作出保持客户关系的决策，并实施具体审计业务，会计师事务所应认真考虑以下事项：

（1）被审单位的主要股东、关键管理人员和治理层是否诚信；

（2）项目组是否具备执行审计业务的专业胜任能力以及必要的时间和资源；

（3）会计师事务所和项目组能否遵守职业道德规范。

近年来，美国许多事务所对高科技企业的审计委托就十分谨慎。这是因为，这类企业的业绩和股价波动大，投资者与公司管理层之间的信息不对称严重，企业进行会计操纵、发布虚假报表的风险高，因而更容易遭到投资者的起诉。如 2001 年，美国共发生 487 起证券集体诉讼案件，其中高达 49% 是针对高科技上市公司的。

（二）首次接受审计委托的注意事项

首次接受审计委托包括接受一个新客户而建立客户关系和承接现有客户（对其提供了其他服务）的审计业务委托两种情况。在这两种情况下，尤其是接受新客户的情况下，注册会计师通常缺乏前期审计经验以评估与客户业务承接相关的风险，因而可能需要扩展初步业务活动。

在首次接受审计委托前，注册会计师应针对建立客户关系和承接具体审计业务实施相应的质量控制政策与程序。如果被审单位变更了会计师事务所，注册会计师应与前任注册会计师沟通，了解变更事务所的原因。同时，注册会计师还需要结合现实的环境分析承接客户及业务的风险。

在实务中，注册会计师获取信息的来源包括：询问被审单位管理层，获取财务及其他信息，如年度报告等；从银行、监管机构等第三方获取信息；有关政府部门、有影响力的媒体等公布的信息，如按某些指标进行的企业排名等；向工商管理部门查询；与前任注册会计师沟通；与同行业其他企业所作的比较及评估；利用外部调查机构，特别是针对高风险的行业及被审单位更应慎重。

根据《中国注册会计师审计准则第 1201 号——计划审计工作》的规定，注册会计师需要在本期审计业务开始时开展下列初步业务活动：

（1）按照《质量控制准则第 5101 号——会计师事务所对执行财务报表审计和审阅、其他鉴证和相关服务业务实施的质量控制》规定，针对保持客户关系和具体审计业务，实施相应的质量控制程序。

客户关系和审计业务接受与保持的质量控制程序的具体内容，请详见本书第二章注册会计师职业道德的相关内容，这里不再重述。

（2）按照《中国注册会计师审计准则 1121 号——对财务报表审计实施的质量控制》的规定，评价遵守相关职业道德要求的情况，包括评价遵守独立性要求的情况。在形成结论时，项目合伙人应当：

①从会计师事务所获取相关信息，以识别、评价对独立性产生不利影响的情形；

②评价识别出的有关违反会计师事务所独立性政策和程序的信息，以确定其是否对审计业务的独立性产生不利影响；

③采取适当的行动，运用防范措施以消除对独立性的不利影响或将其降至可接受的水平，或在必要时解除审计业务约定（除非法律法规禁止）；对未能解决的事项，项目合伙人立即向会计师事务所报告，以便采取适当的行动。

（3）按照《中国注册会计师审计准则第 1111 号——就审计业务约定条款达成一致意见》的规定，就业务约定条款与被审计单位达成一致意见。

注册会计师应当就审计业务约定条款与管理层或治理层（如适用）达成一致意见；对于连续审计，注册会计师应当评估具体情况是否要求对审计业务约定条款作出修改，以及是否需要提醒被审计单位注意现有的条款。

需要注意的是，关于审计业务约定条款的变更有两点要求：

（1）在缺乏合理理由的情况下，注册会计师不应同意变更审计业务约定条款。注册会计师需要判断变更的理由是否合理。由于环境条件变化导致对审计服务的需要产生影响，或对原来要求的审计业务性质存在误解可以认为是被审计单位要求变更的合理理由。相反，如果有迹象表明，变更业务约定条款的要求与错误的、不完整的或不令人满意的信息有关，则该变更不能认为是合理的。

如果同意变更审计业务约定条款，注册会计师应当与管理层就新的业务约定条款达成一致意见，并记录于业务约定书或其他适当形式的书面协议中。

如果注册会计师不同意变更审计业务约定条款，而管理层又不允许继续执行原审计业务，注册会计师应当：①在适用的法律法规允许的情况下，解除审计业务约定；②确定是否有约定义务或其他义务向治理层、所有者或监督机构等报告该事项。

（2）变更为保证程度较低的业务的特殊情形。在完成审计业务前，如果被要求将审计业务变更为保证程度较低的业务，注册会计师应当确定是否存在合理的理由。例如，如果注册会计师不能就应收款项获取无分、适当的审计证据，而被审计单位要求将审计业务变更为审阅业务，以避免注册会计师发表保留或无法表示意见，则该变更是不合理的。

如果认为合理，截至变更日已执行的审计工作可能与变更后的业务相关，相应地，注册会计师需要执行的工作和出具的报告会适用于变更后的业务。为避免引起报告使用者的误解，对相关服务业务出具的报告不应提及原审计业务，也不应提及在原审计业务中已执行的程序，只将审计业务变更为执行商定程序业务，注册会计师才可以在报告中提及已经执行的程序。如表 4－1 所示。

表 4-1 初步业务活动程序表

被审计单位：________________ 索引号：________________
项目：________________ 报表截止日或期间：________________
编制人：________________ 复核人：________________
日期：________________ 日期：________________

初步业务活动目标：确定是否接受业务委托，如接受业务委托，确保在计划审计工作时达到下列要求：①注册会计师已具备执行业务所需要的独立性和专业胜任能力；②不存在因管理层诚信问题而影响注册会计师承接或保持该项业务意愿的情况；③与被审计单位不存在对业务约定条款的误解。

| 初步业务活动 | 索引号 | 执行人 |
| --- | --- | --- |
| 1. 如果首次接受审计委托，实施下列程序： | | |
| （1）与被审计单位面谈，讨论下列事项： | | |
| ①审计目标； | | |
| ②审计报告的用途； | | |
| ③管理层对财务报表的责任； | | |
| ④审计范围； | | |
| ⑤执行审计工作的安排，包括出具审计报告的时间要求； | | |
| ⑥审计报告的格式和对审计结果的其他沟通方式； | | |
| ⑦管理层提供必要的工作条件和协助； | | |
| ⑧注册会计师不受限制地接触任何与审计有关的记录、文件和所需的其他信息； | | |
| ⑨利用被审计单位专家或内部注册会计师的程度（必要时）； | | |
| ⑩审计收费。 | | |
| （2）初步了解被审计单位及其环境，并予以记录。 | | |
| （3）征得被审计单位书面同意，与前任注册会计师沟通。 | | |
| 2. 如果是连续审计，实施下列程序： | | |
| （1）了解审计目标、审计报告的用途、审计范围和时间安排； | | |
| （2）查阅以前年度审计工作底稿，重点关注非标准审计报告涉及说明事项，管理建议书的具体内容，重大事项概要等； | | |
| （3）初步了解被审计单位及其环境发生的重大变化，并予以记录； | | |
| （4）考虑是否需要修改审计业务约定条款，以及是否需要提醒被审计单位注意现有的业务约定条款。 | | |
| 3. 评价注册会计师是否具备执行该项审计有误所需要的独立性和专业胜任能力。 | | |
| 4. 完成业务承接评价表或业务保持评价表。 | | |
| 5. 签订审计业务约定书（适用于首次接受委托，以及连续审计中修改长期审计业务约定书条款的情况）。 | | |

## 三、签订审计业务约定书

根据《中国注册会计师审计准则第 1111 号——审计业务约定书》的规定，注册会计师应当在审计业务开始前，与被审计单位就审计业务约定条款达成一致意见并签订审计业务约定书，以避免双方对审计业务的理解产生分歧。准则同时指出：审计业务约定书是指会计师事务所与审计单位签订的用以记录和确认审计业务的委托与受托业务关系、审计目标和范围、双方的责任及报告的格式等事项的书面协议。审计业务约定书具有法律效力，它是维护双方权利和监督履行义务的合法依据，一旦由会计师事务所与委托方签订，则需按合同的规定履行相应的职责，否则要承担相应的法律责任。

签订审计业务约定书的主要目的是避免将来在客户与审计人员之间产生误解，以此减少客户对审计人员提供服务的不满，降低到期无法收回服务费的可能性。在注册会计师的审计实务中，签订审计业务约定书具有重要作用，体现在以下几方面：

（1）审计业务约定书可以增进会计师事务所与客户签约双方之间的相互了解，使双方了解各自在审计中的责任，特别是被审计单位了解注册会计师的审计责任以及自身的会计责任，以便更好地进行合作，同时避免产生误解。

（2）审计业务约定书可作为委托人与会计师事务所双方的鉴定依据。对委托人（客户）而言，依据业务约定书检查注册会计师、会计师事务所审计业务的完成情况；对会计师事务所而言，可以作为检查客户约定义务履行情况的依据，同时也是安排测试时间和计划项目的考虑因素。

（3）如果涉及法律诉讼，审计业务约定书是确定双方应负责任的重要依据。当会计师事务所承接的审计业务出现法律诉讼时，可以根据审计业务约定书来确定注册会计师及会计师事务所审计责任是否能够减轻、免除或承担负责的范围。

（一）审计业务约定书的内容

审计业务约定书的格式和具体内容可能因被审计单位的不同而存在差异，根据《中国注册会计师审计准则第 1111 号——审计业务约定书》的规定一般应包括以下基本内容：

（1）财务报表审计的目标。说明注册会计师进行财务报表审计的目标是对报表的合法性和公允性发表意见。

（2）管理层对财务报表的责任。在业务约定书中约定管理层的财务报表责任，可以提请被审计单位明确其应负的责任。其责任是按照使用的会计准则和相关会计制度的规定编制财务报表，包括：①设计、实施和维护与财务报表编制相关的内部控制，以使财务报表不存在由于舞弊或错误而导致的重大错报；②选择和运用恰当的会计政策；③作出合理的会计估计。

（3）管理层编制财务报表采用的会计准则和相关会计制度。

（4）审计范围。包括指明在执行财务报表审计业务时遵守的中国注册会计师审计准则。

（5）执行审计工作的安排。包括出具审计报告的时间要求。

（6）审计报告格式和对审计结果的其他沟通形式。

（7）由于测试的性质和审计的其他固有限制，以及内部控制的固有局限性，不可避免地存在着某些重大错报可能性仍然未被发现的风险。

（8）管理层为注册会计师提供必要帮助工作条件和协助。

（9）注册会计师不受限制地接触任何与审计有关的记录、文件和所需要的其他信息。

（10）管理层对其作出的与审计有关的声明予以书面确认。

（11）注册会计师对执业过程中获知的信息保密。

（12）审计收费。包括收费的计算基础和收费安排。会计师事务所应根据审计项目所需的人数、级别和审计业务量的大小确定审计工作需要的时间，然后在此基础上，按照不同级别审计人员的小时收费标准计算出整个审计工作应收取的费用，并确定客户付费的时间和方式。

（13）违约责任。

（14）解决争议的方法。

（15）签约双方法定代表人或其授权代表的签字盖章，以及签约双方加盖的公章。

如果情况需要，注册会计师应当考虑在审计业务约定书中列明下列内容：

（1）在某些方面对利用其他注册会计师和专家的安排工作；

（2）对审计涉及的内部审计人员和被审计单位其他员工工作的协调；

（3）预期向被审计单位提交的其他函件或报告；

（4）与治理层整体直接沟通；

（5）在首次接受审计委托时，对与前任注册会计师沟通的安排；

（6）注册会计师与被审计单位之间需要达成进一步协议的事项。

**[审计业务约定书范例]**

**审计业务约定书**

甲方：ABC 股份有限公司

乙方：××会计师事务所

兹由甲方委托乙方对 20×1 年度财务报表进行审计，经双方协商，达成以下约定：

一、业务范围与审计目标

1. 乙方接受甲方委托，对甲方按照企业会计准则和《××会计制度》编制的 20×1 年 12 月 31 日的资产负债表、20×1 年度的利润表、股东权益变动表和现金流量表以及财务报表附注（以下统称财务报表）进行审计。

2. 乙方通过执行审计工作，对财务报表的下列方面发表审计意见：（1）财务报表是否按照企业会计准则和《××会计制度》的规定编制；（2）财务报表是否在所有重大方面公允反映被审计单位的财务状况、经营成果和现金流量。

二、甲方的责任与义务

（一）甲方的责任

1. 根据《中华人民共和国会计法》及《企业财务会计报告条例》，甲方及甲方负责人有责任保证会计资料的真实性和完整性。因此，甲方管理层有责任妥善保存和提供会计记录（包括但不限于会计凭证、会计账簿及其他会计资料），这些记录必须真实、完整地反映甲方的财务状况、经营成果和现金流量。

2. 按照企业会计准则和《××会计制度》的规定，编制财务报表是甲方管理层的责任，这种责任包括：(1) 设计、实施和维护与财务报表编制相关的内部控制，以便财务报表不存在由于舞弊或错误而导致的重大错报；(2) 选择和运用恰当的会计政策；(3) 作出合理的会计估计。

（二）甲方的义务

1. 及时为乙方的审计工作提供其所要求的全部会计资料和其他有关资料（在20×2年×月×日之前提供审计所需的全部资料），并保证所提供资料的真实性和完整性。

2. 确保乙方不受限制地接触任何与审计有关的记录、文件和所需的其他信息。

[下段适用于集团财务报表审计业务，使用时需按每位客户/约定项目的特定情况而修改，如果加入此段，应相应修改下面其他条款编号。

为满足乙方对甲方合并财务报表发表审计意见的需要，甲方须确保：乙方和为组成部分执行审计的其他会计师事务所的注册会计师（以下简称其他注册会计师）之间的沟通不受任何限制。

组成部分是指甲方的子公司、分部、分公司、合营企业、联营企业等。如果甲方管理层、负责编制组成部分财务信息的管理层（以下简称组成部分管理层）对其他注册会计师的审计范围施加了限制，或客观环境使其他注册会计师的审计范围受到限制，甲方管理层和组成部分管理层应当及时告知乙方。

乙方及时获悉其他注册会计师与组成部分治理层和管理层之间的重要沟通（包括就内部控制重大缺陷进行的沟通）；乙方及时获悉组成部分治理层和管理层与监督机构就财务信息事项进行的重要沟通。

在乙方认为必要时，允许乙方接触组成部分的信息、组成部分管理层或其他注册会计师（包括其他注册会计师的审计工作底稿），并允许乙方对组成部分的财务信息实施审计程序。]

3. 甲方管理层对其作出的与审计有关的声明予以书面确认。

4. 为乙方派出的有关工作人员提供必要的工作条件和协助方于外勤工作开始前提供清单。

5. 按本约定书的约定及时足额支付审计费用以及乙方人员在审计期间的交通、食宿和其他相关费用。

三、乙方的责任和义务

（一）乙方的责任

1. 乙方的责任是在实施审计工作的基础上对甲方财务报表发表审计意见。

乙方按照中国注册会计师审计准则（以下称审计准则）的规定进行审计。审计准则要求注册会计师遵守职业道德规范、计划和实施审计工作，以对财务报表是否不存在重大错报获得合理保证。

下段适用于集团财务报表审计业务，使用时需按每位客户/约定项目的特定情况而修改，如果加入此段，应相应修改其他条款编号。

[2. 乙方并不对非由乙方审计的组成部分的财务信息单独出具审计报告；有关的责任由对该组成部分执行审计的其他注册会计师及其所在的会计师事务所负责。]

2. 审计工作涉及实施审计程序，以获取有关财务报表金额和披露的审计证据。选择的审计程序取决于乙方的判断，包括对由于舞弊或错误导致的财务报表重大错报风险的评估。在进行风险评估时，乙方考虑与财务报表编制相关的内部控制，以设计恰当的审计程序，但目的并非对内部控制的有效性发表意见。审计工作还包括评价管理层选用会计政策的恰当性和作出会计估计的合理性，以及评价财务报表的总体列报。

3. 乙方需要合理计划和实施审计工作，以使乙方能够获取充分、适当的审计证据，为甲方财务报表是否不存在重大错报获取合理保证。

4. 乙方有责任在审计报告中指明所发现的甲方在重大方面没有遵循企业会计准则和《××会计制度》编制财务报表且未按乙方的建议进行调整的事项。

5. 由于测试的性质和审计的其他固有限制，以及内部控制的固有局限性不可避免地存在着某些重大错报在审计后可能仍然未被乙方发现的风险。

6. 在审计过程中，乙方若发现甲方内部控制存在乙方认为的重要缺陷，应向甲方提交管理建议书。但乙方在管理建议书中提出的各种事项，并不代表已全面说明所有可能存在的缺陷或已提出所有可行的改善建议。甲方在实施乙方提出的改善建议前应全面评估其影响。未经乙方书面许可，甲方不得向任何第三方提供乙方出具的管理建议书。

7. 乙方的审计不能减轻甲方及甲方管理层的责任。

（二）乙方的义务

1. 按照约定时间完成审计工作，出具审计报告。乙方应于20×2年×月×日前出具审计报告。

2. 除下列情况外，乙方应当对执行业务过程中知悉的甲方信息予以保密：(1) 取得甲方的授权；(2) 根据法律法规的规定，为法律诉讼准备文件或提供证据，以及向监管机构报告发现的违反法规行为；(3) 接受行业协会和监管机构依法进行的质量检查；(4) 监管机构对乙方进行行政处罚（包括监管机构处罚前的调查、听证）以及乙方对此提起行政复议。

四、审计收费

1. 本次审计服务的收费是以乙方各级别工作人员在本次工作中所耗费的时间为基础计算的。乙方预计本次审计服务的费用总额为人民币××万元。

2. 甲方应于本约定书签署之日起×日内支付×%的审计费用，剩余款项于（审计报告草稿完成日）结清。

3. 如果由于无法预见的原因，致使乙方从事本约定书所涉及的审计服务实际时间较本约定书签订时预计的时间有明显的增加或减少时，甲乙双方应通过协商，相应调整本约定书第四条第1项所述的审计费用。

4. 如果由于无法预见的原因，致使乙方人员抵达甲方的工作现场后，本约定书所涉及的审计服务不再进行，甲方不得要求退还预付的审计费用；如上述情况发生于乙方人员完成现场审计工作，并离开甲方的工作现场之后，甲方应另行向乙方支付人民币××元的补偿费，该补偿费应于甲方收到乙方的收获通知之日起×日内支付。

5. 与本次审计有关的其他费用（包括交通费、食宿费等）由甲方承担。

五、审计报告和审计报告的使用

1. 乙方按照《中国注册会计师审计准则第1501号——审计报告》和《中国注册会计师审计准则第1502号——非标准审计报告》规定的格式和类型出具审计报告。

2. 乙方向甲方出具审计报告一式×份。

3. 甲方在提交或对外公布审计报告时，不得修改或删节乙方出具的审计报告，不得修改或删除重要的会计数据、报表附注和所作的重要说明。

六、本约定书的有效期间

本约定书自签署之日起生效，并在双方履行完本约定书约定的所有义务后终止。但其中第三（二）2、四、五、八、九、十项并不因本约定书终止而失效。

七、约定事项的变更

如果出现不可预见的情况，影响审计工作如期完成，或需要提前出具审计报告时，甲、乙双方均可要求变更约定事项，但应及时通知对方，并由双方协商解决。

八、终止条款

1. 如果根据乙方的职业道德及其他有关专业职责、适用的法律、法规或其他任何法定的要求，乙方认为已不适宜继续为甲方提供本约定书约定的审计服务时，乙方可以采取向甲方提出合理通知的方式终止履行本约定书。

2. 在终止业务约定的情况下，乙方有权就其于本约定书终止之前对约定的审计服务项目所作的工作收取合理的审计费用。

九、违约责任

甲、乙双方按照《中华人民共和国合同法》的规定承担违约责任。

十、适用法律和争议解决

本约定书的所有方面均应适用中华人民共和国法律进行解释并受其约束。本约定书履行地为乙方出具审计报告所在地，因本约定书所引起的或与本约定书有关的任何纠纷或争议（包括关于本约定书条款的存在、效力或终止，或无效之后果），双方选择第____种解决方式：

(1) 向有管辖权的人民法院提起诉讼；

(2) 提交××仲裁委员会仲裁。

十一、双方对其他有关事项的约定

本约定书一式两份，甲、乙方各执一份，具有同等法律效力。

甲方：ABC 股份有限公司（盖章） 乙方：××会计师事务所（盖章）

投权代表；（签章） 授权代表：（签章）

二×××年×月×日 二×××年×月×日

## 第二节 总体审计策略和具体审计计划

计划审计过程的最后一个步骤就是编制审计计划备忘录和审计计划。审计计划分为总体审计策略和具体审计计划两个层次。制定总体审计策略和具体审计计划的过程紧密联系，并且两者的内容也紧密相关。总体审计策略是注册会计师对审计业务的范围、审计工作的时间安排和方向所作的规划，也是注册会计师从接受审计委托到出具审计报告整个过程的基本工作的综合计划，可以说是整个审计工作的蓝图，是指导制定更为详细的具体审计计划的依据。

注册会计师计划和执行审计工作以将审计风险降低到低水平，总体审计策略用以确定审计范围、时间和方向，并指导制定具体审计计划。总体审计策略的目的是对重要风险作出有效反应。注册会计师考虑在最初计划活动中发现的如业务承接、审计客户的职业道德和对客户及环境（包括内部控制）的了解，制定对评估风险适当反应的有效的整体审计策略。

具体审计计划是依据总体审计策略制定的，对实施总体审计策略所需要的审计程序的性质、时间和范围所作的详细规划与说明。需要说明的是，在理解总体审计策略和具体审计计划的概念和内容时，要注意总体审计策略虽然称之为“总体”，但不是“粗线条、精计划”，而应当具有操作性，同时其形式和内容是随着被审计单位的规划、审计复杂性和注册会计师所采用的具体方法和技术的不同而改变的。具体审计计划是给所有参加审计工作的人员一套指令，是控制、记录审计工作正确执行的手段，包括每一审计项目的审计目标及程序。

### 一、总体审计策略

(一) 制定总体审计策略时考虑的事项

总体审计策略用以确定审计范围、时间安排和方向，并指导制定具体审计计划。在制定总体审计策略时，注册会计师应当考虑以下主要事项：

1. 审计范围

为了界定审计范围，注册会计师应当确定审计业务的特征，包括采用的会计准则和相关会计制度、特定行业的报告要求以及被审计单位组成部分的分布等。具体来说，注册会计师在确定审计范围时，需要考虑下列具体事项：

（1）编制财务报表适用的会计准则和相关会计制度。

（2）特定行业的报告要求，如某些行业监管部门要求提交的报告。

（3）预期的审计工作涵盖范围，包括审计的集团内部组成部分的数量及所在地点。

（4）母公司和集团内其他组成部分之间存在的控制关系的性质，以确定如何编制合并会计报表。

（5）其他注册会计师参与审计集团内组成部分的范围。

（6）需审计的业务分部性质，包括是否需要具有专门知识。

（7）外币业务的核算方法及外币财务报表折算和合并方法。

（8）除对合并财务报表审计之外，是否需要对组成部分的财务报表单独进行法定审计。

（9）内部审计工作的可利用性及对内部审计工作的依赖程度。

（10）被审计单位使用服务机构的情况，及注册会计师如何取得有关服务机构内部控制设计、执行和运行有效性的证据。

（11）预期利用在以前期间审计工作中获取的审计证据的程度，如获取的与风险评估程序和控制测试相关的审计证据。

（12）信息技术对审计程序的影响，包括数据的可获得性和预期使用计算机辅助审计技术的情况。

（13）根据中期财务信息审阅及在审阅中所获信息对审计的影响，相应调整审计涵盖的范围和时间安排。

（14）与为被审计单位提供其他服务的会计师事务所人员讨论可能影响审计的事项。

（15）被审计单位的人员和相关数据的可利用性。

2. 报告目标、时间安排及所需沟通的事项

为计划报告目标、时间安排和所需沟通的事项，需要考虑下列事项：

（1）被审计单位的财务报告时间表。

（2）与管理层和治理层就审计工作的性质、范围和时间所举行会议的组织工作。

（3）与管理层和治理层讨论预期签发报告和其他沟通文件的类型及提交时间。报告和其他沟通文件，既包括书面的也包括口头的，如审计报告、管理建议书和与治理层沟通函等。

（4）就组成部分的报告及其他沟通文件的类型及提交时间与组成部分的注册会

计师沟通。

（5）项目组成员之间预期沟通的性质和时间安排，包括项目组会议的性质和时间安排及复核工作的时间安排。

（6）是否需要跟第三方沟通，包括与审计相关的法律法规规定和业务约定书约定的报告责任。

（7）与管理层讨论在整个审计过程中通报审计工作进展及审计结果的预期方式。

3. 审计方向

总体审计策略的制定应当包括考虑影响审计业务的重要因素，以确定项目组工作方向；包括确定适当的重要性水平，初步识别可能存在较高重大错报风险的领域，初步识别重要的组成部分和账户余额，评价是否需要针对内部控制的有效性获取审计证据，识别被审计单位、所处行业、财务报告要求及其他相关方面最近发生的重大变化等。

在确定审计方向时，注册会计师需要考虑下列事项：

（1）重要性方面。具体包括：①为计划目的确定重要性；②为组成部分确定重要性且与组成部分的注册会计师沟通；③在审计过程中重新考虑重要性；④识别重要的组成部分和账户余额。

（2）重大错报风险较高的审计领域。

（3）评估的报表层次的重大错报风险对指导、监督及复核的影响。

（4）项目组人员的选择（在必要时包括项目质量控制复核人员）和工作分工，包括向重大错报风险可能较高的审计领域分派具备适当经验的人员。

（5）项目预算，包括考虑为重大错报风险可能较高的审计领域分配适当的工作时间。

（6）向项目组成员强调在收集和评价审计证据过程中保持职业怀疑必要性的方式。

（7）以往审计中对内部控制运行有效性评价的结果，包括所识别的控制缺陷的性质及应对措施。

（8）管理层重视设计和实施健全的内部控制的相关证据，包括这些内部控制得以适当记录的证据。

（9）业务交易量规模，以基于审计效率的考虑确定是否依赖内部控制。

（10）对内部控制重要性的重视程度。

（11）影响被审计单位经营的重大发展变化，包括信息技术和业务流程的变化，关键管理人员的变化以及收购、兼并和分立。

（12）重大的行业发展情况，如行业法规变化和新的报告规定。

（13）会计准则及会计制度的变化。

（14）其他重大变化，如影响被审计单位法律环境的变化。

在制定总体审计策略时，注册会计师还应考虑初步业务活动的结果，审计单位提供其他服务时所获得的经验。

4. 审计资源

注册会计师应当在总体审计策略中清楚地说明审计资源的规划和调配，包括确定执行审计业务所必需的审计资源的性质、时间和范围。

（1）向具体审计领域调配的资源，包括向高风险领域分派有适当经验的项目组成员，就复杂的问题利用专家工作等。

（2）向具体审计领域分配资源的数量，包括安排到重要存货存放地观察存货盘点的项目组成员的数量，对其他注册会计师工作的复核范围，对高风险领域安排的审计时间预算。

（3）何时调配这些资源，包括是在期中审计阶段还是在关键的截止日期调配资源等。

（4）如何管理、指导、监督这些资源的利用，包括预期何时召开项目组预备会和总结会，预期项目负责人和经理如何进行复核，是否需要实施项目质量控制复核等。

（二）总体审计策略的内容

注册会计师应当制定总体审计策略，用以确定审计工作的范围、时间安排和方式及指导具体审计计划的制定。根据《中国注册会计师审计准则第1201号——计划审计工作》规定，在制定总体审计策略时，注册会计师应当：

（1）确定审计业务的特征，以界定审计范围。

（2）明确审计业务的报告目标，以计划审计的时间安排和所需沟通的性质。

（3）根据职业判断，考虑用以指导项目组工作方向的重要因素。

（4）考虑初步业务活动的结果，并考虑项目合伙人对被审计单位执行其他业务获得的经验是否与审计业务相关（如适用）。

（5）确定执行业务所需资源的性质、时间安排和范围。

（三）总体审计策略的编制

审计计划（包括总体策略和具体审计计划）一般由审计项目负责人编制，并以书面的形式将其记录于审计工作底稿之中。审计计划的记录不仅限于审计计划本身，还包括支持审计计划的有关书面证据和审计过程作出的任何重大变动。注册会计师对总体审计策略的记录，应包括为恰当计划审计工作和向项目组传达重要事项而作出的关键决策。在总体时间策略中，风险评估以及重点审计领域的确定是一个重要的内容，注册会计师的评估过程必须以书面的形式记录下来。

时间预算也是总体审计策略编制中的一项十分重要的内容。

实务中，注册会计师通常通过填制总体审计策略表格的形式来记录总体审计策略。总体审计策略表格格式如表4－2所示。

表 4-2 总体审计策略

| | |
|---|---|
| 1. 审计工作范围： | |
| 报告要求 | |
| 适用的财务报告准则 | |
| 适用的审计准则 | |
| 与财务报告相关的行业特别规定 | 如监管机构发布的有关信息披露法规、特定行业主管部门发布的与财务报告相关的法规等 |
| 需审计的集团内组成部分的数量及其地点 | |
| 需要阅读的含有已审计财务报表的文件中的其他信息 | 上市公司年报 |
| 制定审计策略需考虑的其他事项 | 如单独出具报告的子公司范围等 |
| 2. 重要性： | |
| 重要性 | 确定方法 |
| 按照《中国注册会计师审计准则第 1221 号——计划和执行审计工作时的重要性》确定 | |
| 3. 报告目标、时间安排及所需沟通<br>计划的报告报送及审计时间安排如下： | |
| 对外报告 | 时间 |
| 执行审计时间安排： | 时间 |
| 期中审计，包括： | |
| ——制定总体审计策略及具体审计计划 | |
| —…… | |
| 期末审计，包括： | |
| ——监盘 | |
| ——…… | |
| 所需沟通： | 时间 |
| 与管理层及治理层的会议重要性 | |
| 项目组会议（包括预备会和总结会） | |
| 与专家或有关人士的沟通 | |
| 与其他注册会计师的沟通 | |
| 与前任注册会计师的沟通 | |
| …… | |
| 4. 人员安排 | |
| 4.1 项目组人员的责任 | |
| 项目组主要人员的职位、姓名及其职责如下：<br>[在分配职责时可以根据被审计单位的不同情况按会计科目或交易类别划分] | |

续表

| | | |
|---|---|---|
| 职位 | 姓名 | 主要职责 |
| | | |
| 4.2 与姓名质量控制复核人员的沟通（如适用） | | |
| 项目质量控制复核人员复核的范围，沟通内容及其相关时间如下： | | |
| 复核的范围：…… | | |
| 沟通内容 | 负责复核的项目组成员 | 计划沟通时间 |
| [风险评估、对审计计划的讨论、对财务报表的复核] | | |
| …… | | |
| 5. 对专家或有关人士工作的利用（如适用） | | |
| [如项目组计划利用专家或有关人员的工作，则需记录其工作的范围及涉及的主要会计科目等。另外项目组还应按照相关审计准则的要求对专家或有关人员的能力、客观性及其工作等进行考虑与评估] | | |
| 5.1 对内部审计工作的利用 | | |
| 主要会计科目 | 拟利用的内部审计工作 | 工作底稿索引 |
| [存货] | 【内部审计部门对各仓库的存货每半年至少盘点一次。在中期审计时，项目组已经对内部审计部门盘点步骤进行观察，其结果满意，因此项目组将审阅其年底的盘点结果，并缩小存货盘点的范围】 | |
| [……] | | |
| 5.2 对其他注册会计师工作的利用 | | |
| 其他注册会计师名称 | 利用其工作范围及程度 | 工作底稿索引 |

| | | | | |
|---|---|---|---|---|
| 5.3 对专家工作的利用 | | | | |
| 主要会计科目 | 专家名称 | 主要职责及工作范围 | 利用专家的原因 | 工作底稿索引 |

| | | | |
|---|---|---|---|
| 5.4 对被审计单位使用服务机构的考虑 | | | |
| 主要会计科目 | 服务机构名称 | 服务机构提供的相关服务及其注册会计师出具的审计报告意见及日期 | 工作底稿索引 |

## 二、具体审计计划

具体审计计划是依据总体审计策略制定的，是对实施总体审计策略所需要的审计程序的性质、时间安排和范围所作的详细规划与说明。具体审计计划又称审计方案或审计程序表。

（一）总体审计策略和具体审计计划之间的关系

制定总体审计策略和具体审计计划的过程紧密联系，并且两者的内容也紧密相关。注册会计师应当针对总体审计策略中所识别的不同事项，制定具体审计计划，并考虑通过有效利用审计资源以实现审计目标。值得注意的是，虽然制定总体审计策略的过程通常在具体审计计划之前，但是两项计划活动并不是孤立、不连续的过程，而是内在紧密联系的。对其中一项的决定可能会影响甚至改变对另一项的决定。例如，注册会计师在了解被审计单位及其环境的过程中，注意到被审计单位对主要业务的处理依赖复杂的自动化信息系统，因此计算机信息系统的可靠性及有效性对其经营、管理、决策以及编制可靠的财务报告具有重大影响。对此，注册会计师可能会在具体审计计划中制定相应的审计程序，并相应调整总体审计策略的内容，作出利用信息风险管理专家的工作的决定。

因此，注册会计师应当根据实施风险评估程序的结果，对总体审计策略的内容予以调整。在实务中，注册会计师将制定总体审计策略和具体审计计划相结合，可能会使计划审计工作更有效率及效果，并且注册会计师也可以采用将总体审计策略和具体审计计划合并为一份审计计划文件的方式，以提高编制及复核工作的效率，增强其效果。

（二）具体审计计划的内容

具体审计计划比总体审计策略更加详细，其内容包括为获取充分、适当的审计证据以将审计风险降至可接受的低水平，项目组成员拟实施的审计程序的性质、时间安排和范围。可以说，为获取充分、适当的审计证据，确定审计程序的性质、时间安排和范围的决策是具体审计计划的核心。具体审计计划应当包括风险评估程序、计划实施的进一步审计程序和其他审计程序。

1. 风险评估程序

具体审计计划应当包括按照《中国注册会计师审计准则第1211号——通过了解被审计单位及其环境识别和评估重大错报风险》的规定，为了足够识别和评估财务报表重大错报风险，而由注册会计师计划实施的风险评估程序的性质、时间和范围。

2. 计划实施进一步审计程序

具体审计计划应当包括按照《中国注册会计师审计准则第1231号——针对评估的重大错报风险采取的应对措施》的规定，针对评估的认定层次的重大错报风险，注册会计师计划实施的进一步审计程序的性质、时间安排和范围。进一步审计程序包括控制测试和实质性程序。

需要强调的是，随着审计工作的推进对审计程序的计划会一步步深入，并贯穿于整个审计过程。例如，计划风险评估程序通常在审计开始阶段进行，计划进一步审计程序则需要根据风险评估程序的结果进行。因此，为达到制定具体审计计划的要求，注册会计师需要完成风险评估程序，识别和评估重大错报风险，并针对评估的认定层次的重大错报风险，计划实施进一步审计程序的性质、时间和范围。

通常，注册会计师计划的进一步审计程序可以分为进一步审计程序的总体方案和拟实施的具体审计程序（包括进一步审计程序的具体性质、时间和范围）两个层次。进一步审计程序的总体方案主要是指注册会计师针对各类交易、账户余额和列报决定采用的总体方案（包括实质性方案或综合性方案）。具体审计程序则是对进一步审计程序的总体方案的延伸和细化，它通常包括控制测试和实质性程序的性质、时间安排和范围。在实务中，注册会计师通常单独编制一套包括这些具体程序的“进一步审计程序表”，待具体实施审计程序时，注册会计师将基于所计划的具体审计程序，进一步记录所实施的审计程序及结果，并最终形成有关进一步审计程序的审计工作底稿。

另外，完整、详细的进一步审计程序的计划包括对各类交易、账户余额和列报余额的具体审计程序的性质、时间安排和范围，包括抽取的样本量等。在实务中，注册会计师可以统筹安排进一步审计程序的先后顺序。如果对某类交易、账户余额或列报已经作出计划，则可以安排先行开展工作，与此同时再制定其他交易、账户余额和列报的进一步审计程序。

3. 计划其他审计程序

根据审计准则的规定，计划应当实施的其他审计程序可以包括上述进一步审计程序的计划中没有涵盖的、根据其他审计准则的要求注册会计师应当执行的既定程序。在审计计划阶段，除了按照《中国注册会计师审计准则第 1211 号——通过了解被审计单位及其环境识别和评估重大错报风险》进行计划工作，注册会计师还需要兼顾其他准则中规定的、针对特定项目在审计计划阶段应执行的程序及记录要求。例如，《中国注册会计师审计准则第 1141 号——财务报表审计中与舞弊相关的责任》、《中国注册会计师审计准则第 1324 号——持续经营》、《中国注册会计师审计准则第 1323 号——关联方》等准则中对注册会计师针对这些特定项目在审计计划阶段应当执行的程序及其记录作出了规定。当然，由于被审计单位所处行业、环境各不相同，特别项目可能也有所不同，例如，有些企业可能涉及环境事项等，在实务中注册会计师应根据被审计单位的具体情况确定特定项目并执行相应的审计程序。

具体审计计划的示例如表 4－3 所示：

表 4－3 **具体审计计划表**

| 具体审计计划 | | |
|---|---|---|
| 客户名称： | 财务报表期间： | 工作底稿索引号： |
| 编制人：________ | | 日期：________ |
| 复核人：________ | | 日期：________ |
| 项目质量控制复核人：________ | | 日期：________ |

目录

1. 风险评估程序
1.1 一般风险评估程序
1.2 针对特定项目的程序
1.3 了解被审计单位及其环境
（1）相关行业状况、法律环境与监管环境以及其他外部因素；
（2）被审计单位的性质；
（3）被审计单位对会计政策的选择和运用；
（4）被审计单位的目标、战略以及可能导致重大错报风险的相关经营风险；
（5）对被审计单位财务业绩的衡量和评价。
1.4 了解被审计单位的内部控制
（1）控制环境；
（2）风险评估过程；
（3）信息系统与沟通；
（4）控制活动；
（5）对控制的监督。
1.5 对风险评估及审计计划的讨论
1.6 评估的重大错报风险
1.7 评估的财务报表层次的重大错报风险
1.8 评估的认定层次的重大错报风险
2. 计划的进一步程序
2.1 控制测试
2.2 实质性测试
3. 其他审计程序
3.1 财务报表审计中对舞弊的考虑
3.2 财务报表审计中对法律法规的考虑
3.3 持续经营
3.4 关联方

**【案例 4－1】**

## 美国联区金融集团租赁公司审计计划案例

美国联区金融集团是一家从事金融服务的企业，公司有可公开交易的债券上市，美国证券交易委员会要求它定期提供财务报表。经过 7 年的发展，联区金融集团租赁公司的雇员超过 4 万名，在全国各地设有 10 个分支机构，未收回的应收租赁款接近4亿美元，占合并总资产的35%。

1981年底，联区金融集团租赁公司进攻型市场策略的弊端开始显现出来，债务拖欠率日渐升高，该公司不得不采用多种非法手段，来掩饰其财务状况已经恶化的事实。美国证券交易委员会指控联区金融集团租赁公司在其定期保送的财务报表中，始终没有对应收租赁款计提充足的坏账准备金。1981年以前，坏账准备率为1.5%，1981年调增到2%，1982年调增至3%。

尽管这种估计坏账损失的会计方法，美国交易委员会是认可的，但该联邦机构一再重申，联区金融集团租赁公司的管理层应该早就知晓，他们所选用的固定比率，百分比实在太小了。事实上截至1982年9月，该公司应收账款中拖欠期超过90天的金额已高达20%以上。对坏账准备金缺乏应有的控制所引起的一个直接后果是，财务报表中该账户的金额被严重低估。

美国证券交易委员会对塔奇·罗丝会计师事务所在联区金融集团租赁公司1981年度审计中的表现极为不满。联邦机构指责该年度的审计“没有进行充分的计划和监督”。美国证券交易委员会宣称，事务所在编制联区全融集团租赁公司1981年度的审计计划及设计审计程序时，没有充分考虑存在于该公司的大量审计风险因素。事实上，委员会发现，1981年度的审计计划大部分是以前年度审计计划的延续。该审计计划的缺陷如下：

（1）塔奇·罗丝会计师事务所没有对超期应收租赁款账户的内部会计控制加以测试。由于审计计划没有测试公司的会计制度是否能准确地确定应收租赁款的超期时间，注册会计师无法判断从客户那里获取的账龄汇总表是否准确。

（2）塔寺·罗丝会计师事务所的审计计划只要求测试一小部分（8%）未收回的应收租赁款。由于把大部分注意力集中在金额超过5万美元、拖久期达120天的超期应收租赁款上，塔奇·罗丝会计师事务所忽略了相当部分无法收回的应收租赁款。

（3）尽管审计计划要求对客户坏账核销政策进行复核，但并没有要求外勤注册会计师去确定该政策是否被实际执行。事实上，该公司并没有遵循其坏账核销政策。联区金融集团租赁公司实际采用的是一种核销坏账的预算方法，可以随时将大量无法收回的租赁款冲销坏账准备。据美国证券交易委员会称，某些无法收回的应收租赁款挂账多达几年。

（4）塔奇·罗丝会计师事务所无视联区金融集团租赁公司审计的复杂性以及非同寻常的高风险性，在分派的执行1981年度审计的注册会计师中，大多数人对客户租赁行业的情况非常陌生。事实上，该公司的会计主管后来作证说，塔奇·罗丝会计师事务所第一次分派了一些对租赁行业少有涉猎，或缺乏经验甚至一无所知的注册会计师来执行审计。

最后，美国证券交易委员会决定对该会计师事务所进行惩罚，要其承担出具虚假审计报告带来的损失。①

---

① 刘静：《审计案例与模拟实验》，经济科学出版社2007年版

（三）具体审计计划的编制

具体审计计划是依据总体审计策略而制定的，因此具体审计计划所采用的审计程序的性质、时间安排和范围取决于总体审计策略中的基本内容。具体审计计划的编制除了要考虑被审计单位及其环境外，还应当考虑以下几个因素。

1. 总体审计策略中确定的重要会计问题及重点审计领域

因为这些重要会计问题及重点审计领域发生错误或舞弊的可能性往往较高，因而包含较高的审计风险。这就要求注册会计师对这些领域的审计必须格外仔细，即注册会计师必须在具体审计计划中考虑对这些问题和领域实施更加详尽的审计程序，扩大审计测试的范围，以降低审计风险。

2. 重要性水平

重要性是指被审计单位会计报表中错报或漏报的严重程度，这一程度在特定环境下可能影响会计报表使用者的判断或决策。重要性水平和审计风险存在反向变动关系，这种关系影响了具体审计计划采用的审计程序的性质、时间安排和范围。重要性水平越低，审计风险越高，实施的审计程序就越详细；重要性水平越高，审计风险越低，应实施的审计程序就可以适当简化。

3. 时间安排和人员安排

对于一项特定的审计业务约定来说，会计师事务所的审计资源是有限的。审计资源的重要内容是时间和人员，不同审计程序花费的时间和人力成本是不同的。例如，在审计存货的存在性时，对于不是存放在经营场所的存货，会计师事务所有两个可供选择的方案：一是直接派出注册会计师进行实地检查；二是通过联系（如函证）这些存货的管理人员来证明。很显然，无论从时间上还是从人力上，前者的成本都要高于后者。注册会计师在制定具体审计计划时，需要考虑这种成本效益原则，在给定两个或更多的审计组合的情况下，如果其中的每一个都可以满足特定的审计目标，注册会计师应该选取其中成本最低的审计程序。但需要强调的是，审计成本虽然是注册会计师在制定具体审计计划时应当考虑的因素，但审计成本不是一个可以省略某些重要审计程序的借口。

在实际工作中，具体审计计划的编制是通过进一步审计程序表的形式进行的。进一步审计程序表可以看作是注册会计师所需执行的审计程序的概要。审计程序表通常要按照交易循环来分类，由一个交易循环内企业经营活动过程中一组相关联的交易组成，这些交易基本上影响着同一组账户，通常可以将企业的交易循环分为销售与收款循环、采购与付款循环、存货与仓储循环、筹资与投资循环等几类。审计程序表的一般格式，如表 4 -4 所示。

## 三、其他相关问题

1. 审计过程中对计划的修改

由于未预期事项的存在、条件的变化或通过实施审计程序获取的审计证据等原

表 4－4 审计程序表

| | | | | |
|---|---|---|---|---|
| 被审单位名称：______ | | 总页次：______ | 索引号：______ | |
| 报表期限：______ | | 编制人：______ | 日期：______ | |
| 审计目标：______ | | | | |
| 步骤 | 审计程序 | 审计人员 | 日期 | 工作底稿索引 |
| 1 | | | | |
| 2 | | | | |
| 3 | | | | |
| 4. | | | | |
| …… | | | | |

因，注册会计师可能需要基于修正后的风险评估结果，对总体审计策略和具体审计计划，以及相应的原计划的进一步审计程序的性质、时间安排和范围作出修改。当注册会计师注意到的信息与计划审计程序时获知的信息存在重大差异时（如注册会计师通过实施实质性程序获取的审计证据可能与实施控制测试获取的审计证据相矛盾），就可能发生这种情况。因此，在审计过程中，注册会计师应当在必要时对总体审计策略和具体审计计划作出更新和修改，计划审计工作是一个持续的、不断修正的过程。

在审计实务中，计划的进一步审计程序表在编制以后并不是固定不变的。随审计的深入，注册会计师对被审计单位的了解也必然加深。此时，注册会计师可不必执行所有程序，或者额外增加注册会计师认为应该执行的程序，这一些都要视被审计单位的具体情况而定。例如，根据《中国注册会计师审计准则第 1312 号——函证》的规定，注册会计师应当对应收账款实施函证程序，除非有充分证据表明应收账款对财务报表不重要，或函证很可能无效。如果认为函证很可能无效，注册会计师应当实施替代审计程序，获取相关、可靠的审计证据；如果不对应收账款函证，注册会计师应当在工作底稿中说明理由。

2. 指导、监督与复核的计划

审计准则规定，注册会计师应当制定计划，确定对项目组成员的指导和监督以及对其工作的复核的性质、时间安排和范围。这就是说，为了进一步确保财务报表审计的质量，现行审计准则将质量控制的政策和程序前移到了初始计划阶段，要求在业务执行伊始就要考虑指导、监督与复核的质量控制问题。

当然，对项目组成员的指导、监督以及复核的性质、时间安排不是固定的，需要注册会计师根据被审计单位的规模和复杂程度、审计领域和评估的重大错报风险、执行工作的项目组成员的专业素质和能力等因素，运用专业判断确定。

3. 有关计划审计工作的记录

注册会计师应当就总体审计策略、具体审计计划以及在审计过程中对总体审计策略或具体审计计划的重大修改及其理由，形成审计工作底稿。

将总体审计策略形成审计工作底稿，有助于注册会计师记录其作出的关键决策，这些关键决策是确定计划审计工作以及与项目组沟通重大事项的依据。例如，注册会计师可能采用备忘录的形式记录总体审计策略，包括对审计工作的总体范围、时间安排及执行作出的关键决策。

将具体审计计划形成审计工作底稿，有助于注册会计师记录其计划实施的审计程序（包括风险评估程序和进一步审计程序）的性质、时间安排和范围，证明其已经确定计划了审计程序。

将总体审计策略和具体审计计划的重大修改形成审计底稿，有助于反映注册会计师作出这些重大修改的理由，以及审计工作人员所采用的总体审计策略和具体审计计划，并表明注册会计师对审计过程中遇到的重大变化作出了恰当的回应。

4. 首次审计业务的补充考虑

无论是首次接受审计业务还是连续审计业务，计划审计工作的目的都是相同的。但是，对于首次审计业务，注册会计师通常缺乏在计划连续业务时可借鉴的前期经验，因而可能需要扩展计划活动。

对于首次审计业务，在制定总体审计策略和具体审计计划时，注册会计师可能考虑的补充事项包括：

（1）除非法律法规另有规定，对与前任注册会计师的沟通作出安排，如查阅前任注册会计师的工作底稿；

（2）与管理层讨论有关首次接受审计委托的重大问题（包括对适用会计准则或审计准则的应用），并就这些重大问题与治理层进行沟通，以及这些重大问题对总体审计策略和具体审计计划的影响；

（3）为针对期初余额获取充分、适当的审计证据而需要实施的审计程序；

（4）会计师事务所质量控制制度规定的在首次执行审计业务时需要实施的其他程序。例如，会计师事务所的质量控制制度规定，对首次审计业务应由其他合伙人或高级别人员在重要审计程序开始前复核总体审计策略或在出具报告前对审计报告进行复核。

**【案例 4－2】** 注册会计师李明负责对常年客户华兴公司 2013 年度的财务报表审计，撰写了总体审计策略和具体审计计划，部分内容摘录如下：

（1）初步了解 2013 年度华兴公司及其环境未发生重大变化，拟依赖以往审计中对管理层、治理层诚信形成的判断。

（2）因对华兴公司内部审计人员的客观性和专业胜任能力存在疑虑，拟不利用其内部审计工作。

（3）如对审计计划的重要性水平作出修正，拟通过修改计划实施的实质性程序的性质、时间和范围降低重大错报风险。

（4）假定华兴公司收入确认存在舞弊风险，拟将销售交易及其认定的重大错报风险评估为高水平，不再了解和评估相关控制设计的合理性并确定其是否得到执行，直接进行细节测试。

（5）因华兴公司于2013年9月关闭某地办事处并注销其银行账户，拟不再函证该银行账户。

（6）因审计工作时间安排紧张，拟不进行函证应收账款，直接实施替代审计程序。

（7）2013年度华兴公司购入股票作为可供出售的金融资产核算。除实施询问程序外，预期无法获取有关管理层持有意图的其他充分、适当的证据，拟就询问结果获取管理层书面声明。

以上的处理有无问题，如有问题请指出并作出正确的处理。

事项（1）注册会计师拟定的审计计划存在不当之处。注册会计师不能仅仅根据华兴公司及其环境没有发生变化而直接信赖管理层、治理层的诚信，注册会计师还应考虑被审计单位相关的战略、目标等的影响以及本年的具体情况来考虑管理层、治理层的诚信问题。

事项（2）注册会计师拟定的审计计划无不当之处。

事项（3）注册会计师拟定的审计计划存在不当之处。重大错报风险是客观存在的，并不能降低，可以通过控制测试降低评估的重大错报风险；通过修改计划实施的实质性程序的性质、时间和范围降低检查风险，并不是重大错报风险。

事项（4）注册会计师拟定的审计计划存在不当之处。对内部控制的了解是必须的，并不是选择的，判断收入确认方面存在舞弊，可以不执行控制测试，但是了解内部控制程序是必须执行的，可以在了解内部控制程序后，根据评估的结果，直接进行实质性测试。

事项（5）注册会计师拟定的审计计划存在不当之处。注册会计师对银行存款的函证，包括在财务报表涵盖期间所有的存款的银行，包括零余额和账户已经结清的银行，不能由于账户已经结清，就不进行函证了。

事项（6）注册会计师拟定的审计计划存在不当之处。除非有充分证据表明应收账款对财务报表不重要，或函证很可能无效的，否则注册会计师应当对其实施函证，注册会计师不能由于时间、成本等因素，减少必要的审计程序。

事项（7）注册会计师拟定的审计计划无不当之处。

## 第三节 审计重要性

重要性对财务报表审计业务具有广泛的影响。在计划和执行审计工作、评价审计过程中识别出的错报时，注册会计师都需要运用重要性概念。

### 一、审计重要性的含义

根据《中国注册会计师审计准则第1221号——计划和执行审计工作时的重要

性》，重要性取决于在具体环境下对错报金额和性质的判断。在财务报表审计中，如果合理预期一项错报（包括漏报）单独或连同其他错报可能影响财务报表使用者依据财务报表作出的经济决策，则该项错报是重大的。

《中国注册会计师审计准则第1221号——计划和执行审计工作时的重要性》指出：实际执行的重要性，是指注册会计师确定的低于财务报表整体的重要性的一个或多个金额，旨在将未更正和未发现错报的汇总数超过财务报表整体的重要性的可能性降至适当的低水平。如果适用，实际执行的重要性还指注册会计师确定的低于特定类别的交易、账户余额或披露的重要性水平的一个或多个金额。

正确理解这一概念时，必须注意以下几点：

（1）重要性概念中的错报包含漏报。财务报表错报包括财务报表金额的错报和财务报表披露的错报。

（2）重要性包括对数量和性质两个方面的考虑。在数量方面要考虑错报的金额大小，性质方面则是注重错报的性质。一般来讲，金额大的错报比金额小的错报更重要。但是在有些情况下，某些金额的错报从数量上看并不重要，可是从性质上考虑则可能是重要的。对于某些财务报表披露的错报，难以从数量上判断是否重要，应从性质上考虑其是否重要。

（3）确定重要性水平必须从财务报表使用者整体的角度考虑。重要性概念是针对财务报表使用者决策的信息需求而言的，因此判断一项错报重要与否，应视其对财务报表使用者依据财务报表作出经济决策的影响程度而定。如果财务报表中的某项错报足以改变或影响财务报表使用者的相关决策，则该项错报就是重要的，否则就不重要。

（4）重要性的确定也离不开特定的环境。不同的被审计单位面临不同的环境，不同的报表使用者有着不同的信息需求，所以注册会计师确定的重要性也不相同。某一金额的错报对某被审计单位的财务报表来说是重要的，而对另一个被审计单位的财务报表来说可能不重要。例如，错报20万元对一个小公司来说可能是重要的，而对另一个大公司来说则可能不重要。

（5）对重要性的评估需要运用职业判断。影响重要性的因素很多，注册会计师应当根据被审计单位面临的环境，并综合考虑其他因素，合理确定重要性水平。不同的注册会计师在确定同一被审计单位财务报表层次和认定层次的重要性水平时，得出的结果可能不同。这主要是因为对影响重要性的各因素的判断存在差异。因此，注册会计师需要运用职业判断来合理评估重要性。重要性水平与可容忍误差具有很密切的关系。审计人员应根据审计计划对重要性进行评估，确定其与实质性程序的可容忍误差之间的关系。

在整个审计过程中，注册会计师都必须运用重要性原则。在审计计划阶段，注册会计师需要运用重要性，帮助注册会计师确定审计程序的性质、时间安排和范围，这时，重要性被看成是审计所允许的可能或潜在的未发现错报的程度；在审计结束阶段，用以评价审计结果，即注册会计师以此判断某一项错报或者汇总的错报是否影响财务报表的公允性。

## 二、审计计划阶段重要性水平的确定

在制定计划审计工作时，注册会计师必须对重要性水平作出初步判断，确定一个可接受的重要性水平，以拟定审计程序的性质、时间和范围，并据此决定所需审计证据的数量，重要性水平越低，所需审计证据的数量越多。

（一）确定计划的重要性水平应考虑的因素

在计划审计工作时，注册会计师不仅要确定一个可接受的重要性水平，以发现在金额上重大的错报，而且应考虑较小金额错报的累计结果可能对财务报表产生重大影响。注册会计师在确定计划的重要性水平时，需充分考虑以下主要因素：

（1）对被审计单位及其环境的了解。被审单位的行业状况、法律环境与监管环境等其他外部因素，以及被审单位业务的性质，对会计政策的选择和应用，被审单位的目标、战略及相关的经营风险，被审单位的内部控制等因素，都将影响注册会计师对重要性水平的判断。例如，被审计单位内部控制较为健全，可信赖程度高，可以确定较高的重要性水平；反之，则要确定较低的重要性水平。

（2）审计的目标。审计的目标，包括特定报告的要求、信息使用者的要求等因素影响注册会计师对重要性水平的确定。例如，对销售收入等特定财务报表项目进行审计的业务，其重要性水平可能需要以该项目金额，而不是以财务报表的一些汇总性数据为基础来确定。

（3）财务报表各项目的性质及其相互关系。财务报表使用者对不同的报表项目的关心程度存在差异，往往会对某些报表项目比对其他项目更为关注。一般而言，财务报表使用者十分关心流动性较高的项目，注册会计师应当对此从严制定重要性水平。由于财务报表各项目之间是相互联系的，注册会计师在确定重要性水平时，需要考虑这种相互联系。

（4）财务报表项目的金额及其波动幅度。财务报表项目的金额及其波动幅度可能促使财务报表使用者作出不同的反应。因此，注册会计师在确定重要性水平时，应当深入研究这些项目的金额及其波动幅度。

总之，只要影响预期财务报表使用者决策的因素，都可能对重要性水平产生影响。注册会计师应当在计划阶段充分考虑这些因素，并采用合理的方法，确定重要性水平。

（二）财务报表层次重要性水平的确定

注册会计师是对整个财务报表发表审计意见，但财务报表提供的信息由各类交易、账户余额、列报认定层次的信息汇集而成，同时审计程序的实施和审计证据的收集又是针对各类交易、账户余额和列报认定分别进行的，所以注册会计师应从财务报表和各类交易、账户余额和列报认定两个层次来考虑和确定重要性水平。

在确定财务报表层次重要性水平时，通常采用的程序为：首先选择一个恰当的基准；其次选用适当的百分比乘以该基准，从而得出该层次的重要性水平。

（1）基准的选择。在实务中，有许多汇总性财务数据可以用作确定财务报表层次重要性水平的基准，如总资产、净资产、销售收入、费用总额、毛利、净利润等。选择适当的基准时，注册会计师首先要考虑财务报表的要素、指标及其适用的会计准则，此外考虑财务报表使用者特别关注的报表项目、被审计单位的性质及所在行业、被审计单位的规模、所有权性质以及融资方式等。例如，对于以盈利为目的的被审计单位而言，来自经常性业务的税前利润或税后净利润可能是一个适当的基准；而对于收益不稳定的被审计单位或非营利组织来说，选择税前利润或税后净利润作为判断重要性水平的基准就不合适。对于资产管理公司来说，净资产可能是一个适当的基准。注册会计师通常选择一个相对稳定、可预测且能够反映被审计单位正常规模的基准。由于销售收入和总资产具有相对稳定性，注册会计师经常将其用来确定计划重要性水平的基准。

（2）百分比的选择。在确定恰当的基准后，注册会计师通常运用职业判断合理选择百分比，据以确定重要性水平。实务中用来判断重要性水平的参考数值如下：

①以盈利为目的的企业。来自经常性业务的税前利润或税后净利润的5%，或总收入的0.5%；

②银行、保险等资产规模较大的金融企业。资产总额的0.5%～1%；

③非营利组织。费用总额或总收入的0.5%；

④基金公司。净资产的0.5%。

此外，注册会计师在确定重要性水平时，通常考虑被审单位以前期间的经营成果和财务状况、本期的经营成果和财务状况，本期的预算和预测结果、被审计单位情况的重大变化（如重大的企业重组）以及宏观经济环境和所在行业发生的相关变化。例如，注册会计师在将净利润作为确定被审单位重要性水平的基准时，因情况变化使该单位本年度净利润出现意外的增加，注册会计师可能认为选择近几年的平均净利润作为重要性水平的基准更加合适。

（三）各类交易、账户余额、列报认定层次的重要性水平

由于财务报表提供的信息由各类交易、账户余额、列报认定层次的信息汇集加工而成，注册会计师只有通过对各类交易、账户余额、列报认定层次实施审计，才能得出财务报表是否公允反映的结论。因此，注册会计师还应当考虑各类交易、账户余额、列报认定层次的重要性。各类交易、账户余额、列报认定层次的重要性水平称为“可容忍错报”。它是在不导致财务报表存在重大错报的情况下，注册会计师对各类交易、账户余额、列报确定的可接受的最大错报。比如，注册会计师将总额为100万元的重要性水平中的30万元分配给存货，则存货的可容忍错报就是30万元。这也意味着，只要存货的错报不超过30万元，注册会计师就可认为存货项目的反映公允。

可容忍错报的确定以注册会计师对财务报表层次重要性水平的初步评估为基础，注册会计师在确定各类交易、账户余额、列报认定层次的重要性水平时，应当考虑以下主要因素：

（1）各类交易、账户余额、列报的性质及错报的可能性；

（2）各类交易、账户余额、列报的重要性水平与财务报表层次重要性水平的关系。

由于各类交易、账户余额、列报确定的重要性水平即可容忍错报，对审计证据数量有直接的影响，所以注册会计师应当合理确定可容忍错报。

注册会计师在确定各类账户或交易的审计程序前，可将财务报表层次的重要性水平分配至各账户或各类交易，也可单独确定各账户或各类交易的重要性水平。对于账户或交易层次的重要性水平，既可以采用分配的方法，也可以采用不分配的方法。

（1）分配的方法。在采用分配方法时，各账户或交易层次的重要性水平之和，应当等于财务报表层次的重要性水平，而且分配的对象一般是资产负债表账户（因为绝大多数利润表的差错与资产负债表相关）。

例如，A 公司的总资产构成为注册会计师初步判断的财务报表层次的重要性水平是资产总额的 1%，为 200 万元，即资产账户可容忍的错报或漏报为 200 万元。注册会计师按这一重要性水平分配给各资产账户，如表 4 - 5 所示。

**表 4 - 5　　重要性水平的分配**　　单位：万元

| 项　目 | 金　额 | 甲方案 | 乙方案 |
|---|---|---|---|
| 现金 | 2 100 | 21 | 8 |
| 应收账款 | 3 600 | 36 | 43 |
| 存货 | 5 300 | 53 | 85 |
| 固定资产 | 9 000 | 90 | 64 |
| 总计 | 20 000 | 200 | 200 |

在表 4 - 5 中，甲方案是按 1% 进行同比例分配的，一般来说，这并不可行，注册会计师必须对其进行修正。由于应收账款和存货错报或漏报的可能性较大，所以分配较高的重要性水平，以节省审计成本，如乙方案。假定审计存货后，仅发现错报和漏报 50 万元，且注册会计师认为所执行的审计程序已经足够，则可将剩下的 35 万元再分配给应收账款。

（2）不分配的方法。不分配的方法有两种：一种方法是假设财务报表层次的重要性水平为 100 万元，则可根据各账户或各类交易的性质及错报或漏报的可能性，将各账户或交易的重要性水平确定为财务报表层次重要性水平的 20% ~50%。审计时，只要发现该账户或交易的错报或漏报超过这一水平，就建议被审计单位调整。编制未调整事项汇总表，若未调整的错报或漏报超过 100 万元，就应建议被审计单位调整。最后，编制未调整事项汇总表，若未调整的错报或漏报超过100万元，就应建议被审计单位调整。另一种方法是境外某些会计师事务所采用的方法。将各账户或交易的重要性水平为财务报表层次重要性水平的1/6～1/3。假设财务报表层次的重要性水平为100万元，应收账款的重要性水平为这一金额的1/4、存货为1/5、应付账款为1/5，则其重要性水平的金额分别为25万元、20万元和20万元。

在实际工作中，往往很难预测哪些账户可能发生错报漏报，也无法事先确定审计成本的大小，所以重要性水平的确定是一个较困难的专业判断过程。

（四）从性质方面考虑重要性

注册会计师在运用重要性原则时，除了以上考虑错漏报的金额，还要考虑错漏报的性质。有时金额不重要的错报从性质上看有可能是重要的。注册会计师在判断错报的性质是否重要时应该考虑的具体情况包括：

（1）错报对遵守法律法规要求的影响程度。

（2）错报对遵守债务契约或其他合同要求的影响程度。

（3）错报掩盖收益或其他趋势变化的程度（尤其在联系宏观经济背景和行业状况进行考虑时）。

（4）错报对用于评价被审计单位财务状况、经营成果或现金流量的有关比率的影响程度。

（5）错报对信息漏报的影响程度。在有些情况下，适用的会计准则和相关会计制度并未对该信息作出具体要求，但是注册会计师运用职业判断，认为该信息对财务报表使用者了解被审计单位的财务状况、经营成果或现金流量很重要。

（6）错报对增加管理层报酬的影响程度。例如，管理层通过错报来达到有关奖金或其他激励政策规定的要求，从而增加其报酬。

（7）错报对某些账户余额之间错误分类的影响程度，这些错误分类影响到财务报表中应单独披露的项目。例如，经营收益和非经营收益之间的错误分类，非营利单位的受到限制资源和非限制资源的错误分类。

（8）相对于注册会计师所了解的以前向报表使用者传达的信息（如盈利预测）而言，错报的重大程度。

（9）错报是否与涉及特定方的项目相关。例如，与被审计单位发生交易的外部单位是否与被审计单位管理层的成员有关联。

（10）错报对财务报表中列报的分部信息的影响程度。例如，错报事项对分部或被审计单位其他经营部分的重要程度，而这些分部或经营部分对被审计单位的经营或盈利有重大影响。

值得注意的是，注册会计师不能以存在上述因素为由而必然认为错报是重大的，这些因素仅供注册会计师参考。

（五）实际执行的重要性

仅为发现单项重大的错报而计划审计工作将忽视这样一个事实：即单项非重大

错报的汇总数可能导致财务报表出现重大错报，更不用说还没有考虑可能存在的未发现错报。

因此，《中国注册会计师审计准则第1221号——计划和执行审计工作时的重要性》新增了“实际执行的重要性”概念。

实际执行的重要性，是指注册会计师确定的低于财务报表整体的重要性的一个或多个金额。旨在将未更正和未发现错报的汇总数超过财务报表整体的重要性的可能性降至适当的低水平。如果适用，实际执行的重要性还指注册会计师确定的低于特定类别的交易、账户余额或披露的重要性水平的一个或多个金额。

因此，实际执行的重要性也包括两个层次：一是财务报表整体的实际执行的重要性。确定财务报表整体的实际执行的重要性（根据定义可能是一个或多个金额），旨在将财务报表中未更正和未发现错报的汇总数超过财务报表整体的重要性的可能性降至适当的低水平。二是特定类别交易、账户余额或披露层次的实际执行的重要性。确定特定类别交易、账户余额或披露的实际执行的重要性，旨在将这些交易、账户余额或披露中未更正与未发现错报的汇总数超过这些交易、账户余额或披露的重要性水平的可能性降至适当的低水平。

确定实际执行的重要性并非简单机械的计算，需要注册会计师运用职业判断，并考虑下列因素的影响：

（1）对被审计单位的了解（这些了解在实施风险评估程序的过程中得到更新）；

（2）前期审计工作中识别出的错报的性质和范围；

（3）根据前期识别出的错报对本期错报作出的预期。

## 三、审计测试阶段对计划的重要性水平的修正

在审计测试阶段，随着审计过程的推进，注册会计师应及时评价计划阶段确定的重要性水平是否仍然合理，并根据具体环境的变化或在审计执行过程中进一步获取的信息，调整计划的重要性水平，进而修改进一步审计程序的性质、时间和范围。例如，随着审计证据的累积，注册会计师可能认为初始选用的重要性基准并不恰当，需要选用其他的基准来计算重要性水平。在确定审计程序后，如果注册会计师决定接受更低的重要性水平，审计风险将增加。这种情况下，应选用下列方法将审计风险降至可接受的低水平：

（1）如有可能，通过扩大控制测试范围或实施追加的控制测试，降低评估的重大错报风险，并支持降低后的重大错报风险水平；

（2）通过修改计划实施的实质性程序的性质、时间和范围，降低检查风险。

## 四、评价审计结果时对重要性的考虑

《中国注册会计师审计准则第1251号——评价审计过程中识别出的错报》规范了注册会计师评价识别出的错报对审计的影响以及未更正错报对财务报表的影响。

注册会计师在评价审计结果时，应当汇总已发现但尚未更正的错报或漏报，以考虑尚未更正错报的汇总数是否对财务报表的反映产生重大影响。在作出这种判断时，就需要利用重要性水平。但是需要注意的是，注册会计师在确定重要性水平时是根据对被审计单位财务结果的估计，因此可能尚不知道实际的财务结果。因此，在评价未更正错报的影响前，注册会计师可能有必要依据实际的财务结果对重要性作出修改。

（一）评价识别出的错报对审计的影响

注册会计师应当累计审计过程中识别出的错报，除非错报明显微小。

注册会计师在完成审计工作时，为确定被审计单位的财务报表是否合法、公允，应当汇总尚未更正的错报或漏报，并将其与财务报表层次的重要性水平相比较，考虑其金额与性质是否对财务报表的反映产生重大影响。注册会计师在汇总尚未更正的错报或漏报时，应当包括已识别和推断的错报或漏报。汇总时应当包括以下内容：

1. 已识别的错报

已识别的错报是指注册会计师在审计过程中发现的、能够准确计量的错报，包括：

（1）事实错报。这类错报产生于被审计单位收集和处理数据的错误，对事实的忽略或误解，或故意舞弊行为。例如，注册会计师在审计测试中发现最近购入存货的实际价值为 15 000 元，但账面记录的金额却为 10 000 元。因此，存货和应付账款分别被低估了 5 000 元，这里被低估的 5 000 元就是已识别的对事实的具体错报。

（2）判断错报。这类错报产生于两种情况：一是管理层和注册会计师对会计估计值的判断差异，如由于包含在财务报表中的管理层作出的估计值超出了注册会计师确定的一个合理范围，导致出现判断差异；二是管理层和注册会计师对选择和运用会计政策的判断差异，由于注册会计师认为管理层选用会计政策造成错报，管理层却认为选用会计政策适当，导致出现判断差异。

已识别的具体错报还应该包括在以前期间审计中已识别但尚未更正错报的净影响额。一般而言，如果前期尚未调整的错报或漏报尚未消除，且导致本期财务报表严重失实，注册会计师在汇总时就应将其包括进来。此外，在汇总时，注册会计师还应考虑期后事项和或有事项是否已进行适当处理。

2. 推断误差

推断误差也称为“可能误差”，是注册会计师对不能明确、具体地识别的其他错报的最佳估计数。推断误差通常包括以下几种：

（1）通过测试样本估计出的总体的错报减去在测试中发现的已经识别的具体错报。例如，应收账款年末余额为 2 000 万元，注册会计师抽查 10% 样本发现金额有 100 万元的高估，高估部分为账面金额的 20%，据此注册会计师推断总体的错报金额为 400 万元（2 000 ×20%），那么上述 100 万元就是已识别的具体错报，其余 300 万元即为推断误差。

（2）通过实质性分析程序推断出的估计错报。例如，注册会计师根据客户的预算资料及行业趋势等要素，对客户年度销售费用独立地作出估计，并与客户账面金额比较，发现两者间有50%的差异。考虑到估计的精确性有限，注册会计师根据经验认为10%的差异通常是可接受的，而剩余40%的差异需要有合理解释并取得佐证性证据。假定注册会计师对其中10%的差异无法得到合理解释或不能取得佐证，则该部分差异金额即为推断误差。

（二）评价未更正错报对财务报表的影响

注册会计师应当评估在审计过程中已识别但尚未更正错报的汇总数是否重大。注册会计师需要在出具审计报告之前，评估尚未更正错报单独或累积的影响是否重大。在评估时，注册会计师应当从特定的某类交易、账户余额及列报认定层次和财务报表层次考虑这些错报的金额和性质，以及这些错报发生的特定环境。

注册会计师应当分别考虑每项错报对相关交易、账户余额及列报的影响，包括错报是否超过之前为特定交易、账户余额及列报所设定的较财务报表层次重要性水平更低的可容忍错报。此外，如果某项错报是（或可能是）由舞弊造成的，无论其金额大小，注册会计师均应当按照《中国注册会计师审计准则第1141号——财务报表审计中与舞弊相关的责任》规定，考虑其对整个财务报表审计的影响。考虑到某些错报发生的环境，即使其金额低于计划的重要性水平，注册会计师仍可能认为其单独或连同其他错报从性质上看是重大的。

注册会计师在评估未更正错报是否重大时，不仅需要考虑每项错报对财务报表的单独影响，而且需要考虑所有错报对财务报表的累积影响及其形成原因，尤其是一些金额较小的错报，虽然单个看起来并不重大，但是其累计数却可能对财务报表产生重大的影响。

（三）尚未更正错报汇总数与财务报表层次重要性水平的比较分析

尚未更正错报汇总数与财务报表层次重要性水平相比，可能出现以下两种情况。

1. 尚未更正错报的汇总数低于重要性水平（并且其性质不具有重要性）

如果尚未更正错报汇总数低于重要性水平，对财务报表的影响不重大，注册会计师可以发表无保留意见的审计报告。

2. 尚未更正错报的汇总数超过或接近重要性水平

如果尚未更正错报汇总数超过了重要性水平，对财务报表的影响可能是重大的，注册会计师应当考虑通过扩大审计程序的范围或要求管理层调整财务报表降低审计风险。在任何情况下，注册会计师都应当要求管理层就已识别的错报调整财务报表。如果管理层拒绝调整财务报表，并且扩大审计程序范围的结果不能使注册会计师认为尚未更正错报的汇总数不重大，注册会计师应当考虑出具非无保留意见的审计报告。

如果已识别但尚未更正错报的汇总数接近重要性水平，注册会计师应当考虑该汇总数连同尚未发现的错报是否可能超过重要性水平，并考虑通过实施追加的审计程序，或要求管理层调整财务报表降低审计风险。

下面举例说明注册会计师评价尚未更正错报汇总数的影响的集中情况，具体如表4-6所示。

表 4-6 评价尚未更正错报汇总数的影响

| 情况 | 汇总错报 | 重要性水平 | 措施 | 拒绝调整后 |
| --- | --- | --- | --- | --- |
| 小于 | 50 万元 | 100 万元 | 提请调整 | 无保留意见 |
| 接近 | 90 万元 | 100 万元 | 追加审计程序；提请调整 | 视追加程序后发现的错报情况而定 |
| 超过 | 100 万元 | 100 万元 | 扩大测试程序；提请调整 | 保留或否定意见 |
| 大大超过 | 600 万元 | 100 万元 | 扩大测试程序；提请调整 | 否定意见 |

### 五、审计重要性与审计证据的关系

审计过程中必须运用重要性原则，包括：一是在编制审计计划时对重要性的水平作出初步评估，以确定拟执行审计程序的性质、时间和范围，以提高审计效率；二是在评价审计结果时，对重要性进行判断，以确定已执行的审计程序是否充分，以保证审计质量。就第一种情形来看，审计人员之所以要对重要性水平作出初步判断，其目的就是要确定审计证据的数量，因为重要性是影响审计证据充分性的一个十分重要的因素。由于重要性是一种可容忍错报或漏报的最高界限，所以如果重要性水平定得越低，说明可容忍的错报或漏报程度越小，就要求执行越充分的审计程序，从而获取越多的审计证据；反之，如果重要性水平定得越高，说明可容忍的错报或漏报程度越大，则可执行有限的审计程序，从而所需要的审计证据就可以少些。

例如，为合理保证应收账款账户的错报或漏报不超过 1 万元所需收集的审计证据，比为了合理保证该账户错报或漏报不超过 2 万元所需收集的审计证据要多。由此可见，重要性与审计证据之间成反向关系。

## 第四节 审计风险

### 一、审计风险的概念

在审计计划阶段，注册会计师必须考虑审计风险。审计中的风险意味着注册会计师在执行审计时要接受一定程度的不确定性。当我们说到风险时，通常是指遭受损失、伤害、不利或毁灭的可能性，审计风险也有风险的基本含义，即遭受损失的可能性。不过这种损失首先表现为注册会计师提交了不恰当的审计报告，之后这种不恰当的审计报告有可能给注册会计师带来损失。我国审计准则将审计风险定义为：审计风险是指财务报表存在重大错报而注册会计师发表不恰当审计意见的可能性。

注册会计师应当通过计划和实施审计工作，获取充分、适当的审计证据，将审计风险降至可接受的低水平。审计风险并不包含这种情况，即财务报表不含有重大错报，而注册会计师错误地发表了财务报表含有重大错报的审计意见的风险，这种风险通常可以忽略不计。

可接受的审计风险的确定，需要考虑会计师事务所对审计风险的态度、审计失败对会计师事务所可能造成的损失的大小等因素。其中，审计失败对会计师事务所可能造成损失的大小又受所审计财务报表的用途、使用者的范围等因素的影响。

但必须注意的是，审计业务是一种保证程度高的鉴证业务，可接受的审计风险应当足够低，以使注册会计师能够合理保证所审计财务报表不含有重大错报。可见，合理保证与审计风险互为补数，即合理保证与审计风险之和等于100%。如果注册会计师将审计风险降至可接受的低水平，则对财务报表不存在重大错报获取了合理保证。

注册会计师如果想要对发表的审计意见的恰当性有比较大的把握，那么他就只能接受较低的审计风险。比如，要求有99%的把握审计意见是恰当的，那么审计风险就为1%；而如果有95%的把握得出财务报表是公允的结论，那么审计风险就是5%。注册会计师应该承认风险的存在，同时以恰当的方式去处理这些风险，因为合理保证就意味着审计风险始终存在，恰当处理就是要通过计划和实施审计工作，获取充分、适当的审计证据，这样才能将审计风险降至可接受的低水平。审计风险不仅是对整个财务报表而言，而且与各账户和交易类别也密切相关。这是因为，注册会计师要对财务报表发表意见，必须通过核实各账户和各类交易取得审计证据。只有在审计计划和实施过程中有效地控制各账户和各类交易的审计风险，才能在审计结束时使总的审计风险保持在可以接受的水平上。被审计单位在实施战略以实现其目标的过程中可能面临各种经营风险，注册会计师应当重点关注可能影响财务报表的经营风险。

## 二、审计风险的形成要素

审计风险是一个与审计过程相关的技术术语，并不是注册会计师的业务风险，如因诉讼、负面宣传或其他与财务报表审计相关的事项而导致损失的可能性。

随着风险导向审计理念和方法的发展，在21世纪之初若干审计失败事件的促进下，国际审计与鉴证准则理事会在吸收风险导向审计的优点基础上，保留和继承了原有审计准则的可取之处，制定颁布了新的审计风险准则，受到了各国职业界和社会各界的好评。中国注册会计师协会也适时修改原有审计准则、制定新的审计难则，将中国注册会计师审计准则调整为与国际趋同的审计风险准则。审计风险准则的基本原则和必要程序是强调从宏观上了解被审计单位及其环境，包括内部控制，以充分识别和评估财务报表重大错报风险，针对评估的重大错报风险设计和实施控制测试和实质性程序。

根据我国新准则的基本原则和理念，审计风险取决于重大错报风险和检查风险，用风险模型表示：

审计风险（AR）=重大错报风险（RMM）×检查风险（DR）

审计风险取决于重大错报风险和检查风险。前者是注册会计师不能控制的，只能对其进行评估，后者是注册会计师可以控制的。为了将审计风险保持在一个可接受的低水平，注册会计师只能设法降低检查风险。

（一）重大错报风险（RMM）

重大错报风险是指财务报表在审计前存在重大错报的可能性。在设计审计程序以确定财务报表整体是否存在重大错报时，注册会计师应当从财务报表层次和各类交易、账户余额、列报（包括披露，下同）认定层次考虑重大错报风险。《中国注册会计师审计准则第1211号——通过了解被审计单位及其环境识别和评估重大错报风险》对注册会计师如何评估财务报表层次和各类交易、账户余额、列报认定层次考虑重大错报风险提出了详细的要求。

1. 财务报表层次的重大错报风险

财务报表层次重大错报风险与财务报表整体存在广泛联系，它可能影响多项认定。此类风险通常与控制环境有关，如管理层缺乏诚信、治理层形同虚设而不能对管理层进行有效监督等；但也可能与其他因素有关，如经济萧条、企业所处行业处于衰退期，此类风险难以被界定为某类交易、账户余额、列报的具体认定；相反，此类风险增大了一个或多个不同认定发生重大错报的可能性，对注册会计师考虑由舞弊引起的风险特别相关。

注册会计师评估财务报表层次重大错报风险的措施包括：考虑审计项目组承担重要责任的人员的学识、技术和能力，是否需要专家介入；考虑给予业务助理人员适当程度的监督指导；考虑是否存在怀疑被审计单位持续经营假设合理性的事项或情况。

2. 各类交易、账户余额和披露认定层次的重大措报风险

认定层次的重大错报风险，是指与各类交易、账户余额和披露相关的认定发生重大错报的可能性。评估认定层次重大错报风险的目的，是确定所需实施的进一步审计程序的性质、时间安排和范围以获取充分、适当的审计证据。这种证据使注册会计师能够在审计风险处于可接受的低水平时对财务报表发表意见。

认定层次的重大错报风险又可进一步细分为固有风险和控制风险。

固有风险（IR）是指假设不存在相关的内部控制，某一认定发生重大错报风险的可能性，无论该错报单独考虑，还是连同其他错报构成重大错报。

某些类别的交易、账户余额、列报及其认定，固有风险很高。例如，复杂的计算比简单的计算更可能出错；受重大计量不确定性影响的会计估计发生错报的可能性较大。经营风险的外部因素也可能影响固有风险，如技术进步可能导致某项产品陈旧，进而导致存货易于发生高估错报（计价认定）。被审计单位及其环境中的某些因素还可能与多个甚至所有类别的交易、账户余额、列报有关，进而影响多个认定的固有风险。这些因素包括维持经营的流动资金匮乏、被审计单位处于夕阳行业等。

控制风险（CR）是指某项认定发生了重大错报，无论该错报单独考虑，还是连

同其他错报构成重大错报，而该错报没有被单位的内部控制及时防止、发现和纠正的可能性。控制风险取决于与财务报表编制有关的内部控制制度设计和运行的有效性。由于内部控制的固有局限性，某种程序的控制风险始终存在。

需要特别说明的是，由于固有风险和控制风险不可分割地交织在一起，有时无法单独进行评估，审计准则通常不再单独涉及固有风险和控制风险，而只是将这两者合并称为“重大错报风险”。但这并不意味着，注册会计师不可以单独对固有风险和控制风险进行评估。相反，注册会计师既可以单独对两者分别进行评估，也可以对两者进行合并评估。具体采用的评估方法取决于会计师事务所偏好的审计技术和方法以及实务上的考虑。

（二）检查风险（DR）

检查风险是指某一认定存在错报，该错报单独或连同其他错报是重大的，但注册会计师未能发现这种错报的可能性。检查风险取决于审计程序设计的合理性和执行的有效性。由于注册会计师通常并不对所有的交易、账户余额和列报进行检查以及其他原因，检查风险不可能降低为零。其他原因包括注册会计师可能选择了不恰当的审计程序、审计程序执行不当或者错误理解了审计结论。

检查风险是审计程序的有效性和审计人员运用审计程序的有效性的函数。与重大错报风险不同，注册会计师可以通过提升审计程序及其执行的有效性，来降低检查风险，从而将审计风险保持在一个可接受的低水平。

下列措施有助于提高审计程序及其执行的有效性，降低注册会计师选取不适当的审计程序、错误执行适当的审计程序或错误解释审计结果的可能性：

（1）制定恰当的计划；

（2）为项目组分派合适的人员；

（3）保持职业怀疑；

（4）监督和复核已执行的审计工作。

（三）检查风险与重大错报风险的反向关系

在既定的审计风险水平下，可接受的检查风险水平与认定层次重大错报风险的评估结果成反向关系。评估的重大错报风险越高，可接受的检查风险越低；评估的重大错报风险越低，可接受的检查风险越高。检查风险与重大错报风险的反向关系用数学模型表示如下：

审计风险 = 重大错报风险 × 检查风险

这个模型也就是现代审计风险模型。假设针对某一认定，注册会计师将可接受的审计风险水平设定为5%，注册会计师实施风险评估程序后将重大错报风险评估为25%，则根据这一模型，可接受的检查风险为20%。当然，在实务中，注册会计师不一定用绝对数量表达这些风险水平，而选用“高”、“中”、“低”等文字描述。

注册会计师应当合理设计审计程序的性质、时间和范围，并有效执行审计程序，以控制检查风险。上例中，注册会计师根据确定的可接受的检查风险（20%），设计审计程序的性质、时间和范围。审计计划，在很大程度上，围绕确定设计审计程序的性质、时间和范围而展开。

【案例4－3】奥特会计师事务所的注册会计师张梅在评价希尔有限公司的审计风险时，分别假定了A、B、C、D四种情况，如表4－7所示。

表4－7　希尔有限公司的审计风险

| 风险类别 | 情况A | 情况B | 情况C | 情况D |
|---|---|---|---|---|
| 可接受的检查风险 | 1 | 2 | 3 | 4 |
| 重大错报风险 | 60% | 50% | 80% | 70% |

请计算回答：上述四种情况下，可接受的检查风险水平分别是多少？哪种情况下注册会计师需要获取最多的审计证据？

答案：

（1）A、B、C、D四种不同情况下可接受的检查风险水平分别是1.67%、4%、3.75%、5.71%。

（2）情况A注册会计师张梅需要最多的审计证据。

**【案例4－4】　无保留意见等于没有错报吗？**

C会计师事务所的注册会计师李明对A公司2015年度财务报表审计后发表了无保留意见的审计报告。半年后，A公司因无法按时偿还巨额债务而宣告破产。股东与债权人集体上诉，状告审计A公司的会计师事务所，其诉讼理由是A公司2015年的财务报表中存在重大错报，而C公司发表了无保留意见，从而误导了财务报告使用者。C会计师事务所对此提出了抗辩，认为其在财务报表审计中发现的被审计单位A公司存在的重大错报都已经按要求调整，A公司也接受了调整建议，未调整的错报是不重大的且在审计报告中使用了“A公司2015年度财务报表在所有重大方面公允地反映了A公司2015年12月31日的财务状况以及2015年度的经营成果和现金流量”这一表述。法院经过调查最终认定：A公司2015年度的财务报表由于存在计算错误，从而造成2015年度的财务报表多计产品销售收入1.8万元。对于年销售额近千万元和资产近千万元的A公司来说，这些错报无论从金额还是从性质上来说都不重大，法院最终判定C会计师事务所不承担赔偿责任。

## 三、审计重要性与审计风险的关系

在审计工作中，重要性与审计风险之间成相互作用的反向关系。重要性水平越高，审计风险就越低；重要性水平越低，审计风险就越高。重要性是决定审计风险水平高低的关键因素，审计人员对重要性水平的判断直接影响审计风险水平的确定。这里，重要性水平指的是金额的大小，而且是从财务报表使用者的角度来判断的。

例如，一般来说5万元的重要性水平比3万元的重要性水平高，如果重要性水平是5万元，则意味着低于5万元的错报与漏报不会影响财务报表使用者的判断与决策，审计人员仅仅需要通过执行有关审计程序查出高于5万元的错报或漏报。如果重要性水平是3万元，则意味着金额在3万元到5万元之间的错报或漏报仍然会影响财务报表使用者的决策与判断，审计人员不仅需要执行有关审计程序查出金额在5万元以上的错报或漏报，而且还要通过执行有关审计程序查出金额在3万元至5万元之间的错报或漏报。显然，重要性水平为3万元时审计不出这样的重大错报的可能性即审计风险，要比重要性水平为5万元时的审计风险高。

值得注意的是，注册会计师不能通过不合理地人为调高重要性水平，降低审计风险。因为重要性是根据重要性概念中所述的判断标准确定的，而不是由主观期望的审计风险水平决定。

由于重要性和审计风险存在上述反向关系，而且这种关系对注册会计师将要执行的审计程序的性质、时间和范围有直接的影响，所以注册会计师应当综合考虑各种因素，合理确定重要性水平。

注册会计师在考虑重要性及其与审计风险的关系时，应当遵守《中国注册会计师审计准则第1221号——计划和执行审计工作时的重要性》的规定。

## 四、审计风险与审计证据的关系

《中国注册会计师审计准则第1301号——审计证据》第6条指出，注册会计师需要获取的审计证据的数量受其对重大错报风险评估的影响，并受审计证据质量的影响。由于重要性与审计证据成反向关系，重要性与审计风险之间也成反向关系，所以可以推定审计风险与审计证据之间成正向关系。也就是说，审计风险越高，所需收集的审计证据数量也就越多。根据这一关系，审计人员可以根据其对审计风险的评估，来确定审计证据的需要数量，以达到证据充分性和适当性的要求。如果审计人员初步估计的审计风险水平较高，说明审计对象较为复杂，审计的内容也较为广泛，审计人员发表恰当审计意见的难度就大，失误的可能性也就越大，这时审计人员就要实施越详细的实质性测试程序，收集更多的审计证据，以便将审计风险降低至可接受的水平。反之，如果评估的审计风险水平较低，则审计人员只需要执行有限的审计程序，收集较少的审计证据。例如，被审计单位业务复杂、内部控制差、财务状况恶化、频繁更换会计师事务所等，均可认为面临着很高的审计风险，或者将审计风险评估为高水平，审计人员都应获取更多的审计证据，即错报风险越大，需要的审计证据可能越多。

# 课后复习题

## 一、复习思考题

1. 什么是计划审计工作？其总体要求是什么？

2. 注册会计师应何时开展初步业务活动？初步业务活动的目的和内容分别是什么？

3. 为什么注册会计师在调查一个潜在客户时，了解客户治理层和管理层的诚实守信情况是重要的一个方面？

4. 什么是总体审计策略？其主要内容有哪些？

5. 什么是具体审计计划？其主要内容有哪些？

6. 审计风险由哪些要素构成，它们之间如何相互影响？

7. 审计重要性、审计风险与审计证据之间的关系如何？

## 二、案例分析题

（一）承接业务委托前的工作

ABC公司主营百货文化用品、五金交电、油墨及印刷器材、家具、食品、针纺织品、日用杂品、烟酒等，自2006年上市以来，业务迅速扩张，股价也不断攀升。2012～2013年各年的会计报表及其前任注册会计师的审计报告显示，公司2012年和2013年分别实现主营业务收入34.82亿元和70.46亿元，同比增长152.69%和102.35%，同时总资产也分别增长了178.25%和60.43%，但利润率从2012年开始明显下降，由2012年的2%下降到2013年的0.69%，远远低于商贸类上市公司的平均水平3.77%。2013年公司利润表总额中40%为投资收益，这些投资收益系华兴公司利用银行承兑汇票（承兑期长达3～6个月）进行账款结算，从回笼贷款到支付贷款之间3个月的时间差，把这笔巨额资金委托华南证券公司进行短期套利所得。

自2011年以来，ABC公司已更换了两次会计师事务所。回答以下问题：

1. 在承接ABC公司业务委托前，如何进行初步了解和评估？

2. 在承接业务委托时，应当关注哪些履约风险？为什么？

3. 如果ABC公司委托你所在的会计师事务所承办其2013年的审计业务，判断是否承接业务时需要综合考虑哪些因素？

4. 如果征得ABC公司的同意，注册会计师在与前任注册会计师联系时，应当如何沟通？

（二）A和B注册会计师对XYZ股份有限公司2012年度财务报表进行审计，其未经审计的有关报表项目金额如表 4－2 所示（单位：人民币万元）。

**表 4－2　　未经审计的有关报表项目金额**

| 项目名称 | 金　额 |
|---|---|
| 资产总计 | 18 000 |
| 股东权益合计 | 88 000 |
| 主营业务收入 | 240 000 |
| 利润总额 | 36 000 |
| 净利润 | 24 120 |

要求：

（1）如果以资产总额、股东权益、主营业务收入和净利润作为判断基础，采用固定比率法，并假定资产总额、股东权益、主营业务收入和净利润的固定百分比数值分别为 0.5%、1%、0.5% 和 5%，请代 A 和 B 注册会计师计算确定 XYZ 股份有限公司 2012 年度财务报表层次的重要性水平。

（2）简要说明重要性水平与审计风险之间的关系。

（3）简要说明重要性水平与审计证据之间的关系。

（三）计划审计工作

阳光股份有限公司是创业板的上市公司，2009 年发行社会公众股并上市交易，受政府优惠政策的支持，有较好的经营业绩，上市当年的每股收益为 0.872 元。之后，由于行业竞争激烈，阳光股份的经营业绩开始出现下滑的趋势。

阳光股份有限公司 2012 年度打算聘请德宝会计师事务所进行年度审计，德宝会计师事务所在接受该公司委托前通过各种渠道了解到如下信息：

（1）同行业 2010 年、2011 年平均每股收益分别为 0.253 元和 0.186 元；

（2）同行业 2010 年、2011 年平均流动比率分别为 1.135% 和 1.138%；

（3）同行业 2010 年、2011 年平均投资报酬率分别为 21.13% 和 18.38%；

（4）上一年度前任审计师给该公司出具的是无法表示意见的审计报告；

（5）在上一年度公司拒绝向前任审计师提供董事会会议记录；

（6）2011 年 11 月 15 日公告了其进行资产重组的消息；

（7）公司职能部门的办公楼与生产部门的车间坐落在距离较远的不同地点；

（8）据说公司总经理兼董事长工作很忙，很难见到他；

（9）公司无独立的内部审计部门；

（10）公司在 2011 年 1 月 16 日投资组建了电子商务网络公司，已经投入运营。

要求：请讨论在编制审计计划时对了解到的上述信息应作何种安排、实施哪些程序。

## 延伸阅读

### 南方保健公司审计失败案例

### ——警惕熟谙审计流程的舞弊分子对重要性水平的规避

2003年3月18日，美国最大的医疗保健公司——南方保健会计造假丑闻败露。该公司在1997至2002年上半年期间，虚构了24.69亿美元的利润，虚假利润相当于该期间实际利润（-1000万美元）的247倍。这是萨班斯—奥克斯利法案颁布后，美国上市公司曝光的第一大舞弊案。为其财务报表进行审计，并连续多年签发“干净”审计报告的安永会计师事务所（以下简称安永），也将自己置于风口浪尖上。

南方保健使用的最主要造假手段是通过“契约调整”这一收入备抵账户进行利润操纵。“契约调整”是营业收入的一个备抵账户，用于估算南方保健向病人投保的医疗保险机构开出的账单与医疗保险机构预计将实际支付的账款之间的差额，营业收入总额减去“契约调整”的借方余额，在南方保健的收益表上反映为营业收入净额。这一账户的数字需要南方保健高管人员进行估计和判断，具有很大的不确定性。南方保健的高管人员恰恰利用这一特点，通过毫无根据地贷记“契约调整”账户，虚增收入，蓄意调节利润。而为了不使虚增的收入露出破绽，南方保健又专门设立了“AP汇总”这一科目以配合收入的调整。“AP汇总”作为固定资产和无形资产的次级明细户存在，用以记录“契约调整”对应的资产增加额。

纵观安永对南方保健公司的审计，我们可以发现，除了注册会计师明显缺乏应有的职业审慎外，由于在技术层面操作不当，导致未能发现南方保健公司财务舞弊的事实。

1. 审计证据取证来源单一

经安永的主审合伙人Miller证实，在南方保健执行审计时，审计小组所需要的资料只能向南方保健指定的两名现已认罪的财务主管Emery . Harris和Rebecca K. Morgan索要。审计小组几乎不与其他会计人员进行交谈、询问或索要资料。对于南方保健这种不合理的限制，安永竟然屈从。根据注册会计师审计工作的基本要求，被审计单位对注册会计师获取审计证据的限制是不能接受的，通过被审计单位指定渠道是难以获取充分、适当的审计证据的。

SEC和司法部的调查结果显示，南方保健虚增了3亿美元的现金。众所周知，现金是报表科目中最为敏感的一个项目，对现金的审查历来是财务报表审计的重点。一旦现金科目出现错报或漏报，财务报表便存在失实或舞弊的可能性。注册会计师也可以此为突破口，追查虚构收入、虚减成本费用等舞弊行为。各国的审计准则普遍要求注册会计师采用函证等标准化程序，核实存放在金融机构的现金余额，对于安永是否进行现金的询证不得而知，但可以肯定的是，对于证据的收集是失败的。

2. 重要性水平标准化

重要性是指被审计单位财务报表中错报或漏报的严重程度，这一程度在特定环境下可能影响财务报表使用者的经济决策。重要性的确定也离不开特定的环境，不同企业面临不同的环境，因而重要性的标准确定也不相同。

然而，透视南方保健的财务舞弊案，正是安永对其多年审计中使用的“绝对”的重要性水平给舞弊分子以可乘之机。南方保健的会计人员中不乏曾在安永执业的注册会计师，他们熟悉安永的一套业务流程和工作标准，在他们的指导下，结合会计人员长年对注册会计师们的观察和与他们博弈的经验，别有用心的舞弊分子不难了解注册会计师在各个科目上确定的重要性水平，甚至可以知晓注册会计师们习惯的抽样起点金额。南方保健公司千方百计将造假的金额“化整为零”确保造假金额不超过安永确定的“警戒线”。这样，即使虚假分录被抽样所发现，他们也可以“金额较小，达不到重要性水平”为由予以搪塞。

通过分析可以看出，在审计技术层面，安永会计师事务所的注册会计师没有根据南方保健公司具体的控制环境，运用运用职业判断，确定重要性水平以及扩大取证的范围和渠道。

**思考与讨论**

1. 在审计过程中，注册会计师应如何判断一项或数项错报的严重程度。
2. 注册会计师如何确定其可容忍的审计风险程度。
3. 注册会计师又将如何确定某一错报是否影响审计的意见类型。

# 第五章

# 实施风险评估程序——评估重大错报风险

## 学习目标

1. 掌握风险评估的程序；
2. 掌握了解被审计单位及其环境包括内部控制的程序和内容；
3. 掌握内部控制的定义、目标和要素；
4. 掌握评估财务报表层次和认定层次重大错报风险的程序。

## 适用的准则和规范

1. 《中国注册会计师审计准则第1211号——通过了解被审计单位及其环境识别和评估重大错报风险》

2. 《企业内部控制基本规范》

## 导读案例

**科隆电器案例**

广东科龙电器股份有限公司是于1992年12月16日注册成立的，1996年7月在香港联交所上市交易，1999年7月在深交所上市交易。2001年，广东格林柯尔收购了科龙电器13.42%的法人股股权。2004年，广东格林柯尔持股比例达到26.43%。而其控制人顾雏军早成为科龙电器的董事长。2002年之前，科龙电器的审计机构是安达信会计师事务所。2002年，安达信因安然案件颠覆后，其在我国内地和香港的业务并入普华永道，然而普华永道对科龙电器采取了请辞之单。随即由德勤为科龙电器审计了2002~2004年的年报。在此期间，科龙电器采取虚构主营业务收入、少计坏账准备、少计诉讼赔偿金等手段虚增利润，未披露会计政策变更等重大事项，也未披露关联方交易事项。德勤对科龙电器2003年年报出具了无保留意见的审计报告，未能发现科龙电器2003年年报中现金流量表披露存在重大虚假，少计借款收到现金30.255亿元，少计偿还债务所支付的现金21.36亿元，多计经营活动产生的现金流量净额8.897亿元。德勤对科龙电器2002年和2004年都出具了保留意见的审计报告。2005年8月中国证监会认定科龙电器披露的财务报告与事实严重不符。

科龙电器案件中德勤的审计失败，是注册会计师未尽职责，没有充分运用现代风险导向审计方法和程序，没有保持职业怀疑的态度而导致的。

（一）德勤未充分有效地了解被审计单位的情况及其环境

科龙电器是一家开发、制造电冰箱、空调等家用电器，产品内外销售并提供售后服务，运输自营产品的上市公司。电冰箱和空调是科龙电器的主导产品，因此也是其主要的利润来源。2001年“ST科龙年报显示，共计提坏账准备及存货跌价准备6.135亿元，导致巨亏15亿多元，安达信出具了拒绝表示意见的审计报告。2002年德勤对科龙电器进行审计，年报显示科龙电器通过高达3.5亿元的资产减值和预计负债转回，实现净利润2亿多元，后因德勤出具保留意见审计报告，要求将利润调减到1亿元。2003年科龙电器当年年报显示实现净利润2亿元。2001年亏损15亿元到2002年调整后盈利1亿元和2003年盈利2.02亿多元，这些数字的变化看着就让人心惊，科龙电器在这短管的时间里如何达到这么高的业绩，不得不让人对科龙电器产生怀疑。从由安达信会计事务所转成德勤会计事务所进行审计，科龙电器的业绩居然发生翻天覆地的变化，2001年到2002年扭亏转盈，2003年利润相对于2002年利润增加了整整1倍，这些业绩使人不得不对德勤产生怀疑。

为何让人怀疑，让我们来看看2001～2003年电冰箱和空调行业情况。据有关数据显示，2001～2003年冰箱价格走势一直比较平稳，但是有逐年下降的趋势，这也说明冰箱市场的容量和品质趋于下降状态，而对于空调价格趋势，据有关数据显示，由于原材料价格上涨，2001～2003年一直处于下降趋势。在这个行业的大趋势下，科龙电器的电冰箱和空调的毛利润率居然保持者基本上升的趋势，这不得不让人匪夷所思，见下表。

**2001～2003年科龙电器的电冰箱和空调的毛利率**

| | 年度 | 毛利润率 | | 年度 | 毛利润率 |
|---|---|---|---|---|---|
| 电冰箱 | 2001 | 17.96% | 空调 | 2001 | 16.24% |
| | 2002 | 26.80% | | 2002 | 15.28% |
| | 2003 | 29.17% | | 2003 | 24.03% |

数据来源：http：//gsgg. cninfo. com. cn/整理所得。

从上面的数据可以得知，2001～2003年科龙电器销售电冰箱和空调的毛利润率保持上升的状态，而科龙电器是以电冰箱和空调为主要产品，也是实际利润来源的主要渠道。从表面看来，科龙电器在2001～2003年创造的辉煌业绩是十分相符的，但是这与电冰箱和空调行业情况是迥然相反，就不得不令人深思，且不论德勤是否有意庇护科龙电器，至少我们知道德勤在进行审计时没有连续和动态地收集、更新科龙电器的信息贯穿于整个审计过程的始终。不了解家用电器行业环境及其发展趋势是德勤审计失败的一个原因，也表明德勤在对科龙电器的审计中有失职之处。

（二）德勤审计师没有充分了解其内部控制

科龙电器的董事会被其董事长顾雏军单独操纵，已经失去了应有的监督管理作用，公司的治理结构名存实亡，内部控制已经十分微弱甚至失效。但是，德勤在出具 2002 ~ 2004 年的审计报告时却没有发现此情况，以致出现太多的审计漏洞。从上可知，如果注册会计师不能充分认识被审计单位的公司治理结构，不能正确分析其内部控制，这也将使审计过程变得无效，最终导致审计失败。

来源：《经济研究导刊》2010 年第 14 期，作者：褚玲仙，苏宁

思考与讨论

1. 影响家用电器行业的经营风险有哪些？
2. 科龙电器的内部控制制度如何？
3. 科龙电器的交易和报表层包含哪些重大错报风险？

## 第一节　风险评估概述

### 一、风险准则的制定背景

环境的变化，尤其是 20 世纪 60 年代以来针对注册会计师职业的“诉讼爆炸”的发生，引发并推动了审计技术的革命，审计模式已经由最初的账项导向审计发展为现在的风险导向审计。风险导向审计的基本理念，就是审计的实施要以风险评估为切入点，将对审计风险的识别、评估和应对贯穿于整个审计过程，将审计风险降低至可接受的水平，为经过审计的财务报表不存在重大错报提供合理保证。

在安然、世通等一系列震惊世界的审计失败丑闻的推动下，由国际审计与鉴证准则理事会和美国审计准则委员会合并成立的联合风险评估工作组，于 2003 年 10 月通过并发布了全新的国际审计风险准则。为了实现审计准则国际趋向，适应我国经济的快速发展，以及企业经营环境的急速变化，我国于 2006 年 2 月 15 日首次正式出台审计风险准则，并于 2010 年进行了修订，旨在提高审计质量，降低行业风险。

### 二、风险准则的重大空化

我国出台的审计风险准则，包括《中国注册会计师审计准则第 1101 号——财务报表审计的目标和一般原则》（2010 年更名为《中国注册会计师审计准则第 1101 号

——注册会计师的总体目标和审计工作的基本要求》)、《中国注册会计师审计准则第 1301 号——审计证据》、《中国注册会计师审计准则第 1211 号——了解被审计单位及其环境并评估重大错报风险》（2010 年更名为《中国注册会计师审计准则第 1211 号——通过了解被审计单位及其环境识别并评估重大错报风险》）和《中国注册会计师审计准则第 1231 号——针对评估的重大错报风险实施的程序》（2010 年更名为《中国注册会计师审计准则第 1231 号——针对评估的重大错报风险采取的应对措施》）。

审计风险准则的重大变化主要体现在以下方面：

（1）引入“重大错报风险”概念，重建审计风险模型。明确规定了审计工作以评估财务报表重大错报风险作为新的起点和导向，抓住了审计工作的重点，而且与现行审计目标责任定位紧紧相扣，有利于履行审计责任，实现审计目标。

（2）改进审计业务流程，增强实施审计程序的效果。新审计风险准则总体上将审计业务流程分为了解被审计单位及其环境以识别和评估重大错报风险，以及风险应对两大部分。审计业务流程改进后，要求注册会计师全程关注财务报表的重大错报风险，并将风险评估作为整个审计工作的先导、前提和基础。

（3）区分评估的财务报表整体层次和认定层次的重大错报风险采取不同的应对措施。针对评估的财务报表整体层次的重大错报风险确定“总体应对措施”、针对评估的认定层次的重大错报风险设计和实施“进一步审计程序”，这样有助于注册会计师更有针对性地采取不同的有效应对措施，确保注册会计师所获取审计证据的充分性、适当性。

（4）重新划分认定层次的构成类别，强调获取列报和披露认定的审计证据的重要性。新审计风险准则在重新划分认定层次时突出了列报和披露，强调单独针对财务报表总体列报和披露认定获取审计证据，对切实提高审计效果和财务报表信息披露质量有特别重要的意义。

（5）强调保持职业怀疑态度，切实提高发现重大错报的概率。新审计风险准则进一步强调保持职业怀疑态度的极端重要性，要求注册会计师以职业怀疑态度计划和实施审计工作，充分考虑可能存在导致财务报表发生重大错报的情形。

（6）强调对特别风险的识别及评估，警惕仅实施实质性程序无法获取充分、适当审计证据的风险。审计风险准则首次单独强调识别和应对特别风险以及完全依赖实质性程序的风险，对于解决审计工作抓不住重点、不重视风险评估和内部控制的了解、不分情况盲目期望仅靠实施实质性程序获取证据等突出问题都具有针对性意义。

（7）强调项目组内讨论的积极作用，要求项目组内共享审计经验和资源，以更好地了解在各自负责的领域报表发生重大错报的可能性，以及各自实施的审计程序的结果如何影响审计的其他方面。

### 三、风险评估的重要作用

审计风险准则规定，注册会计师应当了解被审计单位及其环境，以识别和评估财务报表重大错报风险。这是因为，了解被审计单位及其环境是必要程序，可以为注册会计师在下列关键环节作出职业判断提供重要基础：

（1）评估重大错报风险；（2）按照《中国注册会计师审计准则第1221号——计划和执行审计工作时的重要性》的规定确定重要性；（3）考虑会计政策的选择和运用是否恰当，以及财务报表的披露是否适当；（4）识别需要特别考虑的领域，如关联方交易、管理层运用持续经营假设的合理性，或交易是否具有合理的商业目的等；（5）确定在实施分析程序时所使用的预期值；（6）应对评估的重大错报风险，包括设计和实施进一步审计程序以获取充分、适当的审计证据；（7）评价已获取审计证据的充分性和适当性，如假设的适当性以及管理层口头声明和书面声明的适当性。

综上所述，风险导向审计是在审计风险和审计程序之间建立起一种十分紧密的联系，将识别和控制风险的理念贯穿、落实到具体的审计过程。风险导向审计使得注册会计师在审计各环节中实施的工作具有更加清晰的逻辑基础，能够集中精力关注高风险领域。通过在这些领域里把审计程序执行得非常充分，注册会计师可以把握审计风险，提高审计的整体效率和效果。毋庸置疑，风险导向审计代表了注册会计师审计的未来，风险导向审计的理念有利于提升注册会计师执业能力、节约社会资源、提高会计师事务所的运行效率。

本章主要介绍风险评估阶段注册会计师的工作要求，下一章将介绍风险应对阶段注册会计师的工作要求。

## 第二节 风险评估程序

在财务报表审计中，注册会计师需要通过实施风险评估程序和相关活动，以了解被审计单位及其环境，识别和评估重大错报风险。因此，风险评估程序和相关活动是每次审计都必须执行的。但是，风险评估程序本身并不能为形成审计意见提供充分、适当的审计证据。

### 一、风险评估的涵义

风险评估是指通过了解被审计单位及其环境（包括内部控制），以识别和评估财务报表层次和认定层次的重大错报风险（无论该风险是由于舞弊还是错误导致）为目的在设计和实施进一步审计程序之前实施的程序。

风险评估是从了解被审计单位及其环境开始的，在此过程中，注册会计师要通过一定的程序，对被审计单位及其环境进行全面细致的了解，目的是识别和评估财务报表层次与认定层次的重大错报风险。

对被审计单位及其环境了解的程度，应以是否满足识别和评估财务报表重大错报风险为判断标准，如果获取的信息足以识别和评估重大错报风险，说明了解的程度是适当的，要求注册会计师对被审计单位的了解程度等同于管理层未必可取，因为获取更多的信息通常会伴随着审计成本的增加。了解被审计单位及其环境是一个连续和动态地收集、更新与分析信息的过程，注册会计师应运用职业判断确定需要了解被审计单位及其环境的程度。

了解被审计单位及其环境不是可有可无的程序，而是必须实施的程序，它对于注册会计师合理运用职业判断、有效实施审计程序、实现审计目标有着重要的意义。注册会计师对了解工作的依赖体现在下列关键决策中：

（1）有助于确定重要性水平，并随着审计工作的进程评估对重要性水平的判断是否仍然适当或需要调整；

（2）有助于注册会计师考虑被审计单位的会计政策的选择和运用是否恰当，以及财务报表的列报是否适当；

（3）有助于注册会计师识别需要特别考虑的领域，包括关联方交易、管理层运用持续经营假设的合理性或交易是否具有合理的商业目的等；

（4）有助于注册会计师确定在实施分析程序时所使用的预期值；

（5）有助于注册会计师设计和实施进一步审计程序，以将审计风险降至可接受的低水平；

（6）有助于注册会计师评价所获取审计证据的充分性和适当性。

## 二、风险评估程序

注册会计师为了了解被审计单位及其环境应当实施的风险评估主要包括：询问被审计单位管理层和内部其他相关人员、分析程序、观察和检查以及其他审计程序。

（一）询问被审计单位管理层和内部其他相关人员

询问被审计单位管理层和内部其他相关人员是注册会计师了解被审计单位及其环境的一个重要的程序和重要信息来源。例如，询问新的竞争对手、主要客户和供应商的流失、新的税收法规的实施以及经营目标或战略的变化等管理层关注的问题；或者询问重大的购并事宜等可能影响财务报告的交易和事项的问题；或者目前发生的重大会计处理问题；询问所有权结构、组织结构的变化以及内部控制的变化等重要变化；询问被审计单位的财务状况和最近的经营成果及现金流量等。

在确定向被审计单位的哪些人员进行询问以及询问什么问题时，注册会计师应当考虑何种信息有助于其识别和评估重大错报风险。例如：

（1）直接询问治理层，可能有助于注册会计师了解编制财务报表的环境；

（2）直接询问内部审计人员，可能有助于注册会计师了解其针对被审计单位内部控制设计和运行有效性而实施的工作，以及管理层对内部审计发现的问题是否采取了适当的措施；

（3）询问参与生成、处理或记录复杂或异常交易的员工，可能有助于注册会计师评估被审计单位选择和运用某项会计政策的适当性；

（4）直接询问内部法律顾问，可能有助于注册会计师了解有关信息，如诉讼、法律法规的遵循情况、影响被审计单位的舞弊或舞弊嫌疑、产品保证、售后责任、与业务合作伙伴（如合营企业）的安排以及合同条款的含义等；

（5）直接询问营销或销售人员，可能有助于注册会计师了解被审计单位的营销策略及其变化、销售趋势以及与客户的合同安排。

尽管注册会计师通过询问管理层和财务报表负责人可获取大部分信息，但是询问被审计单位内部的其他人员可能为注册会计师提供不同的视角，有助于评估重大错报风险。因此，注册会计师还应考虑询问内部审计、采购人员、生产人员、销售人员等其他人员，并考虑询问不同级别的员工，以获取对识别重大错报风险有用的信息。表5-1列示了注册会计师通过询问不同的人员所能达到的效果。

**表5-1　　注册会计师通过询问不同的人员所能达到的效果**

| 对　象 | 效　果 |
| --- | --- |
| 治理层 | 理解财务报表编制的环境 |
| 内部审计人员 | 了解内部审计人员对内部控制设计和运行有效性进行的监督，以及管理层对内部审计发现的问题的态度 |
| 参与生成、处理记录或记录复杂或异常交易的员工 | 评估被审计单位选择和运用某项会计政策的适当性 |
| 内部法律顾问 | 了解有关诉讼、法律法规遵循情况、产品保证、售后责任以及合同条款的含义 |
| 营销或销售人员 | 了解被审计单位的营销策略及其变化、销售趋势或与其客户的合同安排 |
| 采购人员和生产人员 | 了解被审计单位原材料采购和产品生产情况 |
| 仓库人员 | 了解原材料、产成品等存货收发、保管和盘点等情况 |

（二）分析程序

分析程序是指注册会计师通过研究不同财务数据之间以及财务数据与非财务数据之间的内在关系，并对发现的与其他信息不一致或与预期数据严重偏离的波动和关系进行调查和分析，对财务信息作出评价的程序。

注册会计师运用分析程序的目的是对财务信息作出评价。不同阶段运用分析程序的方法和步骤有所不同，但完整的分析程序一般包括以下几个步骤：（1）选择适当的数据关系；（2）对数据关系进行分析；（3）识别异常的数据关系或波动；（4）调查异常数据关系或波动；（5）得出结论。

如果注册会计师在实施分析程序时识别出与其他相关信息不一致或与预期数据严重偏离的波动和关系，可能表明财务报表存在重大错报风险。注册会计师应结合其他审计程序，对异常项目作进一步调查，以获取对差异的合理解释或存在重大错报风险的证据。

**【案例5-1】**

**分析程序在科思瑞有限公司审计中的运用**

下面是截至2012年12月31日的科思瑞公司的信息，该企业为制造企业。此信息从其会计记录中摘取，此外还有 2011 年的比较数据（单位：万元），具体如表 5－2和表 5－3 所示。

**表 5－2　　　　利润表项目**

| 利润表项目 | | 2012 | | 2011 | |
|---|---|---|---|---|---|
| 营业额 | | | 4 600 | | 3 000 |
| 原材料 | 期初存货 | 400 | | 350 | |
| | 本期购买 | 3 000 | | 1 500 | |
| | 期末存货 | －800 | | －400 | |
| 本期耗用原材料 | | 2 600 | | 1 450 | |
| 直接人工和制造费用 | | 1 550 | | 750 | |
| 生产成本 | | 4 150 | | 2 200 | |
| 在产品 | 期初 | 300 | | 400 | |
| | 期末 | －1 000 | | －300 | |
| 本期完工产成品成本 | | 3 450 | | 2 300 | |
| 产成品 | 期初 | 500 | | 550 | |
| | 期末 | －150 | | －500 | |
| 销售成本 | | | 3 800 | | 2 350 |
| 毛利润 | | | 800 | | 650 |
| 销售费用 | | 150 | | 70 | |
| 管理费用 | | 100 | | 90 | |
| 尚未分配的折旧 | | 300 | 550 | 150 | 310 |
| 净利润 | | | 250 | | 340 |

**表 5－3　　　　资产负债表项目**

| 资产负债表项目 | | 2012 | | 2011 | |
|---|---|---|---|---|---|
| 流动资产 | 原材料 | 800 | | 400 | |
| | 在产品 | 1 000 | | 300 | |
| | 产成品 | 150 | | 500 | |
| | 应收账款 | 1 650 | | 750 | |
| 应付账款 | | －700 | | －340 | |
| 净流动资产 | | | 2 900 | | 1 610 |
| 固定资产 | | | 3 050 | | 1 840 |
| 总资产 | | | 5 950 | | 3 450 |
| 筹资 | 资本 | | 3 500 | | 3 000 |
| | 长期借款 | | 2 450 | | 450 |
| 总 资 本 | | | 5 950 | | 3 450 |

**【分析步骤】**

首先，审阅科思瑞公司的财务报表的草稿（在此之前不要计算任何比率），挑选出重要的事项。

其次，有选择地计算比率，如表5-4所示。

最后，分析比率或指标的相互关联性。

**表5-4　针对科思瑞公司的重要比率**

| 比率或指标 | 2012 | 2011 |
|---|---|---|
| 销售增长率百分比（%） | 53.33 | — |
| 固定资产周转率 | 1.51 | 1.63 |
| 原材料周转天数（与材料消耗有关） | 112 | 101 |
| 在产品周转天数（与制造成本有关） | 106 | 48 |
| 产成品周转天数（与销售成本有关） | 14 | 78 |
| 毛利率（%） | 17.39 | 21.67 |
| 销售费用占销售额的百分比（%） | 3.26 | 2.33 |
| 速动比率 | 2.36 | 2.21 |
| 应收账款收回天数 | 131 | 91 |
| 非股权筹资占总资产的百分比（%） | 41.17 | 13.04 |

**【分析结论】**

（1）固定资产的增长超过了销售的增长。

（2）与销售额相比较，销售费用增长了较多。

（3）速动比率看上去比较高，但是应收账款收账期延长了。

（4）从公司扩张的角度来看，原材料状况及提高的生产成本看上去是合理的。

（5）资本结构比率看上去比较高，意味着将来的利息费用可能比较高。

**【案例启示】**

（1）比率的缺陷。所计算的比率如果不与其他比率进行比较，就会显得毫无意义。

（2）在与同行业其他企业进行比较时，必须确定这些统计数据是以相同的口径编制的。

（3）必须谨慎和细心地处理比率分析，如超市的流动比率要低于一般正常的公司水平，家具公司的流动比率只有在超过了一般水平时才是安全的。

（三）观察和检查

观察和检查程序可以印证对管理层和其他相关人员的询问结果，并可提供有关被审计单位及其环境的信息，注册会计师应当实施以下观察和检查程序。

（1）观察被审计单位的生产经营活动。例如，通过观察被审计单位人员正在从事的生产活动和内部控制活动，可以增加注册会计师对被审计单位人员如何进行生产经营活动及实施内部控制的了解。

（2）检查文件、记录和内部控制手册。例如，检查被审计单位的章程，与其他单位签订的合同、协议，股东大会、董事会会议、高级管理层会议的会议记录或纪要，各业务流程操作指引和内部控制手册，各种会计资料、内部凭证和单据等。

（3）阅读由管理层和治理层编制的报告。例如，阅读被审计单位年度和中期财务报告、管理层的讨论和分析资料、经营计划和战略、对重要经营环节和外部因素的评价、被审计单位内部管理报告以及其他特殊目的报告（如新投资项目的可行性分析报告）。

（4）实地察看被审计单位的生产经营场所和设备。现场访问和实地察看被审计单位的生产经营场所和设备，可以帮助注册会计师了解被审计单位的性质及其经营活动。在实地察看被审计单位的厂房和办公场所的过程中，注册会计师有机会与被审计单位的管理层和担任不同职责的员工进行交流，以增强注册会计师对被审计单位的经营活动及其重大影响因素的了解。

（5）追踪交易在财务报告信息系统中的处理过程（穿行测试）。这是注册会计师了解被审计单位业务流程及其内部控制时经常使用的审计程序。通过追踪某笔或某几笔交易在业务流程中如何生成、记录、处理和报告，以及相关内部控制如何执行，注册会计师可以确定被审计单位的交易流程和内部控制是否与之前通过其他程序所获得的了解一致，并确定内部控制是否得到执行。

（四）其他审计程序和其他信息来源

1. 其他审计程序

除了采用风险程序从被审计单位内部获得信息以外，按照审计准则的规定，如果根据职业判断认为被审计单位外部获取的信息有利于了解被审计单位及其环境并识别重大错报风险，注册会计师应当实施其他审计程序以获取这些信息。例如，询问被审计单位聘请的外部法律顾问、专业评估师、投资顾问和财务顾问等。阅读外部信息也可能有助于注册会计师了解审计单位及其环境。外部信息包括证券分析师、银行、信用评级机构出具的有关被审计单位及其所处行业的经济或市场环境等状况的报告，贸易与经济方面的期刊杂志，法规或金融出版物，以及政府部门或民间组织发布的行业报告和统计数据等。

2. 其他信息来源

注册会计师应当考虑在承接客户或续约过程中获取的信息，以及向被审计单位提供其他服务所获得的经验是否有助于识别重大错报风险。通常，对新的审计业务，注册会计师应在业务承接阶段对被审计单位及其环境有一个初步的了解，以确定是否承接业务。而对连续审计业务，也应在每年的续约过程中对上年审计作总体评价，并更新对被审计单位的了解和风险评估结果，以确定是否续约。注册会计师还应当考虑向被审计单位提供其他服务所获得的经验是否有助于识别重大错报风险。

# 第三节 了解被审计单位及其环境

按照《中国注册会计师审计准则第1211号——通过了解被审计单位及其环境识别和评估重大错报风险》的要求，注册会计师应当从以下6个方面了解被审计单位及其环境：(1) 行业状况、法律环境与监管环境以及其他外部因素；(2) 被审计单位的性质；(3) 被审计单位对会计政策的选择和运用；(4) 被审计单位的目标、战略以及可能导致重大错报风险的相关经营风险；(5) 对被审计单位财务业绩的衡量和评价；(6) 被审计单位的内部控制。

## 一、行业状况、法律环境与监管环境以及其他外部因素

(一) 行业状况

了解行业状况有助于注册会计师识别与被审计单位所处行业有关的重大错报风险。有关行业状况的内容包括：所处行业的市场供求与竞争；生产经营的季节性和周期性；产品生产技术的变化；能源供应与成本；行业的关键指标和统计数据等。

(二) 法律环境及监管环境

了解法律环境及监管环境的主要原因在于：某些法规或监管要求可能对被审计单位经营活动有重大影响，如不遵守将导致停业等严重后果；某些法规或监管要求规定了被审计单位某些方面的责任和义务；某些法规或监管要求决定了被审计单位需要遵循的行业惯例和核算要求。因此，注册会计师应当了解被审计单位所处的法律环境及监管环境，包括：适用的会计准则、会计制度和行业惯例；对经营活动产生重大影响的法律法规及监管活动；对开展业务产生重大影响的政府政策，如货币、财政、税收和贸易等政策；与被审计单位所处行业和所从事经营活动相关的环保要求。

(三) 其他外部因素

注册会计师还需要了解其他外部因素，主要包括：宏观经济的景气度；利率和资金供求状况；通货膨胀水平及币值变动；国际经济环境和汇率变动。

## 二、被审计单位的性质

了解被审计单位的性质有助于注册会计师确定如下事项：

(1) 被审计单位的组织结构是否复杂。例如，是否在多个地区拥有子公司或其他组成部分。复杂的组织结构通常产生可能导致重大错报风险的问题。这些问题可能包括对商誉、合营企业、投资或特殊目的实体的会计处理是否恰当。

(2) 所有权结构、所有者与其他人员或者实体之间的关系。了解这些方面有助于确定关联方交易是否已得到识别和恰当处理。

了解被审计单位性质有助于注册会计师理解预期在财务报表中反映的各类交易、账户余额和列报。

（一）所有权结构

对被审计单位所有权结构的了解有助于注册会计师识别关联方关系并了解被审计单位的决策过程。例如，注册会计师应当了解被审计单位是属于国有企业、外商投资企业、民营企业，还是属于其他类型的企业；还应当了解其直接控股母公司、间接控股母公司、最终控股母公司和其他股东的构成，以及所有者与其他人员或单位之间的关系。

同时，注册会计师可能需要对其控股母公司（股东）的情况作进一步的了解，包括控股母公司的所有权性质、管理风格及其对被审计单位经营活动及财务报表可能产生的影响；控股母公司与被审计单位在资产、业务、人员、机构、财务等方面是否分开，是否存在非公平交易、占用资金等情况；控股母公司是否施加压力，要求被审计单位达到其设定的财务业绩目标。

（二）治理结构

良好的治理结构可以对被审计单位的经营和财务运作实施有效的监督，从而降低财务报表发生重大错报的风险。例如，注册会计师应当了解被审计单位董事会的构成情况、董事会内部是否有独立董事；治理结构中是否设有审计委员会或监事会及其运作情况。注册会计师还应当考虑治理层是否能够在独立于管理层的情况下对被审计单位事务作出客观判断。

（三）组织结构

复杂的组织结构可能导致某些特定的重大错报风险。因此，注册会计师应当了解被审计单位的组织结构，考虑复杂组织结构可能导致的重大错报风险，包括财务报表合并、商誉摊销和减值、长期股权投资核算以及特殊目的实体核算等问题。例如，对于在多个地区拥有子公司、合营企业、联营企业或其他成员机构，或者存在多个业务分部和地区分部的被审计单位，不仅编制合并财务报表的难度增加，还存在其他可能导致重大错报风险的复杂事项，包括：对于子公司、合营企业、联营企业和其他股权投资类别的判断及其会计处理；商誉在不同业务分部间的摊销及减值测试；对特殊目的实体是否进行了适当的会计处理。

（四）经营活动

了解被审计单位经营活动有助于注册会计师识别预期将在财务报表中反映的主要交易类别、重要账户余额和列报。主要包括：主营业务的性质；与生产产品或提供劳务相关的市场信息；业务的开展情况；联盟、合营与外包情况；从事电子商务的情况；地区与行业分布；生产设施、仓库的地理位置及办公地点；关键客户；重要供应商；劳动用工情况；研究与开发活动及其支出；关联方交易。

（五）投资活动

了解被审计单位投资活动有助于注册会计师关注被审计单位在经营策略和方向

上的重大变化。注册会计师应当了解被审计单位的投资活动。主要包括：近期拟实施或已实施的并购活动与资产处置情况，包括业务重组或某些业务的终止；证券投资、委托贷款的发生与处置；资本性投资活动，包括固定资产和无形资产投资，近期发生或计划发生的变动，以及重大的资本承诺等；不纳入合并范围的投资。

（六）筹资活动

了解被审计单位筹资活动有助于注册会计师评估被审计单位在融资方面的压力，并进一步考虑被审计单位在可预见未来的持续经营能力。注册会计师应当了解被审计单位的筹资活动。主要包括：债务结构和相关条款，包括担保情况及表外融资；固定资产的融资租赁；关联方融资；实际受益股东；衍生金融工具的运用。

在审计中，值得特别注意的是特殊目的实体，下面作简要介绍。

特殊目的实体（有时也称特殊目的工具）是指为实现界定清楚的某个具体目标（如租赁、金融资产证券化或开展研究与开发活动）而设立的实体。特殊目的的实体可能以公司、信托、合伙企业或非公司实体的形式存在。在以某实体的名义建立特殊目的实体的情况下，该实体通常可能将资产转移至特殊目的的实体（如作为终止确认涉及金融资产的交易的一部分），获得使用特殊目的实体资产的权利或向其提供服务，而其他方可能为特殊目的实体提供资金。在某些情况下，特殊目的实体可能是被审计单位的关联方。

财务报告编制基础通常详细规定了可视为“控制”的条件，或在编制合并报表时应当考虑特殊目的实体的情况。理解这些编制基础的要求通常需要详细了解涉及特殊目的实体的相关协议。

### 三、被审计单位对会计政策的选择和运用

注册会计师应当了解被审计单位对会计政策的选择和运用，是否符合适用的会计准则和相关会计制度，是否符合被审计单位的具体情况。对此，可以从以下几个方面着手。

（一）重要项目的会计政策和行业惯例

例如，重要的会计政策包括收入确认、存货的计价方法、投资的核算、固定资产的折旧方法、坏账准备、存货跌价准备和其他资产减值准备的确定、借款费用资本化方法、合并财务报表的编制方法等。除会计政策以外，某些行业可能还存在一些行业惯例，注册会计师应当熟悉这些行业惯例。当被审计单位采用与行业惯例不同的会计处理方法时，注册会计师应当对此予以重点关注。

（二）重大和异常交易的会计处理方法

例如，本期发生的企业合并的会计处理方法。某些企业可能存在与其所处行业相关的重大交易。例如，银行向客户发放贷款、证券公司对外投资、医药企业的研究与开发活动等。

（三）在新领域和缺乏权威性标准或共识的领域，采用重要会计政策产生的影响

例如，对于互联网上的收入确认问题，在有关会计处理缺乏权威性的标准或共识时，注册会计师应当关注被审计单位选用了哪些会计政策，为什么选用这些会计政策以及选用这些会计政策产生的影响。

（四）会计政策的变更

审计准则规定，如果被审计单位变更了重要的会计政策，注册会计师应当考虑会计政策变更的原因及其适当性，即：（1）会计政策的变更是否符合法律、行政法规或者适用的会计准则和相关会计制度的规定；（2）会计政策的变更能否提供更可靠、更相关的会计信息。除此之外，注册会计师还应当关注会计政策的变更是否得到恰当披露。

（五）被审计单位何时采用以及如何采用新颁布的会计准则和相关会计制度

例如，新的企业会计准则自 2007 年 1 月 1 日起在上市公司施行，并鼓励其他企业执行。注册会计师应考虑被审计的上市公司是否已按照新会计准则的要求，做好衔接调整工作，并收集执行新会计准则需要的信息资料。

### 四、被审计单位目标、战略与经营风险

（一）目标、战略和经营风险的定义

目标是指企业经营活动的指针。企业管理层或治理层一般会根据企业经营面临的外部环境和内部因素，制定合理可行的经营目标。

战略是指企业管理层为实现目标而采用的总体层面的策略和方法。为了实现某一既定经营目标，企业可能有多个可行的战略。例如，如果目标是在某一特定期间内进入一个新的市场，可行的战略可能包括收购该市场内的现有企业，与该市场内的其他企业合资经营或自行开发进入该市场。被审计单位的目标和战略可能会随着时间变化而变化。

经营风险是指可能对被审计单位实现目标和实施战略的能力产生不利影响的重要状况、事项、情况、作为（或不作为）而导致的风险，或由于制定不恰当的目标和战略而导致的风险。经营风险比财务报表重大错报风险的范围更广，并非所有的经营风险都与财务报表相关，也并非所有的经营风险都会导致重大错报风险。注册会计师没有责任识别或评估全部的经营风险，而只需要关注那些可能导致财务报表产生重大错报的经营风险。

（二）了解目标、战略以及相关经营风险时需要考虑的事项

注册会计师在了解可能导致财务报表重大错报风险的目标、战略以及相关经营风险时，可以考虑以下事项：

（1）行业发展（例如，潜在的相关经营风险可能是被审计单位不具备足以应对行业变化的人力资源和业务专长）；

（2）开发新产品或提供新服务（例如，潜在的相关经营风险可能是被审计单位产品责任增加）；

（3）业务扩张（例如，潜在的相关经营风险可能是被审计单位对市场需求的估计不准确）；

（4）新的会计要求（例如，潜在的相关经营风险可能是被审计单位执行不当或不完整，或会计处理成本增加）；

（5）监管要求（例如，潜在的相关经营风险可能是被审计单位法律责任增加）；

（6）本期及未来的融资条件（例如，潜在的相关经营风险可能是被审计单位由于无法满足融资条件而失去融资机会）；

（7）信息技术的运用（例如，潜在的相关经营风险可能是被审计单位信息系统与业务流程难以融合）；

（8）实施战略的影响，特别是由此产生的需要运用新的会计要求的影响（例如，潜在的相关经营风险可能是被审计单位执行新要求不当或不完整）。

## 五、被审计单位财务业绩的衡量和评价

（一）了解被审计单位财务业绩的衡量和评价的原因

管理层及其他人员经常衡量和评价其认为重要的事项。无论是内部的还是外部的业绩衡量，都会对被审计单位产生压力。这些压力反过来可能促使管理层采取措施改善经营业绩或粉饰财务报表。因此，了解被审计单位的业绩衡量和评价，有助于注册会计师考虑实现业绩目标的压力是否可能导致管理层采取行动，以致增加财务报表发生重大错报的风险（包括由于舞弊导致的风险）。

（二）了解被审计单位财务业绩的衡量和评价时需要考虑的事项

注册会计师可以考虑的管理层在衡量和评价财务业绩时使用的内部生成信息如下：

（1）关键业绩指标（财务或非财务的）、关键比率、趋势和经营统计数据；

（2）同期财务业绩比较分析；

（3）预算、预测、差异分析，分部信息与分部、部门或其他不同层次的业绩报告；

（4）员工业绩考核与激励性报酬政策；

（5）被审计单位与竞争对手的业绩比较。

外部机构或人员也可能衡量和评价被审计单位的财务业绩。外部评价也可能为注册会计师提供有用的信息，如分析师报告和信用评级机构报告，这些报告通常可以从被审计单位获取。

最后需要说明的是，注册会计师应当运用职业判断确定需要了解被审计单位及其环境的程度。评价了解的程度是否恰当，关键是看注册会计师对被审计单位及其环境的了解是否足以识别和评估财务报表的重大错报风险。如果了解被审计单位及其环境获得的信息足以识别和评价财务报表的重大错报风险，设计和实施进一步分析程序，那么了解的程度就是恰当的。当然，要求注册会计师对被审计单位及其环

境了解的程度，要低于管理层为经营管理企业而对被审计单位及其环境了解的程度。

## 第四节　了解被审计单位的内部控制

了解被审计单位的内部控制是了解被审计单位及其环境的重要组成部分，是识别和评估重大错报风险、设计和实施进一步审计程序的基础。审计准则规定，注册会计师应当了解与审计相关的内部控制以识别潜在错报的类型，考虑导致重大错报风险的因素，以及设计和实施进一步审计程序的性质、时间和范围。一个基本的逻辑是，如果内部控制有效，则重大错报的风险就会较小，那么计划收集的审计证据就可以减少。

### 一、内部控制的含义

（一）内部控制的含义

内部控制是被审计单位为了合理保证财务报告的可靠性、经营的效率和效果以及对法律法规的遵守，由治理层、管理层和其他人员设计和执行的政策和程序。

可以从以下几方面理解内部控制：

（1）内部控制的目标是合理保证。①财务报告的可靠性，这一目标与治理层和管理层履行财务报告编制责任密切相关；②经营的效率和效果，即经济有效地使用企业资源，以最优方式实现企业的目标；③在经营活动中不违反法律法规的要求，即在法律法规的框架下经营。

（2）设计和实施内部控制的责任主体是治理层、管理层和其他人员，组织中的每一个人都对内部控制负有责任。

（3）实现内部控制目标的手段是设计和执行控制政策和程序。

（4）注册会计师主要关注与审计相关的内部控制。

（二）内部控制的类型

1. 按照内部控制涉及的范围分类

（1）整体控制。整体控制体现了被审计单位管理层的控制哲学和思想。它涉及内部控制要素的所有方面，如控制环境、风险评估、信息系统与沟通、控制活动及对控制的监督等。整体控制风险与对组成财务报表整体的多项认定相关，进而使财务报表整体产生重大错报风险。

（2）业务流程控制。一般而言，被审计单位会将整个经营活动划分为几个重要的业务流程，并建立相应的控制措施。注册会计师有效地了解和评估重要业务流程及相关控制，有助于发现与账户、交易的认定相关的重大错报风险。

2. 按照内部控制发挥的作用分类

（1）预防性控制。预防性控制是指为了防止错误和舞弊的发生而采取的控制，因而是一种“事前控制”。预防性控制可以是人工的，也可以是自动化的。例如，对客户的信用进行审核以减少坏账的发生，采用招标方式来选择理想的供应商等。再如，自动取款机将每人每天的取款额限定在5000元，从而将损失控制在5000元以内。预防性控制也是一种操作性控制，由不同的人员或职能部门在履行各自职责的过程中分别实施。由于受风险识别、成本等因素的制约，全面地采取预防性控制是相当困难的，所以还必须采用其他手段进行控制。

（2）检查性控制。检查性控制是指将已经发生或存在的错误检查出来，如编制银行存款余额调节表来核对有关银行存款的记录，对完工产品进行质量检验等。在缺乏完善的、可行的预防性控制措施的情况下，检查性控制是一种很有效的监督工具。在一般情况下，检查性控制的成本要低于预防性控制的成本。

（3）纠正性控制。纠正性控制是指对那些由检查性控制查出来的问题的控制。例如，向计算机输入购货业务单据时，计算机的检查修改程序不仅可以自动检查出输入有误的供应商代码，还能够读出与该代码相应的供应商的名称，并从供应商的主文件中取出与该名称相匹配的正确代码，用这一正确代码替代原输入有误的代码。一般而言，纠正性控制是与检查性控制紧密联系在一起的，它可以适时改正已发现的问题。

（4）指导性控制。与前三种控制类型不同，指导性控制不是为了预防、检查和纠正不利的结果，而是为了实现有利结果而采取的控制。在实施指导性控制时，管理层需要指导各项工作。例如，工商企业的总经理需要经常指导下属的各个地区经理雇用当地的劳动力从事生产经营活动。这种做法的目的在于融洽公司与社区的关系，从而有利于树立公司的良好形象。

（三）内部控制的固有限制

内部控制是有固有限制的。注册会计师在财务报表审计中，需要保持应有的职业怀疑，充分关注内部控制的下列固有限制：

（1）在决策时人为判断可能出现错误和因人为失误而导致内部控制失效。例如，控制的设计和修改可能存在失误。同样的，控制的运行可能无效。例如，由于负责复核信息的人员不了解复核的目的或没有采取适当的措施，内部控制生成的信息（如例外报告）没有得到有效使用。

（2）控制可能由于两个或更多的人员串通或管理层不当地凌驾于内部控制之上而被规避。例如，管理层可能与客户签订“背后协议”，修改标准的销售合同条款和条件，从而导致不恰当的收入确认。再如，软件中的编辑控制旨在识别和报告超过赊销信用额度的交易，但这一控制可能被凌驾或不能得到执行。

（3）内部控制的设计和运行受制于成本与效益原则。在设计和执行控制时，管理层可能对选择执行的控制的性质和范围以及选择承担的风险的性质和程度作出判断。

因此，内部控制无论如何有效，都只能为被审计单位实现财务报告目标提供合理保证。这意味着，审计风险模型中的控制风险始终应大于零。无论被审计单位内部控制的设计和运行多么有效，注册会计师都应当对财务报表的各类交易、账户余额以及列报和披露实施实质性程序。

（四）控制手段与控制风险

1. 自动化控制及相关控制风险

利用信息技术实现控制目标，是很多企业的选择。信息技术通常在下列方面提高被审计单位内部控制的效率和效果：（1）在处理大量的交易或数据时，一贯运用事先确定的业务规则，并进行复杂运算；（2）提高信息的及时性、可获得性及准确性；（3）有助于对信息的深入分析；（4）加强对被审计单位政策和程序执行情况的监督；（5）降低控制被规避的风险；（6）通过对操作系统、应用程序系统和数据库系统实施安全控制，提高不相容职务分离的有效性。

但是，信息技术也可能对内部控制产生特定风险，主要表现在以下方面：（1）系统或程序未能正确处理数据，或处理了不正确的数据，或两种情况同时并存；（2）在未得到授权的情况下访问数据，可能导致数据的毁损或对数据不恰当的修改，包括记录未经授权或不存在的交易，或不正确地记录了交易；（3）信息技术人员可能获得超越其履行职责以外的数据访问权限，破坏了系统应有的职责分工；（4）未经授权改变主文档的数据；（5）未经授权改变系统或程序；（6）未能对系统或程序作出必要的修改；（7）不恰当的人为干预；（8）数据丢失的风险或不能访问所需要的数据。

2. 人工控制及相关控制风险

内部控制的人工成分在处理下列需要主观判断或酌情处理的情形时可能更为适当：（1）存在大额、异常或偶发的交易；（2）存在难以定义、防范或预见的错误；（3）为应对情况的变化，需要对现有的自动化控制进行调整；（4）监督自动化控制的有效性。

但是，由于人工控制由人执行、受人为因素的影响，也产生了特定风险，主要表现在以下几个方面：（1）人工控制可能更容易被规避、忽视或凌驾；（2）人工控制可能不具有一贯性；（3）人工控制可能更容易产生简单错误或失误，相对于自动控制，人工控制的可靠性较差。

## 二、与审计相关的控制

（一）注册会计师应当了解与审计相关的内部控制

虽然大部分与审计相关的控制可能与财务报告相关，但并非所有与财务报告相关的控制都与审计相关。

确定一项控制单独或连同其他控制是否与审计相关，需要注册会计师运用职业判断，考虑下列事项：

（1）重要性；

（2）相关风险的重要程度；

（3）被审计单位的规模；

（4）被审计单位业务的性质，包括组织结构和所有权特征；

（5）被审计单位经营的多样性和复杂性；

（6）适用的法律法规；

（7）内部控制的情况和适用的要素；

（8）作为内部控制组成部分的系统（包括使用服务机构）的性质和复杂性；

（9）一项特定控制（单独或连同其他控制）是否以及如何防止或发现并纠正重大错报。

被审计单位通常有一些与控制目标相关但与审计无关的控制，注册会计师需先对其加以考虑。例如，被审计单位可能依靠某一复杂的自动化控制提高经营活动的效率和效果（如航空公司用于维护航班时间表的自动化控制系统），但这些控制通常与审计无关。再如，用以防止未经授权购买、使用或处置资产的内部控制，可能包括与财务报告和经营目标相关的控制，但注册会计师对这些控制的考虑通常仅限于与财务报告可靠性相关的控制。虽然内部控制应用于整个被审计单位或所有经营部门及业务流程，但是了解与每个经营部门和业务流程相关的内部控制，可能是不必要的。

（二）对相关控制了解的性质和程度

1. 评价控制的设计和有无执行

审计准则规定，在了解与审计相关的控制时，注册会计师应当询问被审计单位内部人员，以评价这些控制的设计，并确定其是否得到执行。也就是说，在风险评估阶段，了解与审计相关的内部控制的目的主要有：一是评价这些控制的设计是否有效，即如果某项控制由拥有必要授权和专业胜任能力的人员按照规定的程序与要求执行，能够实现控制目标；二是评价这些控制有无执行，即某项控制存在且被审计单位正在使用。至于这些控制的运行是否有效，则通常是在风险应对阶段，通过实施控制测试来评价。

2. 获取控制设计和执行的审计证据的程序

注册会计师通常实施下列风险评估程序，以获取有关控制设计和执行的审计证据：

（1）询问被审计单位人员；

（2）观察特定控制的运用；

（3）检查文件和报告；

（4）追踪交易在财务报告信息系统中的处理过程（穿行测试）。

询问本身并不足以评价控制的设计以及确定其是否得到执行，注册会计师应当将询问与其他风险评估程序结合使用。为了追踪交易在财务报告信息系统中的处理过程，注册会计师通常借助交易轨迹来追查每个重要类别交易的某笔交易或某几笔交易，同时确认和观察相关的控制政策和程序，这种方法被称为穿行测试。

3. 了解内部控制与测试控制运行有效性的关系

除非存在某些可以使控制得到一贯运行的自动化控制，否则注册会计师对控制的了解并不能够替代对控制运行有效性的测试。例如，获取某一人工控制在某一时点得到执行的审计证据，并不能证明该控制在审计期间内的其他时点也有效运行。但是，信息技术可以使被审计单位持续一贯地对大量数据进行处理，提高了被审计单位监督控制活动运行情况的能力，信息技术还可以通过对应用软件、数据库、操作系统设置安全控制来实现有效的职责划分。由于信息技术处理流程的内在一贯性，实施审计程序以确定某项自动控制是否得到执行，也可能实现对控制运行有效性测试的目标，这取决于注册会计师对控制（如针对程序变更的控制）的评估和测试。

## 三、内部控制的要素

借鉴 COSO 委员会报告、美国独立审计准则和国际审计准则的合理成分，我国注册会计师审计准则指出，注册会计师应从控制环境、风险评估过程、信息系统与沟通、控制活动和对控制的监督五个方面来调查了解被审单位的内部控制。

（一）控制环境

1. 控制环境的含义和了解控制环境的总体要求

控制环境包括治理职能和管理职能，以及治理层和管理层对内部控制及其重要性的态度、认识和措施。控制环境设定了被审计单位的内部控制基调，影响员工对内部控制的认识和态度。良好的控制环境是实施有效内部控制的基础。例如，在郑州某商业集团，总经理通过“扩张”、“股权转让”、“托管”等手段，掏空了集团的资产，而员工则私拿公司商品。控制环境影响着程序运用的一致性以及会计系统和控制程序的总体效果。

防止或发现并纠正舞弊和错误是被审计单位治理层和管理层的责任。审计准则规定，在评价控制环境的设计和实施情况时，注册会计师应当了解管理层在治理层的监督下，是否营造并保持了诚实守信和合乎道德的文化，以及是否建立了防止或发现并纠正舞弊和错误的恰当控制。实际上，在审计业务承接阶段，注册会计师就需要对控制环境作出初步了解和评价。

2. 控制环境的构成要素

在评价控制环境的设计时，注册会计师应当考虑构成控制环境的下列要素，以及这些要素如何被纳入被审计单位业务流程：

（1）对诚信和道德价值观念的沟通与落实。注册会计师应主要考虑被审计单位是否制定有书面的道德行为规范并向全体员工传达，被审计单位是否营造了一种重视诚信和道德价值观的企业文化，管理层是否发挥表率作用，是否建立了对违反有关行为规范和政策的适当的处罚机制等因素。

（2）对胜任能力的重视。即管理层对特定工作岗位所需知识和能力水平的设定，以及对具备这种胜任能力人员的招聘、考核等。注册会计师应考虑主要管理人员和其他相关人员能否胜任担负的工作和职责，如财务人员是否能理解和应用适用的会计准则，编制出财务报表。

(3) 治理层的参与程度。治理层是指对被审计单位战略方向和管理层履行经营管理责任负有监督责任的人员或组织，如董事会、监事会和股东大会。其中，董事会是公司治理结构的核心。一个公司的内部控制意识深受董事会的影响。注册会计师应主要了解董事会是否建立了审计委员会，董事和审计委员会是否独立于管理层，董事会和审计委员会的成员是否具备适当的经验和资历，其参与监督财务报表过程的程度，与外部和内部审计师的沟通情况，董事会成员是否保持相对的稳定等。

(4) 管理层的理念和经营风格。独断专行的管理层比开明民主的管理层更有可能逾越内部控制，无视职责分离的控制原则。不同的经营观念、方式和风格影响了会计记录和财务报表的可靠性，因而成为注册会计师评价控制环境的重要因素。对此，注册会计师应重点了解：管理层对内部控制的关注；管理层对待经营风险的态度和控制经营风险的方法；管理层选择会计政策和作出会计估计是否激进；管理层对于重大的会计事项是否与注册会计师存在意见分歧等。

(5) 组织结构。组织结构是指公司计划、协调和控制经营活动的整体框架。一个公司的组织结构包括：确定组织单位的形式和性质，包括确认相关的管理职能和报告关系；为每个组织单位内部划分责任权限，通常可用组织结构图来表示。

(6) 职权与责任的分配。注册会计师应考虑被审单位内部是否有明确的职责划分，是否已针对授权交易建立了适当的政策，包括如何分配经营活动的职权与责任，如何建立关系和职权等级。

(7) 人力资源政策与实务。内部控制的有效性最终取决于执行人的素质和品德。因此，企业应建立包括人员招聘、培训、考核、薪酬、晋升等方面适当的人力资源政策与程序，并制定书面的员工岗位职责手册等。

3. 了解控制环境的程序。在确定构成控制环境的要素是否得到执行时，注册会计师应当考虑将询问与观察和检查等风险评估程序结合运用以获取审计证据。例如，通过询问管理层和员工，注册会计师可以了解管理层如何就业务规范和道德价值观念与员工进行沟通；通过检查文件，可以了解管理层是否建立了正式的行为守则；通过询问和观察，可以了解行为守则在日常工作中是否得到遵守，以及管理层如何处理违反行为守则的情形。

此外，注册会计师还应该谨慎考虑被审计单位控制环境的总体优势及缺陷，并考虑控制环境与其他控制要素的综合作用。

(二) 风险评估过程

1. 风险及风险评估过程

被审计单位的风险评估过程包括识别与财务报表相关的经营风险，以及针对这些风险所采取的措施。被审计单位的风险评估过程为管理层确定需要管理的风险提供了基础。如果这一过程对于具体情况（包括被审计单位的性质、规模和复杂程度）是适当的，则有助于注册会计师识别重大错报风险。

任何经济组织在经营活动中都会面临各种各样的风险，管理层应当确定可以承受的风险水平，识别这些风险并采取一定的应对措施。可能产生风险的事项和情形包括：（1）监管及经营环境的变化；（2）新员工的加入；（3）新信息系统或对原系统进行升级；（4）业务快速发展；（5）新技术；（6）新生产型号、产品和业务活动；（7）企业重组；（8）发展海外经营；（9）新的会计准则。

2. 风险评估过程的作用

风险评估过程的作用是识别、评估和管理影响其经营目标实现能力的各种风险，而针对财务报告目标的风险评估过程则包括识别与财务报告相关的经营风险，估计风险的重大性和发生的可能性，以及如何采取措施管理这些风险。例如，风险评估可能会涉及被审计单位如何考虑对某些交易未予记录的可能性，或者识别和分析财务报告中的重大会计估计发生错报的可能性。与财务报告相关的风险也可能与特定事项和交易有关。

3. 评价风险评估过程的设计与执行

注册会计师应当了解被审计单位是否已建立风险评估过程，包括：

（1）识别与财务报告目标相关的经营风险；（2）估计风险的重要性；（3）评估风险发生的可能性；（4）决定应对这些风险的措施。

如果被审计单位已建立风险评估过程，注册会计师应当了解风险评估过程及其结果。假如识别出未被管理层识别的重大错报风险，注册会计师应当评价是否存在这类风险，即注册会计师预期被审计单位风险评估过程应当识别出而未被识别出的风险。如果存在这类风险，注册会计师应当了解风险评估过程未能识别出的原因，并评价风险评估过程是否适合具体情况，或者确定与风险评估过程相关的内部控制是否存在值得关注的内部控制缺陷。

如果被审计单位没有建立风险评估过程，或具有非正式的风险评估过程，注册会计师应当与管理层讨论是否识别出与财务报告目标相关的经营风险以及如何应对这些风险。注册会计师应当评价缺少记录的风险评估过程是否适合具体情况，或确定是否表明存在值得关注的内部控制缺陷。

（三）信息系统与沟通

信息系统与沟通是收集与交换被审计单位执行、管理和控制业务活动所需信息的过程，包括收集和提供信息给适当人员，使之能够履行职责。信息系统与沟通的质量直接影响管理层对经营活动作出正确决策和编制可靠的财务报告的能力。

1. 与财务报告相关的信息系统

与财务报告相关的信息系统包括用于生成、记录、处理和报告交易、事项和情况，对相关资产、负债和所有者权益履行经营管理责任的程序和记录。

交易可能通过人工或自动化程序生成。记录包括识别和收集与交易、事项有关的信息。处理包括编辑、核对、计量、估价、汇总和调节活动，可由人工或自动化程序来执行。报告是指用电子或书面形式编制财务报告和其他信息，以供被审计单位用于衡量和考核财务及其他方面的业绩。审计准则指出与财务报告相关的信息系统应当与业务流程相适应。业务流程是指被审计单位开发、采购、生产、销售、发送产品和提供服务、保证遵守法律法规、记录信息等一系列活动。与财务报告相关的信息系统所生成信息的质量，对管理层能否作出恰当的经营管理决策以及编制可靠的财务报告具有重大影响。

2. 与财务报告相关的信息系统的职能

与财务报告相关的信息系统通常包括下列职能：（1）识别与记录所有的有效交易；（2）及时、详细地描述交易，以便在财务报告中对交易作出恰当分类；（3）恰当计量交易，以便在财务报告中对交易的金额作出准确记录；（4）恰当确定交易生成的会计期间；（5）在财务报表中恰当列报交易。

3. 了解与财务报告相关的信息系统

（1）在被审计单位经营过程中，对财务报表具有重大影响的各类交易。

（2）在信息技术和人工系统中，对交易生成、记录、处理和报告的程序。在获取了解时，注册会计师应当同时考虑被审计单位用于将交易处理系统中的数据过入总分类账和财务报告的程序。

（3）与交易生成、记录、处理和报告有关的会计记录、支持性信息和财务报表中的特定项目。一个典型的企业信息系统包括使用标准的会计分录，以记录销售、购货和现金付款等重复发生的交易，或记录管理层定期作出的会计估计，如应收账款可回收金额的变化。企业信息系统同时包括使用非标准的分录，以记录不重复发生的、异常的交易或调整事项，如企业合并、资产减值等。

（4）信息系统如何获取除各类交易之外的对财务报表具有重大影响的事项和情况，如固定资产和长期资产的计提折旧或摊销、应收账款计提坏账准备等。

（5）被审计单位编制财务报告的过程，包括作出的重大会计估计和披露。编制财务报告的程序应当同时确保适用的会计准则和相关会计制度要求披露的信息得以收集、记录、处理和汇总，并在财务报告中适当披露。

4. 管理层凌驾于账户记录控制之上的风险

在了解与财务报告相关的信息系统时，注册会计师应当特别关注由于管理层凌驾于账户记录控制之上，或规避控制行为而产生的重大错报风险，并考虑被审计单位如何纠正不正确的交易处理。

5. 与财务报告相关的沟通

与财务报告相关的沟通包括使员工了解各自在与财务报告有关的内部控制方面的角色和职责、员工之间的工作联系，以及向适当级别的管理层报告例外事项的方式。公开的沟通渠道有助于确保例外情况得到报告和处理。沟通可以采用政策手册、会计和财务报告手册和备忘录等形式进行，也可以通过发送电子邮件、口头沟通和管理层的行动来进行。注册会计师应当了解被审计单位内部如何对财务报告的岗位职责，以及与财务报告相关的重大事项进行沟通。注册会计师还应当了解管理层与治理层（特别是审计委员会）之间的沟通，以及被审计单位与外部（如，监管部门）的沟通。

（四）控制活动

注册会计师应当了解控制活动，以足够评估认定层次的重大错报风险和针对评估的风险设计进一步审计程序。根据审计准则规定，控制活动是指有助于确保管理层的指令得以执行的政策和程序。它包括与授权、业绩评价、信息处理、实物控制和职责分离等相关的活动。

1. 授权

与授权有关的控制活动，包括一般授权和特别授权。授权的目的在于保证交易在管理层授权范围内进行。一般授权是指管理层制定的要求组织内部遵守的普遍适用于某类交易或活动的政策。特别授权是指管理层针对特定类别的交易或活动逐一设置的授权，如重大资本支出和股票发行等。特别授权也可能用于超过一般授权限制的常规交易。例如，同意因某些特别原因，对某个不符合一般信用条件的客户赊购商品。

2. 业绩评价

与业绩评价有关的控制活动，主要包括被审计单位分析评价实际业绩与预算（或预测、前期业绩）的差异，综合分析财务数据与经营数据的内在关系，将内部数据与外部信息来源相比较，评价职能部门、分支机构或项目活动的业绩（如银行客户信贷经理复核各分行、地区和各种贷款类型的审批和收回），以及对发现的异常差异或关系采取必要的调查与纠正措施。

通过调查非预期的结果和非正常的趋势，管理层可以识别可能影响经营目标实现的情形。管理层对业绩信息的使用（如将这些信息用于经营决策，还是同时用于对财务报告系统报告的非预期结果进行追踪），决定了业绩指标的分析是只用于经营目的，还是同时用于财务报告目的。

3. 信息处理

与信息处理有关的控制活动包括信息技术的一般控制和应用控制。被审计单位通常执行各种措施，检查各种类型信息处理环境下的交易的准确性、完整性和授权。信息处理控制可以是人工的、自动化的，或是基于自动流程的人工控制。信息处理控制分为两类，即信息技术的一般控制和应用控制。

信息技术一般控制是指与多个应用系统有关的政策和程序，有助于保证信息系统持续恰当地运行（包括信息的完整性和数据的安全性），支持应用控制作用的有效发挥，通常包括数据中心和网络运行控制，系统软件的购置、修改及维护控制，接触或访问权限控制，应用系统的购置、开发及维护控制。例如，程序改变的控制、限制接触程序和数据的控制、与新版应用软件实施有关的控制等都属于信息系统一般控制。

信息技术应用控制是指主要在业务流程层次运行的人工或自动化程序，与用于生成、记录、处理、报告交易或其他财务数据的程序相关，通常包括检查数据计算的准确性，审核账户和试算平衡表，设置对输入数据和数字序号的自动检查，以及对例外报告进行人工干预。

4. 实物控制

注册会计师应当了解实物控制，主要包括对资产和记录采取适当的安全保护措施，对访问计算机程序和数据文件设置授权，以及定期盘点并将盘点记录与会计记录相核对。例如，现金、有价证券和存货的定期盘点控制。实物控制的效果影响资产的安全，从而对财务报表的可靠性及审计产生影响。

5. 职责分离。注册会计师应当了解职责分离，主要包括了解被审计单位如何将交易授权、交易记录以及资产保管等职责分配给不同员工，以防范同一员工在履行多项职责时可能发生的舞弊或错误。当信息技术在信息系统中运用时，职责分离可以通过设置安全控制来实现。

注册会计师的了解范围：应当重点考虑一项控制活动单独或连同其他控制活动，是否能够以及如何防止或发现并纠正各类交易、账户余额、列报存在的重大错报。审计准则并不要求注册会计师了解与每类重大交易、账户余额和披露及其认定相关的所有控制活动。注册会计师的工作重点是识别和了解针对重大错报可能发生的领域的控制活动。如果多项控制活动能够实现同一目标，注册会计师不必了解与该目标相关的每项控制活动。与审计相关的控制活动包括：

（1）与特别风险相关的控制活动，以及仅通过实质性程序无法获取充分、适当的审计证据的风险相关的控制活动；

（2）注册会计师运用职业判断认为相关的控制活动。

在判断一项控制活动是否与审计相关时，注册会计师需要考虑下列两个因素：

（1）注册会计师识别出的可能导致重大错报的风险；

（2）在确定实质性程序的范围时，注册会计师认为测试控制运行的有效性是否适当。

注册会计师通过了解内部控制其他要素获取的关于控制活动是否存在的信息，有助于其确定是否有必要对控制活动进行更多的了解。

（五）对控制的监督

1. 对控制的监督的含义

管理层的重要职责之一就是建立和维护控制并保证其持续有效运行，对控制的监督可以实现这一目标。对控制的监督是指被审计单位评价内部控制在一段时间内运行有效性的过程，该过程包括及时评价控制的设计和运行，以及根据情况的变化采取必要的纠正措施。例如，管理层对是否定期编制银行存款余额调节表进行复核，内部审计人员评价销售人员是否遵守公司关于销售合同条款的政策，法律部门定期监控公司的道德规范和商务行为准则是否得以遵循等。监督对控制的持续有效运行十分重要。例如，如果没有对银行存款余额调节表是否得到及时和准确的编制进行监督，该项控制可能无法得到持续的执行。

2. 对控制的持续监督和专门评价

注册会计师应当了解被审计单位对控制的持续监督活动和专门的评价活动。通常，被审计单位通过持续的监督活动、专门的评价活动或两者相结合，来实现对控制的监督。持续的监督活动通常贯穿于被审计单位的日常经营活动与常规管理工作中。例如，销售经理、采购经理和车间主任对经营活动十分了解，会对有重大差异的报告提出疑问，并作必要的追踪调查和处理。被审计单位可能使用内部审计人员或具有类似职能的人员对内部控制的设计和执行进行专门的评价，以找出内部控制的优点和不足，并提出改进建议。关于内部审计人员在内部控制方面的职责，参见《中国注册会计师审计准则第 1411 号——利用内部审计人员的工作》。

3. 与监督活动相关的信息来源

值得注意的是，上述用于监督活动的很多信息都由被审计单位的信息系统产生，这些信息可能会存在错报，从而导致管理层从监督活动中得出错误的结论。因此，注册会计师应当了解与被审计单位监督活动相关的信息来源，以及管理层认为信息具有可靠性的依据。如果拟利用被审计单位监督活动使用的信息（包括内部审计报告），注册会计师应当考虑该信息是否具有可靠的基础，是否足以实现审计目标。注册会计师通常会在被审计单位整体层面了解对控制的监督；同时，也会在被审计单位业务流程层面了解有关业务流程的具体监督活动。

## 四、记录对内部控制的了解

注册会计师对被审计单位及其环境执行了包括风险评估程序在内的审计程序之后，应该就下列内容形成审计工作记录：

（1）项目组对于舞弊或错误导致财务报表发生重大错报的可能性进行的讨论，以及得出的重要结论；

（2）注册会计师对被审计单位及其环境各个方面的了解要点（包括对内部控制各项要素的了解要点）、信息来源以及实施的风险评估程序；

（3）注册会计师在财务报表层次和认定层次识别、评估出的重大错报风险；

（4）注册会计师识别出的特别风险和仅通过实质性程序无法应对的重大错报风险，以及对相关控制的评估。

对内部控制的描述通常采用以下三种方式：

1. 文字叙述法

文字叙述法是指对客户内部控制的书面描述。对于系统和相关控制的恰当描述包括：

（1）系统中各凭证和记录的来源。例如，应说明顾客订单来自何方以及如何产生销售发票。

（2）进行的所有处理。例如，如果销售收入金额通过发货数量乘以价格主文件中的标准价格这一计算机程序来确定，应予以说明。

（3）系统中各凭证和记录的处理。应说明凭证的归档、交给顾客或者销毁的情况。

（4）与控制风险评价相关的内部控制的说明。通常包括职责分离、授权、审批和内部复核。

［**案例5－3**］下面是注册会计师对D公司销货制度的文字记录。

销货制度

客户：D公司　　完成人：　　日期

资产负债表日期：2012年12月31日　　复核人：　　日期

制度说明：

1. 销货业务系根据买方购货订单，由销货部办理。销货部收到顾客的订单后，由经理张某就品种、规格、数量、价格、付款条件、结算方式等详细审核并签章，然后交仓库办理发货手续。

2. 仓库发运任何商品出库，均必须由管理员李某根据经批准的订单填制一式四联的销货单，作为销货业务的主要业务凭证。在各联上签章后，第一联代包装发运单，由工作人员依单配货、包装，随货交顾客；第二联送会计部；第三联送应收账款专管员王某；第四联则由李某按编号顺序连同订单一并归档，长期保存，作为盘存的依据。

3. 会计科收到销货单后，根据单列资料，开具一式两联的销货发票。其中第一联寄给顾客，第二联交王某，然后将销货单（第二联）转收款员收款。

4. 应收账款专管员王某收到销货发票第二联后，将其与销货单第三联核对。如无错误即据以登记销货客户明细账，然后将两者一并按顾客姓名顺序归档，长期保存。

2. 流程图法

内部控制流程图法是用符号对客户凭证和记录及其在组织内部的顺序流转所作的图示。恰当的流程图的特征与文字叙述法的特征相同。

流程图具有一定的优越性，主要是因为它可以简洁地表明客户内部控制制度的概况，审计师可以将其作为评价内部控制的一个分析工具。精心绘制的流程图有助于审计人员清楚地了解内部控制的运行情况并确定内部控制的缺陷。在大多数情况下，与文字叙述法相比，流程图作为一种描述内部控制制度特征的方法，在描述充分的职责分离方面具有较强的优越性。

3. 问卷法

内部控制问卷法是指将那些与保证会计记录的正确性和可靠性，以及与保护资产的完整性有密切关系的事项为调查对象，制成标准化的调查表格，由企业有关人员填写或由审计人员根据调查结果自行填写的一种描述方法。其主要优点是能够在审计开始时迅速合理地涵盖各审计领域；其主要缺点是在没有了解内部控制总体情况的前提下，就开始调查客户内部控制制度的各项具体内容。而且，标准化的问卷往往不适用于某些客户，尤其是那些规模较小的客户。

在被审计单位重要业务流程层面，了解和评价内部控制——了解销售与收款循环交易流程的主要步骤。销售与收款循环在制造企业通常属于重要业务流程，销售收入、应收账款等一般也被确定为存在较高重大错报风险的重大账户，销售与收款通常都是重要交易类别。对某些企业来说，销售退回的处理可能也是重要的交易类别。

**表 5－5　　销售与收款循环内部控制问卷**

客户：鑫鑫五金公司　　审计日：2012/12/31

审计师：MSW　　审计完成日：2012/09/30　　复核人：JR　　复核完成日：2012/10/01

| 审计目标和问题 | 回答 | | | 备注 |
|---|---|---|---|---|
| | 是 | 否 | 不适用 | |
| A. 记录的销售已经向实际的顾客发货的业务 | | | | |
| 1. 顾客信用是否由有关的负责人审批，是否限制访问赊销限额主文件？ | √ | | | |
| 2. 销售的记录是否由经授权的发货凭证和经审批的顾客订单来佐证？ | √ | | | 由总经理负责 |
| 3. 开单、销售记录与收款业务是否存在充分的职责分离？ | √ | | | 销售经理审核 |
| B. 已经发生的销售业务均已记录 | | | | |
| 1. 是否保存了发货记录？ | √ | | | |
| 2. 是否按有助于确保所有发出的货物均已开单的方式来控制发货凭证？ | | | | 事先编号，但未检查编号的先后顺序，需追加实质性测试 |
| 3. 发货凭证是否事先编号并检查编号的先后顺序？ | √ | | | |
| 4. 销售发票是否事先编号并检查编号的先后顺序？ | √ | √ | | |
| C. 记录的销售反映的是发出货物的金额，并已正确地开出账单、进行记录 | | | | |
| 1. 发货凭证上的数量与销售发票上的数量是否进行独立的核对？ | √ | | | 由销售经理完成，由总经理负责 |
| 2. 是否使用经授权的价目表？是否限制对价格主文件的访问？ | √ | | | |
| 3. 是否每月向顾客寄送对账单？ | √ | | | |
| D. 记录的销售业务分类恰当<br>记录的销售业务是否与科目表进行独立的比较？ | | | √ | 所有销售都记录在一个账户而且只有一个销售收入账户 |
| E. 销售业务均记录在正确的日期<br>发货凭证的日期是否与记账的日期进行独立的比较？ | | √ | | 每周复核不能匹配和未入账的发货业务 |
| F. 销售业务恰当地包括在主文件中并且汇总正确 | | | | |
| 1. 计算机是否自动将业务过入应收账款主文件和总账？ | √ | | | 由会计负责 |
| 2. 应收账款主文件是否每月与总账进行核对？ | √ | | | |

销售的交易流程通常可能包括以下主要步骤：

（1）客户下订单以及将订单输入系统；

（2）核准信用状况及赊销条款；

（3）填写订单并准备发货；

（4）编制货运单据；

（5）订单运送/递送至客户处或客户提货；

（6）开具销售发票；

（7）复核发票的准确性并邮寄/送到客户处；

（8）生成销售日记账；

（9）汇兑销售日记账并过账至总账和应收账款明细账。

收款的交易流程通常可能包括以下主要步骤：

（1）对方以现金、支票或银行转账方式结算；

（2）记录所收款项；

（3）将收款存入银行；

（4）更新应收账款账户。

销售退回的交易流程通常可能包括以下主要步骤：

（1）处理销售退回的请求；

（2）批准请求；

（3）收到退货；

（4）编制货项通知单；

（5）记录销售退回；

（6）更新应收账款账户。

注册会计师应当对上述销售、收款和销售退回的交易流程进行了解，并通过文字叙述、流程图等方式记录上述交易流程。

（1）确定错报在什么环节发生。注册会计师应当结合上述了解的结果，确定被审计单位需要在哪些环节设置控制，以防止或发现并纠正交易流程中的错报，即确定错报在什么环节发生。下面将以销售与收款循环为例，列举销售、收款以及销售退回的交易流程中“错报在什么环节发生”的部分问题（如表5-6所示），以确定控制目标是否实现。

**表5-6　“错报在什么环节发生”的问题示例表**

| “错报在什么环节发生”的问题示例 | 有关重大账户的认定<br>账户：销售收入/应收账款 |
|---|---|
| 怎样确保所有的销售均已入账？ | 完整性 |
| 怎样确保贷项通知单为销售退回开具/记录？ | 完整性 |
| 怎样确保发货在正确的期间予以记录？ | 完整性/截止 |

续表

| “错报在什么环节发生”的问题示例 | 有关重大账户的认定<br>账户：销售收入/应收账款 |
|---|---|
| 怎样确保发票和发货单据在发货时开具？ | 完整性 |
| 怎样确保销售（包括销售折扣）正确过入销售账簿和客户往来账？ | 完整性 |
| 怎样避免记录虚假销售或重复的销售？ | 存在/发生 |
| 怎样确保将货物发运给正确的客户？ | 存在/发生 |
| 怎样确保不在发货前开具和记录发票？ | 存在/发生 |
| 怎样确保发货单据只在发货时开具？ | 存在/发生 |
| 怎样确保发票反映正确发货数量？ | 准确性/计价 |
| 怎样确保发票反映正确的价格、折扣和税款？ | 准确性/计价 |
| 怎样确保在销售货物或提供服务时及时开具发票？ | 准确性/计价 |
| 怎样确保收款来自与产品销售对应的客户？ | 存在/发生 |
| 怎样确保款项在收到时予以记录？ | 存在/发生、完整性 |
| 怎样确保现金收款/转账在正确的期间入账？ | 完整性/截止 |
| 怎样确保收款的编码正确？ | 完整性 |
| 怎样确保现金收款不重复入账？ | 存在/发生 |
| 怎样确保外币收款正确计价？ | 准确性/计价 |
| 怎样确保不记录没有实际收到的现金收入？ | 存在/发生 |
| 怎样确保将客户往来账的累计发生数正确过入总账？ | 完整性 |
| 怎样确保将所有的贷项通知单均记录于贷记通知单登记簿和客户往来账？ | 完整性 |
| 怎样确保贷项通知单上销售退回数量的正确性？ | 准确性/计价 |
| 怎样确保贷项通知单上销售退回价格的正确性？ | 准确性/计价 |

（2）执行穿行测试，证实对重要交易流程和相关控制的了解，并确定相关控制是否得到执行。

（3）注册会计师应当选择一笔或几笔交易进行穿行测试。例如，针对销售交易追踪从订单处理——核准信用状况及赊销条款——填写订单并准备发货——编制货运单据——订单运送/递送客户或由客户提货——开具销售发票——复核销售发票的准确性并邮寄/送至客户——生成销售日记账——汇兑销售日记账，并过账至总账和应收账款明细账等交易的整个流程，考虑之前对相关控制的了解是否正确和完整，并确定相关控制是否得到执行。

在执行穿行测试时，注册会计师应当询问执行交易流程和控制的相关人员，并根据需要检查有关单据和文件，询问其对已发现的错报的处理。需要注意的是，如果不打算依赖控制，注册会计师仍应执行穿行测试，以确定之前在业务流程及可能发生错报环节的了解是否准确和完整。最后，注册会计师应当按照本准则的规定，对相关控制的设计和是否得到执行进行评价，以确定进一步审计程序。

# 第五节 评估财务报表层次和认定层次的重大错报风险

## 一、重大错报风险及其审计程序

1. 重大错报风险

重大错报风险是指财务报表在审计前存在重大错报的可能性。审计准则指出，在设计审计程序以确定财务报表整体是否存在重大错报时，注册会计师应当从财务报表层次和各类交易、账户余额、列报（包括披露，下同）认定层次考虑重大错报风险。

财务报表层次重大错报风险与财务报表整体存在广泛联系，它可能影响多项认定，这类风险通常与内部控制的五项要素有关。在整体层面对被审计单位内部控制的了解和评估通常需要由项目组中对被审计单位情况比较了解且较有经验的成员负责，同时需要项目组其他成员的参与和配合。注册会计师可以考虑将询问被审计单位人员、观察特定控制的应用、检查文件和报告，以及执行穿行测试等风险评估程序相结合，以获取审计证据。在了解上述内部控制的构成要素时，注册会计师需要特别了解这些要素在实际中是否得到执行。财务报表层次的重大错报风险很可能源于薄弱的控制环境，因此，注册会计师在评估财务报表层次的重大错报风险时，应当将被审计单位整体层面的内部控制状况和了解到的被审计单位及其环境其他方面的情况结合起来。被审计单位整体层面的内部控制是否有效将直接影响重要业务流程层面控制的有效性，进而影响注册会计师拟实施的进一步审计程序。

认定层次的重大错报风险只与交易、账户余额、列报中具体项目相关。注册会计师应当评估认定层次的重大错报风险，并根据既定的审计风险水平和评估的认定层次重大错报风险确定可接受的检查风险水平，并实施进一步审计程序。由于内部控制的若干要素，尤其是信息系统和控制活动更多地体现在业务流程层面，所以注册会计师应当从被审计单位业务流程层次了解内部控制，并据此评估认定层次的重大错报风险，进而针对评估的风险设计和实施进一步审计程序。

2. 识别和评估重大错报风险实施的审计程序

（1）在了解被审计单位及其环境的整个过程中，结合对财务报表中各类交易、账户余额和披露的考虑，识别风险；

（2）评估识别出的风险，并评价其是否更广泛地与财务报表整体相关，进而影响多项认定。如果广泛地与财务报表整体相关，进而影响多项认定，则该风险就是财务报表层次的重大错报风险。

（3）结合对拟测试的相关控制的考虑，将识别出的风险与认定层次可能发生错报的领域相联系。例如，销售困难使产品的市场价格下降，可能导致年末存货成本高于其可变现净值而需要计提存货跌价准备，这表明存货的计价认定可能发生错报。

（4）考虑发生错报的可能性（包括发生多项错报的可能性），以及潜在错报的重大程度是否足以导致重大错报。例如，除考虑产品市场价格下降因素外，注册会计师还应当考虑产品市场价格下降的幅度、该产品在被审计单位其他产品中的比重等，以确定识别出的风险对财务报表的影响是否重大。

## 二、考虑财务报表的可审计性

注册会计师在了解被审计单位内部控制后，可能对被审计单位财务报表的可审计性产生怀疑。例如，对被审计单位会计记录的可靠性和状况的担心可能会使注册会计师认为不太可能获取充分、适当的审计证据，以支持对财务报表发表意见。再如，管理层严重缺乏诚信，注册会计师认为管理层在财务报表中作出虚假陈述的风险高到无法进行审计的程度。因此，如果通过对内部控制的了解发现被审计单位会计记录的状况和可靠性存在重大问题，不能获取充分、适当的审计证据以发表无保留意见或对管理层的诚信存在严重疑虑，以至于对财务报表局部或整体的可审计性产生疑问，注册会计师应当考虑出具保留意见或无法表示意见的审计报告；必要时，注册会计师应当考虑解除业务约定。

## 三、特别风险

在确定哪些风险是特别风险时，注册会计师应当在考虑识别出的控制对相关风险的抵消效果前，根据风险的性质、潜在错报的重要程度（该风险是否可能导致多项错报）和发生的可能性，判断风险是否属于特别风险。

1. 引起特别风险的主要原因

（1）非常规交易。非常规交易具有下列特征，如管理层更多地介入会计处理；数据收集和处理涉及更多的人工成分；复杂的计算或会计处理方法；非常规交易的性质可能使被审计单位难以对由此产生的特别风险实施有效控制。与重大非常规交易相关的特别风险可能导致更高的重大错报风险。

（2）判断事项。判断事项通常包括作出的会计估计，如资产减值准备金额的估计、需要运用复杂估值技术确定的公允价值计量等。判断事项的特征表现在：对涉及会计估计、收入确认等方面的会计原则存在不同的理解；所要求的判断可能是主观和复杂的，或需要对未来事项作出假设。由于上述原因，与重大判断事项相关的特别风险可能导致更高的重大错报风险。

2. 考虑与特别风险相关的控制

了解与特别风险相关的控制，有助于注册会计师制定有效的审计方案予以应对。如果管理层未能实施控制以恰当应对特别风险，注册会计师应当认为内部控制存在重大缺陷，并考虑其对风险评估的影响。在此情况下，注册会计师应当考虑就此类事项与治理层沟通。

## 四、仅通过实质性程序无法应对的重大错报风险

审计准则指出，如果认为仅通过实质性程序获取的审计证据无法将认定层次的重大错报风险降至可接受的低水平，注册会计师应当评价被审计单位针对这些风险设计的控制，并确定其执行情况。在被审计单位对日常交易采用高度自动化处理的情况下，审计证据可能仅以电子形式存在，其充分性和适当性通常取决于自动化信息系统相关控制的有效性，注册会计师应当考虑仅通过实施实质性程序不能获取充分、适当审计证据的可能性，如表5－7所示。

表5－7　识别的重大错报风险汇总

| 识别的重大错报风险 | 对财务报表的影响 | 相关的交易类别、账户余额和列报认定 | 是否与财务报表整体广泛相关 | 是否属于特别风险 | 是否属于仅通过实质性程序无法应对的重大错报风险 |
|---|---|---|---|---|---|
| 录识别的重大错报风险 | 描述对财务报表的影响和导致财务报表发生重大错报的可能性 | 列示相关的各类交易、账户余额、列报及其认定 | 考虑是否属于财务报表层次的重大错报风险 | 考虑是否属于特别风险 | |
| …… | …… | …… | …… | …… | …… |

## 五、初步评价内部控制和风险评估

在识别和了解控制后，注册会计师要对内部控制进行评价。根据执行的程序和获取的审计证据，注册会计师需要评价控制的设计并确定其是否得到执行。

注册会计师对控制的评价结论可能有：

（1）所设计的内部控制单独或连同其他控制能够有效防止或发现并纠正重大错报，并得到执行；

（2）控制本身的设计是合理的，能够防止或发现并纠正重大错报，但没有得到执行；

（3）控制本身的设计就是无效的或缺乏必要的控制。

由于对控制的了解和评价是在穿行测试完成后，但又在测试控制运行有效性之前进行的，所以上述评价结论只是初步结论，仍可能随控制测试后实质性程序的结果而发生变化。

如果通过实施进一步审计程序获取的审计证据与初始评估重大错报风险时获取的审计证据相矛盾，注册会计师应当修正风险评估结果，并相应修改原计划实施的进一步审计程序。因此，评估重大错报风险与了解被审计单位及其环境一样，也是一个连续和动态地收集、更新与分析信息的过程，贯穿整个审计过程的始终。

### 六、与治理层和管理层的沟通

1. 就内部控制重大缺陷进行的沟通

内部控制的重大缺陷是指内部控制设计或执行存在的严重不足，使被审计单位管理层或员工无法在正常行使职能的过程中，及时发现和纠正错误或舞弊引起的财务报表重大错报。注册会计师应当及时将注意到的内部控制设计或执行方面的重大缺陷告知适当层次的管理层或治理层。被审计单位管理层有责任在治理层的监督下，建立、执行和维护有效的内部控制，以合理保证企业经营目标的实现。注册会计师将其告知适当层次的管理层或治理层，将有助于管理层和治理层履行其在内部控制方面的职责。

注册会计师可以从以下三个方面，对内部控制重大缺陷作出判断：(1) 注册会计师在审计工作中发现了重大错报，而被审计单位的内部控制没有发现这些重大错报；(2) 控制环境薄弱；(3) 存在高层管理人员舞弊迹象（无论涉及金额大小）。

2. 就重大错报风险的沟通

如果识别出被审计单位未加控制或控制不当的重大错报风险，或认为被审计单位的风险评估过程中存在重大错报风险，注册会计师应当就此类内部控制缺陷与治理层沟通。

## 课后复习题

### 一、复习思考题

1. 简述了解被审计单位及其环境的程序。
2. 了解内部控制的目的与控制测试的目的有什么区别？
3. 怎样理解针对财务报表重大错报风险所采取的总体应对措施？它对实施进一步审计程序的总体方案有什么影响？

### 二、案例分析题

1. ABC会计师事务所的A和B注册会计师接受委派，对甲上市公司（以下简称甲公司）2012年度会计报表进行审计。甲公司尚未采用计算机记账。A和B注册会计师于2012年10月10日至17日对甲公司的内部控制制度进行了解和测试，并在相关审计工作底稿中记录了解和测试事项，摘录如下：

(1) 甲公司产成品发出时，由销售部填制一式四联的出库单。仓库发出产成品后，将第一联出库单留存登记产成品卡片，第二联交销售部留存，第三、四联交会计部会计人员乙登记产成品总账和明细账。

(2) 会计人员戊负责开具销售发票。在开具销售发票之前，先核对装运凭证和相应的经批准的销售单，并根据已授权批准的商品价目表填写销售发票的价格，根据装运凭证上的数量填写销售发票的数量。

(3) 甲公司的材料采购需要经授权批准后方可进行。采购部根据经批准的请购单发出订购单。货物运达后，验收部根据订购单的要求验收货物，并编制一式多联的未连续编号的验收单。仓库根据验收单验收货物，在验收单上签字后，将货物移入仓库加以保管。验收单上有数量、品名、单价等要素。验收单一联交采购部登记采购明细账和编制付款凭单，付款凭单经批准后，月末交会计部；一联交会计部登记材料明细账；一联由仓库保留并登记材料明细账。会计部根据只附验收单的付款凭单登记有关账簿。

(4) 会计部审核付款凭单后，支付采购款项。甲公司授权会计部的经理签署支票，经理将其授权给会计人员丁负责，但保留了支票印章。丁根据已适当批准的凭单，在确定支票收款人名称与凭单内容一致后签署支票，并在凭单上加盖“已支付”的印章。对付款控制程序的穿行测试表明，A和B注册会计师未发现与公司规定有不一致之处。

(5) 计划部根据批准，签发预先编号的生产通知单。生产部根据生产通知单填写一式四联的零料单。仓库发料后，其中一联留存，一联连同材料交还领料部，其余两联经仓库登记材料明细账后送会计部进行材料收发核算和成本核算。

(6) 甲公司股东大会批准董事会的投资权限为1亿元以下。董事会决定由总经理负责实施。总经理决定由证券部负责总额在1亿元以下的股票买卖。甲公司规定：公司划入营业部的款项由证券部申请，由会计部审核，总经理批准后划转入公司在营业部开立的资金账户。经总经理批准，证券部直接从营业部资金账户支取款项。证券买卖、资金存取的会计记录由会计部处理。A和B注册会计师了解和测试投资的内部控制制度后发现：证券部在某营业部开户的有关协议及补充协议未经会计部或其他部门审核。根据总经理的批准，会计部已将8 000万元汇入该户。证券部处理证券买卖的会计记录，月底将证券买卖清单交给会计部，会计部据以汇总登记。

(7) 甲公司控股股东的法定代表人同时兼任甲公司的法定代表人，总经理是聘任的。在公司章程及相关决议中未具体载明股东大会、董事会、经营班子的融资权限和批准程序。经了解，甲公司由财务部负责融资，2005年根据总经理的批示向工商银行借入了1亿元贷款。

(8) 甲公司设立了内部审计部，并直接对董事长负责。每年对子公司和各业务部进行审计，并出具内部审计报告。A和B注册会计师获取了2012年度所有的内部审计报告，经抽查表明，内部审计报告指出了内部控制存在的缺陷和改进意见。

(9) 甲公司设立现金出纳员和银行出纳员。银行出纳员负责到银行取送支票等票据，并登记银行存款日记账。月底银行出纳员取得银行对账单并编制银行存款余额调节表。

(10) 员工根据公司的批准手续报销，会计部对报销单据加以审核，现金出纳员见到加盖核准印章的支出凭据后付款。

要求：

(1) 根据上述摘录，假定未描述的其他内部控制不存在缺陷，请指出甲公司内部控制在设计与运行方面的缺陷，并提出改进建议。

(2) 根据对甲公司内部控制的了解和测试，请分别指出上述内部控制缺陷与哪些会计报表项目或科目的何种认定相关。

2. 众诚会计师事务所的注册会计师胡斌在编制南江公司2009年度财务报表的审计前，按审计准则的要求对被审计单位南江公司及其环境进行全面了解和记录。相关的工作底稿显示，南江公司2009年度存在以下情况：

(1) 2009年6月30日，南江公司于2007年6月30日从某银行借入的金额为6 000万元期限为2年期的长期借款到期。虽然南江公司高层管理人员多次与该银行信贷部协商，希望延长还款期半年，但该银行在委托另一会计师事务所对南江公司进行专项审计后，于2009年7月份收回了款项。

(2) 为扩展业务，南江公司出资1 000万元于2009年6月30日成功兼并了位于西部某省的同行业两家公司，此举增加了南江公司在西部市场的立足点，降低了在西部市场的竞争程度。

(3) 2009年10月，为开拓国际市场，南江公司董事会决定在中东地区设立分公司。由于该地区除伊拉克以外的各国商家云集，均难以获得市场准入，公司董事会决定投入500万美元在伊拉克设立分公司。到2009年底，该分公司已正式开始营业，虽然该地区时常发生绑架等刑事案件，但分公司的经营基本未受影响。

(4) 直到2009年10月底，南江公司一直采用手工记账。为提高财务工作效率和质量，南江公司投资500万元于2006年11月份实现了会计电算化。考虑到这一变化对财务人员的影响，财务部门分期分批对全体财务人员进行轮训，同时还聘请了外部专家进行经常性业务指导。至2009年底，相关的轮训工作和计算机信息系统调试工作均已进行完毕。

(5) 2009年11月起，南江公司将原存放于另一银行的2 000万元款项全部转入3名高级管理人员及财务经理人信用卡，与所有客户的往来以及公司职员薪酬的发放均通过信用卡结算。

要求：

(1) 逐一针对上述各种情况，指出是否会导致南江公司产生重大错报风险，简要说明理由。

(2) 上述情况中，哪一种情况很可能会导致南江公司的财务报表产生重大错报？注册会计师胡斌应当如何应对？

(3) 上述情况中，哪一种情况很可能意味着南江公司存在特别风险？该注册会计师应当如何应对？

（4）上述情况中，哪两种情况最可能导致南江公司的经营风险增加？

3. 杨浦会计师事务所是一家规模较大的中资所，该所注重会计师之间的经验交流。在一次经验交流会上，他们谈起了重大错报风险的评估及在决定应收集的审计证据数量方面的重要性。

郭阳认为，在任何公司，无论规模大小，都应该执行同样的风险评估程序，在了解被审计单位及其环境（包括内部控制）后，执行控制测试，对内部控制进行细致的调查和评价。并且，他谈起了他以前任职的事务所在这方面的要求，即要求在执行每一项审计业务时，都要执行控制测试，使用事务所设计的标准内部控制问卷调查表，对于每一类经济业务，都要编制内部控制流程图。此外，事务所还要求审计人员仔细评价控制制度，根据内部控制的强弱，调整拟收集的审计证据的数量。

余莘认为，对于规模较小的企业，不可能有充分、严密的内部控制，因此，在进行审计时，可以事先假设内部控制不充分，从而忽略内部控制，直接进行大量的实质性测试。他说："当我一开始就知道内部控制中存在大量的弱点时，我为何要花费大量的时间和精力去调查内部控制、评价认定层次的重大错报风险？与其将时间花在填写内部控制调查表上，还不如用在测试财务报表的呈报是否正确上。"

于瑾则认为，上述两人的观点都有偏颇。执行风险评估程序，了解被审计单位及其环境是评估重大错报风险的必需步骤，对每个企业都适用，但是细致地调查和评估内部控制，对于大部分测试则要针对不同的企业使用。因为审计是需要成本的，当知道小企业内部控制不完善，不可能显著地降低认定层次的重大错报风险时，还需花大量的时间去了解内部控制，不符合成本效益原则。然而，也不是像余莘认为的那样，直接进行实质性测试，虽然小企业内部控制一般不健全，但毕竟企业之间互不相同，内部控制的不健全程度也各有差异，不是所有小企业的内部控制都不可信赖。而且，评估重大错报风险，设计适当的实质性测试程序，不是调查企业内部控制的唯一目的。对小企业的内部控制进行初步的调查和分析，有助于审计人员评估财务报表的可审性，预测潜在的错报，抓住审计重点，降低审计风险。另外，审计人员除了对企业财务报表发表审计意见外，还可以就内部控制的改进方向向企业的管理当局提出建议。

如果你是一名注册会计师，你对此问题持何观点？

## 延伸阅读

**不了解被审计单位及其环境（包括内部控制）而引起的审计失败**

**——对安然事件的反思**

2001 年，安然公司的破产是美国历史上最大的公司破产案件。安然是美国能源巨头，成立于1930年，于1985年以24亿美金收购了另一家公司，并改名为安然公司，总部设在得克萨斯州的休斯敦。该公司曾是世界上最大的天然气交易商和最大的电力交易商，鼎盛时期年收入达1 000亿美元，雇用了2万多员工，业务遍布欧洲、亚洲和世界其他地区。安然公司1996年的收入是133亿美元，到2000年时总收入是1 008亿美元，几乎是美国收入最多的公司，曾连续四年获《财富》杂志“美国最具创新精神的公司”称号。尽管不久前它还以750亿美元的市值在《财富》500强中名列第七，但它很快就倒下了。其陨落始于2001年10月，当时安然公司官员宣布令人震惊的消息，季度亏损6.18亿美元。随后，2001年11月初，公司官员被迫承认他们曾于1997年虚报了近6亿美元的盈利。为此，他们必须重编过去4年的已审财务报表。2001年底，该公司破产。

安然经营方面存在的主要问题是利用“特殊目的实体”进行关联交易，虚报盈余，掩盖巨额债务。早在2001年初，关于安然公司业务的思考就已经出现。一位声誉卓著的投资银行家公开宣称，没有人能够解释安然到底是如何赚钱的。另外，他指出在安然文件中有一段奇怪和见不得人的提示，这是关于安然和其他实体与由安然高级官员掌管的“关联方”之间的交易。但是，这个披露难以理解。在安然倒塌之后，许多人都想知道为什么这样的丑闻如此长时间没有被侦查出来。许多人指出了安然难以置信的复杂的业务结构及它们相互关联和模糊不清的财务状况。

安然公司业务和财务报表的复杂性和不确定性也迷惑了审计人员的眼睛。审计安然的号称世界五大会计师事务所之一的安达信会计师事务所也因此遭到了法律诉讼。在2001年12月国会听证会上，安达信事务所的CEO承认，会计师事务所的职业判断证明是出了差错，当关联实体应该合并时，而他们错误地让安然保持独立。安达信美国公司2002年8月31日在其总部芝加哥宣布，将退出公司从事了89年之久的上市公司审计业务。

从安然事件中，我们要吸取一些教训。审计人员要了解被审计单位及其环境，包括内部控制，如果不了解，就很难识别影响财务报表的重大经营风险，就不能合理评估被审计单位的重大错报风险。此外，了解被审计单位及其环境也是决定是否接受客户委托时需要考虑的重要事项之一，同时也为编制审计计划奠定了基础，是审计人员合理规避法律责任的途径之一。

（摘自BethanyMclean：《安然为何破产》，《财富》2001年12月24日，第58—68页）

# 第六章

# 实施进一步程序——应对重大错报风险

## 学习目标

1. 理解风险评估程序、控制测试、实质性程序之间的关系
2. 理解进一步审计程序的含义
3. 理解针对评估的财务报表层次重大错报风险应采取的总体应对策略，以及针对评估的认定层次重大错报风险进一步审计程序
4. 掌握控制测试和实质性程序

## 适用的准则和规范

《中国注册会计师审计准则第 1231 号——针对评估的重大错报风险采取的应对措施》

## 导读案例

**美国公司审计报告纠纷——实质性程序的缺失**

20 世纪 70 年代，美国迈克林公司购并了特克尼德有限公司。特克尼德公司的财务报告上显示，所有应收账款都是该公司成功的市场经营的结果。实际上，这些应收账款都是在转包给不同的批发商过程中形成的。迈克林公司由此遭受了大量呆账损失，随后迈克林公司以欺诈的罪名对特克尼德有限公司的股东和审计师提起诉讼。二审法院认定审计师在审计过程中确实存在疏忽，但并不存在串通作弊的故意，所以对审计师的欺诈指控并不成立。

特克尼德有限公司是在依阿华州注册的一家有限公司，主要生产用于保证地下水管道保持一定埋藏深度和笔直程度的激光光束设备。由于产品售价较高，所以公司的每一笔销售对于公司的财务状况都至关重要。特克尼德有限公司的资金状况并不十分理想。该公司的审计师（被聘用于 1967 年）被要求就该公司 1969 年前 11 个月的经营情况出具审计报告。在审计报告中，该公司的所有的应收账款都被认定为可以到期收回的款项。

应收账款的审计过程中，审计师已经检查了订货单和发票，并主动向持有该激光光束设备的四位经销商进行了函证。在这四封确认函中只有一位经销商给予了答复。

审计师后来只是询问了特克尼德有限公司的管理人几个问题，并没有对有关账目进行调整。在特克尼德有限公司管理人要求尽快完成审计工作的催促下，审计师表示正在等候其他三位经销商的确认回函。特克尼德有限公司随后派其销售人员同这些销售商进行联系，不久审计师接到了电报形式的确认回函。回函中，经销商们确认了应收款的数额，但未对所欠债务的数额进行确认。审计师没有再坚持口头或书面确认这些数额，也没有再调查这些经销商的信用资质。后来这些电报中有一封被证实是来自特克尼德有限公司内部销售人员的伪造回函，还有一封虽然被证实是经销商来的回函，但也是在经销商被告知这只是内部事务，经销商不必为这些应收账款的确认而担负任何责任的情况下出具的。第四位客户没有任何答复。

调查了审计师对于应收账款方面所做的审计工作后，区级法院认定审计师的审计结论违背事实真相而且工作存在疏忽，故构成欺诈。经过上诉，法院认定审计师确实存在疏忽，但其行为尚不构成证券交易委员会欺诈规则（10b－5）或普通法规定的欺诈犯罪。

在此案例中，审计师对应收账款的审计过程，主动向持有该激光光束设备的经销商进行了函证。但是，审计师仍然应该注意以下问题：

（1）应收账款全部可以收回的审计结论，是建立在四封确认函中三封未对应收账款数额予以确认，另外一封还存在明显争议的基础上，因此明显缺乏后续审计程序。另外，在应收款尚未收回的情况下，审计师至少应该对债务的收回程度进行预测和估价。

（2）审计师应该已经意识到来自被审计公司内部的干扰的可能性。

（3）时间紧迫确实对审计工作造成一定影响。但是，审计师不能以此作为降低审计质量的借口。

在风险导向审计的理念下，实施审计的过程就是识别、评估和应对财务报表重大错报风险的过程。注册会计师在采用风险评估程序了解被审计单位及其环境，充分识别和评估财务报表的重大错报风险之后，便要考虑如何应对评估的重大错报风险问题，包括针对评估的财务报表层次重大错报风险确定总体应对措施，以及针对评估的认定层次重大错报风险设计和实施进一步审计程序，以将审计风险降至可接受的低水平。《中国注册会计师审计准则第 1231 号——针对评估的重大错报风险采取的应对措施》为注册会计师针对评估的财务报表层次重大错报风险确定总体应对措施和针对评估的认定层次重大错报风险设计和实施进一步审计程序，提供了规范性的指导。

所谓财务报表层次重大错报风险，是指识别的与财务报表整体有关、涉及多项认定，从而具有广泛影响性的重大错报风险。在评估重大错报风险时，注册会计师应当确定，识别的重大错报风险是与特定的某类交易、账户余额、列报的认定相关，还是与财务报表整体广泛相关，进而影响多项认定。如果重大错报风险是与财务报表整体相关，则属于财务报表层次的重大错报风险。

# 第一节　针对财务报表层次重大错报风险的总体应对措施

## 一、总体应对措施的内容

在确定针对财务报表层次重大错报风险总体应对措施时，注册会计师要运用职业判断。一般来说，针对评估的财务报表层次重大错报风险总体应对措施包括以下方面：

（1）向项目组强调在收集和评价审计证据过程中保持职业怀疑态度的必要性。

（2）分派更有经验或具有特殊技能的审计人员，或利用专家的工作。由于各行业在经营业务、经营风险、财务报告、法规要求等方面具有特殊性，审计人员的专业分工细化成为一种趋势。审计项目组成员中应有一定比例的人员曾经参与过被审计单位以前年度的审计，或具有被审计单位所处特定行业的相关审计经验。必要时，要考虑利用信息技术、税务、评估、精算师等方面的专家的工作。

（3）提供更多的督导。对于财务报表层次重大错报风险较高的审计项目，项目组的高级别成员，如项目负责人、项目经理等经验较丰富的人员，要对其他成员提供更详细、更经常、更及时的指导和监督，并加强项目质量复核。

（4）在选择进一步审计程序时，应当注意使某些程序不被被审计单位管理层预见或事先了解。被审计单位人员，尤其是管理层，如果熟悉注册会计师的审计套路，就可能采取种种规避手段，掩盖财务报告中的舞弊行为。因此，在设计拟实施审计程序的性质、时间和范围时，为了避免既定思维对审计方案的限制，避免对审计效果的人为干涉，从而使得针对重大错报风险的进一步审计程序更加有效，注册会计师要考虑使某些程序不被被审计单位管理层预见或事先了解。在实务中，注册会计师可以通过以下方式提高审计程序的不可预见性：①对某些未测试过的低于设定的重要性水平或风险较小的账户余额和认定实施实质性程序；②调整实施审计程序的时间，使被审计单位不可预期；③采取不同的审计抽样方法，使当期抽取的测试样本与以前有所不同；④选取不同的地点实施审计程序，或预先不告知被审计单位所选定的测试地点。

（5）对拟实施审计程序的性质、时间和范围作出总体修改。根据风险评估结果对拟实施的审计程序的性质、时间和范围作出适当的调整。例如，在期末而非期中实施更多的审计程序，或修改审计程序的性质以获取更具说服力的审计证据。

## 二、对源于控制环境的财务报表层次重大错报风险的考虑

财务报表层次的重大错报风险很可能源于薄弱的控制环境。薄弱的控制环境带来的风险可能对财务报表产生广泛影响，难以限于某类交易、账户余额、列报，注册会计师应当采取总体应对措施。相应地，注册会计师对控制环境的了解影响其对财务报表层次重大错报风险的评估。有效的控制环境可以使注册会计师增强对内部控制和被审计单位内部产生的证据的信赖程度。如果控制环境存在缺陷，注册会计师在对拟实施审计程序的性质、时间和范围作出总体修改时应当考虑：

1. 在期末而非期中实施更多的审计程序。控制环境的缺陷通常会削弱期中获得的审计证据的可信赖程度。

2. 主要依赖实质性程序获取审计证据。良好的控制环境是其他控制要素发挥作用的基础。控制环境存在缺陷通常会削弱其他控制要素的作用，导致注册会计师可能无法信赖内部控制，而主要依赖实施实质性程序获取审计证据。

3. 修改审计程序的性质，获取更具说服力的审计证据。修改审计程序的性质主要是指调整拟实施审计程序的类别及组合，比如原先可能主要限于检查某项资产的账面记录或相关文件，而调整审计程序的性质后可能意味着更加重视实地检查该项资产。

4. 扩大审计程序的范围。例如扩大样本规模，或采用更详细的数据实施分析程序。

## 三、财务报表层次的重大错报风险及其总体应对措施对总体方案的影响

财务报表层次重大错报风险难以限于某类交易、账户余额、列报的特点，意味着此类风险可能对财务报表的多项认定产生广泛影响，并相应增加注册会计师对认定层次重大错报风险的评估难度。因此，注册会计师评估的财务报表层次重大错报风险以及采取的总体应对措施，对拟实施进一步审计程序的总体方案具有重大影响。

注册会计师针对认定层次重大错报风险拟实施的进一步审计程序的总体方案包括实质性方案和综合性方案。其中，实质性方案是指注册会计师实施的进一步审计程序以实质性程序为主；综合性方案是指注册会计师在实施进一步审计程序时，将控制测试与实质性程序结合使用。当评估的财务报表层次重大错报风险属于高风险水平（并相应采取更强调审计程序不可预见性、重视调整审计程序的性质、时间和范围等总体应对措施）时，拟实施进一步审计程序的总体方案往往更倾向于实质性方案。

## 第二节 针对认定层次重大错报风险的进一步审计程序

注册会计师应当针对评估的认定层次重大错报风险，设计和实施进一步审计程序，包括审计程序的性质、时间安排和范围。进一步审计程序包括控制测试和实质性程序。其中，实质性程序是每次审计都必须实施的，而控制测试却不是。本章第三节和第四节将具体介绍控制测试和实质性程序的应用。

### 一、进一步审计程序的内涵和要求

进一步审计程序相对风险评估程序而言，是指注册会计师针对评估的各类交易、账户余额、列报（包括披露，下同）认定层次重大错报风险实施的审计程序，包括控制测试和实质性程序。

注册会计师应当针对评估的认定层次重大错报风险设计和实施进一步审计程序，包括审计程序的性质、时间和范围。注册会计师设计和实施的进一步审计程序的性质、时间和范围，应当与评估的认定层次重大错报风险具有明确的对应关系。这些条款的实质是要求注册会计师实施的审计程序具有目的性和针对性，有的放矢地配置审计资源，提高审计效率和效果。

需要说明的是，尽管在应对评估的认定层次重大错报风险时，拟实施的进一步审计程序的性质、时间和范围都应当确保其具有针对性，但其中进一步审计程序的性质是最重要的。例如，注册会计师评估的重大错报风险越高，实施进一步审计程序的范围通常越大；但是只有首先确保进一步审计程序的性质与特定风险相关时，扩大审计程序的范围才是有效的。

### 二、设计进一步审计程序时需要考虑的因素

（1）风险的重要性。风险的重要性是指风险造成的后果的严重程度。风险的后果越严重，就越需要注册会计师关注和重视，越需要精心设计有针对性的进一步审计程序。

（2）重大错报发生的可能性。重大错报发生的可能性越大，同样越需要注册会计师精心设计进一步审计程序。

（3）涉及的各类交易、账户余额和列报的特征。不同的交易、账户余额和列报，产生的认定层次的重大错报风险也会存在差异，适用的审计程序也有差别，需要注册会计师区别对待，并设计有针对性的进一步审计程序予以应对。

（4）被审计单位采用的特定控制的性质。不同性质的控制（不论是人工控制还是自动化控制）对注册会计师设计进一步的审计程序具有重要影响。

（5）注册会计师是否拟获取审计证据，以确定内部控制在防止或发现并纠正重

大错报方面的有效性。如果注册会计师拟在风险评估时预期内部控制运行有效，随后拟实施的进一步审计程序必须包括控制测试，且实质性程序自然会受到之前控制测试结果的影响。

综合上述几方面因素，注册会计师对认定层次重大错报风险的评估为确定进一步审计程序的总体方案奠定了基础。因此，注册会计师应当根据对认定层次重大错报风险的评估结果，恰当选用实质性方案或综合性方案。

通常情况下，注册会计师出于成本效益的考虑可以采用综合性方案设计进一步审计程序，即将测试控制运行的有效性与实质性程序结合使用。但在某些情况下，注册会计师必须通过实施控制测试，才可能有效应对评估出的某一认定的重大错报风险；而在另一些情况下，注册会计师可能认为仅实施实质性程序就是适当的。

还需要特别说明的是，注册会计师对重大错报风险的评估毕竟是一种主观判断，可能无法充分识别所有重大错报风险，同时内部控制存在固有局限性（特别是存在管理层凌驾于内部控制之上的可能性），因此，无论选择何种方案，注册会计师都应当对所有重大的各类交易、账户余额、列报设计和实施实质性程序。

## 三、进一步审计程序的性质及选择

### （一）进一步审计程序的性质的含义

进一步审计程序的性质是指进一步审计程序的目的和类型。其中，进一步审计程序的目的包括通过实施控制测试以确定内部控制运行的有效性，通过实施实质性程序以发现认定层次的重大错报。进一步审计程序的类型包括检查、观察、询问、函证、重新计算、重新执行和分析程序。

在应对评估的风险时，合理确定审计程序的性质是最重要的。这是因为不同的审计程序应对特定认定错报风险的效力不同。例如，对于与收入完整性认定相关的重大错报风险，控制测试通常更能有效应对；对于与收入发生认定相关的重大错报风险，实质性程序通常更能有效应对。再如，实施应收账款的函证程序可以为应收账款在某一时点存在的认定提供审计证据，但通常不能为应收账款的计价认定提供审计证据。对应收账款的计价认定，注册会计师通常需要实施其他更为有效的审计程序，如审查应收账款账龄和期后收款情况，了解欠款客户的信用情况等。

### （二）进一步审计程序的性质的选择

在确定进一步审计程序的性质时，注册会计师应当根据认定层次重大错报风险的评估结果选择审计程序。

评估的认定层次重大错报风险越高，对通过实质性程序获取的审计证据的相关性和可靠性的要求越高，从而可能影响进一步审计程序的类型及其综合运用。例如，当注册会计师判断某类交易协议的完整性存在更高的重大错报风险时，除了检查文件以外，注册会计师还可能决定向第三方询问或函证协议条款的完整性。除了从总体上把握认定层次重大错报风险的评估结果对选择进一步审计程序的影响外，在确定拟实施的审计程序时，注册会计师接下来应当考虑评估的认定层次重大错报风险产生的原因，包括考虑各类交易、账户余额、列报的具体特征以及内部控制。例如，注册会计师可能判断某特定类别的交易即使在不存在相关控制的情况下发生重大错报的风险仍较低，此时注册会计师可能认为仅实施实质性程序就可以获取充分、适当的审计证据。再如，对于经由被审计单位信息系统日常处理和控制的某类交易，如果注册会计师预期此类交易在内部控制运行有效的情况下发生重大错报的风险较低，且拟在控制运行有效的基础上设计实质性程序，注册会计师就会决定先实施控制测试。

需要说明的是，如果在实施进一步审计程序时拟利用被审计单位信息系统生成的信息，注册会计师使用了被审计单位生成的非财务信息或预算数据。再如，注册会计师在对被审计单位的存货期末余额实施实质性程序时，拟利用被审计单位信息系统生成的各个存货存放地点及其余额时，注册会计师应当就信息的准确性和完整性获取审计证据。

### 四、进一步审计程序的时间安排及选择

（一）进一步审计程序时间安排的含义

进一步审计程序的时间安排是指注册会计师何时实施进一步审计程序，或审计证据适用的期间或时点。

可以从以下两个方面理解进一步审计程序的时间的选择问题：一方面，进一步审计程序的时间是指注册会计师选择执行审计程序的时间；另一方面，进一步审计程序的时间是指注册会计师选择获取的审计证据的期间或时点。第一个层面的选择问题主要集中在如何权衡期中与期末实施审计程序的关系；第二个层面的选择问题分别集中在如何权衡期中审计证据与期末审计证据的关系、如何权衡以前审计获取的审计证据与本期审计获取的审计证据的关系。这两个层面的最终落脚点都是如何确保获取审计证据的效率和效果。

（二）进一步审计程序时间安排的选择

1. 注册会计师可以在期中或期末实施控制测试或实质性程序。这就引出了注册会计师应当如何选择实施审计程序的时间问题。一项基本的考虑因素应当是注册会计师评估的重大错报风险，当重大错报风险较高时，注册会计师应当考虑在期末或接近期末实施实质性程序，或采用不通知的方式，或在管理层不能预见的时间实施审计程序。

虽然在期末实施审计程序在很多情况下非常必要，但仍然不排除注册会计师在期中实施审计程序可能发挥的积极作用。在期中实施进一步审计程序（期中可以指所审计期间内、资产负债表日以前的任何时点），可能有助于注册会计师在审计工作初期识别重大事项，并在管理层的协助下及时解决这些事项，或针对这些事项制定有效的实质性方案或综合性方案。

2. 期中实施进一步审计程序的局限性

首先，注册会计师往往难以仅凭在期中实施的进一步审计程序获取有关期中以前的充分、适当的审计证据（如某些期中以前发生的交易或事项在期中审计结束时尚未完结）；其次，即使注册会计师在期中实施的进一步审计程序能够获取有关期中以前的充分、适当的审计证据，但从期中到期末这段剩余期间还往往发生重大的交易或事项（包括期中以前发生的交易、事项的延续，以及期中以后发生的新的交易、事项），从而对所审计期间的财务报表认定产生重大影响；最后，被审计单位管理层也完全有可能在注册会计师期中实施了进一步审计程序之后对期中以前的相关会计记录作出调整甚至篡改，注册会计师在期中实施了进一步审计程序所获取的审计证据已经发生了变化。因此，如果在期中实施了进一步审计程序，注册会计师还应当针对剩余期间获取审计证据。

3. 选择进一步审计程序时间应考虑的重要因素

（1）控制环境。良好的控制环境可以抵消在期中实施进一步审计程序的局限性，使注册计师在确定实施进一步审计程序的时间时有更大的灵活度。

（2）何时能得到相关信息。例如，某些控制活动可能仅在期中（或期中以前）发生，而之后可能难以再被观察到。再如，某些电子化的交易和账户文档如果未能及时取得，就可能被覆盖。在这些情况下，注册会计师如果希望获取相关信息，则需要考虑能够获取相关信息的时间。

（3）错报风险的性质。例如，被审计单位可能为了保证赢利目标的实现，在会计期末以后伪造销售合同以虚增收入，此时注册会计师需要考虑在期末（即资产负债表日）这个特定时点获取被审计单位截止至期末所能提供的所有销售合同及相关资料，以防范被审计单位在资产负债表日后伪造销售合同虚增收入的做法。

（4）审计证据适用的期间或时点。注册会计师应当根据需要获取的特定审计证据确定何时实施进一步审计程序。例如，为了获取资产负债表日的存货余额证据，显然不宜在与资产负债表日间隔过长的期中时点或期末以后时点实施存货监盘等相关审计程序。

需要说明的是，虽然注册会计师在很多情况下可以根据具体情况选择实施进一步审计程序的时间，但也存在着一些限制选择的情况。例如，某些审计程序只能在期末或期末以后实施，包括将财务报表与会计记录相核对、检查财务报表编制过程中所作的会计调整等。如果被审计单位在期末或接近期末发生了重大交易，或重大交易在期末尚未完成，注册会计师应当考虑交易的发生或截止等认定可能存在的重大错报风险，并在期末或期末以后检查此类交易。

## 五、进一步审计程序的范围及选择

### （一）进一步审计程序的范围的含义

进一步审计程序的范围是指实施进一步审计程序的数量，包括抽取的样本量、对某项控制活动的观察次数等。

（二）进一步审计程序的范围的选择

选择进一步审计程序的范围时考虑的因素有：

（1）确定的重要性水平。确定的重要性水平越低，注册会计师实施进一步审计程序的范围越广。

（2）评估的重大错报风险。评估的重大错报风险越高，对拟获取审计证据的相关性、可靠性的要求越高，因此注册会计师实施的进一步审计程序的范围也越广。

（3）计划获取的保证程度。计划获取的保证程度是指注册会计师计划通过所实施的审计程序对测试结果可靠性所获取的信心。计划获取的保证程度越高，对测试结果可靠性要求越高。计划获取的保证程度越高，注册会计师实施的进一步审计程序的范围越广。例如，注册会计师对财务报表是否不存在重大错报的信心可能来自控制测试和实质性程序。如果注册会计师计划从控制测试中获取更高的保证程度，则控制测试的范围就更广。

鉴于进一步审计程序的范围往往是通过一定的抽样方法加以确定的，因此，注册会计师需要慎重考虑抽样过程对审计程序范围的影响是否能够有效实现审计目的。如果存在下列情形，注册会计师依据样本得出的结论可能与对总体实施同样的审计程序得出的结论不同，出现不可接受的风险：①从总体中选择的样本量过小；②选择的抽样方法对实现特定目标不适当；③未对发现的例外事项进行恰当的追查。

此外，注册会计师在综合运用不同审计程序时，除了面临各类审计程序的性质选择问题，还面临如何权衡各类程序的范围问题。注册会计师在综合运用不同审计程序时，不仅应当考虑各类审计程序的性质，还应当考虑测试的范围是否适当。

## 第三节 控制测试

### 一、控制测试的内涵和要求

1. 控制测试的内涵

控制测试，是指用于评价内部控制在防止或发现并纠正认定层次重大错报方面的有效性的审计程序。这一概念需要与“了解内部控制”进行区分。“了解内部控制”包含两层含义：一是评价控制的设计；二是确定控制是否得到执行。因此，在概念上容易引起混淆的是“测试控制运行的有效性”与“确定控制是否得到执行”。测试控制运行的有效性与确定控制是否得到执行所需获取的审计证据是不同的。

首先，在实施风险评估程序以获取控制是否得到执行的审计证据时，注册会计师应当确定某项控制是否存在，被审计单位是否正在使用。

其次，在测试控制运行的有效性时，注册会计师应当从以下方面获取关于控制是否有效运行的审计证据：①控制在所审计期间的不同时点是如何运行的；②控制是否得到一贯执行；③控制由谁执行；④控制以何种方式运行（例如人工控制或自动化控制）。从这四个方面来看，控制运行有效性强调的是控制能够在各个不同时点按照既定设计得以一贯执行。因此，在了解控制是否得以执行时，注册会计师只需抽取少量的交易进行检查或观察某几个时点。但在测试控制运行的有效性时，注册会计师需要抽取足够数量的交易进行检查或对多个不同时点进行观察。

测试控制运行的有效性与确定控制是否得到执行所需获取的审计证据虽然存在差异，但两者也有联系。为评价控制设计和确定控制是否得到执行而实施的某些风险评估程序并非专为控制测试而设计的，但可能提供有关控制运行有效性的审计证据，注册会计师可以考虑在评价控制设计和获取其得到执行的审计证据的同时，测试控制运行有效性，以提高审计效率；同时，注册会计师应当考虑这些审计证据是否足以实现控制测试的目的。例如，被审计单位可能采用预算管理制度，以防止或发现并纠正与费用有关的重大错报风险。通过询问管理层是否编制预算，观察管理层对月度预算费用与实际发生费用的比较，并检查预算金额与实际金额之间的差异报告，注册会计师可能获取有关被审计单位费用预算管理制度的设计及其是否得到执行的审计证据，同时也可能获取相关制度运行有效性的审计证据。当然，注册会计师需要考虑所实施的风险评估程序获取的审计证据是否能够充分、适当地反映被审计单位费用预算管理制度在各个不同时点按照既定设计得以一贯执行。

控制测试与细节测试的目的不同。前者的目的是为控制运行的有效性提供审计证据，后者的目的是为认定的错报提供审计证据。尽管两者目的不同，但注册会计师可以考虑针对同一交易同时实施控制测试和细节测试，以实现双重目的，这种做法称为双重目的测试。例如注册会计师通过检查某笔交易的发票可以确定其是否经过适当的授权，也可以获取关于该交易的金额、发生时间等细节证据。当然，如果拟实施双重目的测试，注册会计师应当仔细设计和评价测试程序。

2. 控制测试的要求

作为进一步审计程序的类型之一，控制测试并非在任何情况下都需要实施。当存在下列情形之一时，注册会计师应当实施控制测试：

（1）在评估认定层次重大错报风险时，预期控制的运行是有效的。如果在评估认定层次重大错报风险时预期控制的运行是有效的，注册会计师应当实施控制测试，就控制在相关期间或时点的运行有效性获取充分、适当的审计证据。注册会计师通过实施风险评估程序，可能发现某项控制的设计是存在的，也是合理的，同时得到了执行。在这种情况下，出于成本效益的考虑，注册会计师可能预期，如果相关控制在不同时点都得到了一贯执行，与该项控制有关的财务报表认定发生重大错报的可能性就不会很大，也就不需要实施很多的实质性程序。为此，注册会计师可能会认为值得对相关控制在不同时点是否得到了一贯执行进行测试，即实施控制测试。这种测试主要是出于成本效益的考虑，其前提是注册会计师通过了解内部控制以后认为某项控制存在被信赖和利用的可能。因此，只有认为控制设计合理、能够防止或发现和纠正认定层次的重大错报，注册会计师才有必要对控制运行的有效性实施测试。

（2）仅实施实质性程序不足以提供认定层次充分、适当的审计证据。如果认为仅实施实质性程序获取的审计证据无法将认定层次重大错报风险降至可接受的低水平，注册会计师应当实施相关的控制测试，以获取控制运行有效性的审计证据。

## 二、控制测试的性质

### （一）控制测试性质的含义

控制测试的性质是指控制测试所使用的审计程序的类型及其组合。注册会计师应当选择适当类型的审计程序以获取有关控制运行有效性的保证。计划从控制测试中获取的保证水平是决定控制测试性质的主要因素之一。计划的保证水平越高，对有关控制运行有效性的审计证据的可靠性要求越高。当拟实施的进一步审计程序主要以控制测试为主，尤其是仅实施实质性程序获取的审计证据无法将认定层次重大错报风险降至可接受的低水平时，注册会计师应当获取有关控制运行有效性的更高的保证水平。

虽然控制测试与了解内部控制的目的不同，但两者采用审计程序的类型通常相同，包括询问、观察、检查和穿行测试。此外，控制测试的程序还包括重新执行。

（1）询问。注册会计师可以向被审计单位适当员工询问，获取与内部控制运行情况相关的信息。例如，询问信息系统管理人员有无未经授权地接触计算机硬件和软件；向负责复核银行存款余额调节表的人员询问如何进行复核，包括复核的要点是什么，发现不符事项如何处理等。然而，仅仅通过询问不能为控制运行的有效性提供充分的证据，注册会计师通常需要印证被询问者的答复，如向其他人员询问和检查执行控制时所使用的报告、手册或其他文件等。因此，虽然询问是一种有用的手段，但它必须和其他测试手段结合使用才能发挥作用。在询问过程中，注册会计师应当保持职业怀疑态度。

（2）观察。观察是测试不留下书面记录的控制（如职责分离）的运行情况的有效方法。例如，观察存货盘点控制的执行情况。观察也可运用于实物控制，如查看仓库门是否锁好，或空白支票是否妥善保管。通常情况下，注册会计师通过观察直接获取的证据比间接获取的证据更可靠。但是，注册会计师还要考虑其观察到的控制在注册会计师不在场时可能未被执行的情况。

（3）检查。对运行情况留有书面证据的控制，检查非常适用。书面说明、复核时留下的记号或其他记录在偏差报告中的标志都可以被当作控制运行情况的证据。例如，检查销售发票是否有复核人员签字，检查销售发票是否附有客户订购单和出库单等。

（4）重新执行。通常只有当询问、观察和检查程序结合在一起仍无法获得充分的证据时，注册会计师才考虑通过重新执行来证实控制是否有效运行。例如，为了合理保证计价认定的准确性，被审计单位的一项控制是由复核人员核对销售发票上的价格与统一价格单上的价格是否一致。但是，要检查复核人员有没有认真执行核对，仅仅检查复核人员是否在相关文件上签字是不够的，注册会计师还需要自己选取一部分销售发票进行核对，这就是重新执行程序。但是，如果需要进行大量的重新执行，注册会计师就要考虑通过实施控制测试以缩小实质性程序的范围是否有效率。

（5）穿行测试。除了上述四类控制测试常用的审计程序以外，实施穿行测试也是一种重要的审计程序。值得注意的是，穿行测试不是单独的一种程序，而是将多种程序按特定审计需要进行结合运用的方法。穿行测试是通过追踪交易在财务报告信息系统中的处理过程，来证实注册会计师对控制的了解、评价控制设计的有效性以及确定控制是否得到执行。可见，穿行测试更多地在了解内部控制时运用。但在执行穿行测试时，注册会计师可能获取部分控制运行有效性的审计证据。

询问本身并不足以测试控制运行的有效性，注册会计师应当将询问与其他审计程序结合使用，以获取有关控制运行有效性的审计证据。观察提供的证据仅限于观察发生的时点，本身也不足以测试控制运行的有效性；将询问与检查或重新执行结合使用，通常能够比仅实施询问和观察获取更高的保证。

（二）确定控制测试性质应考虑的因素

（1）特定控制的性质。注册会计师应当根据特定控制的性质选择所需实施审计程序的类型。例如，某些控制可能存在反映控制运行有效性的文件记录，在这种情况下，注册会计师可以检查这些文件记录以获取控制运行有效的审计证据；某些控制可能不存在文件记录（如一项自动化的控制活动），或文件记录与能否证实控制运行有效性不相关，注册会计师应当考虑实施检查以外的其他审计程序（如询问和观察）或借助计算机辅助审计技术，以获取有关控制运行有效性的审计证据。

（2）与认定直接相关和间接相关的控制。在设计控制测试时，注册会计师不仅应当考虑与认定直接相关的控制，还应当考虑这些控制所依赖的与认定间接相关的控制，以获取支持控制运行有效性的审计证据。例如，被审计单位可能针对超出信用额度的例外赊销交易设置报告和审核制度（与认定直接相关的控制）；在测试该项制度的运行有效性时，注册会计师不仅应当考虑审核的有效性，还应当考虑与例外赊销报告中信息准确性有关的控制（与认定间接相关的控制）是否有效运行。

（3）自动化的应用控制。对于一项自动化的应用控制，由于信息技术处理过程的内在一贯性，注册会计师可以利用该项控制得以执行的审计证据和信息技术一般控制（特别是对系统变动的控制）运行有效性的审计证据，作为支持该项控制在相关期间运行有效性的重要审计证据。

（4）控制测试的目的。控制测试的目的是评价控制是否有效运行；细节测试的目的是发现认定层次的重大错报。尽管两者目的不同，但注册会计师可以考虑针对同一交易同时实施控制测试和细节测试，以实现双重目的。例如，注册会计师通过检查某笔交易的发票可以确定它是否经过适当的授权，也可以获取关于该交易的金额、发生时间等细节证据。当然，如果拟实施双重目的测试，注册会计师应当仔细设计和评价测试程序。

（5）实施实质性程序的结果对控制测试结果的影响。如果通过实施实质性程序未发现某项认定存在错报，这本身并不能说明与该认定有关的控制是有效运行的；但如果通过实施实质性程序发现某项认定存在错报，注册会计师应当在评价相关控制的运行有效性时予以考虑。因此，注册会计师应当考虑实施实质性程序发现的错报对评价相关控制运行有效性的影响（如降低对相关控制的信赖程度、调整实质性程序的性质、扩大实质性程序的范围等）。如果实施实质性程序发现被审计单位没有识别出的重大错报，通常表明内部控制存在重大缺陷，注册会计师应当就这些缺陷与管理层和治理层进行沟通。

### 三、控制测试的时间

#### （一）控制测试时间的含义

控制测试的时间包含两层含义：一是何时实施控制测试；二是测试所针对的控制适用的时点或期间。一个基本的原理是：如果测试特定时点的控制，注册会计师仅得到该时点控制运行有效性的审计证据；如果测试某一期间的控制，注册会计师可获取控制在该期间有效运行的审计证据。注册会计师应当根据控制测试的目的确定控制测试的时间，并确定拟信赖的相关控制的时点或期间。

关于根据控制测试的目的确定控制测试的时间，如果仅需要测试控制在特定时点的运行有效性（如对被审计单位期末存货盘点进行控制测试），注册会计师只需要获取该时点的审计证据。如果需要获取控制在某一期间有效运行的审计证据，仅获取与时点相关的审计证据是不充分的，注册会计师应当辅以其他控制测试，包括测试被审计单位对控制的监督。换言之，关于控制在多个不同时点的运行有效性的审计证据的简单累加并不能构成控制在某期间的运行有效性的充分、适当的审计证据。而所谓的“其他控制测试”应当具备的功能是：能提供相关控制在所有相关时点都运行有效的审计证据。被审计单位对控制的监督起到的就是一种检验相关控制在所有相关时点是否都有效运行的作用，因此注册会计师测试这类活动能够强化控制在某期间运行有效性的审计证据效力。

#### （二）期中审计证据的考虑

注册会计师可能在期中实施进一步审计程序。对于控制测试，注册会计师在期中实施此类程序具有更积极的作用。但需要说明的是，即使注册会计师已获取有关控制在期中运行有效性的审计证据，仍然需要考虑如何能够将控制在期中运行有效性的审计证据合理延伸至期末，一个基本的考虑是针对期中至期末这段剩余期间获取充分、适当的审计证据。因此，如果已获取有关控制在期中运行有效性的审计证据，并拟利用该证据，注册会计师应当实施下列审计程序：

（1）获取这些控制在剩余期间变化情况的审计证据。针对期中已获取过审计证据的控制，考察这些控制在剩余期间的变化情况（包括是否发生了变化以及如何变化）。如果这些控制在剩余期间没有发生变化，注册会计师可能决定信赖期中获取的审计证据；如果这些控制在剩余期间发生了变化（如信息系统、业务流程或人事管理等方面发生变动），注册会计师需要了解并测试控制的变化对期中审计证据的影响。

（2）确定针对剩余期间还需获取的补充审计证据。针对期中证据以外的、剩余期间的补充证据。在执行该项规定时，注册会计师应当考虑下列因素：①评估的认定层次重大错报风险的重大程度。评估的重大错报风险对财务报表的影响越大，注册会计师需要获取的剩余期间的补充证据越多。②在期中测试的特定控制。例如，对自动化运行的控制，注册会计师更可能测试信息系统一般控制的运行有效性，以获取控制在剩余期间运行有效性的审计证据。③在期中对有关控制运行有效性获取的审计证据的程度。如果注册会计师在期中对有关控制运行有效性获取的审计证据比较充分，可以考虑适当减少需要获取的剩余期间的补充证据。④剩余期间的长度。剩余期间越长，注册会计师需要获取的剩余期间的补充证据越多。⑤在信赖控制的基础上拟减少进一步实质性程序的范围。注册会计师对相关控制的信赖程度越高，通常在信赖控制的基础上拟减少进一步实质性程序的范围就越大。在这种情况下，注册会计师需要获取的剩余期间的补充证据越多。⑥控制环境。在注册会计师总体上拟信赖控制的前提下，控制环境越薄弱（或把握程度越低），注册会计师需要获取的剩余期间的补充证据越多。

除了上述测试剩余期间控制的运行有效性，测试被审计单位对控制的监督也能够作为一项有益的补充证据，以便更有把握地将控制在期中运行有效性的审计证据延伸至期末。如前所述，被审计单位对控制的监督起到的是一种检验相关控制在所有相关时点是否都有效运行的作用，通过测试剩余期间控制的运行有效性或测试被审计单位对控制的监督，注册会计师可以获取补充审计证据。

（三）对以前审计获取审计证据的考虑

注册会计师应当如何考虑以前审计获取的有关控制运行有效性的审计证据。一方面，内部控制中的诸多要素对于被审计单位往往是相对稳定的（相对于具体的交易、账户余额和列报），因此注册会计师在本期审计时还是可以适当考虑利用以前审计获取的有关控制运行有效性的审计证据；另一方面，内部控制在不同期间可能发生重大变化，注册会计师在利用以前审计获取的有关控制运行有效性的审计证据时需要格外慎重，充分考虑各种因素审计准则也规定了很多限制条件。

（1）基本思路。考虑以前审计获取的有关控制运行有效性的审计证据的基本思路是考虑拟信赖的以前审计中测试的控制在本期是否发生变化。如果拟信赖以前审计获取的有关控制运行有效性的审计证据，注册会计师应当通过实施询问并结合观察或检查程序，获取这些控制是否已经发生变化的审计证据。例如，在以前审计中，注册会计师可能确定被审计单位某项自动控制能够发挥预期作用。那么在本期审计中，注册会计师需要获取审计证据以确定是否发生了影响该自动控制持续有效发挥作用的变化。例如，注册会计师可以通过询问管理层或检查日志，确定哪些控制已经发生变化。

（2）当控制在本期发生变化时的处理。如果控制在本期发生变化，注册会计师应当考虑以前审计获取的有关控制运行有效性的审计证据是否与本期审计相关。例如，如果系统的变化仅仅使被审计单位从中获取新的报告，这种变化通常不影响以前审计所获取证据的相关性；如果系统的变化引起数据累积或计算发生改变，这种变化可能影响以前审计所获取证据的相关性。如果拟信赖的控制自上次测试后已发生变化，注册会计师应当在本期审计中测试这些控制的运行有效性。

（3）当控制在本期未发生变化时的处理。如果拟信赖的控制自上次测试后未发生变化，且不属于旨在减轻特别风险的控制，注册会计师应当运用职业判断确定是否在本期审计中测试其运行有效性，以及本次测试与上次测试的时间间隔，但两次测试的时间间隔不得超过两年。在确定利用以前审计获取的有关控制运行有效性的审计证据是否适当以及再次测试控制的时间间隔时，需要考虑的因素或情况包括以下几个方面：

①内部控制其他要素的有效性，包括控制环境、对控制的监督以及被审计单位的风险评估过程。例如，当被审计单位控制环境薄弱或对控制的监督薄弱时，注册会计师应当缩短再次测试控制的时间间隔或完全不信赖以前审计获取的审计证据。

②控制特征（人工控制还是自动化控制）产生的风险。当相关控制中人工控制的成分较大时，考虑到人工控制一般稳定性较差，注册会计师可能决定在本期审计中继续测试该控制的运行有效性。

③信息技术一般控制的有效性。当信息技术一般控制薄弱时，注册会计师可能较少地依赖以前审计获取的审计证据。

④控制设计及其运行的有效性，包括在以前审计中测试控制运行有效性时发现的控制运行偏差的性质和程度。例如，当所审计期间发生了对控制运行产生重大影响的人事变动时，注册会计师可能决定在本期审计中不依赖以前审计获取的审计证据。

⑤由于环境发生变化而特定控制缺乏相应变化导致的风险。当环境的变化表明需要对控制作出相应的变动、但控制却没有作出相应变动时，注册会计师应当充分意识到控制不再有效，从而导致本期财务报表发生重大错报的可能性，此时不应再依赖以前审计获取的有关控制运行有效性的审计证据。

⑥重大错报的风险和对控制的拟信赖程度。如果重大错报风险较大或对控制的拟信赖程度较高，注册会计师应当缩短再次测试控制的时间间隔或完全不信赖以前审计获取的审计证据。

（四）不得依赖以前审计所获取证据的情形

鉴于特别风险的特殊性，对于旨在减轻特别风险的控制，不论该控制在本期是否发生变化，注册会计师都不应依赖以前审计获取的证据。因此，如果确定评估的认定层次重大错报风险是特别风险，并拟信赖旨在减轻特别风险的控制，注册会计师不应依赖以前审计获取的审计证据，而应在本期审计中测试这些控制的运行有效性。也就是说，如果注册会计师拟信赖针对特别风险的控制，那么所有关于该控制运行有效性的审计证据必须来自当年的控制测试。相应地，注册会计师应当在每次审计中都测试这类控制。

## 四、控制测试的范围

控制测试的范围，主要是指某项控制活动的测试次数。注册会计师应当设计控制测试，以获取控制在整个拟信赖的期间有效运行的充分、适当的审计证据。对控制有效性的信赖程度越高，注册会计师需要获取越有说服力的审计证据，可能需要扩大控制测试的范围。

（一）确定控制测试范围的一般考虑因素

（1）在整个拟信赖的期间，被审计单位执行控制的频率。控制执行的频率越高，控制测试的范围越大。

（2）在所审计期间，注册会计师拟信赖控制运行有效性的时间长度。拟信赖控制运行有效性的时间长度不同，在该时间长度内发生的控制活动次数也不同。注册会计师需要根据拟信赖控制的时间长度确定控制测试的范围。拟信赖期间越长，控制测试的范围越大。

（3）为证实控制能够防止或发现并纠正认定层次重大错报，所需获取审计证据的相关性和可靠性。对审计证据的相关性和可靠性要求越高，控制测试的范围越大。

（4）通过测试与认定相关的其他控制获取的审计证据的范围。针对同一认定，可能存在不同的控制。当针对其他控制获取审计证据的充分性和适当性较高时，测试该控制的范围可适当缩小。

（5）在风险评估时拟信赖控制运行有效性的程度。注册会计师在风险评估时对控制运行有效性的拟信赖程度越高，需要实施控制测试的范围越大。

控制的预期偏差可以用控制未得到执行的预期次数占控制应当得到执行次数的比率加以衡量（也可称为预期偏差率）。考虑该因素，是因为在考虑测试结果是否可以得出控制运行有效性的结论时，不可能只要出现任何控制执行偏差就认定控制运行无效，所以需要确定一个合理水平的预期偏差率。控制的预期偏差率越高，需要实施控制测试的范围越大。如果控制的预期偏差率过高，注册会计师应当考虑控制可能不足以将认定层次的重大错报风险降至可接受的低水平，从而针对某一认定实施的控制测试可能是无效的。在控制测试中，对样本规模的影响因素及方向，详见《中国注册会计师审计准则第1314号——审计抽样》及其指南。

（二）对自动化控制的测试范围的特别考虑

审计准则指出，除非系统（包括系统使用的表格、文档或其他永久性数据）发生变动，否则注册会计师通常不需要增加自动化控制的测试范围。

信息技术处理具有内在一贯性，除非系统发生变动，一项自动化应用控制应当一贯运行。对于一项自动化应用控制，一旦确定被审计单位正在执行该控制，注册会计师通常无须扩大控制测试的范围，但需要考虑执行下列测试以确定该控制持续有效运行：①测试与该应用控制有关的一般控制的运行有效性；②确定系统是否发生更改，如果发生更改，是否存在适当的系统更改控制；③确定对交易的处理是否使用授权批准的软件版本。例如，注册会计师可以检查信息系统安全控制记录，以确定是否存在未经授权的接触系统硬件和软件，以及系统是否发生变动。

（三）对间接控制的考虑

在设计和实施控制测试时，注册会计师应当确定拟测试的控制是否依赖其他控制（间接控制）。如果依赖其他控制，注册会计师应当确定是否有必要获取支持这些间接控制有效运行的审计证据。

在某些情况下，注册会计师可能有必要获取有关间接控制运行有效性的审计证据。例如，被审计单位可能针对超出信用额度的例外赊销交易设置报告和审核制度，在测试这项制度运行的有效性时，审核制度和相关的跟进措施是与测试直接相关的控制，与例外赊销报告中信息准确性相关的控制（如信息技术一般控制）则被称为间接控制，也需要对其实施控制测试。这是因为，由于信息技术处理过程的内在一贯性，有关自动化应用控制得到执行的审计证据，需要连同信息技术一般控制（特别是对系统变动的控制）运行有效性的审计证据一起，才可能提供有关自动化应用控制运行有效性的重要审计证据。

## 五、对控制运行的有效性形成评价结论

控制测试的结果，是注册会计师评价控制运行有效性的直接依据。然而，在评价相关控制运行的有效性时，除直接根据控制测试的结果进行评价外，注册会计师还应当评价通过实施实质性程序发现的错报是否表明控制未得到有效运行。因为，实施实质性程序发现的重大错报，是表明内部控制存在值得关注的内部控制缺陷的重要迹象，但通过实质性程序未发现错报，并不能证明与所测试认定相关的控制是有效的。

控制测试的结果可能表明被审计单位的控制运行存在偏差，造成偏差的原因有很多，包括关键人员发生变动、人为错误等。如果发现拟信赖的控制出现偏差，注册会计师应当进行专门询问以了解这些偏差及其潜在后果，并确定：

（1）已实施的控制测试是否为信赖这些控制提供了适当的基础；

（2）是否有必要实施追加的控制测试；

（3）是否需要针对潜在的错报风险实施实质性程序。

如果发现的控制偏差率较高（尤其是在与预期偏差率进行比较后），注册会计师可能无法信赖该控制，进而无法将认定层次的风险降至注册会计师评估的水平。在这种情况下，注册会计师需要更多地依靠实质性程序，以将最终的审计风险降至可接受的低水平。

# 第四节　实质性程序

## 一、实质性程序的含义和要求

（一）实质性程序的含义

实质性程序是指注册会计师针对评估的重大错报风险实施的直接用于发现认定层次重大错报的审计程序。注册会计师应当针对评估的重大错报风险设计和实施实质性程序，以发现认定层次的重大错报。实质性程序包括对各类交易、账户余额、列报的细节测试以及实质性分析程序。

由于注册会计师对重大错报风险的评估是一种判断，可能无法充分识别所有的重大错报风险，并且由于内部控制存在固有局限性，无论评估的重大错报风险结果如何，注册会计师都应当针对所有重大的各类交易、账户余额、列报实施实质性程序。

（二）实施实质性程序的总体要求

注册会计师实施的实质性程序应当包括如下与财务报表编制完成阶段相关的审计程序：

（1）将财务报表与其所依据的会计记录相核对。

（2）检查财务报表编制过程中作出的重大会计分录和其他会计调整。注册会计师对会计分录和其他会计调整检查的性质和范围，取决于被审计单位财务报告过程的性质和复杂程度以及由此产生的重大错报风险。

如果认为评估的认定层次重大错报风险是特别风险，注册会计师应当专门针对该风险实施实质性程序。例如，如果认为管理层面临实现盈利指标的压力而可能提前确认收入，注册会计师在设计询证函时不仅应当考虑函证应收账款的账户余额，还应当考虑函证销售协议的细节条款（如交货、结算及退货条款）；注册会计师还可考虑在实施函证的基础上针对销售协议及其变动情况询问被审计单位的非财务人员。

如果针对特别风险仅实施实质性程序，注册会计师应当使用细节测试，或将细节测试和实质性分析程序结合使用，以获取充分、适当的审计证据。

## 二、实质性程序的性质

（一）实质性程序性质的含义

实质性程序的性质，是指实质性程序的类型及其组合。实质性程序的两种基本类型包括细节测试和实质性分析程序。细节测试是对各类交易、账户余额、列报的具体细节进行测试，目的在于直接识别财务报表认定是否存在错报。实质性分析程序从技术特征上看仍然是分析程序，主要是通过研究数据间关系评价信息，只是将该技术方法用作实质性程序，即用于识别各类交易、账户余额、列报及相关认定是否存在错报。

（二）实质性程序的设计

（1）细节测试和实质性分析程序的适用性。由于细节测试和实质性分析程序的目的和技术手段存在一定差异，所以各自有不同的适用领域。注册会计师应当根据各类交易、账户余额、列报的性质选择实质性程序的类型。细节测试适用于对各类交易、账户余额、列报认定的测试，尤其是对存在或发生、计价认定的测试；对在一段时期内存在可预期的大量交易，注册会计师可以考虑实施实质性分析程序。

细节测试和实质性分析程序在审计中各有其独特的作用，不可相互替代。实质性分析程序的结果往往为细节测试提供一定的方向性指导。注册会计师在认定层次实施的实质性程序可以是细节测试、实质性分析程序或者两者的结合。在确定实施何种审计程序（包括是否实施实质性分析程序）时，注册会计师需要判断各种可供使用的审计程序在将认定层次的审计风险降至可接受的低水平时的效果和效率。

（2）细节测试的方向。对于细节测试，注册会计师应当针对评估的风险设计细节测试，获取充分、适当的审计证据，以达到认定层次所计划的保证水平。该规定的含义是，注册会计师需要根据不同的认定层次的重大错报风险设计有针对性的细节测试。例如，在针对存在或发生认定设计细节测试时，注册会计师应当选择包含在财务报表金额中的项目，并获取相关审计证据。又如，在针对完整性认定设计细节测试时，注册会计师应当选择有证据表明应包含在财务报表金额中的项目，并调查这些项目是否确实包括在内。如为应对被审计单位漏记本期应付账款的风险，注册会计师可以检查期后付款记录。

（3）设计实质性分析程序时考虑的因素。实质性分析程序是指用作实质性程序的分析程序。在某些审计领域，如果重大错报风险较低且在一段时期内存在可预期关系的大量交易，注册会计师可以单独使用实质性分析程序以获取充分、适当的审计证据。

但是，与细节测试相比，实质性分析程序能够达到的精确度可能受到限制（例如数据可靠性等），所提供的证据在很大程度上是间接证据，证明力相对较弱。因此，从审计过程整体来看，注册会计师不能仅仅依赖实质性分析程序，而忽视对细节测试的运用。

鉴于实质性分析程序的使用存在限制条件，审计准则规定，在设计和实施实质性分析程序时，无论单独使用或与细节测试结合使用，注册会计师都应当考虑的一系列因素：①对特定认定使用实质性分析程序的适当性；②对已记录的金额或比率作出预期时，所依据的内部或外部数据的可靠性；③作出预期的准确程度是否足以在计划的保证水平上识别重大错报；④已记录金额与预期值之间可接受的差异额。

此外，审计准则还规定，如果评估的认定层次重大错报风险是特别风险，注册会计师应当专门针对该风险实施实质性程序，而且，仅有实质性分析程序是不够的，必须包括细节测试，当实施实质性分析程序时，如果使用被审计单位编制的信息，注册会计师应当考虑测试与信息编制相关的控制，以及这些信息是否在本期或前期经过审计。

## 三、实质性程序的时间安排

### （一）对期中实施实质性程序的考虑

在期中实施实质性程序，一方面消耗了审计资源，另一方面期中实施实质性程序获取的审计证据又不能直接作为期末财务报表认定的审计证据，注册会计师仍然需要消耗进一步的审计资源使期中审计证据能够合理延伸至期末。于是这两部分审计资源的总和是否能够显著小于完全在期末实施实质性程序所需消耗的审计资源，是注册会计师需要权衡的。注册会计师在考虑是否在期中实施实质性程序时应当考虑的一系列因素：

（1）控制环境和其他相关的控制。控制环境和其他相关的控制越薄弱，注册会计师越不宜依赖期中实施的实质性程序。

（2）实施审计程序所需信息在期中之后的可获得性。如果实施实质性程序所需信息在期中之后可能难以获取（如系统变动导致某类交易记录难以获取），注册会计师应考虑在期中实施实质性程序，但如果实施实质性程序所需信息在期中之后的可获得性并不存在明显困难，该因素不应成为注册会计师在期中实施实质性程序的重要影响因素。

（3）实质性程序的目标。如果针对某项认定实施实质性程序的目标就包括获取该认定的期中审计证据（从而与期末比较），注册会计师应在期中实施实质性程序。

（4）评估的重大错报风险。注册会计师评估的某项认定的重大错报风险越高（如本准则第六十五条提到的舞弊导致的重大错报风险），针对该认定所需获取的审计证据的相关性和可靠性要求也就越高，注册会计师越应当考虑将实质性程序集中于期末（或接近期末）实施。

（5）各类交易或账户余额以及相关认定的性质。例如，某些交易或账户余额以及相关认定的特殊性质（如收入截止认定、未决诉讼）决定了注册会计师必须在期末（或接近期末）实施实质性程序。

（6）针对剩余期间，能否通过实施实质性程序或将实质性程序与控制测试相结合，降低期末存在错报而未被发现的风险。

如果针对剩余期间注册会计师可以通过实施实质性程序或将实质性程序与控制测试相结合，较有把握地降低期末存在错报而未被发现的风险，注册会计师可以考虑在期中实施实质性程序，但如果针对剩余期间注册会计师认为还需要消耗大量审计资源才有可能降低期末存在错报而未被发现的风险，甚至没有把握通过适当的进一步审计程序降低期末存在错报而未被发现的风险，注册会计师就不宜在期中实施实质性程序。

（二）对期中审计证据的考虑

（1）如果在期中实施了实质性程序，注册会计师应当针对剩余期间实施进一步的实质性程序，或将实质性程序和控制测试结合使用，以将期中测试得出的结论合理延伸至期末。该规定指出了在如何将期中实施的实质性程序得出的结论合理延伸至期末时，注册会计师有两种选择：其一是针对剩余期间实施进一步的实质性程序；其二是将实质性程序和控制测试结合使用。即如果拟将期中测试得出的结论延伸至期末，注册会计师应当考虑针对剩余期间仅实施实质性程序是否足够。如果认为实施实质性程序本身不充分，注册会计师还应测试剩余期间相关控制运行的有效性或针对期末实施实质性程序。

（2）对于舞弊导致的重大错报风险（作为一类重要的特别风险），被审计单位存在故意错报或操纵的可能性，那么注册会计师更应慎重考虑能否将期中测试得出的结论延伸至期末。因此，如果已识别出由于舞弊导致的重大错报风险，为将期中得出的结论延伸至期末而实施的审计程序通常是无效的，注册会计师应当考虑在期末或者接近期末实施实质性程序。

（3）如果已在期中实施了实质性程序，或将控制测试与实质性程序相结合，并拟信赖期中测试得出的结论，注册会计师应当将期末信息和期中的可比信息进行比较、调节，识别和调查出现的异常金额，并针对剩余期间实施实质性分析程序或细节测试。

（4）在确定针对剩余期间拟实施的实质性程序时，注册会计师应当考虑是否已在期中实施控制测试，并考虑与财务报告相关的信息系统能否充分提供与期末账户余额及剩余期间交易有关的信息。

（5）在针对剩余期间实施实质性程序时，注册会计师应当重点关注并调查重大的异常交易或分录、重大波动以及各类交易或账户余额在构成上的重大或异常变动。

（6）如果在期中检查出某类交易或账户余额存在错报，注册会计师应当考虑修改与该类交易或账户余额相关的风险评估，以及针对剩余期间拟实施实质性程序的性质、时间和范围，或考虑在期末扩大实质性程序的范围或重新实施实质性程序。

（三）对以前审计获取审计证据的考虑

在以前审计中实施实质性程序获取的审计证据，通常对本期只有很弱的证据效力或没有证据效力，不足以应对本期的重大错报风险。只有当以前获取的审计证据及其相关事项未发生重大变动时（如以前审计通过实质性程序测试过的某项诉讼在本期没有任何实质性进展），以前获取的审计证据才可能用作本期的有效审计证据。但是，如果拟利用以前审计中实施实质性程序获取的审计证据，注册会计师应当在本期实施审计程序，以确定这些审计证据是否具有持续相关性。

### 四、实质性程序的范围

评估的认定层次重大错报风险和实施控制测试的结果是注册会计师在确定实质性程序的范围时的重要考虑因素。注册会计师评估的认定层次的重大错报风险越高，需要实施实质性程序的范围越广。如果对控制测试结果不满意，注册会计师应当考虑扩大实质性程序的范围。

在设计细节测试时，注册会计师除了从样本量的角度考虑测试范围外，还要考虑选样方法的有效性等因素。例如，从总体中选取大额或异常项目，而不是进行代表性抽样或分层抽样。在设计细节测试时如何使用审计抽样和其他选取测试项目的方法，参见《中国注册会计师审计准则第 1314 号——审计抽样》及其指南。

实质性分析程序的范围有两层含义。第一层含义是对什么层次上的数据进行分析，注册会计师可以选择在高度汇总的财务数据层次进行分析，也可以根据重大错报风险的性质和水平调整分析层次。例如，按照不同产品线、不同季节或月份、不同经营地点或存货存放地点等实施实质性分析程序。第二层含义是需要对什么幅度或性质的偏差展开进一步调查。实施分析程序可能发现偏差，但并非所有的偏差都值得展开进一步调查。如果可容忍或可接受的偏差（即预期偏差）越大，作为实质性分析程序一部分的进一步调查的范围就越小，于是确定适当的预期偏差幅度同样属于实质性分析程序的范畴。因此，审计准则规定，在设计实质性分析程序时，注册会计师应当确定已记录金额与预期值之间可接受的差异额。在确定该差异额时，注册会计师应当主要考虑各类交易、账户余额、列报及相关认定的重要性和计划的保证水平。关于如何运用实质性分析程序的进一步说明，参见《中国注册会计师审计准则第 1313 号——分析程序》及其指南。

## 课后复习题

### 一、复习思考题

1. 什么情况下，注册会计师需要实施控制测试？
2. 哪些因素会影响实质性程序的时间安排？
3. 注册会计师应如何应对舞弊导致的重大错报风险？

## 二、案例分析题

甲公司是ABC会计师事务所的常年客户，主要从事医疗器械设备的生产和销售。A产品为大型医疗器械设备，主要销往医院；B产品为小型医疗器械设备，主要通过经销商销往药店。C注册会计师负责审计甲公司2015年度财务报表。

C注册会计师在审计工作底稿中记录了所了解的甲公司情况及其环境，部分内容摘录如下：

（1）2015年年初，甲公司在5个城市增设了销售服务处，使销售网点的数量增加到11个，销售人员数量比去年年末增加50%。

（2）对于A产品，甲公司负责将设备运送到医院并安装调试。医院验收合格后签署设备验收单，甲公司根据设备验收单确认销售收入。甲公司自2015年起向医院提供一个月的免费试用期，医院在试用期结束后签署设备验收单。

（3）由于市场上B产品竞争激烈，甲公司在2015年年初将B产品的价格平均下调10%。

（4）甲公司从2014年起推出针对经销商的返利计划，根据经销商已付款的采购额的3%到6%的比例，在年度终了后12个月内向经销商支付返利。甲公司未与经销商就返利计划签署书面协议，而由销售人员口头传达。

（5）2015年12月，一名已离职员工向甲公司董事会举报，称销售总监有虚报销售费用的行为。甲公司已对此事展开调查，目前尚无结论。

（6）甲公司的生产设备使用的备件的购买和领用不频繁，但各类备件的种类繁多。为减轻年末存货盘点的工作量，甲公司管理层决定于2015年11月30日对备件进行盘点，其余存货在2015年12月31日进行盘点。

C注册会计师在审计工作底稿中记录了拟实施的实质性程序，部分内容如下：

（1）取得5个新增网点的办公室租赁合同，连同以前年度获取的6个网点的租赁合同，估算本年度办公室租金费用。

（2）计算2015年度每月毛利率，如果存在较大波动，向管理层询问波动原因。

（3）检查2014年度计提的销售返利的实际支付情况，并向管理层询问予以佐证，评估2015年计提的销售返利金额的合理性。

（4）从A产品销售收入明细账中选取若干笔记录，检查销售合同、发票和设备验收单，确定记录的销售收入金额是否与合同和发票一致，收入确认的时点是否与合同约定的交易条款和设备验收单的日期相符。

（5）检查年末应收账款的账龄分析以及年内实际发生的坏账，评估坏账准备的合理性。

（6）分别在2015年11月30日和2015年12月31日对甲公司的存货实施监盘。

要求：

（1）针对所了解的甲公司情况及其环境情况，假定不存在其他条件，逐项指出6项事项是否可能表明存在重大错报风险。

（2）针对拟实施的实质性程序，假定不存在其他条件，逐项指出6个程序与哪些重大错报风险是否直接相关。如果直接相关，指出对应的是识别的哪一类重大错报风险，并简要说明理由。

# 第七章

# 销售与收款循环审计

## 学习目标

1. 熟悉销售与收款循环的主要业务活动会计凭证和账户；
2. 掌握销售与收款循环的内部控制和控制测试程序；
3. 掌握如何设计和执行销售与收款循环交易的实质性测试程序；
4. 掌握如何设计和执行营业收入的实质性测试程序；
5. 掌握如何设计和执行应收账款的实质性测试程序。

## 适用的准则和规范

1. 《中国注册会计师审计准则第 1312 号——函证》
2. 《中国注册会计师审计准则第 1313 号——分析程序》

## 导读案例

劳尔·莱维和她的丈夫朱利叶斯开创并经营霍华德街珠宝公司已经 40 多年了。当她看完公司 1983 年 3 月的银行报表后感到非常忧虑，公司的经营业绩一直下滑，没有好转的迹象。虽然公司以前也有过销售下降的情况，但莱维夫妇通过削减成本支出一般都能渡过难关。可是这次虽然采取了多项控制成本的措施，但公司的资金情况还是在不断恶化。对于公司的财务危机，莱维夫人有了一种猜测，她不止一次地怀疑公司的出纳贝蒂。因为贝蒂除了兼职销售员，还负责处理所有的现金流入业务，并且负责保管现金收据和销售收入记录。虽然贝蒂在公司工作已 20 年，一直很受信赖，但莱维夫人认为她的推测合乎逻辑。

莱维夫人向她的丈夫朱利叶斯和一直在公司工作的儿子艾尔文指出，只有贝蒂能不受限制地接触公司的现金收据。此外，在最近几年里，贝蒂不但着迷于购买昂贵的衣服，而且还经常度假。但父子俩否认了莱维夫人的猜测，并且说怀疑贝蒂从公司偷窃的猜测太荒谬了，甚至告诫莱维夫人不要偏执。于是，莱维夫人又将她对贝蒂的看法告诉了40年来一直为公司的会计和经营提出很多帮助的专业意见的注册会计师，他们非常信任他们聘请的注册会计师。会计师认真地听完莱维夫人的讲述之后说，他已经注意到公司的现金记录偶尔会出现缺失，不过对于他们这样一家小规模的零售公司，缺失的现金显得似乎太多了。尽管朱利叶斯还是坚持认为贝蒂不应该对公司的现金短缺负责，但这位注册会计师还是建议莱维夫妇密切注意贝蒂的工作。

1985年春天，一位顾客告诉艾尔文，他曾经以预约订购的方式购买他们的商品。现在要来支付货款。这一天正好是贝蒂的休息日，所以艾尔文临时担任现金出纳。他仔细查找了预约订货销售单据簿和销售日记账，却没有找到这位顾客购买商品的任何记录。最后他只好请顾客第二天再来，因为那时贝蒂该回来工作了。第二天，艾尔文格告诉贝蒂，他找不到预约订购销售单。贝蒂显得很吃惊，然后说她将亲自找到那张单据。才过几分钟，贝蒂就手里拿着那张单据来到艾尔文跟前。艾尔文既吃惊又困惑，因为他已经在预约订购销售单据簿中找了好几遍，可是贝蒂却说那张单据一直就在那里。艾尔文无法轻易接受这种解释，还有一个可疑的地方就是这笔业务并没有登记在销售日记账上，而贝蒂却对此解释为疏忽。接下来的几周里，艾尔文认真地研究了销售日记账和现金日记账。他很快发现，母亲的判断是对的：在霍华德街珠宝公司中一直备受信赖的出纳员贝蒂，正在侵吞公司的资金。在贝蒂受雇期间，公司被侵吞的资金估计达到35万美元。

**思考与讨论**

1. 霍华德珠宝公司在销售与收款方面，应建立什么样的内部控制措施才能防止出纳员贪污、舞弊？

2. 针对上述情况，注册会计师应执行哪些审计程序。

# 第一节　销售与收款循环概述

## 一、销售与收款循环涉及的主要业务活动

销售与收款循环是企业向客户提供商品或劳务，直至收回货款的有关活动所组成的业务循环。销售与收款循环涉及销售业务、收款业务（包括现销和应收账款收回）、销售调整业务（包括销售折扣、折让和退回、坏账准备的提取和冲销）等内容。每一业务均需经过若干步骤（或程序）才能完成。了解企业在销售与收款循环中的主要业务活动，对销售与收款循环审计十分必要。这一过程是企业日常发生的经济业务，它既影响资产负债表项目，又影响利润表项目（如表7-1所示），因此它是会计报表审计中十分重要的内容。

表 7-1 销售与收款循环涉及的报表项目

| 资产负债表 | 利润表 |
| --- | --- |
| 应收账款 | 主营业务收入 |
| 应收票据 | 主营业务成本 |
| 预收账款 | 营业税金及附加 |
| 应交税费 | 销售费用 |
| 其他应交款 | 其他业务收入 |
| 坏账准备 | 其他业务成本 |

（一）销售业务的主要活动

1. 接受客户订单

顾客向企业寄送订单、提出订货要求，是整个销售与收款循环的起点。订单管理部门应区分现购订单和赊购订单，根据以前列出已批准销售的客户名单决定是否同意接受某客户的订单。如果该客户未被列入，则通常需要由销售单管理部门的主管来决定是否同意销售。如果同意销售则由销售单管理部门编制一式多联的销售单。销售单是证明管理层有关销售交易“发生”认定的凭据之一，也是销售交易轨迹的起点，能够帮助审计人员实现对销售交易的真实性进行测试的审计目标。

2. 批准赊销信用

对于顾客提出的赊销业务，企业应当设置单独的信用管理部门进行审批。销售部门编制的销售单，应由信用管理部门根据管理层的赊销政策在每个客户的已授权的信用额度内进行。执行人工赊销信用检查时应避免销售人员为扩大销售而使企业承受不适当的信用风险。对新客户应进行信用调查（包括获取信用评审机构对客户信用等级的评定报告）。无论批准赊销与否，都要求被授权的信用管理部门人员在销售单上签署意见，然后再将已签署意见的销售单送回销售单管理部门。设计信用批准控制与应收账款账面余额的“计价和分摊”认定有关。

3. 按销售单供货

企业管理层通常要求仓库只有在收到经批准的销售单时，才能供货。设计该控制活动的目的是为了防止仓库在未授权情况下擅自发货。经过信用审批后的销售单送回销售部门后，第一联直接送仓库作为按销售单供货和发货给装运部门的授权依据，第二联交开具账单部门，第三联由销售部留存。仓库开具预先连续编号的发货单，并在销售的产品装运后，将相关副本分送开具账单部门、运输单位和客户。

4. 按销售单装运货物

发运部门职员应在经授权的情况下装运产品，使企业按销售单装运与供货的职责相分离。发运部门职员在装运前，还必须进行独立验证，确定从仓库收到的商品都附有已批准的销售单，且与销售单内容相符。

商品发运时，应编制一式多联的装运凭证（或取得运输企业开具的提货单），并连续编号。按序归档的装运凭证通常由发运部门保管。装运凭证提供了商品确实已装运的证据，因此，它是证实销售交易发生认定的另一种形式的凭证。故定期检查每张装运凭证是否附有相应的销售发票，将有助于保证销售交易完整性认定的正确性。

5. 向客户开具账单

开具账单包括编制账单和寄送事先连续编号的销售发票给顾客。销售发票副联的档案通常由开单部门保管。这一程序涉及的主要问题有：（1）是否对所有装运的货物都开了账单（即完整性认定问题）；（2）是否只对实际装运的货物才开账单，有无重复开单或虚构交易（即发生认定问题）；（3）是否按已授权的价格计价（即准确性认定问题）。

开具账单部门职员在编制每张销售发票之前，独立检查是否存在装运凭证和相应的经批准的销售单，在销售订单、销售通知单、出库单（或提货单）等核对相符的前提下，会计部门将事先编号的销售发票提供给客户，销售发票的内容要与客户订单一致，将装运凭证上的商品总数与销售发票上的商品总数核对，对照已授权批准的商品价目表编制销售发票，检查销售发票计价和计算的正确性。开具发票后，即可通知出纳员办理结算收取货款。开具账单与销售交易的“发生”、“完整性”、“准确性”认定有关。

6. 记录销售

在手工会计系统中，记录销售的过程包括区分赊销、现销，并按销售发票编制记账凭证，再据以登记销售明细账和应收账款明细账（或现金、银行存款日记账）。

为保证正确记录销售发票，将销货交易归属于适当的会计期间，企业需设计并执行下列记录销售的控制活动：

（1）只依据附有有效装运凭证和销售单的销售发票记录销售，这些装运凭证和销售单应能证明销货交易已真实发生；

（2）控制所有事先连续编号的销售发票；

（3）独立检查已处理销售发票上的销售金额同会计记录金额的一致性；

（4）记录销售的职责应与前述处理销货交易的其他功能相分离；

（5）对记录过程中所涉及的有关记录的接触予以限制，以减少未经授权批准的记录的发生；

（6）定期独立检查应收账款明细账同总账的一致性；

（7）定期向顾客寄送对账单，并要求顾客将任何例外情况直接向所指定的未涉及执行或记录销售与收款循环业务的会计主管报告。

记录销售与销售交易的“发生”、“完整性”、“准确性”及应收款项的“计价和分摊”认定有关。

（二）收款业务的主要活动

1. 收到现金

处理现金收入交易的主要风险在于现金可能在记录之前或者之后被盗用。因此，控制活动应能合理地保证，在收现时立即产生有关责任凭证，且收现后立即受到安全保护。如不做好收现后的安全保障，就可能导致在随后处理现金收入过程中发生错报的风险。因此，企业应根据不同收款方式采取相应的安全保护措施。

（1）柜台收款。被审计单位的柜台收款应使用收银机进行控制。使用收银机有以下好处：①顾客可立即看到现金销售的金额和支付的金额；②能打印收据给顾客，并且在收银机内已上锁的磁带上记录交易；③收银机能产生每日收入的控制总数。

柜台销售交易的主管人员应采取措施确保所有的现金销售均通过收银机进行处理。另外，该主管人员还应指派专人负责独立检查现金盘点表的正确性，并验证手头现金与收银机打印的总数是否相符。然后，将现金、盘点表和收银机打印的总数送到出纳部门，出纳部门作进一步处理后存入银行。

（2）邮寄收款。为了把邮寄收款被挪用的风险降低至最低，绝大多数企业都要求顾客以支票付款。存在大量邮寄收款的企业可采用储存箱系统。该储存箱是由企业开户银行控制的邮政信箱，银行每日收取邮件，将所收到的现金贷记企业存款账户，并及时将汇款通知书送给企业，企业据以更新应收账款记录。这个系统能加速支票送存银行，并使企业尽早获悉银行已将收款贷记了企业存款账户，同时也消除了企业职员挪用所收款项的风险。

自行处理邮寄收款的企业，应要求收发室的职员做到以下两点：①已收到支票应立即在其背面盖上“只能存入”的字样；②将支票记入一式多联的现金收入清单。

立即编制清单既确立了收款的责任，又提供了控制总数，用以独立检查收款处理的完整性和正确性。所收到的汇款通知书应连同支票一起送到应收账款管理部门，以便应收账款管理部门据此更新顾客账户。

2. 将现金送存银行

对现金适当控制要求将所有的现金收入每天如数存入银行现金。

出纳在收到柜台收入和邮寄收入的现金时，应分别独立检查其与现金盘点表和清单是否相符。然后，将每种收入的总数登入每日现金汇总表，并填写存款单。出纳在送存现金之后，应将每日现金汇总表和经银行确认的存款单，送到总会计部门。

3. 记录收款

这项程序涉及将柜台收款和邮寄收款分别记入有关的日记账，并将邮寄收款过入相关的顾客账户。被审计单位在此环节所采取的控制应确保：（1）只有经确认的收款才能入账（发生认定）；（2）所有实际的收款都已入账（完整性认定）；（3）入账金额正确（计价和分摊认定）。

为了确保只有经确认的交易才能入账，企业应限制只有经授权的人员才能接近会计记录。柜台收款通常由总会计部门根据出纳送来的每日现金汇总表加以记录。对于邮寄收款，在手工处理系统下，必须将登记有关日记账和过入顾客账户这两项职责分离。总会计部门根据清单或每日现金汇总表，将收款记入日记账，应收账款部门则根据收发室送来的汇款通知书，将收款过入应收账款明细账。为了确保邮寄收款记录的完整性和正确性，企业必须对以下事项进行独立检查：

（1）记入日记账和过入应收账款的金额与收发室送来的清单的金额是否一致；

（2）柜台和邮寄收款记入日记账和过入应收账款的总额与出纳送来的每日现金汇总表和经确认的存款单，是否一致；

（3）由不执行或记录现金交易的职员定期编制银行存款余额调节表。

（三）销售调整业务的主要活动

1. 办理和记录销货退回、销货折扣与折让

顾客如果对商品不满意，销货企业一般都同意接受退货，或给予一定的销货折让；顾客如果提前支付货款，销货企业则可能会给予一定的销货折扣。发生此类事项时，必须经授权批准，并应确保与办理此事的部门和职员各司其职，分别控制实物流和会计处理过程。在这方面，严格使用贷项通知单无疑会起到关键的作用。

2. 提取坏账准备

企业必须按照会计准则的规定计提坏账准备，坏账准备提取的数额必须能够抵补企业以后无法收回的本期销货款，但不得提取秘密准备。

3. 注销坏账

不管赊销部门的工作如何主动，顾客因宣告破产、死亡等原因而不能支付货款的事件仍会发生。企业若认为某项货款确实无法收回，应根据既定程序注销这笔贷款。对这些坏账，正确的处理方法应该是获取贷款无法收回的确凿证据，经适当审批后及时进行会计调整。

## 二、销售与收款循环涉及的主要凭证与会计记录

从审计的范围来看，销售与收款循环的审计包括两部分的内容：一是对销售与收款循环业务活动本身的合理、合法性进行审查；二是对本循环所涉及的主要凭证和会计记录进行审查。在内部控制制度比较健全的企业，处理销售与收款业务通常需要的凭证和会计记录：

（一）原始凭证类

（1）顾客订货单。订货单是顾客提出的书面订货要求。企业可以通过销售部门或利用电话、传真、信函、参加订货会等方式取得新老顾客的订货单。

（2）销售单。销售单是列示顾客所订商品的名称、规格、数量以及其他与顾客订货单有关资料的表格，作为销售方内部处理顾客订货单的依据。

（3）发运凭证。发运凭证是由装运部门在发货时填写的一式多联、连续编号的凭证，用于反映发出商品的名称、规格、数量及其他有关信息。发运凭证的一联寄送给顾客，其余联由企业保存。这种凭证可用作向顾客开具账单的依据。

（4）销售发票。销售发票上反映了所销售货物的规格、数量、单价和销售金额等内容，是表明企业收入已经确认的原始凭证之一。发票的第一联应寄给顾客，副联由开单部门保管。

（5）商品价目表。商品价目表上列示了可供销售的各种商品的价格。商品价目

表的编制和修改均由相关部门授权批准。

（6）汇款通知书。汇款通知书是一种与销售发票一起寄给顾客，由顾客在付款时再寄回销货单位的凭证。

（7）贷项通知单。贷项通知单是一种用来表示由于销货退回或经批准的折让而引起的应收销货款减少的凭证。这种凭证的格式通常与销售发票的格式相同，只不过它不是用于说明应收账款的增加，而是用于说明应收账款的减少。其格式如下。

**贷项通知单** NO.

XX 公司

兹贷记你方账户如下：

退货（或折让）金额______元

我方原发票日期________号码__________________

制单公司（盖章）

日期

（8）坏账审批表。坏账审批表是一种用来记录某些应收账款注销为坏账的凭证，是经股东大会或董事会等权力执行机构批准注销为坏账的应收账款明细表，表中应注明应收账款的金额、账龄、债务人、注销为坏账的原因、批准人的姓名与职务等内容。

（二）记账凭证类

（1）收款记账凭证。根据记录现金、银行存款收入等收款业务的原始凭证编制的记账凭证，是编制“现金”、“银行存款”等账户的依据。

（2）付款记账凭证。根据记录销售退回与折让等退款业务的原始凭证编制的记账凭证。

（3）转账记账凭证。根据记录不涉及现金、银行存款收付等转账业务的原始凭证编制的记账凭证，是编制有关账户的依据。

（三）明细分类账和序时账类

（1）应收账款明细账。

（2）主营业务收入明细账和其他业务收入明细账。

（3）折扣与折让明细账。

（4）现金日记账和银行存款日记账。

（四）总账类

库存现金、银行存款、应收账款、应收票据、坏账准备、预收账款、财务费用（用以记录顾客已享受的销货折扣）、主营业务收入、其他业务收入、主营业务成本、其他业务支出、营业税金及附加、应交税费、其他应交款、销售费用。

（五）其他

（1）已授权的价格表。列示各种可供销售商品的已被授权批准的价格清单。

（2）顾客月末对账单。定期寄送给顾客用于购销双方定期核对账目的报告，旨在便于核对账目。该对账单中应列明与该顾客有关的应收账款月初余额、本月各项销货业务的金额、本月已收到的货款、各贷项通知单的数额及月末余额等内容。

## 三、销售与收款循环的审计目标

根据管理层对财务报表的认定，销售及收款循环审计的目标主要有：

（1）确定销售与收款循环中各业务的存在或发生。即确定的交易业务在审计期间内是否实际发生；确认应收账款是否存在。

（2）确认销售与收款循环中各业务的完整性。即本期发生的所有赊销、现销等交易业务是否都已登记入账，记录是否完整；应收账款增减变动的记录是否完整。

（3）确认应收账款的所有权。即确认应收账款是否归被审计单位所有，有无虚列应收账款的情况。

（4）确认销售与收款循环中各业务的正确性。即确定所有交易业务是否均已正确入账；确认坏账准备的计提是否恰当；确定应收账款年末余额是否正确等。

（5）确认销售与收款循环中各业务截止日期的正确性。即涉及应收账款和收入的所有交易业务是否都在规定日期入账，有无提前或推迟入账的情况。

（6）确认销售与收款循环中各业务的表达与披露。即确认各项收入的分类是否正确，会计报表中包括所有涉及主营业务收入、应收账款、坏账准备、应收票据、预收账款、代销商品款、应交税金、其他应交款、主营业务税金及附加、其他业务利润（包括其他业务收入和其他业务支出）和营业费用等的应披露事项是否均已在会计报表中充分、恰当地进行披露。

## 四、重要性、审计风险及审计方案

销售是企业营业收入的主要来源，是影响净利润的一个主要项目。由赊销交易所产生的应收账款，对大多数企业资产负债表都是重要的。尽管现金余额在特定资产负债表日可能并不重要，但是在整个会计期间，企业由现金收入活动所产生的现金流量，对财务报表通常产生较为重要的影响。另外，在一些企业里，销售调整业务（如提取坏账准备）也可能对利润表和资产负债表产生重要影响。

下列几个因素可能导致销售与收款循环的固有风险处在高水平：

（1）该循环的业务量很大，增加了发生错报的可能性；

（2）收入确认的时间容易引起争论，错误确认收入实际上已成为编制虚假财务报告的重要手段；

（3）现金是流动性最强的资产，极易被盗用；

（4）销售调整交易可能被用来掩盖舞弊，如冲销应收账款以掩盖其窃取顾客现金的事实。

注册会计师在计划审计工作时，必须谨慎评价销售与收款循环可能发生重大错报的风险，尤其是在识别和评估由于舞弊导致的重大错报风险时，注册会计师应当基于收入确认存在舞弊风险的假定，评价哪些类型的收入交易或认定可能产生舞弊风险。

由于销售与收款循环的固有风险往往很大，很多企业都建立和实施了比较全面且严密的内部控制，以防止或发现并纠正错报。这些控制在多数情况下都能有效降低销售与收款循环与各类交易、账户余额以及列报和披露相关的认定的控制风险。因此，注册会计师对这些认定往往采用综合性审计方案。

## 第二节 销售与收款循环的内部控制及其控制测试

审计人员在审计过程当中，应当关注由于舞弊或错误导致财务报表重大错报的可能性，并了解其对确定进一步审计程序的性质、时间和范围的影响。具体来说，主要是指被审计单位面临的经营风险、财务报表容易发生错报的领域以及发生错报的方式，特别是由于舞弊导致重大错报的可能性。

销售与收款循环的重大错报风险征兆如表 7－2 所示，描述了销售与收款循环可能存在的重大错报风险征兆。表中第一列对重大错报风险的产生进行分类，第二列列出了该错报对财务报表的影响，第三列列明了错报会通过许多潜在的风险征兆或具体行为表现出来，审计人员应该密切关注，第四列将错报与具体认定相联系，为执行进一步审计程序提供指导。

**表 7－2　　销售与收款循环的重大错报风险征兆**

| 错报风险 | 对财报的影响 | 风险征兆或具体行为 | 影响的认定 |
|---|---|---|---|
| 管理层舞弊 | 虚增收入 | 1. 新客户、异常客户、大客户未遵循往常的客户审批程序 | 发生 |
| | | 2. 不能提供证明收入的原始凭证，或存在大量以复印件代替原件的现象 | |
| | | 3. 记录的收入缺乏凭证支持或销售交易未获恰当授权 | |
| | | 4. 分析性复核表明报告收入太高，销货退回与销货折让过低，账准备的计提明显不足 | |
| | | 5. 本期发生的退货占前期销售收入的比重明显偏高 | |
| | | 6. 接到客户、竞争对手、雇员关于收入失实的暗示或投诉 | |
| | | 7. 报告收入的市场占有率与行业排名明显不符 | |
| | | 8. 收入的增长与宏观产业状况不符 | |
| | | 9. 高管层报酬与企业财务业绩紧密结合 | |
| | | 10. 管理层或治理层拥有相当数量股票或债券 | |
| | | 11. 期末收入调整极大改善了当期的业绩 | |
| | | 12. 对收入或收入异常的解释前后矛盾、含混不清或难以置信 | |
| | | 13. 管理层对注册会计师关于收入确认、质疑、以及相关信息的提供不予配合 | |
| | | 14. 管理层禁止注册会计师接触相关设施、雇员、记录、客户、供应商等获取关于收入的证据 | |

续表

| 错报风险 | 对财报的影响 | 风险征兆或具体行为 | 影响的认定 |
| --- | --- | --- | --- |
| | 虚减收入 | 与收入相关的交易没有完整和及时地加以记录，或者在交易金额、会计期间和分类方面记录明显不足 | 完整性和截止 |
| | 虚增应收款 | 1. 应收账款的增幅明显高于收入的增幅 | 发生 |
| | | 2. 与收入相关的应收款记录与询证函存在异常差异 | |
| | | 3. 当期确认的坏账准备占过去几年销售收入的比重明显偏高 | |
| | 资金异常 | 1. 已收回现金占当期销售收入的比例明显偏低 | 发生 |
| | | 2. 销售收入与经营活动产生的现金流入呈背离状态 | |
| | | 3. 销售收入和现金日记账存在明显的不平衡 | |
| | | 4. 银行存款余额调节表上存在重大无合理解释的差异 | |
| | 交易舞弊 | 1. 主业表现欠佳，创造虚假交易以掩盖损失 | 发生 |
| | | 2. 交易复杂，操纵关联方创造利润或掩盖损失 | |
| | | 3. 随意变更会计政策或操纵交易的会计处理 | |
| | | 4. 篡改与重大或异常交易相关的会计记录和交易条款 | |
| 员工舞弊 | 虚增收入 | 1. 不恰当的员工激励方案（与销售业绩紧密结合） | 发生 |
| | | 2. 不恰当的信用审批或没有审批 | |
| | | 3. 不正确或未授权的定价 | |
| | | 4. 未授权、不正确、不恰当的装运 | |
| | | 5. 欺诈，向不存在的客户发货 | |
| 会计政策<br>会计估计 | 虚列收入、应收款 | 1. 收入确认与准则不一致 | 计价和分摊 |
| | | 2. 坏账准备估计与实际情况不一致 | |
| | | 3. 售后服务费用计提不客观 | |
| 信息处理 | | 1. 对顾客订单条款的获取或输入有误 | 准确性<br>计价和分摊<br>分类 |
| | | 2. 发货环节真实状况与输入信息不一致 | |
| | | 3. 销货退回、折让、折扣信息有误 | |
| | | 4. 账单的开立不完整或不正确 | |
| | | 5. 销售交易的分类不正确 | |
| | | 6. 坏账的注销过多或过少 | |
| 披露 | | 1. 数字错误或前后不一致 | |
| | | 2. 管理方交易披露不透明 | |
| | | 3. 销售交易披露不符合准则或监管要求 | |

## 一、销售与收款循环的内部控制

为识别、防止企业销售与收款业务中存在的控制风险，企业应当在该循环的关键环节设计和执行控制政策与程序。销售与收款循环的内部控制主要涉及以下几个方面：

（一）授权审批控制

企业的销售业务必须经过适当授权审批。例如，销售发票和发货单须经企业有关负责部门和人员审批；由信用部门或专门的人员负责建立并及时更新有关客户信用的记录；授权额度内的销货，信用部门有权批准，超过这一限额则应由更高级别的主管人员负责决策；销售价格的确定，销售方式、结算方式的选择，销货折让与折扣制度的制定、调整，销售退回等均须经企业有关负责部门和人员审批；对确实无法收回的应收账款，按规定程序批准后，方可作为坏账处理。

（二）职责分离控制

将销售与收款循环过程中各项职责进行明确的分工，分别由不同的部门或人员执行，建立岗位责任制，使各项工作之间既相互联系，又相互牵制，从而防止错误或舞弊的发生。下列职务通常是不相容的，不得由同一人或同一部门办理相应的业务。

（1）办理销售、发货、收款三项业务的部门应分别设立；

（2）赊销审批部门或人员与销售工作应分开；

（3）订立合同的人员与谈判人员应分开；

（4）编制销售发票通知单的人员与开具发票的人员应当分离，填制发票人员不能同时负责发票的复核工作；

（5）应收票据的取得和贴现必须经由保管票据以外的主管人员的书面批准；

（6）登记应收账款、主营业务收入等明细账的人员与登记总账的人员应分开；

（7）出纳人员不得登记库存现金日记账及银行存款日记账；

（8）负责退货实物验收的人员不得同时担任退货账务的记录工作；

（9）应由独立于销售和收款的其他人员确认坏账是否发生。

（三）会计记录控制

对内部控制来说，只有具备充分的记账手续、充分的凭证和记录，才有可能实现其各项控制目标。例如，销售通知单、发票和出库单应事先编号，并按顺序填列签发；所有的销售发票都连同相应的出库单一并交给客户，经客户签字确认；建立并及时登记应收账款总账、明细账，主营业务收入总账、明细账等账簿；使用事先编号的退货凭证，退回的货物经检验入库后退款给客户；使用事先编号的凭证来记录坏账的核销，并保留坏账的有关记录，以便冲销的应收账款以后又收回时进行会计处理。同时，坏账的有关记录还是信用部门确定赊销限额的一个重要的参考依据。采用适当的方法记录收入、应收账款以及估计坏账准备的金额等。

（四）销售业务控制

（1）建立销售预算管理制度，制定销售目标，确立销售管理责任制。

（2）建立销售定价控制制度，制定价目表、折扣政策、付款政策并严格执行。

（3）加强赊销管理。对于超出销售政策和信用政策的赊销业务，实行集体决策审批。

（4）明确规定销售谈判、合同订立、合同审批、销售、发货等环节的岗位责任、职责权限及管理措施，并严格执行。

（5）建立销售退回管理制度。销售退回须经销售主管审批。

（6）建立完整的销售登记制度，加强对销售合同、销售计划、销售通知单、发货凭证、运货凭证、销售发票等的核对工作。销售部门应当设置销售台账。

（五）收款业务控制

（1）销售收入及时入账，不得账外设账，不得擅自坐支现金。销售与收款职能应当分开，销售人员应当避免接触现金。

（2）建立应收账款账龄分析制度和逾期应收账款催收制度。

（3）按客户设置应收账款台账。

（4）加强应收账款的管理，及时足额收回款项。对于可能成为坏账的应收账款应当报告有关决策机构，以确定是否确认为坏账。发生的坏账应查明原因，明确责任。

（5）对已注销的坏账进行备查登记，做到账销案存。收回已注销的坏账应及时入账。

（6）加强对应收票据的管理，其取得和贴现必须由保管票据以外的主管人员书面批准。

（7）定期与客户核对往来款项，如有不符，应查明原因及时处理。

（六）定期核对制度

企业应建立定期核对制度，以达到账账、账实相符。例如，应收账款总账、明细账，主营业务收入的总账、明细账等应定期进行核对，以保证账账相符；应收账款要有核对催收制度，每月由不负责现金、销货及应收账款记账的人员负责向客户寄送对账单，并定期检查确定账龄较长的欠款，在必要的情况下，调整这类客户的信用限额。

（1）定期检查销售与收款业务相关岗位及人员的设置情况；

（2）定期检查销售与收款业务授权批准制度的执行情况；

（3）定期检查销售的管理情况；

（4）定期检查收款的管理情况；

（5）定期检查销售退回的管理情况。

（七）内部稽核控制

由内部审计或其他独立人员检查销售与收款交易的处理和记录，是实现内部控制目标不可缺少的一项控制措施。内部核查人员的主要工作有：复核赊销的核准情况；查阅发票编号的连续性及所附凭证的完整性；检查发运单编号的连续性，并与销货日记账进行核对；检查未用凭证的保留情况；核对发运单与发票的内容、数量、价格等是否相符；通过会计凭证检查过入账户的正确性；核对销售记账与有关明细账的一致性以及复核异常或不正确项目的报告等。

销售与收款循环中主要业务活动、对应的凭证及账户、相关的认定、重要控制点的关系如表7－3所示。

表7－3　销售与收款循环中的各种关系

| 主要业务活动 | 相关凭证及账户 | 相关部门 | 相关认定 | 重要控制点 |
|---|---|---|---|---|
| 接受顾客订单 | 顾客订货单、销售单 | 销售单管理部门 | 销售交易的发生 | 顾客名单已被授权批准 |
| 批准赊销信用 | 销售单 | 信用管理部门 | 应收账款净额的计价和分摊 | 信用管理部门签署意见 |
| 按销售单供货 | 销售单 | 仓库 | | 收到经批准的销售单才供货 |
| 按销售单装运货物 | 销售单、发运凭证 | 装运部门 | 销售交易的发生、完整性 | 供货和运货职能分离 |
| 向顾客开具账单 | 销售单、发运凭证、商品价目表、销售发票 | 开具账单部门 | 销售交易的发生、完整性、计价和分摊 | 销售发票连续编号 |
| 记录销售 | 销售发票及附件、转账凭证、收款凭证、销售明细账、应收账款明细账、现金和银行存款日记账 | 会计部门 | 发生、完整性、计价和分摊 | 销售发票连续编号、记录销售与处理销售职能分离、定期独立检查并向顾客寄送账单 |
| 办理和登记现金及银行存款日记账 | 汇款通知书、收款凭证、现金和银行存款日记账 | 会计部门 | 发生、完整性、计价和分摊 | 利用汇款通知单加强货币资金控制 |
| 办理和记录销售退回以及销售折扣与折让 | 贷项通知单 | 仓库、会计部门 | 发生、完整性、计价和分摊 | 必须经授权处理，分别控制实物流和会计处理 |
| 注销坏账 | 坏账审批表 | 赊销部门、会计部门 | 计价和分摊 | 审批后及时作会计调整 |

## 二、记录对内部控制的了解

注册会计师通过询问、观察、检查凭证等审计程序，取得对被审计单位销售与收款循环的内部控制政策和程序的了解。注册会计师应重点了解以下情况：

（1）了解行业宏观政策有无重大变动、所在行业的市场供求与竞争如何、生产经营的季节性和周期性、产品生产技术的变化、能源供应与成本、行业的关键指标和统计数据等。

（2）了解企业销售政策及风险。例如企业销售采用的是现销还是赊销，对于赊销是否严格授权审批等。

（3）了解企业对销售收入的确认是否符合销售收入确认原则，有无提前或推迟确认收入的情况。

（4）了解企业对异常销售（如销售退回、销售折让与折扣）的处理是否正确。

（5）了解企业销售业绩评价标准的制定是否合理。

注册会计师应将所了解到的情况进行书面记录，记录的方式可根据需要灵活采用选择，如问卷调查表、文字说明性备忘录、流程图等方式，并将被审计单位的内部控制相应情况记录于审计工作底稿中。表7－4调查表列举了销售与收款循环中可能包括的问题。

**表7－4　　　　销售与收款内部控制调查表**

被审计单位名称＿＿＿＿＿＿

注册会计师＿＿＿＿＿＿　　审计日期＿＿＿＿＿＿　　完成日期＿＿＿＿＿＿

复核人＿＿＿＿＿＿　　复核日期＿＿＿＿＿＿

| 主营业务活动 | 提出问题 | 是 | 否 | 不适用 | 备注 |
|---|---|---|---|---|---|
| 1. 接受顾客订单 | （1）是否将顾客订单与批准顾客清单核对；<br>（2）新顾客是否由主管批准；<br>（3）对每张已接受的顾客订单是否都编制销售单 | | | | |
| 2. 批准信用 | （1）是否对所有新顾客都执行信用检查；<br>（2）是否在每次销售前都检查顾客的信用额度； | | | | |
| 3. 按销售单供货与装货 | （1）供货前是否都要求有已批准的销售单；<br>（2）是否独立检查从仓库收到的商品同已批准销售单的一致性；<br>（3）每次装运货物是否都编制了装运凭证 | | | | |
| 4. 开账单给顾客 | （1）每次开单是否都有相应的装运凭证和已批准销售单；<br>（2）每张装运凭证是否都有相应的销售发票；<br>（3）独立检查销售发票计价和计算的正确性 | | | | |
| 5. 记录销售 | （1）销售发票计算合计数，该合计数是否与销售账和应收账款记录的金额一致；<br>（2）是否每月给顾客寄出对账单 | | | | |

注册会计师签字　　　　被审计单位复核人员签字

## 三、对销售与收款循环进行控制测试并评估重大错报风险

### （一）销售与收款循环的控制测试

对于大多数企业来说，销售、应收账款和现金收取通常代表了相当大量的交易，假设控制风险为最大值，那么年末的详细的实质性测试范围很可能是非常广泛的。因此，注册会计师在考虑销售及收款循环时，常常在期中花费相当大的精力来了解企业内部控制并执行控制测试，这是因为如果根据控制测试的结果控制风险可以被认定为低于最大值的话，那么就可以减少年末的实质性测试的范围。

对销售与收款循环控制测试是在了解内部控制后，运用一定的方法，测试其健全、有效程度，从而最终对销售与收款活动的内部控制作出评价，控制测试主要包括以下内容：

1. 抽取一定数量的销售发票进行检查

销售发票的开具是销售成立的标志之一，也是向客户收取货款及登记销售收入明细账的依据。注册会计师可以从销售发票存根联中选取样本，作为测试的起点，并在审核时抽取一定数量的销售发票进行检查：

（1）检查发票是否连续编号，对作废发票的处理是否正确。

（2）核对销售发票与销售订单、销售通知单、出库单（或提货单）所载明的品名、规格、数量、价格是否一致。

（3）检查销售通知单上是否有信用部门的有关人员核准赊销的签字。

（4）复核销售发票上所列的数量、单价和金额是否正确。例如，将销售发票上所列商品的单价与商品价目表上的价格相核对，检验发票金额是否正确。

（5）从销售发票追查至有关的记账凭证、应收账款明细账及主营业务收入明细账，确定企业是否正确、及时地登记有关的凭证、账簿。

2. 检查销售货物是否均已开发票

抽取一定数量的出库单或提货单，并与相关的销售发票相核对，检查已发出的商品是否均已向顾客开出发票。记录尚未发货的销售业务可能是无意的错误，也可能是有意的舞弊。

3. 审核销售收入明细账的记录

从主营业务收入明细账中抽取一定数量的会计记录，并与有关的记账凭证、销售发票进行核对，以确定是否存在收入高估或低估的情况。

4. 审查销售退回和折让、折扣业务的处理

抽取一定数量的销售调整业务的会计凭证，检查销售退回、折让、折扣的核准与会计核算。

（1）确定销售退回与折让的批准与贷项通知单的签发职责是否分离。

（2）确定现金折扣是否经过适当授权，授权人与收款人的职责是否分离。

（3）检查销售退回和折让是否附有按顺序编号并经主管人员核准的贷项通知单。

（4）检查退回的商品是否有仓库签发的退货验收报告（或入库单），并就验收报告上的数量、金额与贷项通知单等进行核对。

（5）确定退货、折扣、折让的会计记录是否正确。

5. 抽取一定数量的记账凭证、应收账款明细账进行检查

（1）从应收账款明细账中抽取一定的记录并与相应的记账凭证进行核对，比较两者登记的时间、金额是否一致。

（2）从应收账款明细账中抽查一定数量的坏账注销业务，并与相应的记账凭证、原始凭证进行核对，确定坏账的注销是否符合规定，是否经企业主管人员核准等。

（3）确定企业是否定期与顾客对账，在可能的情况下，将企业一定期间的对账单与相应的应收账款明细账的余额相核对，如有差异，应进一步追查。

6. 对该业务的内部控制进行观察

观察职员获得或接触资产、凭证和记录（包括存货、销售通知单、出库单、销售发票、凭证与账簿、现金及支票等）的途径，并观察职员在执行授权、发货、开票等职责时的表现，确定企业是否存在必要的职务分离，其内部控制在执行过程中是否恰当。

以上测试是以会计凭证为起点开始的，下面介绍以内部控制目标为起点的测试程序。表7-5是销售与收款业务的内部控制和测试一览表。表7-5中分别列示了与销售业务有关的内部控制目标、常见错弊、关键控制程序和注册会计师常用的控制测试程序。

**表7-5　销售与收款循环的内部控制和控制测试表**

| 内部控制目标 | 常见错弊 | 关键控制程序 | 常用的控制测试程序 |
|---|---|---|---|
| 真实性（登记入账的销售业务确实发生） | 虚假销售（如向虚假客户销售；记录未发货的销售；重复记账） | 适当的职责分离，接受客户订单与赊销信用批准的职责分离、供货与发货的职责分离等 | 观察、判断相关职责是否实行适当分离 |
| | | 赊销信用批准制度 | 观察企业的赊销信用批准程序、抽查销售单上的信用审批意见 |
| | | 销售发票均经事先连续编号 | 检查销售发票连续编号的完整性 |
| | | 销售业务根据经审批的客户订货单和发运凭证登记入账 | 抽查销发票副联是否附有经审批的客户订货单和发运凭证 |
| | | 按月寄送客户对账单、由独立人员处理客户回函 | 审查客户对账单的寄送及回函处理程序、检查客户回函档案 |

续表

| 内部控制目标 | 常见错弊 | 关键控制程序 | 常用的控制测试程序 |
|---|---|---|---|
| 完整性（所有发生的销售业务均已登记入账） | 商品已发运，未记录相应的收入 | 发运凭证、销售发票事先连续编号并已经登记入账 | 检查发运凭证、销售发票连续编号的完整性 |
| 截止（及时记录销售业务） | 销售业务记入错误的会计期间 | 所有的发运凭证应于发运当日送达开票部门 | 审查尚未送达开票部门和已送达而未开单的发运凭证 |
| | | 当日发生的销售业务应于当日开单并登记入账 | 审查尚未入账的销售业务 |
| 计价和分摊（准确计算和记录销售收入） | 销售收入记录不正确； | 购货合同、商品价目表、折扣折让等均经授权批准 | 审查相关文件及销售发票是否经适当的授权批准 |
| | 销售收入计算不正确 | 销售发票的填制由专人复核 | 审查销售发票的复核标记 |
| 分类（销售业务的分类正确） | 销售业务未正确分类 | 会计科目设置恰当 | 审查有关会计科目表 |
| | | 商品分类适当 | 审查商品分类及编码表 |
| 过账与汇总（销售业务已正确地记入明细账并汇总） | 销售业务未正确过入主营业务收入明细账或应收账款明细分类账 | 独立稽核（接日核对已入账的销售发票、主营业务收入明细账和应收账款明细账等） | 审查过账标记、复核标记； |
| | | 凭证与记录控制（按月寄送客户对账单）；独立稽核（由独立人员处理客户回函） | 审查客户对账单的寄送及回函处理程序、检查客户回函档 |
| | 明细账未汇总或汇总不正确 | 立稽核（定期将应收账款细账余额合审查应收账款细账余额合计数与总账余额核对标记计数月总账余额核对） | 审查应收账款明细账余额合计数与总账余额核对标记 |

1. 真实性

销售业务的真实性目标与管理层关于“发生”的认定有关，是指确保登记入账的销售业务确实已发货给真实的客户。对这一目标，常见的错弊是虚假销售，虚假销售将会导致多报资产和收入。虚假销售又分为向虚假客户销售并登记入账、记录尚未发货的销售业务和销售业务重复入账3类。

（1）向虚假客户销售并登记入账是舞弊行为，注册会计师较难发现。防止这一舞弊行为的主要内部控制是将接受订单、发货和开单等职责进行适当分离。如果这些职责没有恰当分离，未经授权批准的发货行为就有可能发生。仅依据经授权批准的销售单和发运凭证开单入账，也能从一定程度上防止虚假销售登记入账。注册会计师若发现上述控制不存在或失效，就有必要制定并实施适当的实质性程序，以发现此类舞弊。

（2）记录尚未发货的销售业务可能是无意的错误，也可能是有意的舞弊。例如“黎明股份”在 1999 年为了粉饰其经营业绩，虚增主营业务收入 1.5 亿元，虚增利润总额 8 679 万元，虚增的主营业务收入和利润总额分别占该公司对外披露数字的 37% 和 166%。经审定之后，该公司实际亏损 3 448 万元。更为严重的是，该企业出现的上述问题中，90% 以上的数额是编造假账、完全虚构的。如通过与 11 家关联企业或非关联企业对开增值税发票的形式，在规避应交增值税的情况下，虚增主营业务收入 1.07 亿和利润 2 902 万元。通过完全虚构销售对象，虚增收入 2 269 万元。

按月寄送客户对账单，并由独立人员处理回函，能减少记录尚未发货的销售业务这类错误发生的可能性。注册会计师应观察被审计单位寄送对账单的过程，并检查客户复函档案。如发现该项控制措施并不存在或未有效地执行，注册会计师应考虑扩大实质性程序的范围。

（3）在企业的销售记录事先连续编号的情况下，销售业务重复入账的可能性很小。注册会计师应检查销售记录是否事先连续编号、已入账的销售记录的序号是否连续或重复。

2. 完整性

销售业务的完整性目标与管理层的“完整性”认定有关，是指保证所有已发生的销售业务均已登记入账。常见的错误是货物已发运而未确认收入。对销售业务的完整性目标，常用的控制测试是检查发运凭证和销售发票上编号的连续性。

3. 截止期限

截止期限的审计目标与管理层的“截止”认定相关，是指保证销售业务及时地记入正确的会计期间。每天所有的发运凭证应于当日送达开单部门，及时开单并登记入账，以防止漏记销售业务。在控制测试时，注册会计师应审查尚未送达开单部门的发运凭证和尚未登记入账的销售业务，判断其正确的入账日期，以发现应于当期入账而未入账的销售业务。例如“东方锅炉”上市后，在“利润截止”上大做手脚，将 1996 年度的销售收入 1.76 亿元和销售利润 3 800 万元，调整至 1997 年度；1997 年又以同样的方法，将该年度的销售收入 2.26 亿元和销售利润 4 700 万元转移到 1998 年，从而创造连续 3 年稳定盈利，净资产收益率增长平衡的假象。

4. 计价

估价目标与管理层的“计价和分摊”认定相关，是指保证销售收入的准确计算与记录。销售收入的准确计算与记录包括：按订货数量发货，按经审批的商品价目表计价，按发货数量与授权单价开单入账。注册会计师应检查购货合同、商品价目单等相关文件或凭证的授权批准记号和销售发票上的复核标记。由于销售收入的计算与记录会影响到财务报表数据的正确性，因此，在控制测试后，必须审慎进行实质性程序，以确保其真实性。

5. 分类

分类目标与管理层的“分类”认定相关，是指保证销售业务的分类正确。赊销与现销应不同处理；资产的销售与产品的销售亦不能混淆。对大多数企业而言，合理编制并使用会计科目表和产品代码表就能为实现这一目标提供足够的保证。注册会计师应检查被审计单位的会计科目表是否适当，是否编制并使用了商品分类编码表。

6. 过账与汇总目标

过账与汇总目标与管理层的“准确性、计价和分摊”认定相关，是指保证销售业务正确地记入明细账并汇总，不能漏记也不能重复记录。为实现这一目标，企业应设独立人员对过账汇总工作进行复核。按月寄送客户对账单能及时发现过账与汇总中的某些错误。注册会计师应对有关凭证和账簿上的过账标记和复核标记进行检查。

（二）评价销售与收款循环的控制风险

在对销售与收款循环的内部控制进行了解及控制测试（包括对计算机控制的测试）后，注册会计师应考虑内部控制整体，是否经过适当的设计以达到控制目标，并被有效地运行。这将决定是否将特定的账户和审计目标的控制风险评估为低水平，以及注册会计师是否能按原计划减少实质性测试的范围。如果评估结果不同于初步评估控制风险时的预期水平，注册会计师就需要重新考虑原计划的实质性测试性质、时间和范围——不仅限于销售循环账户而且包括其他可能受影响的账户。例如，如果用以保证销售记录完整性的控制活动无效，那么可能也会对存货和销售成本产生影响。

注册会计师应根据搜集到的审计证据作出评价，确定其可信赖程度及存在的薄弱环节，并最终确定实质性程序中的审计程序及审查重点。

重大错报风险包括两个层次：一是财务报表层次；二是各类交易、账户余额和披露的认定层次。认定层次重大错报风险由固有风险和控制风险组成。注册会计师在对某项认定的控制风险进行测试、评价时，必须遵循的步骤如下：

（1）确认可能发生哪些错报；

（2）确认防止、发现并纠正这些错报需要设计哪些关键控制点；

（3）通过控制测试，获取这些关键控制点有效性的证据；

（4）评价所获得的证据；

（5）评价该项认定的控制风险。

上述步骤的前三个环节说明如表 7－6 所示：

**表 7－6　　　测试、评价销售与收款循环控制风险的考虑**

| 主要业务活动 | 可能的错报 | 关键控制点 | 可能的控制测试 |
| --- | --- | --- | --- |
| 1. 接受顾客订单 | 可能把商品销售给了未经授权的顾客 | （1）确定顾客在已批准的顾客清单上；<br>（2）每次销售都有批准的销售单 | 审查已批准的顾客清单和销售单 |
| 2. 批准信用 | 承担了不适当的信用风险 | （1）信用部门须对所有新顾客作信用调查；<br>（2）在销售前检查顾客的信用额度；<br>（3）要求被授权的信用部门人员在销售单上签署意见 | （1）询问对新顾客作信用调查的程序；<br>（2）核对信用额度与销售情况；<br>（3）审查赊销信用是否经适当的授权批准 |
| 3. 按销售单供货与装运货 | （1）所发出、装运的货物可能与被订购的货物不符；<br>（2）可能有未经授权的发出、装运货物 | （1）发货、装货都须有已批准的销售单；<br>（2）按销售单发货和装运的职责分离；<br>（3）每次装运都编制装运单 | （1）观察发出、装运货物的职责分工情况；<br>（2）审查装运凭证及独立稽核的证据 |
| 4. 开账单给顾客 | （1）可能对虚构的交易开账单或重复开账单；<br>（2）有些装运凭证可能没有开账单；<br>（3）销售发票可能计价错误 | （1）每张发票须有与之配合的装运凭证和已批准的销售单；<br>（2）每张装运凭证须有与之相配合的销售发票；<br>（3）由独立人员对销售发票的编制作内部检查 | （1）将发票核对至装运凭证和已批准的销售单；<br>（2）追查装运凭证至销售单；<br>（3）检查和计算发票的计价 |
| 5. 记录销售 | （1）发票可能未入销售账和顾客账；<br>（2）发票可能过到错误的顾客账 | （1）销售发票与销售账和顾客的金额一致；<br>（2）每月定期给顾客寄送对账单 | （1）复核独立检查证据；<br>（2）观察月末对账单情况 |
| 6. 办理和记录现金、银行存款收入 | （1）货币资金失窃；<br>（2）收款记录错误 | （1）采用汇款通知单；<br>（2）独立检查入账联、过账的金额与每日现金汇总表的一致性；<br>（3）定期编制银行存款调节表 | （1）核对发运凭证与相关的销售发票和主营业务收入明细账及应收账款中的分录；<br>（2）审查银行存款调节表 |

对于表7-6中可能的错报和关键控制点，是注册会计师通过对销售交易处理业务的了解，以及会计师事务所提供的适合被审计单位的问题调查表等相关内容得出来的。注册会计师可以根据对被审计单位内部控制制度的了解，确认其是否设计并执行了必要的内部控制。

注册会计师将执行控制测试所获取的证据，用于评价与销售交易有关的每项重要认定的控制风险，并将评价过程的结论和相关依据记录在审计工作底稿中。

如果被审计单位销售与收款的内部控制不存在，或尽管存在但得不到遵循，或者控制测试的工作量不能达到减少实质性测试程序的工作量，则注册会计师就不应再继续实施控制测试，而应直接进行实质性测试程序。

**【案例7-1】** ABC会计师事务所审计师接受委托，对甲上市公司2012年度财务报表进行审计。审计师于2012年12月1~8日对甲公司的内部控制制度进行了解和测试，了解到甲公司在销售与收款循环控制活动有如下几项：

(1) 销售部门收到顾客寄来的订单后，由销售经理A对品种、规格、数量、价格、付款条件、结算方式等详细审核后盖章，由销售部门为顾客打印一份一式两份的销售单，一份送到信用部门批准，另一份与顾客订单一起存档，但未连续编号。

(2) 装运部门收到经批准的销售单后，编制一式多联的预先编号的装运凭证。仓库部门核对经批准的销售单与装运凭证后发货。

(3) 开具账单部门收到销售单后，根据单中所列资料，开具统一的销售发票，将顾客联寄送顾客，将销售发票交应收账款记账员B，作为记账和收款的凭证。

(4) 应收账款记账员B收到发票后，将发票与销售单、商品价目表等核对，如无错误，据以登记应收账款明细账和总账，并将发票和销售单按顾客顺序归档保存。

(5) 为提高办事效率，甲公司允许销售人员直接收款，销售人员收款后，为方便，允许其将款项存入个人账户，10天之内交款到公司财务部门。

(6) 甲公司5年以上的应收账款共四笔，金额总计150万元。经询问，都是以前遗留的应收账款，当事人已经不在，债务方也很难找到，由于无人负责，只好挂账。

根据资料假定未描述的其他内部控制不存在缺陷，请指出甲公司销售与收款循环内部控制在设计与运行方面的缺陷，并提出改进建议。

【解答】

(1) 销售单未连续编号且未做到一式多联，不能保证销售交易的完整性与真实性。建议甲公司对销售单连续编号且做到一式多联，以备内部核查所需。

(2) 装运部门发货后才编制一式多联预先编号的装运凭证，不能在货物尚未发出就凭销售单编制装运凭证，仓库应按经批准的销售单供货。建议甲公司的仓库在发货时必须根据经批准的销售单，装运部门按经批准的销售单装货并进行相应的核对后才能编制一式多联、事先编号的装运凭证。

(3) 开具账单部门仅凭销售单并且没有和商品价目表核对就编制销售发票。建议甲公司开具账单部门在开具销售发票前，独立检查是否存在装运凭证和经批准的销售单，并根据已授权批准的商品价目表编制。

（4）记账员 B 既登记应收账款总账又登记明细账。建议由不同的人员分别担任应收账款总账和明细账的记账工作，应收账款记账员要做到不相容职务的分离设置。

（5）销售人员不许直接收现款且销售现款应及时存入开户银行而不是销售人员的个人账户。建议甲公司明确规定销售人员在任何情况下不允许接触销售现款，款项收到后应及时入账。

（6）甲公司没有建立或没有很好地执行应收账款的逾期催收制度，发生的坏账没有及时注销。建议甲公司建立并执行应收账款的催收制度并认真执行，对于确实无法收回的坏账应及时报主管部门审批后注销，并备案登记，形成相应记录。

**【案例 7－2】** 按照本章第四节《销售与收款循环审计实例》，信达会计师事务所对科思特公司 2013 年度的财务报表进行了审计。通过了解该单位及其环境，实施风险评估，对其销售与收款循环交易进行控制测试。根据测试情况，注册会计师编制了销售与收款控制测试工作底稿，如本章中表 7－12 所示。

## 第三节　销售与收款循环的实质性程序

在销售与收款循环中，涉及的审计项目较多，如第一节所述，本节重点介绍主营业务收入、应收账款及其坏账准备、应收票据、预收账款、应交税费、营业税金及附加和销售费用的审计。

### 一、主营业务收入的实质性测试程序

（一）获取或编制主营业务收入明细表

（1）复核加计是否正确，并与报表数、总账和明细账合计数核对是否相符；同时结合“其他有外收入”科目金额，与报表数核对相符。

（2）检查以非记账本位币结算的折算汇率及折算是否正确。

（二）实施分析程序（必要时）

（1）针对已识别需要运用分析程序的有关项目，并基于对被审计单位及其环境的了解，通过进行以下比较，同时考虑有关数据间关系的影响，建立有关数据的期望值：

①将本期与上期的主营业务收入进行比较，分析产品销售结构和价格的变动是否正常，并分析异常变动的原因。

②比较本期各月主营业务收入的波动情况，分析其变动趋势是否正常，并查明异常现象和重大波动的原因。

③计算本期重要产品的毛利率，分析比较本期与上期各类产品毛利率的变化情

况，注意收入与成本是否配比，并查明重大波动和异常情况的原因。

④计算重要客户的销售额及其产品毛利率，分析比较本期与上期有无异常变化。

⑤依据纳税申报表，估计全年收入并与实际入账收入核对、分折，查明有无虚开发票或已销售而未开发票的行为。

（2）确定可接受的差异额。

（3）将实际情况与期望值相比较，识别需要进一步调查的差异。

（4）如果其差额超过可接受的差异额，调查并获取充分的解释和恰当的、佐证性质的审计证据（如通过检查相关的凭证等）。

（5）评估分析程序的测试结果。

**【案例 7－3】** 某会计师事务所对某公司进行审计时，编制了销售收入的分析表。具体数据如表 7－7 所示。

**表 7－7　　2012 年度销售收入分析表**

| 月　份 | 实际收入额 | 计划收入额 | 上年度收入额 | 计划完成% | 收入增长% |
|---|---|---|---|---|---|
| 1 | 318 769 | 250 000 | 265 380 | 127. 51 | 120. 12 |
| 2 | 226 430 | 150 000 | 148 750 | 150. 95 | 152. 22 |
| 3 | 538 667 | 400 000 | 423 880 | 134. 67 | 127. 08 |
| 4 | 414 239 | 350 000 | 336 526 | 123. 09 | 123. 09 |
| 5 | 383 882 | 400 000 | 413 897 | 95. 97 | 92. 75 |
| 6 | 406 391 | 400 000 | 363 571 | 101. 6 | 111. 78 |
| 7 | 476 558 | 400 000 | 398 275 | 119. 14 | 119. 66 |
| 8 | 321 676 | 300 000 | 287 643 | 107. 23 | 111. 83 |
| 9 | 487 439 | 500 000 | 452 788 | 97. 49 | 107. 65 |
| 10 | 619 887 | 550 000 | 534 266 | 112. 71 | 116. 03 |
| 11 | 223 164 | 450 000 | 437 659 | 49. 59 | 50. 99 |
| 12 | 181 435 | 350 000 | 331 272 | 51. 84 | 54. 77 |
| 合计 | 4 598 537 | 4 500 000 | 4 393 907 | 102. 19 | 104. 66 |

要求：根据销售收入分析表，对该公司年度收入情况进行总括分析，并初步确定应进一步审查的范围。

【解答】从上述销售收入分析表可以看出，该公司年度收入的情况是比较好的，较好地完成了本年的计划，比去年的收入水平有所提高。从各月份的相对数分析可看出，该公司上半年的增长幅度大，下半年的前四月也保持了持续增长的势头。但是，该公司在年末时的一个月份收入情况不好，仅是收入计划和上年实际的一半。因此，审计人员应将 11、12 月份作为审计的重点审计范围，进一步按收入类别、各产品进行分析，以判断公司收入的实际情况。

该公司的收入在全年保持了较好的势头，但年末出现较大滑坡。审计人员应根据此表提供的数据了解收入滑坡的原因。应当注意，如果没有外在因素和正当理由，审计人员应进一步审查该公司有无在年末月份漏计、少计，甚至隐瞒收入，为下一年的经营情况打埋伏等情况。

**【案例7-4】** 注册会计师对比分析了科斯特有限公司2013年度和2012年度的主营业务收入和产品制度毛利率，并分别编制了工作底稿。主营业务收入和产品年度毛利率变化分析如表7-15和表7-16所示。

（三）检查主营业务收入确认条件、方法是否符合企业会计准则

按照《企业会计准则第14号——收入》的规定，企业商品销售收入应在下列条件均能满足时予以确认：（1）企业已将商品所有权上的主要风险和报酬转移给购货方；（2）企业既没有保留通常与所有权相联系的继续管理权，也没有对已售出的商品实施有效控制；（3）收入的金额能够可靠地计量；（4）相关的经济利益很可能流入企业；（5）相关的已发生或将发生的成本能够可靠地计量。因此，对主营业务收入的实质性审计程序，应在了解被审计单位确认产品销售收入的会计政策的基础上，重点测试被审计单位是否根据上述五个条件确认产品销售收入。具体来说，被审计单位采取的销售方式不同，确认销售的时点也是不同的：

（1）采用交款提货销售方式，通常应于货款已收到或取得收取货款的权利，同时已将发票账单和提货单交给购货单位时确认收入。对此，注册会计师应着重检查被审计单位是否收到货款或取得收取货款的权利，发票账单和提货单是否已交付购货单位。应注意有无扣押结算凭证，将当期收入转入下期入账的现象，或者虚记收入、开具假发票、虚列购货单位，将当期未实现的收入虚转为收入记账，在下期予以冲销的现象。

（2）采用预收账款销售方式，通常应于商品已经发出时确认收入的实现。对此，注册会计师应重点检查被审计单位是否收到了货款，商品是否已经发出。应注意是否存在对已收货款并已将商品发出的交易不入账转为下期收入，或开具虚假出库凭证虚增收入等现象。

（3）采用托收承付结算方式，通常应于商品已经发出、劳务已经提供，并已将发票账单提交银行办妥收款手续时确认收入的实现。对此，注册会计师应重点检查被审计单位是否发货、托收手续是否办妥、货物发运凭证是否真实、托收承付结算回单是否正确。

（4）对委托其他单位代销商品的销售，应于代销商品已经销售取得代销单时确认收入的实现。审计人员应注意查明有无编制虚假代销清单、虚增本期收入的情况。

（5）对采用分期收款方式的销售，应当按照应收的合同或协议价款的公允价值确定销售商品收入金额。应收的合同或协议价款与其公允价值之间的差额，应当在合同或协议期间内采用实际利率法进行摊销，计入当期损益。

（6）对委托外贸企业代理出口的销售，应在收到外贸企业代办的发运凭证和银行交款凭证时确认收入的实现。审计人员应审查代办的发运凭证和银行交款单是否

真实，注意查明有无内外勾结、出具虚假发运凭证或虚假银行交款单的情况。

（7）销售合同或协议明确销售价款的收取采用递延方式，实质上具有融资性质的，应当按照应收的合同或协议价款的公允价值确定销售商品收入金额。应收的合同或协议价款与其公允价款之间的差额，通常应当在合同或协议期间内采用实际利率法进行摊销，计入当期损益。

（8）长期工程合同收入，如果合同的结果能够可靠估计，通常应当根据完工百分比法确认合同收入。注册会计师应重点检查收入的计算、确认方法是否合乎规定，并核对应计收入与实际收入是否一致，注意查明有无随意确认收入、虚增或虚减本期收入的情况。

**【案例7-5】**某会计师事务所年末在对某公司的销售业务进行审计时发现，该公司本年9月份采用分期收款销售方式向A客户销售货物价值40 000元，按合同约定当时收取了一般货款，其余的20 000元应于年末收回，但年末A客户未如期付款，该批产品的成本为30 000元；本年10月向B客户销售商品并取得商业承兑汇票，票面值为90 000元，约定6个月后付款，该批产品的成本为60 000元。该公司的增值税税率为17%，所得税税率为25%。该公司对这两笔业务的处理为：

| | | |
|---|---|---|
| 借：银行存款 | 23 400 | |
| 　　贷：主营业务收入 | | 20 000 |
| 　　　　应交税费——应交增值税（销项税额） | | 3 400 |
| 借：分期收款发出商品 | 90 000 | |
| 　　贷：库存商品 | | 90 000 |
| 借：主营业务成本 | 15 000 | |
| 　　贷：分期收款发出商品 | | 15 000 |

要求：指出该公司账务处理的错误，并提出改正建议。

【解答】该公司在会计年末应将分期收款销售的到期应收款计入本年收入，由于该公司账务处理不当，导致公司少计收入20 000元；该公司取得商业票据的销售业务应该在取得票据的同时确认收入，以未取得货款为由不确认收入是错误的，该公司因此又少计收入9 000元，应及时调整账项、补计收入，并计算、补交少计的所得税。

建议的调整分录为：

（1）补计收入及成本。

| | | |
|---|---|---|
| 借：应收账款——A | 23 400 | |
| 　　应收票据——B | 105 300 | |
| 　　贷：主营业务收入 | | 110 000 |
| 　　　　应交税费——应交增值税（销项税额） | | 18 700 |
| 借：主营业务成本 | 75 000 | |
| 　　贷：分期收款发出商品 | | 75 000 |

（2）计算补交的所得税（5 000 +30 000）×25% =8 750（元）

借：所得税费用　　8 750

　　贷：应交税费——应交所得税　　8 750

其他业务处理略。

**【案例7－6】**注册会计师于2013年2月25日在审查ABC公司2012年12月份银行存款日记账时，发现12月20日摘要栏中注明预收某产品货款，金额300 000元。查阅其相应的凭证，会计分录如下：

借：银行存款　　300 000

　　贷：主营业务收入　　300 000

该凭证所附的原始凭证仅是一张信汇收账通知，无发票记账联。经过询问当事人并调阅有关销售合同，该款项为预收某单位产品预购款，产品交货时间为2013年1月5日。

要求：分析存在的问题，提出处理意见，并编制审计调整分录（不考虑对利润及相关税费的影响）

【解答】

（1）存在问题：根据企业会计准则规定，预收账款方式销售的产品应在交货时确认收入，该公司违反规定，在预收货款时确认收入，虚增了2012年利润。

（2）处理意见：注册会计师应提请该公司调整会计处理，冲销提前确认的收入，同时编制审计调整分录。

调整分录如下：

借：营业收入　　300 000

　　贷：预收账款　　300 000

同时调整会计报表的其他项目。

（四）审查产品销售价格是否合理合规

注册会计师应向企业索取产品价格目录，并抽取一部分发票及收入明细账，检查售价是否符合价格政策，并注意销售给关联方或关系密切的客户产品价格是否合理，有无低价或高价结算以转移收入和利润的现象。

（五）审查登记入账的主营业务收入是否真实

在测试中，注册会计师一般关注三类错误发生的可能性：一是未曾发货却已将销货业务登记入账；二是销货业务重复入账；三是向虚构的顾客发货，并作为销货业务登记入账。

（1）对于未曾发货却已将销货业务登记入账的错误。注册会计师可以从主营业务收入明细账中抽查一定数量的记账凭证，追查有无发运凭证、销售单、销售发票等原始凭证，审查存货的出库日期、品名、数量等是否与销售发票、销售合同一致，借以查明登记入账的销售交易的真实性。如果注册会计师对发运凭证等的真实性有怀疑，还应进一步检查销售是否履行赊销批准手续和发货审批手续，有必要再进一步追查存货的永续盘存记录，测试存货余额有无减少，甚至可以追查至应收账款明细账贷方发生额的记录。

（2）对于销货业务重复入账的错误。为确定被审计单位是否存在上述错误，注册会计师可对企业为防止重复编号而设有序号的销货交易记录清单进行复核。

（3）对于向虚构的顾客发货并作为销货业务登记入账的错误。这类错误，一般只在登记销货的职员同时又兼有批准发货职能时才会发生，当内部探制存在该缺陷时，注册会计师就很难察觉这种虚构的发货。审查收入明细与销货分录相应的销货单，检查其是否经过赊销批准手续和发货审批手续，是测试向虚构的顾客发货的办法之一。

检查是否存在上述三类多报销货错误的另一个有效方法是：追查应收账款明细账中贷方发生额的记录。如果应收账款最终得以收回货款或者收到退货，则记录入账的销货业务开始通常是真实的，如果贷方发生额是注销坏账，或者直到审计时所欠货款仍未收回，就必须详细追查相应的发运凭证和顾客订单等，因为这些迹象都说明可能存在虚构的销货业务。

（六）审查发生的主营业务收入是否已登记入账

在审计实务中，对于主营业务收入的审计一般应侧重于真实性，即有无高估收入的问题。因此，无须测试主营业务收入的完整性。但如果被审计单位的内部控制不健全，没有建立由发运凭证追查至主营业务收入明细账这一独立的内部检查程序，就有必要进行主营业务收入的完整性测试。测试程序为：从发货部门的档案中，抽取本期一定数量的发运凭证，并追查至有关的销售发票副本和主营业务收入明细账，借以审查有无漏记（未开票发货）的主营业务收入。为使这一程序成为一项有意义的测试，注册会计师必须能够确信全部装运凭证均已归档，这可通过检查凭证的编号顺序来实现。

由原始凭证追查至明细账与从明细账至原始凭证是有区别的：前者用来测试遗漏了的业务（验证完整性认定）；后者用来测试不真实的业务（验证发生认定）。在验证其他认定时，测试方向一般无关紧要。如测试销货业务的估价时，可由销售发票追查至装运凭证，也可反向审查。

验证发生认定时，起点是明细账，即从主营业务收入明细账中抽取一个发票号码样本，核查至销售发票存根、装运凭证以及顾客订货单。验证完整性认定时，起点应是发货凭证，即从装运凭证中选取样本，追查至销售发票存根和主营业务收入明细账，借以测试遗漏事项。

（七）验证出口销售业务的准确性

对于出口销售，应当将销售记录与出口报关单、货运提单、销售发票等出口销售单据进行核对，必要时向海关函证。

例如，在“银广夏”事件中，注册会计师审查的几份盖着“天津东港海关”字样的报关单上，每种商品前的“出口商品编号”均为空白，这是违反报关单填写基本要求的，而且这儿份报关单编号在天津海关根本不存在。中天勤会计师事务所的注册会计师承认，这些单据均由“银广夏”的子公司“天津广夏”出面提供，事务所并没有直接向海关和银行询证，而是为了省事将询证函交与被审计单位发出和收回。中天勤会计师事务所的这种做法自然违背审计准则，导致审计失败。

（八）实施销售截止测试

截止测试是确认所有的交易、事项是否记录于正确的会计期间。对销售的截止测试，将从测试的目的、与确定主营业务收入的关系密切的关键日期、测试路线三个方面进行阐述。

（1）对销售实施截止测试的目的：其目的在于确定被审计单位主营业务收入会计记录的归属期是否正确；是否有将主营业务收入推迟或提前记账的情况。

（2）与主营业务收入确认关系密切的日期。注册会计师在审计中应该注意把握三个与主营业务收入确认有着密切关系的日期：一是发票开具日期；二是记账日期；三是发货日期（服务业则是提供劳务的日期）。这里的发票开具日期是指开具增值税专用发票或普通发票的日期；记账日期是指被审计单位确认主营业务收入实现并将该笔经济业务记入主营业务收入账户的日期；发货日期是指仓库开具出库单并发出库存商品的日期。检查三者是否归属于同一适当会计期间常常是主营业务收入截止测试的关键所在。围绕上述三个重要日期，在审计实务中，注册会计师可以考虑选择三条审计路径实施主营业务收入的截止测试。

一是以账簿记录为起点。从资产负债表日前后若干天的账簿记录查至记账凭证，检查发票存根与发运凭证，目的是证实已入账收入是否在同一期间已开具发票并发货，有无多记收入。这种方法的优点是比较直观，容易追查至相关凭证记录，以确定其是否应在本期确认收入，特别是在连续审计两个以上会计期间时，检查跨期收入十分便捷，可以提高审计效率。缺点是缺乏全面性和连贯性，只能查多记，无法查漏记，尤其是本期漏记收入延至下期而审计时被审计单位尚未及时登账时，不易发现应记入而未记入报告期收入的情况。因此，使用这种方法主要是为了防止多计收入。

二是以销售发票为起点。从报表日前后若干天的发票存根查至发运凭证与账簿记录，确定已开具发票的货物是否已发货并于同一会计期间确认收入。具体做法是抽取在报表日前后使用的若干张发票存根，追查至发运凭证和账簿记录，查明有无漏记收入现象。这种方法也有其优缺点：优点是较全面、连贯，容易发现漏记的收入；缺点是费时费力，有时难以查找相应的发货及账簿记录，而且不易发现多记的收入。使用该方法时应注意两点：

（1）相应的发运凭证是否齐全，特别应注意有无报告期内已作收入而下一个期初用红字冲回，并且无发货、收货记录，以此来调节前后期会计利润的情况。

（2）被审计单位的发票存根是否已全部提供，有无隐瞒。为此，应查看被审计单位的发票领购簿，尤其应关注普通发票的领购和使用情况。使用这种方法主要是为了防止低估营业收入。

三是以发运凭证为起点。选取资产负债表日前后若干天一定金额以上的发运凭证，追查至发票开具情况与账簿记录，与应收账款和收入明细账进行核对，以确定主营业务收入是否已记入恰当的会计期间。该方法的优缺点与上述方法二类似。使用该方法时应注意两点：

（1）相应的发运凭证是否齐全，特别应注意有无报告期内已作收入而下一个期初用红字冲回，并且无发货、收货记录，以此来调节前后期利润的情况。

（2）被审计单位的发票存根是否已全部提供，有无隐瞒。为此，应查看被审计单位的销售发票存根的连续编号是否完整，并考虑查看发票领购簿，尤其应关注普通发票的领购和使用情况。因此，使用这种方法主要是为了防止少计收入。

**【案例7-7】**按照本章第四节《销售与收款循环审计实例》信达会计师事务所对科思特公司2013年度的财务报表进行了审计。注册会计师对科斯特公司的销售实施截止测试时，选择了两条不同的审计路线，并分别编制了工作底稿，如表7-18和表7-19所示。

（九）审查主营业务收入的会计处理是否恰当

在审查主营业务收入时，应认真审查其会计处理过程。注册会计师应抽取企业被审计期间内一定数量的销售发票，进行从原始凭证到记账凭证、主营业务收入明细账的全过程审查，核实其记录、过账、加总是否正确，并将抽取的收入与应收账款明细账、现金或银行存款日记账、产成品明细账相核对，以进一步确定发货日期、销售数量、品名、单价、金额等是否相符。重点审查企业实现的销售收入是否及时足额入账，有无少计收入、偷漏税金等问题。

**【案例7-8】　　A公司人为调节利润的审计**

注册会计师李永在对A公司2008年的收入、成本及利润审计中，发现公司会计凭证中有大量的退货业务，红字冲销当年收入、成本及利润。李永决定进一步审查以查明原因。

李永仔细查阅了该公司2008年2月至12月的全部退货凭证，发现该公司开具红字发票，对西安某公司等5家公司发生的49 780台×产品销售业务，以客户要求退货办理了退货手续，并冲销了其全部的收入、成本及利润。公司的会计处理为：

借：应收账款　　-187 379 708.07

　　贷：主营业务收入　　-160.153.596.65

　　　　应交税费——应交增值税（销项税额）　　-272 262 111.42

借：主营业务成本　　-111 193 682.20

　　贷：库存商品　　-111 193 682.20

经审核，至退货之日起，该公司尚未发货且上述业务既无购货方退回单，也无本公司退货入库单，更无任何合同或协议。李永采取追踪审计方式，审查了2007年有关会计凭证，发现以下会计处理：

借：应收账款　　　　　　　　　　　　187 379 708.07
　　贷：主营业务收入　　　　　　　　　　160.153.596.65
　　　　应交税费——应交增值税　　　　　　272 262 111.42
借：主营业务成本　　　　　　　　　　111 193 682.20
　　贷：库存商品　　　　　　　　　　　　111 193 682.20

李永进一步审查有关原始单据，发现有以上 5 家公司的声明函（格式一致）：已办理退货手续，该产品所有权已归公司，现委托某公司中转站代为保管。[①]

（十）销货退回、销售折扣与折让业务的测试

引起销货退回、销售折扣与折让的原因不尽相同，其表现形式也不尽一致，但都是对收入的抵减，直接影响收入的确认和计量。销售折扣与折让的实质性程序主要包括以下几项：

（1）获取或编制折扣与折让明细表，复核加计正确，并与明细账合计数核对相符。

（2）取得被审计单位有关折扣与折让的具体规定和其他文件资料，并抽查较大的折扣与折让发生额的授权批准情况，与实际执行情况进行核对，检查其是否经授权批准，是否合法、真实。

（3）销售折扣与折让是否及时足额提交对方，有无虚设中介、转移收入、私设账外"小金库"等情况。

（4）检查折扣与折让的会计处理是否正确。存在销货退回的，检查相关手续是否符合规定，结合原始销售凭证检查其会计处理是否正确，结合存货项目审计关注其真实性。

上述销货退回、销售折扣与折让的审计方法，主要是根据销售合同的具体规定，审阅有关收入明细账和存货明细账，抽查有关会计凭证，验算核对账证是否相符。如有不符，需进一步分析原因、核实取证。

（十一）检查有无特殊的销售行为

检查有无特殊的销售行为，如附有销售退回条件的商品销售、委托代销、售后回购、以旧换新、商品需要安装和检验的销售、分期收款销售、出口销售、售后租回等，选择恰当的审计程序进行审核：

（1）附有销售退回条件的商品销售，如果对退货部分能作合理估计，确定其是否按估计不会退货部分确认收入；如果对退货部分不能作合理估计，确定其是否在退货期满时确认收入。

（2）售后回购，分析特定销售回购的实质，判断其是属于真正的销售交易，还是属于融资行为。

（3）以旧换新销售，确定销售的商品是否按照商品销售的方法确认收入，回收

---

① 资料来源：王明珠、郑丽等：《审计学教学案例》，中国时代出版社 2001 年版。

的商品是否作为购进商品处理。

（4）出口销售，确定其是否按离岸价格、到岸价格或成本加运费价格等不同的成交方式，确认收入的时点和金额。

（十二）函证本期销售额

结合对应收账款实施的函证程序，选择主要客户函证本期销售额。

（十三）调查向关联方销售的情况

一方面，要记录关联方交易品种、价格、数量、金额以及占主营业务收入总额的比例。对于合并范围内的销售活动，记录应予合并抵销的金额；另一方面，要调查集团内部销售的情况，记录其交易价格、数量和金额，并追查在编制合并财务报表时是否已予以抵销。

（十四）确定主营业务收入在利润表上的列报是否当恰当

注册会计师可结合其他业务收入的审计，审查主营业务收入的列报是否恰当，与主营业务收入有关的信息是否在财务报表附注中披露。

审查是否存在伪装收入的情况，有些企业可能将投资收益、营业外收入等非经常性收益伪装成营业收入，这种利润操纵虽然不会改变利润总额，但歪曲了利润结构，夸大了企业创造经营收入和经营性现金流量的能力，会误导财务报表使用者对企业盈利质量和现金流量的判断。例如，2000 年“美国在线”为了扭转广告收入下滑的颓势，故意将 2 380 万美元的一笔法律纠纷形成的应收赔款包装为广告收入。中国“东方电子”1997 ~2001 年间通过伪造销售合同、发票等，将内部职工股卖出收益伪装成产品销售收入，金额高达 17 亿元。

**【案例 7 –9】**按照本章第四节“销售与收款循环审计案例”风险评估确定的范围，注册会计师需对营业收入实施实质性程序，并确定了营业收入的审定余额。根据营业收入实施实质性程序的情况，注册会计师编制了营业收入的审定表，如表 7 – 14 所示。

## 二、应收账款的实质性程序

应收账款是指企业因销售商品、产品或提供劳务而形成的债权，即由于企业销售商品、产品或提供劳务等原因，应向购货客户或接受劳务的客户收取的款项或代垫的运杂费，是企业在信用活动中所形成的各种债权性资产。应收账款的审计目标一般包括：

（1）确定应收账款是否存在；

（2）确定应收账款是否归被审计单位所有；

（3）确定应收账款增减变动的记录是否完整；

（4）确定应收账款是否可收回，坏账准备的计提方法和比例是否恰当，计提是否充分；

（5）确定应收账款和坏账准备期末余额是否正确；

（6）确定应收账款和坏账准备在会计报表上的披露是否恰当；

应收账款实质性程序一般包括如下几项：

（一）核对应收账款明细账和总账的余额

对应收账款进行实质性程序，首先应核对企业应收账款明细账和总账的余额是否相符。如有不符，应查明原因，记入审计工作底稿并进行相应调整。

（二）获取或编制应收账款明细表

（1）复核加计数是否正确，并与总账和明细分类账进行核对相符；结合“坏账准备”科目与报表数相符。将应收账款明细表的合计数与其总账余额进行核对。

（2）分析有贷方余额的项目，应查明原因，必要时作重分类调整。

（3）结合其他应收款、预收账款等往来项目的明细账，查明有无同一客户多处挂账、异常余额或销售无关的其他款项，如有，应作出记录，必要时提出调整建议。

**【案例7－10】** 按照本章第四节《销售与收款循环审计实例》，信达会计事务所对科思特公司2013年度的财务报表进行了审计。注册会计师编制了应收账款明细表工作底稿，如表7－22所示。

（三）进行实质性分析程序

注册会计师可以利用如下比例关系进行分析程序：

（1）应收账款增加与销售收入增加的比率。销售收入的增加会引起应收账款余额的增加，两者之间存在着一定的相关性。如果这个指标异常增加，可能是由于企业为扩大销售而放宽信用标准，有可能造成应收账款回收期增长，坏账损失增加。

（2）应收账款周转率。这个指标可用于衡量企业回收应收账款的效率。

（3）本期销售退回和折让与本期销售收入的比率。通过前后期的比较，注册会计师可以发现销售退回和折让是否存在异常变动。

（4）坏账准备与应收账款余额的比率。如果企业采用应收账款余额百分比法计提坏账准备，该比率可以帮助注册会计师推断坏账准备的计提是否充分。

（5）在明细表上标注重要客户，并编制对重要客户的应收账款增减变动表，与上期比较分析是否发生变动，必要时可收集客户资料分析其变动的合理性。

（6）标识重要的欠款单位，计算其欠款合计数占应收账款余额的比例，分析异常情况及原因。

（四）分析应收账款账龄

应收账款的账龄，是指资产负债表中的应收账款从销售实现产生应收账款之日起，至资产负债表日止所经历的时间。由于应收账款可收回程度与其账龄成反比，即应收账款过期未收回的时间越长，其收回的可能性越小，所以为了确定应收账款的可收回程度，注册会计师应向被审计单位索取或自行编制结账日应收账款账龄分析表。编制应收账款账龄分析表时可以选择重要的顾客及其余额列示，不重要或余额较小的，可以汇总列示。注册会计师通过审查该表，可以分析各项应收账款的可收回金额，也可以在对应收账款进行函证时，作为确定函证对象的依据。应收账款账龄分析表的一般格式如表7－8所示。

**表7－8　　应收账款账龄分析表**

年　月　日　　　　货币单位：元

| 序　号 | 客户名称 | 期末余额 | 账　龄 | | | |
|---|---|---|---|---|---|---|
| | | | 1年以内 | 1～2年 | 2～3年 | 3年以上 |
| | | | | | | |
| 合　计 | | | | | | |

（五）对应收账款进行函证

注册会计师在审查应收账款账户记录数额是否正确的基础上，应进一步对应收账款的数额进行函证。所谓应收账款函证，是指直接发函给被审计单位的债务人，要求核实被审计单位应收账款是否真实、正确。我国的审计准则要求采用函证的方法核实应收账款金额，规定如果没有回函或对回函结果不满意，注册会计师应当实施必要的替代程序，以获取相应的证据。

（1）函证的目的。注册会计师对应收账款进行函证，是为了证实应收账款账户金额的真实性、正确性，防止和发现被审计单位及其有关人员在销售收款业务中发生的差错和舞弊行为。

（2）函证的范围和对象。注册会计师通常不需要对所有的应收账款发函询证，在确定函证数量的大小和函证范围时应考虑如下因素：

①应收账款在全部资产中的比重。如果应收款占全部资产的比重较大，则函证范围应相应大一些。

②被审计单位内部控制的强弱。如果内部控制较健全，则可相应缩小函证范围；反之，则应扩大函证范围。

③以前年度的函证结果。若以前年度函证中发现重大差异，或欠款纠纷较多，则函证范围相应地应扩大一些。

④函证方式的选择。若选择肯定式函证，则可相应减少函证量；若选择否定式函证，则要相应增加函证量。

⑤分析程序的结果。如果通过分析程序认为应收账款存在异常波动或总体合理性较差，就应增加函证数量。

一般情况下，注册会计师应选择以下项目作为函证对象：大额或账龄较长的项目；与债务人发生纠纷的项目；关联方［包括持股5%（含）以上股东］项目；主要客户（包括密切的客户）项目；交易频繁但期末余额较小甚至余额为零的项目；可能产生重大错误或舞弊的项目。

（3）函证时间的选择。为了能从函证中获得可靠的审计证据，注册会计师应安排好发函证的时间，通常安排在与资产负债表日相近的时间，同时也应考虑对方复函的时间。一般来说，可选在结账日，也可选择在结账日前的某一天。如果选择结账日前的某一天，注册会计师必须对函证日与结账日之间发生的有关赊销业务进行审计，以免发生遗漏。如果被审计单位的应收账款内部控制较为薄弱，则应选择结账日进行函证，以防止被审计单位有关职员在函证日与结账日之间发生舞弊行为。

（4）函证的方式。应收账款的函证，通常可采用两种方式：肯定式函证和否定式函证。

①肯定式函证，又称正面式、积极式函证。它是指向债务人发出询证函，要求债务人直接向注册会计师证实询证函所列示的账户余额是否正确，无论对错，都要求被询证的人必须回函予以答复，若不正确还需对列示的金额和差异加以说明。其参考格式如下：

肯定式询证函　　　　编号

____________（公司）：

本公司聘请的××会计师事务所正在对本公司××年度会计报表进行审计，按照《中国注册会计师审计准则》的要求，应当询证本公司与贵公司的往来款项等事项。下列数据出自本公司账簿记录，如与贵公司记录相符，请在本函下端“数额证明无误”处签章证明；如有不符，请在“数据不符”处列明不符金额。回函请直接寄至××会计师事务所。

回函地址：

邮编：　　　　电话：　　　　传真：　　　　联系人：

本公司与贵公司的往来款项列示如下：

| 截止日期 | 贵公司欠 | 欠贵公司 | 备　注 |
|---|---|---|---|
| | | | |
| | | | |
| | | | |

其他事项

本函仅为复核账目之用，并非催款结算。若款项在上述日期之后已经付清，仍请及时函复为盼。

（公司签章）　　（日期）

结论：数据证明无误

（签章）　　（日期）

数据不符，请列明不符金额

（签章）　　（日期）

②否定式函证，又称反面式、消极式函证，它是指向债务人发出询证函后，只

要求债务人在询证函上列示的应收账款余额不正确之处予以答复，否则就意味着认可。因此，在采取这种方式时，如果能收到回函，则为注册会计师提供了证明力较强的审计证据；如果未收到回函，可能是由于被询证者收到询证函且核对无误，也可能是被询证者从来就没有收到询证函，此时的询证函证明力较差。因此，在采取否定式询证函时，通常还需要执行其他审计程序。审计准则中的函证指南提供的参考格式如下。

否定式询证函　　　　编号

__________（公司）：

本公司聘请的××会计师事务所正在对本公司××年度会计报表进行审计，按照《中国注册会计师审计准则》的要求，应当询证本公司与贵公司的往来款项等事项。下列数据出自本公司账簿记录，如与贵公司记录相符，则无需回函；如有不符，请直接通知会计师事务所，并请在空白处列明贵公司认为是正确的信息，回函请直接邮寄给××会计师务所。

回函地址：

邮编：　　　　电话：　　　　传真：　　　　联系人：

本公司与贵公司的往来款项列示如下：

单位：元

| 截止日期 | 贵公司欠 | 欠贵公司 | 备　注 |
|---|---|---|---|
| | | | |
| | | | |
| | | | |

其他事项

本函仅为复核账目之用，并非催款结算。若款项在上述日期之后已经付清，仍请及时核对为盼。

（公司签章）　　　　（日期）

××××会计师事务所：

上面的信息不准确，差异如下：

（公司签章）　　　　（日期）

注册会计师采用哪种函证方式，可以根据下述情形作出选择。

当债务人符合下列情况时，采用肯定式函证：个别账户的欠款金额较大；有理由相信欠款可能会存在争议、差错或问题。

当债务人符合下列情况时，可以采用否定式函证：相关的内部控制是有效的；预计差错率较低；欠款余额小的债务人数量很多；注册会计师有理由确信大多数被函证者都能认真对待询证函，并对不正确的情况作出反馈。

有时候两种函证方式结合起来使用可能更适宜，如，对于大额账项采用肯定式函证，而对于小额账项则采用否定式函证。

（5）函证过程的控制。出于掩盖舞弊的目的，被审计单位可能千方百计地阻止函证，想方设法地拦截或更改询证函及回函的内容。因此，为了保证询证函结果的真实、可靠，注册会计师应当对函证过程进行直接控制，包括从询证函的发出到收回的全过程。

在具体实施控制时，必须注意以下几个问题：

①选择被询证者的控制。具体控制体现为：当被审计单位的管理层不同意注册会计师对拟函证的某些账户余额或其他信息实施函证时，注册会计师应当考虑该要求是否合理。如果认为该要求合理，审计人员应实施替代程序；以获取与这些账户余额与其他信息相关的证据；如果认为管理层的要求不合理，且被其阻挠无法实施函证，注册会计师应该视为审计范围受到限制，并考虑可能对审计报告产生的影响。

②函证过程的控制，注册会计师应该采取以下措施对函证的过程控制：

将被询证者的名称、地址与被审计单位的有关记录相核对；将询证函中列示的账户余额或其他信息与被审计单位有关资料相核对；由注册会计师亲自寄发询证函，同时附上贴足邮资的空白回函信封，回函信封上的地址必须是会计师事务所，以保证回函直接寄给注册会计师，如果被询证者以传真、电子邮件等方式回函，注册会计师应当直接接收，并要求被询证者寄回询证函原件；对于因无法投递而退回的询证函，注册会计师必须仔细分析、研究，查明是由于被函证者迁移或地址出现差错而导致信函无法投递，还是这笔应收账款本来就是一笔假账；对于没有收到复函的肯定式函证，应发送第二次乃至第三次询证函，如果仍得不到答复，就应采用必要的替代审计程序。例如，检查与销售有关的文件，包括销售合同、销售订单、销售发票副本及发运凭证等，以验证应收账款的真实性。

注册会计师应该将收到的回函形成工作底稿，并汇总函证结果。应收账款函证结果汇总表的格式如表 7－9 所示。

**表 7－9　　应收账款函证结果汇总表**

被审计单位：　　　　制表：　　　　日期

结账日：　　年　月　日　　　　复核　　　　日期

| 函证编号 | 债务人名　称 | 债务人地　址 | 函证方式 | 函证日期 | | 账面余额 | 函证结果 | 差异结果及说明 | 审定金额 |
|---|---|---|---|---|---|---|---|---|---|
| | | | | 第一次 | 第二次 | | | | |
| | | | | | | | | | |

（6）对函证结果的分析。注册会计师应对函证结果作如下分析。

①如果注册会计师认为函证结果是可靠的，并且被询证人认可询证函中的应收账款金额，则说明被审计单位期末应收账款余额是真实和正确的，注册会计师可将收回的询证函汇总编入审计工作底稿，作为审计证据。

②如果被询证人认可的金额或日期，与询证函中相应的内容不符，注册会计师应进一步查明原因，必要时与被询证的债务人直接联系加以核实。产生差异的原因，有可能是购销双方记账时间不同，也有可能是由于一方或双方记账错误，甚至可能是弄虚作假或舞弊行为。由于记录时间不同而产生的差异，主要表现为：询证函发出时，债务人已经付款，而被审计单位尚未收到货款；询证函发出时，被审计单位的货物已发出并已作销售记录，但货物仍在途中，债务人尚未收到货物或未验收入库；债务人由于某种原因将货物退回，而被审计单位尚未收到；债务人对收到货物的数量、质量及价格等有争议而全部或部分拒付货款。

对函证出现的差异，注册会计师应尽可能与被审计单位取得直接联系，以核实差异，并根据情况要求被审计单位进行调整。

③如果询证函中的有关内容并没有得到对方的确认，注册会计师应分清不符事项的性质，考虑不符事项是否构成错报及其对会计报表可能产生的影响，并将结果记录于工作底稿。如果不符事项构成错报，注册会计师应当重新考虑所实施审计程序的性质、时间和范围。应当注意的是，如果实施函证和替代审计程序都不能获取会计报表有关认定的充分、适当的审计证据，注册会计师必须采取其他必要措施加以调查。一般可以采取措施主要有：查询结账日后的现金收入日记账和应收账款明细账，以查明被询证人是否已经在结账日后至收到询证函期间实际支付了所欠货款；追查与应收款业务有关的业务凭证，如销售合同、顾客订货单、销售通知书、出库单、销售发票等，以验证应收款项业务的真实性；向独立于被审计单位之外的机构，如工商企业注册机构、资信咨询机构等进行查询，以验证被询证债务人的地址、信用与财务状况，以及是否确有其人。如果查明被询证人是虚构的，则应予以披露。

应收账款函证的工作底稿如表 7－23 所示。

（7）对函证结果的评价。注册会计师应将函证的过程和情况记录在工作底稿中，并据以总结和评价应收账款情况。注册会计师对函证结果可进行如下评价：

①注册会计师应重新考虑过去对内部控制的评价是否适当；控制测试的结果是否适当；分析程序的结果是否适当；相关的风险评价是否适当等等。

②如果函证结果表明没有审计差异，且函证样本的设计和对样本的审计是适当的，则注册会计师可以合理地推论全部应收账款总体是正确的。

③如果函证结果表明存在审计差异，则注册会计师应当估算应收账款总额中可能出现的累计差错是多少，估算未被选中进行函证的应收账款的累计差错是多少。为了更加准确地估计应收账款的累计差错，也可以进一步扩大函证范围。

需要说明的是，在应收账款的函证过程中。即便应收账款得到了债务人的认可，也并不意味着债务人一定会付款，同时函证也不能发现所有存在的问题。虽然如此，函证仍不失为一种必要、有效的审计方法。

（六）审查未函证的应收账款

由于注册会计师不需要也不可能对所有应收账款进行函证，只是采用抽样方法函证，所以对于未函证的应收账款。注册会计师应抽查有关销售业务的原始凭证，如销售合同、顾客订货单、销售发票副本及出库单等，以验证这些应收账款是否真实正确。

应收账款替代测试工作底稿如表7－24所示。

**【案例7－11】**大华会计师事务所接受委托，审计至成公司2012年度的会计报表。注册会计师李红了解和测试了与应收账款相关的内部控制，并将控制风险评估为高水平。李红取得了2012年12月31日的应收账款明细表，并于2013年1月15日采用了肯定式函证方式对所有重要客户寄发了询证函。

李红将与函证结果相关的重要异常情况汇总如表7－10所示。

**表7－10　重要异常情况汇总表**

| 异常情况 | 函证编号 | 客户名称 | 询证金额（元） | 回函日期 | 回函内容 |
|---|---|---|---|---|---|
| （1） | 11 | 甲 | 600 000 | 2013.01.18 | 购买Y公司600 000元货物属实，但款项已于2012年12月25日支票支付 |
| （2） | 34 | 乙 | 500 000 | 2013.01.19 | 因产品质量不符要求，根据合同，于2012年12月28日退回 |
| （3） | 59 | 丙 | 540 000 | 2013.01.19 | 2012年12月10日收到至成公司委托本公司代销的货物540 000元，尚未销售 |
| （4） | 81 | 丁 | 600 000 | 2013.01.18 | 用分期付款方式购货600 000元，根据合同，已于2012年12月25日首付300 000元 |
| （5） | 123 | 戊 | 900 000 | 因地址错误被退回邮局 | — |

针对上述各种异常情况，请问注册会计师应实施哪些重要审计程序？

【解答】（1）检查2012年12月25日及其以后的银行存款日记账、收款凭证及银行对账单等，查明是否收到该笔款项，以及如何进行处理等。

（2）检查销售合同及销售退回相关的增值税发票、入库单，查明退回货物是否已经验收入库等。

（3）检查代销合同和代销清单，查明是否存在编制虚假代销清单、虚增本期收入和应收账款的情况。

（4）检查分期收款销售合同、发运凭证、银行存款日记账、收款凭证及银行对账单，查明本期是否收到款项，是否存在提前确认收入和应收账款的情况。

（5）确定正确的地址，第二次寄发询证函，或实施替代审计程序，即检查销售合同、销售发票存根、发运凭证、销售单等原始凭证。

（七）审查坏账的确认和处理

坏账的确认是否真实正确，直接关系到应收账款净额的正确性。所以，注册会计师必须对被审计单位确认的坏账作进一步核实。

一是应检查坏账确认的条件。检查已确认的坏账是否有确凿的证据表明确实无法收回或收回的可能性不大。例如，债务单位已撤销、破产、资不抵债、现金流量严重不足、发生严重的自然灾害等导致停产而在短时间内无法偿付债务，以及应收款项逾期3年以上等。

二是应检查授权批准程序。检查被审计单位坏账的处理是否经授权批准，有关会计处理是否正确。

（八）审查有无不属于结算业务的债权

应收账款是结算过程中发生的债权。非结算业务发生的债权，应在其他应收款中进行核算。经常出现企业将应收账款记入其他应收款来隐瞒利润的情况，或因记账错误将两者混淆。因此，注册会计师应抽查应收账款明细账，并结合其他应收款的审查，追查有关的原始凭证，查证有无将应收账款和其他应收款混淆的情况。如果有，则应作记录或建议被审计单位作适当调整。

（九）审查外币应收账款的折算

对于用非记账本位币结算的应收账款，注册会计师应审查外币应收账款的增减变化是否按业务发生时的市场汇率或期末市场汇率折合为记账本位币金额，所选择折合汇率是否前后期一致；期末外币应收账款余额是否按期末市场汇率折合为记账本位币金额；折算差额的会计处理是否正确。

（十）检查应收账款的关联方及其交易情况

注册会计师应标明应收关联方的款项，注明合并财务报表时应予抵销的金额，通过了解与关联方交易事项的目的、价格、条件、检查销售合同、销售发票存根等凭证资料，检查应收账款的结算单据等审计程序的实施，验证与关联方交易的真实性、准确性。

（十一）确定应收账款在资产负债表上的列报是否恰当

注册会计师应该检查应收账款在报表和附注中披露的恰当性。应收账款应在资产负债表上单独列示，审查时应注意该表中“应收账款”是否根据审定的应收账款期末余额填列，如果被审计单位设置有“预收账款”账户，其借方余额也应一并记入表中“应收账款”项目。

**【案例7-12】**某企业年末“应收账款”借方余额为20万元，其所属明细账有借方余额的合计数为30万元，有贷方余额的合计数为10万元。该企业年末“预收账款”总账贷方余额10万元，其所属明细账有贷方余额的合计数为15万元，有借方余额的合计数为5万元。

该企业财务制度规定，按“应收账款”总账年末余额的3‰计提坏账准备。该企业计提坏账准备金额为600元（200 000×3‰=600）。

要求：根据上述事项提出审计建议。

【解答】本题“应收账款”总账表现为借方余额20万元，而明细账合计表现为借方余额30万元，贷方余额10万元。其实质是："应收账款"贷方余额10万元为预收账款是债务。

"预收账款"总账表现为贷方余额10万元，而明细账合计表现为贷方余额15万元，借方余额5万元。其实质是："预收账款"借方余额5万元是应收账款是资产。

所以，该企业应收账款年末余额不能按总账余额计提，而应按资产负债表上"应收账款"项目数额（即应收账款借方余额与预收账款贷方余额合计数）计提。其计算为：

300 000 + 50 000 = 350 000（元）

如果该企业是首次计提坏账准备，按3‰比例计提，则应计提的坏账准备金额为：

350 000 × 3‰ = 1 050（元）

由于坏账准备计入资产减值损失，则利润表中"资产减值损失"应调增450元，税前利润调减450元，同时调整所得税费用及其相关项目账户。由于坏账准备增加，还应调减资产负债表中"应收账款"项目450元及相关项目的余额。

## 三、坏账准备的实质性程序

企业应当定期或至少于每年年度终了，对应收款项进行全面检查，预计各项应收款项可能发生的坏账，对于没有把握能收回的应收款项，应当计提坏账准备。其审计目标一般包括：确定坏账准备的计提方法和比例是否恰当，计提是否充分；确定坏账准备增减变动的记录是否完整；确定坏账准备期末余额是否正确；确定坏账准备的披露是否恰当。因此，坏账准备实质性程序一般包括如下几项：

### （一）核对坏账准备报表数与总账数、明细账数是否相符

注册会计师应首先核对坏账准备的会计报表项目数额与明细账、总账的余额是否相符。如不符，应查明原因，作审计记录并提请被审计单位进行必要的调整。

### （二）审查坏账准备的计提

审查坏账准备的计提主要应查明坏账准备的计提方法和比例是否符合企业会计准则的规定，计提的数额是否恰当，会计处理是否正确，前后期是否一致。

### （三）审查坏账损失

重点查明坏账损失的原因是否清楚，是否符合有关规定，有无授权批准，有无已作坏账处理后又重新收回的应收款项，相应的会计处理是否正确。对于不能收回的应收款项是否查明原团，并追究责任。对有确凿证据表明确实无法收回的应收款项，如债务单位已撤销、破产、资不抵债、现金流量严重不足等，是否根据管理权限，经股东大会或董事会，或经理（厂长）会议或类似机构批准作为坏账损失，冲销已提取的坏账准备。

### （四）审查长期挂账应收款项

对长期挂账应收款项（包括应收账款和其他应收款），注册会计师应从明细账追查至原始凭证，以确信其存在的真实性。但对于报表日后仍未收到的，应提请被审计单位作出适当调整。

（五）检查函证结果

对债务人回函中反映的例外事项及存在争执的余额，注册会计师应查明原因并作记录，必要时，应提请被审计单位作适当的调整。

（六）进行分析程序

通过计算坏账准备余额占应收款项余额的比例，并与以前期间的相关比例核对，检查分析其重大差异，可以发现有重要问题的审计领域，确定审计重点。

（七）确定坏账准备在资产负债表上的披露是否恰当

企业应在年度会计报表附注中说明坏账的确认标准，以及坏账准备的计提方法和计提比例，并重点说明如下事项：

（1）本期全额计提坏账准备，或计提坏账准备的比例较大的，应说明计提的比例以及理由。

（2）以前期间已全额计提坏账准备，或计提坏账准备的比例较大的，但在本期又全额或部分收回的，或通过重组等其他方式收回的，应说明其原因、原估计计提比例的理由以及原估计计提比例的合理性。

（3）对某些金额较大的应收款项不计提或计提坏账比例较低的理由。

（4）本期实际冲销的应收款项及其理由。其中，实际冲销的关联交易产生的应收款项应单独披露。

**【案例 7－13】**按照本章第四节“销售与收款循环审计案例”风险评估确定的范围，注册会计师需对应收账款实施实质性程序，并确定应收账款的审定金额。根据应收账款实质性程序的情况，注册会计师编制了应收账款的审定表，如表 7－21 所示。

## 四、应收票据的实质性程序

如果企业销售实现时没有收到现金，而是收到了客户的商业汇票，便产生了应收票据。应收票据是以书面形式表现的债权资产，其款项具有一定的保证，经持有人背书后还可以提交银行贴现，具有较大的灵活性。由于应收票据是在企业赊销业务中产生的，所以对应收票据的审计必须结合销售业务一起进行。其审计目标一般包括：确定应收票据是否存在；确定应收票据是否归本身单位所有；确定应收票据增减变动的记录是否完整；确定应收票据是否有效，可否收回；确定应收票据期末余额是否正确；确定应收票据的披露是否恰当。因此，应收票据的实质性程序包括如下几项：

（一）核对应收票据总账与明细账是否相符

注册会计师应首先核对应收票据明细账与总账是否相符，如有不符，应查明原因，作相应记录并提请被审计单位进行适当调整。

（二）获取或编制应收票据明细表

注册会计师首先应获取或编制应收票据明细表，复核加计是否正确，并与报表数、总账余额和明细账余额合计数核对是否相符。应收票据明细表通常包括出票人姓名、出票日、到期日、金额和利率等资料。注册会计师在复核加计正确及与上述有关数额核对相符的基础上，抽查部分票据，并追查相关文件资料，以检查其内容是否正确及有无应转应收账款的逾期应收票据等。应收票据明细表格式如表7－11所示。

**表7－11 应收票据明细表**

| 种类 | 出票人名称 | 编号 | 签发日期 | 到期日期 | 票面金额（元） | 票面利率（%） | 期末本利合计 | 担保或抵押 | 备注 |
|---|---|---|---|---|---|---|---|---|---|
| | | | | | | | | | |
| | | | | | | | | | |
| | | | | | | | | | |
| 合计 | | | | | | | | | |
| 审计标说明 | | | | | | | | | |

（三）监盘库存票据

注册会计师监盘库存票据时，应注意票据的种类、号数、签收的日期、到期日、票面金额、合同交易号、付款人、承兑人、背书人姓名或单位名称，以及利率、贴现率、收款日期、收回金额等是否与应收票据登记簿的记录相符，是否存在已作抵押的票据和银行退回的票据。

（四）函证应收票据

注册会计师应在核实应收票据明细表中的应收票据实有数与应收票据总分类账户余额相符的基础上，抽取部分应收票据向出票人函证，证实其存在性和可收回性并编制函证结果汇总表。同时，根据函证和账户资料一致的应收票据实有数和结算日至审查日应收票据的增减数，用调节法核实资产负债表中“应收票据”的项目数额是否真实可靠。

（五）检查应收票据的利息收入

如果注册会计师计算的应计利息金额与账面所列金额不符，则应加以分析，特别要对“财务费用——利息收入”账户中那些与应收票据账户中所列任何票据均不相关的贷方金额加以注意，因为这些事项可能代表据以收取利息的票据未曾入账。如果有未入账的应收票据，则会给不法分子贪污票据本息以可乘之机。

（六）审查已贴现的应收票据

对于已贴现的应收票据，注册会计师应审查其贴现额与利息额的计算是否正确，会计处理方法是否适当。复核、加计已贴现以及已转让但未到期的应收票据的金额。

计算应收票据的贴现息、贴现额的计算公式如下：

贴现息 = 票据到期值 × 贴现率 × 贴现期

贴现额 = 票据到期值 - 贴现息

**【案例 7 - 14】** 某注册会计师 2010 年 1 月审查甲股份有限公司应收票据时，发现 2009 年 12 月 20 日贴现一张票面面额为 400 000 元，利率为 8%，90 天到期的带息应收票据，该公司已持有 60 天，按 10% 的贴现率进行贴现，该公司账户资料记载所得贴现款为 396 600 元，无银行出具的有关凭证，财务处理如下：

| | | |
|---|---|---|
| 借：银行存款 | 396 600 | |
| 　　财务费用 | 3 400 | |
| 　　贷：应收票据 | | 400 000 |

要求：根据上述资料，对该笔贴现业务提出审计意见。

【解答】根据上述资料，该公司该笔应收票据贴现应得的贴现款计算如下：

利息 = 400 000 × 8% × 90/360 = 8 000（元）

到期值 = 400 000 + 8 000 = 408 000（元）

贴现息 = 408 000 × 10% × 30/360 = 3 400（元）

贴现额 = 408 000 –3 400 = 404 600（元）

因此，该公司的应收票据贴现款 396 600 元是不正确的，实际为 404 600 元。

该公司将贴现票据收入 404 600 元记为 396 600 元，并且没有银行的有关原始凭证，从而少记了 8 000 元。这少记的 8 000 元很可能是经手人贪污利息，应进一步收集审计证据，确定问题的性质，追究经手人的责任。

该公司上年度应作正确的分录如下：

| | | |
|---|---|---|
| 借：银行存款 | 404 600 | |
| 　　贷：应收票据 | | 400 000 |
| 　　　　财务费用 | | 4 600 |

因此，该公司上年度财务费用多记 8 000 元（3 400 + 4 600），应要求其在 2010 年 1 月进行调整。因上年度的财务费用作为期间费用已在上年利润总额中扣除，所以不能调"财务费用"账户，只能调整"以前年度损益调整"账户处理，即增加本年度可分配利润 8 000 元，同时这 8 000 元应向经手人追回。分录如下：

| | | |
|---|---|---|
| 借：其他应收款——××× | 8 000 | |
| 　　贷：以前年度损益调整 | | 8 000 |

同时应补交增加利润应缴的所得税，假定该公司适用的所得税税率为 25%，则应补缴的所得税为 2 000 元（8 000 × 25%）。分录如下：

| | | |
|---|---|---|
| 借：以前年度损益调整 | 2 000 | |
| 　　贷：应交税费——应交所得税 | | 2 000 |

同时调整有关科目如"盈余公积"等账户的金额，调整会计报表有关项目的数据。

（七）审查外币结算的应收票据

对以非记账本位币结算的应收票据，应检查其采用的折算汇率和汇兑损益的处理是否正确。

（八）确定应收票据在会计报表上的披露是否恰当

注册会计师应检查被审计单位资产负债表中应收票据项目的数额是否与审定数相符，是否剔除了已贴现票据。如果被审计单位是一般企业，其已贴现的商业承兑汇票应在报表下端补充资料内的“已贴现的商业承兑汇票”项目中加以反映；如果被审计单位是上市公司，其会计报表附注通常应披露贴现或用作抵押的应收票据的情况和原因说明，以及持股5%（含5%）以上股份的股东单位欠款情况。

## 五、预收账款的实质性程序

预收账款是在企业销售业务成立前，预先收取的部分货款。注册会计师应结合企业销货业务对预收账款进行审计。其审计目标一般包括确定预收账款的发生及偿还记录是否完整，确定预收账款的期末余额是否正确，确定预收账款的披露是否恰当。因此，预收账款的实质性程序的审计程序如下：

（1）获取或编制预收账款明细表。注册会计师应获取或编制预收账款明细表，复核加计是否正确，并核对其期末余额合计数与报表数、总账数和明细账合计数是否相符。

（2）审查预收账款期末余额的真实性、正确性。抽查预收账款有关的销售合同、收款凭证、发货凭证，检查已实现销售的商品是否及时转销预收账款，确保预收账款期末余额的真实性和正确性。

（3）函证预收账款。应选择预收账款的若干重大项目如大额或账龄较长的项目、关联方项目及主要客户合同等进行函证，根据回函情况编制函证结果汇总表。对于回函金额不符的，应查明原因并作出记录或建议被审计单位作适当调整；对于未回函的，应再次函证或通过检查报表日后已转销的预收账款是否与发运凭证、销售发票相一致等替代程序，确定其是否真实、正确。

（4）审查有关账务处理的正确性、完整性。提请被审计单位协助，在预收账款明细表上标出至审计日止已转销的预收账款，对已转销金额较大的预收账款进行检查，核对记账凭证、仓库发运凭证、销售发票等，查明有关账务处理是否正确、完整。

（5）结合销售业务进行审查，查明有无将预收账款作为销售收入入账的情况，防止企业高估收入、低估负债，粉饰财务状况。

（6）检查预收账款长期挂账的原因，并作出记录，必要时提请被审计单位予以调整。

（7）对税法规定应予纳税的预收销售款，结合应交税金项目，检查是否及时、足额计缴有关税金。

（8）确定预收货款是否已在资产负债表上作恰当披露。如果被审计单位是上市公司，其会计报表通常应披露持有其5%（含5%）以上股份的股东单位账款情况。

## 六、应交税费的实质性程序

企业在一定时期内取得的营业收入和实现的利润，应按规定向国家缴纳各种税金，包括增值税、消费税、资源税、土地增值税、城市维护建设税和企业所得税等。这些应交的税费依附于企业的营业收入和利润，并按权责发生制预提计入有关账户，在尚未缴纳前就形成了企业的一项负债。其审计目标一般包括确定应交和已交税费的记录是否完整；确定应交税费的期末余额是否正确；确定应交税费的披露是否恰当。因此，应交税费的实质性程序的审计程序如下：

（1）获取或编制应交税费明细表，复核其加计数是否正确，并核对其期末余额与报表数、总账数和明细账合计数是否相符。特别应注意印花税、耕地占用税等有无计入应交税金项目。

（2）查阅被审计单位纳税鉴定或纳税通知及征、免、减税的批准文件，了解被审计单位适用的税种、计税基础、税率，以及征、免、减税的范围与期限，确认其在被审计期间内的应纳税的内容。对重要的减、免、抵、退税收批文应索取复印件，作为审计工作底稿。

（3）核对期初未交税费与税务机关的认定数是否一致，如有差额，应查明原因并作出记录，必要时提请被审计单位作适当调整。

（4）取得税务部门汇算清缴或其他确认文件、有关政府部门的专项检查报告、税务代理机构的专业报告、企业纳税申报有关资料等，分析其有效性，并与上述明细表及账面情况进行核对。

（5）检查应交增值税的计算是否正确。

①获取或编制应交增值税明细表，加计复核其正确性，并与明细账核对相符。

②将“应交增值税明细表”与“企业增值税纳税申报表”核对，检查进项、销项的入账与申报期间是否一致，金额是否相符，增值税纳税申报表是否经税务机关认定。

③复核国内采购货物、进口货物、购进的免税农产品、接受投资或捐赠、接受应税劳务等应计的进项税额是否按规定进行了会计处理。

④复核存货销售，非货币性交易换出的存货或将存货用于投资、无偿捐赠他人、分配给股东（或投资者）应计的销项税额，以及将自产、委托加工的产品用于非应税项目应计的销项税额的计算是否正确，是否按规定进行了会计处理。

⑤复核因存货改变用途或发生非常损失应计的进项税额转出数的计算是否正确，是否按规定进行了会计处理，检查出口货物退税的计算是否正确，是否按规定进行了会计处理。

⑥对经主管税务机关批准实行核定征收率征收增值税的被审计单位，应检查其

是否按照有关规定正确执行。如果申报增值税金额小于核定征收率计算的增值税金额，应注意超过申报额部分的会计处理是否正确。

（6）检查应交消费税的计算是否正确。结合主营业务税金及附加等项目根据审定的应税消费品销售额（或数量），检查消费税的计税依据是否正确，适用税率（或单位税额）是否符合税法规定，是否接规定进行了会计处理，并分项复核本期应交消费税税额。

（7）检查应交资源税的计算是否正确，是否按规定进行了会计处理。

（8）检查应交城市维护建设税的计算是否正确。结合主营业务税金及附加和其他业务支出等项目，根据审定的计税基础和按规定适用的税率，计算复核被审计单位本期应交城市维护建设税税额。

（9）检查应缴土地增值税的计算是否正确，是否按规定进行了会计处理。①根据审定的土地使用权及房地产转让收入与其规定的扣除金额，复核计算房地产转让增值额，并与有关明细账核对。②结合主营业务税金及附加等项目，根据房地产转让增值额和按规定适用的税率，计算复核被审计单位应交土地增值税，并与应交税金的有关明细账核对。③抽查本期已交土地增值税资料，确定已交数额是否正确。

（10）检查企业应交所得税。结合所得税项目，确定应纳税所得额及企业所得税税率，复核应缴企业所得税的计算是否正确，是否按现定进行了会计处理。

（11）检查应交车船税和房产税的计算是否正确。获取被审计单位自有车船数量、吨位（或座位）及自有房屋建筑面积、用途、造价（购入原价）、购建年月等资料，并与固定资产（含融资租如固定资产）明细账复核一致；了解其使用、停用时间及其原因等情况；通过审核本期完税单，检查其是否如实申报和按期交纳，是否按规定进行了会计处理。

（12）检查除上述税项外的其他税项及代扣税项的计算是否正确，是否按规定进行了会计处理。

（13）确定本期应交纳的税款。检查有关账簿记录和交税凭证，确认本期已交税款和期末未缴税款。

（14）确定应交税费是否已在资产负债表上作恰当披露。如果被审计单位是上市公司，在其会计报表附注中要列示税种、税率、应交税金等。

### 七、主营业务税金及附加的实质性程序

主营业务税金及附加是指企业由于销售产品、提供工业性劳务等负担的税金及附加，包括消费税、城市维护建设税和教育费附加等。其审计目标一般包括：确定主营业务税金及附加的记录是否完整；确定主营业务税金及附加的计算和会计处理是否正确；确定主营业务税金及附加的披露是否恰当。对主营业务税金及附加的实质性程序，应在查明被审计单位应交纳的税种基础上结合“主营业务税金及附加”总账、明细账与有关原始凭证，以及与该账户对应的“应交税金”、“其他应交款”

等账户进行审查，必要时向有关部门、单位和人员进行查询。具体来说，主要包括以下工作：

（1）取得或编制主营业务税金及附加明细表，复核加计是否正确，并与报表数、总账数和明细账合计数核对相符。

（2）确定被审计单位的纳税范围与税种是否符合国家规定。

（3）根据审定的应税消费品销售额（或数量），按规定适用的税率，分项计算、复核本期应纳消费税税额。

（4）根据审定的应税资源税产品的课税数量，按规定适用的单位税额，计算、复核本期应纳资源税税额。

（5）检查城市维护建设税、教育费附加等项目的计算依据是否和本期应纳增值税、营业税、消费税合计数一致，并按规定适用的税率或费率计算、复核本期应纳城建税、教育费附加税费额。

（6）复核各项税费与应交税费项目的勾稽关系。

（7）确定被审计单位是否划清了减免税销售额与应税销售额的界限，减免税的项目是否真实，理由是否充分，手续是否完备。

（8）确定主营业务税金及附加在利润表上的披露是否恰当。

## 八、销售费用的实质性程序

销售费用是指企业在销售产品和提供劳务过程中发生的各项费用及专设销售机构的各项经费。其审计目标一般包括：确定利润表中记录的销售费用确已发生并与被审计单位有关；确定所有应当记录的销售费用均已记录；确定销售费用的分类、归属和会计处理是否正确；确定销售费用的披露是否恰当。因此，销售费用实质性程序的审计程序一般如下：

（1）获取或编制销售费用明细表，复核加计正确，与报表数、总账数及明细账合计数核对，检查是否相符，并检查其明细项目的设置是否符合规定的核算内容与范围。

（2）确定销售费用的项目设置及各项目开支标准是否符合有关规定，查明其项目设置是否划清了销售费用与其他费用的界限，有关费用支出是否与被审计单位的产品销售等活动有关，计算是否正确。

（3）将本期销售费用与上期销售费用进行比较，并将本期各月的销售费用进行比较，如有重大波动和异常情况应查明原因，并作适当处理。（因为销售费用的增长与销售额的增长呈正相关，分析以前年度与销售额的比例，并结合行业平均值，关注异常波动，查明原因）。

（4）选择重要或异常的销售费用，检查其原始凭证是否合法、会计处理是否正确，必要时，对销售费用实施截止测试，检查有无跨期入账的现象，对于重大跨期项目应提请被审计单位进行适当调整。

（5）确定销售费用的结转是否正确、合规，查明有无多转、少转或不转销售费用，从而人为调节利润的情况。

（6）确定销售费用在利润表上的披露是否恰当。

## 第四节　销售与收款循环审计实例

### 一、销售与收款循环控制测试

信达会计师事务所接受科思特公司委托对该公司2013年度的财务报表进行了审计。注册会计师通过了解该公司及其内部控制环境，实施风险评估，将销售与收款循环业务确定为重点审计对象。在对销售与收款循环交易进行控制测试后，根据控制测试情况，将营业收入中金额较大的项目、应收账款中金额较大的债务人列为了审计重点，实施了营业收入和应收账款的实质性程序。

注册会计师所作的有关销售与收款循环控制测试、营业收入和应收账款实质性程序工作底稿如表7－12至表7－25所示。

销售与收款循环控制测试如表7－12所示。

**表7－12　　销售与收款循环控制测试**

被审计单位：科思特有限公司　　索引号：XSC

项目：销售与收款循环控制测试　　报表截止日/期间：2013年12月31日

编制：Ma　　复核：Hu

日期：2013年11月8日　　日期：2013年11月10日

1. 控制测试——销售

（1）询问程序。

通过实施询问程序，科思特有限公司已确定下列事项：

①本年度未发现任何特殊情况、错报和异常项目；

②财务或销售部门的人员在未得到授权的情况下无法访问或修改系统内数据；

③本年度未发现下列控制活动未得到执行；

④本年度未发现下列控制活动发生变化。

（2）其他测试程序。

| 控制目标 | 科思特有限公司的控制活动 | 控制测试程序 | 执行控制的频率 | 所测试的项目数量 | 索引号 |
|---|---|---|---|---|---|
| 不同标的额销售均由相应级别管理层审批 | ①标的额为10万元以下的产品销售由销售部部长王某审批。②标的额为10万元以上40万元以下的产品销售由总经理助理李某审批。③标的额为40万元以上的由副总经理张某审批 | 询问并检查不同额度的产品销售是否经过适当的授权批准 | 不定期 | 25 | 略 |

续表

| 控制目标 | 科思特有限公司的控制活动 | 控制测试程序 | 执行控制的频率 | 所测试的项目数量 | 索引号 |
| --- | --- | --- | --- | --- | --- |
| 管理层核准销售订单的价格、条件 | ①根据生产计划制定销售计划，产品供不应求，价格随行就市，每次价格变动由经营部制定科思特有限公司出厂价格调整审批表，并经销售部部长、总经理助理、总会计师、副总经理签字审批。②所有销售合同都由销售部部长、总经理助理、总会计师、副总经理签字审批 | 询问并检查合同的定价是否经过授权审批 | 不定期 | 25 | 略 |
| 已记录的销售合同的内容准确 | 销售业务员负责将销售合同信息输入台账，分品种连续编号；销售业务员定期核对销售合同与台账是否一致 | 询问并检查是否按照合同及时编制销售台账、检查两者内容是否一致 | 不定期 | 25 | 略 |
| 销售合同均已得到处理 | 销售业务员负责将销售合同信息输入台账，分品种连续编号；销售业务员定期核对销售合同与台账是否一致 | 询问并检查是否按照合同及时编制销售台账、是否定期核对；随意抽查3笔销售合同看其信息是否已经输入台账 | 不定期 | 25 | 略 |

2. 控制测试——应收账款

（1）询问程序。通过实施询问程序，科思特有限公司已确定下列事项：

①本年度未发现任何特殊情况、错报和异常项目；

②财务或销售部门的人员在未得到授权的情况下无法访问或修改系统内数据；

③本年度未发现下列控制活动未得到执行；

④本年度未发现下列控制活动发生变化。

（2）其他测试程序。

| 控制目标 | 科思特有限公司的控制活动 | 控制测试程序 | 执行控制的频率 | 所测试的项目数量 | 索引号 |
| --- | --- | --- | --- | --- | --- |
| 已记录的销售均确已发出货物 | 销售结算员认真核对产品付货通知单及产品出厂票后开具发票并转给财会人员，财会人员审核出厂票单与发票内容是否相符，对价格执行情况及货款的真实性确认无误后，加盖发票专用章，登记发票领用登记簿，财务部依据发票记账联入账 | 从主营业务收入明细账中抽取若干张记账凭证，检查凭证中所记载的内容与发票、提货单、出厂票、合同内容是否一致 | 不定期 | 25 | 略 |

续表

| 控制目标 | 科思特有限公司的控制活动 | 控制测试程序 | 执行控制的频率 | 所测试的项目数量 | 索引号 |
|---|---|---|---|---|---|
| 已记录的销售交易计价准确 | 财务人员记账时审核发票单价与商品价格目录表是否一致；财务人员月末根据“应收账款”科目的借方余额情况，编制欠款情况统计表，及时报送公司领导、财务部部长、销售部部长等，督促并配合销售部及时追索欠款，并以电话或传真形式与客户核对往来款项 | 从主营业务收入明细账中抽取若干张记账凭证，检查价格的执行情况是否与合同、价格审批表一致；对大额应收账款余额予以函证 | 不定期 | 25 | 略 |
| 与销售货物相关的权利均已记录至应收账款 | 由财务人员审核计量单与发票内容是否相符、价格执行情况及货款的真实性，确认无误后加盖发票专用章，登记发票，由购货方签字领取发货票后财务人员据以记账 | 抽取12月份最后10笔出厂票，看其是否已经记账；将销售部门记录的销售信息与财务部的信息进行核对；对部分应收账款予以函证 | 不定期 | 25 | 略 |
| 销售货物交易均已于适当期间进行记录 | 以每月最后一天××点以前的出厂量为截止点，结算当月收入，销售部出厂结算完毕并且财务部全部入账后，登记销售系统，与销售部统计数据核对无误 | 从计量站抽取12月31日××点以前最后10笔出厂票，看其是否已经记账，并关注出厂时间是否超过××点；将销售部门记录的销售信息与财务部的信息进行核对 | 每月1次 | 参加主营业务收入的截止测试 | 略 |
| 准确计提坏账准备和核销坏账，并记录于恰当期间 | 公司董事会制定并批准了应收账款坏账准备计提方法和计提比例；每年末，财务部分析应收账款账龄，并按照相应比例计提坏账准备 | 获取应收款项账龄分析表，分析账龄划分是否正确；计算坏账准备计提是否正确；询问并检查是否存在呆账情况 | 一年1次 | 1 | 略 |

续表

3. 控制测试——收款

（1）询问程序。通过实施询问程序，科思特有限公司已确定下列事项：

①本年度未发现任何特殊情况、错报和异常项目；

②财务或销售部门的人员在未得到授权的情况下无法访问或修改系统内数据；

③本年度未发现下列控制活动未得到执行；

④本年度未发现下列控制活动发生变化。

（2）其他测试程序。

| 控制目标 | 科思特有限公司的控制活动 | 控制测试程序 | 执行控制的频率 | 所测试的项目数量 | 索引号 |
|---|---|---|---|---|---|
| 收款是真实发生的 | ①信用证到期或收到支票，由出纳员前往银行办理托收。款项收妥后，应收账款记账员将编制收款凭证，并附相关单证，如银行结汇单、银行到款通知单等，提交会计主管复核。<br>②需要收取银行承兑汇票的，必须经总会计师签字同意。收取后，认真检查汇票的日期、背书、印章是否准确完整，登记台账后交出纳员统一保管。财务部门根据收到的银行承兑汇票的复印件记账 | 抽取收款凭证，检查其是否附有进账单或承兑汇票，并经会计主管复核；关注进账单中注明的付款人是否为相应的销售客户 | 不定期 | 25 | 略 |
| 准确记录收款 | ①应收账款记账员编制收款凭证，并附相关单证，如银行结汇单、进账单、承兑汇票复印件等，提交会计主管复核。<br>②账务系统依据编制好的收款凭证登记库存现金日记账和银行存款日记账 | 抽取收款凭证，检查其是否附有进账单或承兑汇票，并经会计主管复核；关注进账单中注明的付款人是否为相应的销售客户；关注凭证金额是否与进账单一致 | 不定期 | 25 | 略 |
| 收款均已记录 | 出纳员每月末收到各开户银行对账单，核对是否连续，于次月初核对银行账，查找未达账项，编制银行存款余额调节表，交给会计处主任和财务部部长审核盖章 | 抽取若干月份未达账项调节表，检查是否有未入账的销售款 | 每月1次 | 3 | 略 |

续表

| 控制目标 | 科思特有限公司的控制活动 | 控制测试程序 | 执行控制的频率 | 所测试的项目数量 | 索引号 |
| --- | --- | --- | --- | --- | --- |
| 收款均已于恰当期间进行记录 | 出纳员每月末收到各开户银行对账单，核对是否连续，于次月初核对银行账，查找未达账项，编制银行存款余额调节表，交给会计处主任和财务部部长审核盖章 | 抽取若干月份未达账项调节表，检查是否有未入账的销售款 | 每月1次 | 3 | 略 |
| 监督应收账款及时收回 | 会计人员根据月末“应收账款”科目的借方余额情况，编制欠款情况统计表，及时报送公司领导、财务部部长、销售部部长，监督并配合经营部及时追索欠款，并以电话或传真形式与客户核对往来款项 | 询问财务人员和销售人员应收账款的回收情况；检查财务人员编制的欠款情况统计表，并与账面核对 | 每月1次 | 3 | 略 |

## 二、营业收入实质性程序

### （一）审计目标与认定对应关系表（如表7-13所示）

**表7-13　　审计目标与认定对应关系表**

| 审计目标 | 财务报表认定 | | | | | |
| --- | --- | --- | --- | --- | --- | --- |
| | 发生 | 完整性 | 准确性 | 截止 | 分类 | 列报 |
| 利润表中记录的营业收入已发生，且与被审计单位有关 | √ | | | | | |
| 所有应当记录的营业收入均已记录 | | √ | | | | |
| 与营业收入有关的金额及其他数据已恰当记录 | | | √ | | | |
| 营业收入已记录于正确的会计期间 | | | | √ | | |
| 营业收入已记录于恰当的账户 | | | | | √ | |
| 营业收入已按照企业会计准则的规定在财务报表中作出相应的列报 | | | | | | √ |

## （二）营业收入审定表（如表7－14所示）

**表7－14　　　　营业收入审定表**

被审计单位：科思特有限公司　　　　索引号：SAI

项目：营业收入　　　　财务报表截止日/期间：2013年12月31日

编制：Ma　　　　复核：Hu

日期：2014年1月22日　　　　日期：2014年1月23日

| 项目类别 | 本期未审数 | 账项调整 | | 本期审定数 | 上期审定数 |
|---|---|---|---|---|---|
| | | 借方 | 贷方 | | |
| 一、主营业务收入 | | | | | |
| A产品 | 32 771 541.80 | | | 32 771 541.80 | 30 652 129.50 |
| B产品 | 10 404 361.20 | | | 10 404 361.20 | 8 649 432.30 |
| C产品 | 3 704 232.40 | | | 3 704 232.40 | 4 659 742.80 |
| D产品 | 1 304 921.60 | | | 1 304 921.60 | 2 023 941.40 |
| 小计 | 4 815 057.00 | | | 48 185 057.00 | 45 985 246.00 |
| 二、其他业务收入 | | | | | |
| 材料销售 | 89 642.00 | | | 89 642.00 | 97 653.20 |
| ⋮ | | | | | |
| 小计 | 98 763.00 | | | 98 763.00 | 105 342.00 |
| 营业收入合计 | 48 283 820.00 | | | 48 283 820.00 | 46 090 588.00 |

审计说明：从审计表中可以看出，科思特有限公司营业收入包括主营业务收入和其他业务收入，表中所列数据与总账、明细账、报表核对一致。

主营业务收入确认标志为产品发出、经营部开出提货单并经财务部审核后开具发票。该公司收入确认标志符合准则规定的5个条件，并与上年保持一致。

审计结论：报表数经审计后无调整事项，可以确认。

## （三）主营业务收入明细分析表（如表7－15所示）

**表7－15　　　　主营业务收入明细分析表**

被审计单位：科思特有限公司　　　　索引号：SA2

项目：主营业务收入明细分析　　　　报表截止日/期间：2013年12月31日

编制：Ma　　　　复核：Hu

日期：2014年1月18日　　　　日期：2014年1月19日

| 类别 | 2013年度 | | 2012年度 | | 收入变动额 | 收入变动比例（%） | 结构变动比例（%） |
|---|---|---|---|---|---|---|---|
| | 金额 | 比重（%） | 金额 | 比重（%） | | | |
| A产品 | 32 771 541.80 | 68.01 | 30 652 129.50 | 66.66 | 2 119 412.30 | 6.91 | 1.35 |
| B产品 | 10 404 361.20 | 21.59 | 8 649 432.30 | 18.81 | 1 754 928.90 | 20.29 | 2.78 |
| C产品 | 3 704 232.40 | 7.69 | 4 659 742.80 | 10.13 | －955 510.40 | －20.51 | －2.44 |
| D产品 | 1 304 921.60 | 2.71 | 2 023 941.40 | 4.40 | －719 019.80 | －35.53 | －1.69 |
| 合计 | 48 185 057.00 | 100.00 | 45 985 246.00 | 100.00 | 2 199 811.00 | 4.78 | |

审计说明：

从上表可以看出，本明细账所列各品种收入总额48 185 057.00元与报表核对一致；与去年同期比较：①科思特有限公司主营业务收入总额与去年同期比较有所增长，比例为4.78%。②各品种结构比例与去年同期比较没有较大变化。

收入总额中，占比重较大的为A产品，其次为B产品。

根据科思特有限公司增值税纳税申报表估算全年收入，与账面已确认收入一致。

## （四）产品年度毛利率变化分析表（如表7－16所示）

**表7－16　　产品年度毛利率变化分析表**

被审计单位：科思特有限公司　　索引号：SA3

项目：产品年度毛利率变化分析　　报表截止日/期间：2013年12月31日

编制：Ma　　复核：Hu

日期：2014年1月19日　　日期：2014年1月20日

| 项目 | 2013年 | | | 2012年 | | | 单价变化（%） | 成本变化（%） |
|---|---|---|---|---|---|---|---|---|
| | 平均单价 | 平均成本 | 毛利率（%） | 平均单价 | 平均成本 | 毛利率（%） | | |
| A产品 | 5 070.83 | 4 131.01 | 18.53 | 4 543.76 | 4 128.11 | 9.15 | 11.60 | 0.07 |
| B产品 | 4 144.97 | 3 997.14 | 3.57 | 3 975.06 | 3 825.60 | 3.76 | 4.27 | 4.48 |
| C产品 | 4 414.03 | 4 387.70 | 0.60 | 4 183.00 | 4 299.68 | －2.79 | 5.52 | 2.05 |
| D产品 | 4 789.86 | 4 802.61 | －0.27 | 4 589.20 | 4 618.78 | －0.64 | 4.37 | 3.98 |

审计说明：从分析表中可以看出，A产品的毛利率大幅提高，主要原因是该产品市场价格不断提高，而平均成本几乎没变化；B产品的毛利率基本持平；C产品的毛利率由负变正；D产品的毛利率由去年的－0.64%降为－0.27%。

## （五）主营业务收入细节测试（如表7－17所示）

**表7－17　　主营业务收入细节测试**

被审计单位：科思特有限公司　　索引号：SA4

项目：主营业务收入细节测试　　报表截止日/期间：2013年12月31日

编制：Ma　　复核：Hu

日期：2014年1月18日　　日期：2014年1月19日

| 日期 | 凭证号 | 摘要 | 金额 | 对应科目 | 检查内容 | | | | 附件 |
|---|---|---|---|---|---|---|---|---|---|
| | | | | | ① | ② | ③ | ④ | |
| 1月18日 | 0156# | 销售A产品 | 14 325 786.68 | 应收账款 | √ | √ | √ | √ | 专用发票、付货通知单、出厂票 |
| 3月15日 | 0357# | 销售B产品 | 6 743 012.46 | 应收账款 | √ | √ | √ | √ | 专用发票、付货通知单、出厂票 |
| 4月28日 | 0458# | 销售A产品 | 12 785 326.87 | 应收账款 | √ | √ | √ | √ | 专用发票、付货通知单、出厂票 |
| 5月26日 | 0579# | 销售C产品 | 8 609 456.80 | 应收账款 | √ | √ | √ | √ | 专用发票、付货通知单、出厂票 |

续表

| 日期 | 凭证号 | 摘要 | 金额 | 对应科目 | 检查内容 | | | | 附件 |
|---|---|---|---|---|---|---|---|---|---|
| | | | | | ① | ② | ③ | ④ | |
| 7月16日 | 0723# | 销售B产品 | 23 768 325.69 | 应收账款 | √ | √ | √ | √ | 专用发票、付货通知单、出厂票 |
| 8月23日 | 0865# | 销售D产品 | 5 320 684.75 | 应收账款 | √ | √ | √ | √ | 专用发票、付货通知单、出厂票 |
| 9月28日 | 0913# | 销售D产品 | 18 087 564.60 | 应收账款 | √ | √ | √ | √ | 专用发票、付货通知单、出厂票 |
| ⋮ | | | | | | | | | |

审计说明：细节测试的目的是验证收入发生的真实性、准确性，同时达到双重测试的目的；测试方法：采用顺查法，即从明细账中选取若干样本，核对记账凭证内容与所附原始凭证的一致性，并关注附件是否齐全、真实；检查内容：①授权是否合理；②附件是否齐全；③金额是否一致；④账务处理是否正确；经询问销售部门和财务部门相关人员，检查主营业务收入明细账，没有发现销售退回、折扣与折让情况，也没有特殊销售行为；经过测试，确认收入发生额。

## （六）主营业务收入截止测试（如表7－18、表7－19所示）

**表7－18　　主营业务收入截止测试**

被审计单位：科思特有限公司　　索引号：SA5－1

项目：主营业务收入截止测试　　财务报表截止日/期间：2013年12月31日

编制：Ma　　复核：Hu

日期：2014年1月19日　　日期：2014年1月20日

| 编号 | 发货单 | | 发票内容 | | | | | 明细账 | | | | 是否跨期（√，×） |
|---|---|---|---|---|---|---|---|---|---|---|---|---|
| | 日期 | 号码 | 日期 | 客户名称 | 货物名称 | 销售额 | 税额 | 日期 | 凭证号 | 主营业务收入 | 应交税费 | |
| 1 | 12月31日 | 2653# | 12月31日 | X客户 | A产品 | 2 390 128.23 | 406 321.80 | 12月31日 | 1230# | 2 390 128.23 | 406 321.80 | × |
| 2 | 12月30日 | 2650# | 12月30日 | X客户 | B产品 | 2 307 650.12 | 392 000.52 | 12月30日 | 1229# | 2 307 650.12 | 392 000.52 | × |
| ⋮ | | | | | | | | | | | | |
| 截止日前 | | | | | | | | | | | | |
| 截止日期：2013年12月31日 | | | | | | | | | | | | |
| 截止日后 | | | | | | | | | | | | |
| 1 | 1月1日 | 0001# | 12月28日 | X客户 | C产品 | 532 764.96 | 90 570.04 | 1月1日 | 0012# | 532 764.96 | 90 570.04 | × |
| 2 | 1月1日 | 0002# | 12月28日 | X客户 | D产品 | 820 784.62 | 139.533.39 | 1月1日 | 0013# | 820 784.62 | 139 533.39 | × |
| ⋮ | | | | | | | | | | | | |

从发货单到明细账

审计说明：测试目的是检查科思特有限公司截止日前后发出的产品是否已记录于恰当的会计期间。

**表 7－19**　　　　**主营业务收入截止测试**

被审计单位：科思特有限公司　　　　索引号：SA5－2

项目：主营业务收入截止测试　　　　财务报表截止日/期间：2013 年 12 月 31 日

编制：Ma　　　　复核：Hu

日期：2014 年 1 月 19 日　　　　日期：2014 年 1 月 20 日

从明细账到发货单

| 编号 | 明细账 | | | | 发票内容 | | | | | 发货单 | | 是否跨期（√×） |
|---|---|---|---|---|---|---|---|---|---|---|---|---|
| | 日期 | 凭证号 | 主营业务收入 | 应交税费 | 日期 | 客户名称 | 货物名称 | 销售额 | 税额 | 日期 | 号码 | |
| 1 | 12 月 29 日 | 1563# | 3 678 341.92 | 625 318.13 | 12 月 29 日 | X 客户 | A 产品 | 3 678 341.92 | 625 318.13 | 12 月 29 日 | 1953# | × |
| 2 | 12 月 30 日 | 1586# | 1 984 967.32 | 337 444.44 | 12 月 30 日 | X 客户 | B 产品 | 1 984 967.32 | 337 444.44 | 12 月 30 日 | 1958# | × |
| ⋮ | | | | | | | | | | | | |
| 截止日前 | | | | | | | | | | | | |
| 截止日期：2013 年 12 月 31 日 | | | | | | | | | | | | |
| 截止日后 | | | | | | | | | | | | |
| 1 | 1 月 1 日 | 0013# | 2 783 467.56 | 361 850.78 | 1 月 1 日 | X 客户 | C 产品 | 2 783 467.56 | 361 850.78 | 1 月 1 日 | 0010# | × |
| 2 | 1 月 1 日 | 0018# | 8 978 612.12 | 1 526 364.12 | 1 月 1 日 | X 客户 | D 产品 | 8 978 612.12 | 1 526 364.12 | 1 月 1 日 | 0015# | × |
| ⋮ | | | | | | | | | | | | |

审计说明：测试目的是证实科思特有限公司已入账收入是否在同一期间已开具发票并发货，有无多计收入，是否存在跨期现象；经过测试，没有发现跨期收入。

## 三、应收账款实质性程序

### （一）审计目标与认定对应关系表（如表 7－20 所示）

**表 7－20**　　　　**审计目标与认定对应关系表**

| 审计目标 | 财务报表认定 | | | | |
|---|---|---|---|---|---|
| | 存在 | 完整性 | 权利和义务 | 计价和分摊 | 列报 |
| 资产负债中记录的应收账款是存在的 | √ | | | | |
| 所有应当记录的应收账款均已记录 | | √ | | | |
| 记录的应收账款由被审计单位拥有或控制 | | | √ | | |
| 应收账款以恰当的金额包括在财务报表中，与之相关的计价调整已恰当记录 | | | | √ | |
| 应收账款已按照企业会计准则的规定在财务报表中作出恰当的列报 | | | | | √ |

## （二）应收账款审定表（如表7-21所示）

**表7-21　　应收账款审定表**

被审计单位：科思特有限公司　　索引号：ZD1

项目：应收账款审定表　　财务报表截止日/期间：2013年12月31日

编制：Ma　　复核：Hu

日期：2014年1月24日　　日期：2014年1月25日

| 项目名称 | 期末未审数 | 账项调整 | | 重分类调整 | | 期末审定数 | 上期末审定数 |
|---|---|---|---|---|---|---|---|
| | | 借方 | 贷方 | 借方 | 贷方 | | |
| 一、账面余额合计 | 33 729 539.60 | | | | | 33 729 539.60 | 30 356 585.10 |
| 1年以内 | 33 729 539.60 | | | | | 33 729 539.60 | 30 356 585.10 |
| 1~2年 | | | | | | | |
| 2~3年 | | | | | | | |
| 3年以上 | | | | | | | |
| 二、坏账准备合计 | | | | | | | |
| 1年以内 | | | | | | | |
| 1~2年 | | | | | | | |
| 2~3年 | | | | | | | |
| 3年以上 | | | | | | | |
| 三、账面价值合计 | | | | | | | |
| 1年以内 | 33 729 539.60 | | | | | 33 729 539.60 | 30 356 585.10 |
| 1~2年 | 33 729 539.60 | | | | | 33 729 539.60 | 30 356 585.10 |
| 2~3年 | | | | | | | |
| 3年以上 | | | | | | | |

审计说明：上述明细表所列金额与总账、明细账、报表核对一致，款项内容均为销售货款；科思特有限公司收款期为1个月，收款期较短。经分析应收账款各明细项目的期初余额、借贷方发生额，账龄划分无误；因科思特有限公司应收账款账龄均为1年之内且未超过3个月，所以根据公司坏账准备计提政策，本期坏账准备余额为0；该公司平时预收的销售款通过应收账款贷方核算，期末如有余额，形成报表时自动重分类至预收账款。

审计结论：经审计后，确认报表余额。

### （三）应收账款明细表（如表7－22所示）

**表7－22**　　**应收账款明细表**

被审计单位：科思特有限公司　　索引号：ZD2

项目：应收账款明细表　　报表截止日/期间：2013年12月31日

编制：Ma　　复核：Hu

日期：2014年1月19日　　日期：2014年1月20日

| 项目名称 | 期末未审数 | | | | | 账项调整 | | 重分类调整 | | 期末审定数 | | | | |
|---|---|---|---|---|---|---|---|---|---|---|---|---|---|---|
| | 合计 | 1年以内 | 1～2年 | 2～3年 | 3年以上 | 借方 | 贷方 | 借方 | 贷方 | 合计 | 1年以内 | 1～2年 | 2～3年 | 3年以上 |
| 甲客户 | 6 329 875.32 | 6 329 875.32 | | | | | | | | 6 329 875.32 | 6 329 875.32 | | | |
| 乙客户 | 9 128 653.75 | 9 128 653.75 | | | | | | | | 9 128 653.75 | 9 128 653.75 | | | |
| 丙客户 | 8 790 320.63 | 8 790 320.63 | | | | | | | | 8 790 320.63 | 8 790 320.63 | | | |
| ⋮ | | | | | | | | | | | | | | |
| 合计 | 33 729 539.60 | 33 729 539.60 | | | | | | | | 33 729 539.60 | 33 729 539.60 | | | |

审计说明：应收账款明细账余额合计与审定数核对一致；经与其他往来款项核对，没有发现同一客户同时挂账项目；客户借方发生额与主营业务收入和增值税合计数配比，符合预估数据；通过核实各客户明细账，没有发现不属于结算业务的债权；检查银行存款询证函，没有发现应收账款存在质押情况；通过核实各客户往来期初、本期发生额及期末余额，没有发现异常项目，各客户不存在破产、死亡等情况。

### （四）应收账款询证函（如表7－23所示）

**表7－23**　　**应收账款询证函**　　索引号：ZD3

编号：01

甲客户：

本公司聘请的信达会计师事务所正在对本公司2013年度财务报表进行审计，按照中国注册会计师审计准则的要求，应当询证本公司与贵公司的往来账项等事项。下列信息出自本公司账簿记录，如与贵公司记录相符，请在本函下端"信息证明无误"处签章证明；如有不符，请在"信息不符"处列明不符项目，如存在与本公司有关的未列入本函的其他项目，也请在"信息不符"处列出这些项目的金额及详细资料。回函请直接寄回信达会计师事务所。

回函地址：略

邮编：略　　电话：略　　传真：略　　联系人：略

本公司与贵公司的往来账项列示如下：

单位：元

| 截止日期 | 贵公司欠 | 欠贵公司 | 备注 |
|---|---|---|---|
| 2013年12月31日 | 6 329 875.32 | | 贷款 |
| | | | |

其他事项。

| |
|---|
| |

本函仅为复核账目之用，并非催款结算。若款项在上述日期之后已经付清，仍请及时复函为盼。

（科思特有限公司盖章）

2014 年 1 月 10 日

结论：1. 信息证明无误。

（甲客户盖章）

2014 年 1 月 15 日

经办人：×××

2. 信息不符，请列明不符的详细情况。

（客户盖章）

年　月　日

经办人：

## （五）应收账款函证结果汇总表（如表 7－24 所示）

**表 7－24　　应收账款函证结果汇总表**

被审计单位：科思特有限公司　　索引号：ZD4

项目：应收账款函证结果汇总表　　财务报表截止日/期间：2013 年 12 月 31 日

编制：Ma　　复核：Hu

日期：2014 年 1 月 20 日　　日期：2014 年 1 月 21 日

一、应收账款函证情况列表

| 项目单位名称 | 询证函编号 | 函证方式 | 函证日期 | | 回函日期 | 账面金额 | 回函金额 | 经调解后是否存在差异 |
|---|---|---|---|---|---|---|---|---|
| | | | 第一次 | 第二次 | | | | |
| 甲客户 | 01 | 积极式 | 2014 年 1 月 10 日 | | 2014 年 1 月 15 日 | 6 329 875.32 | 6 329 875.32 | |
| 乙客户 | 02 | 积极式 | 2014 年 1 月 10 日 | | 2014 年 1 月 15 日 | 9 128 653.75 | 9 128 653.75 | |
| 丙客户 | 03 | 积极式 | 2014 年 1 月 10 日 | | 2014 年 1 月 15 日 | 8 790 320.63 | 未回函 | |
| ⋮ | | | | | | | | |

二、对误差的分析

| 项目 | 金额 |
|---|---|
| 1. 已识别的误差 | 42 619.64 |
| 2. 推断出的总体误差（扣除已识别的误差） | 3 892.36 |

审计说明：我们对应收账款余额抽取了 80 个样本予以函证，回函样本数为 64 个，回函率为 80%；对未回函的样本实施替代测试，参见底稿 ZD5；回函的样本中只有一个样本回函金额与科思特有限公司账面余额不符，差异为 42619.64 元，推断总体错报金额较小，确认应收账款余额。

## （六）应收账款替代测试表（如表 7-25 所示）

**表 7-25　　应收账款替代测试表**

被审计单位：科思特有限公司　　索引号：ZD5

项目：应收账款替代测试表　　财务报表截止日/期间：2013 年 12 月 31 日

编制：Ma　　复核：Hu

日期：2014 年 1 月 22 日　　日期：2014 年 1 月 23 日

| 一、期初余额 | | | | | | | | 7 989 540.25 |
|---|---|---|---|---|---|---|---|---|
| 二、借方发生额 | | | | | | | | 13 657 853.54 |
| 入账金额 | | | | | 检查内容（用"√"、"×"表示） | | | |
| 序号 | 日期 | 业务内容 | 凭证号 | 金额 | ① | ② | ③ | ④ |
| 1 | 2.16 | | 1004# | 2 358 156.23 | √ | √ | √ | √ |
| 2 | 3.23 | | 1138# | 1 869 329.56 | √ | √ | √ | √ |
| 3 | 4.06 | | 1245# | 1 012 430.32 | √ | √ | √ | √ |
| ⋮ | | | | | | | | |
| 小计 | | | | 8 331 290.66 | | | | |
| 全年借方发生额合计 | | | | 13 657 853.54 | | | | |
| 测试金额占全年借方发生额的比例 | | | | 61% | | | | |
| 三、贷款发生额 | | | | | | | | 12 857 073.16 |
| 入账金额 | | | | | 检查内容（用"√"、"×"表示） | | | |
| 序号 | 日期 | 业务内容 | 凭证号 | 金额 | ① | ② | ③ | ④ |
| 1 | 2.18 | | 1008# | 1 436 542.90 | √ | √ | √ | √ |
| 2 | 3.14 | | 1125# | 2 453 732.56 | √ | √ | √ | √ |
| 3 | 4.19 | | 1246# | 1 890 795.53 | √ | √ | √ | √ |
| ⋮ | | | | | | | | |
| 小计 | | | | 7 971 385.26 | | | | |
| 全年贷方发生额合计 | | | | 12 857 073.16 | | | | |
| 测试金额占全年贷方发生额的比例 | | | | 62% | | | | |
| 四、期末余额 | | | | | | | | 8 790 320.63 |
| 五、期后收款检查（略） | | | | | | | | |
| 检查内容说明：①原始凭证是否齐全；②记账凭证与原始凭证是否相符；③账务处理是否正确；④是否记录于恰当的会计期间。 | | | | | | | | |

审计说明：测试目的是应收账款余额是否存在；款项回收的真实性；经替代测试，未函证和未回函的应收账款可以确认。

# 课后复习题

## 一、复习思考题

1. 什么是应收账款函证？应收账款函证可分为哪两种？
2. 对函证过程实时控制时应注意哪些问题？
3. 主营业务收入实质性程序的程序有哪些？

## 二、案例分析题

1. 审计人员2013年1月审查某公司2012年度产品销售业务时发现：该公司于12月20日销售A产品700件，每件单价80元，计56 000元。已向银行办妥托收手续。但该企业尚未确认该笔销售收入。该产品单位成本为65元。该公司适用的增值税税率为17%，所得税税率为25%，法定盈余公积金的提取比例为10%，公益金的提取比例为5%。

要求：针对上述存在的问题，提出审计建议。

2. 某企业采用应收账款余额的3%计提坏账准备，坏账准备账户年初贷方余额为6 000元，借方发生额为3 000元。另有去年已注销的坏账准备今年收回1 000元，该企业所做会计分录如下。

借：银行存款　　1 000
　　贷：其他应付款　　1 000

年末应收账款余额为800 000元，会计人员计提坏账准备金，做如下会计分录。

借：资产减值损失——坏账损失　　2 400
　　贷：坏账准备　　2 400

要求：指出该企业存在的问题，并做出调整分录。

3. 注册会计师王明在查阅ABC公司财务报表时，发现2012年12月“主营业务收入”、“应收账款”账户较以往各期发生额有较大幅度的增加，王明怀疑ABC公司有虚增收入和利润的问题。于是根据账簿记录调阅了有关记账凭证，发现12月20日第88号记账凭证的会计分录如下。

借：应收账款　　10 530 000
　　贷：主营业务收入　　9 000 000
　　　　应交税费——应交增值税（销项税额）　　1 530 000

12月23日第60号记账凭证的会计分录如下。

借：应收账款　　1 530 000（红字）
　　贷：应交税费——应交增值税（销项税额）　　1 530 000（红字）

经审查，上述两张记账凭证均无任何原始凭证，两笔业务中在“库存商品”明细账中和“应收账款”明细账中均无登记，准备于下年初将上述分录做销售退回处理。该公司坏账准备按应收账款年末余额的1%计提。

要求：分析存在的问题，提出处理意见，并编制审计调整分录（不考虑对当期利润及税费的影响）。

## 延伸阅读

### 警惕操纵收入确认的十种手段

目前许多企业在收入确认方面存在种种操纵行为，掩盖了企业真实的收入状况，其主要手段有如下十种：

1. 提前开具销售发票，以美化业绩。由于我国发票管理制度的特殊性，在会计和税务实务中开具销售发票往往是销售实现的一个标志。因此，一些公司往往以开具销售发票和已计税为理由确认营业收入，而不管销售过程是否真正完成。但实际上，开具销售发票仅仅是形式，并不代表销售过程的终结。

2. 操纵收入的认定时点，创造虚无的销售收入。为掩盖造假行为，企业经常捏造存货记录、发运记录和发票。以生产芭比娃娃出名的美国玩具公司 Mattel . Inc 在 1970 年，就曾以“先开账单货暂代管”的方式提早确认巨额的销售收入。

3. 不适当的销售分割。如在年底虚开发票，次年再以质量不合格等理由冲回退货。为增加销售收入，没有在会计期末结账，将下期销售记入本期。

4. 在存有重大不确定性时确定收入。一般而言，下列情况下不应确认收入：所有权上的风险和报酬没有转移；客户有可能退货；买方有可能拒付贷款；交易涉及未解决的问题或还需要进行协调；借助于第三方签订“卖断收益权”的协议；顾客拥有退货或终止合约的选择权。例如，商品销售后如果需要安装和检验，则应在安装和检验后才产生付款义务。因而，应在安装和检验后才能确认为收入。

事实上，即使是知名的、受人尊敬的公司也会发观存在这种会计诡计。1997 年 11 月，美国博士伦公司与证券交易委员会和解了一桩会计舞弊案。这是一起典型的高层对低层提出近乎不可能实现的经营目标而引起的会计舞弊案。出于来自美国本土公司的压力，香港的亚太分部虚报雷朋以及其他一些品牌太阳睛镜的销售收入。而在美国，隐型眼镜部私下赋予顾客退货权，同时却把这些交易确认为会计收入。

5. 完工百分比法的不适当运用。由于信息的不对称，在存有重大不确定性的情况下，采用完工百分比法确认收入和相应结转费用，管理层既可以隐瞒未来的不确定性，又可以随心所欲地估计完成合同需要的总成本及各期完工程度，通过夸大在建项目的完成比例来高估收入，以达到操纵收入的目的。

6. 受托销售。将代销收入列为本企业的销售收入，以虚增收入。

7. 未认可发运。发运有缺陷的货物或并非对方需要的货物后，以全部价格而不是以销售返回或折扣价格记录来增加收入。

8. 在仍需提供未来服务时确认收入。在收到款项时马上确认为收入，而不管未来仍需要提供服务，这是常见的操纵收入的手法。特别是收款后马上出具销售发票时，更使这种手法具有隐蔽性和欺骗性。事实上，收到款项有时仅仅是预收货款，应先作为负债，持有关产品或劳务已经提供后，方可确认收入。一些劳务收入的确认，如特许权费收入、会员费收入、服务费收入、广告费收入、安装费收入、软件定制费收入，很容易出现这样的情况。

9. 递延确认收入。这也是一种非常严重的收入操纵行为，会误导投资者。公司可以在当期收入下降时，通过确认以前年度的收入来高估当期收益。会使人们认为公司仍然处于经营业绩良好状态，但此时公司已开始“走下坡路”。因此，公司宣布停止经营，给投资者的冲击将是非常巨大的，他们没有时间去准备接受一事实。

10. 制造收入事项。比如，一家企业利用子公司接市场价销售给第三方，确认子公司销售收入，再由另一公司从第三方手中购回。这种做法避免集团内部交易须抵消的约束，确保在合并报表中确认收入和利润，达到了操纵收入的目的。①

## 麦克森——罗宾斯公司案

1938 年之前，注册会计师在执行独立审计时并不对应收账款和存货进行函证或盘点，这种情形直到麦克森——罗宾斯案发生之后才得以改变。

美国的麦克森——罗宾斯公司（McKesson&Robbins）曾经是一家在纽约证券交易所上市的大型化学和医药公司，1937 年其对外报告的资产额接近 1 亿美元，这在当时来说算是非常大的企业了，它的审计师是当时最大且最具影响力的会计师事务所——普华会计师事务所。1938 年 12 月，纽约证券交易所为协助法院的案件调查而暂时停止了麦克森——罗宾斯公司股票的交易。其后，SEC 经调查发现，麦克森——罗宾斯公司有近两千万美元的存货和应收账款是

① 资料来源：吴革：《中国财经报·财会世界周刊》，2001 年 10 月 18 日。

虚构的。也就是说，有近20%的资产是根本不存在的，这在当时的经济萧条时期是一个巨大的数字，从而引起强烈的震动。

根据调查结果以及报道显示，麦克森——罗宾斯案是由冒名顶替总裁的菲利浦·缪斯克（Philip Musica）和他的三个兄弟操纵的一起诈骗案。菲利浦·缪斯克以化名参与公司经营，其人曾因商业欺诈罪被判刑。会计师事务所在接受该公司作为客户的时候，没有对公司高层人士的背景进行任何调查。麦克森——罗宾斯公司通过虚构一个根本不存在的加拿大供应商来虚增采购业务，通过虚构一个根本不存在的采用供应商直接装船送货方式进行运输的机构——史密斯有限公司（W. W. Smith and Company，Inc.）来虚构销售业务。虚构的收款是以麦克森——罗宾斯公司的名义从一个冒充的蒙特利尔银行（Montreal bank）那里得到的。在对麦克森——罗宾斯公司审计时，会计师事务所既没有直接向顾客确认应收账款的余额，也没有对实物存货的发出进行盘查，这样的做法虽然符合当时广为接受的审计实务标准，但很显然，如果他们实施了上述审计程序的话，就可以使这一欺诈案件曝光。此外，审计师对内部控制的调查也没有充分地考虑到公司内部职责划分不清所带来的影响。

会计职业界很快就对该案件作出了反应。证券交易委员会在尚未结束听证及提交报告之前，美国会计师协会已经成立了一个专门委员会，该委员会发布了一份题为“扩展审计程序”的报告。这一报告成为1939年发布的与此同名的《审计程序公告第1号》的基础。从此，独立审计实务进入了以财务报告审计准则为依据的时期。

# 第八章

# 采购与付款循环审计

## 学习目标

1. 了解采购与付款循环涉及的主要经济业务、会计凭证、账户和报表项目；
2. 掌握采购与付款循环的内部控制测试及其控制测试程序；
3. 掌握采购交易的实质性测试程序；
4. 掌握应付账款、固定资产等主要项目的实质性测试程序。

## 适用的准则和规范

1. 《中国注册会计师审计准则第 1 312 号——函证》
2. 《中国注册会计师审计准则第 1 313 号——分析程序》

## 导读案例

美国巨人零售公司是一家大型零售折扣商店，创建于 1959 年，总部设在马萨诸塞州的詹姆斯福特，公司在 20 年的时间内迅速发展，1971 年，已经拥有了 112 家零售批发商店。但就在那一年，公司的管理部门面临着历史上第一次重大经营损失。为了掩盖这一真相，他们决定篡改公司的会计记录，把 1971 年发生的 250 万美元的经营损失篡改为 150 万美元收益，并且提高与之相关的流动比率和周转率。

罗斯会计师事务所担任巨人零售公司 1972 年年报审计工作，签发了无保留意见的审计报告。

1972 年 4 月 28 日，巨人零售公司把经过审计的财务报表提交给美国证券交易委员会，申请并获准发行了 300 万美元的股票，并贷到了 1 200 万美元的流动资金。但 1973 年初，罗斯会计师事务所撤回了其签发的无保留意见的审计报告，1973 年 8 月，巨人零售公司向波士顿法院提交破产申请，两年后法院宣告公司破产。

根据法庭查证事实，巨人零售公司蓄意调整 1972 年 1 月 29 日结束的会计年度的应付账款余额的情况，如下表所示。

**巨人零售公司对应付账款的蓄意调整**

| 相 关 方 | 应付账款减少金额（美元） | 应付账款减少的理由 |
| --- | --- | --- |
| 1 100 家广告商 | 300 000 | 以前未入账的预付广告费用 |
| 米尔布鲁克公司 | 257 000 | 商品退回，总购折扣，折扣优惠 |
| 罗斯盖尔公司 | 130 000 | 商品退回 |
| 虚构的几百个供应商 | 170 000 | 以前购买货物索价过高 |
| 健身器材公司 | 163 000 | 商品退回 |

巨人零售公司舞弊行为与罗斯会计师事务所审计行为列示如下：

（1）巨人零售公司的总裁和财务主管，在 1972 年 1 月 29 日结束的会计年度中，命令下属广告部门的经理，准备了 14 页的备忘录，虚构了大约 1 100 家的广告商名单，记载着巨人零售公司以前曾向它们预付广告费用但并未入账。

罗斯事务所的审计师为验证这些预付广告费是否属实，抽取了 24 个样本，向其中 4 个广告商发函询证，并要求巨人零售公司为另外 20 笔未入账的费用提供证明文件。虽然 4 个广告商的回函曾指出预付广告费是错误的，但审计师并没有进一步追查，反而根据巨人零售公司提供的证明文件及发的询证函确认了巨人零售公司预付 30 万美元广告费。

（2）巨人零售公司的财务副总裁伪造了 28 个虚假的贷项通知单（红字发票），以此来抵减外发的应付给米尔布鲁克公司的账款 25.7 万美元。

审计师注意到这些贷项通知单，询问公司的职员，先后得到 3 个不同的解释。为证实这一事项，审计师要求向米尔布鲁克公司的高级行政人员求证此事。为了满足这个要求，巨人零售公司的财务副总裁当着审计师的面，打电话给一个听起来像是米尔布鲁克公司总裁的人，短暂交谈后，巨人零售公司的财务副总裁把电话递给了审计师，电话另一头的那个人，口头上证实了这一事项，并同意递交罗斯会计师事务所一份书面证明。但几天后，巨人零售公司的财务副总裁告诉审计师，米尔布鲁克公司总裁改变了签发书面证明的主意，审计师对此很生气，为此，审计师写了一份备忘录，附在工作底稿中，对贷项通知单的真实性提出质疑。但负责巨人零售公司审计工作的事务所合伙人却认为已经搜集到充分的证据，可以证实贷项通知单的真实性，就不再深入追查此事。

（3）巨人零售公司通过发出 35 份假造的贷项通知单蓄意减少了 13 万美元的应付给另一个供应商罗斯盖尔公司的账款。

审计师在审阅这些通知单的复印件时，发现有种特殊标志被隐藏在单据中，当把这些通知单高举在光线下观察时，他发现了单据中被隐藏起来的句子："只有在收到货物时才可以记账"。于是，审计师打电话给罗斯盖尔公司的一位会计人员，询问他有关这些商品退回的问题，回答是并无任何商品曾被巨人零售公司退回。因此，审计师将这件事情报告给了事务所的合伙人。当合伙人与巨人零售公司副总裁交流时，巨人零售公司副总裁解释道，审计师误解了有关贷项通知单的电话询问，并断言的确是由于退回货物，才发出通知单，但却以巨人零售公司和罗斯盖尔公司即将产生法律诉讼为理由，拒绝合伙人和罗斯盖尔公司联系。最终，合伙人由于收到了信件证实了这些由巨人零售公司收到的、然后又退回罗斯盖尔公司的有争议的货物确实"存在"，从而接受了巨人零售公司对此项贷项通知单的解释。

(4) 巨人零售公司虚构几百个曾被供应商索价过高的赊购事项，减少应收账款 17 万美元。

罗斯会计师事务所为调查这些问题，从巨人零售公司提供的名单中，随意抽取几个供应商，然后给它们打电话，求证索价过高是否真实。然而，在 15 个电话求证过程中，会计师居然允许巨人公司先同供应商联系并通知此事，接着又打了个电话，再一次解释事务所要询问的事项。随后才把电话递给会计师，直至那时，罗斯会计师事务所的会计师才能与供应商通话。罗斯会计师事务所据此有限测试接受了巨人零售公司因索价过高而抵减应付账款的理由。

(5) 巨人零售公司假造了发给健身产品制造商的贷款通知单，用根本没被确认的 16.3 万美元的商品退回来减少应付账款。

1978 年，巨人零售公司的四位管理者被陪审团以舞弊罪名起诉，经联盟法院审判定为有罪。1979 年 1 月，美国证券交易委员会在经过调查后，严厉谴责了罗斯会计师事务所，并在联邦法院处理此事前，暂停负责该公司审计的合伙人执业 5 个月。证券交易委员会同时要求：由独立专家中的一位陪审员，对罗斯事务所的审计程序，进行一次大规模的检查。

**思考与讨论**

1. 讨论罗斯会计师事务所对美国巨人零售公司年报审计中无效的审计程序有哪些？如何处理才能避免审计失败？

2. 结合本案例讨论如何查找未入账的应付账款。

3. 结合本案例讨论对应付账款进行函证时应注意的问题。

## 第一节　采购与付款循环概述

### 一、采购与付款循环涉及的主要业务活动

采购与付款循环由企业从外部采购原材料、商品或固定资产（或接受劳务）和

支付款项等活动组成。该循环有两种主要业务类型，一是采购业务；二是现金支出业务。

（一）采购业务的主要活动

企业通常通过以下六项程序处理采购业务，并尽可能地将这些程序指派给不同的人员或部门来完成，使每个员工或部门都可独立检查其他员工或部门所完成工作的正确性。

1. 请购商品或劳务

对需要购买的已列入存货清单的项目由仓库负责填写请购单，但对所需要购买的未列入存货清单的项目，通常由使用部门编制请购单。请购单可由手工或计算机编制，请购单可由任何部门开出，它们很少事先编号，但为加强控制，每张请购单必须经过对这类支出负预算责任的主管人员签字批准后交采购部门。

大多数企业均对正常经营所需物资的购买作一般授权，如仓库在现有库存达到再订购点时就可直接提出来购申请，其他部门也可为正常的维修工作和类似工作直接申请采购有关物品。但涉及资本支出和租赁合同的采购等，通常由获得特别授权的指定人员提出请购。

2. 编制订购单

采购部门在收到请购单后，只能对经过批准的请购单发出订购单。对每张订购单，采购部门应确定最佳的供应来源。对一些主要项目，应采取竞价方式来确定供应商，以保证供货的质量、及时性和成本的低廉。

订购单应正确填写所需要商品或劳务的种类、数量、价格、厂商名称和地址，预先编号并且由被授权的采购人员签名。其正联送交供应商，副联则送至企业内部的验收部门、应付凭单部门和开出请购单的部门。为促使验收人员仔细验收商品，最好将送交验收部门的订购单副联中的采购数量涂掉。随后，应独立检查订购单的处理，以确保商品或劳务实际收到和入账的正确性。这项检查与采购交易的完整性认定有关。

3. 验收商品

有效的订购单代表企业已授权验收部门接收供应商发运来的商品。验收部门职员应首先核对所收到商品在名称、规格、数量、到货时间等方面是否与订购单上的要求相符，然后再盘点商品并检查商品有无损坏。验收人员应对已收货的每张订购单编制一式多联的有预先编号的验收单。

验收人员将货品送交仓库或其他请购部门时，应取得经过签字的收据，或要求其在验收单的副联上签收，以确立他们对所采购的资产应负的保管责任。验收人员还应将其中的一联验收单送应付凭单部门和采购部门。

采购部门在接到验收单后，如发现货物的数量或质量不符合订单要求，应及时通知供应商。对于数量的短缺，一般要求供应商补足；对于质量的问题，一般决定是退货还是要求折让。如果退货，采购部门应编制退货通知单并授权运输部门将货物退回，同时将退货通知单副本寄交供应商，运输部门在货物退回后，应通知采购部门和会计部门。采购部门在货物退回后，应编制借项凭证，经主管人员审查后，转交会计部门，用以调整应付账款。如果要求供应商折让，采购部门也应在折让金额确定后，编制借项凭单，通知会计部门调整应付账款。由于退货和折让业务大多是非常规的，因此，可设置专人定期审查有关退货和折让的业务记录及相关凭证，以确保退货和折让的合理性、真实性。

验收单是支持资产或费用以及与采购有关负债的存在或发生认定的重要凭证。而随后执行定期独立检查验收单以确定每笔采购交易都已编制凭单的程序，这项检查与采购交易的完整性认定有关。

4. 储存已验收的商品存货

由独立的部门（如仓库）负责接收已验收的货物，并承担保管责任。将已验收商品的保管与采购的其他职责相分离，可减少未经授权采购和盗用商品的风险。货物入库前，仓储部门应先行点验，然后在验收单副联上签收。签收后，仓储部门应将实际入库货物的数量通知会计部门。仓储部门应为每一种存货填制标签，并根据存货的品质分类存放在设有相应安全措施的场所（如存放在加锁的仓储区），限制接近并由保安人员适当守卫。这些控制与存货的存在认定有关。

5. 编制付款凭单

记录采购交易之前，应付凭单部门应编制凭单。这项程序的控制包括：

（1）确定供应商发票的内容同相关验收单和订购单的一致性；

（2）确定供应商发票计算的正确性；

（3）编制有预先编号的付款凭单，并附上支持性凭证（订购单验收单和供应商发票）；

（4）独立检查付款凭单计算的正确性；

（5）在付款凭单上填入应借记的资产或费用账户名称或代号；

（6）由被授权人员在凭单上签字，以示批准照此凭单付款。

值得注意的是，为采购交易编制凭单所要求具有的支持性凭证的种类，随交易对象的不同而不同。如在为某些劳务或租赁资产编制凭单时，还需要具有其他种类的支持性凭证（如合同副本等）。而在其他情况下，如每月支付的水电费，只要有账单和供应商发票就可以编制付款凭单，不需要每月的订购单和验收单。

所有未付款凭单的副联应保存在应付凭单部门的未付款凭单档案中，以待日后付款。经适当批准和有预先编号的凭单为记录采购交易提供了依据。因此，这些控制活动与发生、完整性和准确性认定有关。

6. 确认与记录负债

在手工系统下，已批准的未付款凭单，应连同每日汇总表一起送交会计部门，以编制有关记账凭证和登记有关账簿。会计主管应独立检查会计人员记录的凭单总数与应付凭单部门送来的每日凭单汇总所列数是否一致。

会计主管应做好以下三项工作：（1）监督为采购交易编制的记账凭证中账户分类的适当性；（2）通过定期核对编制记账凭证的日期与凭单副联的日期，以监督入账的及时性；（3）定期独立检查应付账款总账余额与应付凭单部门未付款凭单档案里的凭单总和是否一致。

（二）现金支出业务的主要活动

现金支出业务的主要活动包括偿付负债和记录现金支出业务，并尽可能由不同的人员或部门分别执行。

1. 偿付负债

企业通常由应付凭单部门负责确定在未付款凭单到期日之前偿付负债，并根据具体情况采用适当的结算方式，如支票结算等。在手工系统下，填写支票有两种方式；一是应付凭单部门将到期的凭单送交财务部门，再由财务部门填写支票，二是由应付凭单部门根据到期凭单填写支票，再连同凭单一起送交财务部门签字。编制和签署支票的有关控制包括：

（1）独立检查已签发支票的总额（通常在支票汇总表中列示）与已处理的付款凭单的总额的一致性；

（2）应由被授权的财务部门的人员负责签署支票；

（3）被授权签署支票的人员应确定每张支票都附有一张已适当批准的未付款凭单，还应确定支票受款人姓名和金额与凭单内容的一致性；

（4）支票一经签署就应在其凭单和支持性凭证上加盖印戳或打洞将其注销，并连同支票的副本归入已付款凭单档案，以免重复付款；

（5）支票签署人应控制支票的邮寄；

（6）不应签发无记名支票甚至空白支票；

（7）应使用预先连续编号的支票，保证支出支票存根的完整性和作废支票处理的恰当性；

（8）应确保只有被授权的人员才能接近空白支票和签字簿。

上述控制与现金支出交易的发生、完整性以及准确性认定有关。

2. 记录现金支出

在手工系统下，会计人员应根据已签发支票编制付款记账凭证记账及其他相关账簿。记录现金支出的有关控制包括：

（1）会计主管应独立检查记入银行存款日记账、应付账款明细账金额的一致性，并与财务部门送来的支票汇总表记录核对相符；

（2）通过定期比较银行存款日记账记录的日期与支票副本的日期，独立检查记账及时性；

（3）独立编制银行存款余额调节表。

## 二、采购与付款循环涉及的主要凭证、账户和报表项目

对采购与现金支出交易的适当控制，一般包括使用多种凭证，据以记录有关账

户，并在期末按适当方法列示在相应的报表项目中。

（一）原始凭证

（1）请购单。由仓库、商品制造、资产使用等部门的有关人员填写，送交采购部门，申请购买商品、劳务或其他资产的书面凭证。

（2）订购单。由采购部门填写，向另一企业购买订单上所指定商品、劳务或其他资产的书面凭证。

（3）验收单，或称“验收报告”、“入库单”。收到商品等资产时编制的凭证，列明从供应商那里收到的商品等资产的种类、数量和质量等。

（4）供应商发票。供应商开具的，交给买方以载明所发运货物或所提供劳务的名称、应付款金额和付款条件等事项的凭证。

（5）付款凭单。采购方企业应付凭单部门编制的，以载明已收到商品等资产或所接受劳务的厂商名称及地址、应付款金额和付款日期的凭证。付款凭单是企业内部记录和偿付负债的授权证明文件。

（二）记账凭证

涉及的记账凭证主要包括转账凭证、付款凭证。

（三）明细账和序时账

涉及的账簿资料主要包括存货明细账、应付账款明细账、现金和银行存款日记账。

（四）总账

涉及的总账类账户主要包括“库存商品”、“原材料”、“库存现金”、“银行存款”、“固定资产”、“工程物资”、“在建工程”、“预付账款”、“应付账款“、“应交税费”等。

（五）报表项目

涉及的报表项目主要包括“货币资金”、“存货”、“预付账款”、“应付账款”、“应付票据”、“应交税费”、“固定资产”、“工程物资”、“在建工程”等。

（六）其他

（1）凭单汇总表。列示每批或每天所处理的全部凭单的报告。

（2）未收货订购单档案。汇集已交给供应商但尚未收到商品或劳务的订购单。

（3）未付款凭单档案。汇集已收到商品或劳务且已入账的，但尚未付款的已批准凭单及其支持性凭证。未付凭单合计应与应付账款总账余额相等。

（4）已付款凭证档案。汇集已经付款的凭单及其支持性凭证。

（5）支票。要求银行向受款人给付指定金额的正式通知。

（6）支票汇总表。列示某批或某日所签发支票的表格。

## 三、采购与付款循环的审计目标

采购与付款循环审计的目标是收集与此循环交易和余额相关的每项重要认定的证据，其审计的具体目标如下。

（1）真实性。确认会计报表所记载的存货、固定资产的采购及与之相关的应付账款或货款支付业务是否确实发生，所采购物的数量和质量与订货合同、采购发票、验收单是否一致，有无虚构的情况。

（2）完整性。确认企业所有的采购业务及所有应付款的发生与偿还是否均已完整记录，是否存在漏记事项。

（3）所有权。确认企业对会计报表所记载的固定资产、预付账款是否拥有完整的所有权；其中固定资产有无抵押担保情况，或者在企业是否对其做了充分的说明。

（4）估价。确认固定资产的计价，折旧费用的计算、分摊是否正确、合理和一贯；确认应付账款、固定资产、预付账款、应付票据等账户的期末余额是否正确。

（5）截止日期。确认采购的截止日期是否恰当。

（6）披露。确认有关采购与付款事项是否都已在会计报表上做了恰当的披露。

### 四、重要性、审计风险与审计方案

财务报表中的很多项目都受到采购与付款循环交易的影响。该循环交易比其他几个循环所影响的报表项目更多，并且该循环影响的这些账户（如存货、固定资产等）中多数从单个来看可能都很重要。因此，采购与付款循环交易是财务报表重大错报的主要来源。

下面几个因素可能导致采购与付款循环的固有风险处于高水平：

（1）交易量通常很大；

（2）可能发生未授权的采购和现金支出；

（3）已购买的资产可能被侵吞、滥用；

（4）可能出现诸如成本应资本化还是费用化等会计问题的争论。

这些因素可能造成受该循环交易影响的认定有较高的固有风险。

在很多情况下，注册会计师都希望被审计单位的内部控制能防止或发现并纠正采购与付款循环交易影响的发生、完整性以及准确性等认定的错报。内部控制也有助于保证绝大多数种类的支出分类适当，因此，采购与付款循环交易的控制还影响到该循环中的列报和披露认定的控制风险。同收入循环的情况一样，采购与付款循环的内部控制对于降低权利和义务认定的控制风险作用较小。

注册会计师在审计采购与付款循环时，可以结合使用综合性方案和实质性方案这两种审计方案。不论使用哪种方案，注册会计师都应对与每项认定所采取的方案相关的那一部分内部控制，取得一定的了解。

# 第二节　采购与付款循环的内部控制及控制测试

## 一、采购与付款循环的内部控制

注册会计师在审计采购与付款循环时，需要着重了解其内部控制的三个要素。

（一）控制环境

1. 被审计单位采购与付款循环活动的组织结构

注册会计师可通过询问管理层和研究其组织机构图来取得这方面的了解。（1）采购、验收、仓储活动是否在经营副总经理的领导下进行？（2）会计活动是否在财务主管的领导下进行？（3）现金支出活动是否在财务主管或财务副总经理的领导下进行？

2. 被审计单位采购与付款循环的管理控制方法

被审计单位通常采用预算的方式对采购与付款循环进行管理控制。很多企业都为现金、营业费用和资本支出编制了预算。如果管理层采用了适当的方法，如编制预算、比较实际业绩与计划业绩、向适当层次的管理人员报告差异，并对差异及时采取适当的更正行动，那会大大降低采购与付款循环活动的控制风险。

3. 被审计单位采购与付款循环的既定人事政策

被审计单位应执行严格有效的政策，以确保只有具备正直品行和胜任能力的人员才能从事采购和现金支出交易。如采购人员可能直接与供应商会面，并参与价格、质量及条件的谈判，这些人员经常会遇到供应商的种种利诱。在这种情况下，缺少正直品质的采购人员可能会收受供应商的“佣金”，从而把订单交给使采购人员得到好处的供应商。同样，验收和仓储人员的不诚实，将导致其在处理和保管所收到的商品过程中舞弊。选择合格和值得信赖的人员担任凭单编制和货款支付工作同样重要。

（二）与财务报告相关的信息系统和沟通

针对与财务报告相关的信息系统和沟通主要应了解两个方面的问题：一是数据处理的方法；二是处理采购与付款循环交易所涉及的主要凭证和记录。注册会计师可以通过查阅有关会计手册和系统流程图，询问会计人员和与处理这些交易有关的其他人员，以及借鉴以前与被审计单位交往的经验，来取得对这些情况的了解。

（三）控制活动

适当授权、责任分工、凭证和记录控制、接近控制以及独立检查这五种控制活动，都适用于采购与付款循环。采购与付款循环是企业中的一个重要环节，涉及生产、采购、验收、会计等部门。一般来说，一个健全、有效的采购与付款循环的内部控制制度应包括以下内容。

1. 职责分离控制

采购与付款循环中所需处理的主要业务有请购、采购、验收、储存、会计记录、付款等。在这些业务中，需要职务分离的不相容岗位至少包括请购与审批，询价与确定供应商，采购合同订立与审批，采购与验收，采购、验收与相关会计记录，付款审批与付款执行。适当的职责分离有助于防止有意或无意的错误。

2. 请购控制

提出货物和劳务的需要是采购环节上的第一步，一个企业可以有若干不同的请购制度，对不同的需要有不同的确定和提出请购的方法。

（1）原材料或零配件购进。一般首先由生产部门根据生产计划或即将签发的生产通知单提出请购单。材料保管人员接到请购单后，应将材料保管卡上记录的库存数同生产部门需要的数量进行比较。当生产所需材料和仓储所需后备数量合计已超过库存数量时，则应同意请购。

（2）临时性物品的购进。通常由使用者而不需经过仓储部门直接提出，由于这种需要很难列入计划之中，所以，使用者在请购单上一般要对采购需要做出描述，解释其目的和用途。请购单须由使用者的部门主管审批同意，并须经过资金预算的负责人同意签字后，采购部门才能办理采购手续。

3. 订货控制

无论何种需要的请购，采购部门在收到请购单后，在最终发出采购订单之前，都应明确订购多少、向谁订购、何时采购等问题。

（1）在订购多少的控制方面，采购部门首先应对每份请购单审查其请购数量是否在控制限制的范围内，其次是检查使用物品和获得劳务的部门主管是否在请购单上签字同意。对于需大量采购的原材料、零配件等，必须作各种采购数量对成本影响的成本分析，其内容是先将各种请购项目进行有效的归类，再利用经济批量法来测算成本。

（2）关于向谁订购的问题，采购部门在正式填制采购订单前，必须向不同的供应商（通常要求两家以上）索取供应物品的价格、询价、质量指标、折扣和付款条件及交货时间等资料，比较不同供应商所提供的资料，选择最有利于企业生产和成本最低的供应商，与供应商签订合同。

（3）关于何时订货问题，主要由存货管理部门运用经济批量法和分析最低存货点来进行，而不是在采购部门。当请购单已提出时，采购部门应对这些请购单的处理结果及时告知仓储和生产部门。

在上述3个方面的决定作出之后，采购部门应及时填制采购订单，并对其进行控制，主要是预先应对每份订单进行编号；在采购订单向供应商发出前，必须由专人检查该订单是否得到授权人的签字；由专人复查采购订单的编制过程和内容；采购订单的副本应递交给请购、保管与会计部门等。

4. 验收控制

货物的验收应由独立于请购、采购和会计部门的人员来承担，其控制责任是检验收到货物的数量和质量。

（1）对于数量，验收部门在货运单上签字之前，应通过计数、过磅或测量等方法来证明货运单上所列的数量，并要求两个收货人在收货单上签字。

（2）对于质量，验收部门应检验有无因运输损失而导致的缺陷，在货物质量检验需要有较高的专业知识或必须经过仪器、实验才能进行的情况下，收货部门应将部门样品送交专家和实验室对其质量进行检验。

（3）每项收到的货物必须在检验以后填制包括供应商名称、收货日期、货物名称、数量和质量，以及运货人名称、原采购订单编号等内容的收货报告单，并将其及时报告请购、采购和会计部门。

5. 应付账款的控制

任何应付账款上的不正确记录和不按时偿还该债务，都会导致交易双方不必要的债务纠纷。对应付账款的控制要求：有应付账款的记录必须由独立于请购、采购、验收、付款的职员来进行；应付账款的入账还必须在取得和审核各种必要的凭证以后才能进行；对于有预付货款的交易，在收到供应商发票后，应将预付金额充抵部分发票金额，以此来记录应付账款；必须分别设置应付账款的统驭账户和明细账；对于享有折扣的交易，应根据供应商发票金额减去折扣金额的净额登记应付账款；每月应将应付账款明细账与客户的对账单进行核对。

6. 付款控制

（1）支票准备。支票准备应独立于采购、付款、确认和函证程序，所有付款都应有事前编号的支票，对已签发的支票应将其原始凭证加盖“已付款”印章，以避免重复付款，尽可能使用有安全保障的支票书写器或电脑生成的支票，对于空白支票应安全存放，作废的支票立即注销等。

（2）支付。付款前，应复核客户发票上的数量、价格和合计数及折扣条件等，核对支票的金额，采购和付款应有各自独立的签名，对支票应采取函寄或其他安全方式送交。

（3）会计处理。会计部门及时记录付款业务，定期核对总账的分类账及日记账，注意未付账款，检查应付账款的明细账和有关文件，以防失去可能的现金折扣。

采购与付款循环中主要业务活动、对应的凭证及账户、相关的认定、重要控制点的关系见表 8－1。

**表 8－1　　销售与收款循环中的各种关系**

| 主要业务活动 | 相关凭证及账户 | 相关部门 | 相关认定 | 重要控制点 |
|---|---|---|---|---|
| 1. 请购商品或劳务 | 请购单 | 仓库、其他部门 | | 签字批准 |
| 2. 编制订购单 | 订货单 | 采购部门 | 完整性 | 订货单预先编号、一式多联 |

续表

| 主要业务活动 | 相关凭证及账户 | 相关部门 | 相关认定 | 重要控制点 |
|---|---|---|---|---|
| 3. 验收商品 | 订购单、验收单 | 验收部门 | 存在、完整性 | 验收单预先编号、一式多联 |
| 4. 储存已验收商品 | 验收单 | 仓库部门 | 存在 | 保管和采购职能分离 |
| 5. 编制付款凭单 | 付款凭单、订购单、验收单、发票 | 应付凭单部门 | 存在、完整性、计价和分摊 | 预先编号并经适当批准 |
| 6. 确认记录负债 | 请购单、验收单、供应商发票、转账凭证、应付账款明细账 | 会计部门 | 存在、完整性、计价和分摊 | 记录库存现金收支人员不得经手库存现金、有价证券和其他资产 |
| 7. 支付并记录负债 | 付款凭单 | 应付凭单部门、财务部门 | 存在、完整性、计价和分摊 | 支票预先编号、相关批准要注销 |
| 8. 记录现金银行存款支出 | 现金与银行存款日记账、付款凭证 | 会计部门 | 存在、完整性、计价和分摊 | 账账核对、账证核对、独立编制银行存款余额调节表 |

## 二、对采购与付款循环内部控制的了解

### （一）了解与描述内部控制

注册会计师主要凭借以往与客户交往的经验，并通过运用询问、观察、检查凭证和查阅文件等程序，来了解被审计单位采购与付款内部控制的情况。表8－2是一份内部控制调查表。值得注意的是：调查表中只包括与内部控制系统的效率关系较大的控制措施。注册会计师还应通过流程图、文字说明等形式，将对内部控制的了解记录在工作底稿中。

**表8－2　　采购交易内部控制调查表**

被审计单位名称________
注册会计师________　　审计日期________　　完成日期________
复核人________　　复核日期________

| 主要业务活动 | 提出问题 | 是 | 否 | 不适用 | 备注 |
|---|---|---|---|---|---|
| 请购商品或劳务 | 1. 是否已建立请购的一般和特别授权批准程序？<br>2. 每笔采购业务是否都必须具有经过批准的请购单？ | | | | |
| 填制订购单 | 1. 每笔采购业务是否均填制订购单？<br>2. 是否使用预先编号的订购单并加以控制？ | | | | |

续表

| 主要业务活动 | 提出问题 | 是 | 否 | 不适用 | 备注 |
|---|---|---|---|---|---|
| 验收商品 | 1. 验收部门接收货物之前是否必须取得订购单？<br>2. 是否清点、检验货物，并与订购单相核对？<br>3. 验收单是否预先编号，并附有验收人员的签字？<br>4. 验收部门将商品送交仓库后，是否取得对方签章的收据？ | | | | |
| 存储已验收的商品 | 1. 商品是否存放在安全的地点，并仅限经过批准的人接近？<br>2. 是否设有保安人员守卫仓库存货？ | | | | |
| 编制付款凭单 | 1. 编制付款凭单，是否将付款凭单同订购单、验收单、发票相互配合？<br>2. 是否独立检查发票和凭单计算的准确性？<br>3. 付款凭单是否经过批准？ | | | | |
| 确认并记录负债 | 1. 是否对有关记账凭证的分录进行独立检查，以确定分类的适当性和入账的及时性？<br>2. 是否核对采购发票与相关的订购单、验收单等，审核其内容是否一致？ | | | | |

（二）初步评价内部控制

对采购交易进行初步评价，其目的在于注册会计师对其进行实质性程序前确定对采购交易内部控制的可依赖程度。注册会计师可通过下列措施来完成初步评价：① 确定该项认定可能发生哪些潜在的错报或漏报；② 确认哪些控制可以防止或发现更正这些错报或漏报。表 8 -3 列出了有代表性的差错和必要的控制措施。注册会计师在对具体的被审计单位进行审计时，应当结合实际情况加以调整。

注册会计师通过比较必要的控制和现有控制，初步评价计划依赖的采购交易的内部控制。如果被审计单位没有建立注册会计师认为的必要控制，或者现有控制不足以防止或检查错报或漏报，那么注册会计师应该考虑控制缺陷对审计的影响，如扩大采购交易实质性程序的范围。初步评价的结果应记录在工作底稿之中。

## 三、对采购与付款循环进行控制测试并评估重大错报风险

对采购交易内部控制的测试和评价控制风险的过程，与第七章销售收款循环审计的测试和评价相似，表 8 -4 列示了可能错报的必要控制和可能执行的控制测试的项目。

表 8-3 采购与付款循环内部控制初步评价表

| 职能 | | 可能发生的差错 | 可能的控制措施 |
|---|---|---|---|
| 执行业务 | 1. 编制请购单 | 请购数量过高 | 检查请购单的合理性 |
| | 2. 订货 | 采购未经许可 | 各订购单都应附有经过批准的请购单 |
| | 3. 验收 | 验收报告中的货物与向客户订购的货物不符；没有正确地清点收到的货物 | 每批运送的货物都必须有订购单；仓库人员清点后，将签字的收据交验收部门 |
| | 4. 存储 | 接收的货物与订货不符 | 比较收到的货物和请购的货物 |
| | 5. 编制凭单 | 给未经批准而采购的货物或尚未收到的货物编制凭单；付款凭单的金额和接收人有误 | 针对各张凭单，都核对订购单、验收报告和供货商发票；对凭单的准确性进行内部核实 |
| | 6. 付款 | 付款凭单可能不完整或未经过批准重复付款；支票的金额和收款人有误；可能把支票发出给未经批准的收款人 | 检查付款凭单的完整性及是否经过批准；核对支票和辅助凭单 |
| 记录业务 | 1. 采购业务的日记账和转账 | 付款凭单分类错误<br>付款凭单未经记录 | 检查分录，确定凭单分类是否正确；核对分录和日凭单汇总 |
| | 2. 更新未付凭单文件 | 凭单未存档 | 定期调整付款和未付款凭单 |
| | 3. 更新存货记录 | 采购物未转入存货记录 | 定期调整明细记录 |
| | 4. 现金支付业务的日记账和转账 | 支票未入账 | 在登记日记账的过程中计算所有预先编号的支票 |

表 8-4 测试、评价采购与付款循环控制风险的考虑

| 主要业务活动 | 防范的错报（1） | 关键控制点（2） | 可能的控制测试（3） |
|---|---|---|---|
| 1. 请购商品或劳务 | 可能请购过多的商品 | ①由经授权的专门机构和人员填制请购单<br>②每张请购单应经过对这类支出负责预算的主管签字批准 | 检查授权和批准的情况 |
| 2. 编制订购单 | 可能有未授权的采购 | 订购单一式多联并连续编号，经被授权的采购人员签名 | 抽查订购单的连续性 |
| 3. 验收商品 | ①可能收到未订货的商品<br>②收到商品的名称数量质量可能不符合要求 | ①收到货物时，应由独立于采购、仓储、运输职能的验收部门或人员点收，根据订购单验收商品，并编制一式多联的验收报告单<br>②每张请购单应经过对这类支出负责预算的主管签字批准 | ①检查验收报告单后附的请购单、订购单<br>②检查验收人员实际验收过程 |

续表

| 主要业务活动 | 防范的错报（1） | 关键控制点（2） | 可能的控制测试（3） |
| --- | --- | --- | --- |
| 4. 储存已验收商品 | 商品可能被盗走 | ①将保管与采购的其他职责分开<br>②只有经授权的人员才能接近保管的资产 | ①检查入库单<br>②观察接近资产的情况 |
| 5. 编制付款凭单 | 可能对未订货的商品或未收到的商品编制付款凭单 | 每张凭单应与订购单、验收单和供货商发票配合 | 检查与每张凭单相配合的订购单、验收单和供货商发票 |
| 6. 确认与记录负债 | 凭单可能未入账 | 独立检查每日的凭单汇总表和有关记账凭证上金额的一致性 | 审查执行独立检查的证据，重新执行独立检查 |
| 7. 支付并记录负债 | ①可能对未授权的采购签发支票<br>②可能对一张凭证重复付款<br>③支票金额可能错开<br>④支票签发后可能被篡改 | ①支票签署人应复核支付性凭单的完整性和批准情况<br>②支票签发后应立即盖章注销已经付款凭单和支持性凭证<br>③独立检查支票金额与凭单的一致性<br>④支票签署人应控制邮寄支票 | ①观察支票签署人员对支付性凭证进行的独立检查<br>②检查已经付款凭单上的“已付讫”印章<br>③重新执行独立检查<br>④询问邮寄程序，观察邮寄过程 |
| 8. 记录现金支出 | ①支票可能未入账<br>②支票记录时可能出错<br>③支票可能未及时入账 | ①使用和控制预先编号的支票<br>②定期独立编制银行存款余额调节表<br>③独立检查支票的日期和记账日期 | ①检查使用和控制预先编号支票的证据<br>②审查银行存款余额调节表<br>③重新执行独立检查 |

（一）采购与付款循环的控制测试

通过对采购与付款循环内部控制制度的了解，审计人员可据此初步判断其是否可以信赖。如果可以初步信赖，则应进一步测试其可靠性以最终决定是否可以降低控制风险水平。采购与付款循环的内部控制测试主要包括以下内容。

1. 关于职责分离控制的测试

注册会计师应审阅有关程序手册、人事政策、组织章程、账簿和系统使用的其他文件和记录，以及采用询问的方式，同参与业务处理的员工讨论责任分工情况，确认在采购、付款等业务中是否存在明确的职务分工。注册会计师还应观察员工们在履行职责时的表现，确定其是否做到尽职尽责。

2. 关于请购控制的测试

请购制度有助于对订货单和采购发票的控制，从而使得控制测试的结果为进一步信赖该制度提供有力的证据。注册会计师尤其应关注对请购单的提出和核准的控制程序。对其进行控制测试时，应选择若干张请购单，检查摘要、数量及日期和相应文件的完整性，审核核准的证据手续是否完整，有无核准人签字等。

3. 关于订货控制的测试

订货单是经核准的采购业务的执行凭证，注册会计师通常更注意对订货单的填制和处理的控制，关注订货单是否准确处理和全部有效。进行测试时，应注意审查订货单的完整性，如编号、日期、摘要、数量、价格、规格、质量及运输要求等是否齐全，审查订货单是否附有请购单或其他授权文件。

4. 关于验收控制的测试

注册会计师应确定采购发票是否与验收单一致，验收部门是否独立行使职责，并编制正确的验收单，查询并观察验收部门在收货时对货物的检查情况，检查按编号顺序处理的验收单的完整性，即验收单的内容的填写是否完整，查阅货物质量检验单的内容和处理程序。

5. 关于应付账款控制的测试

注册会计师应检查采购业务的原始凭证，包括每张记录负债增加的记账凭证是否均附有订货单、验收单、采购发票，审核这些原始凭证的数量、单价、金额是否一致，原始凭证上的各项手续是否齐全。应注意现金折扣的处理是否由经授权的经办人按规定处理，测试中可抽查部分采购发票，注意有关人员是否在现金折扣期限内按原发票价格支付货款，再从供货方取得退款支票或现金，中饱私囊，造成企业资金的损失。注册会计师还应根据付款凭证记录的内容，分别追查应付账款和存货明细账与总账是否进行平行登记，金额是否一致。

6. 关于付款控制的测试

注册会计师可通过查询、观察、检查及重复执行内部控制等措施等对资金支出进行测试，其步骤与方法是：检查支票样本，审核付款是否经过批准，支票是否与应付凭单一致，付款后是否注销凭单，支票是否由经过授权批准的人员签发；检查支票登记簿的编号次序，与相应的应付账款明细账和银行存款日记账核对，审查其金额是否一致；观察编制凭证和签发支票、签发支票与保管支票的职责分配是否符合内部控制原则；检查付款支票样本，确定资金支付是否完整地记录在适当的会计期间。

在完成内部控制的测试程序后，注册会计师应根据所收集的证据，结合自己的专业分析与职业判断，对采购与付款循环的内部控制进行评价，评价的主要内容包括采购与付款循环的内部控制是否健全完善；采购与付款循环的内部控制是否得到有效执行；采购与付款循环的内部控制的整体强弱及各部分的强弱；采购与付款循环的内部控制的可依赖性及内部控制风险。通过评价，了解哪些属于控制较强的部分，哪些属于控制较弱的部分，并依据对内部控制的可信赖程度，确立采购与付款循环实质性程序的程序和重点，并针对薄弱环节向客户的管理层提出改进建议。

［**案例 8－1**］ A 和 B 注册会计师于 2012 年 12 月 1 日至 7 日对红星公司采购与付款循环的内部控制进行了解和测试，并在相关审计工作底稿中记录了了解和测试的事项，摘录如下。

（1）红星公司的材料采购需要经授权批准后方可进行。采购部根据经批准的请购单进行操作。货物运达后，验收部根据订购单的要求验收货物，并编制一式多联的未连续编号的验收单。仓库根据验收单验收货物，在验收单上签字后，将货物移入仓库加以保管。验收单上有数量、品名、单价等要素。验收单一联交采购部登记采购明细账和编制付款凭单，付款凭单经批准后，月末交会计部；一联交会计部登记材料明细账；一联由仓库保留并登记材料明细账。会计部根据支付验收单的付款凭单登记有关账簿。

（2）会计部审核付款凭单后，支付采购款项。红星公司授权会计部的经理签署支票，经理将其授权给会计人员丁负责，但保留了支票印章。丁根据已适当批准的凭单，在确定支票收款人名称与凭单内容一致后签署支票，并在凭单上加盖“已支付”的印章。对付款控制程序的穿行测试表明，注册会计师A和B未发现与公司规定有不一致之处。

要求：根据上述摘录，请代A和B注册会计师指出采购与付款循环内部控制方面的缺陷，并提出改进建议。

分析：红星公司采购与付款循环内部控制方面的缺陷如下。

（1）验收单未连续编号，不能保证所有的采购都已记录或不被重复记录。应建议红星公司对验收单进行连续编号。

（2）付款凭单未附订购单及采购发票等，会计部无法核对采购事项是否真实，登记有关账簿时，金额或数量可能出现差错。应建议红星公司将订购单和发票等与付款凭单一起交会计部。

（3）会计部月末审核付款凭单后才付款，未能及时将材料采购和债务登账并按约定时间付款。应建议红星公司采购部及时将付款凭单交会计部，按约定时间付款。

（二）固定资产的控制测试

由于固定资产在企业资产中所占比重大，对企业的生产经营有重大影响，与其他资产的管理方式和内部控制制度不尽相同，同时其对财务报表的影响较大，所以我们这里单独列示固定资产的控制测试。具体如表8-5所示。

**表8-5　固定资产的内部控制、控制要点和控制测试程序**

| 审计目标 | 内部控制 | 内部控制要点 | 控制测试程序 |
|---|---|---|---|
| 发生、准确性、计价和分摊 | 预算制度、交易授权 | 固定资产的增减变动应编制预算（固定资产是内部控制最重要的部分，大企业要有预算，小企业要有计划） | 检查固定资产的取得与处置是否依据预算，对实际支出与预算之间的差异以及未列入预算的特殊事项，检查其是否履行特别的审批手续 |
| 发生、准确性、计价和分摊 | 授权审批制度 | 企业的资本性支出预算只有经过董事会等高层管理机构批准后方可生效；所有固定资产的取得和处置均需经管理层的书面认可 | 不仅要检查授权批准制度本身，还要关注授权批准制度是否得到切实执行 |

续表

| 审计目标 | 内部控制 | 内部控制要点 | 控制测试程序 |
| --- | --- | --- | --- |
| 发生、准确性、计价和分摊、完整性 | 账簿记录制度 | 设置总账、明细账、固定资产登记卡；按照类别、使用部门、每项固定资产进行明细核算；增加变化均有原始凭证 | 检查明细账、固定资产登记卡设置的完善性；固定资产增减变化原始凭证的充分性 |
| 发生、准确性、计价和分摊、完整性 | 职责分工制度 | 对固定资产的取得、记录、保管、使用、维修、处置（不相容职务）等，均应明确划分责任，由专门部门和专人负责 | 检查与观察分工的恰当性 |
| 准确性、计价和分摊 | 资本性支出和收益性支出的区分制度 | 书面标准：区分资本性支出和收益性支出；明确资本性支出的范围和最低金额；凡不属于资本性支出的范围、金额低于下限的任何支出，均应列作费用 | 检查标准制定的合理性和执行的有效性 |
| 发生、准确性、计价和分摊 | 处置制度 | 投资转出、报废、出售均要有一定的申报批准程序 | 检查报批程序的合理性和执行有效性 |
| 发生、完整性 | 定期盘点制度 | 确定数量、存放地点、使用状况。①验证账面各项固定资产是否真实（发生）；②了解固定资产的放置地点和使用状况（发生）；③发现是否存在未入账的固定资产（完整性） | 了解和评价固定资产盘点制度，注意查询固定资产盘盈盘亏的处理情况 |
| 发生、准确性、计价和分摊 | 维修保养制度 | 建立日常维护、定期检修制度 | 检查制度的合理性和实际执行的有效性 |

固定资产内部控制测试是对被审计单位建立的固定资产的内部控制制度是否一贯遵守，是否充分有效的验证，以确定其可信程度的大小。固定资产内部控制测试的要点如下：

（1）测试固定资产的取得与处置是否适当。

（2）测试资本性支出和收益性支出的区分标准的遵守情况。

（3）测试固定资产增减变动的真实性和会计记录的完整性。

（4）测试现存固定资产的控制情况。

审计人员应深入实地观察有关固定资产使用、保养情况，查明被审计单位有无将固定资产用于未经授权的用途，账实是否相符，获取包括实物检查报告在内的有关证据，重点注意固定资产出租、出借、报废等处理情况。

（三）评估采购与付款循环中的重大错报风险

注册会计师应在了解被审计单位及其环境的过程中，识别和评估采购与付款循环中的重大错报风险。通过研究被审计单位的行业状况、法律环境与监管环境及其他外部因素，了解被审计单位的性质、目标及相关经营风险，初步评价了相关内部控制后，在采购与付款循环审计中，影响采购与付款循环的风险有很多来源，具体包括：

（1）管理层舞弊风险：管理层会采取虚增经营资产价值，维持企业经营资产规模不断扩大的假象。虚增资产价值，后期可以获得更多的税收抵减。也可能由于当期利润的压力而随意变更折旧和摊销金额，不按真实情况计提资产减值。

（2）员工舞弊风险：主要是利用内部控制的缺陷，获取非法采购回扣，或干脆向不存在的供应商付款。

（3）经营流程风险：在经营流程中，由于未能取得充足数量和质量的材料、不恰当付款、信息处理不及时、应付账款金额不难确、未及时记录负债和及时付款等风险，从而导致报表出现重大错报。

（4）会计政策风险：会出现资产的计价与准则不一致。在非货币性交易中，没有严格按照会计准则关于具有商业实质交易和无商业实质交易的规定，对交易的非货币性资产正确计价。

（5）会计估计风险：审计人员需要对固定资产的折旧和减值准备计提等进行估计，判断是否存在会计估计风险。

（6）信息处理风险：在信息处理中没有将所有的请购单生成订单；应付账款估价有误；现金折扣、购货折让和退回信息有误；没有及时处理购货信息；资产减值准备计提不充分或过多。

（7）披露风险；主要是在财务报表中披露的资产、负债前后数字不一致；非货币性交易的披露不透明、不充分。

采购与付款循环的重大错报风险征兆如表 8 - 6 所示。由于各个企业的业务流程有所不同，表中不能穷尽所有的风险，也许企业只面临其中的某些风险。注册会计师要重点关注可能发生重大错报的风险征兆或具体行为，以及它们对财务报表和认定的影响，将审计资源合理分配在受影响的认定之上。

**表 8－6　　　　采购与付款循环的重大错报风险征兆**

| 错报类型 | 对报表的影响 | 风险征兆或具体行为 | 影响的认定 |
|---|---|---|---|
| 管理层舞弊 | 虚增固定资产无形资产或其他长期资产 | 频繁进行非货币性资产置换 | 发生 |
| | | 缺乏正当理由对固定资产进行评估并将评估增减值调整入账 | |
| | | 在某个会计期间计提了巨额的资产减值准备 | |
| | | 注销的资产价值大大超过以前年度计提的资产减值准备 | |
| | | 固定资产和在建工程当期增加额与经过批准的资本支出预算存在重大差异，且未能合理解释 | |
| | | 频繁与关联方发生固定资产买卖行为 | |
| | | 固定资产和无形资产的折旧或摊销政策显失稳健 | |
| | | 未能提供重要厂房设备资产和土地使用权的产权凭证 | |
| | | 重大资产的购置或处置未经过恰当的授权批准程序 | |
| | | 实物盘点之后大量冲销固定资产 | |
| | | 某些固定资产的采购缺乏商业逻辑（如在生产能力过剩的情况下购买） | |
| | | 费用资本化比率异常 | |
| | | 同行业技术更新导致大量资产减值准备，但未发现企业计提资产减值准备 | |
| | | 管理层对注册会计师关于重要资产确认、质疑及相关信息的提供不予配合 | |
| | | 管理层禁止注册会计师接触相关设施、员工、记录、客户、供应商等获取与重大资产相关的证据 | |
| | 低估应付账款 | 应付账款周转率上升 | 完整性 |
| | | 应付款记录与询证证据存在异常差异 | |
| | | 仓库记录标明期末有验收入库的存货，但企业未能提供购货发票 | |
| 员工舞弊 | 虚增采购成本 | 采购环节牟取私利的行为（如收取回扣） | 计价与分摊 |
| | | 不正确的或未授权采购价格 | |
| | | 侵占，向不存在的供应商付款 | |

续表

| 错报类型 | 对报表的影响 | 风险征兆或具体行为 | 影响的认定 |
| --- | --- | --- | --- |
| 流程失效 | | 供货不及时 | 计价和分摊<br>完整性 |
| | | 接受货物的数量质量不符合订单 | |
| | | 未经批准或不恰当的付款 | |
| | | 相关单据未预先编号 | |
| | | 资产减值过多或过少 | |
| | | 生产能力不足或闲置 | |
| | | 固定资产维护不力 | |
| | | 固定资产安全措施不力 | |
| 会计政策 | 虚列资产 | 资产的计价与准则不一致 | |
| 会计估计 | 增加利润 | 非货币性交易计价（是否具有事业性质） | 计价和分摊<br>完整性 |
| | | 折旧和无形资产的摊销与真实不一致 | |
| | | 资产减值准备计提与真实情况不一致 | |
| 信息处理 | | 没有将所有的请购单生成订单 | 完整性 |
| | | 订单、购货发票和应付账款明细账金额不一致 | 计价和分摊<br>截止 |
| | | 现金折扣、购货折扣和退回信息有误 | |
| | | 购货退回没有及时调整应付账款 | |
| | | 没有及时处理购货信息 | |
| 披露 | | 数字错误或前后不一致 | |
| | | 非货币性交易披露不透明 | |

## 第三节　采购与付款循环的实质性程序

采购与付款循环的实质性程序主要是对有关账户余额进行的审查和证实。考虑到会计报表项目与业务循环的相关程度，采购与付款循环的实质性程序主要包括对应付账款、固定资产、在建工程、固定资产清理、预付账款、管理费用等账户的实质性程序。

### 一、采购交易的实质性程序

（一）测试登记入账的采购业务是否真实

为测试登记入账的采购业务是否真实，注册会计师应实施以下实质性程序：

（1）复核采购明细账、总账及应付账款明细账，注意是否有大额或不正常的金额；

（2）审查购货方发票、验收单、订货单和请购单的合理性和真实性；

（3）追查存货的采购至存货永续盘存记录；

（4）检查取得的固定资产。

上述测试与发生认定相关。如果注册会计师对被审计单位内部控制的有效性感到满意，为查找不正确、不真实存在的交易而执行的实质性程序就可大大减少。恰当的控制可以防止企业管理层和职员受益而非企业本身受益的交易作为企业的营业支出或资产记入账中。在有些情况下，不正确的交易是显而易见的。例如，职员未经批准购置个人用品，或通过在付款凭单虚记采购而侵吞公款。但在另外一些情况下，交易的正确与否却很难评判，如支付企业管理人员在俱乐部的个人会费、支付管理人员及其家属的度假费用等。如果发觉企业对这些不正当交易的控制不充分，注册会计师就需对与这些交易有关的单据进行广泛地检查。上述测试与发生认定相关。

（二）测试发生的采购业务是否均已登记入账

应付账款是在正常的商业过程中接受商品和劳务而产生的未予付款的负债。已经验收的商品和劳务若末予以入账，将直接影响应付账款余额，从而少计企业的负债。如果注册会计师确信被审计单位所有的采购业务均已准确、及时地登记入账，就可以从了解和测试其内部控制入手进行审计，从而大大减少固定资产和应付账款等财务报表项目的实质性程序工作量，降低审计成本。

注册会计师通常采用下列程序测试已发生的采购业务是否均已登记入账：

（1）从验收单追查至采购明细账；

（2）从销货方发票追查至采购明细账。

上述测试与完整性认定相关。

**[案例8－2]** 注册会计师李华去参加某佳佳乐商贸公司的审计，发现其“存货”账户有负数出现，进一步了解发现公司有大量商品从供货方赊购后未入库就直接销售给客户，该公司在账务处理上确认了收入，同时也结转了销售成本，但未确认存货和应付账款。该公司的财务科长解释说，本公司的商品销售非常顺畅，很多时候还没有入库就卖得差不多了，因此选择这样的会计处理，不但简单快捷，而且对公司的损益不产生任何影响。如果你是李华，该如何看待此种处理和对方财务科长的说法？

解答：该商贸公司在商品赊购和销售环节上不确认存货和应付账款的做法是不符合会计规范的。此种处理虽然不影响损益，但会影响公司的资产和负债数额，直接降低了公司的资产负债率，美化了与此相关的多个财务指标，如总资产利润率、负债与权益比率，可认为是为了获得银行贷款或获取上市资格而采取的会计投机行为。公司财务科长的说法显然是企图掩盖真相，蒙混过关。你要提请被审计的公司进行补充会计处理。

（三）测试登记入账的采购业务的估价是否准确

资产、负债和费用项目的估价有赖于交易在采购明细账上的正确记录，这些报表项目实质性程序的范围，在很大程度上取决于注册会计师对被审计单位购货交易内部控制运行效果的评价。如果注册会计师认为其购货交易内部控制运行有效，则注册会计师对这些报表项目计价准确性的实质性程序数量，要比内部控制制度不健全或形同虚设的企业少得多。

当被审计单位对存货采用永续盘存制核算时，如果注册会计师确信其永续盘存记录是准确、及时的，则存货项目的实质性程序就可予以简化。被审计单位对永续盘存制中购入环节的内部控制，一般应作为审计中对购入业务进行控制测试的对象之一，如果这些控制能够有效运行，并且永续盘存记录又能反映出存货的数量和单位成本，则还可以减少存货监盘和存货单位成本计价测试的工作量。

为测试登记入账的采购业务的估价是否准确，注册会计师采用的典型程序是将采购明细账中记录的业务与销货方发票、验收单和其他证明文件比较，复核包括折扣和运费在内的销货方发票计算的准确性。

（四）测试登记入账的采购业务的分类是否正确

采购业务分类是否正确的测试一般可与估价测试一并进行。注册会计师可以通过审核销贷方发票等原始凭证和会计科目表来确定具体业务的类别是否正确，并以此与账簿的实际记录作比较。

（五）测试采购业务的记录是否及时

在执行估价实质性程序的同时，将验收单和销货方发票上的日期与采购明细账中的日期进行比较，以确定采购业务的记录是否及时。如有重大差异，就可能存在购货截止期限的错误，需进行存货截止测试。

存货截止测试，就是检查截止到 12 月 31 日，企业已购入并包括在 12 月 31 日存货盘点范围内的存货，是否记入当年财务报表内。存货正确截止的关键在于存货实物纳入盘点范围的时间与存货引起的借贷双方会计科目的入账时间都处于同一会计期间。如果当年 12 月 31 日购入货物，并已包括在当年 12 月 31 日的实物盘点范围内，而购货发票于次年 1 月 1 日后才收到，并已记入次年 1 月份账内，当年 12 月份账上并无进货和对应的负债记录，这就少计了存货和应付账款；相反，如果在当年 12 月 31 日就收到一张购货发票，并记入当年 12 月份账内，而这张发票所对应的存货实物却在次年 1 月 1 日后才收到，未包括在当年年底的盘点范围内，这样就有可能少计本年的利润。

按照存货正确截止的基本要求，若未将年终在途货物列入当年存货盘点范围内，只要相应的负债亦同时记入次年账内，对财务报表的影响并不重要。

存货截止测试的主要方法是抽查存货盘点日期前后的购货发票与验收单，档案中的每张发票均附有验收单。12 月底入账的发票如果附有 12 月 31 日或之前的验收单，则货物肯定已经入库，并包括在本年的实地盘点存货范围内：如果验收报告日期为1月份的日期，则货物不会列入年底实地盘点存货范围内；反之，仅有验收单而无购货发票，则应认真审核每一验收单是否加盖暂估入库印章，并以暂估价记入当年存货账内，待次年年初以红字冲销。存货截止测试的另一种方法是审阅验收部门的业务记录，凡是接近年底（包括次年年初）购入的货物，必须查明其相对应的购货发票是否在同期入账，对于未收到购货发票的入库存货，是否将入库单分开存放并暂估入账。

在确定截止测试样本时，一般以截止日为界限，分别向前倒推或向后顺推若干日，按顺序选取较大金额采购业务的发票或验收单作为审计样本。截止测试完成后，对于发现的截止错误，应提请被审计单位作必要的账务调整。

（六）测试采购业务是否已正确地记入明细账并准确地汇总

为测试过账和汇总的推确性，常用的实质性程序有：

（1）加总合计采购明细账。

（2）追查过入采购总账和应付账款、存货明细账的数额，并与采购明细账核对相符。

## 二、应付账款的实质性程序

（1）获取或编制应付账款明细表，复核加计正确，并与报表数、总账数和明细账合计数核对是否相符。（该明细表通常由被审单位根据未付款凭单档案里的资料编制而成）

（2）根据被审计单位实际情况，选择以下方法对应付账款进行分析程序。

①对本期期末应付账款余额与上期期末余额进行比较，分析其波动原因。

②分析长期挂账的应付账款，要求被审计单位作出解释，判断被审计单位是否缺乏偿债能力或利用应付账款隐瞒利润。查明是否存在虚假账款、隐匿收入或赖账不还的现象。

③计算应付账款对存货的比率、应付账款对流动负债的比率，并与以前期间对比分析评价应付账款整体的合理性。

④根据存货、主营业务收入和主营业务成本的增减变动幅度，判断应付账款增减变动的合理性。

（3）审查应付账款明细账

由于企业应付账款明细账户数目繁多，注册会计师可抽查其中的部分账户，与有关的订货单、购货发票、验收单、运输单等原始单据和现金日记账、银行存款日记账等进行核对，以核实企业记录的应付账款是否确实是企业因购货而发生的负债，以及这些负债记录的金额是否真实。在这种情况下，注册会计师仍然需要获取或编制应付凭单明细表，逐一列示每一张应付凭单，列示项目包括账户名称、凭证号码、日期和金额等。

（4）函证应付账款。一般情况下，应付账款不需要函证，这是因为函证不能保证查出未记录的应付账款，况且注册会计师能够取得采购发票等外部凭证来证实应付账款的余额。但如果控制风险较高，某应付账款明细账户金额较大或被审计单位处于财务困难阶段，则应进行应付账款的函证。

进行函证时，注册会计师应选择较大金额的债权人，账龄较长的或长期不送对账单的债权人，以及那些在资产负债表日金额不大、甚至为零，但为企业重要供货商的债权人，作为函证对象。函证最好采用积极形式，并具体说明应付金额。同应收账款的函证一样，注册会计师必须对函证的过程进行控制，要求债权人直接回函，并根据回函情况编制与分析函证结果汇总表，对未回函的，应考虑是否再次函证。

如果存在未回函的重大项目，注册会计师应采用替代审计程序。比如，可以检查决算日后应付账款明细账及现金和银行存款日记账，核实其是否已支付，同时检查该笔债务的相关凭证资料，核实交易事项的真实性。

（5）查找未入账的应付账款。为了防止企业低估负债，注册会计师应检查被审计单位有无故意漏记应付账款行为。例如，结合存货监盘，检查被审计单位在资产负债表日是否存在有材料入库凭证但未收到采购发票的经济业务；检查资产负债表日后收到的采购发票，关注采购发票的日期，确认其入账时间是否正确；检查资产负债表日后应付账款明细账贷方发生额的相应凭证，确认其入账时间是否正确。检查时，注册会计师还可以通过询问被审计单位的会计和采购人员，查阅资本预算、工作通知单和基建合同来进行。

如果注册会计师通过这些审计程序发现某些未入账的应付账款，应将有关情况详细记入审计工作底稿，然后根据其重要性确定是否需要建议被审计单位进行相应的调整。

（6）检查应付账款是否存在借方余额。如果应付账款明细账有借方余额，注册会计师应查明是否由于漏记购货款或记入了预付账款所致，必要时应建议被审计单位作重分类调整。

（7）结合预付账款的明细余额，查明有无在应付账款和预付账款同时挂账的项目；结合其他应付款的明细余额，查明有无不属于应付账款的其他应付款。如有，应做出记录，必要时，建议被审计单位做重分类调整或会计误差调整。

（8）检查应付账款长期挂账的原因，做出记录，注意其是否可能无须支付，确实无法支付的应付账款是否按规定转入了资本公积项目，相关依据及审批手续是否完备。

（9）检查带有现金折扣的应付账款是否按发票上记载的全部应付金额入账，待实际获得现金折扣时再冲减财务费用项目。

（10）验明应付账款在资产负债表上的披露是否恰当。一般来说，应付账款项目应根据应付账款和预付账款科目所属明细科目的期末贷方余额的合计数填列。

如果被审计单位为上市公司，则通常在其会计报表附注中应说明有无欠持有5%以上（含5%）表决权股份的股东单位账款；说明账龄超过3年的大额应付账款未偿还的原因，并在期后事项中反映资产负债表日后是否偿还。

**【案例8－2】**注册会计师甲和乙在审计红星公司年度会计报表时，注意到与采购和付款循环相关的内部控制存在缺陷，没有及时记录发生的应付账款。他们认为红星公司管理当局在资产负债表日故意推迟记录发生的应付账款，于是决定实施审计程序进一步查找未入账的应付账款。

要求：指出注册会计师甲和乙应如何查找未入账的应付账款。

分析：注册会计师甲和乙查找未入账的应付账款的审计程序如下。

（1）检查红星公司在资产负债表日未处理的不相符采购发票及有材料入库凭证但未收到采购发票的经济业务。

（2）检查红星公司在资产负债表日后收到的采购发票，确认其入账时间表是否正确。

（3）检查红星公司在资产负债表日后应付账款明细账贷方发生额的相应凭证，确认其入账时间是否正确。

**［案例8－3］**注册会计师李永对A公司2008年度的销售收入进行分析程序时，发现本年度的销售收入比上年明显减少。对照在前期调查了解到A公司本年度生产销售情况是历史上最好的实际情况，李永感到销售收入的真实性值得怀疑，于是，抽查了9月份、12月份相关的会计凭证。发现其原始凭证中有销货发票的记账联，而记账凭证中反映的是“应付账款”，共计120万元。李永针对这种情况，询问了有关的当事人，并向应付账款的对方企业函证，结果发现A公司是将企业正常的销售收入反映在“应付账款”中，作为其他企业的暂存款处理。

李永对此业务的审计处理是：

（1）扩大抽查原始凭证的比例，检查其他月份是否存在将正常销售收入反映在“应付账款”中的事项；

（2）提请被审计单位作相应的会计调整，并调整会计报表相关的数额；

（3）如果被审计单位拒绝接受调整，则将查证的金额与重要性水平相比，选择相应的审计报告类型。

**［案例8－4］**ABC公司2015年12月31日资产负债表上“应付账款”项目为540 000元，应付账款总账贷方余额为540 000元，审计发现：

（1）应付天宇公司明细账户借方余额400 000元，属于正常交易的预付账款；

（2）应付凯丽公司明细账户贷方余额500 000元，为被审计单位临时借入款项，用于结算工程价款。

分析：

（1）应付账款明细账余额一般在贷方，注册会计师如果发现应付账款出现借方余额，应查明原因，属于正常经济往来的，建议其作重分类调整。审计调整分录如下：

借：预付账款——天宇公司　　　　400 000

贷：应付账款——天宇公司　　400 000

（2）按规定，不属于赊购原因引起的应付账款不应在该科目反映。注册会计师应建议其调整。审计调整分录如下：

借：应付账款——凯丽公司　　500 000

贷：其他应付款——凯丽公司　　500 000

## 三、固定资产的实质性程序

（一）索取或编制固定资产及累计折旧分类汇总表

固定资产及累计折旧分类汇总表，是分析固定资产账户余额变动情况的重要依据，是固定资产审计的重要工作底稿，其格式如表8－7所示。注册会计师应注意验证固定资产明细账与总账的金额是否相符，如果不符，则应将明细分类账与有关的原始凭证进行核对，查出差异原因并予以更正。对各项固定资产的累计折旧，注册会计师也要加计汇总与总账核对，揭示并查明差异原因，予以更正。核对无误后，索取或编制固定资产及累计折旧分类汇总表。

**表8－7　　固定资产及累计折旧分类汇总表**

被审计单位：　　编制人：　　日期：　　复核人：　　日期：

| 固定资产类别 | 固定资产 | | | | 累计折旧 | | | | | |
|---|---|---|---|---|---|---|---|---|---|---|
| | 期初余额 | 本期增加 | 本期减少 | 期末余额 | 折旧方法 | 折旧率 | 期初余额 | 本期增加 | 本期减少 | 期末余额 |
| 房屋建筑物 | | | | | | | | | | |
| 机器设备 | | | | | | | | | | |
| 运输工具 | | | | | | | | | | |
| 办公设备 | | | | | | | | | | |
| 合计 | | | | | | | | | | |

（二）对固定资产实施分析程序

根据被审计单位业务的性质，选择以下方法对固定资产实施分析程序。

（1）计算固定资产原值与本期产品产量的比率，并与以前期间比较，可能发现闲置固定资产或已减少固定资产未在账户上注销的问题。

（2）计算本期计提折旧额与固定资产总成本的比率，将此比率同上期比较，旨在发现本期折旧额计算上的错误。

（3）计算累计折旧与固定资产总成本的比率，将此比率同上期比较，旨在发现累计折旧核算上的错误。

（4）比较本期各月之间、本期与以前各期之间的修理及维护费用，旨在发现资本性支出和收益性支出上可能存在的错误。

（5）比较本期与以前各期的固定资产增加和减少。由于被审计单位的生产经营情况在不断地变化，各期之间固定资产增加和减少的数额相关很大。注册会计师应当深入分析其差异，并根据被审计单位以往和今后的生产经营趋势，判断差异产生的原因是否合理。

（6）分析固定资产的构成及其增减变动情况，与在建工程、现金流量表、生产能力等相关信息交叉复核，检查固定资产相关金额的合理性和准确性。

［**案例 8－5**］湖北蓝田股份有限公司（简称“蓝田”），主要从事农副水产养殖和加工，自 1996 年上市以来，业绩优良，创造了中国农业企业的“蓝田神话”，号称中国农业第一股。然而，2001 年 10 月，有学者撰文揭露了蓝田的造假行为，披露了该公司已经无力归还 20 亿元贷款的事实，使蓝田神话彻底破灭。

对于蓝田历年的财务报表，注册会计师都出具了无保留意见的审计报告。实际上种种迹象表明蓝田报表存在严重的错报风险，包括其偿债能力不足，收入和资产涉嫌造假等，其中比较典型的是“扔到水里的固定资产”。据蓝田解释，其巨额营业收入资金大部分转化为固定资产（如鱼塘工程改造），造成固定资产大规模的增加。但据专家分析，蓝田公司 2000 年底固定资产占总资产的 76.4%，高于同行业平均值的一倍多，作为农业企业，固定资产占如此高的比重很不正常；而且由于农业企业的特殊性，资产无法盘点，如在湖里打几根桩，鱼塘里还有多少只甲鱼，注册会计师是无法审计的。

湖北蓝田审计失败的案例启发我们：在现实的审计实践中，注册会计师在审计固定资产时要重点关注其存在、所有权、账务处理的准确性，还应在多方面进行了解后实地观察，实施相应的分析程序。

（三）固定资产增加的审查

被审计单位如果不能正确核算固定资产的增加，将对资产负债表和利润表产生长期的影响，因此，审计固定资产的增加，是固定资产实质性程序中的重要内容。固定资产的增加有购置、自制自建、投资者投入、更新改造增加、债务人抵债增加等途径。注册会计师的审计要点如下。

1. 审查固定资产增加是否列入计划、是否合法

（1）审查固定资产购建计划是否合理、合法。主要应查明所确定的购建项目，是否符合生产经营需要，资金来源是否合法。

（2）审查固定资产购建合同是否严格执行。主要应查明购建合同是否符合合同法，其中所列的项目数量和质量是否符合计划要求，价格是否合理，合同的条款是否严格执行，有无违反的情况。

（3）审查固定资产购建支出是否符合规定。主要应查明固定资产购建的各项支出是否真实、合法，有无非法行为。

（4）审查固定资产利用程度是否符合预定的要求。主要审查有无闲置、未使用、不需要或不按用途使用的新增固定资产，对于存在的问题，应查明原因和追究责任。

另外，对于以投资形式转入的固定资产，应重点查明固定资产的投入是否有相应的审批手续和合同，是否经过了资产评估；投入的固定资产品名、型号、规格、数量是否与合同所规定的一致；投入固定资产是否为企业所需，有无以次充好的现象。

2. 审查固定资产的计价是否符合规定

固定资产计价的正确与否，影响折旧的提取、成本的计算，所以要认真审查。固定资产计价一般以历史成本为标准，即企业为取得某项固定资产，按其全新状态所应支付的全部货币金额。但固定资产增加的途径不同，其原始价值计算方法也不同。如投资转入的固定资产可按评估或合同、协议约定的价格入账，捐赠固定资产可按市价入账，盘盈固定资产可按重置完全价值入账等。注册会计师在审核固定资产计价时，应区别不同情况，逐项仔细审查。

3. 审查固定资产的所有权是否归属企业

对各类固定资产，注册会计师应获取、汇集不同的证据以确定其是否归被审计单位所有：对外购的机器设备等固定资产，通常经审核采购发票、采购合同等予以确定；对于房地产类固定资产，尚需查阅有关的合同、产权证明、财产税单等书面文件；对融资租入的固定资产应验证有关融资租赁合同，证实其并非经营租赁；对汽车等运输设备，应验证有关运营证件等。

（四）固定资产减少的审查

企业固定资产的减少，大致有以下去向：出售、报废、毁损、向其他单位投资转出、盘亏等。为了保护固定资产的安全和完整，必须对固定资产的减少进行严格的审查，从而确定固定资产减少的合理性、合法性。由于固定资产减少的原因不同，注册会计师在审查时应分别不同情况，抓住审计重点。对各种固定资产减少的审计，注册会计师的审计重点如下。

（1）审查减少固定资产的批准文件。

（2）审查减少固定资产是否进行技术检验或评估。

（3）审查减少固定资产的会计账务处理是否正确，累计折旧是否冲销。

（4）审查减少固定资产的净损益，验证其正确性与合法性，并与银行存款、营业外收支、投资收益等有关账户相核实。

**［案例8－6］**注册会计师李志强在审计某企业的固定资产时发现一张不合规的转账凭证，其内容为：

| | | |
|---|---|---|
| 借：营业外支出 | 140 000 | |
| 　　累计折旧 | 60 000 | |
| 　　贷：固定资产 | | 200 000 |

根据企业会计准则，固定资产报废应该通过“固定资产清理”科目核算，因此该凭证上反映的会计处理本身就是不合规的。另外，李志强注意到，该固定资产报废时，净值占原值的比例高达70%，于是调阅了该固定资产卡片，发现该固定资产

报废时仅使用了15个月。李志强向被审单位有关人员询问该固定资产报废原因，对方无法提供合理解释。在一再追问下，有关人员承认该固定资产在购入后不久因转产而被闲置，企业于是将其变卖，所获款项归入了企业的“小金库”。李志强提请被审单位按会计制度进行补充会计处理，修改财务报表相关项目数额，并获得了被审计单位的同意。

（五）对固定资产进行实地观察

实施实地观察审计程序时，注册会计师可以以固定资产明细分类账为起点，进行实地追查，以证明会计记录中所列固定资产确实存在，并了解其目前的使用状况；也可以以实地为起点，追查至固定资产明细分类账，以获得实际存在的固定资产均已入账的证据。

（六）调查未使用和不需要的固定资产

注册会计师应调查被审计单位有无已完工或已购建但尚未交付使用的新增固定资产，因改扩建等原因暂停使用的固定资产，以及多余或不适用的需要进行处理的固定资产，如有应做彻底调查，以确定其是否真实。同时，还应调查未使用、不需要固定资产的购建启用及停用时点，并做出记录。

（七）检查固定资产的抵押、担保情况

结合对银行借款等的检查，了解固定资产是否存在抵押、担保情况。如存在，应取证、记录，并提请被审计单位做必要披露。

（八）复核累计折旧记录

注册会计师应取得折旧费用计算和记录的合理性、一致性和正确性的证据。在执行这项测试时，应首先复核被审计单位编制的折旧费用明细表和询问被审计单位，以确定被审计单位在本期采用的折旧方法，其次，还必须确定本期采用的折旧方法是否与前期一致。对于连续审计的被审计单位，注册会计师可通过查看以前年度的工作底稿来确定其一致性。

在确定折旧计提的合理性时，应考虑以下两个因素：（1）被审计单位过去估计的固定资产使用年限；（2）现有资产的剩余使用年限。

注册会计师可通过重新计算来验证折旧的正确性。在通常情况下，应有选择地重新计算一些主要固定资产的折旧和测试一些本期增加和报废的固定资产的折旧。这项实质性程序可为除了权利和义务认定之外的其他财务报表认定提供证据。

（九）固定资产清理的实质性程序

（1）获取或编制固定资产清理明细表，复核加计正确，并与报表数、总账数和明细账合计数核对相符。

（2）检查固定资产清理的发生是否有正当理由，是否经有关技术部门鉴定，固定资产清理的发生和转销是否经授权批准，相应的会计处理是否正确。

①结合固定资产等账项的审计，检查固定资产、累计折旧等的账面转入额是否正确。

②检查固定资产清理收入和清理费用的发生是否真实、准确，清理结果（净损益）的计算是否正确；与施工有关的，是否计入工程成本；属于筹建期间的，是否计入长期待摊费用。属于生产经营期间的，是否计入营业外收支；属于清算期间的，是否计入清算损益。

③检查固定资产清理是否长期挂账，如有应做出记录，必要时建议做适当调整。

④检查固定资产清理是否已在资产负债表上恰当披露。

（十）检查固定资产是否已在资产负债表上恰当披露

会计报表附注通常应说明固定资产的标准、分类、计价方法和折旧方法，各类固定资产的预计使用年限、预计净残值和折旧率，分类别披露固定资产在本期的增减变动情况，并应披露用在抵押、担保和本期从在建工程转入数、本期出售固定资产数、本期置换固定资产数等情况。

**［案例8－7］** 注册会计师王东去审计一家企业，发现企业对一条生产线停止计提折旧了。企业的解释是：这条生产线的产品销路不好，因此今年停产了，相应地也就不再提取折旧了。审计师怀疑这是企业操纵利润的一招，就要求去现场看一看该生产线。到了现场一看，长长的一条生产线被毡布覆盖着，车间的地上还有些油。随行的车间主任解释说，虽然生产线已经停产了，但企业还是很注重设备保养的，因此仍会定期给设备上润滑油，所以地上可能会有些油渍。可是，审计师围着生产线转了一圈，发现在任何地方都找不到灰尘，就觉得不像是停产近一年的生产线。在审计师查到这家企业仍有大量的原材料采购是与这条生产线的生产有关时，企业不得不承认，这条生产线并没有停产。

## 四、在建工程的实质性程序

（1）获取或编制在建工程明细表，对有关数字进行复核、并将其与报表数、总账数和明细账合计数进行核对，若不相符应查明原因并进行适当处理。由于在建工程报表数是根据在建工程科目的期末余额减去在建工程减值准备科目的期末余额后的金额填列的，所以，其报表数应同在建工程总账数与各明细账合计数减去相应的在建工程减值准备总账数与各明细账合计数后的余额核对相符。

（2）检查在建工程的增减数额是否正确，如对于借款费用、工程管理费用资本化问题，应检查资本化的起止日界定、计算方法、计算过程、会计处理等是否合理与正确；对于完工转销的在建工程，应检查转销额的计算支付是否正确，是否存在将已交付使用的固定资产仍挂在在建工程账面上的问题等。

（3）检查在建工程项目期末余额的构成内容，并实地观察工程现场，确定在建工程是否存在，了解工程项目的实际完工进度，对在建工程累计发生额进行技术测定，并将其与账内数进行核对，检查其是否差距较大，判断其有无多计、虚计或少计、漏计工程费用的问题。

（4）检查在建工程减值准备的计提。主要应查明在建工程减值准备的计提方法是否符合制度规定，计提的数额是否正确，相关会计处理是否正确，如对长期停建并预计在未来较长时间内不会重新开工的在建工程、所建项目无论在性能上还是在技术上已经落后并且给企业带来的经济利益具有很大不确定性的在建工程、其他足以证明已经发生减值的在建工程等是否计提了减值准备；已计提减值准备的在建工程价值得以恢复时，是否又做相应转回。

（5）确定在建工程在资产负债表上的披露是否恰当。

### 五、预付账款的实质性程序

（1）获取或编制预付账款明细表，复核加计正确，并与报表数、总账数和明细账合计数核对相符；同时请被审计单位协助，在预付账款明细表上标出截至审计日已收到货物并冲销预付账款的项目，抽查复核其真实性和正确性。

（2）根据被审计单位的具体情况，选择以下方法对预付账款进行分析程序。

①将期末预付账款余额与上期期末余额进行比较，分析其波动原因。

②了解预付账款惯例及收回货物的平均天数，并分析预付账款的账龄；有确凿证据表明企业的预付账款不符合预付账款性质，或者因供货单位破产、撤销等原因已无望再收回所采购物的，是否将原计入预付账款的金额转入其他应收款项目。

③计算预付账款与主营业务成本的比率，与以前各期末比较，分析异常变动的原因。

④将预付账款余额的增减幅度与主营业务成本的增减幅度比较，分析异常变动的原因。

（3）分析预付账款账龄及余额构成，根据审计策略选择大额或异常的预付账款重要项目（包括零账户），函证其余额是否正确，并根据回函情况编制函证结果汇总表；回函金额不符的，要查明原因做出记录或建议做适当调整；未回函的，可再次函证，也可以采用替代审计程序进行检查，如检查该笔债权的相关凭证资料，或者抽查资产负债表日后预付账款明细账及存货明细账，核实是否已收到货物、转销预付账款，并根据替代检查结果判断其债权的真实性或出现坏账的可能性。对未发询证函的预付账款，应抽查有关原始凭证。

（4）结合应付账款明细账，查核有无重复付款或将同一笔已付清的账款在预付账款和应付账款这两个项目同时挂账的情况。

（5）分析明细账余额，对于出现贷方余额的项目，应查明原因，必要时建议做重分类调整。

（6）检查预付账款是否已在资产负债表上恰当披露。

如果被审计单位是上市公司，应在其会计报表附注中按不同账龄段列示预付账款余额、各账龄段余额占预付账款总额的比例；说明账龄超过一年的预付账款未收回的原因，以及持有5%以上（含5%）表决权股份的股东单位账款等情况。

【案例 8－8】2012 年 1 月注册会计师对红星公司预付账款进行审计时，发现该公司明细账 2011 年 1 月 1 日借方余额是 500 000 元，2011 年借、贷方均无发生额，2012 年 1 月仍为借方余额 500 000 元。据查此预付款无购销合同，但有口头协议，实际未履行协议，客户单位为南山电机厂，业务为购销电机。

要求：分析此项预付账款可能存在的问题，并提出处理意见。

分析：这笔预付账款可能存在的问题如下。

（1）购销业务有纠葛。如购销双方在原材料、产品价格、质量等方面有分歧，所以虽预付了部分款项，但实际业务并未成交。

（2）此预付账款纯属虚构。经办人员可能虚构预付账款，从而达到挪用此款的目的。

（3）此款被诈骗。可能是南山电机厂根本不存在，或虽有南山电机厂，但无供货能力。

（4）可能是记账错误，或可能是该预付款已收回，但未销账。

针对上述情况，注册会计师认为无采购合同而预付货款，这是不合规的，应派人或去函到南山电机厂了解真实情况。若双方因价格、质量方面的问题，出现争执，双方应共同协商解决，如难于成交，应退回预付款；若记账有错误，则应要求立即更正；若预付款已收回，则应立即销账；若虚构预付款，则要严肃处理，追究舞弊人员的责任，并及时调整有关账目；若被诈骗，应依法追究经办人员的责任，并追回预付的账款，调整有关账目。

## 六、应付票据的实质性程序

应付票据是指企业因购买材料、商品和接受劳务等，因延期付款而开具并承兑的商业汇票，包括银行承兑汇票和商业承兑汇票。为核算商业票据的开出与承兑，企业一般开设应付票据账户（总账与明细账）。对应付票据的审计应结合购货与付款一并进行。

（1）获取或编制应付票据明细表，复核加计是否正确，并检查其与应付票据登记簿总数、总账数和明细账合计数是否相符。

（2）采用函证法确定应付票据的真实性。选择应付票据的重要项目（包括零账户）函证其余额是否正确，并根据回函情况，编制与分析函证结果汇总表。

（3）实施实质性分析程序，以证实应付票据的完整性和合理性及发现需要加以特别关注的方面。

（4）审查应付票据备查簿。抽查若干重要原始凭证，确定其是否真实，会计处理是否正确。

（5）审查应付票据的原始凭证，并核对有关会计记录。

（6）复核带息应付票据利息是否足额计提，其会计处理是否正确。

（7）审查逾期未兑付应付票据。查明逾期未兑付应付票据的原因，有无违规行为，确定是否存在抵押票据的情形，如有抵押的票据，应做出记录，并提请被审计单位作必要的披露。

（8）对于用非记账本位币结算的应付票据，检查其采用的折算率是否正确，折算差额是否按规定进行会计处理。

（9）通过审查确定应付票据是否已在资产负债表上恰当披露。

### 七、管理费用的实质性程序

（1）取得或编制管理费用明细表，复核加计正确，与报表数、总账数及明细账合计数核对是否相符。

（2）检查管理费用的核算内容及范围是否符合规定。

（3）将本期、上期管理费用各明细账项目进行比较分析。对有重大波动和异常情况的项目应查明原因。

（4）将管理费用中列支的职工薪酬、研究费用、折旧费，以及无形资产、长期待摊费用、其他长期资产的摊销额等项目与相关科目进行交叉勾稽，并作出相应记录。

（5）选择管理费用中数额较大，以及本期与上期相比变化异常的项目追查至原始凭证。特别注意所有发生的费用有合理的原因、合法的凭据、正确的授权审批，对于不符合税法要求的不合理合法的费用、超限额的费用应提请纳税调整。

## 第四节　采购与付款循环审计实例

2014 年 1 月 10 日，信达会计师事务所接受科思特有限公司委托，对该公司 2013 年度的财务报表进行了审核。通过了解该单位及其环境，实施风险评估，将采购与付款循环业务确定为重点审计对象。在对采购与付款循环交易和固定资产进行控制测试后，根据测试情况，将应付账款中金额较大的债权人、固定资产中当年新增金额较大的项目以及固定资产减少情况列为审计重点，进行了采购与付款循环控制测试、应付账款和固定资产实质性程序。

采购与付款循环控制测试、应付账款和固定资产实质性程序工作底稿见表 8－8 至表 8－19。

### 一、对科思特有限公司实施的采购与付款循环控制测试

（一）一般采购与付款循环控制测试如表 8－8 所示

**表 8-8　　　　　　　　采购与付款循环控制测试**

| | |
|---|---|
| 被审计单位：科思特有限公司 | 索引号：SGC |
| 项目：采购与付款循环控制测试 | 财务报表截止日/期间：2013年12月31日 |
| 编制人：Wang | 复核人：Liu |
| 日期：2013年11月5日 | 日期：2013年11月7日 |

1. 控制测试——材料采购

(1) 询问程序

通过实施询问程序，科思特有限公司已确定下列事项：

①本年度未发现任何特殊情况、错报和异常项目；

②财务或采购部门的人员在未得到授权的情况下无法访问或修改系统内数据；

③本年度未发现下列控制活动未得到执行；

④本年度未发现下列控制活动发现变化。

(2) 其他测试程序

| 控制目标 | 科思特有限公司的控制活动 | 控制测试程序 | 执行控制的频率 | 所测试的项目数量 | 索引号 |
|---|---|---|---|---|---|
| 只有经过核准的采购订单才能发给供应商 | (1) 采购材料由经营部编制采购计划，经过部长确认，公司领导审核，才能对外签约<br>(2) 金额为10万元以下的请购单由采购部部长审核；金额为10万元至100万元的请购单由主管副经理审批；金额为100万元以上的请购单由总经理张某审批 | 抽取请购单并检查是否得到适当审批 | 每周1次 | 5 | 略 |
| 已记录的采购订单内容准确 | (1) 采购管理员根据有关采购信息编制连续编号的采购订单<br>(2) 每周末财务部门应付账款记账员汇总本周内生成的所有采购订单并与请购单核对，编制采购报告。如采购订单与请购单相符，记账员在报告上签字；如不符，通知采购员并调查该事项 | 检查应付账款记账员是否已核对采购订单和复核采购报告 | 每周1次 | 5 | 略 |
| 采购订单均已得到处理 | 采购订单为连续编号。每周应付账款记账员在编制采购报告时，采购管理员亦会核对这些采购订单，对任何不符合连续编号的情况进行调查，检查销售合同与台账是否一致 | 检查应付账款记账员是否已复核采购报告。同时，检查报告单上的采购订单是否按照顺序编号以及有无出现任何不符合连续编号情况 | 每周1次 | 5 | 略 |

2. 控制测试——记录应付账款

（1）询问程序

通过实施询问程序，科思特有限公司已确定下列事项：

①本年度未发现任何特殊情况、错报和异常项目；

②财务或采购部门的人员在未得到授权的情况下无法访问或修改系统内数据；

③本年度未发现下列控制活动未得到执行；

④本年度未发现下列控制活动发生变化。

（2）其他测试程序

| 控制目标 | 科思特有限公司的控制活动 | 控制测试程序 | 执行控制程序 | 所测试的项目数量 | 索引号 |
| --- | --- | --- | --- | --- | --- |
| 已记录的采购均确已收到 | 收到采购发票后，由采购部门经理签字确认并交至财务人员。应付账款记账员将发票所载信息和验收单、采购订单进行核对。如相符，应付账款记账员在发票上加盖“相符”印戳，并将信息输入系统，由系统自动生成记账凭证，过至明细账和总账；若不符，通知经营部，以实施经营部调查 | 抽取采购订单、验收单和采购发票检查所记载内容是否核对一致，检查发票上是否盖有“相符”印戳 | 每周1次 | 5 | 略 |
| 已记录的采购均已接受劳务 | （1）发生销售（管理）费用的部门收到发票后，由其部门经理签字确认并交至应付账款记账员<br>（2）应付账款记账员对收到的费用发票、费用申请单和其他单据进行核对，如所有单据核对一致，应付账款记账员在发票上加盖“相符”印戳，并将信息输入系统，此时系统自动生成记账凭证过至明细账和总账 | 抽取费用发票，检查发票是否到适当审批，并加盖“相符”印戳 | 每周1次 | 5 | 略 |
| 已记录的采购计价正确 | 每月末，应付账款主管编制应付账款账龄分析报告，其内容还应包括应付账款总额与应付账款明细账合计数，以及应付账款明细账与供应商对账单核对情况。如有差异，应付账款主管立即调查，编制应付账款调节表，将调节表和分析报告表交会计主管复核，财务部长批准后作出处理 | 抽取应付账款调节表，检查调节项目与有效的支持性凭证是否相符，以及是否与应付账款明细账相符 | 每月1次 | 3 | 略 |

续表

| 控制目标 | 科思特有限公司的控制活动 | 控制测试程序 | 执行控制程序 | 所测试的项目数量 | 索引号 |
| --- | --- | --- | --- | --- | --- |
| 所有与采购物品相关的义务均已确认并记录至应付账款 | 每月末，应付账款主管编制应付账款账龄分析报告，其内容还应包括应付账款总额与应付账款明细账，以及应付账款明细账与供应商对账单核对情况。如有差异，应付账款主管立即调查，编制应付账款调节表，将调节表和分析报告交会计主管复核，财务部长批准后作出处理 | 抽取应付账款调节表，检查调节项目与有效的支持性凭证是否相符，以及是否与应付账款明细账相符 | 每月1次 | 3 | 略 |
| 所有采购物品交易均于适合期间进行确认并记录 | 每月末，应付账款主管编制应付账账龄分析报告，其内容还应包括应付账款总额以及应付账款明细账以及应付账款明细账与供应商对账单核对情况。如有差异，应付账款主管立即调查，编制应付账款调节表，将调节表和分析报告交会计主管复核，财务部长批准后作出处理 | 抽取应付账款调节表，检查调解项目与有效的支持性凭证是否相符，以及是否与应付账款明细账相符 | 每月1次 | 3 | 略 |

3. 控制测试——付款

（1）询问程序

通过实施询问程序，科思特有限公司已确认下列事项：

①本年度未发现任何特殊情况、错报和异常项目；

②财务或采购部门的人员在未得到授权的情况下无法访问或修改系统内的数据；

③本年度未发现下列控制活动未得到执行；

④本年度未发现下列控制活动发生变化。

（2）其他测试程序

| 控制目标 | 科思特有限公司的控制活动 | 控制测试程序 | 执行控制的频率 | 所测试的项目数量 | 索引号 |
| --- | --- | --- | --- | --- | --- |
| 仅对已记录的应付账款办理支付 | ①应付账款记账员编制付款凭证，并附相关单证，如费用申请单、费用发票及付款申请单等，提交会计处主任审批<br>②在完成对付款凭证及相关单证的复核后，会计处主任在付款凭证上签字，作为复核证据，在所有单证上加盖“核销”印戳 | 抽取付款凭证，检查其是否经由会计主管复核和审批；同时检查有关支票和信用证授权表是否得到适当人员复核和审批 | 每周1次 | 5 | 略 |

续表

| 控制目标 | 科思特有限公司的控制活动 | 控制测试程序 | 执行控制的频率 | 所测试的项目数量 | 索引号 |
| --- | --- | --- | --- | --- | --- |
| 准确记录付款 | ①应付账款记账员编制付款凭证，并附相关单证，如费用申请单、费用发票及付款申请单等，提交会计处主任审批<br>②在完成对付款凭证及相关单证的复核后，会计处主任在付款凭证上签字，作为复核证据，在所有单证上加盖“核销”印戳 | 抽取付款凭证，检查其是否经由会计主管复核和审批；同时检查有关支票和信用证授权表是否得到适当人员复核和审批 | 每周1次 | 5 | 略 |

## （二）固定资产循环控制测试

固定资产循环控制测试如表8－9所示。

**表8－9　　固定资产循环控制测试**

1. 控制测试——固定资产投资预算管理与审批

（1）询问程序

通过实施询问程序，科思特有限公司已确认下列事项：

①本年度未发现任何特殊情况、错报和异常项目；

②财务或资产使用部门的人员在未得到授权的情况下无法访问或修改系统内的数据；

③本年度未发现下列控制活动未得到执行；

④本年度未发现下列控制活动发生变化。

（2）其他测试程序

| 控制目标 | 科思特有限公司的控制活动 | 控制测试程序 | 执行控制的频率 | 所测试的项目数量 | 索引号 |
| --- | --- | --- | --- | --- | --- |
| 只有经管理层核准的固定资产投资预算才能执行 | ①科思特有限公司建立了固定资产投资的预算管理制度。每年末，各资产使用部门应编制部门固定资产的购置计划，经部门经理复核并签字后上报至公司预算管理部门，预算管理部门应对各部门上报的预算方案进行审查、汇总，将意见及时反馈编制预算的部门。预算经理复核汇总后的固定资产购置预算，并上报至总经理审批<br>②总经理负责召集技术和资产购置部门联合进行投资可行性论证，形成可行性报告并存档管理。金额在人民币×××万元以内的固定资产投资预算由总经理批准，超过×××万元的固定资产投资预算应由董事会批准<br>③经批准后的固定资产投资预算即时下发至各资产使用部门 | 选取固定资产投资预算和投资可行性项目论证报告，检查是否编制预算并进行论证，以及是否经适当层次审批 | 每年1次 | 1 | 略 |

2. 控制测试——购置

（1）询问程序

通过实施询问程序，科思特有限公司财务部长已确定下列事项：

①本年度未发现任何特殊情况、错报和异常项目；

②财务或资产使用部门的人员在未得到授权的情况下无法访问或修改系统内的数据；

③本年度未发现下列控制活动未得到执行；

④本年度未发现下列控制活动发生变化。

（2）其他测试程序

| 控制目标 | 控制活动 | 控制测试程序 | 执行控制的频率 | 所测试的项目数量 | 索引号 |
|---|---|---|---|---|---|
| 只有经核准的采购合同才能执行 | ①资产使用部门填写请购单，经部门经理签字批准。随同经批准的固定资产投资预算交至采购部<br>②科思特有限公司董事长会，对固定资产采购合同重要条款进行审批，并授权总经理签署合同。采购合同一式四份，且连续编号 | 选取请购单及相关采购合同，检查是否得到适当审批和签署 | 每月1次 | 3 | 略 |
| 已记录的采购订单内容准确 | 每月财务部门应付账款记账员汇总本月内生成的所有采购信息，并与请购单核对，编制采购报告。如核对相符，应付账款记账员即在采购报告上签字。如不符，应付账款记账员将通知采购管理员，与其共同调查该事项。应付账款记账员还需在采购报告中注明不符事项及其调查结果 | 选取采购信息报告，检查是否已经编制并核对一致 | 每月1次 | 3 | 略 |
| 所有采购订单都已得到处理 | ①采购管理员将有关信息输入订单管理系统，系统将自动生成连续编号的采购订单。每月，采购管理员核对本月生成的采购订单，并将采购订单存档管理<br>②每月财务部门应付账款记账员汇总本月内生成的所有采购信息，并与请购单核对，编制采购报告。如核对相符，应付账款记账员即在采购报告上签字。如不符，应付账款记账员将通知采购管理员，与其共同调查该事项。应付账款记账员还需在采购报告中注明不符事项及其调查结果 | 选取采购信息报告，检查是否已经编制并核对一致 | 每月1次 | 3 | 略 |

3. 控制测试——记录固定资产

（1）询问程序

通过实施询问程序，科思特有限公司财务部长已确定下列事项：

①本年度未发现任何特殊情况、错报和异常项目；

②财务或资产使用部门的人员在未得到授权的情况下无法访问或修改系统内的数据；

③本年度未发现下列控制活动未得到执行；

④本年度未发现下列控制活动发生变化。

（2）其他测试程序

| 控制目标 | 控制活动 | 控制测试程序 | 执行控制的频率 | 所测试的项目数量 | 索引号 |
|---|---|---|---|---|---|
| 已记录固定资产均为公司购置的资产 | 每年末，固定资产记账员编制月度内固定资产增、减变动情况分析报告，交至会计主管保管复核 | 抽取固定资产增、减变动情况分析报告，检查是否经复核 | 每月1次 | 3 | 略 |
| 固定资产采购交易均确已记录 | 每季末，资产使用部门对固定资产进行盘点，由设备管理员编写固定资产盘点明细表，固定资产记账员对盘点结果进行复盘，如有差异经董事会审批后及时进行账务处理 | 抽取固定资产盘点明细表，检查差异是否经审批后及时处理 | 每季1次 | 2 | 略 |
| 已记录的固定资产采购交易计价正确 | ①资产使用部门对固定资产进行验收，办理验收手续，出具验收单，并与采购合同、发货单等单据、资料进行核对<br>②收到固定资产发票后，应付账款记账员将发票所载信息和验收单、采购订单、采购合同等进行核对。如所有单证核对一致，应付账款记账员在发票上加盖“相符”印戳，并将有关信息输入订单管理系统，此时系统自动生成记账凭证过至明细账和总账，采购订单的状态也由“待处理”自动更改为“已处理”<br>③如发现差异，应付账款记账员将通知采购经理和资产使用部门经理，以实施进一步调查，并将合理解释输入订单管理系统 | 抽取采购发票，检查发票所载信息是否与验收单、采购订单相符，并加盖相符印戳 | 每月1次 | 3 | 略 |

4. 控制测试——固定资产折旧及减值

（1）询问程序

通过实施询问程序，科思特有限公司财务部长已确定下列事项：

①本年度未发现任何特殊情况、错报和异常项目；

②财务或资产使用部门的人员在未得到授权的情况下无法访问或修改系统内的数据；

③本年度未发现下列控制活动未得到执行；

④本年度未发现下列控制活动发生变化。

（2）其他测试程序

<table>
<tr><th>控制目标</th><th>控制活动</th><th>控制测试程序</th><th>执行控制的频率</th><th>所测试的项目数量</th><th>索引号</th></tr>
<tr><td>准确计提折旧费用、减值准备</td><td rowspan="4">①科思特有限公司董事会制定并批准了固定资产的折旧政策和会计估计，规定固定资产按实际成本入账，对当月增加的固定资产，自从下月起计提折旧，当月不再提折旧<br>②科思特公司折旧费用由系统自动计算生成，固定资产记账员在每月编制的月度内固定资产增、减变动情况分析报告中，对折旧费用的变动也会作出分析。每年终了，会计主管部门会同技术部门和资产使用部门，对固定资产的使用寿命、预计净残值、折旧方法进行复核，并检查固定资产是否出现减值迹象<br>③技术部门根据复核和检查结果，编制固定资产价值分析报告，如果出现固定资产减值迹象，会计主管应对该固定资产进行减值测试<br>④计算其可回收金额，编制固定资产价值调整建议、会计估计变更建议和固定资产价值调整建议，经财务经理复核后，报董事会批准。只有经董事会批准后方可进行账务处理</td><td>抽取月度内固定资产增、减变动情况分析报告，检查是否已经正确编制并经复核</td><td>每月1次</td><td>3</td><td>略</td></tr>
<tr><td>折旧费用、减值准备已适用期间进行记录</td><td rowspan="3">抽取固定资产价值分析报告和固定资产价值调整建议，检查是否已经正确编制并经复核</td><td rowspan="2">每月1次</td><td rowspan="2">3</td><td rowspan="2">略</td></tr>
<tr><td>折旧费用、减值准备是真实的</td></tr>
<tr><td>折旧费用、减值准备均已进行记录</td><td></td><td></td><td></td></tr>
</table>

5. 控制测试——固定资产日常保管、处置及转移

（1）询问程序

通过实施询问程序，科思特有限公司已确定下列事项：

①本年度未发现任何特殊情况、错报和异常项目；

②财务或资产使用部门的人员在未得到授权的情况下无法访问或修改系统内的数据；

③本年度未发现下列控制活动未得到执行；

④本年度未发现下列控制活动发生变化。

（2）其他测试程序

| 控制目标 | 控制活动 | 控制测试程序 | 执行控制的频率 | 所测试的项目数量 | 索引号 |
|---|---|---|---|---|---|
| 已充分保障固定资产的安全 | 对主要固定资产已进行了商业保险 | 抽取固定资产保险单盘点表，检查是否办理商业保险 | 每月1次 | 3 | 略 |
| 已记录的固定资产处置及转移均已记录 | ①以固定资产卡片的方式进行实物管理<br>②每季末，资产使用部门对固定资产进行盘点，由设备管理员编写固定资产盘点明细表，固定资产记账员对盘点结果进行复盘，如有差异经董事会审批后及时进行账务处理 | 抽取固定资产盘点明细表，检查差异是否经审批后及时处理 | 每季1次 | 2 | 略 |
| 固定资产处置及转移均已记录 | ①对报废的固定资产，由固定资产使用部门填写固定资产报废单，交总经理审核，对金额超过人民币20万元的固定资产报废单，由董事会审批。固定资产记账员根据经适当批准的固定资产报废单进行账务处理<br>②内部调拨固定资产，由调入、调出部门共同填写固定资产内部调拨单，交固定资产记账员进行账务处理 | 抽取固定资产报废单，检查报废是否经适当审批和处理 | 每月1次 | 3 | 略 |
| 固定资产处置及转移均已准确记录 | | 抽取固定资产内部调拨单，检查调入、调出已进行适当处理 | 每月1次 | 3 | 略 |
| 固定资产处置及转移已于适当时期间进行记录 | 每月末，固定资产记账员编制月度内固定资产增、减变动情况分析报告，交至会计主管复核 | 抽取固定资产增、减变动情况分析报告，检查其是否经过复核 | 每月1次 | 3 | 略 |

## 二、应付账款实质性程序

1. 应付账款审计目标与认定关系表（如表8－10所示）

**表8－10　　审计目标与认定对应关系表**

| 审计目标 | 财务报表认定 | | | | |
|---|---|---|---|---|---|
| | 存在 | 完整性 | 权利和义务 | 计价和分摊 | 列报 |
| A. 资产负债表中记录的应付账款是存在的 | √ | | | | |
| B. 所有应当记录的应付账款均已记录 | | √ | | | |
| 资产负债表中记录的应付账款是被审计单位应履行的现时义务 | | | √ | | |
| C. 应付账款以恰当的金额包括在财务报表中，与之相关的计价调整已恰当记录 | | | | √ | |
| D. 应付账款已按照企业会计准则的规定在财务报表中作出恰当的列报 | | | | | √ |

2. 应付账款审定表（如表8－11所示）

**表8－11　　应付账款审定表**

被审计单位：科思特有限公司　　索　引　号：FD1
项　　目：应付账款审定表　　报表截止日/期间：2013年12月31日
编　　制：Wang　　复　　核：Liu
日　　期：2014年1月30日　　日　　期：2014年1月30日

| 项目类别 | 本期未审数 | 账项调整 | | 重分类 | | 本期审定数 | 上期审定数 | 索引号 |
|---|---|---|---|---|---|---|---|---|
| | | 借 | 贷 | 借 | 贷 | | | |
| 一、应付账款关联方： | | | | | | | | |
| 代理商丙公司 | 3 357 551.97 | | | | | 3 357 551.97 | 2 819 311.73 | |
| 代理商丁公司 | 6 298 149.09 | | | | | 6 298 149.09 | 2 776 044.24 | |
| 小计 | 9 655 701.06 | | | | | 9 655 701.06 | 5 595 355.97 | |
| 二、应付账款非关联方： | | | | | | | | |
| 其他单位等 | 12 603 202.34 | | | | | 12 603 202.34 | 598 548.78 | |
| 在途物资 | 698 699 160.92 | | | | | 698 699 160.92 | 537 594 952.53 | |
| 估价入库 | 55 751 028.14 | | | | | 55 751 028.14 | 41 883 268.82 | |

续表

| 项目类别 | 本期未审数 | 账项调整 | | 重分类 | | 本期审定数 | 上期审定数 | 索引号 |
|---|---|---|---|---|---|---|---|---|
| | | 借 | 贷 | 借 | 贷 | | | |
| 小计 | 767 053 391.40 | | | | | 767 053 391.40 | 580 076 770.13 | |
| 三、附约账款贷方余额： | 0 | | | | | 0 | | |
| 非关联方 | 0 | | | | | 0 | 77 083.79 | |
| 合计 | 776 709 092.46 | | | | | 776 709 092.46 | 58 749 209.89 | |

审计结论：

| |
|---|
| 报表数经审计后无调整事项，可以确认。 |

## 3. 应付账款明细表（如表8－12所示）

**表8－12　　应付账款明细表**

被审计单位：科思特有限公司　　索引号：FD2
项目：应付账款明细表　　报表截止日/期间：2013年12月31日
编制：Wang　　复核：Liu
日期：2014年1月17日　　日期：2014年1月18日

| 单位名称 | 借方余额 | | | 贷方余额 | | | 合计 | | | 核算内容 |
|---|---|---|---|---|---|---|---|---|---|---|
| | 原币 | 汇率 | 折合本位币 | 原币 | 汇率 | 折合本位币 | 原币 | 汇率 | 折合本位币 | |
| 一、关联方 | | | | | | | | | | |
| 代理商丙公司 | | | | 3 357 551.97 | | 3 357 551.97 | 3 357 551.97 | | 3 357 551.97 | 进口原油代理商 |
| 代理商丁公司 | | | | 6 298 149.09 | | 6 298 149.09 | 6 298 149.09 | | 6 298 149.09 | 代理商 |
| 小计 | | | | | | | | | | |
| 二、非关联方 | | | | | | | | | | |
| 其他单位等 | | | | 12 603 202.34 | | 12 603 202.34 | 12 603 202.34 | | 12 603 202.34 | |
| ××港务局 | | | | 465 000.00 | | 465 000.00 | 465 000.00 | | 465 000.00 | 罐租费 |
| 2007WPC019 | | | | 382 747.16 | | 382 747.16 | 382 747.16 | | 382 747.16 | 质保金 |
| 11130－P06FC－006－0203 | | | | 185 199.37 | | 185 199.37 | 185 199.37 | | 185 199.37 | 质保金 |
| … | | | | | | | | | | |
| 在途物资（美金） | | | | 95 651 940.00 | | 95 651 940.00 | 95 651 940.00 | | 698 699 160.92 | 估价材料款 |

续表

| 单位名称 | 借方余额 | | | 贷方余额 | | | 合计 | | | 核算内容 |
|---|---|---|---|---|---|---|---|---|---|---|
| | 原币 | 汇率 | 折合本位币 | 原币 | 汇率 | 折合本位币 | 原币 | 汇率 | 折合本位币 | |
| 估价入库（美金） | | | | 7 632 317.74 | | 7 632 317.74 | 7 632 317.74 | | 55 751 028.14 | 材料暂估入库 |
| 小计 | | | | | | 767 053 391.40 | | | 767 053 391.40 | |
| 合计 | | | | | | 776 709 092.45 | | | 776 709 092.45 | |

审计说明：

1. 应付账款的账龄全部为1年以内；

2. 应付账款余额较上年增长约2亿元，主要因本年暂估在途原油的金额增长约2亿元所致，而在途原油增长的原因为原油单价上涨；

3. 我们结合科思特有限公司采购部门或经营部原油处提供的与供应商之间的对账单，自供应商明细表中选取会计年度内历次对账情况良好的三户非关联供应商进行了函证，回函证情况证实了科思特公司应付账款的真实性。

4. 我们结合科思特有限公司资产负债表日后付款项目，对7户应付账款客户检查了银行对账单及有关付款凭证，证实了应付账款在资产负债表日的真实性。

5. 我们针对在途物资698 699 160.92元，估价入库55 751 028.14元，实施应付账款替代测试，检查原始凭单，如合同、发票、验收单，核实了应付账款的真实性。

## 4. 应付账款替代测试表（如表8-13所示）

**表8-13　　应付账款替代测试表**

| | |
|---|---|
| 被审计单位：科思特有限公司 | 索引号：FD3 |
| 项目：应付账款替代测试表 | 报表截止日/期间：2013年12月31日 |
| 编制：Wang | 复核：Liu |
| 日期：2014年1月15日 | 日期：2014年1月26日 |

| 一、期初余额 | | | 537 594 952.53 | | | | | |
|---|---|---|---|---|---|---|---|---|
| 二、贷方发生额 | | | 161 104 208.39 | | | | | |
| 入账余额 | | | | 检查内容（用“√”、“×”表示） | | | | |
| 序号 | 日期 | 凭证号 | 金额 | ① | ② | ③ | ④ | ⑤ |
| 1 | 1月16日 | | 8 375 949.25 | √ | √ | √ | √ | √ |
| 2 | 12月28日 | | 69 869 916.92 | √ | √ | √ | √ | √ |
| ... | | | | | | | | |
| 小计 | | | 161 104 208.39 | | | | | |
| 全年贷方发生额合计 | | | 161 104 208.39 | | | | | |
| 测试金额占全年贷方发生额的比例 | | | 100% | | | | | |
| 三、借方发生额 | | | | | | | | |

续表

| 入账金额 | | | | 检查内容（用"√"、"×"表示） | | | | |
|---|---|---|---|---|---|---|---|---|
| 序号 | 日期 | 凭证号 | 金额 | ① | ② | ③ | ④ | ⑤ |
| 1 | | | | | | | | |
| 2 | | | | | | | | |
| ... | | | | | | | | |
| 小计 | | | | | | | | |
| 全年借方发生额合计 | | | | | | | | |
| 测试金额占全年借方发生额的比例 | | | | | | | | |
| 四、期末余额 | | | | | 698 699 160.92 | | | |
| 五、期后付款检查（略） | | | | | | | | |

检查内容说明：①原始凭证的内容是否完整；②记账凭证与原始凭证是否相符；③账务处理是否正确；④是否记录于恰当的会计期间；⑤是否经过相应的批准。

审计说明：

1. 年末对购买的已经装船但尚未到达港口的原油予以暂估。
2. 暂估原油明细参见在途物资明细表××-×。
3. 期末余额即为月末暂估的数据。
4. 应付账款的在途物资与存货的在途物资年末余额不一致，是由于汇率变化造成的。

## 三、固定资产实质性程序

### 1. 审计目标与认定对应关系表（如表8-14所示）

**表8-14　　审计目标与认定对应关系表**

| 审计目标 | 财务报表认定 | | | | |
|---|---|---|---|---|---|
| | 存在 | 完整性 | 权利与义务 | 计价和分摊 | 列报 |
| A. 资产负债表中记录的固定资产是存在的 | √ | | | | |
| B. 所有应当记录的固定资产均已记录 | | √ | | | |
| C. 资产负债表中记录的固定资产由被审计单位拥有或控制 | | | √ | | |
| D. 固定资产以恰当的金额包括在财务报表中，与之相关的计价或分摊以恰当记录 | | | | √ | |
| E. 固定资产已按照企业会计准则的规定在财务报表中作出恰当的列报 | | | | | √ |

### 2. 固定资产审计表（如表8-15所示）

**表 8－15　　固定资产审计表**

| | |
|---|---|
| 被审计单位：科思特有限公司 | 索　引　号：Z01 |
| 项　　目：固定资产审计表 | 报表截止日/期间：2013 年 12 月 31 日 |
| 编　　制：Wang | 复　　核：Liu |
| 日　　期：2014 年 1 月 30 日 | 日　　期：2014 年 1 月 30 日 |

| 项目名称 | 期末未审数 | 账项调整 | | 重分类调整 | | 期末审定数 | 上期末审定数 |
|---|---|---|---|---|---|---|---|
| | | 借方 | 贷方 | 借方 | 贷方 | | |
| 一、固定资产原值合计 | 1 779 284 971.57 | | | | | 1 779 284 971.57 | 1 511 482 923.65 |
| 其中：房屋及建筑物 | 119 245 944.32 | | | | | 119 245 944.32 | 115 903 085.44 |
| 机器设备 | 1 555 076 456.36 | | | | | 1 555 076 456.36 | 1 296 873 260.17 |
| 电子设备 | 3 623 482.36 | | | | | 3 623 482.36 | 3 712 329.06 |
| 工具仪器 | 93 753 540.79 | | | | | 93 753 540.79 | 87 872 529.36 |
| 运输设备 | 7 354 711.91 | | | | | 7 354 711.91 | 6 891 048.29 |
| 食堂用设备 | 230 835.33 | | | | | 230 835.33 | 230 671.33 |
| 二、累计折旧合计 | 805 899 519.71 | | | | | 805 899 519.70 | 712 647 499.99 |
| 其中：房屋及建筑物 | 33 805 155.01 | | | | | 33 805 155.01 | 30 297 811.12 |
| 机器设备 | 701 627 286.22 | | | | | 701 627 286.22 | 619 100 232.80 |
| 电子设备 | 2 921 886.29 | | | | | 2 921 886.29 | 3 068 514.48 |
| 工具仪器 | 62 337 795.46 | | | | | 62 337 795.46 | 55 157 734.66 |
| 运输设备 | 5 084 281.06 | | | | | 5 084 281.06 | 4 914 819.12 |
| 食堂用设备 | 123 115.65 | | | | | 123 115.67 | 108 387.81 |
| 三、减值准备合计 | 6 502 489.65 | | | | | 6 502 489.65 | 8 511 606.31 |
| 其中：房屋及建筑物 | | | | | | | |
| 机器设备 | 6 502 489.65 | | | | | 6 502 489.65 | 8 511 606.31 |
| 电子设备 | | | | | | | |
| 工具仪器 | | | | | | | |
| 运输设备 | | | | | | | |
| 食堂用设备 | | | | | | | |
| 四、账面价值合计 | 966 882 962.21 | | | | | 966 882 962.21 | 790 323 817.35 |
| 其中：房屋及建筑物 | 85 440 789.31 | | | | | 85 440 789.31 | 85 605 274.32 |
| 机器设备 | 846 946 680.49 | | | | | 846 946 680.49 | 669 261 421.06 |
| 电子设备 | 701 596.57 | | | | | 701 596.57 | 643 814.57 |
| 工具仪器 | 31 415 745.33 | | | | | 31 415 745.33 | 32 714 794.70 |
| 运输设备 | 2 270 430.85 | | | | | 2 270 430.85 | 1 976 229.17 |
| 食堂用设备 | 107 719.66 | | | | | 107 719.66 | 122 283.52 |

审计结论：

| 报表数经审计后无调整事项，可以确认。 |
|---|

3. 固定资产、累计折旧及减值准备明细表（如表 8－16 所示）

**表 8－16　　固定资产、累计折旧及减值准备明细表**

被审计单位：科思特有限公司　　索　引　号：ZO2

项　　目：固定资产、累计折旧及减值准备明细表　　报告截止日/期间：2013 年 12 月 31 日

编　　制：Wang　　复　　核：Liu

日　　期：2014 年 1 月 19 日　　日　　期：2014 年 1 月 20 日

| 项目名称 | 初期余额 | 本期增加 | 本期减少 | 期末余额 | 备注 |
|---|---|---|---|---|---|
| 一、固定资产原值合计 | 1 511 482 923.65 | 277 049 723.69 | 9 247 675.77 | 1 779 284 971.57 | |
| 其中：房屋及建筑物 | 115 903 085.44 | 3 380 583.36 | 37 724.48 | 119 245 944.32 | 使用年限 15 年，残值率 10% |
| 包装及仓库 | 10 097 800.95 | | | 10 097 800.95 | |
| 海水隔油池 | 7 932 634.09 | | | 7 932 634.09 | |
| 成型厂房及库房 | 5 610 243.91 | | | 5 610 243.91 | |
| 海水池 | 3 743 786.77 | | | 374 370 086.77 | |
| 调节池 | 2 995 928.48 | | | 2 995 928.48 | |
| 曙光池 | 2 820 845.48 | | | 2 820 845.48 | |
| 综合办公楼 | 1 898 329.29 | | | 1 898 329.29 | |
| 机器设备 | 1 296 873 260.17 | 266 527 669.75 | 8 324 473.56 | 1 555 076 456.36 | |
| 新制氢设备 | 54 123 791.55 | | | 54 123 791.55 | 使用年限 15 年，残值率 10% |
| 储运系统改造 | 33 033 692.06 | | | 33 033 692.06 | |
| 厂外供电线路 | 18 755 964.04 | | | 18 755 964.04 | |
| 全厂供电线路 | 17 415 811.79 | | | 17 415 811.79 | |
| … | | | | | |
| 电子设备 | 3 712 329.06 | 409 532.15 | 498 378.35 | 3 623 482.86 | |
| 工具仪器 | 87 872 529.36 | 6 110 582.83 | 229 571.40 | 93 753 540.79 | |
| 运输设备 | 689 104 829 | 620 311.60 | 156 647.98 | 7 354 711.91 | |
| 食堂用设备 | 230 671.33 | 1 044.00 | 880.00 | 230 835.33 | |
| 二、累计折旧合计 | 712 647 499.99 | 99 183 310.83 | 5 931 291.11 | 805 899 519.71 | 剩余年限 |
| 其中房屋及建筑物 | 30 297 811.12 | 3 509 607.38 | 2 263.49 | 33 805 155.01 | 18.25 |
| 包装及仓库 | 3 256 540.81 | 302 934.02 | | 3 559 474.83 | 13.17 |
| 海水隔油池 | 3 768 001.19 | 237 979.03 | | 4 005 980.22 | 18.67 |
| 成型厂房及库房 | 1 739 175.61 | 168 307.32 | | 1 907 482.93 | 13.17 |

续表

| 项目名称 | 初期余额 | 本期增加 | 本期减少 | 期末余额 | 备注 |
| --- | --- | --- | --- | --- | --- |
| 海水池 | 1 778 298.72 | 112 313.60 | | 1 890 612.32 | 13.17 |
| 调节池 | 1 423 066.03 | 89 877.85 | | 1 512 943.88 | 13.17 |
| 曙光池 | 1 339 901.60 | 84 625.37 | | 1 424 526.97 | 18.33 |
| 综合办公楼 | 607 405.37 | 56 949.88 | 60 | 664 415.25 | |
| … | | | | | 剩余年限 |
| 机器设备 | 619 100 232.80 | 87 686 829.45 | 5 159 776.03 | 701 627 286.21 | 14.00 |
| 新制氢设备 | | 3 247 427.49 | | 3 247 427.49 | 14.00 |
| 储运系统改造 | | 1 982 021.52 | | 1 982 021.52 | 14.00 |
| 厂外供电线路 | | 1 125 357.84 | | 1 125 357.84 | 4.17 |
| 全厂供电线路 | 10 275 328.95 | 1 044 948.71 | | 11 320 277.66 | |
| … | | | | | |
| 电子设备 | 3 068 514.48 | 297 823.24 | 444 451.43 | 2 921 886.29 | |
| 工具仪器 | 55 157 734.66 | 7 364 274.77 | 184 213.97 | 62 337 795.46 | |
| 运输设备 | 4 914 819.12 | 309 256.13 | 139 794.19 | 5 084 281.06 | |
| 食堂用设备 | 108 387.81 | 15 519.86 | 792.00 | 123 115.67 | |
| 三、减值准备合计 | 8 511 606.31 | 2 342 366.26 | 4 351 482.92 | 6 502 489.65 | |
| 机器设备 | 8 511 606.31 | 2 342 366.26 | 4 351 482.92 | 6 502 489.65 | |
| … | | | | | |
| 四、账面价合计 | 790 323 817.35 | 175 524 046.60 | (1 035 098.26) | 966 882 962.21 | |
| 其中：房屋及建筑物 | 85 605 274.32 | (129 024.02) | 35 460.99 | 85 440 789.31 | |
| 机器设备 | 669 261 421.06 | 176 498 474.04 | (1 186 785.39) | 846 946 680.49 | |
| 电子设备 | 643 814.58 | 111 708.91 | 53 926.92 | 701 596.57 | |
| 工具仪器 | 32 714 794.70 | (1 253 691.94) | 45 357.43 | 31 415 745.33 | |
| 运输设备 | 1 976 229.17 | 311 055.47 | 16 853.79 | 2 270 430.85 | |
| 食堂用设备 | 122 283.52 | (14 475.86) | 88.00 | 107 719.66 | |

审计说明：

①科思特有限公司折旧政策前后期一致，没有加速折旧。2013 年度计提折旧 99 183 310.83 元，其中，计入管理费用为 2 483 927.93 元；计入制造费用为 96 699 382.90 元。

②本年度计提减值准备 2 342 366.26 元，是固定资产——烷基化装置落后，达不到生产标准或由于技术原因无法对原有生产线进行改造的机械设备。

③本年度减值准备减少额，是因报废资产而予以终止确认时，一并将原计提的减值准备转出 4 351 482.92元。

4. 固定资产盘点检查情况表（如表 8－17 所示）

**表 8－17**

## 固定资产盘点检查情况表

| | | | |
|---|---|---|---|
| 被审计单位：科思特有限公司 | | 索　引　号： | Z03 |
| 项　　目：固定资产盘点检查情况表 | | 财务报表截止日/期间： | 2013 年 12 月 31 日 |
| 编　　制：Wang | | 复　　核： | Liu |
| 日　　期：2014 年 1 月 19 日 | | 日　　期： | 2014 年 1 月 20 日 |

| 序号 | 名称 | 规格型号 | 计量单位 | 单价 | 账面结存 | | 被审计单位盘点 | | | 实际检查 | | | 备注 |
|---|---|---|---|---|---|---|---|---|---|---|---|---|---|
| | | | | | 数量 | 金额 | 数量 | 金额 | 盈亏（+、-） | 数量 | 金额 | 盈亏（+、-） | |
| 1 | 综合楼 | 砖混结构 | 平方米 | 2 377.60 | 457.60 | 1 087 989.50 | 457.60 | 1 087 989.50 | | 457.60 | 1 087 989.50 | 0 | |
| | …… | | | | | | | | | | | | |
| 239 | 斗提机 | | 台 | 3 526 551.32 | 1 | 3 526 551.32 | 1 | 3 526 551.32 | | 1 | 3 526 551.32 | 0 | |
| 240 | 输送机 | | 台 | 454 045.73 | 1 | 454 045.73 | 1 | 454 045.73 | | 1 | 454 045.73 | 0 | |
| | …… | | | | | | | | | | | | |
| 288 | 柴油加氢项目 | | | 70 066 055.61 | 1 | 70 066 055.61 | 1 | 70 066 055.61 | | 1 | 70 066 055.61 | 0 | |
| 289 | 加氢裂化 | | | 165 930 039.08 | 1 | 165 930 039.08 | 1 | 165 930 039.08 | | 1 | 165 930 039.08 | 0 | |
| | …… | | | | | | | | | | | | |

检查时间：2013 年 12 月 30 日　　　　检查地点：科思特有限公司

检查人：固定资产使用部门、设备管理部门、财务人员　　　　盘点检查比例：15%

审计说明：

> 我们依据对科思特有限公司连续审计情况，2013 年度主要针对本年度新增部分的重要固定资产进行实地检查程序，不存在已报废但仍未核销的固定资产。

5. 固定资产增加检查情况表（如表8－18所示）

**表8－18　固定资产增加检查情况表**

| | |
|---|---|
| 被审计单位：科思特有限公司 | 索引号：Z04 |
| 项目：固定资产增加检查情况表 | 财务报表截止日/期间：2013年12月31日 |
| 编制：wang | 复核：liu |
| 日期：2014年1月19日 | 日期：2014年1月20日 |

| 固定资产名称 | 取得日期 | 取得方式 | 固定资产类型 | 增加情况 | | 凭证号 | 核对内容（用“√”、“×”表示） | | | | | | |
|---|---|---|---|---|---|---|---|---|---|---|---|---|---|
| | | | | 数量 | 原价 | | ① | ② | ③ | ④ | ⑤ | ⑥ | ⑦ |
| 奥迪轿车 | 2013年3月 | 外购 | 运输设备 | 1 | 571 825.00 | 28# | √ | √ | √ | √ | √ | √ | √ |
| 柴油加氢项目 | 2013年12月 | 自建 | 机械设备 | 1 | 70 066 055.61 | 62# | √ | √ | √ | √ | √ | √ | √ |
| 加氢裂化 | 2013年12月 | 自建 | 机械设备 | 1 | 165 930 039.08 | 42# | √ | √ | √ | √ | √ | √ | √ |
| … | | | | | | | | | | | | | |
| 合计 | | | | | 277 049 723.70 | | | | | | | | |

核对内容说明：①与发票是否一致；②与付款单据是否一致；③与购买/建造合同是否一致；④审批手续是否齐全；⑤与在建工程转出数核算是否一致；⑥会计处理是否正确。

审批说明：

科思特有限公司2013年度新增的固定资产主要是自建的机械设备。结合固定资产、在建工程实地检查程序，未发现有已经达到预定可使用状态，但尚未办理竣工决算手续的固定资产。

6. 固定资产减少检查情况表（如表8－19所示）

**表 8－19**

## 固定资产减少检查情况表

| | |
|---|---|
| 被审计单位：科思特有限公司 | 索引号：Z04 |
| 项目：固定资产减少检查情况表 | 财务报表截止日/期间：2013 年 12 月 31 日 |
| 编制：Wang | 复核：Liu |
| 日期：2014 年 1 月 19 日 | 日期：2014 年 1 月 20 日 |

| 名称 | 取得日期 | 处置方式 | 处置日期 | 固定资产原价 | 累计折旧 | 减值准备 | 账面价值 | 处置收入 | 净损益 | 索引号 | 核对内容（用“√”、“x”表示 | | | |
|---|---|---|---|---|---|---|---|---|---|---|---|---|---|---|
| | | | | | | | | | | | ① | ② | ③ | ④ |
| 外取热器 | 2004 年 5 月 | 报废 | 2013 年 3 月 | 646 323.54 | 368 016.91 | 109 875.00 | 168 431.63 | 69 576.66 | －98 854.97 | | √ | √ | √ | √ |
| 离心式压缩机 | 2001 年 8 月 | 报废 | 2013 年 3 月 | 894 241.61 | 636 282.78 | 223 560.00 | 34 398.83 | 64 489.71 | －30 090.88 | | √ | √ | √ | √ |
| 高压柜 | 2007 年 10 月 | 报废 | 2013 年 3 月 | 133 306.48 | 46 607.49 | 15 990.00 | 70 708.99 | | －70 708.99 | | √ | √ | √ | √ |
| 水封罐 | 2004 年 5 月 | 报废 | 2013 年 3 月 | 150 836.64 | 85 886.46 | 25 600.00 | 39 350.18 | 9 742.53 | －29 607.65 | | √ | √ | √ | √ |
| ⋮ | | | | | | | | | | | | | | |
| 合计 | | | | 9 247 675.77 | 5 931 291.10 | 1 705 713.42 | 1 610 671.25 | 449 387.04 | －1 161 284.21 | | | | | |

核对内容说明：①与收款单据是否一致；②与合同是否一致；③审批手续是否完整；④会计处理是否正确

审计说明：

随着产业结构的升级以及国家环保标准的逐步提高，我国环境保护政策日趋严格。科思特有限公司从事原油加工，属于资金和技术密集型、石化行业。由于其本身特性决定了对环保政策的敏感度较高。截至 2013 年 1 月 31 日，公司拥有 12 套先进的生产装置及完善的公共工程系统、辅助生产设施，生产技术及国内同行业领先地位。公司装置布局合理，加工手段齐全，可以全部加工高硫原油，生产全部加氢精制。另外，公司工艺技术先进，自动化控制水平较高。1 000 万吨/年重油催化裂化、200 万吨/年中有加氢脱硫、10 万吨/年硫磺回收等都是目前国内单位加工能力最大的生产装置之一。

本年度固定资产的减少，主要是科思特有限公司管理层决定关闭、报废、处置达不到生产标准，由于技术原因无法对原有生产线进行改造的机械设备等生产线。

# 课后复习题

## 一、复习思考题

1. 简述采购与付款循环审计的主要目标和范围。
2. 采购与付款循环内部控制制度包括哪些内容？
3. 如何查找未入账的应付账款？

## 二、案例分析题

1. 资料：审计人员接受委托，对A公司进行年度会计报表审计。假定：(1) 该审计人员目前正在对应付账款项目的审计编制计划。(2) 上年度工作底稿显示共寄发200封询证函，对该客户的2 000家供货商进行抽样函证，样本从余额较大的各明细账户中抽取。为了解决函证结果与被审计单位会计记录间的较小差异，审计人员和被审计单位均花费较多时间。对于未回复的供应商，均运用其他审计程序进行了审计，没有发生异议。

要求：

(1) 说明该审计人员在制定将予实施的审计程序时，应考虑哪些审计目的。

(2) 说明该审计人员是否应该使用函证，如使用函证，列举使用函证的各种情况。

(3) 说明上年度进行函证时，选取有较大年末余额的供应商进行函证为何不一定是最有效的方法。本年度在选样函证应付账款时，该审计人员宜采用何种更有效的方法？

2. 资料：审计人员审查某企业12月基本生产车间设备计提折旧情况，在审阅固定资产明细账和制造费用明细账时，发现如下记录。

(1) 11月末该车间设备计提折旧额为12 000元，年折旧率为6%。

(2) 11月份购入设备一台，原值20 000元，已安装完工交付使用。

(3) 11月份融资租入一台设备投入车间使用，入账价值10 000元。

(4) 11月份交外单位大修设备一台，原值50 000元；

(5) 11月份进行技术改造设备一台，当月交付使用，该设备原值为200 000元，技改支出50 000元，变价收入20 000元。

(6) 12月份该车间设备计提折旧21 000元。

要求：假定企业11月末计提折旧数正确，验证该企业12月份计提折旧数是否正确。如不正确，请作审计调整分录。

# 第九章

# 生产与存货循环审计

## 学习目标

1. 了解生产与存货循环的主要业务活动、凭证、账户和报表项目；
2. 理解生产与存货循环的控制测试；
3. 掌握如何设计与实施生产与存货循环交易的实质性程序；
4. 掌握存货监盘的基本程序；
5. 掌握对存货进行计价测试的要点；
6. 掌握应付职工薪酬审计的实质性程序。

## 适用的准则和规范

《中国注册会计师审计准则第 1311 号——对存货、诉讼和索赔、分部信息等项目获取审计证据的具体考虑》

## 背景案例

从孩提时代开始，米奇·莫纳斯就喜欢几乎所有的运动，尤其是篮球。但是因天资及身高所限，他没有机会到职业球队打球。然而，莫纳斯确实拥有一个所有顶级球员共有的特征，那就是他有一种无法抑制的求胜欲望。

莫纳斯把他无穷的精力从球场上转移到他的董事长办公室里。他首先设法获得了位于（美）俄亥俄州阳土敦市的一家药店，在随后的十年中他又收购了另外 299 家药店，从而组建了全国连锁的法尔莫公司。遗憾的是，这一切辉煌都是建立在资产造假——未检查出来的存货高估和虚假利润的基础上的，这些舞弊行为最终导致了莫纳斯及其公司的破产。同时也使为其提供审计服务的"五大"事务所损失了数百万美元。下面是这起案件的经过。

自获得第一家药店开始，莫纳斯就梦想着把他的小店发展成一个庞大的药品帝国。其所实施的策略就是他所谓的"强力购买"，即通过提供大比例折扣来销售商品。莫纳斯首先做的就是把实际上并不赢利且未经审计的药店报表拿来，用自己的笔为其加上并不存在的存货和利润。然后凭着自己空谈的天份及一套夸大了的报表，在一年之内骗得了足够的投资用以收购了 8 家药店，奠定了他的小型药品帝国的基础。这个帝国后来发展到拥有 300 家连锁店的规模。一时间，莫纳斯成为金融领域的风云人物，他的公司则在阳土敦市赢得了令人崇拜的地位。

在一次偶然的机会导致这个精心设计的、至少引起 5 亿美元损失的财务舞弊事件浮出水面之时，莫纳斯和他的公司炮制虚假利润已达十年之久。当时法尔莫公司的财务总监认为因公司以低于成本出售商品而招致了严重的损失，但是莫纳斯认为通过“强力购买”，公司完全可以发展得足够大以使得它能顺利地坚持它的销售方式。最终在莫纳斯的强大压力下，这位财务总监卷入了这起舞弊案件。在随后的数年之中，他和他的几位下属保持了两套账簿，一套用以应付注册会计师的审计，另一套反映糟糕的现实。

他们先将所有的损失归入一个所谓的“水桶账户”，再将该账户的金额通过虚增存货的方式重新分都到公司的数百家成员药店中。他们仿造购货发票、制造增加存货并减少销售成本的虚假记账凭证、确认购货却不同时确认负债、多计或加倍计算存货的数量。财务部门之所以可以隐瞒存货短缺是因为注册会计师只对 300 家药店中的 4 家进行存货监盘，而且他们会提前数月通知法尔莫公司他们将检查哪些药店。管理人员随之将那 4 家药店堆满实物存货，而把那些虚增的部分分配到其余的 296 家药店。如果不考虑其会计造假，法尔莫公司实际已濒临破产。在最近一次审计中，其现金已紧缺到供应商因其未能及时支付购货款而威胁取消对其供货的地步。

注册会计师们一直未能发现这起舞弊，他们为此付出了昂贵的代价。这项审计失败使会计师事务所在民事诉讼中损失了 3 亿美元。那位财务总监被判 33 个月的监禁，莫纳斯本人则被判入狱 5 年。

**思考与讨论**

1. 存货盘点有哪些局限性？

2. 鉴于盘点程序具有局限性，注册会计师无法通过盘点解决所有的问题，对于法尔莫公司这样一个商业企业来说，你认为审计师的审计存在哪些不足之处？

3. 针对可能出现的管理当局蓄意舞弊，审计人员可以采用哪些审计技术来予以识别？

# 第一节　生产与存货循环概述

## 一、生产与存货循环的主要业务活动

生产与存货循环是由原材料转化为产成品的有关活动组成。该循环的交易从生产开始到加工出产成品结束，故又被称为制造交易循环。

企业的生产与存货循环通常涉及生产计划部门、仓库、生产部门、人事部门、会计部门等。在生产与存货循环中的主要业务活动如下。

（一）计划和控制生产

生产计划和控制部门的职责是根据顾客订单或者对销售预测和存货需求的分析来决定生产授权。如决定授权生产，则签发生产通知单。该部门应将发出的所有生产通知单预先连续编号并加以记录控制。另外，还需要编制一份材料需求报告，列示所需要的材料和零件及其库存量。

生产计划和控制部门也负责监督材料和人工的耗用，并跟踪控制生产通知单的加工进度，直到完工转入产成品库。在履行这些职责时，生产计划和控制部门必须复核每日生产活动报告和已完工生产报告。

（二）发出原材料

生产部门在收到生产通知单后，将生产任务分解到每个生产班组（或工人），并根据生产通知单编制领料单等发料凭证来领用材料。发料凭证通常一式三联，每张发料凭证上必须列示生产通知单的号码、所需的材料数量和种类，以及领料部门的名称。尽管可以在一张发料凭证中登记所需领用的多种材料，但通常是一料一单。为分清企业内部各部门的用料情况，企业必须一个部门一张发料凭证。每张发料凭证必须经主管人员或者经授权的生产人员签字，他们所编制的每日材料耗用汇总表是计划和控制生产所使用的每日生产活动报告的组成部分。

根据从生产部门收到的发料凭证发出原材料是仓库部门的责任。仓库发料后，将其中的一联连同材料交领料部门，一联自留以登记材料明细账，一联交会计部门作为材料收发核算和成本核算的依据。

（三）加工生产产品

生产部门在领取原材料后组织生产。在加工过程中应使用计工单来记录完成特定生产通知单任务所耗用的人工。计工单必须由主管人员批准，并与每位员工的计时卡资料相调节。这一计时功能也可由员工在开始和结束工作时，将计时卡插入电脑终端机，并输入生产通知单号码来实现。无论采取哪种方式计时，被审计单位都应根据计时资料来编制每日人工耗用汇总表。此表也是每日生产活动报告的组成要素。

在某个部门已完成生产通知单的工作，其产品也通过检验时，应将产品按照转移单的授权转移到下一个部门。转移单必须由接收部门签字。

（四）转移已完工产品到产成品库

生产部门在全部完成生产通知单上的工作，且其产品通过了最后检验时，应编制一份“已完工生产报告”，然后将这些产品送往产成品仓库。产成品仓库应在最后一张转移单上签字，以确定对这些产成品的保管责任。

（五）保护制造性存货

制造性存货很容易被盗窃和损坏。被审计单位保护这些存货的方法包括将原材料和产成品存货存放在加锁的仓库里，并限制只有经授权的人员才能接近。在产品的保护措施包括由监督人员和工厂警卫监视生产区域、给在产品贴上标签和使用事先编号的转移单，以控制在产品在工厂内部的移动。

（六）确定和记录生产成本

这一程序的工作包括：（1）将直接材料和直接人工计入生产成本；（2）归集制造费用并分配到生产成本；（3）结转各生产部门之间的成本（在分步成本核算系统下）；（4）转出完工产品成本。

分配制造费用可采用实际成本法或标准成本法。如使用标准成本，则需经过管理层批准，另外，还需直接向适当层次管理人员及时报告差异，以便调查和控制。与记录生产成本有关的控制包括以下两项：（1）将编制分配生产费用支出到各产品生产成本的分录所使用的资料，与“每日生产活动报告”里的材料和人工耗用资料相调节。（2）将编制结转在产品到产成品的分录所使用的资料，与已完工生产报告中的资料相核对。

（七）确保存货余额的正确性

这项功能包括两项控制：（1）定期独立检查原材料、在产品和产成品存货的明细账记录，是否与总账余额相符；（2）将存货明细账上的数量同定期盘点存货得出的实际数量相比较。

上述程序的执行将涉及以下几个部门：生产计划和控制部门、仓库（原材料）、生产部门、计时部门、产成品部门、成本会计部门和总会计部门。同其他各种交易一样，执行和记录制造交易与保管存货之间的职责必须实行分离。与以上每一项程序有关的控制，都与发生、完整性认定的控制风险评价有关。另外，与最后两项程序有关的某些控制，对计价和分摊认定的控制风险也有很重要的影响。

## 二、生产与存货循环涉及的主要凭证与会计记录

会计记录是对经济活动的反映，也构成了经济活动的载体。一个内部控制比较健全的企业，在处理上述生产与存货循环业务时，通常要用到很多凭证和会计记录，其中主要包括以下方面。

（1）生产指令。生产指令又称生产任务通知单，是企业下达制造产品等生产任

务的书面文件，用以通知生产车间组织产品制造、供应部门组织材料发放、会计部门组织费用归集和成本计算。

（2）领发料凭证。领发料凭证是企业为控制材料发出所采用的各种凭证，如材料发出汇总表、领料单、限额领料单、领料登记簿、退料单等。

（3）产量和工时记录。产量和工时记录是登记工人或生产班组在出勤内完成产品数量、质量和生产这些产品所耗费工时数量的原始记录。常见的产量和工时记录主要有工作通知单、工序进程单、工作班产量报告、产量通知单、产量明细表、废品通知单等。

（4）工资汇总表及人工费用分配表。工资汇总表是为了反映企业全部工资的结算情况，并据以进行工资结算总分类核算和汇总整个企业工资费用而编制的，它是企业进行工资费用分配的依据。人工费用分配表反映了各生产车间各产品应负担的生产工人工资及福利费。

（5）材料费用分配表。材料费用分配表是用来汇总反映各车间各产品所耗费的材料费用的原始记录。

（6）制造费用分配汇总表。制造费用分配汇总表是用来汇总反映各生产车间各产品所应负担的制造费用的原始记录。

（7）成本计算单。成本计算单是用来归集某一成本计算对象所应承担的生产费用，计算成本计算对象的总成本和单位成本的记录。

（8）存货明细账。存货明细账是用来反映各种存货增减变动情况和期末库存数量及相关成本信息的会计记录。

该循环的主要凭证与会计记录，按会计信息的处理流程进行如下分类。

1. 原始凭证

（1）发料单。生产部门下达给仓库，让其发出已批准的生产通知单所需材料的书面授权通知。

（2）转移单。授权在产品在生产部门之间以及在产品与产成品之间转移实物的通知。

（3）工资汇总表及人工支出分配表。工资汇总表是为了反映企业全部工资的结算情况，并据以进行工资结算总分类核算和汇总整个企业工资支出而编制的，它是企业进行工资支出分配的依据。人工支出分配表反映了各生产车间各产品应负担的生产工人工资及福利费。

（4）材料支出分配表。用来汇总反映各生产车间各产品所耗费的材料支出的原始记录。

（5）制造费用分配汇总表。用来汇总反映各生产车间各产品所应负担的制造费用的原始记录。

（6）成本计算单。用来归集某一成本计算对象所应承担的生产成本，据以计算该成本计算对象的总成本和单位成本的记录。

2. 记账凭证

涉及的记账凭证主要包括转账记账凭证、付款记账凭证。

3. 明细账

涉及的明细账主要是存货明细账。它是分别为原材料、在产品和产成品所持有的记录，包括各个存货账户增减的数量和成本，以及某特定时点存货的库存数量和相关成本等信息。

4. 总账

涉及的总账类账户主要包括“原材料”、“ 存货跌价准备”、“应付职工薪酬”、“生产成本”、“制造费用”、“库存商品” 等。

5. 报表项目

涉及的报表项目主要包括“存货”、“应付职工薪酬”、“营业成本” 等。

6. 其他

（1）生产通知单。说明将要制造的产品数量和种类的表格。生产通知单产即可指示生产某批产品，也可要求完成某一连续加工步骤。

（2）材料需求报告。列示完成一张生产通知单所需原料和零件的报告。

（3）计工单。记录某特定员工完成特定工作所花费工作时间的表格。

（4）每日生产活动报告。列示每天耗用的原料和人工的报告。

（5）已完工生产报告。列示某生产通知单已完成的工作的报告。

生产与存货循环涉及的主要业务活动、对应的凭证和会计记录及部门如表9－1所示。

**表9－1　　生产与存货循环主要业务活动、对应的凭证和会计记录**

| 主要业务活动 | 凭证和会计记录 | 相关部门 |
|---|---|---|
| 计划和安排生产 | 生产任务通知单 | 生产计划部门 |
| 发出原材料 | 一式三联的领料单 | 仓库部门 |
| 生产产品 | 生产任务通知单、产量和工时记录 | 生产部门 |
| 核算产品成本 | 生产任务通知单、领料单、入库单、薪酬汇总表及其人工费用分配表、材料费用分配表、制造费用分配表、成本计算单、存货明细账 | 会计部门 |
| 储存产成品 | 入库单 | 仓库部门 |
| 发出产成品 | 发运通知单、出库单 | 发运部门 |

## 三、生产与存货循环的审计目标

生产与存货循环的主要工作流程是生产产品，会计工作的重点是成本计算，因而生产与存货循环的审计目标如下。

（1）真实性，即账簿记录中的各项原材料的耗用与费用的发生是否真实、已经完工的产成品是否全部入库、尚未完工的在产品的成本价值是否与实物大致相符。

（2）完整性，即生产与存货循环中生产的应该属于公司的产品（受托加工的除外）是否均已做出恰当的记录而没有遗漏。

（3）估价，即成本费用的归集与分配是否合理、在产品与完工产品的成本计算是否准确。

（4）分类，即成本计算对象的确定是否合理、是否按主要产品做了适当的分类。

（5）披露，即产品的主要品种和存货计价方法是否已在会计报表中做了恰当的揭示、有关生产过程中的关联交易事项是否已做了必要的揭示。

### 四、生产与存货循环的重要性、风险及审计方案

在制造企业，存货和销售成本通常对其财务状况和经营成果有着重大的影响，因此，注册会计师应力求使制造交易发生错报的风险保持在一个较低的水平。

制造交易的数量一般都很大，因此发生错报的机会也大大增加。注册会计师为了评价重大错报存在的风险，必须取得对企业内部控制的了解，其了解的范围视注册会计师的审计方案而定。如果注册会计师可能以经济有效的方式取得证据来支持一个较低的计划控制风险估计水平，则应采用综合性审计方案。

## 第二节　生产与存货循环的内部控制及其控制测试

### 一、生产与存货循环的内部控制

（一）控制环境

在制造企业的组织结构里，主管经营、制造或生产活动的副总经理，对生产负总责。他有权对生产计划和控制部门以及每一个制造部门直接实行管理。

管理控制的方法包括：（1）预算；（2）比较实际业绩和计划业绩，并将发现的问题向适当层次的管理人员报告；（3）调查偏离标准的差异，并及时采取适当的更正行动。

人事政策和程序包括：（1）建立雇用生产部门员工的标准；（2）建立在职培训制度，使员工掌握生产过程所需要的技术；（3）设立晋升和加薪的标准。

（二）与财务报告相关的信息系统和沟通

一个制造企业的财务报告信息系统包括原材料、在产品和产成品存货的控制账户和支持性记录。该系统包括分步和分批成本会计系统，并可能按实际成本或标准成本进行记录。在分批系统下，制造成本按批次累积而成，其在产品控制账户由单

个批次的成本记录来支持。在分步成本系统下，成本是按部门或步骤累积而得的。

（三）控制活动

适当授权、凭证和记录控制、责任分工、接近控制和独立检查都适用于制造交易。

生产与存货循环的内部控制不同于其他循环的地方体现在其控制包括两大控制系统：一是生产过程中的实物流转程序控制；二是对产品成本进行记录与控制、成本费用管理控制；三是成本费用会计控制。

1. 实物流转程序控制

在生产与存货循环中，产品的品种和数量一般是根据顾客订单、销货合同、市场预测及经济生产批量来确定的。通常情况下由单独的生产控制部门（或计划部门）确定并下达生产通知单。依据实物流转程序控制的要求，各个生产部门（工厂、车间）必须制定严格的规则，由管理人员负责监督，对从生产领料开始到产品完工入库为止的全过程进行有效的控制，以避免生产脱节和在产品积压，减少残次品的发生。此外，生产部门还应及时编制生产报告，通知仓库、会计部门及时进行会计记录，保证财产物资的安全。

2. 成本费用管理控制

成本费用管理控制是指对成本费用支出进行计划、控制和考核的内部控制。具体应包括：①确定成本控制目标和成本计划；②制定各项消耗定额，包括直接材料、人工工资和制造费用定额；③编制成本、费用预算；④对各项成本费用指标进行分解，建立成本费用归口、分级管理责任制；⑤定期进行成本费用考核与评价。

3. 成本费用会计控制

成本费用会计控制是指对成本费用支出业务进行反映和监督的内部控制。它主要包括：①建立成本费用制度，明确成本开支范围、开支标准；②建立各种支出的审核制度；③设置相应的会计账户，选择适当的成本计算方法，合理归集与分配各项费用，确定产品生产成本；④对各项费用的归集与分配结果进行复核；⑤定期进行成本分析，查明企业成本变动的趋势和原因。

## 二、对生产与存货循环的内部控制的了解

对于生产与存货循环的内部控制，审计人员应通过询问、审阅、观察等方法进行了解。表 9－2 是一份有关生产业务的内部控制调查问卷表。实际调查中，应结合企业情况，不同方式结合起来使用。在调查过程中，除了听取直接经管人员的意见外，还应注意听取不直接参与生产管理人员的意见，特别是生产技术人员、工程设计师、技术工人及有关专家的意见。这是因为有些产品生产的专业技术性强，相应的管理措施也很具有专业技术性，不了解这些情况，就很难对生产与存货循环的内部控制作出正确的判断。

表 9-2　　生产与存货业务内部控制调查问卷

被审计单位名称________
注 册 会 计 师________　　审计日期________　　完成日期________
复　核　人________　　复核日期________

| 主要业务活动 | 提出问题 | 是 | 否 | 不适用 | 备注 |
|---|---|---|---|---|---|
| 计划和安排生产 | 1. 生产单是否经过生产计划和控制部门批准？<br>2. 是否使用和控制预先连续编号的生产单？<br>每日生产活动报告和已完成生产报告是否经过生产计划和控制部门复核？ | | | | |
| 发出原材料 | 1. 仓库发出材料是否要求有已签字的发料单？<br>2. 材料耗用汇总表是否包括在生产活动报告里？ | | | | |
| 加工生产产品 | 1. 是否使用记工单来记录生产产品所耗用的人工工时？<br>2. 人工耗用汇总表是否包括在生产活动报告里？ | | | | |
| 转移已完工产品到产成品库 | 1. 最后的转移单是否由产成品仓库人员在收到已完工产品时签字？ | | | | |
| 储存产成品 | 1. 是否限制只有经过授权的人员才能接近原材料和产成品存货？<br>2. 是否使用签字的移动单控制在产品在生产过程中的实物移动？<br>3. 付款凭单是否经过批准？ | | | | |
| 确定和记录制造成本 | 1. 制造费用分配率和标准成本是否经管理层批准？<br>2. 差异是否及时向有关生产管理人员报告，以便调查和跟踪控制？<br>3. 编制分配制造费用到生产成本的分录所使用的资料是否与“每日生产活动报告”里的质量相调节？<br>4. 编制结转已完工产成品成本到产成品的分录所使用的资料是否与“完工生产报告”里的资料相调节？ | | | | |
| 保持存货余额的准确性 | 1. 是否定期独立检查制造性存货明细账与总账余额的一致性？<br>2. 是否定期独立盘点制造性存货，并将实际盘点数量与账面数量相比较？ | | | | |

通过生产与存货循环内部控制调查表，审计人员取得了第一手资料。据此，审计人员就可以对这些资料进行整理，结合自己的职业判断，对企业生产与存货循环内部控制进行分析说明；或者找出生产与存货循环内部控制的关键控制点，绘制内部控制流程图，并将这些分析说明或流程图形成自己的审计工作底稿。

### 三、对生产与存货循环进行控制测试并评估重大错报风险

（一）生产与存货循环的控制测试

通过对生产与存货循环内部控制制度的了解，审计人员可据此初步判断其是否

可以信赖。如果可以初步信赖，则应进一步测试其可靠性以最终决定是否可以降低控制风险水平。生产与存货循环的内部控制测试主要包括以下内容。

生产循环的内部控制包括存货的内部控制与成本会计核算的内部控制两部分。

表 9－3 是存货的内部控制及其测试。

表 9－4 是成本核算的内部控制及其测试。

**表 9－3　　存货内部控制及其测试**

| 内部控制目标 | 可能的错报 | 关键控制程序 | 可能的控制测试 |
|---|---|---|---|
| 真实性（列在资产负债表中的存货实际存在） | 虚假存货 | 职责分离（存货的采购、保管与记录等职能实行分离） | 观察并确认相关职责进行了适当分离 |
| | | 凭证与记录控制（存货入库要取得经审核、事先连续编号的验收单） | 观察存货的入库程序；检查验收单编号的连续性 |
| | | 凭证与记录控制（存货的发出只能依据经授权审批、事先连续编号的领料单进行） | 观察存货的发出程序；检查领料单编号的连续性 |
| | | 凭证与记录控制（只能依据经授权审批、事先连续编号的领料单记录原材料的减少） | 检查有关记账凭证是否附有合规的领料单 |
| | | 存货定期盘点 | 存货的监督盘点 |
| | 存货在生产或仓库中被盗 | 使用由经手人签字的转移单控制生产部门间存货的转移；<br>对存货实物及其记录实施限制接近措施 | 检查审查转移单；<br>观察存货的保护措施；<br>观察存货和记录的接触及其相应的批准程序 |
| | | 存货定期盘点 | 存货的监督盘点 |
| 完整性 | 实际发生的存货增减业务并未入账 | 凭证与记录控制（验收单、应付凭单和领料单事先连续编号） | 检查有关凭证编号的连续性 |
| | | 存货定期盘点 | 存货的监督盘点 |
| 截止（存货增减业务及时计入正确的会计期间） | 存货增减业务计入错误的会计期间 | 存货验收入库或发出的当日，将验收单、领发料凭证等单据送交会计部门处理 | 检查有无尚未处理的凭证，查明原因 |

续表

| 内部控制目标 | 可能的错报 | 关键控制程序 | 可能的控制测试 |
|---|---|---|---|
| 估价或分摊（账面存货与实际存货核对） | 存货数量不准确 | 存货定期盘点 | 询问和观察存货的盘点程序 |
| | 存货入账价值不准确 | 原材料根据经审核的供应商发票入账；半成品、产成品根据经审批的成本计算单入账 | 检查有关凭证上的审核标志、已记账标志 |
| | 存货残损呆滞 | 妥善保管存货，定期盘点；对价值发生贬值的存货计提存货跌价准备 | 观察易损存货的保管措施；检查存货跌价损失的计提方法 |
| 过账和汇总（存货增减变动业务均及时计入相应的明细账和总账） | 存货增减业务未计入永续盘存记录 | 由独立人员定期核对永续盘存记录与存货明细账 | 检查内部核查标志 |
| | 存货明细账未汇总计入总账 | 由独立人员定期核对存货明细账与总账 | 检查内部核查标志 |

**表 9－4　　　　成本会计核算的内部控制及其测试**

| 内部控制目标 | 可能的错报 | 关键控制程序 | 可能的控制测试 |
|---|---|---|---|
| 真实性（有关的生产记录均为实际发生的非虚构的） | 未经授权的生产活动或生产过剩 | 由生产计划和控制部门批准生产任务通知单 | 检查生产任务通知单的审批标志 |
| | 多记材料、人工成本或制造费用 | 成本的核算以经审核的生产任务通知单、领料凭证、产量工时记录、人工费用分配表、材料费用分配表和制造费用分配表为依据 | 审查有关生产业务记录附有的支持凭证是否齐全、编号是否连续 |
| 完整性（所有的生产业务均已被记录，无遗漏） | 少记材料、人工成本或制造费用 | 成本的核算以经审核的生产任务通知单、领料凭证、产量工时记录、人工费用分配表、材料费用分配表和制造费用分配表均已事先连续编号并全部入账 | 审查有关凭证编号是否完整 |
| 估价或分摊（成本以准确的金额在适当的会计期间及时记录与恰当的账户） | 产品成本的核算不合理 | 采用适当的费用分配方法并　贯执行；采用适当的成本核算方法并一贯执行；采用适当的成本核算流程和账务处理流程；内部稽核 | 选择适当的样本，检查费用的归集和分配及成本的计算；进行穿行测试，确定是否按规定的成本核算流程和账务处理流程进行核算与处理 |

1. 直接材料成本测试

（1）按实际成本核算的直接材料成本的控制测试要点。对于采用实际成本核算的，审计人员应该获取成本计算单、材料成本分配汇总表、材料发出汇总表、材料明细账中各直接材料的单位成本等资料，并做如下检查。

①检查成本计算单中直接材料成本与材料成本分配汇总表中相关的直接材料成本是否相符，分配的标准是否合理。

②抽取材料发出汇总表中若干直接材料的发出总量，将其与实际单位成本相乘，并与材料成本分配汇总表中该种材料总成本进行比较，注意领料单是否经过授权批准，材料发出汇总表是否经复核，材料单位成本计价方法是否恰当、有无变更。

（2）按定额成本计算的直接材料成本的控制测试要点。对于采用定额成本核算的，审计人员主要应抽查某种产品的生产通知单或产量统计记录及其直接材料单位消耗定额，根据材料明细账中各该直接材料的实际单位成本，计算直接材料总消耗和总成本，与有关成本计算单中耗用直接材料成本核对，并注意生产通知单是否经过授权批准，单位消耗定额和材料成本计价方法是否恰当、有无变更。

（3）按标准成本核算的直接材料成本的控制测试要点。对于采用标准成本核算的，审计人员应该抽取生产通知单或产量统计记录、直接材料单位标准用量、直接材料标准单价及发出材料汇总表，并做如下检查。

①根据产量、直接材料单位标准用量及标准单价计算的标准成本，与成本计算单中的直接材料成本核对是否相符。

②直接材料成本差异的计算及其会计处理是否正确，前后各期是否一致，有无利用材料成本差异调节材料成本。

2. 直接人工成本测试

（1）计时工资制下直接人工成本的控制测试要点。对于采用计时工资制计算确定直接人工成本的，审计人员应该取得实际工时统计记录、职工工资分类表及人工费用分配汇总表等资料，并做如下检查。

①从成本计算单中抽取样本核对直接人工成本与人工费用分配汇总表中相应的实际工资费用是否相符。

②核对实际工时统计记录与人工费用分配汇总表中相应的实际工时是否相符。

③抽取并核对生产部门若干期间的工时台账与实际工时统计记录是否相符。

④当没有实际工时统计记录时，根据职工工资分类表，计算复核人工费用分配汇总表中相应的直接人工费用是否合理。

（2）计件工资下直接人工成本的控制测试要点。对于采用计件工资制计算确定直接人工成本的，审计人员应该抽取产量统计报告、个人（小组）的产量记录，并依据经批准的单位工资标准或计件工资制度着重进行如下两方面工作。

①核对按统计产量和单位工资标准计算的人工费用与成本计算单中直接人工成本是否相符。

②抽取若干直接生产个人（小组）的产量记录，检查是否被汇总计入产量统计报告。

（3）标准成本法下直接人工成本的控制测试要点。对于采用标准成本法计算直接人工成本的，审计人员应该抽取生产通知单或产量统计报告、工时统计报告和经批准的单位标准工时、标准工时工资率、直接人工的工资汇总表等资料，并做如下工作。

①根据产量和单位标准工时计算标准工时总量，再乘以标准工时工资率，以检查其是否与成本计算单中直接人工成本相符。

②直接人工成本差异的计算与账务处理是否正确，直接人工的标准成本在年度内有无重大变更。

3. 制造费用控制测试

在对制造费用进行控制测试时，应抽取制造费用分配汇总表、按项目分列的制造费用明细账、与制造费用分配标准有关的统计报告及其相关原始记录相核对，并进行以下工作。

（1）在制造费用分配汇总表中，选择一种或若干种产品，核对其分摊的制造费用与相应的成本计算单的制造费用是否相符。

（2）核对制造费用分配汇总表中的合计数与相关的制造费用明细账合计数是否相符。

（3）制造费用分配汇总表选择的分配标准（机器工时数、直接人工工资、直接人工工时数、产量等）与相关的统计报告或原始记录是否相符，并对费用分配标准的合理性做出评价。

（4）如企业采用预计费用分配率分配制造费用，则应针对制造费用分配过多或过少的差额，检查其是否做了适当的账务处理。

（5）如果企业采用标准成本法，则应检查标准制造费用的确定是否合理，计入成本计算单的数额是否正确、制造费用差异的计算与账务处理是否正确，在年度内有无重大变更。

4. 生产成本在当期完工产品与在产品之间分配的测试

检查成本计算单中在产品数量与生产统计报告或在产品盘存表中的数量是否一致；检查在产品约当产量计算或其他分配标准是否合理；计算与复核样本的总成本和单位成本。

5. 对生产与存货循环的内部控制进行评价

审计人员在完成上述程序之后，应根据所收集的证据，结合自己的专业分析与职业判断，对生产与存货循环内部控制进行评价，评价的主要内容主要包括：一是生产与存货循环内部控制是否健全完善，二是生产与存货循环内部控制是否得到有效执行，三是生产与存货循环内部控制的整体强弱及各个部分的强弱，四是生产与存货循环内部控制可依赖性及内部控制风险的大小。通过评价，了解哪些属于控制较强的部分，哪些属于控制较弱的部分，并依据对内部控制的可信赖程度，确定生产与存货循环实质性程序的程序和重点。一般来说，生产与存货循环内部控制较强，则相应的实质性程序的审计程序可以适当简化；反之，如果测试结果表明，生产与存货循环内部控制较弱，则控制风险较大，审计人员为了将审计风险降低到可接受水平，必须扩大实质性程序的审计程序。

（二）评估生产与存货循环中的重大错报风险

审计人员应在了解被审计单位及其环境的过程中，识别和评估生产与存货循环中的重大错报风险。生产与存货循环中常见的重大错报风险征兆如表9-5所示。有些企业所面临的可能超过下面所描述的，而有些企业只面临其中的一些风险。

表9-5 存货与仓储循环的重大错报风险征兆

| 错报类型 | 对报表的影响 | 风险征兆或具体行为 | 影响的认定 |
|---|---|---|---|
| 管理层舞弊 | 虚增存货 | 期末存货余额太高或增幅太大 | 发生 |
| | | 记录的存货和销售成本缺乏凭证支持 | |
| | | 未能提供用以证明存货和销售成本的原始凭证，或只能提供复印件 | |
| | | 与销售成本相关的会计记录（如购货、销售、现金支付日记账）之间不符合勾稽关系 | |
| | | 存货盘点数与存货记录数存在重大差异 | |
| | | 存货丢失或盘亏数量巨大 | |
| | | 供应商没有出现在经过批准的供应商清单上 | |
| | | 新的或异常的供货商未遵循正常的审批程序，且其身份难以证实 | |
| | | 制造假的存货单据 | |
| | | 存货和销售成本的会计记录与佐证证据存在矛盾 | |
| | | 产出过剩、市场低迷、产品更新，却未发现存货冲销或计提减值准备 | |
| | | 管理层对审计人员关于存货及主营业务成本的确认、质疑以及相关信息的提供不予配合 | |
| | | 管理层禁止审计人员接触相关设施、雇员、记录、客户供应商等获取存货和主营业务成本相关证据 | |
| | 低估主营业务成本 | 利润增长大于销售增长 | 完整性 |
| | | 与同行业比毛利偏高 | |
| | | 成本费用分摊存在任意调节 | |

续表

| 错报类型 | 对报表的影响 | 风险征兆或具体行为 | 影响的认定 |
|---|---|---|---|
| 员工舞弊 | 侵占存货 | 不恰当地报废存货 | 计价和分摊 |
| | | 存货实物盘点制度薄弱 | |
| | | 不恰当地接触存货 | |
| 流程失效 | | 生产计划缺乏效率 | 计价和分摊 |
| | | 生产操作不当导致劣质产品 | |
| | | 生产时间安排不当导致未能按时供货 | |
| | | 员工冗余或人手不够 | |
| | | 员工工作安排不当 | |
| | | 员工缺乏必要培训导致产品质量下降、废品 | |
| | | 员工待遇缺乏竞争力 | |
| | | 成本分配不合理或不准确 | |
| 会计政策、会计估计 | 虚列存货、虚增利润 | 存货计价政策与准则不一致 | 完整性 |
| | | 成本计算方法与生产流程工艺不一致 | |
| | | 任意改变发出存货的计价方法 | |
| | | 存货的跌价计提不充分 | |
| 信息处理 | | 销售预测未能及时转换成生产计划 | 完整性、计价和分摊 |
| | | 未能严格按照生产指令领料和安排员工 | |
| | | 未能在顾客需求时间内生产并送货 | |
| | | 领料单、工时记录不完整导致成本计算有误 | |
| | | 生产指令的变更未及时传递至成本会计处 | |
| | | 成本费用分配不正确 | |
| | | 工资计算不正确 | |
| | | 期末采购存货未及时确认 | 截止 |
| | | 提前确认销售收入 | |
| 披露 | | 数字错误或前后不一致 | |
| | | 成本计算方法披露不透明 | |

影响生产与存货循环的风险有很多来源，具体包括：

（1）管理层舞弊风险：虚增存货数量和价值是该循环中常见的管理层舞弊手法。管理层的薪酬纯粹与财务业绩挂钩，为保证净资产账面金额的增加，不仅虚构存货，而且对于存货的减值准备不充分计提；同时不正确地结转主营业务成本，导致利润虚增。

（2）员工舞弊风险：员工长期在某一岗位工作，利用内部控制缺陷，任意报废存货给关联人员、侵占存货资产，为自身谋取私利。有部分原因是由于企业提供给员工的工资缺乏竞争力，员工为了改善个人经济状况而进行舞弊。

（3）流程失效风险：在生产过程中，由于生产计划的制订失误、生产操作不当、信息传递与沟通不畅、生产员工没有必要的培训导致产品质量下降和废品激增、成本会计制度不健全使得不能正确计算成本等风险，导致重大错报的出现。

（4）会计政策风险：在生产与存货循环中，容易出现存货计价不符合会计准则，而且任意改变发出存货的讨价方法的会计政策风险，也会出现成本计算方法不符合生产流程导致成本计算不正确。

（5）会计估计风险：存货是否存在贬值、存货减值准备计提金额的多少，要管理层根据现实状况进行充分估计。因为资产减值的计提会影响企业利润，在利润的压力之下，管理层都有可能倾向较少计提存货减值准备。

（6）信息处理风险：业务流程都有相应的目标，而业务流程需要不同的部门通力合作才能完成。在不同部门的合作当中，信息的沟通显得非常重要，一旦信息不对称出现，就会导致后续流程出现错误。在该循环中，由于生产计划不当导致生产指令有误，以及不恰当领料、人员和生产时间安排不合理、成本会计制度不能及时追踪生产情况而导致一系列的信息处理风险。

（7）披露风险：生产与存货循环的披露风险，是指财务报表中发出存货与主营业务成本的数字勾稽关系不合常规，成本计算方法披露不透明等。

**【案例9－1】**注册会计师赵某于2012年10月26日对希尔有限公司的内部控制进行了解，并在审计工作底稿中做了记录，部分内容摘录如下：

（1）会计部门职员甲根据收到的生产通知单、领料单、工时记录和产成品入库单等资料，编制材料费用、人工费用和制造费用分配表以及完工产品与在产品成本分配表，经本部门的复核人员复核后，据以登记成本明细账和存货明细账。

（2）仓库职员根据收到的领料单发出原材料，将领料单的一联连同材料交给生产部门，并在登记材料明细账后将另外两联传递给会计部门进行实物流转记录和成本会计核算。

（3）希尔有限公司要求每半年进行一次全面的存货盘点，并编制盘点表。会计部门与仓库核对结存数量后，向管理层报告差异情况及其形成原因，并经批准后进行处理。

（4）仓库部门职员在发现存货毁损、变质或过期的情况后，直接向部门主管报告，由仓储经理负责处置，并报财务部门进行账务处理。

（5）仓库引进先进的红外线监控系统，实行24小时不间断的全自动无人监控，以避免监守自盗。保安人员每天上班后调阅前一天的监控录像，以确定是否发生异常。

要求：针对以上各项，假定不考虑其他条件，请逐项判断希尔有限公司的内部控制在设计上是否存在缺陷，并简要说明理由，提出改进建议。

[解答]

(1) 中所述的内部控制程序不存在缺陷。

(2) 中所述的内部控制存在缺陷：仓库部门没有保留领料单，无法定期进行账、证核对难以发现材料明细账中存在的错误。建议仓库部门除了将领料单的两联分别交给生产部门和会计部门外，保留领料单的一联作为登记材料明细账的原始凭证。

(3) 中所述的内部控制程序不存在缺陷。

(4) 中所述的内部控制存在缺陷：存货毁损、变质或过期情况的报告和处置均有仓储部门负责，不利于存货的安全和完整。建议存货的处置有仓储与验收部门、会计部门共同负责。

(5) 中所述的内部控制程序存在缺陷：全自动无人监控无法防止监控系统发生异常时存货的丢失或毁损。保安人员事后调阅录像无助于及时发现相关事项的发生。建议仓库实行全自动监控与人工监控相结合的监控措施。

## 第三节　生产与存货循环的实质性程序

### 一、存货的实质性程序

审计准则指出，如果存货对财务报表是重要的，注册会计师应当实施下列审计程序，以对存货的存在和状况获取充分、适当的审计证据：(1) 在存货盘点现场实施监盘（除非不可行）；(2) 对期末存货记录实施审计程序，以确定其是否准确反映实际的存货盘点结果。下面，就存货监盘以及有关期末存货记录的审计程序进行介绍。

（一）核对各存货项目明细账与总账、报表数是否相符

注册会计师审查存货，首先应加总存货明细表和汇总表，以测试其计算的正确性。然后，将存货的总分类账余额，同存货汇总表总额和永续存货记录进行核对。这项实质性程序为计价和分摊认定提供证据。如果发现差异，则应追查原因，并做记录和相应的调整。

（二）执行实质性分析程序

分析程序在存货成本审计中普遍采用，注册会计师通常运用的方法有简单比较法和比率分析法两种。

1. 简单比较法

(1) 比较前后各期及本年度各个月份存货余额及其构成、存货成本差异率、生产成本总额及单位生产成本、直接材料成本、工资费用的发生额、制造费用、待摊费用、预提费用、主营业务成本总额及单位销售成本等，以评价其总体合理性。

（2）将存货余额与现有的订单、资产负债表日后各期的销售额和下一年度的预测销售额进行比较，以评估存货滞销和跌价的可能性。

（3）将存货跌价准备与本年度存货处理损失的金额相比较，判断被审计单位是否已计提足额的跌价准备。

（4）将与关联企业发生存货交易的频率、规模、价格和账款结算条件，与非关联企业对比，判断被审计单位是否利用与关联企业的存货交易虚构业务、调节利润。

2. 比率分析法

（1）存货周转率。存货周转率是用以衡量销售能力和存货是否积压的指标。其计算公式为：

存货周转率 =（主营业务成本÷平均存货）×100%

利用存货周转率进行纵向比较或与其他同行企业进行横向比较时，要求存货计价持续一致。存货周转率的波动可能意味着被审计单位存在以下情况：①有意或无意地减少存货储备；②存货管理或控制程序发生变动；③存货成本项目发生变动；④存货核算方法发生变动；⑤存货跌价准备计提基础或冲销政策发生变动；⑥销售额发生大幅度变动。

（2）毛利率。毛利率是反映赢利能力的主要指标，用以衡量成本控制及销售价格的变化。其计算公式为：

毛利率 =（主营业务收入 - 主要业务成本）÷主营业务收入 ×100%

毛利率的波动可能意味着被审计单位存在以下情况：①销售价格发生变动；②销售产品总体结构发生变动；③单位产品成本发生变动；④固定制造费用比重较大时销售数量发生变动。

（三）存货监盘（实务内容见第四节存货监盘程序）

存货监盘，是指注册会计师现场观察被审计单位存货的盘点，并对已盘点的存货进行适当检查。注册会计师对存货审计的目标是获取充分、适当的审计证据，以便确实被审计单位管理当局对会计报表的有关认定。与存在、完整性和所有权相关的审计目标是获取证据以确证被审计单位记录的所有存货确实存在，并属于被审计单位的合法财产，同时也已经反映了被审计单位拥有全部存货，存货监盘作为一项核心的审计程序，通常可同时实现上述多项审计目标。

1. 存货监盘计划

注册会计师在进行监盘之前应当根据被审计单位存货的特点、盘存制度和存货内部控制的有效性等情况，在评价被审计单位存货盘点计划的基础上，编制存货监盘计划，对存货监盘做出合理安排。在编制存货监盘计划时，注册会计师应当实施下列审计程序。

（1）了解存货的内容、性质、各存货项目的重要程度及存放场所。

（2）了解与存货相关的内部控制。

（3）评估与存货相关的重大错报风险和重要性。

（4）查阅以前年度的存货监盘工作底稿。

（5）考虑实地察看存货的存放场所，特别是金额较大或性质特殊的存货。

（6）考虑是否需要利用专家的工作或其他注册会计师的工作。

（7）复核或与管理层讨论其存货盘点计划。在复核或与管理层讨论其存货盘点计划时，注册会计师应当考虑下列主要因素，以评价其能否合理地确定存货的数量和状况：盘点的时间安排；存货盘点范围和场所的确定；盘点人员的分工及胜任能力；盘点前的会议及任务布置；存货的整理和排列，对毁损、陈旧、过时、残次及所有权不属于被审计单位的存货的区分；存货的计量工具和计量方法；在产品完工程度的确定方法；存放在外单位的存货的盘点安排；存货收发截止的控制；盘点期间存货移动的控制；盘点表单的设计、使用与控制；盘点结果的汇总及盘盈或盘亏的分析、调查与处理。如果认为被审计单位的存货盘点计划存在缺陷，注册会计师应当提请被审计单位调整。

考虑到以上因素之后制定存货监盘计划，存货监盘计划应当包括下列主要内容：①存货监盘的目标、范围及时间安排；②存货监盘的要点及关注事项；③参加存货监盘人员的分工；④检查存货的范围（区分和确认不属于被审计单位的存货）。

存货监盘的时间要根据被审计单位存货系统及其内部控制的有效性来决定。

在定期盘点制下，存货数量通过实地盘点而确定，所有的盘点都在某一特定日期进行。该日期应是资产负债表日或者是接近资产负债表日的某一天。注册会计师在这一天通常应该在场。

在永续盘存制下，实地盘点可以在期中进行，并将实地盘点数与存货记录相核对。如果被审计单位的永续记录保持良好，并定期与实地盘点结果比较，注册会计师则可到场只观察代表性样本存货的实地盘点。在这种情况下，该项审计程序既可能在被审计期间内执行，也可能在该期间结束之后进行。如果在被审计期间内执行，则还应对盘存日至期末的永续记录加以测试：如果在被审计期间结束之后的时间执行，应尽量使盘点的时期接近会计期末，并编制从盘点日至期末的存货余额调节表，以验证会计期末存货余额的正确性。

2. 存货监盘程序

（1）观察（盘点程序执行）程序。在被审计单位盘点存货前，注册会计师应当观察盘点现场，确定应纳入盘点范围的存货是否已经适当整理和排列，并附有盘点标志，防止遗漏或重复盘点。对未纳入盘点范围的存货，注册会计师应当查明未纳入的原因。

对所有权不属于被审计单位的存货，注册会计师应当取得其规格、数量等有关资料，并确定这些存货是否已分别存放、标明，且未被纳入盘点范围。

注册会计师在实施存货监盘过程中，应当跟随被审计单位安排的存货盘点人员，注意观察被审计单位事先制定的存货盘点计划是否得到了贯彻执行，盘点人员是否准确无误地记录了被盘点存货的数量和状况。

观察管理层制定的盘点程序的实施情况，有助于注册会计师获取有关管理层指令和程序是否得到适当设计和执行的审计证据；此外，通过观察管理层制定的盘点程序的执行情况，注册会计师还可以获取有关截止性信息（如存货移动的具体情况）的复印件，有助于日后对存货移动的会计处理实施审计程序。

（2）抽查程序。注册会计师应当对已盘点的存货进行适当检查，将检查结果与被审计单位盘点记录相核对，并形成相应记录。抽查的目的既可以是为了确证被审计单位的盘点计划得到适当的执行，也可以是为了证实被审计单位的存货实物总额。

注册会计师抽查盘点的范围，部分取决于被审计单位职员执行存货盘点时的谨慎程度和存货的性质及其构成。通常情况下，注册会计师是将存货分层，将价值高的存货全部盘点，对于其他存货项目则选取代表性样本进行盘点，但一般不低于存货总数的10%。注册会计师可利用永续盘存记录来确认价值高的存货项目和选取测试项目。

如果观察程序能够表明被审计单位的组织管理得当，并存在充分有效的盘点、监督及复核程序，那么注册会计师可决定减少所需抽查的存货项目。但抽查的范围通常包括所有盘点工作小组的盘点内容及难以盘点或隐蔽性较强的存货。如果注册会计师对被审计单位的有关程序不满意，或者注册会计师未能观察到相当比重的存货盘点项目，注册会计师应当实施实质性的盘点程序。需要特别说明的是，注册会计师应尽可能地避免被审计单位了解自己将抽查的存货项目。

在抽查已盘点的存货时，注册会计师应当从存货盘点记录中选取项目追查至存货实物，以测试盘点记录的准确性；注册会计师还应当从存货实物中选取项目追查至存货盘点记录，以测试存货盘点记录的完整性。如果检查时发现差异，注册会计师应当查明原因，及时提请被审计单位更正。如果差异较大，注册会计师应当扩大检查范围或提请被审计单位重新盘点。

（3）需要特别关注的情况

①注册会计师应当特别关注存货的移动情况，防止遗漏或重复盘点。

②注册会计师应当特别关注存货的状况，观察被审计单位是否已经恰当区分所有毁损、陈旧、过时及残次的存货。

③注册会计师应当获取盘点日前后存货收发及移动的凭证，检查库存记录与会计记录期末截止是否正确。

（4）存货监盘结束时的工作

在被审计单位存货盘点结束前，注册会计师应当实施下列审计程序。

①再次观察盘点现场，以确定所有应纳入盘点范围的存货是否均已盘点。

②取得并检查已填用、作废及未使用盘点表单的号码记录，确定其是否连续编号，查明已发放的表单是否均已收回，并与存货盘点的汇总记录进行核对。

③注册会计师应当根据自己在存货监盘过程中获取的信息对被审计单位最终的存货盘点结果汇总记录进行复核，并评估其是否正确地反映了实际盘点结果。

④如果存货盘点日不是资产负债表日，注册会计师应当实施适当的审计程序，确定盘点日与资产负债表日之间存货的变动是否已做出正确的记录。

⑤如果被审计单位采用永续盘存制核算存货，注册会计师应当关注永续盘存制下的期末存货记录与存货盘点结果之间是否一致。如果这两者之间存在重大差异，注册会计师应当实施追加的审计程序查明原因，并检查永续盘存记录是否已做出适当的调整。如果认为被审计单位的盘点方式及其结果无效，注册会计师应当提请被审计单位重新盘点。

3. 特殊情况的处理

（1）如果由于被审计单位存货的性质或位置等原因导致无法实施存货监盘，注册会计师应当考虑能否实施替代审计程序，获取有关期末存货数量和状况的充分、适当的审计证据。注册会计师实施的替代审计程序主要包括检查进货交易凭证或生产记录及其他相关资料、检查资产负债表日后发生的销货交易凭证、向顾客或供应商函证。

（2）如果因不可预见的因素导致无法在预定日期实施存货监盘或接受委托时被审计单位的期末存货盘点已经完成，注册会计师应当评估与存货相关的内部控制的有效性，对存货进行适当检查或提请被审计单位另择日期重新盘点；同时测试在该期间发生的存货交易，以获取有关期末存货数量和状况的充分、适当的审计证据。

（3）对被审计单位委托其他单位保管的或已做质押的存货，注册会计师应当向保管人或债权人函证。如果此类存货的金额占流动资产或总资产的比例较大，注册会计师还应当考虑实施存货监盘或利用其他注册会计师的工作。

（4）当首次接受委托未能对上期期末存货实施监盘，且该存货对本期财务报表存在重大影响时，如果已获取有关本期期末存货余额的充分、适当的审计证据，注册会计师应当实施下列一项或多项审计程序，以获取有关本期期初存货余额的充分、适当的审计证据：①查阅前任注册会计师工作底稿；②复核上期存货盘点记录及文件；③检查上期存货交易记录；④运用毛利百分比法等进行分析。

4. 存货监盘结果对审计报告的影响

注册会计师应当根据已获取的审计证据，形成有关期末存货数量和状况的审计结论，并确定对审计报告的影响。

如果无法实施存货监盘，也无法实施替代审计程序以获取有关期末存货数量和状况的充分、适当的审计证据，注册会计师应当考虑出具保留意见或无法表示意见的审计报告。

如果通过实施存货监盘发现被审计单位财务报表存在重大错报，且被审计单位拒绝调整，注册会计师应当考虑出具保留意见或否定意见的审计报告。

如果首次接受委托，未能获取有关本期期初存货余额的充分、适当的审计证据，注册会计师应当考虑出具保留意见或无法表示意见的审计报告。

**【案例9-2】** 存货监盘审计案例

注册会计师对希尔有限公司存货实施监盘时，发现如下事项：

（1）了解到原材料A为辐射性化学物品。

（2）了解到产品A存放在全国38个城市的零售连锁商店。

（3）了解到希尔有限公司对废品与毁损品不进行盘点，以财务部门和仓库部门的账面记录为准。

（4）注册会计师抽点A仓库，发现盘点严重有误。

（5）希尔有限公司的存货储存在Y公司的车库，并已经被质押。

（6）了解到部分存货为贵金属。

**【解答】**

事项（1）：在评价内部控制值得信赖的基础上，注册会计师应当：了解和观察储存原材料A的设备；审计购货、生产和销售记录，必要时应获取检查被审计单位对其生产、使用和处置的正式报告；向能够接触到相关存货项目的第三方检查人员作出询证。

事项（2）：在评价全国38个城市的零售连锁商店的内部控制的前提下，选择一定数目的连锁商店进行监盘。

事项（3）：注册会计师应建议希尔公司对废品和毁损品进行盘点，并关注其品质状态，把所有毁损、陈旧以及残次存货的详细情况记录下来，以便事后追查以及编制存货减值准备明细表。

事项（4）：注册会计师应建议希尔公司重新盘点A仓库的存货，并记录相关情况。同时测试抽查日或重新盘点日至报表日之间发生的存货交易。

事项（5）：注册会计师应当获取委托存货的书面确认函，如果存货已被质押，注册会计师应向债权人询证有关的内容，如果此类存货重要，注册会计师可考虑与被审计单位讨论其为委托代管或已做质押存货的控制程序，必要时对此类存货实施监盘。

事项（6）：选择样品进行化验与分析，必要时利用专家的工作。

（四）存货计价审计和截止测试

1. 存货计价审计

监盘程序只能对存货的结存数量予以确认。为验证会计报表上存货余额的真实性，还必须对存货的计价进行审计。这项实质性程序包括以下两个步骤：（1）确定被审计单位存货计价（成本计算）的适当性和一致性；（2）核证被审计单位所使用的单位成本至支持性凭证。这项测试所取得的证据主要与计价和分摊认定有关。

存货计价审计表如表9-6所示。

**表 9－6　　存货计价审计表**

| 日期 | 品名及规格 | 购入 | | | 发出 | | | 余额 | | |
|---|---|---|---|---|---|---|---|---|---|---|
| | | 数量 | 单价 | 金额 | 数量 | 单价 | 金额 | 数量 | 单价 | 金额 |
| | | | | | | | | | | |
| | | | | | | | | | | |
| | | | | | | | | | | |
| | | | | | | | | | | |

1. 计价方法说明：
2. 情况说明及审计结论：

（1）样本的选择。计价审计的样本，应从存货数量已经盘点、单价和总金额已经计入存货汇总表的结存存货中选择。选择样本时应着重选择结存余额较大且价格变化比较频繁的项目，同时考虑所选样本的代表性。

（2）计价方法的确认。存货的计价方法多种多样，企业可结合国家法规要求选择符合自身特点的方法。注册会计师除应了解掌握企业的存货计价方法外，还应对这种计价方法的合理性与一贯性予以关注，没有足够理由，计价方法在同一会计年度内不得变动。

（3）计价审计。进行计价审计时，注册会计师首先应对存货价格的组成内容予以审核，然后按照所了解的计价方法对所选择的存货样本进行计价审计。审计时，应排除企业已有计算程序和结果的影响，进行独立审计。待审计结果出来后，应与企业账面记录对比，编制对比分析表，分析形成差异的原因。如果差异过大，应扩大范围继续审计，并根据审计结果做出审计调整。

另外，存货计价测试还包括复核过时和损坏商品的计价，以保证其计价不超过财务报表日的净变现价值。支持单位成本的证据随存货的性质不同而不同。

对于为再出售、使用或消费而购进的项目（商品存货、原材料及其他物料），其成本应核证至有代表性的供应商发票。在使用成本与可变现净值孰低法时，注册会计师还必须同时验证其成本和可变现净值并核证存货跌价准备的正确性。某个存货项目的现行重置成本可通过以下两种途径取得：（1）查看资产负债表日或接近资产负债表日时的进货价格；（2）询问供应商。如果发现账面金额低于可变现净值，注册会计师应当审查被审计单位是否已作出恰当的会计处理。

**［案例 9－3］** 存货计价审计案例

注册会计师审查希尔有限公司在产品成本，收集到有关资料如下：该企业采用约当产量法计算在产品成本，甲产品本月完工 180 件，月末在产品 90 件；甲在产品的投料率为 80%，完工率为 50%。生产成本明细账见表 9－7。

表 9－7 生产成本明细账

产品名称：甲产品 单位：元

| 2013 年 | | 摘要 | 直接材料 | 直接人工 | 制造费用 | 合计 |
|---|---|---|---|---|---|---|
| 月 | 日 | | | | | |
| 3 | 1 | 月初在产品成本 | 18 000 | 4 500 | 6 750 | 29 250 |
| | 31 | 本月生产费用 | 82 800 | 11 250 | 29 250 | 123 300 |
| | 31 | 生产费用合计 | 100 800 | 15 750 | 36 000 | 152 550 |
| | 31 | 结转完工产品成本 | 57 000 | 10 500 | 25 800 | 93 300 |
| | 31 | 月末在产品成本 | 43 800 | 5 250 | 10 200 | 59 250 |

要求：根据上述材料，指出企业存在的问题并提出改进建议。

【解答】注册会计师抽查有关会计凭证，并与产品成本明细账核对，账证数额相符，盘点在产品实物数量符合实际，验证投料率和完工率也符合实际情况，根据成本计算单，验证在产品成本为：

直接材料 $=100\ 800\div(180+90\times80\%)\times90\times80\%=28\ 800$（元）

直接人工 $=15\ 750\div(180+90\times50\%)\times90\times50\%=3\ 150$（元）

制造费用 $=36\ 000\div(180+90\times50\%)\times90\times50\%=7\ 200$（元）

在产品成本合计 $=28\ 800+3\ 150+7\ 200=39\ 150$（元）

在产品多留材料费 $=43\ 800-28\ 800=15\ 000$（元）

在产品多留人工费 $=5\ 250-3\ 150=2\ 100$（元）

在产品多留制造费用 $=10\ 200-7\ 200=3\ 000$（元）

多留在产品成本合计 $=15\ 000+2\ 100+3\ 000=20\ 100$（元）

验算结果表明，该企业多留在产品成本，少转完工产品成本 20 100 元，注册会计师向有关会计人员询问，证实是因计算失误而发生的差错，建议企业补转少转的完工产品成本，并调整有关账簿记录。

2. 存货截止测试

所谓存货截止测试，就是检查截至 12 月 31 日，购入并已包括在 12 月 31 日存货盘点范围内的存货。在会计上，就是检查存货及其对应的会计科目是否一并记入当年会计报表内。存货正确截止的关键在于存货实物纳入盘点范围的时间与存货引起的借贷双方会计科目的入账时间都处于同一会计期间。如果当年 12 月 31 日购入货物，并已包括在当年 12 月 31 日的实物盘点范围内，而购货发票是次年 1 月 2 日才收到，并已记入次年 1 月份账内，当年 12 月份账上并无进货和对应的负债记录，这就少记了存货和应付账款；相反，如果在当年 12 月 31 日就收到一张购货发票，并计入当年 12 月份账内，而这张发票所对应的存货实物却在次年 1 月 2 日才收到，未包括在当年年底的盘点范围内，这样就有可能虚减本年的利润。

按照存货正确截止的基本要求，若未将年终在途货物列入当年存货盘点范围内，只要相应的负债也应同时记入次年账内，对会计报表的影响就并不重要。

存货截止审计的主要方法是抽查存货盘点日期前后的购货发票与验收报告（或入库单），档案中的每张发票均附有验收报告（或入库单）。12 月底入账的发票如果附有 12 月 31 日或之前的验收报告（或入库单），则货物肯定已经入库，并包括在本年的实地盘点存货范围内；如果验收报告日期为 1 月份的日期，则货物不会列入年底实地盘点存货范围内；反之，如果仅有验收报告（或入库单）而并无购货发票，则应认真审核每一验收报告单上面是否加盖暂估入库印章，并以暂估价记入当年存货账内，待次年年初以红字冲销。

存货截止审计的另一种方法是审阅验收部门的业务记录，凡是接近年底（包括次年年初）购入的货物，必须查明其相应的购货发票是否在同期入账，对未收到购货发票的入库存货，是否将入库单分开存放并暂估入账。

在确定截止审计样本时，一般以截止日为界限，分别向前倒推或向后顺推若干日，按顺序选取较大金额购货业务的发票或验收报告做审计样本。截止审计完成后，对于发现的错误，应提请被审计单位作必要的账务调整。

**【案例 9－4】**红星公司结转发出产品成本采用先进先出法，注册会计师从产成品明细账发现：年初结存产品 1 000 件，单价 100 元，当年第一批完工入库 1 000 件，单价 110 元，第二批入库 2 500 件，单价 120 元，第三批入库 1 500 件，单价 105 元，第四批入库 2 500 件，单价 110 元，共销售 6 200 件，结转成本 712 500 元，截至审计日结存 2 300 件，保留成本 230 000 元。

**要求：**分析产成品明细账有无问题，并指出所存在的问题。

**【解答】**注册会计师应采用先进先出法对发出产品进行复核，经复核发现发出产品计价存在错误，企业最后库存产品 2 300 件，结存成本为 230 000 元，单价为 100 元，其结存数量小于最后一批入库产品的数量 2 500 件，库存产品单价本应与最后一批入库产品单价 110 元一致，但实际却为 100 元，从而使库存产品成本少计 23 000元，结转的发出产品销售成本多计了 23 000 元。其结果虚增了产品销售成本，虚减利润，构成少交所得税，同时使库存产品计价偏低。对此注册会计师应建议被审计单位加以调整。

## 二、存货生产成本的实质性程序

1. 直接材料成本的实质性程序

直接材料成本的实质性程序一般应从审阅材料和生产成本明细账入手，抽查有关的费用凭证，验证企业产品直接耗用材料的数量、计价和材料费用分配是否真实、合理。

（1）抽查产品成本计算单，检查直接材料成本的计算是否正确，材料费用的分配标准与计算方法是否合理和适当，是否与材料费用分配汇总表中该产品分摊的直接材料费用相符。

（2）检查直接材料耗用数量的真实性，有无将非生产用材料计入直接材料费用。

（3）分析比较同一产品前后各年度的直接材料成本，如有重大波动应查明原因。

（4）抽查材料发出及领用的原始凭证，检查领料单的签发是否经过授权，材料发出汇总表是否经过适当的人员复核，材料单位成本计价方法是否适当，是否正确及时入账。

（5）对采用定额成本或标准成本的企业，应检查直接材料成本差异的计算、分配与会计处理是否正确，并查明直接材料的定额成本、标准成本在本年度内有无重大变更。

**【案例 9－5】** 注册会计师在审查红星公司材料发出业务时发现，12 月份该企业生产领用 A 材料的计划成本 8 000 000 元，车间领用 4 000 000 元，本月份材料成本差异率–2%。

有关账务处理如下。

结转发出材料计划成本时

| | | |
|---|---|---|
| 借：生产成本 | 8 000 000 | |
| 　　制造费用 | 4 000 000 | |
| 　　贷：原材料 | | 12 000 000 |

结转发出材料成本差异时

| | | |
|---|---|---|
| 借：生产成本 | 240 000 | |
| 　　贷：材料成本差异 | | 240 000 |

要求：（1）指出上述记录存在的问题。

（2）做当期账项调整。

**【解答】** 材料成本差异应是节约差，该企业按超支差结转使成本提高 480 000 元；另外成本差异的结转未按材料的领用去向结转。注册会计师应建议被审计单位做如下账务调整。

| | | |
|---|---|---|
| 借：生产成本 | –240 000 | |
| 　　贷：材料成本差异 | | –240 000 |

同时

| | | |
|---|---|---|
| 借：制造费用 | –80 000 | |
| 　　生产成本 | –160 000 | |
| 　　贷：材料成本差异 | | –240 000 |

2. 直接人工成本的实质性程序

（1）抽查产品成本计算单，检查直接人工成本计算是否正确，人工费用的分配标准与计算方法是否合理和适当，是否与人工费用分配汇总表中该产品分摊的直接人工费用相符。

（2）将本年度直接人工成本与前期进行比较，查明异常波动的原因。

（3）分析比较本年度各个月份的人工费用发生额，如有异常波动，应查明原因。

（4）结合应付工资的检查，抽查人工费用会计记录及会计处理是否正确。

（5）对采用标准成本法的企业，应抽查直接人工成本差异的计算、分配与会计处理是否正确，并查明直接人工的标准成本在本年度内有无重大变更。

3. 制造费用的实质性程序

（1）获取或编制制造费用汇总表，并与明细账、总账核对相符，抽查制造费用中的重大数额项目及例外项目是否合理。

（2）审阅制造费用明细账，检查其核算内容及范围是否正确，并应注意是否存在异常会计事项，如有，则应追查至记账凭证及原始凭证，重点查明被审计单位有无将不应列入成本费用的支出（如投资支出、被没收的财物、支付的罚款、违约金、技术改造支出等）计入制造费用。

（3）必要时，对制造费用实施截止测试，即检查资产负债表日前后若干天的制造费用明细账及其凭证，确定有无跨期入账的情况。

（4）检查制造费用的分配是否合理。重点查明制造费用的分配方法是否符合被审计单位自身的生产技术条件，是否体现受益原则，分配方法一经确定，是否在相当期间内保持稳定，有无随意变更的情况；分配率和分配额的计算是否正确，有无以人为估计数代替分配数的情况。对按预定分配率分配费用的被审计单位，还应查明计划与实际差异是否及时调整。

（5）对于采用标准成本法的被审计单位，应抽查标准制造费用的确定是否合理，计入成本计算单的数额是否正确，制造费用的计算、分配与会计处理是否正确，并查明标准制造费用在本年度内有无重大变动。

### 三、主营业务成本的实质性程序

营业成本审计是指对直接材料、直接人工、制造费用、生产成本、库存商品、主营业务成本的审计。营业成本的审计目标一般包括：

（1）确定利润表中记录的营业成本是否已发生，且与被审计单位有关；

（2）确定所有应当记录的营业成本是否均已记录；

（3）确定与营业成本有关的金额及其他数据是否已恰当记录；

（4）确定营业成本是否已记录于正确的会计期间；

（5）确定营业成本是否已记录于恰当的账户；

（6）确定营业成本是否已按照企业会计准则的规定在财务报表中作出恰当的列报。

计算营业成本的过程是一系列相互衔接的过程，对营业成本实施审计时，应注意到这一特点，如果由不同人员分别实施审计时，应相互协作，避免不必要的重复性劳动，或者都以为其他的审计人员已经做了审计，自己不必再“重复劳动”，而到头来忽略了非常重要的步骤，由此形成审计“死角”，造成无法挽回的审计风险。实务中的做法通常是一方审计人员采取“顺查法”，另一方人员采取“逆查法”。一方从“直接材料”入手，另一方从“主营业务成本”入手进行测试，直到两方“会合”，从而避免不必要的重复审计或遗漏。

具体来讲，应先审计直接材料、直接人工、制造费用。对主营业务成本的审计，应通过审阅主营业务收入、主营业务成本和库存商品明细账等记录，并核对有关的原始凭证和记账凭证进行。其程序如下。

（1）获取或编制主营业务成本明细表，与明细账和总账核对相符。

（2）编制生产成本及销售成本倒轧表（如表9－8所示），与总账核对相符。

表9－8 生产成本及销售成本倒轧表

| 项　目 | 未审数 | 调整或重分类金额<br>借（贷） | 审定数 |
|---|---|---|---|
| 原材料期初余额 | | | |
| 加：本期购进 | | | |
| 减：原材料期末余额 | | | |
| 其他发出额（非生产用） | | | |
| 直接材料成本 | | | |
| 加：直接人工成本 | | | |
| 制造费用 | | | |
| 生产成本 | | | |
| 加：在产品期初余额 | | | |
| 减：在产品期末余额 | | | |
| 产品生产成本 | | | |
| 加：产成品期初余额 | | | |
| 减：产成品期末余额 | | | |
| 销售成本 | | | |

（3）分析比较本年度与上年度主营业务成本总额，以及本年度各月份的主营业务成本金额，如有重大波动和异常情况，应查明原因。

（4）结合生产成本的审计，抽查销售成本结转数额的正确性，并检查其是否与销售收入配比。

（5）检查主营业务成本账户中重大调整事项（如销售退回等）是否有其充分理由。

（6）确定主营业务成本在利润表中是否已恰当披露。

**【案例9－6】**注册会计师刘华明审查长兴公司的甲产品的主营业务成本，在审计过程如下：

（1）审查核实账簿记录的本期销售数量及账面结存数量无误。该公司的库存商品明细账如表9－9所示。

表9－9 库存商品明细账 单位：元

| 日期 | | 摘要 | 收入 | | | 发出 | | | 结存 | | |
|---|---|---|---|---|---|---|---|---|---|---|---|
| 月 | 日 | | 数量（件） | 单价 | 金额 | 数量（件） | 单价 | 金额 | 数量（件） | 单价 | 金额 |
| 11 | 1 | 期初结存 | | | | | | | 5 300 | 260 | 1 378 000 |
| 11 | 5 | 销售 | | | | 100 | | | 5 200 | | |
| 11 | 10 | 销售 | | | | 1 200 | | | 4 000 | | |
| 11 | 15 | 销售 | | | | 1 600 | | | 2 400 | | |
| 11 | 31 | 入库 | 3 000 | 261.79 | 785 370 | | | | 5 400 | 260 | 1 404 000 |

（2）审查核实当月31日入库产品数量无误，复算单位生产成本应为277.86元，入库商品的总金额应为833 580元，账面少计库存金额48 210元（833 580－785 370）。

（3）确认该企业对发出存货和期末存货计价采用的是加权平均法，检查本期期末存货价值和本期商品销售成本。

商品加权平均单价＝（1 378 000＋833 580）/（5 300＋3 000）＝266.46（元）

期末甲产品结存金额＝266.46×5 400＝1 438 884（元）

期末甲产品少计金额＝1 438 884－1 404 000＝34 884（元）

经审定的甲产品销售成本＝1 378 000＋833 580－1 438 884＝772 696（元）

甲产品原销售成本＝1 378 000＋785 370－1 404 000＝759 370（元）

甲产品少转销售成本＝772 696－759 370＝13 326（元）

（4）审计建议调整：

借：库存商品 34 884

主营业务成本 13 326

贷：生产成本 48 210

## 四、应付职工薪酬的实质性程序

（1）获取或编制应付职工薪酬明细表，复核加计正确，并与报表数、总账数和明细合计数核对是否相符。

（2）对本期职工薪酬费用的发生情况进行分析程序。

①检查各月职工薪酬费用的发生额是否有异常变动，若有，则要求被审计单位予以解释。

②将本期职工薪酬费用的总额与上期进行比较，要求被审计单位解释其增减变动原因，或者取得公司管理当局关于员工薪酬水平的决议。

（3）检查职工薪酬的计提是否正确，分配方法是否与上期一致，并将应付职工薪酬计提数与相关的成本、费用项目核对一致。

（4）如果被审计单位实行工效挂钩的，应取得有关主管部门确认的效益工资发放额的认定证明，结合有关合同文件和实际完成的指标，检查其计提额是否正确。

（5）验明应付职工薪酬的披露是否恰当。

**【案例9-7】** 应付职工薪酬审计案例

注册会计师在审查希尔有限公司上年"应付职工薪酬"账户的工资明细账时，发现12月份比11月份多80 000元，怀疑其中有虚列工资或其他问题，决定做进一步审查。

注册会计师审查了上年12月份的人事档案，发现没有招进新员工。注册会计师又调阅了12月份工资的原始凭证，发现在"工资结算单"中，有第一生产车间工资80 000元，附生产负责人收据一张，未具体列名发放工资人员名单。查问车间负责人时，他承认因本企业业务招待费超支，财务科长让他领取，并提供了原始凭证。财务科长对此供认不讳。该企业的所得税税率为25%。

要求：指出希尔有限公司存在的问题，并提出处理意见。

**【解答】**

注册会计师认为希尔有限公司利用"应付职工薪酬"账户，隐瞒超支的业务招待费，偷漏所得税款。应作调整分录如下：

借：以前年度损益调整　　　　20 000

　　贷：应交税费——应交所得税　　　　20 000

## 第四节　生产与存货循环审计实例

2014年1月10日，信达会计师事务所接受科思特有限公司委托对该公司2013年度的财务报表进行审计。通过了解该单位及其环境，实施风险评估，将生产与存货循环业务确定为重点审计对象。在对成本会计制度进行了解并进行控制测试后，根据测试情况，结合其他相关业务循环的测试结果，进行了存货监盘和存货计价测试的实质性程序。

生产与存货循环控制测试、存货监盘和存货计价测试实质性程序工作底稿见表9-10至表9-24。

### 一、生产与存货循环控制测试

生产与存货控制测试见表9-10。

**表 9 - 10　　生产与存货循环控制测试**

| | |
|---|---|
| 被审计单位：科思特有限公司 | 索　引　号：SCC |
| 项　　目：生产与存货循环控制测试 | 报表截止日/期间：2013. 12. 31 |
| 编　　制：Li | 复　　核：Wang |
| 日　　期：2013 年 11 月 5 日 | 日　　期：2013 年 11 月 7 日 |

1. 控制测试——和材料验收与仓储有关的业务活动的控制

(1) 询问程序

通过实施询问程序，科思特有限公司已确定下列事项：

①本年度未发现任何特殊情况、错报和异常项目；

②财务或生产部门的人员在未得到授权的情况下无法访问或修改系统内数据；

③本年度未发现下列控制活动未得到执行；

④本年度未发现下列控制活动发生变化。

(2) 其他测试程序

| 控制目标 | 科思特有限公司的控制活动 | 控制测试程序 | 执行控制的频率 | 所测试的项目数量 | 索引号 |
|---|---|---|---|---|---|
| 已验收材料均附有有效采购订单 | 保管员接收到厂的物资时，应根据计划员提供的“到货通知单”核对物资名称、件数、重量、规格型号以及相应的证件和资料，确认无误的在送货单上签字，将物资存放在待验收区。质检员根据“到货通知单”验收，并签字确认无误。保管员办理入库手续，签发材料验收单，并由保管员和计划员签字 | 抽查材料验收单，并与到货通知单核对 | 每月 2—3 次 | 5 | 略 |
| 已验收材料均已准确记录 | 计划员将已经到达企业并且验收合格的货物信息包括品名、规格型号、单价、数量、金额等输入物资管理信息系统中，生成入库单，流转至财务部，财务部据以记账，形成材料明细账 | 核对经营部的原材料进厂记录与材料明细账的一致性 | 每月 2—3 次 | 5 | 略 |
| 已验收材料均已记录于适当期间 | 经营部每月负责将已经到达的材料的品种、数量及到厂时间通知各部门。每月末财务部与经营部核对原材料进厂情况 | 核对经营部的原材料进厂记录与材料明细账的一致性 | 每月 2—3 次 | 5 | 略 |

2. 控制测试——和计划与安排生产有关的业务活动的控制

（1）询问程序

通过实施询问程序，科思特有限公司已确定下列事项：

①本年度未发现任何特殊情况、错报和异常项目；

②财务或生产部门的人员在未得到授权的情况下无法访问或修改系统内数据；

③本年度未发现下列控制活动未得到执行；

④本年度未发现下列控制活动发生变化。

（2）其他测试程序

| 控制目标 | 科思特有限公司的控制活动 | 控制测试程序 | 执行控制的频率 | 所测试的项目数量 | 索引号 |
| --- | --- | --- | --- | --- | --- |
| 管理层授权进行生产 | 科思特有限公司利用生产调度软件控制生产的计划安排。经营部根据月生产经营计划、周生产经营计划负责对日生产作业计划编制、检查、修改、监督。日生产作业计划编制完，经主管部长审核后签发执行。<br>安全运行部负责组织执行经营部日作业计划，并监督日作业计划完成情况 | 抽查月生产经营计划、周生产经营计划、日生产作业计划是否经过审批，检查实际原材料加工量与生产计划是否一致 | 每月1次 | 4 | |

3. 控制测试——与生产有关的业务活动的控制

（1）询问程序

通过实施询问程序，科思特有限公司已确定下列事项：

①本年度未发现任何特殊情况、错报和异常项目；

②财务或生产部门的人员在未得到授权的情况下无法访问或修改系统内数据；

③本年度未发现下列控制活动未得到执行；

④本年度未发现下列控制活动发生变化。

（2）其他测试程序

| 控制目标 | 科思特有限公司的控制活动 | 控制测试程序 | 执行控制的频率 | 所测试的项目数量 | 索引号 |
| --- | --- | --- | --- | --- | --- |
| 发出材料均已准确记录 | 仓库保管员将原材料领用单编号、领用数量、规格等信息输入物资管理系统，经仓储部经理复核并以电子签名方式确认后，物资管理系统自动更新材料明细台账 | 将生产统计表与材料明细账核对是否一致；将仓库物资台账记录与材料明细账核对是否一致 | 每月1次 | 4 | 略 |

续表

| 控制目标 | 科思特有限公司的控制活动 | 控制测试程序 | 执行控制的频率 | 所测试的项目数量 | 索引号 |
|---|---|---|---|---|---|
| 发出材料均记录于适当期间 | 仓库保管员每年进行两次库存物资盘点（半年和年末），盘点要认真清点实物，核对账目，作出盘点清单，形成书面记录，编写存货盘点明细表，发现差异及时处理，经仓储部经理、财务部部长、生产部经理复核后调整入账。平日对库存物资实行永续盘点，主管计划员要对分管物资库存进行不定期抽查 | 仓库物资台账记录与材料明细账核对是否一致 | 每半年1次 | 1 | 略 |
| 已记录的生产成本均真实发生且与实际成本一致 | (1) 财务部成本会计根据生产统计表等有关记录核算产品成本<br>(2) 财务部出库核算会计根据出库单，把各单位所领用的材料费用分别记入相应的会计科目。对应成本费用的科目为“生产成本”、“制造费用”和“管理费用”等<br>(3) 期末各装置半成品出入数量通过公司网站进行操作，半成品交库（出库）时形成半成品收付动态表，财务部据此核算产品成本 | 抽查成本计算单，检查所采用的数据与生产部门、经营部提供的原始单据是否一致 | 每月1次 | 3 | 略 |
| 产成品发运均已正确记录 | 每月成本核算员根据经营部统计的当月产品生产、销售、库存情况表结转当期已销售产成品成本 | 检查财务部库存商品明细账结转的已销产品数量与经营部编制的产、销、存明细表是否一致 | 每月1次 | 3 | 略 |
| 已发运产品均附有有效销售订单 | 销售的产品在离厂时必须附有提货通知单 | 抽查已离厂产品是否附有提货通知单 | 每月2—3次 | 5 | 略 |

## 二、存货实质性程序

### 1. 存货审计目标与认定对应关系表（如表9－11所示）

**表9－11　　存货审计目标与认定对应关系表**

| 审计目标 | 财务报表认定 | | | | |
|---|---|---|---|---|---|
| | 存在 | 完整性 | 权利和义务 | 计价和分摊 | 列报 |
| A. 资产负债表中记录的存货是存在的 | √ | | | | |
| B. 所有应当记录的存货均已记录 | | √ | | | |
| C. 记录的存货由被审计单位拥有或控制 | | | √ | | |
| D. 存货以恰当的金额包括在财务报表中，与之相关的计价调整已恰当记录 | | | | √ | |
| E. 存货已按照企业会计准则的规定在财务报表中作出恰当的列报 | | | | | √ |

### 2. 存货审定表（如表9－12所示）

**表9－12　　存货审定表**

被审计单位：科思特有限公司　　索引号：ZI1

项目：存货审定表　　财务报表截止日/期间：2013.12.31

编制：Li　　复核：Wang

日期：2014年1月15日　　日期：2014年1月17日

| 项目类别 | 本期未审数 | 账项调整 | | 本期审定数 | 上期审定数 | 年度间变动率 |
|---|---|---|---|---|---|---|
| | | 借方 | 贷方 | | | |
| 一、存货账面余额 | | | | | | |
| 原材料 | 324 135 581.53 | | | 324 135 581.53 | 256 857 925.32 | 26% |
| 在途物资 | 568 404 876.20 | | | 568 404 876.20 | 478 639 752.30 | 19% |
| 库存商品 | 189 752 369.46 | | | 189 752 369.46 | 104 678 496.60 | 81% |
| 自制半成品 | 368 742 436.10 | | | 368 742 436.10 | 195 394 763.20 | 89% |
| 合计 | 1 451 035 263.29 | | | 1 451 035 263.29 | 1 035 570 937.42 | 40% |
| 二、存货跌价准备 | | | | | | |
| 原材料 | 3 276 432.37 | | | 3 276 432.37 | 3 276 432.37 | |
| 在途物资 | | | | | | |
| 库存商品 | 6 754 355.21 | | | 6 754 355.21 | 6 754 355.21 | |
| 自制半成品 | | | | | | |
| 合计 | 10 030 787.58 | | | 10 030 787.58 | 10 030 787.58 | |
| 三、存货账面价值 | | | | | | |

续表

| 项目类别 | 本期未审数 | 账项调整 | | 本期审定数 | 上期审定数 | 年度间变动率 |
|---|---|---|---|---|---|---|
| | | 借方 | 贷方 | | | |
| 原材料 | 320 859 149.16 | | | 320 859 149.16 | 253 581 492.95 | |
| 在途物资 | 568 404 876.20 | | | 568 404 876.20 | 478 639 752.30 | |
| 库存商品 | 182 998 014.25 | | | 182 998 014.25 | 97 924 141.39 | |
| 自制半成品 | 368 742 436.10 | | | 368 742 436.10 | 195 394 763.20 | |
| 合计 | 1 441 004 475.71 | | | 1 441 004 475.71 | 1 025 540 149.84 | |

审计说明：

我们取得存货明细表，复核加计正确，并与明细账、总账、报表数核对一致；各存货项目明细表参见相关存货底稿。

从审计表中可以看出，存货期末余额较期初增加，主要原因：一是本期期末库存量增加；二是单位成本上涨，存货余额增加合理。

科思特有限公司的存货分为：原材料、在途物资、库存商品和自制半成品，占比重较大的是在途物资和自制半成品。

审计结论：

报表数据经审计后无调整事项，可以确认

3. 原材料购进测试（如表 9－13 所示）

**表 9－13　　原材料购进测试**

| | |
|---|---|
| 被审计单位：科思特有限公司 | 索引号：ZI2 |
| 项目：原材料购进测试 | 报表截止日/期间：2013.12.31 |
| 编制：Li | 复核：Wang |
| 日期：2014 年 1 月 18 日 | 日期：2014 年 1 月 19 日 |

| 日期 | 凭证号 | 摘要 | 金额 | 对应科目 | 单价 | 核对 | | | 附件 |
|---|---|---|---|---|---|---|---|---|---|
| | | | | | | ① | ② | ③ | |
| 1 月 8 日 | 015# | 购进甲材料 | 84 716 532.61 | 应付账款 | 3 856.82 | √ | √ | √ | 发票、提单 |
| 2 月 15 日 | 037# | 购进甲材料 | 158 347 021.34 | 应付账款 | 3 887.53 | √ | √ | √ | 发票、提单 |
| 3 月 18 日 | 048# | 购进乙材料 | 89 568 766.26 | 应付账款 | 3 587.53 | √ | √ | √ | 发票、提单 |
| 4 月 3 日 | 059# | 购进丙材料 | 122 943 635.20 | 应付账款 | 5 325.24 | √ | √ | √ | 发票、提单 |
| 5 月 26 日 | 072# | 购进甲材料 | 78 856 429.68 | 应付账款 | 3 927.45 | √ | √ | √ | 发票、提单 |
| 6 月 23 日 | 086# | 购进乙材料 | 75 675 438.43 | 应付账款 | 3 587.53 | √ | √ | √ | 发票、提单 |
| 7 月 28 日 | 091# | 购进丙材料 | 65 768 564.60 | 应付账款 | 5 368.57 | √ | √ | √ | 发票、提单 |
| … | | | | | | | | | |

审计说明：

4. 原材料入库截止测试（如表 9－14 所示）

**表 9－14　　原材料入库截止测试**

| | | | |
|---|---|---|---|
| 被审计单位：科思特有限公司 | | 索　引　号：ZI3 | |
| 项　　目：原材料入库截止测试 | | 报表截止日/期间：2013. 12. 31 | |
| 编　　制：Li | | 复　　核：Wang | |
| 日　　期：2014 年 1 月 19 日 | | 日　　期：2014 年 1 月 20 日 | |

（1）从原材料明细账的借方发生额中抽取样本与入库记录核对，以确定存货入库被记录在正确的会计期间

| 序号 | 摘要 | 材料名称 | 明细账凭证 | | | 提单、原材料台账 | | | 是否跨期（√，×） |
|---|---|---|---|---|---|---|---|---|---|
| | | | 编号 | 日期 | 金额 | 编号 | 日期 | 金额 | |
| 1 | 购进甲材料 | 甲材料 | 186# | 12 月 31 日 | 3 532 748. 52 | | 12 月 20 日 | 3 532 748. 52 | × |
| 2 | 购进甲材料 | 甲材料 | 197# | 12 月 30 日 | 1 920 675. 82 | | 12 月 27 日 | 1 920 675. 82 | × |
| ⋮ | | | | | | | | | |
| | | | | 截止日前<br>截止日后 | | | | | |
| 1 | 购进甲材料 | 甲材料 | 200# | 1 月 5 日 | 1 643 528. 35 | | 1 月 2 日 | 1 643 528. 35 | × |
| 2 | 购进甲材料 | 甲材料 | 201# | 1 月 6 日 | 1 678 337. 76 | | 1 月 3 日 | 1 678 337. 76 | × |

（2）从原材料入库记录中抽取样本与明细账的借方发生额核对，以确定存货入库被记录在正确的会计期间

| 序号 | 摘要 | 材料名称 | 提单、原材料台账 | | | 明细账凭证 | | | 是否跨期（√，×） |
|---|---|---|---|---|---|---|---|---|---|
| | | | 编号 | 日期 | 金额 | 编号 | 日期 | 金额 | |
| 1 | 购进甲材料 | 甲材料 | | 12 月 26 日 | 2 543 329. 63 | 182# | 12 月 27 日 | 2 543 329. 63 | × |
| 2 | 购进甲材料 | 甲材料 | | 12 月 28 日 | 2 543 329. 63 | 198# | 12 月 29 日 | 2 543 329. 63 | × |
| | | | | | | | | | |
| | | | | 截止日前<br>截止日后 | | | | | |
| 1 | 购进甲材料 | 甲材料 | 200# | 1 月 1 日 | 2 876 320. 43 | | 1 月 2 日 | 2 876 320. 43 | × |
| 2 | 购进甲材料 | 甲材料 | 201# | 1 月 3 日 | 1 437 286. 54 | | 1 月 4 日 | 1 437 286. 54 | × |

5. 库存商品明细表（如表 9－15 所示）

**表 9-15**　　库存商品明细表

| | |
|---|---|
| 被审计单位：科思特有限公司 | 索　引　号：ZI4 |
| 项　　目：库存商品明细表 | 财务报表截止日/期间：2013.12.31 |
| 编　　制：Li | 复　　核：Wang |
| 日　　期：2014 年 1 月 19 日 | 日　　期：2014 年 1 月 20 日 |

| 项目 | 期初余额 | 借方发生额 | 贷方发生额 | 期末未审余额 | 审计调整 | | 上期末审定余额 |
|---|---|---|---|---|---|---|---|
| | | | | | 调增 | 调减 | |
| A 产品 | 16 520 407.45 | 1 354 670 876.39 | 1 265 835 968.33 | 105 355 315.51 | | | 105 355 315.51 |
| B 产品 | 18 626 729.30 | 1 314 587 297.25 | 1 307 875 037.41 | 25 338 989.14 | | | 25 338 989.14 |
| C 产品 | 3 765 978.48 | 872 917 334.56 | 786 436 998.22 | 90 246 314.82 | | | 90 246 314.82 |
| D 产品 | 4 326 597.32 | 648 366 885.25 | 587 917 142.79 | 64 776 339.78 | | | 64 776 339.78 |
| 合计 | 43 239 712.55 | 4 190 542 393.45 | 3 948 065 146.75 | 285 716 959.25 | | | 285 716 959.25 |

审计说明：

1. 取得库存商品明细表，复核加计正确，并与总账数、明细账合计数核对相符。
2. 库存商品是最后一个加工环节形成的，其借贷方发生额与相关科目发生额核对如下：
①借方发生额主要为生产成本结转的各产品的成本，二者合计数一致。
②贷方发生额主要为结转的已销产品成本，与主营业务成本发生额一致。
3. 通过对“长期借款”和“短期借款”科目的审计，没有发现库存商品存在债务担保情况。

## 6. 库存商品主要品种产销量年度间对比分析表（如表 9-16 所示）

**表 9-16**　　库存商品主要品种产销量年度间对比分析表

| | |
|---|---|
| 被审计单位：科思特有限公司 | 索　引　号：ZI5 |
| 项　　目：库存商品主要品种产销量年度间对比分析 | 报表截止日/期间：2013.12.31 |
| 编　　制：Li | 复　　核：Wang |
| 日　　期：2014 年 1 月 19 日 | 日　　期：2014 年 1 月 20 日 |

| 产品名称 | 2013 年产量 | 2012 年产量 | 产量变化（%） | 2013 年销量 | 2012 年销量 | 销量变化（%） |
|---|---|---|---|---|---|---|
| A 产品 | 56.6 | 57.8 | -1.2 | 55.9 | 56.2 | -0.3 |
| B 产品 | 42.5 | 43.7 | -1.2 | 42.4 | 43.2 | -0.8 |
| C 产品 | 38.9 | 37.6 | 1.3 | 39.3 | 39.1 | 0.2 |
| D 产品 | 26.8 | 26.9 | -0.1 | 25.8 | 26.2 | -0.4 |

审计说明：

从上表可以看出：
（1）本期各种产品产销量基本平衡，说明该企业按计划生产，没有积压；
（2）本期产量、销量均比去年降低，这与原材料加工量减少相一致；
（3）产量及销量与原材料台账核对一致；
（4）各产品销量与年平均单位成本之积与主营业务成本核对差异不大，可以接受。

## 7. 在途物资明细表（如表 9－17 所示）

**表 9－17 在途物资明细表**

| | | | |
|---|---|---|---|
| 被审计单位： | 科思特有限公司 | 索 引 号： | ZI6 |
| 项 目： | 在途物资明细表 | 报表截止日/期间： | 2013. 12. 31 |
| 编 制： | Li | 复 核： | Wang |
| 日 期： | 2014 年 1 月 18 日 | 日 期： | 2014 年 1 月 19 日 |

| 项目 | 期初余额 | 本期借方 | 本期贷方 | 期末未审余额 | 审计调整 | | 期末审定余额 |
|---|---|---|---|---|---|---|---|
| | | | | | 调增 | 调减 | |
| 暂估材料 | 478 639 752. 30 | 89 765 123. 90 | | 568 404 876. 20 | | | 568 404 876. 20 |

审计说明：

（1）科思特有限公司购进的材料，在期末时对于供应商已发出但尚未到达公司的材料暂估入账，下月初予以冲回；暂估时在借方以蓝字记录，下月冲回时以红字在借方记录，所以本期贷方没有发生额，期末余额即 12 月末暂估的在途材料金额，没有长期挂账的在途物资。

（2）期末，根据供应商传真过来的提单数量乘以约定的价格计算出暂估成本，并形成盖章确认的明细表传递到财务部门入账。

（3）本年期末在途物资暂估测试关注事项：索取相关提单，核对数量与账面数量是否一致，索取采购合同，核实暂估采用的价格是否合理，经核实，确认在途物资暂估发生额。

（4）检查资产负债表日后账面记录情况，除了冲回 12 月末暂估在途物资外，没有发现新增在途物资暂估情况。

## 8. 生产成本构成分析表（如表 9－18 所示）

**表 9－18 生产成本构成分析表**

| | | | |
|---|---|---|---|
| 被审计单位： | 科思特有限公司 | 索 引 号： | ZI7 |
| 项 目： | 生产成本构成分析 | 报表截止日/期间： | 2013. 12. 31 |
| 编 制： | Li | 复 核： | Wang |
| 日 期： | 2014 年 1 月 18 日 | 日 期： | 2014 年 1 月 19 日 |

| 项目 | | | 直接材料 | 直接人工 | 制造费用 | 合计 |
|---|---|---|---|---|---|---|
| A 产品 | 2013 年度 | 1—12 月发生额 | 1 106 854 267. 64 | 85 266 879. 20 | 162 549 729. 55 | 1 354 670 876. 39 |
| | | 各项目所占比例 | 81. 7% | 6. 3% | 12% | 100% |
| | 2012 年度 | 1—12 月发生额 | 1 086 796 877. 24 | 82 746 256. 38 | 158 756 943. 61 | 1 328 300 077. 23 |
| | | 各项目所占比例 | 81. 8% | 6. 2% | 12% | 100% |
| | 对比结果 | | 0. 1% | －0. 1% | 0 | |

续表

| 项目 | | | 直接材料 | 直接人工 | 制造费用 | 合计 |
|---|---|---|---|---|---|---|
| B产品 | 2013 年度 | 1—12 月发生额 | 1 124 967 366.60 | 84 738 652.80 | 104 881 277.85 | 1 314 587 297.25 |
| | | 各项目所占比例 | 85.6% | 6.4% | 8% | 100% |
| | 2012 年度 | 1—12 月发生额 | 1 105 257 488.67 | 83 698 276.34 | 98 876 687.32 | 1 287 832 452.33 |
| | | 各项目所占比例 | 85.8% | 6.5% | 7.7% | 100% |
| | 对比结果 | | -0.2% | -0.1% | 0.3% | |

审计说明：

(1) 我们选取了 A 产品和 B 产品进行了成本构成分析；

(2) 通过分析，发现产品成本中原材料占较大的比例，成本结构合理，产品成本中各项目所占的比例较上年无太大的差异；

(3) 表中所列数据摘自生产成本明细账，我们已将生产成本发生额与其成本计算单及其他相关资料核对，无误。

## 9. 制造费用构成分析表（如表 9-19 所示）

**表 9-19　　制造费用构成分析表**

| | |
|---|---|
| 被审计单位：科思特有限公司 | 索引号：ZI8-1 |
| 项目：制造费用构成分析表 | 报表截止日/期间：2013.12.31 |
| 编制：Li | 复核：Wang |
| 日期：2014 年 1 月 18 日 | 日期：2014 年 1 月 19 日 |

| 制造费用项目 | 2013 年度 | | 2012 年度 | | 比重变动幅度（%） | 年度间变动额 |
|---|---|---|---|---|---|---|
| | 金额 | 比重（%） | 金额 | 比重（%） | | |
| 工资 | 2 771 541.80 | 1.7 | 2 647 314.60 | 1.7 | 0 | 124 227.20 |
| 折旧费 | 86 254 617.72 | 52.0 | 80 754 187.42 | 50.7 | 1.2 | 5 500 430.30 |
| 修理费 | 60 674 522.60 | 36.6 | 60 674 522.60 | 38.1 | -1.6 | 0 |
| 日常维护费 | 4 584 636.28 | 2.8 | 4 566 278.39 | 2.9 | -0.1 | 18 357.89 |
| 劳动保护费 | 678 437.50 | 0.4 | 469 536.50 | 0.3 | 0.1 | 208 901 |
| 保险费 | 4 994 621.76 | 3.0 | 4 225 740.67 | 2.7 | 0.3 | 768 881.09 |
| 试验检验费 | 3 997 235.83 | 2.4 | 4 136 753.63 | 2.6 | -0.2 | -139 517.80 |
| 环境保护费 | 2 035 876.65 | 1.2 | 1 896 547.75 | 1.0 | 0.3 | 139 328.90 |
| 合计 | 165 991 490.17 | 100 | 159 370 881.56 | 100 | 0 | 6 620 608.58 |

审计说明：

从上表可以看出：

（1）制造费用核算内容符合企业会计准则的规定，并与该公司实际情况相符；

（2）在本年制造费用各个组成项目中，占比重较大的是折旧费、修理费，这与该公司实际情况相符；

（3）工资费用已与“应付职工薪酬”科目核对一致；

（4）折旧费发生额已与折旧费用分配表核对一致，修理费、日常维护费等将作为细节测试重点，以验证其发生额。

## 10. 制造费用测试表（如表 9－20 所示）

**表 9－20　　制造费用测试表**

| | |
|---|---|
| 被审计单位：科思特有限公司 | 索　引　号：ZI8－2 |
| 项　　目：制造费用测试表 | 报表截止日/期间：2013. 12. 31 |
| 编　　制：Li | 复　　核：Wang |
| 日　　期：2014 年 1 月 19 日 | 日　　期：2014 年 1 月 20 日 |

| 月份 | | 凭证号 | 摘要 | 金额（借方） | 对方科目 | 测试内容 | | | | 附件 |
|---|---|---|---|---|---|---|---|---|---|---|
| 月 | 日 | | | | | ① | ② | ③ | ④ | |
| 22 | 8 | 35# | 付维修费 | 230 876. 43 | 银行存款 | √ | √ | √ | √ | 发票、收据、银行汇款单 |
| 2 | 20 | 60# | 付维修费 | 654 327. 18 | 其他应付款 | √ | √ | √ | √ | 发票、收据、银行汇款单 |
| 3 | 16 | 74# | 付试验费 | 598 763. 27 | 银行存款 | √ | √ | √ | √ | 发票、收据、银行汇款单 |
| 4 | 7 | 88# | 付维护费 | 26 475. 39 | 银行存款 | √ | √ | √ | √ | 发票、收据、银行汇款单 |
| 5 | 23 | 121# | 领用材料 | 302 118. 24 | 原材料 | √ | √ | √ | √ | 领料单 |
| 6 | 24 | 165# | 领用材料 | 298 457. 38 | 原材料 | √ | √ | √ | √ | 领料单 |
| 7 | 1 | 218# | 付保险费 | 426 985. 45 | 银行存款 | √ | √ | √ | √ | 发票、收据、银行汇款单 |
| 8 | 5 | 295# | 付维护费 | 27 387. 26 | 银行存款 | √ | √ | √ | √ | 发票、收据、银行汇款单 |
| ⋮ | | | | | | | | | | |

审计说明：

（1）测试目的：验证制造费用的发生、准确性。

（2）样本选择：制造费用中的维修费、试验费、维护费、材料费、保险费。

（3）测试内容：①费用金额、会计处理是否正确；②手续是否齐全；③是否经过授权批准；④附件是否齐全。

（4）检查结果：经测试，确认制造费用的发生额可以接受。

11. 存货监盘程序表（如表9-21所示）

**表9-21　存货监盘程序表**

| | |
|---|---|
| 被审计单位：科思特有限公司 | 索　引　号：ZI9 |
| 项　　目：存货监盘程序 | 报表截止日/期间：2013.12.31 |
| 编　　制：Li | 复　　核：Wang |
| 日　　期：2014年1月17日 | 日　　期：2014年1月18日 |

| 审计程序 | 索引号 |
|---|---|
| （1）监盘前，获取有关资料，以编制存货监盘计划 | |
| ①复核或与管理层讨论其存货盘点计划，评价其能否合理地确定存货的数量和状况 | |
| ②根据被审计单位的存货盘存制度和相关内部控制的有效性，评价其盘点时间是否合理 | |
| ③如认为被审计单位的存货盘点计划存在缺陷，应当提请被审计单位调整 | |
| ④完成被审计单位盘点计划调查问卷 | |
| ⑤了解存货的内容、性质、各存货项目的重要程度及存放场所 | |
| ⑥了解与存货相关的内部控制 | |
| ⑦评估与存货相关的重大错报风险 | |
| ⑧查阅以前年度的存货监盘工作底稿 | |
| ⑨与管理层讨论以前年度存货存在的问题以及目前存货的状况 | |
| ⑩考虑实地查看存货的存放场所，特别是金额较大或性质特殊的存货 | |
| ⑪如存在特殊存货，考虑是否需要利用专家的工作或其他注册会计师的工作 | |
| ⑫编制存货监盘计划，并将计划传达给每一位监管人员 | |
| （2）监盘中，实施观察和检查程序 | |
| ⑬在被审计单位盘点存货前，观察盘点现场 | |
| ⑭检查所有权不属于被审计单位的存货 | |
| ⑮在被审计单位盘点人员盘点时进行观察 | |
| ⑯检查已盘点的存货<br>a. 从存货盘点记录中选取项目追查至存货实物，以测试盘点记录的准确性<br>b. 从存货实物中选取项目追查至存货盘点记录，以测试存货盘点的完整性 | |
| ⑰对以包装箱封存的存货，考虑要求打开箱子盘点 | |
| ⑱当发现重大盘点错误时，考虑扩大监盘范围 | |
| ⑲特别关注存货的移动情况，防止遗漏或重复盘点 | |
| ⑳特别关注存货的状况，观察被审计单位是否已经恰当区分所有毁损、陈旧、过时和残次的存货 | |
| ㉑获取盘点日前后存货收发及移动的凭证，检查库存记录与会计记录期末截至是否正确 | |
| （3）监盘后，复核盘点结果，完成存货监盘报告 | |
| ㉒在被审计单位存货盘点结束前，再次观察盘点现场，以确定所有应纳入盘点范围的存货是否均已盘点 | |

续表

| 审计程序 | 索引号 |
| --- | --- |
| ㉓在被审计单位存货盘点结束前，取得并检查已填用、作废及未使用的盘点表单及号码记录 | |
| ㉔取得并复核盘点结果汇总记录，形成存货盘点报告，完成存货监盘报告 | |
| ㉕如果认为被审计单位的盘点方式及其结果无效，注册会计师应当提请被审计单位重新进行盘点 | |
| ㉖如果由于被审计单位存货的性质或位置等原因导致无法实施存货监盘，注册会计师应当考虑能否实施下列替代审计程序<br>a. 检查进货交易凭证或生产记录以及其他相关资料<br>b. 检查资产负债表日后发生的销货交易凭证<br>c. 向顾客或供应商函证 | |
| ㉗对被审计单位委托其他单位保管的或已作质押的存货，注册会计师应当实施相应的审计程序 | |
| ㉘当首次接受委托未能对上期期末存货实施监盘，且该存货对本期财务报表存在重大影响时，注册会计师应当实施相应的审计程序 | |
| ㉙确定存货监盘的审计结论 | |

## 12. 存货监盘计划（如表 9－22 所示）

**表 9－22　　　　存货监盘计划**

| | |
| --- | --- |
| 被审计单位：科思特有限公司 | 索引号：ZI9－1 |
| 项目：存货监盘计划 | 报表截止日/期间：2013. 12. 31 |
| 编制：Li | 复核：Wang |
| 日期：2014 年 1 月 19 日 | 日期：2014 年 1 月 21 日 |

（1）存货监盘目标、范围及时间安排。

存货监盘目标是：获取科思特有限公司资产负债表日（2013 年 12 月 31 日）有关存货数量和状况的审计证据，检查存货数量是否真实完整 \ 是否归属于科思特有限公司，存货有无毁损、陈旧、过时、残次和短缺等状况。

存货监盘范围：科思特有限公司 2013 年 12 月 31 日存货未审余额为 1 441 004 475. 71 元，其中：库存原材料 320 859 149. 16 元，比重为 22. 3%；在途物资 568 404 876. 20 元，比重为 39. 4%；库存商品 182 998 014. 25 元，比重为 12. 7%；自制半成品 368 742 436. 10 元，比重为 25. 6%。

从存货组成来看，科思特有限公司存货中原材料、在途物资、自制半成品所占比重较大，库存商品比重较小。另外，根据我们对科思特有限公司内部控制的了解和测试，认为科思特有限公司存货内控设计合理并得到执行，所以我们认为科思特有限公司存货重大错报风险为中等水平，重点对原材料、自制半成品、库存商品实施监盘。由于在途物资正在运输过程中，无法实施监盘，我们将实施替代审计程序，获取期末在途物资数量和状况的充分适当审计证据。

（2）存货监盘要点及关注事项。

在监盘过程中，各监盘小组实施观察、检查等程序，确定应纳入盘点的存货是否存放在指定地点并排列规则，检查各种测量仪器是否能正常使用，仔细观察科思特有限公司盘点人员的测量方法是否与该公司规定的测量方法一致。监盘过程中，注册会计师要详细记录每一个仓库储存存货的数量，并将其与经营部记录的台账核对。

（3）参加存货监盘人员分工。

根据科思特有限公司的存货监盘计划，该公司将组织三组人员分别同时对原材料、库存商品、自制半成品进行盘点。

（4）检查存货范围。

科思特有限公司存货内部控制设计良好并得到实施。根据以往存货监盘得知，该公司存货盘点组织良好，每个盘点小组在观察的基础上抽取40%的存货进行检查。

## 13. 存货监盘报告（如表9－23所示）

**表9－23　　存货监盘报告**

| | |
|---|---|
| 被审计单位：科思特有限公司 | 索引号：ZI9－2 |
| 项目：存货监盘报告 | 财务报表截止日/期间：2013.12.31 |
| 编制：Li | 复核：Wang |
| 日期：2014年1月19日 | 日期：2014年1月22日 |

（1）盘点日期：2013年12月31日

（2）盘点仓库名称：原材料仓库、库存商品仓库、自制半成品仓库

仓库负责人：苏某

仓库记账员：贺某

仓库保管员：郝某、齐某

仓库概况：科思特有限公司拥有原材料仓库、库存商品仓库、自制半成品仓库，分别储存各种存货，仓库的日常管理工作较好。

（3）监盘参加人员

监盘人员（N会计师事务所）：宋某、李某、田某

监盘人员（N会计师事务所）：徐某、贺某、王某

监盘人员（N会计师事务所）：朱某、唐某、邓某

科思特有限公司盘点负责人：苏某

科思特有限公司盘点人员：郝某、齐某、贺某、黄某等

（4）监盘开始前的工作

| 项目 | 是或否 | 工作底稿编号 |
|---|---|---|
| ①索取“期末存货盘点计划” | 是 | 略 |
| ②索取仓库“存货收发存月报表” | 是 | 略 |
| ③索取存货的“盘点清单” | 是 | 略 |
| ④索取盘点前仓库收料、发料的最后一张凭证 | 是 | 略 |
| ⑤存货是否已停止流动 | 是 | 略 |
| ⑥废品、毁损品是否已分开堆放 | 不适用 | 略 |
| ⑦货到单未到存货是否已暂估入账 | 是 | 略 |
| ⑧存货是否已按存货的型号、规格摆放整齐 | 是 | 略 |

续表

| 项目 | 是或否 | 工作底稿编号 |
|---|---|---|
| ⑨其他非本公司的存货是否已分开堆放 | 不适用 | 略 |
| ⑩最近一次盘点存货的日期 | 11.30 | 略 |
| ⑪最近一次对计量工具的校对 | 11.30 | 略 |
| ⑫是否有存货的记录位置或存放图 | 是 | 略 |

（5）监盘进行中的工作

①监盘从8点开始，共分三个监盘小组，每个小组三人。

②核对仓库报表结存数量与仓库存货账结存数量是否相符；仓库存货结账数量与仓库存货卡数量是否相符；填制“存货表、账、卡核对记录表”。

③盘点结束，索取“盘点清单”及“存货盘盈、盘亏汇总表”。

（6）复盘

①盘点结束后，选择数额较大、收发频繁的存货项目进行复盘。

②盘点人员为：宋某、徐某、朱某。

③复盘记录详见“存货监盘结果汇总表”。

④复盘统计：

品种、型号共20种，复盘10种，占50%；

金额共计872 599 599.51元，复盘达305 409 859.83元，占35%。

⑤计算复盘正确率：

复盘共10种，其中，复盘正确的有10种，占100%；

复盘金额305 409 859.83元，其中，复盘正确的有305 409 859.83元，占100%。

⑥盘点中的存货不存在残次、毁损、滞销积压的情况。

（7）盘点结束后的工作

①再次观察现场并检查盘点表单；

②复核盘点结果汇总表；

③关注被审计单位盘点方式及其结果无效时的处理，如果认为被审计单位的盘点方式及结果无效，注册会计师应当提请被审计单位重新盘点；

④请参加复盘人员在“存货监盘结果汇总表”上签字；

⑤索取由仓库人员填写的“复盘差异说明”。

（8）对盘点及复盘的评价

①仓库管理人员对存货很熟悉；

②盘点工作及复盘工作很认真；

③对注册会计师提出的要求很配合；

④监盘结果总体评价：科思特有限公司存货监盘计划执行较好。存货实地盘点数量与账面数一致，存货不存在残次、毁损、滞销等情况。

监盘人员签名：宋某、李某、田某

徐某、贺某、王某

朱某、唐某、邓某

## 14. 存货明细账与盘点报告记录核对表（如表 9－24 所示）

**表 9－24　　存货明细账与盘点报告记录核对表**

| | |
|---|---|
| 被审计单位：科思特有限公司 | 索　引　号：ZI9－3 |
| 项　　目：存货明细账与盘点报告记录 | 报表截止日/期间：2013. 12. 31 |
| 编　　制：Li | 复　　核：Wang |
| 日　　期：2014 年 1 月 19 日 | 日　　期：2014 年 1 月 22 日 |

（1）从明细账中选取具有代表性的样本将明细账上的存货数量与经确认盘点报告的数量核对

| 序号 | 地点 | 样本描述 | | 期末存货明细账记录 | | | 获取的存货清单 | 索引号 | 经确认的期末存货盘点表 | 数量差异 | 差异分析及处理 |
|---|---|---|---|---|---|---|---|---|---|---|---|
| | | 存货类别 | 存货型号 | 单价 | 数量 | 金额 | 数量 | | 数量 | | |
| 1 | 商品仓库 | A 产品 | | 4 563. 80 | 11 257. 33 | 51 376 202. 65 | 11 257. 33 | | 11 257. 33 | | |
| 2 | 商品仓库 | B 产品 | | 4 129. 36 | 2 768. 53 | 11 432 257. 04 | 2 768. 53 | | 2 768. 53 | | |
| ⋮ | | | | | | | | | | | |

（2）从经确认的盘点报告中抽取有代表性的样本将盘点报告的数量与存货明细账核对

| 序号 | 地点 | 样本描述 | | 索引号 | 经确认的期末存货盘点表 | 期末存货明细账记录 | | | 被审计单位提供的存货清单 | 数量差异 | 差异分析及处理 |
|---|---|---|---|---|---|---|---|---|---|---|---|
| | | 存货类别 | 存货型号 | | 数量 | 单价 | 数量 | 金额 | | | |
| 1 | 材料仓库 | 甲材料 | | | 26 347. 25 | 3 978. 56 | 26 347. 25 | 104 824 114. 96 | 26 347. 25 | | |
| 2 | 材料仓库 | 乙材料 | | | 7 968. 37 | 3 865. 47 | 7 968. 37 | 30 801 495. 18 | 7 968. 37 | | |
| ⋮ | | | | | | | | | | | |

审计说明：

存货明细账记载数量与盘点报告数量一致。

# 课后复习题

## 一、复习思考题

1. 生产循环审计中的重大错报风险表现在什么地方？
2. 如何制定存货监盘计划，其内容是什么？
3. 如何对存货实施分析程序？

## 二、案例分析题

1. T公司设立于2008年7月，从事海洋捕捞和海产品销售业务。ABC会计师事务所于2008年11月30日接受委托，承接了T公司2008年度会计报表审计业务。A注册会计师接受ABC会计师事务所指派，负责该项审计业务。

资料：2008年12月中旬，A注册会计师在对T公司进行预审过程中，获知以下情况，并对存货监盘做出了相应安排。

（1）T公司拥有12艘渔轮，其中9艘为近海渔轮，3艘为远洋渔轮。由于远洋捕捞业务的季节性和特殊性，至2008年12月31日，3艘远洋渔轮仍将在外海作业，并将于2009年6月30日全部返港。

（2）T公司的1艘远洋渔轮捕捞的海产品委托F国的一家仓储公司代为存储，由T公司在F国设立的经销处组织销售。该艘远洋渔轮将在2009年4月30日到F国最后一次卸货，并于6月30日空载返回至国内休息。

（3）T公司将于2008年12月31日分别对不同地点的存货数量采用不同的方法予以核实；对于国内冷库库存存货，由公司组织相关人员进行盘点，填写盘点表，由财务部门核对确认；对于9艘近海渔轮，要求于2008年12月31日返港，由公司组织相关人员在卸货时采用磅称测量的方法对其存货进行盘点并另库存放，由财务部门根据盘点表核对确认。对于外海作业的3艘远洋渔轮，要求按照公司统一部署实施盘点，填写盘点表并传真回公司，经公司的生产部门审核后，由财务部门核对确认；对于存储于F国的海产品存货，要求其经销处组织盘点，并将存货盘点表传真回公司，由财务部门核对确认。

（4）A注册会计师决定对国内冷库库存存货及返港的9艘渔轮的存货实施监盘；对存储于F国的海产品存货委托F国会计师事务所实施监盘。

（5）T公司向有关部门提交年度会计报表的截止时间为2009年4月30日，注册会计师无法在该截止日前对远洋渔轮的存货实施监盘程序。T公司希望A注册会计师理解公司存货存放位置的特殊性，要求通过检查公司生产计划与生产日志，存货收、发、存记录及经财务部门核对确认的期末存货盘点表等，对远洋渔轮2008年

12月31日的存货数量予以审计确认。

要求：

（1）针对资料（3），对于T公司使用磅称测量方法进行的存货盘点，简要说明A注册会计师在监盘过程中应当考虑实施哪些审计程序。

（2）针对资料（4），假定ABC会计师事务所于2009年初接受委托审计T公司2008年度会计报表，而T公司已于2008年12月31日对存货进行了盘点，请简要回答，为确认2008年12月31日T公司国内冷库库存存货及返港的9艘近海渔轮存货的数量，A注册会计师应当实施哪些必要的审计程序。

（3）针对资料（5），请回答A注册会计师能否同意T公司的要求，并简要说明理由。

2. 注册会计师审计N公司“存货”项目，发现其中有N公司所属子公司异地存货，虽提供有各单位的存货清单，其数额占40%左右。但由于所属子公司分散在全国各地，注册会计师由于受到限制无法分赴各地一一进行审验。

要求：对此情况注册会计师该如何处理？

# 第十章

# 筹资与投资循环审计

## 学习目标

1. 了解筹资与投资循环的主要业务活动、凭证、账户和报表项目；
2. 熟悉筹资与投资循环内部控制；
3. 掌握筹资与投资循环控制测试；
4. 掌握筹资与投资循环主要账户的实质性测试。

## 导读案例

2001年美国第七大能源公司——安然公司宣告破产。安然是美国能源业巨头，成立于1930年，于1985年以24亿美金收购了另外一家公司，并改名为安然公司。该公司曾是世界上最大的天然气交易商和最大的电力交易商，鼎盛时期其年收入达1 000亿美元，雇用了2万多员工，其业务遍布欧洲、亚洲和世界其他地区。安然公司1996年的收入是133亿美元，到2000年时总收入是1 008亿美元。几乎是美国收入最多的公司；连续四年获《财富》杂志“美国最具创新精神的公司”称号。但好景不长，2001年年底，安然在经营方面存在的问题终于暴露出来，其主要问题是利用复杂的财务合伙形式虚报盈余，掩盖巨额债务。安然的股票原为每股85美元，后来却不到1美元。在破产清算时，众多投资者遭受惨重损失。

安然公司造假的手段之一就是通过财务手段隐藏债务。具体做法是利用信托基金把一些资产委托出去，以资产及资产的收入作为抵押发行债券，发行所得交由安然使用。但在财务上，这不算安然的债务。因为在这个过程中，安然用自己的资产进行了抵押，于是发行所得可以看成安然用出售资产换来的，在美国就不看成安然的债务。

信托基金发行债券后，尽管有抵押，但买者还是不放心，要求安然做进一步的担保，即在债券到期时或到期前，用来做抵押的资产的价值不够时，安然必须补现金，或者增发股票，安然又使用股票作为担保。它们签订的合约还有下面的条件：一是安然的股票价格不能低于一定的价位，如果低于这个门槛，安然必须买回这些债务；二是安然的债信评级必须满足要求，如果安然的债信被评到垃圾级以下时，安然必须把这些发出的债券按发行价买回。

**思考与讨论**

1. 安然为什么要隐藏债务？
2. 安然为什么会破产？
3. 审计人员如何发现隐藏的债务？

# 第一节　筹资与投资循环概述

## 一、筹资与投资循环的主要业务活动

筹资与投资循环由筹资活动和投资活动的交易事项构成。筹资活动主要由借款和股东权益交易组成。投资活动主要由权益性投资交易和债权性投资交易组成。

（一）筹资所涉及的主要业务活动

（1）审批授权。企业通过阶段筹集资金须经管理当局的审批，其中债券的发行每次均要由董事会授权；企业发行股票必须依据国家有关法规或企业章程的规定，报经企业最高权力机构（如董事会）及国家有关管理部门批准。

（2）签订合同或协议。向银行或其他金融机构融资须签订借款合同，发行债券须签订债券契约和债券承销或包销合同。

（3）取得资金。企业实际取得银行或金融机构划入的款项或债券、股票的融入资金。

（4）计算利息或股利。企业应按有关合同或协议的规定，及时计算利息或股利。

（5）偿还本息或发放股利。银行借款或发行债券应按有关合同或协议的规定偿还本息，融入的股本根据股东大会的决定发放股利。

（二）投资所涉及的主要业务活动

（1）审批授权。投资业务应由企业的高层管理机构进行审批。

（2）取得证券或其他投资。企业可以通过购买股票或债券进行投资，也可以通过与其他单位联合形成投资。

（3）取得投资收益。企业可以取得股权投资的股利收入、债券投资的利息收入和其他投资收益。

（4）转让证券或收回其他投资。企业可以通过转让证券实现投资的收回；其他投资一经投出，除联营合同期满，或者由于其他特殊原因联营企业解散外，一般不得抽回投资。

## 二、筹资与投资循环审计的主要凭证与会计记录

（一）筹资循环涉及的主要凭证、账户和报表项目

1. 原始凭证

原始凭证主要包括：

（1）债券。它是具有发行资格的企业依据法定程序发行、约定在一定期间内还本付息的有价证券。

（2）股票。它是具有发行资格的企业签发的、证明股东所持股份的凭证。

（3）债券契约。它是一张明确债券持有人与发行企业双方所拥有的权利和义务的法律性文件。其内容一般包括：债券发行的标准；债券的明确表述；利息或利息率；受托管理人证书；登记和背书；如系抵押债券，应说明所担保的财产；债券发生拖欠应如何处理；对偿债基金、利息支付、本金偿还等的处理。

（4）公司债券存根簿。发行记名公司债券的应记载内容包括：债券持有人的姓名或者名称以及住所；债券持有人取得债券的日期以及债券的编号；债券总额、票面金额、利率、还本付息的期限和方式；债券的发行日期等。发行无记名债券的应当在公司的债券存根簿上记载债券总额、利率、偿还期限和方式、发行日期和债券编号。

2. 记账凭证

相关的记账凭证主要包括收款记账凭证、付款记账凭证和转账记账凭证。

3. 明细账和序时账

相关的明细账和序时账主要包括债券持有人明细账、股东明细账、应付债券明细账以及现金和银行存款日记账等。

4. 总账

相关的总账类账户主要包括“短期借款”、“长期借款”、“应付债券”、“应付票据”、“应付利息”、“应付股利”、“股本（或实收资本）”、“资本公积”、“利润分配”、“财务费用”、“库存现金”或“银行存款”等。

5. 报表项目

相关的报表项目主要包括“短期借款”、“长期借款”、“应付债券”、“应付票据”、“应付利息”、“应付股利”、“股本（或实收资本）”、“资本公积”、“未分配利润”、“财务费用”、“货币资金”等。

6. 其他

（1）股东名册。发行记名股票的公司应记载的内容一般包括：股东的姓名或者名称以及住所；各股东所持股份数；各股东所持股票的编号；各股东取得股份的日期。发行无记名股票的，公司应当记载其股票数量、编号以及发行日期。

（2）承销或包销协议。公司向社会公开发行股票或债券时，应当由依法设立的

证券经营机构承销或包销，公司应与其签订承销或包销协议。

（3）借款合同或协议。它是公司向银行或其他金融机构借入款项时与其签订的合同或协议。

（4）公司债销毁凭证。记录最初发行的公司债已经销毁情况的书面文件。

（二）投资循环涉及的主要凭证、账户和报表项目

1. 原始凭证

相关的原始凭证主要包括股票或债券、债券契约、支票存根以及经纪商通知。经纪商通知是由经纪商发出的说明投资交易的交易价格的凭证，是记录投资交易的证，可为计价和分摊等认定提供证据。

2. 记账凭证

相关的记账凭证主要包括收款记账凭证、付款记账凭证和转账记账凭证。

3. 明细账和序时账

相关的明细账和序时账主要包括投资收益明细账、现金和银行存款日记账。

4. 总账

相关的总账类账户主要包括“交易性金融资产”、“持有至到期投资”“可供出售金融资产”、“长期股权投资”、“长期股权投资”、“短期投资跌价准备”、“长期投资减值准备”、“应收股利”、“应收利息”、“投资收益”、“现金”或“银行存款”等。

5. 报表项目

相关的报表项目主要包括“交易性金融资产”、“长期股权投资”、“长期债权投资”、“应收股利”、“应收利息”、“投资收益”、“公允价值变动收益”等。

6. 其他

投资循环涉及的其他主要凭证资协议等。

## 三、筹资与投资循环的审计目标

（一）筹资循环的审计目标

（1）确定各股东权益项目及借款业务的增减变动是否存在，是否符合法律、法规和合同、章程的规定，全部交易是否已得到授权批准，记录是否完整。

（2）确定与筹资相关的全部交易是否均已得到授权批准，并予以适当的会计处理。

（3）验证发行在外的股份数额、库藏股份数额及已缴股本数额的正确性。

（4）验证资本公积、盈余公积、未分配利润计算的正确性。

（5）验证股利和利息支出的适当性。

（6）确定股东权益和借款事项在资产负债表上的表述是否公允、适当。

（二）投资循环的审计目标

（1）确认投资是否存在。

（2）确认投资是否归被审计单位所有。

（3）确认投资的增减变动及其收益（或损失）的记录是否完整。

（4）确认投资的计价方法（成本法或权益法）是否正确。

（5）确认投资的年末余额是否正确。

（6）确认投资在会计报表上的披露是否恰当。

### 四、筹资与投资循环的重要性、风险及审计方案

（一）筹资循环的重要性、风险及审计方案

执行和记录筹资循环交易出现错报的风险一般很小。在很多公司，这些交易并不是经常发生。尽管股利和利息的支付次数稍多一些，但公司通常是委托外界代理机构代为处理股利和利息的支付。此外，绝大多数交易，都要求经过董事会授权，并由公司主管参与执行。因此，注册会计师往往预期筹资循环交易和余额的审计风险保持在一个较低的水平。

筹资循环的审计方案主要取决于交易量的多少。前面已提到，筹资循环交易并不经常发生，因此注册会计师采用实质性方案进行审计比较合算。特别是在公司利用外界独立代理机构代为支付公司债利息和股利时，使用实质性方案就更加经济高效。

（二）投资循环的重要性、风险及审计方案

作为短期投资持有的有价证券对公司的短期清偿能力可能有重要的影响，但是这种投资的收入对公司经营成果的影响通常不大。而作为长期投资持有的证券对资产负债表、利润表的影响则比较大。由于投资交易较少发生，其错报的风险往往很低。另外，因被审计单位一般都派有一位或多位公司主管参加投资交易的执行和有价证券的保管，所以投资交易的内部控制大多是有效的。

投资循环的审计方案，主要取决于投资交易发生次数的多少。在被审计单位的投资交易比较少时，注册会计师宜采用实质性方案。相反，在被审计单位的投资交易比较多时，注册会计师采用综合性方案可能更加合算。

## 第二节　筹资与投资循环的内部控制及控制测试

### 一、筹资与投资循环的内部控制

（一）可能的错报

1. 筹资循环中常见的错弊

（1）在筹资计划环节常见的问题是预算失误，造成资金流量短缺或冗余，不能满足生产的需要或增加了筹资的成本。

（2）在筹资作业环节要特别注意的问题是不经授权或批准非法筹资。

（3）在现金流入环节应注意当筹资款项流入时，是否存在已回收的筹资凭证不及时进行注销，造成被多次使用的风险。

（4）在现金流出环节应注意当有关筹资的现金流出时，是否存在虚增筹资费用，形成账外资金的风险。

（5）在会计记录环节应注意容易产生筹资记录不真实反映的风险。

（6）借款费用的会计处理不恰当，将应费用化的借款费用资本化，虚减当期费用，虚增资产。

（7）所筹集的资金未按规定用途使用。借款的抵押与担保情况未充分披露。

2. 投资循环中常见的错弊

（1）对外投资，尤其是重大投资项目未进行可行性研究，盲目投资造成重大损失浪费。

（2）核算不符合规定，账实不一。

（3）随意改变长期股权投资会计核算方法。

（4）投资收益与投资不配比。

（5）人为虚增或缩小固定资产价值。

（6）虚报固定资产毁损，私下变卖企业财产。

（7）固定资产变价收入不入账，存入“小金库”。

（8）随意多提或少提折旧，人为调节成本利润。

（9）随意摊销无形资产，人为调节损益。

（10）混淆无形资产的使用权和所有权转让，账务处理不当。

融资与投资循环的重大错报风险征兆或具体行为如表 10－1 所示。

**表 10－1　　融资与投资循环的重大错报风险征兆**

| 错报类型 | 对报表的影响 | 风险征兆或具体行为 | 影响的认定 |
| --- | --- | --- | --- |
| 管理层舞弊 | 虚减负债 | 董事会已批准的贷款未在会计记录中记录 | 完整性 |
| | | 银行回函证实的贷款没有在会计记录中反映 | |
| | | 有租金支出，但没有记录相应的租赁负债 | |
| | | 企业与关联方的资金往来频繁，委托付款或委托收款现象突出 | |
| | | 企业设立了众多特殊目的的实体且资金往来频繁 | |
| | 虚增投资收益 | 大额的投资收益来自企业所持有的自己的股票 | 发生 |
| | | 收购前被收购企业巨亏，收购后即有高额利润 | |
| 员工舞弊 | | 随意处置投资，并侵占投资收益 | |
| | | 直接侵占有价证券 | |

续表

| 错报类型 | 对报表的影响 | 风险征兆或具体行为 | 影响的认定 |
|---|---|---|---|
| 流程失效 | | 资金计划和预算无效 | 计价与分摊 |
| | | 企业未遵守大额长期贷款的限制性条款、利息偿付和到期未还贷款，产生贷款违约导致的可持续经营问题 | |
| | | 资本结构没有达到最优化 | |
| | | 投资交易未经正确授权 | |
| | | 筹资交易未经正确授权 | |
| | | 投资与筹资或现金流之间不平衡 | |
| 会计政策会计估计 | 虚列投资、增加利润 | 金融资产的分类不适当 | |
| | | 金融资产的计价不适当 | |
| | | 任意改变金融资产的计价方法 | |
| | | 借款、应付债券的计价不恰当 | |
| | | 任意改变长期股权投资的计价方法 | |
| 披露 | | 数字错误或前后不一致 | |
| | | 金融资产的分类不透明 | |

（二）筹资与投资循环常见的内部控制

1. 筹资活动的内部控制

筹资活动的内部控制系统一般包括下列内容。

（1）筹资的授权审批控制。适当授权及审批可明显提高筹资活动效率，降低筹资风险，防止由于缺乏授权、审批而出现的舞弊现象。

（2）筹资循环的职务分离控制。职责分工、明确责任是筹资循环内部控制的重要手段，筹资业务中应分离的各职务包括①筹资计划编制人与审批人适当分离，以利于审批人独立地评价计划的优劣；②经办人员不能接触会计记录；③会计记录人员同负责收、付款的人员相分离，有条件的应聘请独立的机构负责支付业务；④证券保管人员同会计记录人员分离。

（3）筹资收入款项的控制。为了能使企业的内部控制系统有效执行，客观、公正地证实企业会计记录的可信性，防止以筹资业务为名进行不正当活动或以伪造会计记录来掩盖不正当活动的事项发生，企业最好委托独立的代理机构筹资。

（4）还本付息、支付股利等付出款项的控制。无论何种筹资形式都面临利息的支付或股利的发放等支付款项的问题。由于企业债券受息人社会化的特征，企业可开出单张支票，委托有关代理机构代发，从而减少支票签发次数，降低舞弊可能。另外，还应定期核对利息支付清单和开出支票总额。股利发放，要以董事会有关发放股利的决议文件为依据。

（5）实物保管的控制。债券和股票都应设立相应的登记簿，详细登记已核准发行的债券和股票有关事项，如签发日期、到期日期、支付方式、支付利率、当时市场利率、金额等。

（6）会计记录的控制。企业应及时地按正确的金额、合理的方法，在适当的账户和合理的会计期间予以正确记录。

2. 投资活动的内部控制

投资活动的内部控制应该包括以下几个方面。

（1）投资计划的审批授权控制。投资必须编制投资计划，详细说明投资的对象、目的、影响投资收益的风险。投资计划在执行前必须严格审核，审查的内容主要有证券市场的估计是否合理，投资收益的估算是否正确，投资的理由是否恰当，计划购入证券能否达到投资目的等。所有投资计划及其审批应当用书面文件予以记录。

（2）投资业务的职责分工控制。合法的投资业务应在业务的授权、执行、会计记录及资产的保管等方面都有明确分工，任何一项投资业务的全过程或过程中的某一重要环节不得由一人或一个机构独立负责，形成相互牵制机制，有利于避免或减少投资业务中发生错误或舞弊的可能性，并且一旦发生，也能及时发现，从而将企业的损失控制到最低限度。

（3）投资资产的安全保护控制。企业对投资资产（股票和债券）一般有两种保管方式：一是由独立的专门机构保管，这些机构拥有专门的保存和防护措施，可以防止各种证券及单据的失窃或毁损，并且由于他们与投资业务的会计记录工作是完全分离的，可以大大降低舞弊的可能性；二是由企业自行保管，在这种方式下，必须建立严格的相互牵制制度，即至少要由两名以上人员共同控制，不得一人单独接触证券。对于任何证券的存入和取出，要将证券名称、数量、价值及存取的日期、数量等详细记录于证券登记簿内，并由在场经手人员签名。

（4）投资业务会计记录控制。对于股票或债券类投资，无论企业拥有还是由他人保管，都要进行完整的会计记录，并对其增减变动及投资收益的实现情况进行相关会计核算。具体而言，应对每种股票或债券分别设立明细分类账，并详细记录其名称、面值、证书编号、数量、取得日期、经纪人或证券机构的名称、购入成本、收取的股息或利息等。

## 二、对筹资与投资循环内部控制的了解

（1）了解审计年度内筹资与投资循环的交易数量及每笔交易的金额。

（2）了解企业有无漏记或不恰当会计处理，有无导致重大错误，从而对企业会计报表的公允反映产生较大的影响。

（3）了解企业筹资与投资循环交易是否遵守国家法律、法规和相关契约的规定。

（4）了解和描述内部控制。通过查阅被审单位的有关规章制度和文件资料，向有关人员口头查询和现场观察等方式，了解被审单位销售与收款循环的特点和相关的内部控制，并采用适当的方法进行描述，列入审计工作底稿。

## 三、对筹资与投资循环进行控制测试并评估重大错报风险

由于企业在一个会计年度内发生的筹资和对外投资交易的次数少，每笔金额大，漏记或错记一笔都会对财务报表的真实、公允反映产生重大影响，所以企业必须健全相关的部控制。表 10－2 和表 10－3 分别是筹资活动和对外投资活动的内部控制及其测试一览表。

表 10－2 筹资活动内部控制及其测试

| 内部控制目标 | 可能的错报 | 关键控制措施 | 必要的控制测试 |
| --- | --- | --- | --- |
| 存在与发生（投资账面余额在报表日确实存在，投资损失和收益是实际发生的投资交易和事项引起的） | 借款或发行股票未经授权批准；借款或发行股票缺乏相关有效的法律文件 | 借款或发行债券、股票经过授权审批；签订借款合同、债券契约、承销或包销协议等相关法律文件 | 索取借款或发行债券股票的授权审批文件，审查授权是否恰当，手续是否齐全，索取借款合同、债券契约、承销或包销协议。审查条款的完备性 |
| 完整性（投资增减变动及其收益和损失均已登记入账） | 与筹资业务相关的授权、执行、会计记录等活动分工不明确；有关合同协议未妥善保管 | 筹资业务的会计记录与授权、执行等方面的职责明确分工；借款合同或协议由专人保管，保存债券持有人的明显资料，应同总分类账核对相符，如由外部机构保存，需定期与外部机构核对 | 观察并描述筹资业务的职责分工；了解债券持有人明细资料的保管制度，检查是否与总账或外部核对 |
| 权利与义务（投资均为被审计单位所拥有） | 股东未按合同协议、章程约定时间支付出资额 | | |
| 计价与分摊（投资计价正确，期末余额正确） | 未在适当时间计算应付利息数额 | 建立严密完善的账簿体系和记录制度；<br>按会计准则和会计制度规定进行核算 | 从明细账抽取部分会计分录，按原始凭证到明细账总账的顺序核对有关数据情况，判断其会计处理过程是否合规、完整 |
| 列报（借款和所有者权益在资产负债表上的披露恰当） | 筹资业务明细账与总账的登记职责未分开 | 筹资业务明细账与总账的登记职责分离；<br>筹资披露符合会计准则和会计制度的要求 | 观察职责是否分离 |

**表 10-3 对外投资活动的内部控制及其测试**

| 内部控制目标 | 可能的错报 | 关键控制措施 | 必要的控制测试 |
|---|---|---|---|
| 存在与发生（借款和所有者权益账面余额在报表日确实存在，借款利息费用和支付的股利是审计发生的交易和事项引起的） | 投资业务未经授权批准 | 对外投资业务经过授权审批；<br>与被投资单位签订投资合同或协议，并获取被投资单位出具的投资证明等相关法律文件 | 索取投资的授权审批文件，审查授权是否恰当，手续是否齐全；索取投资合同、协议及其投资证明，检查其是否合理、有效。 |
| 完整性（借款和所有者权益的增减变动及其利息和股利均已登记入账） | 投资业务记录不完整 | 投资业务的会计记录与授权、执行和保管等方面的职责明确分工；<br>健全证券资产的保管制度，或者委托外部机构保存；或者在内部建立至少两人以上人员的联合控制制度，证券的存取均需详细的记录和签名 | 观察并描述投资业务的职责分工；了解证券资产的保管制度，检查被审计单位自行保管时，存取证券是否有进行详细的记录并经所有经办人员签字是否与总账或外部核对 |
| 权利与义务（借款与应付债券均为被审计单位承担的债务，所有者权益代表所有者的法定求索权） | 投资资产不属于被审计单位所有 | 由内部审计人员或其他不参与投资业务的人员定期盘点证券投资资产，检查是否为企业实际拥有 | 了解企业是否定期进行证券投资资产的盘点；审阅盘点报告；检查盘点方法是否恰当、盘点结果与会计记录核对情况，以及出现差异的处理是否合规 |
| 计价与分摊（借款和所有者权益的期末余额正确） | 投资的计价方法、期末余额不正确 | 建立严密完善的账簿体系和记录制度；<br>按会计准则和会计制度规定进行核算 | 从明细账抽取部分会计分录，按原始凭证到明细账、总账的顺序核对有关数据情况，判断其会计处理过程是否合规、完整 |
| 列报（投资在资产负债表上的披露恰当） | 投资业务明细账与总账的登记职责未分开 | 筹资业务明细账与总账的登记职责分离；<br>筹资披露符合会计准则和会计制度的要求 | 观察职责是否分离 |

（一）筹资与投资循环的控制测试

1. 对筹资循环进行的控制测试

（1）筹资活动是否经过授权批准。测试授权审批控制，可以直接向管理当局询问，并查看有关记录。例如，对于长期借款，审查企业高层管理机构是否制定举债政策及审批程序，是否审慎作出举债决策，是否制定合理的借还款计划，并按规定程序报经审批。

（2）筹资活动的授权、执行、记录和实物保管等是否严格分工。对职务分离控制的控制测试可以采取跟踪业务的方法，实施调查各有关方面的情况；对收入和偿还款项控制的控制测试可以结合货币资金业务的内部控制测试进行；对实物保管控制的控制测试可以采取实地调查的方法。

（3）筹资活动是否建立了严密的账簿体系和记录制度，并定期检查。此项测试应采取账务追索收集证据的方法。例如，对于长期借款取得、使用和偿还情况，会计记录是否能及时、完整地反映；会计人员是否对明细账和总账进行了全面登记，并定期检查和核对其是否相符。

2. 对投资循环进行的控制测试

（1）投资项目是否经授权批准。对于投资计划的审批授权控制，主要通过查阅有关计划资料、文件或直接向管理当局询问来进行审查。例如，通过查阅企业最高管理当局的会议纪要、证券投资的各类权益证明文书、联营投资中的投资协议、合同和章程等，来了解投资循环授权批准制度的执行情况。

（2）投资项目的授权、执行、保管和记录是否严格分工。对于此项测试，注册会计师可以采取实地调查、跟踪业务的方法来进行。

（3）有无健全的有价证券保管制度。注册会计师应审阅内部相关人员对有价证券进行定期盘点的报告，重点审阅盘点方法是否适当，盘点结果与会计记录相核对情况，以及出现差异的处理是否合规等。

（4）投资活动的核算方式是否符合有关财务制度的规定，相关投资收益的会计处理是否正确。注册会计师可从各类投资业务的明细账中抽取部分会计分录，按“原始凭证—明细账—总账”顺序核对有关数据和情况，判断其会计处理过程是否合规完整，并据以核实上述了解的有关内部控制是否健全，是否得到有效的执行。

（5）对投资收益的监控是否适当。对此可以采取查阅分析报告或资料的方法进行测试。

注册会计师在完成工作后，取得了有关内部控制是否健全、有效的证据，并在工作底稿中表明筹资、投资活动的内部控制制度的强弱点，对其内部控制进行总体评价，确认对其内部控制的可依赖程度，进而确定实质性程序的程序和重点。

（二）评估筹资与投资循环中的重大错报风险

注册会计师应当实施下列风险评估程序以了解被审计单位及其环境。

（1）注册会计师应当实施下列风险评估程序以了解被审计单位及其环境。

（2）分析程序。在实施分析程序时，注册会计师应当预期可能存在的合理关系，并与被审计单位记录的金额、依据记录金额计算的比率或趋势相比较；如果发现异常或未预期到的关系，注册会计师应当在识别重大错报风险时考虑这些比较结果。

（3）观察和检查。注册会计师应当实施下列观察和检查程序。

①观察被审计单位的生产经营活动。

②检查文件、记录和内部控制手册。

③阅读由管理层和治理层编制的报告。

④实地察看被审计单位的生产经营场所和设备。

⑤追踪交易在财务报告信息系统中的处理过程（穿行测试）。

**[案例10－1]** 今明会计师事务所接受委托对华兴公司2013年度的财务报表进行审计。华兴公司尚未采用计算机记账。审计组于2013年11月对华兴公司的内部控制进行了了解和测试，并在相关审计工作底稿中记录了了解和测试的投资与筹资循环的相关事项，摘录如下：

（1）华兴公司股东大会批准董事会的投资权限为1亿元以下。董事会决定由总经理负责实施。总经理决定由证券部负责总额1亿元以下的股票买卖。华兴公司规定：公司划入营业部的款项由证券部申请，会计部门审核，总经理批准后划入公司在营业部开立的资金账户。经总经理批准，证券部直接从营业部资金账户支取款项。证券部买卖、资金存取的会计记录由会计部门处理。审计组了解和测试投资的内部控制制度后发现：证券部在某营业部开户的有关协议及补充协议未经会计部或其他部门审核。根据总经理的批准，会计部已经将8 000万元汇入该户。证券部处理证券买卖的会计记录，月底将证券买卖清单交给会计部，会计部据以汇总记账。

（2）华兴公司控股股东的法定代表人同时兼任华兴公司的法定代表人，总经理是聘任的。在公司章程及相关决议中未具体载明股东大会、董事会、经营班子的融资权限和批准程序。经了解华兴公司由财务部负责融资，2013年根据总经理的批示向工商银行借入了1亿元的贷款。

（3）华兴公司无形资产管理明确规定了专家论证、集团决策以及谈判签约等流程的控制措施。审计组了解到2013年3月总经理李发在考察美国某高科技公司时，得知该公司资金周转困难，急于融资。由于该公司拥有华兴公司急需的核心专利技术，李发当即与对方进行谈判，对方愿意以1 500万美元出让华兴公司急需的专利技术，总经理李发认为机会难得，机不可失，在电话请示董事长后，当即与对方签订了引进。2013年7月华兴公司支付全款后获取专利技术全部资料，但由于该项专利技术需要专业技术人员操作和运用，因签约时缺乏要求对方给培训中方技术人员等约束条款，至11月华兴公司的技术人员尚在探索使用，无法再生产中运用专利技术创造价值。

（4）华兴公司下属的分公司2013年3月决定兴建一座总投资额为5 500万元的仓库，由于时间紧，一边向华兴公司报批，在等待华兴公司批复过程中，委托设计单位设计，通过邀请投标方式决定施工单位，于4月份正式开工建设，6月中旬华兴公司正式批复，该项目1月底完工。华兴公司虽认为分公司有不当之处，但考虑工期紧，分公司向来经营情况较好，项目建设符合发展需要，未追究相关人员的责任。

**解答：**

（1）事项（1）投资控制设计和运行都存在缺陷：①由证券部直接支取款项使

授权与执行职务未分离，损害款项安全。应建议华兴公司从资金账户支取款项时，由会计部审核和记录，由证券部办理。②与证券投资有关的活动要由两个以上部门控制。有关的协议未经独立的部门审核，会使有关条款未全部在协议中载明，可能存在协议外约定。建议华兴公司与营业部协议应经会计部或法律部审查。证券部自己办理证券买卖的会计处理，业务的执行与记录不相容职务未分开，并且未得到适当的授权和批准。月末会计部门汇总登记投资记录，未及时按每一种证券分别核算设立明细账详细核算。

（2）事项（2）融资控制设计和运行都存在缺陷，借款应得到适当的授权或批准。建议华兴公司在公司章程或协议中具体规定股东大会、董事会、经营班子的有关筹资的权限和批准程序。

（3）事项（3）投资控制运行存在缺陷：①从国外引进专利技术这种重大活动应该经过专家论证和集体决策；重大合同的签订应当对关键条款认真推敲和斟酌，并由律师和相关专家组成的团队与对方谈判。

（4）事项（4）对分公司管理控制存在缺陷：①分公司不能独立在项目尚未批准前就边设计边招标施工；②应该建立对重大经济活动违规运作的处罚制度。

## 第三节　筹资与投资循环的实质性程序

### 一、短期借款的实质性程序

对短期借款进行实质性程序，主要应包括以下内容。

（1）获取或编制短期借款明细表。注册会计师应首先获取或编制短期借款明细表，复核其加计数是否正确，并与明细账和总账核对相符。

（2）函证短期借款的实有数。注册会计师应在期末短期借款余额较大或认为必要时向银行或其他债权人函证短期借款。

（3）检查短期借款的增减。对年度内增加的短期借款，应检查借款合同和授权批准，了解借款的数额、条件、日期、还款期限、借款利率，并与相关会计记录相核对。对年度内减少的短期借款，应检查相关记录和原始凭证，核实还款数额。

（4）检查有无到期未偿还的短期借款。注册会计师应检查相关记录和原始凭证，检查被审单位有无到期未偿还的短期借款，如有，则应查明是否已向银行提出申请并经同意后办理延期手续。

（5）复核短期借款利息。注册会计师应根据短期借款的利率和期限，复核被审单位短期借款的利息计算是否正确，有无多算或少算利息的情况，如有，应做出记录，必要时进行调整。

（6）检查外币借款的折算。如果被审单位有外币短期借款，应检查外币短期借款的增减变动是否按业务发生时的市场汇率或期初市场汇率折合为记账本位币金额，期末是否按市场汇率将外币短期借款余额折合为记账本位币金额，折算差额是否按规定进行会计处理，折算方法是否前后期一致。

（7）检查短期借款在资产负债表上的反映是否恰当。企业的短期借款在资产负债表上通常设“短期借款”项目单独列示，对于因抵押而取得的短期借款，应在资产负债表附注中揭示，注册会计师应注意被审单位对短期借款项目的反映是否充分。

**【案例10－2】** 注册会计师丁颖在审查希尔有限公司“短期借款——生产周转借款”使用情况时发现，该公司2013年6月到12月平均贷款金额为82万元，存货合计为25万元，其他应收款为42万元。丁颖分析认为：希尔有限公司其他应收款比重过大，可能有非法使用或占用短期借款的行为。

**【解答】**

首先，丁颖调阅了6月1日借入“短期借款”的12号凭证，其记录为：

借：银行存款　　390 000

　　贷：短期借款——生产周转借款　　390 000

12号凭证附有“入账通知”和“借款契约”两张凭证，借款期限为6个月。丁颖追踪调查存款的去向，在审阅银行存款日记账时，发现6月25日银付字101号凭证，减少银行存款38万元。调阅该凭证时，其记账凭证分录为：

借：其他应收款　　380 000

　　贷：银行存款　　380 000

其摘要为“汇款给×公司货款”。经核实，以上凭证所记录汇出款，是希尔有限公司为职工垫付的购买60台热水器的款项，李琳负责向职工收回垫付款，全部货款于本年7月到12月陆续收回。

丁颖认为，希尔有限公司为职工垫付的款项，实际上是占用短期借款，未按借款用途使用，同时增加了公司的财务费用。丁颖向希尔有限公司提出上述问题，希尔有限公司相关人员承认确有此事。

上述问题查实后，丁颖提出处理意见：希尔有限公司收回的垫付款应归还借款，已入账的借款利息由职工承担。按借款占用时间计算，应承担利息2.3万元，希尔有限公司应调整有关账簿分录，会计分录如下：

（1）按规定记录向职工收回的利息时；

借：其他应收款　　23 000

　　贷：财务费用　　23 000

（2）归还借款时：

借：短期借款　　380 000

　　贷：财务费用　　23 000

　　　　银行存款　　403 000

## 二、长期借款的实质性程序

长期借款的实质性程序同短期借款的实质性程序较为相似，一般包括以下工作。

（1）获取或编制长期借款明细表，复核其加计数是否正确，并与明细账和总账核对相符。

（2）了解金融机构对被审计单位的授信情况以及被审计单位的信用等级评估情况，了解被审计单位获得短期借款和长期借款的抵押和担保情况，评估被审计单位的信誉和融资能力。

（3）对年度内增加的长期借款，应检查借款合同和授权批准，了解借款的数额、条件、日期、利率、还款期限，并与相关会计记录相核对。

（4）检查长期借款的使用是否符合借款合同的规定，重点检查长期借款使用的合理性。

（5）向银行或其他债权人函证重大的长期借款。

（6）对年度内减少的长期借款，应检查相关记录和原始凭证，核实还款数额。

（7）检查年末有无到期未偿还的借款，逾期借款是否办理了延期手续，分析计算逾期贷款的金额、比率和期限，判断被审单位的资信程度和偿债能力。

（8）检查一年内到期的长期借款是否已转列为流动负债。

（9）计算短期借款、长期借款在各个月份的平均余额，选取适用的利率匡算利息支出总额，并与财务费用的相关记录核对，判断被审单位是否高估或低估利息支出，必要时进行适当调整。

（10）检查非记账本位币折合记账本位币采用的折算汇率，折算差额是否按规定进行会计处理。

（11）检查借款费用的会计处理是否正确。予以资本化的借款费用是否符合企业会计准则规定的可以予以资本化的条件。借款费用的披露是否恰当。

（12）检查企业抵押长期借款的抵押资产的所有权是否属于企业，其价值和实现状况是否与抵押契约中的规定相一致。

（13）检查长期借款是否已在资产负债表上充分披露。

注册会计师应根据审计结果，确定被审计单位长期借款在资产负债表上的列示是否充分，长期借款的抵押和担保是否已在会计报表注释中作了充分的说明。

## 三、应付债券的实质性程序

应付债券的实质性程序一般包括以下工作。

（1）取得或编制应付债券明细表。注册会计师应首先取得或编制应付债券明细表，并同有关的明细分类账和总分类账核对相符。

（2）检查债券交易的有关原始凭证。检查债券交易的各项原始凭证，是确定应付债券金额及其合法性的重要程序，注册会计师应做好以下工作：①检查企业现有债券副本，确定其发行是否合法，各项内容是否同相关的会计记录相一致；②检查企业发行债券所收入现金的收据、汇款通知单、送款登记簿及相关的银行对账单；③检查用以偿还债券的支票存根，并检查利息费用的计算；④检查已偿还债券数额同应付债券借方发生额是否相符；⑤如果企业发行债券时已作抵押或担保，还应检查相关契约的履行情况。

（3）检查应计利息、债券折（溢）价利息调整及其会计处理是否正确。此项工作一般可通过检查债券利息、利息调整等账户分析表进行。对附有赎回选择权的可转换公司债券，还应关注其在赎回日可能支付的利息补偿金的会计处理是否正确。

（4）函证期末余额。向债权人及债券的承销人或包销人进行函证。函证内容应包括应付债券的名称、发行日、到期日、利率、已付利息期间、年内偿还的债券、资产负债表日尚未偿还的债权及其他注册会计师认为应包括的其他重要事项。

（5）检查到期债券的偿还。对到期债券的偿还，注册会计师应检查相关会计记录，检查其会计处理是否正确。对可转换公司债券持有人将其持有的债券转换为股票，则应检查其转股的会计处理是否正确。

（6）检查应付债券是否已在资产负债表上充分披露。注册会计师应根据审计结果，确定被审计单位应付债券在会计报表上的反映是否充分，有关应付债券的类别是否已在会计报表注释中做了充分的说明。

**【案例 10－3】**注册会计师审阅某公司发行债券的相关资料时，发现一张记账凭证上的会计分录如下。

借：银行存款　　300 000

　　应付债券——利息调整　　100 000

　　贷：应付债券——债券面值　　400 000

调阅相关文件和章程，得知规定的发行价款为 40 万元，发行期 5 年。该记账凭证所附原始凭证全部为该公司内部职工购券。

**要求：**指出上述业务存在的问题，并提出处理意见。

**【解答】**该公司为了给职工谋福利，违反公司章程，以折价方式发行债券。查清此问题后，应责令该公司按章程规定发行债券，限期收回非法折价发行金额，并做出如下会计处理。

借：银行存款　　100 000

　　贷：应付债券——利息调整　　100 000

## 四、所有者权益的实质性程序

### （一）股本的实质性程序

（1）审阅公司章程、实施细则和股东大会、董事会会议记录。

注册会计师应向被审计单位索取公司章程、实施细则和股东大会、董事会会议记录的副本，认真研究其中有关股本的规定，了解核定股份和已发行股份的份数、股票面值、股票收回、股票分割及认股权证等，从而确定被审单位股本的交易是否符合有关的法规规定及股东大会或董事会的决议。

（2）检查股东是否按照公司章程、合同、协议规定的出资方式出资，各种出资方式的比例是否符合规定。

注册会计师审计时，应当了解企业章程、合同、协议中出资方式、出资比例，确定其内容的合法性。然后具体分析企业实际募股时，是否存在与公司章程、合同、协议内容存在差异的情况，了解形成差异的原因，将有关的问题与公司有关人员协商，对审计过程及有关问题的处理，以适当的方式记录于工作底稿中。

（3）索取或自己编制股本明细表。注册会计师应向被审单位索取或自己编制股本明细表，作为永久档案存档，以供本年度和以后年度检查股本时使用。股本明细表的内容应包括各类股本变动的详细记载及有关的分析评价。编制时应将每次变动情况逐一记载并与有关的原始凭证和会计账目进行核对。

（4）检查股票的发行、收回等交易活动。检查与股票发行、收回有关的原始凭证和会计记录，是验证股票发行、收回是否确实存在的重要步骤。应检查的原始凭证包括已发行股票的登记簿、向外界收回的股票、募股清单、银行对账单收回的股票、募股清单、银行对账单等。会计记录则主要包括银行存款日记账与总账、股本明细账与总账等。

（5）函证发行在外的股票。注册会计师应检查已发行的股票数量是否真实，是否均已收到股款或资产。我国目前股票发行和转让大都由企业委托证券交易所和金融机构进行，由证券交易所和金融机构对发行在外的股票份数进行登记和控制，所以在审计时可采取与证券交易所和金融机构函证及查阅的方法来验证发行股份的数量，并与股本账面数额进行核对，确定是否相符。

（6）检查股票发行费用的会计处理。发行股票时，一般要发生股票的印刷费和委托其他单位发行股票时的手续费、佣金等。注册会计师应检查相关会计记录和原始凭证，确定被审计单位对股票发行费用的会计处理是否正确。

（7）检查股本是否已在资产负债表上恰当披露。注册会计师应核对被审单位资产负债表中股本项目的数字是否与审定数相符，并检查是否在会计报表附注中披露与股本有关的重要事项，如股本的种类、各类股本金额及股票发行的数额、每股股票的面值、本会计期间发行的股票等。

2. 实收资本的实质性程序

（1）索取被审单位合同、章程、营业执照及有关董事会会议记录。注册会计师应向被审单位索取合同、章程、营业执照及有关董事会会议记录，并认真审阅其中的有关规定。

（2）索取或编制实收资本明细表。注册会计师应向被审单位索取或自行编制实收资本明细表，作为永久性档案存档，以供本年度和以后年度检查投入资本时使用。

（3）检查出资期限、出资方式和出资额。注册会计师应检查投资者是否已按合同、协议、章程约定时间缴付出资额，其出资额是否经中国注册会计师验证，已验资者，应查阅验资报告。

（4）检查投入资本的真实性。注册会计师应通过对有关原始凭证、会计记录的审阅和核对，向投资者函证实缴资本额，对有关财产和实物的价值进行鉴定，确定投入资本的真实存在。检查时，应注意投入的现金是否已确实存入企业的开户银行，收到银行的收款通知；投入的实物资产是否已办理了验收手续并列具登记清单，对房地产类固定资产应检查其所有权或使用权证明文件，对设备类固定资产应检查采购发票，对融资租入固定资产应检查其租赁合同；投入的无形资产应检查是否已办理了法律手续，接收了有关技术资料。

（5）检查实收资本的增减变动。对于实收资本的增减变动，注册会计师应查明原因，查阅其是否与董事会纪要、补充合同、协议及有关法律文件的规定一致。

（6）检查外币出资时实收资本的折算。企业对实际收到的外币出资，可以采用合同约定的市场汇率折合为记账本位币记账；合同没有约定的，按收到时的市场汇价折合。由于有关资产账户与实收资本账户所采用的折合汇率不同而产生的记账本位币差额，作为资本公积核算。

（7）检查实收资本是否已在资产负债表上恰当披露。注册会计师应在实施上述审计程序的基础上，确定被审计单位资产负债表上的实收资本的反映是否正确，并确定有关投入资本是否在会计报表附注中予以分类揭示。

**【例 10－4】** 企业 2002 年 12 月 31 日实收资本账户记录为 80 万元，资本公积账户记录为 20 万元。2003 年根据企业发展需要，经董事会决定，吸收 A 公司投资 20 万元。注册资本已办理变更登记，调整为 100 万元。3 月 1 日 A 公司以一台精密车床投入该企业。经评估确认其价值为 21 万元。企业对该项投资的账务处理如下。

借：固定资产　　210 000

　　贷：实收资本——A 公司　　210 000

**要求：** 对该企业吸收 A 公司投资账务处理进行审计。

**【解答】** 该企业吸收 A 公司投资 20 万元，则其注册资本为 100 万元，A 公司占注册资本的 20%。即该企业原来的实收资本仅占增资后的 80%。同理可证，该企业原来的资本公积 20 万元也仅占增资后的 80%，则 A 公司投资后，也必须相应追加 20% 资本公积，则（20 ÷ 80%）× 20% = 5，即原资本公积 20 万元仅占 80%，20 ÷ 80% 求出现应有的资本公积，同时 A 公司必须在资本公积中也占 20%，因此 A 公司至少必须补投 4 万元。

接受固定资产投资时分录如下。

借：固定资产——精密车床　　210 000

　　其他应收款　　40 000

　　贷：实收资本——A 公司　　200 000

　　　　资本公积　　50 000

待收到补投4万元，再做一下分录。

借：银行存款　　40 000

　贷：其他应收款　　40 000

3. 资本公积的实质性程序

（1）检查资本公积增减变动的内容及其依据。注册会计师应首先检查资本公积增减变动的内容及其依据，并查阅相关会计记录和原始凭证，确认资本公积增减变动的合法性和正确性。

（2）检查资（股）本溢价。对资本溢价应检查是否在企业吸收新的投资者时形成，资本溢价的确定是否按实际出资额扣除其投资比例所占的资本额计算，其投资是否经企业董事会决定并已报原审批机关批准；发行是否合法，是否经有关部门批准，股票发行价格与面值的差额是否全部计入资本公积，是否已扣除委托证券商代理发行股票而支付的手续费、佣金（减去发行股票冻结期间所产生的利息收入）。

（3）检查其他资本公积。

（4）检查资本公积转赠资本是否经授权批准。注册会计师应检查资本公积转增资本是否经董事会、股东大会决定并报工商行政管理机关批准，并依法办理增资手续。

（5）检查资本公积是否已在资产负债表上恰当披露。注册会计师应进一步核实企业的资本公积是否在资产负债表中单项列示，并在会计报表附注中说明资本公积的期末余额及期初至期末间的重要变化。

4. 盈余公积的实质性程序

（1）获取或编制盈余公积明细表。注册会计师应首先获取或编制盈余公积明细表，分别列示法定盈余公积、任意盈余公积和公益金，并与明细账和总账的余额核对相符。对盈余公积各明细项目的发生额，应逐项检查其原始凭证。

（2）检查盈余公积的提取。对盈余公积的提取，注册会计师主要应检查盈余公积提取是否符合规定并经过批准，提取手续是否完备，提取的依据（税后利润）是否真实、正确，提取项目是否完整，提取比例是否合法，有无多提或少提。

（3）检查盈余公积的使用。注册会计师应检查盈余公积的使用是否符合规定用途并经过批准。

（4）检查盈余公积是否已在资产负债表上恰当披露。企业的法定盈余公积、任意盈余公积、公益金应合并在盈余公积中并在资产负债表中列示，股份有限公司盈余公积和公益金项目则在资产负债表中分项列示，同时还应在会计报表附注中说明各项盈余公积的期末余额及其期初至期末间的重要变化。注册会计师对此应加以检查。

5. 未分配利润的实质性程序

（1）检查利润分配比例是否符合合同、协议、章程以及董事会纪要的规定，利润分配数额及年末未分配数额是否正确。

（2）根据审计结果调整本年损益数，直接增加或减少未分配利润，确定调整后的未分配利润数。

（3）检查未分配利润是否已在资产负债表上恰当披露。

## 五、长期股权投资的实质性程序

（1）获取或编制长期股权投资明细表，复核加计正确，并与总账数和明细账合计数核对相符；结合长期股权投资减值准备科目与报表数核对相符。

（2）根据有关合同和文件，确认股权投资的股权比例和持有时间，检查股权投资核算方法是否正确。通过询问管理当局或函证检查企业有哪些投资项目适合权益法核算，企业是否对这些项目采用了权益法。

（3）对于重大的投资，向被投资单位函证被审计单位的投资额、持股比例及被投资单位发放股利等情况。

（4）对于应采用权益法核算的长期股权投资，获取被投资单位已经注册会计师审计的年度财务报表，如果未经注册会计师审计，则应考虑对被投资单位的财务报表实施适当的审计或审阅程序。

①复核投资收益时，应以取得投资时被投资单位各项可辨认资产等的公允价值为基础，对被投资单位的净利润进行调整（包括实施必要的关联交易抵销）后加以确认；被投资单位采用的会计政策及会计期间与被审计单位不一致的，应当按照被审计单位的会计政策及会计期间对被投资单位的财务报表进行调整，据以确认投资损益。

②将重新计算的投资收益与被审计单位所计算的投资收益相核对，如有重大差异，则查明原因，并提出适当的审计调整建议。

③检查被审计单位按权益法核算长期股权投资，包括确认应分担被投资单位发生的净亏损。审计时，应检查被审计单位会计处理是否正确。

④检查除净损益以外被投资单位所有者权益的其他变动，是否调整计入所有者权益。

（5）对于采用成本法核算的长期股权投资，检查股利分配的原始凭证及分配决议等资料，确定会计处理是否正确；对被审计单位实施控制而采用成本法核算的长期股权投资，比照权益法编制变动明细表，以备合并报表使用。

（6）对于成本法和权益法相互转换的，检查其投资成本的确定是否正确。应注意被审单位因股权变动由成本法改为权益法时，投资成本与享有的被投资单位所有者权益份额的差额是否作为股权投资差额，并按规定期限分摊。

（7）确定长期股权投资的增减变动的记录是否完整。

①检查本期增加的长期股权投资，追查至原始凭证及相关的文件或决议及被投资单位验资报告或财务资料等，确认长期股权投资是否符合投资合同、协议的规定，并已确实投资，会计处理是否正确。

②检查本期减少的长期股权投资，追查至原始凭证，确认长期股权投资的收回有合理的理由及授权批准手续，并已确实收回投资，会计处理是否正确。

应特别注意当期（尤其是会计年度结束前）发生的重大股权转让，应当审阅股权转让合同、协议、董事会和股东大会决议，分析是否存在不等价交换，判断被审单位是否通过不等价股权转让调节利润，粉饰财务状况；对于本年度内取得股权的，应分析被审单位根据被投资单位的净损益确认投资收益时，是否以取得股权后发生的净损益为基础，应特别注意股权转让协议是否存在倒签日期的现象，股权转让涉及的款项是否已经支付或收取。

（8）期末对长期股权投资进行逐项检查，以确定长期股权投资是否已经发生减值。

（9）结合银行借款等的检查，了解长期股权投资是否存在质押、担保情况。如有，则应详细记录，并提请被审计单位进行充分披露。

（10）确定长期股权投资在资产负债表中已恰当列报。与被审计单位人员讨论确定是否存在被投资单位由于所在国家和地区及其他方面的影响，其向被审计单位转移资金的能力受到限制的情况。如存在，应详细记录受限情况，并提请被审计单位充分披露。

（11）检查长期股权投资业务是否符合国家的限制性规定。对于长期投资业务的检查，首先，应在计算企业长期投资占企业净资产比例的基础上，查明企业长期投资业务是否符合国家在此方面的限制性规定；其次，应查阅企业最高管理层或董事会有关开展长期投资业务的会议记录或决议，以确认企业长期投资业务是否经过批准；最后，将有关证券买卖凭证或有关投资协议、合同、章程等资料与批准的文件和有关货币资金（或固定资产、无形资产等）的收支（或增减）相互核对，并核对各类长期投资总账与明细分类账，根据长期投资账实、账账的相符情况，来判断其投出和收回金额计算的正确性。

**【案例 10－5】**注册会计师丁颖在对希尔有限公司的对外投资活动的审查中，通过检查长期股权投资的账户、审阅对外投资有关文件资料等，发现了有一项专利技术向某单位投资的记录，在计价方面存在不真实、不准确的问题，即该企业以无形资产对外投资，按规定计价应按投出时签订的合同、协议的价值或评估确认的金额计价。但是，丁颖看到的是，“长期股权投资”账户反映该项投资的计价是 350 000 元，从调阅的文件中表明，经有关方面对该项专利技术评估确定的价值是 400 000 元，相差 50 000 元。丁颖初步认为，这是一笔未按规定、少计对外投资价值的活动，决定对少计的原因和结果做进一步的查证。

**[解答]**

丁颖对“长期股权投资”账户下的专利技术明细账户记录做了进一步的查证，并调阅了这笔投资的有关记账凭证。经核对与查证，认为该技术在计价上不存在错误。丁颖对该项专利进行调查分析，并根据对外投资当时的技术市场情况，由有关专业机构来对该项技术进行多次重估，并将重估确定的价值与账面核对，认为少计

50 000元。对少计的原因、结果等情况，丁颖经过调查、询问、研究分析，进一步扩大了查账范围，延伸到“银行存款”“其他应收款”等账户，并调阅了相关的记账凭证，了解证实了该企业征得希尔公司的同意后，双方以350 000元入账，但希尔公司另付给该企业30 000元的现金回扣，并将其记录入“其他应付款”账户。

2013年3月12日第48号记账凭证的分录是：

借：长期股权投资 350 000

　　贷：无形资产——专利技术 350 000

收取回扣时的记账凭证的分录是：

借：库存现金 30 000

　　贷：其他应付款 30 000

丁颖确认，公司对外投资少计并从中收取回扣的行为是错误的，造成会计处理不真实、不准确。

建议对投资进行调整：

借：长期股权投资 50 000

　　贷：资本公积 50 000

对退回其收取的回扣进行处理：

借：库存现金 30 000

　　贷：其他应付款 30 000

借：其他应付款 30 000

　　贷：库存现金 30 000

## 六、交易性金融资产的实质性程序

（1）获取或编制交易性金融资产明细表。

①复核加计正确，并与报表数、总账数和明细账合计数核对是否相符。

②检查非记账本位币交易性金融资产的折算汇率及折算是否正确。

（2）检查被审计单位对交易性金融资产的分类是否正确，是否符合企业会计准则的规定。

①与管理层讨论，分析被审计单位持有该金融资产的意图和能力，并获取相应的审计证据，判断交易性金融资产的分类是否正确。

②与上年度明细项目进行比较，确定是否存在重新分类情形。

（3）检查交易性金融资产是否存在，关注票面金额是否正确。

①获取归类为交易性金融资产的股票、债券、基金等账户对账单，与明细账余额核对。

②获取或编制交易性金融资产盘点表，对交易性金融资产实施监盘程序。检查交易性金融资产名称、数量、票面价值、票面利率等内容，与相关账户余额进行核对。如有差异，查明原因。

③如交易性金融资产在审计工作日已售出或兑换，则追查至相关原始凭证，以确认其在资产负债表日存在。

④对于在外保管的交易性金融资产，查阅有关保管的文件，必要时可向保管人函证，复核并记录函证结果。了解在外保管的交易性金融资产实质上是否为委托理财。如是，应详细记录，分析资金的安全性和可收回性，提请被审计单位调整，并充分披露。

（4）检查交易性金融资产的会计记录是否完整，是否归被审计单位所有，关注交易性金融资产的变现是否存在重大限制。

①取得有关账户流水单，对照检查账面记录是否完整。检查购入交易性金融资产是否为被审计单位拥有。

②向相关机构发函，并确定是否存在变现限制，同时记录函证过程。如有，则查明情况，并提请被审计单位做适当调整。

（5）检查交易性金融资产的计价是否正确。

①复核交易性金融资产计价方法，检查其是否按公允价值计量，前后期是否一致。

②复核公允价值取得依据是否充分。公允价值与账面价值的差额是否计入公允价值变动损益科目。

（6）抽取交易性金融资产增减变动的相关凭证，检查其原始凭证是否完整合法，会计处理是否正确。

①对于增加的交易性金融资产，应检查成本、交易费用和相关利息或股利的会计处理是否符合规定。

②对于减少的交易性金融资产，应检查出售交易性金融资产时其成本结转及会计处理是否正确。

（7）针对评估的舞弊风险等因素增加的审计程序。

（8）检查交易性金融资产是否按照企业会计准则的规定恰当列报。

**[案例 10－6]** 项目组在审计华兴公司 2013 年财务报表时发现：2013 年 10 月 1 日华兴公司将持有的新华公司债券（华兴公司将其初始确认为可供出售金融资产）出售给金凯公司，取得价款 2 500 万元已于当日收存银行；同时，华兴公司与金凯公司签署协议，约定 2013 年 12 月 31 日按 2 524 万元的价格回购该债券，该债券的初始确认金额为 2 400 万元，假定截止到 2013 年 10 月 1 日，其公允价值一直未发生变动。当日，华兴公司终止确认了该项目可供出售金融资产，并将收到的价款 2 500 万元与其账面价值 2 400 万元之间的差额计入了当期损益（投资收益）。

**解答：**

该事项的会计处理不正确。

根据金融资产转移会计准则的规定，在附有回购协议的金融资产出售中，转出方将予以回购的资产与售出的金融资产相同或实质上相同，回购价格固定或是原售价加上合理回报的，不应终止确认所出售的金融资产。其调整分录为：

借：可供出售金融资产 24 000 000

投资收益 1 000 000

贷：其他应付款 25 000 000

借：财务费用 240 000

其他应付款 25 000 000

贷：银行存款 25 240 000

### 七、持有至到期投资的实质性程序

（1）获取或编制持有至到期投资明细表：

①复核加计正确，并与总账数和明细账合计数核对是否相符；结合持有至到期投资减值准备科目与报表数核对是否相符。

②检查非记账本位币持有至到期投资的折算汇率及折算是否正确。

（2）检查被审计单位对持有至到期投资的分类是否正确，是否符合企业会计准则的规定：

①与管理层讨论，分析被审计单位持有该金融资产的意图和能力，并获取相应的审计证据，判断持有至到期投资的分类是否正确。

②与上年度明细项目进行比较，确定是否存在重新分类情形。若存在，会计处理是否符合企业会计准则的规定。

③检查持有至到期投资与可供出售金融资产相互重分类的依据是否充分，会计处理是否正确。

（3）检查持有至到期投资是否存在，票面金额是否正确，是否归被审计单位所拥有，关注持有至到期投资是否存在质押等担保的情况。

①获取或编制持有至到期投资盘点表，对持有至到期投资实施监盘程序。检查持有至到期投资名称、数量、票面价值、票面利率等内容，并与相关账户余额进行核对。如有差异，查明原因。

②如持有至到期投资在审计日已售出或兑换，则追查至相关原始凭证，以确认其在资产负债表日存在。

③对于在外保管的持有至到期投资，查阅有关保管的文件，必要时可向保管人函证。关注在外保管的持有至到期投资是否用于委托理财，如是，则应详细记录，分析资金的安全性和可收回性，提请被审计单位重新分类，并充分披露。

④如可以向证券公司等获取对账单的，应取得对账单，并与明细账余额核对，必要时，向其发函询证，以确认是否存在。如有差异，查明原因。

（4）分别自本期增加、本期减少中选择适当项目，追查至原始凭证，检查其是否经授权批准，确认有关持有至到期投资的取得（包括购入、非货币性资产交换、债务重组方式等）、售出、处置及投资收益金额正确，记录完整。

（5）确定持有至到期投资的计价正确。

①检查持有至到期投资初始计量正确；复核其计价方法，检查是否按摊余成本计量，前后期是否一致。

②与被审计单位讨论，分析实际利率的依据是否充分。

③按票面利率重新计算应收利息，按持有至到期投资摊余成本和实际利率重新计算确定当期投资收益，并与应收利息（分期付息）或应计利息（到期付息）和投资收益中的相应金额核对。

（6）检查持有至到期投资在资产负债表日是否存在发生减值的客观证据或迹象。若存在，复核被审计单位预计的该项持有至到期投资未来现金流量现值的方法及金额是否正确，会计处理是否正确。

（7）针对识别的舞弊风险等因素增加的审计程序。例如，获取有关账户交易流水单，追查至被审计单位账面记录是否完整等。

（8）检查持有至到期投资是否按照企业会计准则的规定恰当列报。

## 第四节　筹资与投资循环审计实例

2014 年 1 月 10 日到 26 日，信达会计师事务所接受科斯特有限公司的委托，对该公司 2013 年度财务会计报表进行审计。通过了解该单位及其环境，实施风险评估，将投资与筹资循环业务确定为重点审计对象。在对投资与筹资进行控制测试后，根据测试情况，将科斯特有限公司短期借款、实收资本列为审计重点，并进行实质性测试。

注册会计师所做的控制测试、短期借款、实收资本实质性程序工作底稿如表 10－4至表 10－12 所示。

### 一、投资与筹资循环控制测试

投资与筹资循环控制测试见表 10－4。

**表 10－4　　投资与筹资循环控制测试**

| | |
|---|---|
| 被审计单位：科思特有限公司 | 索引号：CZC |
| 项　　目：投资与筹资循环控制测试 | 报表截止日/期间：2013 年 12 月 31 日 |
| 编　　制：Wang | 复核：Li |
| 日　　期：2013 年 11 月 22 日 | 日期：2013 年 11 月 23 日 |

1. 控制测试——筹资

（1）询问程序

通过实施询问程序，科斯特有限公司已确定下列事项：

①本年度未发现任何特殊情况、错报和异常项目；

②财务部门的人员在未得到授权的情况下无法访问或修改系统内数据；

③本年度未发现下列控制活动未得到实行；

④本年度未发现下列控制活动发生变化。

（2）其他测试程序

| 控制目标 | 科思特有限公司的控制活动 | 控制测试程序 | 执行控制的频率 | 所测试的项目数量 | 索引号 |
|---|---|---|---|---|---|
| 已记录的借款均确为公司的负债 | ①公司建立了筹资预算管理制度。每年年初，预算经历编制年度筹资预算，经财务部部长复核并签署意见后上报公司总经理和董事会审批<br>②预计流动资金可能不足时，信贷管理将填写借款申请表，其中：金额在20万元人民币以下的申请应经财务部部长和总经理审批；金额超过人民币20万元的申请应经董事会审批。董事会授权总经理签订借款合同<br>③财务部部长依据审核审批后的借款申请表，与银行洽谈综合授信协议或借款合同主要条款，报总经理审核并签订协议或合同<br>④如签订综合授信协议，信贷管理员根据月度用款计划，在综合授信额度内申请使用款项，并填写综合授信申请，经财务部部长审批后办理借款手续 | 选取借款申请表或综合授信申请，检查其是否得到适当审批 | 1次/季度 | 2 | 略 |
| 借款均已准确记录 | 借贷记账员编制记账凭证，后附综合授信使用申请或借款合同、银行回单等单证交企业会计处主任复核，依据复核无误的记账凭证登记短期借款明细账 | 选取借款合同，并检查其是否与账务记录一致 | 1次/季度 | 2 | 略 |
| 借款均已记录 | ①借贷管理员根据综合授信协议或借款合同，逐笔登记借贷备查账<br>②信贷管理员保管综合授信协议或借款合同，逐笔登记借款备查账<br>③每月末，借贷管理员与信贷记账员核对借款备查账与借款明细账，编制核对表报企业会计处主任复核。如有任何差异，立即调查原因 | 选取借款合同，并检查其是否与账务记录一致 | 1次/月度 | 3 | 略 |
| 借款均已于适当期间进行记录 | 借贷管理员按月汇总编制信贷情况表，内容包括授信额度总额、已使用额度、累计贷款金额、本月新增贷款总额以及预计下月到期贷款总额等，交财务部长审核后上报总经理和董事会 | 选取信贷情况表，并检查其是否得到复核 | 1次/月度 | 2 | 略 |

续表

| 控制目标 | 科思特有限公司的控制活动 | 控制测试程序 | 执行控制的频率 | 所测试的项目数量 | 索引号 |
|---|---|---|---|---|---|
| 财务费用均已准确计算并于适当期间进行记录 | ①每季末，信贷记账员根据银行借款利息回单编制付款凭证，并附相关单证。在完成对付款凭证及相关单证的复核后，企业会计处主任在付款凭证上签字，以此作为复核证据，并在所有单证上加盖“核销”印戳。<br>②如未能及时取得银行借款利息回单，信贷管理员根据借款利率估算应付利息，经企业会计处主任复核后，由信贷记账员进行账务处理。同时，该金额还将与当月编制的银行存款余额调节表中体现的银行已划转的利息金额相核对 | 选取银行借款利息回单，并检查其是否准确、及时记录 | 1次/季度 | 2 | 略 |
| 已记录的偿还借款均为真实发生的 | 信贷管理员按月汇总编制信贷情况表，内容包括授信额度总额、已使用额度、累计贷款金额、本月新增贷款总额以及下月到期贷款总额等，交财务部长审核后上报总经理和董事会 | 选取信贷情况表，并检查其是否得到复核 | 1次/月 | 3 | 略 |
| 偿还借款均已准确记录 | ①信贷管理员根据综合授信协议或借款合同，逐笔登记借款备查账<br>②信贷管理员保管综合授信协议或借款合同，逐笔登记借款备查账<br>③每月末，信贷管理员与信贷记账员核对借款备查账与借款，编制核对表，报企业会计处主任复核。如有任何差异，立即调查原因 | 选取借款备查账记录，检查其是否与财务记录一致 | 1次/月 | 3 | 略 |
| 偿还借款均已记录 | ①信贷记账员编制记账凭证，后附银行还款本息回单等单证，交企业会计处主任复核，经复核无误后登记短期借款明细账。<br>②信贷管理员在借款备查账中记录借款归还情况<br>③每月末，信贷管理员与信贷记账员核对借款备查账，编制核对表，报企业会计处主任复核。如有任何差异，立即调查原因 | 选取借款备查账记录，检查其是否与财务记录一致 | 1次/月 | 3 | 略 |

| 控制目标 | 科思特有限公司的控制活动 | 控制测试程序 | 执行控制的频率 | 所测试的项目数量 | 索引号 |
|---|---|---|---|---|---|
| 偿还借款均已于适当期间进行记录 | 每月末，信贷管理员与信贷记账员核对借款备查账与借款明细账，编制核对表，报企业会计处主任复核。如有任何差异，立即调查原因。若出现需要进行调整的情况，企业会计处主任将编写调整建议，连同有关支持文件一并提交给财务部长，经复核和审批后进行财务处理 | 选取借款备查账记录，检查其是否与财务记录一致 | 1 次/月 | 3 | 略 |

2. 结论

科斯特有限公司自成立以来没有长期投资业务，所以我们不进行投资业务循环内部控制的了解和评价，也不进行投资业务循环控制测试。

## 二、短期借款实质性程序

1. 短期借款审计目标与认定对应关系表（如表 10－5 所示）

**表 10－5　　审计目标与认定对应关系表**

| 审计目标 | 财务报表认定 | | | | |
|---|---|---|---|---|---|
| | 存在 | 完整性 | 权利和义务 | 计价和分摊 | 列报 |
| A. 资产负载表中记录的短期借款是存在的 | √ | | | | |
| B. 所有应当记录的短期借款均已记录 | | √ | | | |
| C. 记录的短期借款是被审计单位应当履行的现时义务 | | | √ | | |
| D. 短期借款以恰当的金额包括在财务报表中，与之相关的计价调整已恰当记录 | | | | √ | |
| E. 短期借款已按照企业会计准则的规定在财务报表中作出了恰当列表 | | | | | √ |

2. 短期借款审定表（如表 10－6 所示）

**表 10－6　　短期借款审定表**

| | |
|---|---|
| 被审计单位：科思特有限公司 | 索　引　号：FAI |
| 项　　目：短期借款审定表 | 报表截止日/期间：2013 年 12 月 31 日 |
| 编　　制：Jia | 复　　核　:Hu |
| 日　　期：2014 年 1 月 24 日 | 日　　期　:2014 年 1 月 23 日 |

| 项目名称 | 期末未审数 | 账项调整 | | 本期未定数 | 上期审定数 |
|---|---|---|---|---|---|
| | | 借方 | 贷方 | | |
| 信用贷款 | 780 000 000. 00 | | | 780 000 000. 00 | 616 520 000. 00 |
| 抵押贷款 | | | | | |
| 质押贷款 | | | | | |
| 保证贷款 | | | | | |
| | | | | | |
| 合计 | 780 000 000. 00 | | | 780 000 000. 00 | 616 520 000. 00 |

审计结论

报表数经审计后无调查事项、可以确认。

3. 短期借款明细表（如表 10－7 所示）

**表 10－7**

## 短期借款明细表

| | | | |
|---|---|---|---|
| 被审计单位：科思特有限公司 | | 索　引　号： | FA2 |
| 项　　目： | 短期借款明细表 | 报表截止日/期间： | 2013 年×12 月 31 日 |
| 编　　制： | Jia | 复　　核： | Hu |
| 日　　期： | 2014 年 1 月 22 日 | 日　　期： | 2014 年 1 月 23 日 |

| 贷款银行 | 借款期限 | | | 期初余额 | 本期增加 | | 本期归还 | | 期末余额 | 本期应计利息 | 本期实计利息 | 差异 | 借款条件 | 借款用途 |
|---|---|---|---|---|---|---|---|---|---|---|---|---|---|---|
| | 借款日 | 约定还款日 | 利率 | 本金 | 利率 | 本金 | 提前归还日期 | 本金 | 本金 | | | | | |
| 华夏银行河西支行 | 2 012－02－16 | 2 013－02－16 | 4.74 300% | 40 000 000.00 | | | | 40 000 000.00 | | 15 810.00 | 1 581 000 | | 借用贷款 | 流动资金使用 |
| | 2 012－04－20 | 2 013－04－20 | 4.74 300% | 20 000 000.00 | | | | 20 000 000.00 | | 355 725.00 | 355 725.00 | | | |
| | 2 013－01－04 | 2 014－01－04 | | | 5.20 200.% | 40 000 000.00 | | | 40 000 000.00 | 2 086 580.00 | 2 086 580.00 | | | |
| | 2 013－01－11 | 2 014－01－11 | | | 5.50 800.% | 40 000 000.00 | 2 013－02－27 | 40 000 000.00 | | 287 640.00 | 287 640.00 | | | |
| | 2 013－06－27 | 2 013－12－27 | | | 5.26 500.% | 100 000 000.00 | 2 013－10－15 | 100 000 000.00 | | 1 608 750.00 | 1 608 750.00 | | | |
| | … | … | | … | | … | | … | … | … | … | … | | |
| | 小计 | | | 140 000 000.00 | | 320 000 000.00 | | 320 000 000.00 | 140 000 000.00 | 10 614 691.25 | 10 614 691.25 | | | |
| 建设银行柳巷支行 | 2 012－05－15 | 2 013－02－16 | 5.26 500% | 30 000 000.00 | | | | 30 000 000.00 | | 500 175.00 | 500 175.00 | | 借用贷款 | 流动资金使用与固定资金使用 |
| | 2 012－02－21 | 2 013－07－31 | | | | 30 000 000.00 | 2 013－07－30 | 30 000 000.00 | | 736 762.5 | 736 762.5 | | | |
| | 2 013－06－27 | 2 013－12－26 | | | 5.02 200.% | 10 000 000.00 | 2 013－10－15 | 100 000 000.00 | | 1 608 750.00 | 1 608 750.00 | | | |
| | 2 013－06－28 | 2 013－09－28 | | | 5.26 500.% | 20 000 000.00 | 2 013－08－04 | 20 000 000.00 | | 108 225.00 | 108 225.00 | | | |
| | 2 013－12－12 | 2 014－06－11 | | | 5.83 200.% | 20 000 000.00 | | | 20 000 000.00 | 77 760.00 | 77 760.00 | | | |
| | … | … | | … | | … | | … | … | … | … | … | | |
| | 小计 | | | 80 000 000.00 | | 400 000 000.00 | | 360 000 000 | 120 000 000.00 | 7 646 152.50 | 7 646 152.50 | | | |

续表

| 贷款银行 | 借款期限 | | | 期初余额 | 本期增加 | | 本期归还 | | 期末余额 | 本期应计利息 | 本期实计利息 | 差异 | 借款条件 | 借款用途 |
|---|---|---|---|---|---|---|---|---|---|---|---|---|---|---|
| | 借款日 | 约定还款日 | 利率 | 本金 | 利率 | 本金 | 提前归还日期 | 本金 | 本金 | | | | | |
| 晋商银行并州支行 | 2 012 - 09 - 15 | 2 013 - 03 - 15 | 5.02 200% | 20 000 000.00 | | | 2 013 - 03 - 11 | 20 000 000.00 | | 186 930.00 | 186 930.00 | | 信用贷款 | 流动资金使用 |
| | 2 013 - 06 - 16 | 2 013 - 12 - 16 | | | 5.10 300.% | 35 020 000.00 | 2 013 - 09 - 08 | 35 020 000.00 | | 416 983.14 | 416 983.14 | | | |
| | 2 013 - 06 - 27 | 2 013 - 12 - 26 | | | 6.56 100.% | 20 000 000.00 | | | 20 000 000.00 | 65 610.00 | 65 610.00 | | | |
| | … | 1… | | … | | … | 4 | … | … | … | … | | | |
| | 小计 | | | 616 520 000.00 | | 157 088 066.84 | | 1 407 208 066.84 | 780 000 000.00 | 38 937 623.04 | 38 937 623.0 | | | |

审计说明：

科斯特有限公司没有已到期未偿还的短期借款。

审计证据：1. 借款合同。

2. 利率调整通知。

3. 对银行进行函证结果；信息无误。

经测算，应计利息与实计利息无差异。

4. 利息分配检查表(如表 10 - 8 所示)

**表 10 - 8** **利息分配检查表**

| | |
|---|---|
| 被审计单位:科思特有限公司 | 索引号:FA3 |
| 项目:利息分配检查情况表 | 报表截止日/期间:2013 年×12 月 31 日 |
| 编制:Jia | 复核:Hu |
| 日期:2014 年 1 月 23 日 | 日期:2014 年 1 月 24 日 |

| 项目名称 | 实际利息 | 利息(实际利息)分配数 | | | | | 核对是否正确 | 差异原因 |
|---|---|---|---|---|---|---|---|---|
| | | 财务费用 | 在建工程 | 制造费用 | 研发支出 | 合计 | | |
| 光大银行河西支行 | 10 614 691.25 | 10 614 691.25 | | | | 10 614 691.25 | 是 | |
| 建设银行柳巷支行 | 7 646 152.50 | 5 968 491.90 | 1 677 660.60 | | | 7 646 152.50 | 是 | |
| 晋商银行并州支行 | 1 706 413.14 | | | | | 1 706 413.14 | 是 | |
| 合计 | 38 937 623.04 | 34 775 737.44 | 4 161 885.60 | | | | 是 | |

审计说明:

为建造符合资本化条件的资产而占用了一半借款,科斯特有限公司根据累计资产支出超过专门借款部分的资产支出加权平均数乘以所占用的一半借款的资本化率,计算确定一般借款应予资本化的利息金额。

经检查,短期借款利息分配正确。

## 5. 利息分配检查表（如表 10－9 所示）

**表 10－9　　短期借款检查情况表**

| | |
|---|---|
| 被审计单位：科思特有限公司 | 索　引　号：FA4 |
| 项　　目：短期借款检查情况表 | 报表截止日/期间：2013 年 12 月 31 日 |
| 编　　制：Jia | 复　　核：Hu |
| 日　　期：2014 年 1 月 23 日 | 日　　期：2014 年 1 月 24 日 |

| 记账日期 | 凭证编码 | 业务内容 | 对应科目 | 金额 | 核对内容（用"√""×"表示） | | | | | 备注 |
|---|---|---|---|---|---|---|---|---|---|---|
| 1 月 12 日 | 0077# | 收光大河西支行借款 | 银行存款 | 40 000 000.00 | √ | √ | √ | √ | √ | 借据、进账单、放款通知单 |
| 2 月 5 日 | 0047# | 还建行柳巷支行短期借款 | 银行存款 | 30 000 000.00 | √ | √ | √ | √ | √ | 建行（贷款）借款凭证 |
| 2 月 27 日 | 1078# | 还光大河西支行借款 | 银行存款 | 40 000 000.00 | √ | √ | √ | √ | √ | 委托付款凭证、放款收回凭证 |
| 5 月 8 日 | 0001# | 收中行广场透支借款 | 银行存款 | 53 352 513.57 | √ | √ | √ | √ | √ | 中行法人账户透支业务回单 |
| 9 月 8 日 | 0968# | 还晋行并州支行法人账户透支款 | 银行存款 | 35 020 000.00 | √ | √ | √ | √ | √ | 晋行转账支票存根、晋行客户回单、付款申请单 |
| 10 月 15 日 | 0331# | 还建行柳巷支行短期借款 | 银行存款 | 100 000 000.00 | √ | √ | √ | √ | √ | 光大（贷款）借款凭证 |
| … | | | | | | | | | | |

核对内容说明；①原始凭证是否齐全；②记账凭证与原始凭证是否相符；③账务处理是否正确；④是否记录与恰当的会计期间；⑤是否经过授权审批。

审计说明：

我们在银行函证回函、短期借款相关信息正确无误的基础上，对科斯特公司短期借款明细账随机抽查，经检查 2013 年度新增银行借款以及还款情况相关的与那时凭证，并与相关会计记录进行核对。

经检查，短期借款可以确认。

## 三、实收资本（股本）实质性程序

1. 实收资本（股本）审计目标与认定对印关系表（如表10－10所示）

**表10－10　审计目标与认定对应关系表**

| 审计目标 | 财务报表认定 | | | | |
|---|---|---|---|---|---|
| | 存在 | 完整性 | 权利与义务 | 计价与分摊 | 列报 |
| A. 资产负债表中记录的实收资本（股本）是存在的 | √ | | | | |
| B. 所有应当记录的实收资本（股本）均已记录，实收资本（股本）的增减变动符合法律、法规和合同章程的规定 | | √ | | | |
| C. 实收资本（股本）以恰当的金额包括在财务报表中 | | | | √ | |
| D. 实收资本（股本）已按照企业会计准则的规定在财务报表上作出了恰当的列报 | | | | | √ |

2. 实收资本（股本）审定表（如表10－11所示）

**表10－11　实收资本（股本）审定表**

被审计单位：科思特有限公司　　索　引　号：QA1
项　　目：实收资本（股本）审定表　　截止日/期间：2013年12月31日
编　　制：Jia　　复　　核：Hu
日　　期：2014年1月25日　　日　　期：2014年1月26日

| 股东名称 | 期末未审数 | 账项调整 | | 重分类调整 | | 期末审定数 | 上期审定数 |
|---|---|---|---|---|---|---|---|
| | | 借方 | 贷方 | 借方 | 贷方 | | |
| 南方公司 | 43 010 640.00 | | | | | 43 010 640.00 | 43 010 640.00 |
| 乙公司 | 29 799 990.00 | | | | | 29 799 990.00 | 29 799 990.00 |
| 丙公司 | 16 170 505.00 | | | | | 16 170 505.00 | 16 170 505.00 |
| 丁公司 | 54 583 887.00 | | | | | 54 583 887.00 | 54 583 887.00 |
| 戊公司 | 48 386 977.44 | | | | | 48 386 977.44 | 48 386 977.44 |
| 合计 | 191 952 000.00 | | | | | 191 952 000.00 | 191 952 000.00 |

审计结论

报表数经审计后无调整事项，可以确认。

3. 实收资本（股本）明细表（如表10－12所示）

表 10－12　　实收资本（股本）明细表

被审计单位：科思特有限公司　　索　引　号：FA1
项　　目：实收资本（股本）审定表　　截止日/期间：2013 年 12 月 31 日
编　　制：Jia　　复　　核：Hu
日　　期：2014 年 1 月 25 日　　日　　期：2014 年 1 月 26 日

| 股东名称 | 期初余额 | 本期增加额 | 本期减少额 | 期末余额 | 备注 |
|---|---|---|---|---|---|
| 南方公司 | 43 010 640.00 | | | 43 010 640.00 | |
| 乙公司 | 29 799 990.00 | | | 29 799 990.00 | |
| 丙公司 | 16 170 505.00 | | | 16 170 505.00 | |
| 丁公司 | 54 583 887.00 | | | 54 583 887.00 | |
| 戊公司 | 48 386 977.44 | | | 48 386 977.44 | |
| 合计 | 191 952 000.00 | | | 191 952 000.00 | |

审计说明：

审计标识：B——与上年结账数核对一致　G——与总分类账核对一致
S——与明细账核对一致　T/B——与试算平衡表核对一致

# 课后复习题

## 一、复习思考题

1. 审查短期借款时应注意把握哪些要点？
2. 审查长期借款业务的合法性与合规性时，审计人员应采取哪些审计程序？
3. 所有者权益审计主要包括哪些内容？其审计程序有哪些？
4. 怎样审查资本公积、盈余公积？
5. 简述长期股权投资内部控制制度的要点。

## 二、案例分析题

1. 资料：华兴公司 2007 年度财务报表净利润为 1 800 万元，审计师李浩审计华兴公司 2007 年度会计报表时发现以下问题。

（1）由于验资后华兴公司长期占用被投资单位 N 公司的资金，公司根据占用资金数额冲减了长期股权投资——N 公司的账面价值。

（2）E 公司系华兴公司于 2007 年 1 月 1 日在国外投资设立的联营公司，其 2007 年度会计报表反映的净利润为 3 600 万元。华兴公司占 E 公司 45% 的股权比例，对其财务和经营政策具有重大影响，所以在 2007 年度会计报表中采用权益法确认了该项投资收益 1 620 万元。E 公司 2007 年度会计报表未经任何审计师审计。

（3）华兴公司拥有K公司一项长期股权投资，账面价值500万元，持股比例30%。2007年12月31日，华兴公司与Y公司签署投资转让协议，拟以450万元的价格转让该项长期股权投资，已收到价款300万元，但尚未办理产权过户手续。华兴公司以该项长期股权投资正在转让之中为由，不再计提减值准备。

要求：

（1）针对事项（1），审计师应当提出什么建议？

（2）针对事项（2），审计师应当考虑发表什么意见类型？为什么？

（3）针对事项（3），审计师下一步应当采取什么措施？

2. 资料：某企业股东大会批准董事会的投资权限为1亿元以下，董事会决定由总经理负责实施。总经理决定由证券部负责总额在1亿元以下的股票买卖。公司划入营业部的款项由证券部申请，由会计部审核，总经理批准后划转入公司在营业部开立的资金账户。经总经理批准，证券部直接从营业部资金账户支取款项。证券买卖、资金存取的会计记录由会计部处理。证券部在某营业部开户的有关协议未经会计部或其他部门审核。根据总经理的批准，会计部已将8千万元汇入该户。证券部处理证券买卖的会计记录，月底将证券买卖清单交给会计部。

要求：指出该企业投资的内部控制存在的问题。

# 第十一章

# 货币资金审计

## 学习目标

1. 理解货币资金业务内部控制要求；
2. 掌握货币资金业务控制测试程序；
3. 掌握货币资金的实质性程序。

## 导读案例

徐某从国内著名财经大学毕业后，进了上海某单位财务科工作，该公司的财务、出纳全由她一人承担，负责保管单位的支票、支票印鉴章等；同时负责出国人员差旅费核销工作。

一天，她像往常一样在审核出国人员王某等人的出国开支账单。忽然，她放下笔，若有所思，盯着手中的出国人员开支登记表足足看了5秒钟后，有了主意。按照规定的操作程序是她凭借出国人员制作的出国费用开支登记表，对多余的外币及有关的出国费用凭证进行审核，然后制作核销表，最后拿着核销表到银行核销，并将多余的外币折算成人民币解回人民币账户。她想："如果我偷偷地侵吞这笔多余的美元，不可能有第二个人知道的。"于是，她第一次侵吞了出国人员王某交给她的剩余美元。

她利用上述方法贪污外币的次数越来越多，币种也丰富起来了，从1997年初到1998年8月，她先后利用职务之便贪污出国人员多余的美元、港币、日元等外币折合人民币18万余元。她甚至开始变着法贪污公款，擅自开具现金支票，提取现金。从1998年2月至9月，她先后采用上述手法贪污人民币15万余元。

**思考与讨论**

1. 本案例中徐某走向错误的原因主要有哪些？
2. 该公司在内部控制上存在哪些明显不足？

# 第一节　货币资金与业务循环

货币资金是企业资产的重要组成部分，是企业资产中流动性最强的一种资产。任何企业进行生产经营活动都必须持有货币资金，货币资金在企业的会计核算中占有重要的位置。根据货币资金存放地点及用途的不同，货币资金分为库存现金、银行存款及其他货币资金。

## 一、货币资金业务与交易循环的关系

1. 与货币资金有关的经济业务发生频繁

由于企业的全部经营活动是将各种资源转换成货币资金，并以货币资金支付各种费用和债务，所以，在资产负债表日，货币资金的余额可能并不大，甚至很可能低于注册会计师确定的重要性水平。但是，如图 11 - 1 所示，货币资金与各业务循环直接相关，在有关账户特别是“银行存款”账户上，发生额会较为频繁出现。

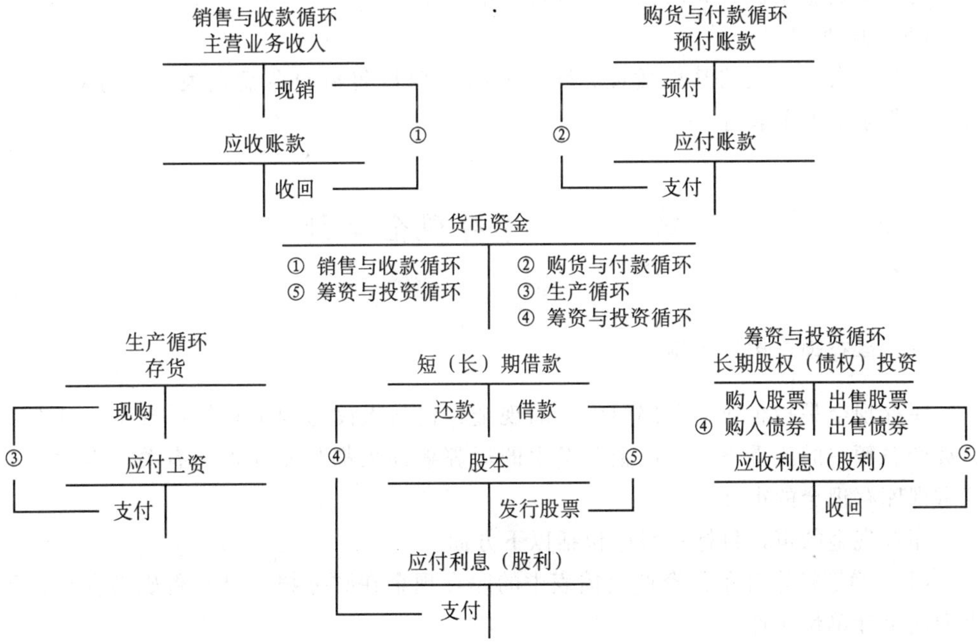


图 11 - 1　货币资金与业务循环的关系

需要说明的是，图中仅选取各业务循环中具有代表性的科目予以图示，并未包括各业务循环中与货币资金有关的全部会计科目。

2. 企业发生的舞弊事件大多与货币资金有关

货币资金是企业进行经营活动必不可少的资产，其流动性强，具有支付手段和流通手段等职能。由于货币资金的收付较频繁，比较容易出现错、漏等情况，也比其他资产更容易被盗窃、挪用和贪污，它往往成为不法分子进行舞弊的首选对象，企业发生的各种舞弊现象也主要涉及货币资金。所以，无论在资产负债表日货币资金的余额是否庞大，审计人员都应重视对货币资金的审计。

### 二、货币资金涉及的凭证、账户和报表项目

货币资金审计涉及的凭证和会计记录主要如下。

（1）原始凭证

与货币资金余额有关的原始凭证包括进账单、收据、借支单等。

（2）记账凭证

与货币资金有关的记账凭证包括收款记账凭证和付款记账凭证。

（3）账户

与货币资金有关的账户包括“现金”日记账和总账、“银行存款”日记账和总账，“备用金”或“其他应收款”等。

（4）报表项目

与货币资金余额有关的报表项目是货币资金。

（5）其他

与货币资金有关的其他凭证、账户和报表项目包括现金盘点表、银行对账单、银行存款余额调节表等。

## 第二节　库存现金审计

### 一、库存现金审计目标

库存现金是指企业财务部门库存的现金，包括人民币现金和外币现金，其在企业资产总额中的比重不大，但企业发生的舞弊事件大都与库存现金有关，因此，应该重视库存现金的审计。

库存现金的审计目标一般应包括以下方面。

（1）确定被审计单位资产负债表中的库存现金在财务报表日是否确实存在，是否为被审计单位所拥有。

（2）确定被审计单位在特定期间内发生的库存现金收支业务是否均已记录完毕，有无遗漏。

（3）确定库存现金余额是否正确。

（4）确定库存现金在财务报表上的披露是否恰当。

## 二、库存现金的控制测试

（一）库存现金的内部控制

库存现金是企业流动性最强的资产，加强库存现金管理对于保护企业资产安全、完整具有重要的意义。在良好的库存现金内部控制制度下，企业的库存现金收支记录及时、准确、完整；全部库存现金支出均符合批准的用途，库存现金得以安全保管。一般而言，一个良好的库存现金内部控制制度应该包括以下几点。

（1）库存现金收支与记账的岗位分离。

（2）库存现金收入、支出要有合理、合法的凭据。

（3）全部收入及时、准确地入账，并且支出要有核准手续。

（4）控制现金坐支，当日收入现金应及时送存银行。

（5）按月盘点库存现金，以做到账实相符。

（6）加强对库存现金收支业务的内部审计。

（二）库存现金内部控制的控制测试

1. 了解库存现金内部控制制度

通常通过库存现金内部控制流程图来了解库存现金内部控制制度。编制库存现金内部控制流程图是库存现金控制测试的重要步骤。注册会计师在编制之前应通过询问、观察等调查手段收集必要的资料，再根据所了解的情况编制流程图。对中小企业，也可采用编写库存现金内部控制说明的方法。若年度审计工作底稿中已有以前年度的流程图，注册会计师可根据调查结果加以修正，以供本年度审计之用。

一般来说，了解库存现金内部控制制度时，注册会计师应当注意检查库存现金内部控制制度是否建立并严格执行。

（1）库存现金的收支是否按规定的程序和权限办理。

（2）是否存在与本单位经营无关的款项收支情况。

（3）是否存在出租、出借银行账户的情况。

（4）出纳与会计的职责是否严格分离。

（5）库存现金是否妥善保管，是否定期盘点、核对等。

2. 抽取并审查收款凭证

如果现金收款内部控制不强，很可能发生贪污舞弊或挪用等情况。例如，在一个小企业中，出纳员同时记应收账款明细账，很可能发生循环挪用的情况。为测试现金收款的内部控制，注册会计师应按现金的收款凭证分类，选取适当的样本量，做如下的检查。

（1）核对库存现金日记账的收入金额是否正确。

（2）核对收款凭证与应收账款明细账的有关记录是否相符。

（3）核对实收金额与销货发票是否一致等。

3. 抽取并审查付款凭证

为测试库存现金付款内部控制，注册会计师应按照现金付款凭证分类，选取适当的样本量，做如下检查。

（1）检查付款的授权批准手续是否符合规定。

（2）核对库存现金日记账的付出金额是否正确。

（3）核对付款凭证与应付账款明细账的记录是否一致。

（4）核对实付金额与购货发票是否相符等。

4. 抽取一定期间的库存现金日记账与总账核对

注册会计师应抽取一定期间的库存现金日记账，检查其有无计算错误，加总是否正确无误，库存现金日记账是否与总分类账核对相符。

5. 检查外币现金的折算方法是否符合有关规定，是否与上年度一致

对于有外币现金的被审计单位，注册会计师应检查外币现金日记账及"财务费用"、"在建工程"等账户的记录，确定企业有关外币现金的增减变动是否按业务发生时的市场汇率或业务发生当期期初的市场汇率折合为记账本位币，选用方法是否前后期保持一致；检查企业的外币现金的余额是否按期末市场汇率折合为记账本位币金额，有关汇兑损益的计算和记录是否正确。

6. 评价库存现金业务的重大错报风险

注册会计师在完成了上述程序之后，即可对库存现金的内部控制制度进行评价。评价时，注册会计师应首先确定库存现金内部控制制度可信赖的程度以及存在的薄弱环节和缺点，其次据以确定库存现金实质性程序的性质、时间和范围，如对哪些环节可以适当减少审计程序，哪些环节应增加审计程序，做重点审查，以减少审计风险。

## 三、库存现金的实质性程序

### （一）核对库存现金日记账与总账的余额是否相符

注册会计师测试库存现金余额的起点，是核对库存现金日记账与总账的余额是否相符。如果不相符，应查明原因，并做出记录或适当调整。

### （二）盘点库存现金

盘点库存现金是证实资产负债表所列现金是否存在的一项重要程序。

盘点库存现金，通常包括对已收到但未存入银行的现金、零用金、找换金等的盘点。盘点库存现金时间和人员应视被审计单位的具体情况而定。但必须有被审计单位出纳员和会计主管人员参加，并由注册会计师参加进行盘点。盘点库存现金的步骤和方法如下。

（1）制定库存现金盘点程序，实施突击性的检查，时间最好选择在上午上班前或下午下班时进行，盘点的范围一般包括企业各部门经管的现金。在进行现金盘点前，应由出纳员将现金集中起来存入保险柜，必要时可加以封存，然后由出纳员把已办妥现金收付手续的收付款凭证登入库存现金日记账。如企业现金存放部门有两

处或两处以上者，应同时进行盘点。

（2）审阅库存现金日记账并同时与现金收付凭证相核对。一方面检查日记账的记录与凭证的内容和金额是否相符，另一方面了解凭证日期与日记账日期是否相符或接近。

（3）由出纳员根据库存现金日记账加计累计数额结出库存现金结余额。

（4）盘点保险柜的库存现金实存数，同时编制“库存现金盘点表”（如表 11－1 所示），分币种、面值列示盘点金额。

（5）资产负债表日后进行盘点时，应调整至资产负债表日的金额。

（6）盘点金额与库存现金日记账余额进行核对，如有差异，应查明原因，并做出记录或适当调查。

（7）若有冲抵库存现金的借条、未提现支票、未做报销的原始凭证，应在“库存现金盘点表”中注明或做出必要的调整。

（三）抽查大额现金收支

注册会计师应抽查大额现金收支的原始凭证审查其内容是否完整，有无授权批准，并核对相关账户的进账情况，如有与被审计单位生产经营业务无关的收支事项，应查明原因，并做相应的记录。

（四）审查现金收支的正确截止日期

被审计单位资产负债表上的现金数额，应以结账日实有数额为准。因此，注册会计师必须验证现金收支的截止日期。在实施截止测试时，通常注册会计师可以对结账日前后一段时期内现金收支凭证进行审计，以确定是否存在跨期事项。

（五）审查外币现金的折算是否正确

对于有外币现金的被审计单位，注册会计师应审查被审计单位对外币现金的收支是否按所规定的汇率折合为记账本位币金额，外币现金期末余额是否按期末市场汇率折合为记账本位币金额，外币折合差额是否按规定记入相关账户。

（六）确定库存现金是否在资产负债表上恰当披露

根据有关会计准则的规定，库存现金在资产负债表上“货币资金”项下反映，注册会计师应在实施上述审计程序后，确定库存现金账户的期末余额是否恰当，据以确定货币资金是否在资产负债表上恰当披露。

**【案例 11－1】** 华兴公司 2014 年 2 月 4 日账面库存现金余额为 6 832 元，2 月 5 日发生的现金收支全部未登记入账，其中收入金额为 5 580 元，支出金额为 2 000 元。审计人员于 2 月 5 日下午 5 时对华兴公司库存现金进行监盘，发现：

（1）保险柜里现金盘点实有数 5 108. 70 元（50 张 100 元，2 张 50 元，8 张 1 元，1 张 5 角，2 张 1 角），另外单独包封的未领工资 1 480，没有包括在盘点实有数内。

（2）下列凭证已付款尚未制证入账；

①职工朱敏 1 月 25 日借差旅费 643. 3 元，已经领到批准；

**表 11－1　　　　库存现金盘点核对底稿**

客户名称：　　　　编制人：　　　　日期：　　　　索引号：

项目名称：　　　　复核人：　　　　日期：　　　　页　次：

会计期间：

盘点日期：年　月　日

| 检查核对记录 | | | | | | 实有现金盘点记录 | | | | | | |
|---|---|---|---|---|---|---|---|---|---|---|---|---|
| 项目 | | 行次 | 人民币 | 港币 | 美元 | 面额 | 人民币 | | 港币 | | 美元 | |
| | | | | | | | 张数 | 金额 | 张数 | 金额 | 张数 | 金额 |
| 上一日账面库存余额 | | 1 | | | | 1 000 元 | | | | | | |
| 盘点日未记账传票收入金额 | | 2 | | | | 500 元 | | | | | | |
| 盘点日未记账付款付出金额 | | 3 | | | | 100 元 | | | | | | |
| 盘点日账面应有金额 | | 4＝1＋2－3 | | | | 50 元 | | | | | | |
| 盘点实有现金数额 | | 5 | | | | 10 元 | | | | | | |
| 盘点日应有与实际金额差异 | | 6＝4－5 | | | | 5 元 | | | | | | |
| 差异原因分析 | 白条抵库（张） | | | | | 2 元 | | | | | | |
| | | | | | | 1 元 | | | | | | |
| | | | | | | 0.5 元 | | | | | | |
| | | | | | | 0.2 元 | | | | | | |
| | | | | | | 0.1 元 | | | | | | |
| | | | | | | 0.05 元 | | | | | | |
| 追溯调整账面余额 | 报表日至查账日现金付出总额（＋） | | | | | 0.02 元 | | | | | | |
| | 报表日至查账日现金收入总额（－） | | | | | 0.01 元 | | | | | | |
| | 报表日库存现金应有金额 | | | | | 合　计 | | | | | | |
| | 报表日账面汇率 | | | | | 情况说明及审计结论： | | | | | | |
| | 报表日折合本位币金额 | | | | | | | | | | | |
| 合计 | | | | | | | | | | | | |

出纳：　　　　盘点人：　　　　监盘人：　　　　复核人：

注：报表日应有额＝盘点日应有额＋期后付出总额－期后收入总额

②职工王琳 1 月 10 日借款 600 元，未经批准；

(3) 华兴公司下属门市部送来当天零售款 2 580 元（25 张 100 元，8 张 10 元），附发票副本 16 张，未送存银行，不包括在盘点实有数内，也没有入账，放在出纳办公桌抽屉里。

(4) 银行核定的库存现金限额 5 000 元。

**解答：**

(1) 库存现金盘点应关注的事项有：① 实施突击性的检查；②盘点时间最好选择在上午上班前后下午下班后进行；③现金盘点的范围一般包括企业存在所有地方

的现金。在进行盘点前，应由出纳员将现金集中起来存入保险柜。必要时可加以封存，然后由出纳员把已办妥现金收付手续的收付款凭证登记入账。如有库存现金存放部门有两处或以上的，应同时进行盘点；④若有冲抵库存现金的借条、未提现支票、未做报销的原始凭证，应在“库存现金盘点表”中注明或作出必要的调整。

（2）如果2014年1月1日至2月4日现金收入总额为165 200元，现金支出总额为165 500元，根据盘点结果，编制库存现金盘点表如表11－2所示。

**表11－2　　库存现金监盘表**

| | |
|---|---|
| 被审计单位：华兴公司 | 索　引　号：略 |
| 项　　目：库存现金 | 报表截止日/期间：2013. 12. 31 |
| 编　　制：李浩 | 复　　核：张明 |
| 日　　期：2014. 03. 08 | 日　　期：2014. 03. 08 |

| 检查盘点记录 | | | | | | 实有库存现金盘点记录 | | | | | | |
|---|---|---|---|---|---|---|---|---|---|---|---|---|
| 项目 | | 项次 | 人民币 | 美元 | 某外币 | 面额（元） | 人民币 | | 美元 | | 某外币 | |
| | | | | | | | 张 | 金额 | 张 | 金额 | 张 | 金额 |
| 上一日账面库存余额 | | ① | 6 832 | | | 1 000 | | | | | | |
| 盘点日未记账传票收入金额 | | ② | 5 580 | | | 500 | | | | | | |
| 盘点日未记账传票支出金额 | | ③ | 2 000 | | | 100 | 85 | 8 500 | | | | |
| 盘点日账面应有金额 | | ④＝①＋②－③ | 10 412 | | | 50 | 10 | 500 | | | | |
| 盘点实有库存现金数额 | | ⑤ | 9 168. 7 | | | 10 | 16 | 160 | | | | |
| 盘点日应有与实有差异 | | ⑥＝④－⑤ | 1 243. 3 | | | 5 | | | | | | |
| 差异原因分析 | 白条抵库 | | 1 243. 3 | | | 2 | | | | | | |
| | | | | | | 1 | 8 | 8 | | | | |
| | | | | | | 0. 5 | 1 | 0. 5 | | | | |
| | | | | | | 0. 2 | | | | | | |
| | | | | | | 0. 1 | 2 | 0. 2 | | | | |
| | | | | | | 合计 | | 9 168. 7 | | | | |

续表

| 检查盘点记录 | | | | | | 实有库存现金盘点记录 | | | | | | |
|---|---|---|---|---|---|---|---|---|---|---|---|---|
| 项目 | | 项次 | 人民币 | 美元 | 某外币 | 面额（元） | 人民币 | | 美元 | | 某外币 | |
| | | | | | | | 张 | 金额 | 张 | 金额 | 张 | 金额 |
| 追溯调整 | 报表日至审计日库存现金付出总额 | | 167 500 | | | | | | | | | |
| | 报表日至审计日库存现金收入总额 | | 170 780 | | | | | | | | | |
| | 报表日至审计日库存现金应有余额 | | 7 132 | | | | | | | | | |
| | 报表日账面汇率 | | | | | | | | | | | |
| | 报表日余额折合本位币金额 | | | | | | | | | | | |
| 本位币合计 | | | | | | | | 9 168.7 | | | | |

出纳员：李梅　　会计主管：赵新　　监盘人：李浩　　检查日期：2014.03.08

审计说明：2014 年 3 月 8 日下午 5 时由注册会计师李浩，出纳员李梅，会计主管赵新共同参与盘点。华兴公司库存现金管理存在严重缺陷。

（3）华兴公司现金存在的问题及处理意见：

①职工朱敏借差旅费 643.3 元，没有及时制单入账，应及时制单入账；职工王林借款 600 元，未经批准，也未说明用途，应及时收回交库或履行核准报销手续。

②当天营业部上交的零售货款 2 580 元未及时入账，存放在出纳的办公桌抽屉内，库存现金安全性存在问题，应及时入账，并把现金放入保险柜或存入银行。

③库存现金盘点范围有误，应当把存放在不同地方的当天营业部上交的零售货款 2 580 元、单独包封的未领工资 1 480 元全部纳入盘点范围。

④现金账实不符，短缺 1 243.3 元，查明原因是由于白条抵库，应及时收回交库或做会计处理。

⑤库存现金超限额，超出限额 4 168.7 元，应及时送存银行。

## 第三节　银行存款审计

### 一、银行存款审计目标

银行存款就是企业存放在银行或其他金融机构的货币资金。按照国家有关规定，凡是独立核算的企业都必须在当地银行开设账户。企业在银行开设账户以后，除按核定的限额保留库存现金外，超过限额的现金必须存入银行。除了在规定的范围内可以用现金直接支付的款项外，在经营过程中所发生的一切货币收支业务，都必须通过银行转账进行结算。银行存款的审计目标主要包括以下方面。

（1）确定被审计单位资产负债表中的银行存款在财务报表日是否确实存在，是否为被审计单位所拥有。

（2）确定被审计单位在特定期间内发生的银行存款收支业务是否均已记录完毕，有无遗漏。

（3）确定银行存款的余额是否正确。

（4）确定银行存款在财务报表中的披露是否恰当。

## 二、银行存款的控制测试

### （一）银行存款内部控制

一般而言，一个良好的银行存款的内部控制同现金的内部控制制度一样，也应达到以下几点。

（1）银行存款收支与记账的岗位分离。

（2）银行存款收入、支出要有合理、合法的凭据。

（3）全部收支及时准确入账，并且支出要有核准手续。

（4）按月编制银行存款余额调节表，以做到账实相符。

（5）加强对银行存款收支业务的内部审计。

### （二）银行存款的控制测试

1. 了解银行存款的内部控制制度

注册会计师对银行存款内部控制制度的了解一般与了解现金的内部控制制度同时进行。注册会计师应当注意的内容如下。

（1）银行存款的收支是否按规定的程序和权限办理。

（2）银行账户是否存在与本单位经营无关的款项收支情况。

（3）是否存在出租、出借银行账户的情况。

（4）出纳与会计的职责是否严格分离。

（5）是否定期取得银行对账单并编制银行存款余额调节表等。

2. 抽取并审查收款凭证

注册会计师应选取适当的样本量，做如下的检查。

（1）核对收款凭证与存入银行账户的日期和金额是否相符。

（2）核对银行存款日记账的收入金额是否正确。

（3）核对收款凭证与银行对账单是否相符。

（4）核对收款凭证与应收账款明细账的有关记录是否相符。

（5）核对实收金额与销货发票是否一致等等。

3. 抽取并审查付款凭证

为测试银行存款付款的内部控制，注册会计师应选取适当的样本量，做如下检查。

（1）检查付款的授权批准手续是否符合规定。

（2）核对银行存款日记账的付出金额是否正确。

（3）核对付款凭证与银行对账单是否相符。

（4）核对付款凭证与应付账款明细账的记录是否一致。

（5）核对实付金额与购货发票是否相符等等。

4. 抽取一定期间的银行存款日记账与总账核对

注册会计师应抽取一定期间的银行存款日记账，检查其有无计算错误，并与银行存款总分类账核对。

5. 抽取一定期间银行存款余额调节表，查验其是否按月正确编制并经复核

为证实银行存款记录的正确性，注册会计师必须抽取一定期间的银行存款余额调节表，将其同银行对账单、银行存款日记账及总账进行核对确定被审计单位是否按月正确编制并复核银行存款余额调节表。

6. 检查外币银行存款的折算方法是否符合有关规定，是否与上年度一致

对于有外币银行存款的被审计单位，注册会计师应检查外币银行存款日记账及"财务费用"、"在建工程"等账户的记录，确定企业有关外币银行存款的增减变动是否按业务发生时的市场汇率或业务发生当期期初的市场汇率折合为记账本位币，选用方法是否前后期保持一致；检查企业的银行存款账户的余额是否按期末市场汇率折合为记账本位币金额，有关汇兑损益的计算和记录是否正确。

7. 评价银行存款的内部控制制度

注册会计师在完成了上述程序之后，即可对银行存款的内部控制制度进行评价。评价时，注册会计师应首先确定银行存款内部控制制度可信赖的程序，以及存在的薄弱环节和缺点，其次据以确定银行存款实质性程序的性质、时间和范围。

### 三、银行存款实质性程序

（一）核对银行存款日记账与总账的余额是否相符

注册会计师测试银行存款余额的起点，是核对银行存款日记账与总账的余额是否相符。如果不相符，应查明原因，并做出记录或适当调整。

（二）执行分析性复核程序

计算定期存款占银行存款的比例，了解被审计单位是否存在高息资金拆借。如存在高息资金拆借，应进一步分析拆出资金的安全性，检查高额利差的入账情况；计算存放于非银行金融机构的存款占银行存款的比例，分析这些资金的安全性。

（三）取得并审查银行存款余额调节表

审查银行存款余额调节表是证实资产负债表所列银行存款是否存在的重要程序。银行存款余额调节表通常应由被审计单位根据不同的银行账户及货币种类分别编制，其格式如表 11－3 所示。如果经调节后的银行存款余额存在差异，注册会计师应查

明原因，并做出记录或适当的调整。

取得银行存款余额调节表后，注册会计师应检查调节表中未达账项的真实性，以及资产负债表日后的进账情况，如果存在应于资产负债表日之前进账的则应做相应的调整。其程序一般如下。

（1）验算调节表的数字计算。

（2）对于金额较大的未提现支票、可提现的未提现支票及注册会计师认为重要的未提现支票，列示未提现支票清单，注明开票日期和收票人姓名或单位。

**表 11-3　　银行存款余额调节表**

被审单位：　　编制人：　　日期：　　索引号：

开 户 行：　　复核人：　　日期：　　页　次：

账　　号：　　币　别：

项　　目

银行对账单余额（　　年　　月　　日）

______元

加：单位已收，银行尚未入账金额______元

其中 1 ______元

2 ______元

3 ______元

4 ______元

减：单位已付，银行尚未入账金额______元

其中 1 ______元

2 ______元

3 ______元

4 ______

调整后银行对账单金额______元

单位银行存款日记账金额（　　年　　月　　日）

______元

加：银行已收，单位尚未入账金额______元

其中 1 ______元

2 ______元

3 ______元

4 ______元

减：银行已付，单位尚未入账金额______元

其中 1 ______元

2 ______元

3 ______元

4 ______元

调整后单位银行存款日记账金额______元

审计结论：______

经办人员（签字）：　　会计主管（签字）：

______

（3）追查截止日期银行对账单上的在途存款，并在银行账户调节表上注明存款日期。

（4）审查截止日仍未提现的大额支票和其他已签发一个月以上的未提现支票。

（5）追查截止日期银行对账单已收、企业未收的款项性质及款项来源。

（6）核对银行存款总账余额和银行对账单加总金额。

（四）函证银行存款余额

函证是指注册会计师在执行审计业务过程中，需要以被审计单位名义向有关单位发函询证，以验证被审计单位的银行存款、借款及往来款项等是否真实、合法、完整。根据国际惯例，财政部、中国人民银行于1999年1月6日联合印发了《关于做好企业的银行存款、借款及往来款项函证工作的通知》（以下简称《通知》），《通知》对函证工作提出了明确的要求，并提供了银行询证函和企业询证函参考格式。注册会计师在执行审计业务时，可按照此格式以被审计单位的名义向有关单位发函询证。《通知》规定：各商业银行、政策性银行、非银行金融机构要在收到询证函之日起10个工作日内，根据函证的具体要求，及时回函并可按照国家的有关规定收取询证费用。

函证银行存款余额是证实资产负债表所列银行存款是否存在的重要程序。通过向往来银行的函证，注册会计师不仅可了解企业资产的存在，同时，函证还可用于发现企业未登记的银行借款。函证时，注册会计师应向被审计单位在本年存过款（含外埠存款、银行汇票存款、银行本票存款、信用证存款）的所有银行发函，其中包括企业存款账户已结清的银行，因为有可能存款账户已结清，但仍有银行借款或其他负债存在。同时，虽然注册会计师已直接从某一银行取得了银行对账单和所有已付支票，但仍应向这一银行进行函证。表11－4列示的是财政部、中国人民银行制定的运用于审计的银行询证函参考格式。

**表11－4　　　　银行询证函**

编号：第　　　号

____________（银行）：

本公司聘请的××会计师事务所正在对本公司的财务报表进行审计，按照中国注册会计师审计准则的要求，应当询证本公司与贵行的存款、借款往来等事项。下列数据出自本公司账簿记录，如与贵行记录相符，请在本函下端“数据证明无误”处签章证明；如有不符，请在“数据不符”处列明不符金额。有关询证费用可直接从本公司________存款账户中收取。回函请直接寄至××会计师事务所。

通讯地址：

邮　　编：　　　　　　传真：

截止　　年　　月　　日止，本公司银行存款、借款账户余额等列示如下：

1. 银行存款

| 账户名称 | 银行账号 | 币种 | 利率 | 余　额 |
|---|---|---|---|---|
| | | | | |
| | | | | |
| | | | | |

2. 银行借款

| 银行账号 | 币种 | 余　额 | 借款日期 | 还款日期 | 利率 | 借款条件 |
|---|---|---|---|---|---|---|
| | | | | | | |
| | | | | | | |
| | | | | | | |
| | | | | | | |
| | | | | | | |

3. 其他事项

（公司签章）______年____月____日

结论：1. 数据证明无误

（银行签章）______年____月____日

2. 数据不符，请列明不符金额

（银行签章）______年____月____日

（五）审查一年以上定期存款或限定用途存款

一年以上的定期存款或限定用途的银行存款，不属于企业的流动资产，应列于其他资产类下。对此，注册会计师应查明情况，做出相应的记录。

（六）抽查大额银行存款的收支

注册会计师应抽查大额银行存款（含外埠存款、银行汇票存款、银行本票存款、信用证存款）收支的原始凭证内容是否完整，有无授权批准，并核对相关账户的进账情况，如有与被审计单位生产经营业务无关的收支事项，应查明原因，并做相应的记录。

（七）审查银行存款收支的正确截止日期

被审计单位资产负债表上的银行存款数额，应以结账日实有数额为准。因此，注册会计师必须验证银行存款收支的截止日期。通常，注册会计师可以对结账日前后一段时期内银行存款收支凭证进行审计，以确定是否存在跨期事项。

企业资产负债表上银行存款数字应当包括当年最后一天收到的所有存放于银行的款项，而不得包括其后收到的款项；同样，企业年终前开出的支票，不得在年后入账。为了确保银行存款收付的正确截止，注册会计师应当在清点支票及支票存根时，确定各银行账户最后一张支票的号码，同时查实该号码之前的所有支票均已开出。在结账日未开出的支票及其后开出的支票，均不得作为结账日的存款收付入账。

（八）审查外币银行存款的折算是否正确

对于有外币银行存款的被审计单位，注册会计师应审查被审计单位对外币银行存款的收支是否按所规定的汇率折合为记账本位币金额；外币银行存款期末余额是否按期末市场汇率折合为记账本位币金额；外币折合差额是否按规定记入相关账户。

（九）确定银行存款是否在资产负债表上被恰当披露

根据有关会计准则的规定，企业的银行存款在资产负债表上“货币资金”项目下反映。所以，注册会计师应在实施上述审计程序后，确定银行存款账户的期末余额是否恰当，从而确定资产负债表上“货币资金”项目中的数字是否被恰当披露。

**【案例 11－2】** 希尔有限公司银行存款的核对

奥特会计师事务所的注册会计师李明对希尔有限公司 2013 年 12 月 31 日的资产负债表进行审计。在审查资产负债表“货币资金”项目时，李明发现该公司 2013 年 12 月 31 日的银行存款账面余额为 32 000 元，派助理向开户银行取得对账单一张，2013 年 12 月 31 日的银行对账单余额为 41 000 元。另外，查有下列未达账项和记账差错：

（1）12 月 23 日公司送存转账支票 6 000 元，银行尚未入账。

（2）12 月 24 日公司开出转账支票 7 200 元，持票人尚未到银行办理转账手续。

（3）12 月 25 日委托银行收款 10 500 元，银行已收妥入账，但收款通知尚未到达该公司。

（4）12 月 30 日银行代付水费 3 200 元，但银行付款通知单尚未到达该公司。

（5）12 月 15 日收到银行收款通知单金额为 4 000 元，公司入账时将银行存款增加错记成 3 500 元。

要求：根据上述资料，编制银行存款余额调节表，核实 2013 年 12 月 31 日资产负债表上“货币资金”项目中银行存款数额的正确性。

**解答：**

注册会计师根据收集的资料，编制了银行存款余额调节表，如表 11－5 所示。

**表 11－5　　银行存款余额调节表**

编制单位：希尔有限公司　　2013 年 12 月 31 日　　单位：元

| 项 目 | 金 额 | 项 目 | 金 额 |
|---|---|---|---|
| 企业银行存款日记账余额 | 32 000 | 开户银行对账单余额 | 41 000 |
| 加：银行已收，企业尚未入账的款项 | 10 500 | 加：企业已收，银行尚未入账的款项 | 6 000 |
| 公司记账差错数 | 500 | | |
| 减：银行已付，企业尚未入账的款项 | 3 200 | 减：企业已付，银行尚未入账的款项 | 7 200 |
| 调节后的银行存款余额 | 39 800 | 调节后的银行存款余额 | 39 800 |

注册会计师：李明　　主管：张冬英　　会计员：王平

从银行存款余额调节表可以看出，希尔有限公司 2013 年 12 月 31 日银行存款的数额经调整后应为 39 800 元，从而证明公司银行存款账面余额 32 000 元基本属实。

# 第四节　其他货币资金审计

## 一、其他货币资金审计目标

其他货币资金包括企业到外地进行临时或零星采购而汇往采购地银行开立采购专户的款项所形成的外埠存款，企业为取得银行汇票按照规定存入银行的款项所形成的银行汇票存款，企业为取得银行本票按照规定存入银行的款项而形成的银行本票存款，在途货币资金和信用证存款等。

其他货币资金的审计目标主要包括以下内容。

(1) 确定被审计单位资产负债表中的其他货币资金在财务报表日是否确实存在，是否为被审计单位所拥有；

(2) 确定被审计单位在特定期间内发生的其他货币资金收支业务是否均已记录完毕，有无遗漏；

(3) 确定其他货币资金的余额是否正确；

(4) 确定其他货币资金在财务报表上的披露是否恰当。

一般而言，企业的其他货币资金业务较少，注册会计师可以直接进行其他货币资金的实质性程序。

## 二、其他货币资金实质性程序

(1) 核对外埠存款、银行汇票存款、银行本票存款、在途货币资金等各明细账期末合计数与总账数是否相符。

(2) 函证外埠存款户、银行汇票存款户、银行本票存款户期末余额。

(3) 对于非记账本位币的其他货币资金，检查其折算汇率是否正确。

(4) 抽查一定样本量的原始凭证进行测试，检查其经济内容是否完整，有无适当的审批授权，并核对相关账户的进账情况。

(5) 抽取资产负债表日后的大额收支凭证进行截止测试，如有跨期收支事项，应做适当调整。

(6) 检查其他货币资金的披露是否恰当。

# 第五节　货币资金审计实例

2014 年 1 月份，信达会计师事务所接受科斯特公司委托对该公司 2013 年度的财务报表进行了审计。在对货币资金进行审计时，注册会计师认为，被审计单位的货币资金虽然数额不大，但由于其流动性强，最容易被不法分子贪污、盗窃和挪用，因此，应确定为重点审计对象。

在对货币资金进行控制测试后，注册会计师分别实施了库存现金和银行存款的实质性程序，并编制了相关的工作底稿，如表 11－6 至表 11－14 所示。

## 一、审计目标与认定对应关系表

审计目标与认定对应关系表如表 11－6 所示。

**表 11－6　　审计目标与认定对应关系表**

| 审计目标 | 财务报表认定 | | | | |
|---|---|---|---|---|---|
| | 存在 | 完整性 | 权利和义务 | 计价和分摊 | 列报 |
| A. 资产负债表中记录的货币资金是存在的 | √ | | | | |
| B. 所有应当记录的货币资金均已记录 | | √ | | | |
| C. 记录的货币资金由被审计单位拥有或控制 | | | √ | | |
| D. 货币资金以恰当的金额包括在财务报表中，与之相关的计价调整已恰当记录 | | | | √ | |
| E. 货币资金已按照企业会计准则的规定在财务报表中作出恰当列报 | | | | | √ |

## 二、货币资金审定表

货币资金审定表如表 11－7 所示。

**表 11－7　　货币资金审定表**

| | |
|---|---|
| 被审计单位：科斯特有限公司 | 索引号：ZA1 |
| 项目：货币资金审定表 | 报表截止日/期间：2013 年 12 月 31 日 |
| 编制：Wang | 复核：Li |
| 日期：2014 年 1 月 17 日 | 日期：2014 年 1 月 18 日 |

| 项目名称 | 期末未审数 | 账项调整 | | 重分类调整 | | 期末审定数 | 上期末审定数 |
|---|---|---|---|---|---|---|---|
| | | 借方 | 贷方 | 借方 | 贷方 | | |
| 库存现金 | 181.57 | | | | | 181.57 | 196.40 |
| 银行存款 | 8 582 200.80 | | | | | 8 582 200.80 | 8 360 435.60 |
| 其他货币资金 | | | | | | | |
| 合计 | 8 582 382.37 | | | | | 8 582 382.37 | 8 360 632.00 |
| 审计结论：报表数经审计后无调整事项，可以确认。 | | | | | | | |

## 三、库存现金监盘表

库存现金监盘表如表 11－8 所示。

**表 11-8　　库存现金监盘表**

| | |
|---|---|
| 被审计单位：科斯特有限公司 | 索　引　号：ZA2 |
| 项　　目：库存现金监盘表 | 报表截止日/期间：2013 年 12 月 31 日 |
| 编　　制：Wang | 复　　核：Li |
| 日　　期：2014 年 1 月 13 日 | 日　　期：2014 年 1 月 14 日 |

| 检查盘点记录 | | | | 实有库存现金盘点记录 | | |
|---|---|---|---|---|---|---|
| 项目 | | 项次 | 人民币 | 面额 | 人民币 | |
| | | | | | 张 | 金额 |
| 上一日账面库存余额 | | ① | 460.20 | | | |
| 盘点日未记账传票收入金额 | | ② | | 100 元 | 2 | 200.00 |
| 盘点日未记账传票支出金额 | | ③ | | 50 元 | 4 | 200.00 |
| 盘点日账面应有金额 | | ④=①+②-③ | 460.20 | 10 元 | 5 | 50.00 |
| 盘点实有库存现金数额 | | ⑤ | 460.20 | 5 元 | 2 | 10.00 |
| 盘点日应有与实有差异 | | ⑥=④-⑤ | | 2 元 | | |
| 差异原因分析 | 白条抵库（张） | | | 1 元 | | |
| | | | | 0.5 元 | | |
| | | | | 0.2 元 | | |
| | | | | 0.1 元 | 2 | 0.20 |
| | | | | 合计 | | 460.20 |
| | | | | | | |
| | | | | | | |
| 追溯调整 | 报表日至审计日库存现金付出总额 | | 2 307.87 | | | |
| | 报表日至审计日库存现金收入总额 | | 2 586.50 | | | |
| | 报表日库存现金应有余额 | | 181.57 | | | |
| | 报表日账面汇率 | | | | | |
| | 报表日余额折合本位币金额 | | 181.57 | | | |
| 本位币合计 | | | 460.20 | | | |

出纳员：略　会计主管人员：略　　监盘人：Wang　　检查日期：2014 年 1 月 13 日

审计说明：

（1）针对库存现金监盘审计的时间，我们使其超出科斯特有限公司的预期；
（2）经检查没有发现：账外资金、冲抵库存现金的借条、未提现支票、未作报销的原始凭证；
（3）截止 2013 年 12 月 31 日库存现金账实相符。

## 四、银行存款（其他货币资金）明细表

银行存款（其他货币资金）明细表如表 11-9 所示。

**表 11-9** **银行存款（其他货币资金）明细表**

被审计单位：科思特有限公司　　　　索　引　号：ZA3

项　　目：银行存款（其他货币资金）明细表　　　　报表截止日/期间：2013 年×12 月 31 日

编　　制：Wang　　　　复　　核：Li

日　　期：2014 年 1 月 10 日　　　　日　　期：2014 年 1 月 11 日

| 开户行 | 账号 | 是否系质押、冻结等对变现有限制或存在境外的款项 | 银行日记账余额 | 银行已收，企业尚未入账金额 | 银行已付，企业尚未入账金额 | 调整后银行日记账余额 | 银行对账单余额（原币） | 企业已收，银行尚未入账金额 | 企业已付，银行尚未入账金额 | 调整后银行对账单余额 | 调整后是否相符 |
|---|---|---|---|---|---|---|---|---|---|---|---|
| | | | ① | ② | ③ | ④=①+②-③ | ⑤ | ⑥ | ⑦ | ⑧=⑤+⑥-⑦ | |
| 工行和平路支行 | 2 120 600× | 否 | 2 405 950.13 | | | 2 405 950.13 | 2 405 950.13 | | | 2 405 950.13 | 是 |
| 建行解放路支行 | 3 400 203× | 否 | 1 372 370.25 | | | 1 372 370.25 | 1 372 370.25 | | | 1 372 370.25 | 是 |
| 中行江北路支行 | 6 101 818× | 否 | 1 967 540.32 | | | 1 967 540.32 | 1 967 540.32 | | | 1 967 540.32 | 是 |
| 招行五一路支行 | 7 586 019× | 否 | 2 836 340.10 | | | 2 836 340.10 | 2 836 340.10 | | | 2 836 340.10 | 是 |
| … | | | | | | | | | | | |
| 合计 | | | 8 582 200.80 | | | 8 582 200.80 | 8 582 200.80 | | | 8 582 200.80 | |

编制说明：若账面余额（原币数）与银行对账单余额不一致，应另行检查银行存款余额调表。

## 五、对银行存款余额调节表的检查

对银行存款余额调节表的检查如表 11－10 所示。

**表 11－10　　对银行存款余额调节表的检查**

| | |
|---|---|
| 被审计单位：科斯特有限公司 | 索　引　号：ZA4 |
| 项　　目：对银行存款余额调节表的检查 | 表截止日/期间：2013 年 12 月 31 日 |
| 编　　制：Wang | 复　　核：Li |
| 日　　期：2014 年 1 月 11 日 | 日　　期：2014 年 1 月 12 日 |

开户银行：工行和平路支行　　银行账号：2120600 ×　　币种：人民币

| 项目 | 金额 | 调整项目说明 | 是否需要审计调整 |
|---|---|---|---|
| 银行对账单余额 | 2 405 950. 13 | | |
| 加：企业已收，银行尚未入账合计金额 | | | |
| 其中：1. | | | |
| 2. | | | |
| 减：企业已付，银行尚未入账合计金额 | | | |
| 其中：1. | | | |
| 2. | | | |
| 调整后银行对账单余额 | 2 405 950. 13 | | |
| 企业银行存款日记账余额 | 2 405 950. 13 | | |
| 加：银行已收，企业尚未入账合计金额 | | | |
| 其中：1. | | | |
| 2. | | | |
| 减：银行已付，企业尚未入账合计金额 | | | |
| 其中：1. | | | |
| 2. | | | |
| 调整后企业银行存款日记账余额 | 2 405 950. 13 | | |

经办会计人员（签字）：略　　会计主管（签字）：略

审计说明：

科斯特有限公司拥有 4 个银行账户，截至 2013 年 12 月 31 日，各银行账户的银行存款日记账余额与银行对账单余额一致。

## 六、银行询证函

银行询证函如表 11－11 所示。

**表 11－11** **银行询证函**

索引号：ZA6

编号：001

工行和平路支行：

本公司聘请的信达会计师事务所正在对本公司 2013 年度财务报表进行审计，按照中国注册会计师审计准则的要求，应当询证本公司与贵行相关的信息。下列信息出自本公司记录，如与贵行记录相符，请在本函下端"信息证明无误"处签章证明；如有不符，请在"信息不符"处列明不符项目及具体内容；如存在与本公司有关的未列入本函的其他重要信息，也请在"信息不符"处列出其详细资料。回函请直接寄至信达会计师事务所。

回函地址：　　　　　　　　　　　　　　　　邮编：

电话：　　　　　　　　传真：　　　　　　　联系人：

截至 2013 年 12 月 31 日，本公司与贵行相关信息列示如下：

1. 银行存款

单位：元

| 账户名称 | 银行账号 | 币种 | 利汇率 | 余额 | 起止日期 | 是否被抵押、用于担保或存在其他使用限制 | 备注 |
|---|---|---|---|---|---|---|---|
| 科斯特有限公司 | 2 120 600 × | 人民币 | | 2 405 950. 13 | | 否 | |

除上述列示的银行存款外，本公司并无在贵行的其他存款。

2. 银行借款

……

（科斯特有限公司盖章）

2014 年 1 月 10 日

以下仅供被询证银行使用

结论：

| 1. 信息证明无误。 | 2. 信息不符，请列明不符项目及具体内容。 |
|---|---|
| （工行和平路支行盖章）<br>2014 年 1 月 15 日<br>经办人：××× | （银行盖章）<br>年　月　日<br>经办人： |

## 七、银行存款函证结果汇总表

银行存款函证结果汇总表如表 11－12 所示。

**表 11－12**　　**银行存款函证结果汇总表**

| | |
|---|---|
| 被审计单位：科斯特有限公司 | 索　引　号：ZA5 |
| 项　　目：银行存款函证结果汇总表 | 报表截止日/期间：2013 年 12 月 31 日 |
| 编　　制：Wang | 复　　核：Li |
| 日　　期：2014 年 1 月 17 日 | 日　　期：2014 年 1 月 18 日 |

| 开户银行 | 账号 | 函证情况 | | | | | 冻结、质押等事项说明 |
|---|---|---|---|---|---|---|---|
| | | 对账单余额 | 函证日期 | 回函日期 | 回函金额 | 金额差异 | |
| 工行和平路支行 | 2120600× | 2 405 950.13 | 2014－01－10 | 2014－01－16 | 2 405 950.13 | | 无 |
| 建行解放路支行 | 3400203× | 1 372 370.25 | 2014－01－10 | 2014－01－14 | 1 372 370.25 | | 无 |
| 中行江北路支行 | 6101818× | 1 967 540.32 | 2014－01－10 | 2014－01－16 | 1 967 540.32 | | 无 |
| 招行五一路支行 | 7586019× | 2 836 340.10 | 2014－01－10 | 2014－01－15 | 2 836 340.10 | | 无 |

审计说明：略。

## 八、货币资金收支检查情况表

货币资金收支检查情况表如表 11－13 所示。

**表 11－13**　　**货币资金收支检查情况表**

| | |
|---|---|
| 被审计单位：科斯特有限公司 | 索　引　号：ZA7 |
| 项　　目：货币资金收支检查情况表 | 财务报表截止日/期间：2013 年 12 月 31 日 |
| 编　　制：Wang | 复　　核：Li |
| 日　　期：2014 年 1 月 14 日 | 日　　期：2014 年 1 月 15 日 |

| 记账日期 | 凭证编号 | 业务内容 | 对应科目 | 金额 | 核对内容（用“√”、“×”表示） | | | | 备注 |
|---|---|---|---|---|---|---|---|---|---|
| | | | | | ① | ② | ③ | ④ | |
| 01 | 0050# | 收货款 | 应收账款 | 82 258.56 | √ | √ | √ | √ | |
| 03 | 0106# | 付 2013 年 3 月份电费 | 应付账款 | 12 907.45 | √ | √ | √ | √ | |
| 06 | 1266# | 收工行利息 | 财务费用 | 6 278.32 | √ | √ | √ | √ | |
| 07 | 1352# | 付投资人股利 | 应付股利 | 97 506.00 | √ | √ | √ | √ | |
| 10 | 1339# | 付到期承兑汇票款 | 应付票据 | 62 462.90 | √ | √ | √ | √ | |
| 11 | 1347# | 提备用金 | 银行存款 | 13 000.00 | √ | √ | √ | √ | |

核对内容说明：①原始凭证是否齐全；②记账凭证与原始凭证是否相符；③账务处理是否正确；④是否记录于恰当的会计期间。

对不符事项的处理：无

审计说明：

我们自库存现金日记账、银行存款日记账中随机选取样本，进行检查。

## 九、银行存款收支截止测试

银行存款收支截止测试如表 11 - 14 所示。

**表 11 - 14　银行存款收支截止测试**

| | | | |
|---|---|---|---|
| 被审计单位： | 科斯特有限公司 | 索引号： | ZA8 |
| 项目： | 银行存款收支截止测试 | 报表截止日/期间： | 2013 年 12 月 31 日 |
| 编制： | Wang | 复核： | Li |
| 日期： | 2014 年 1 月 15 日 | 日期： | 2014 年 1 月 16 日 |

| 项目 | 序号 | 日期 | 凭证号 | 摘要 | 借方科目 | 贷方科目 | 金额 | 核对内容 | | | |
|---|---|---|---|---|---|---|---|---|---|---|---|
| | | | | | | | | ① | ② | ③ | ④ |
| 报表日前 | 1 | 12 月 27 日 | 1359# | 收货款 | 银行存款 | 应收账款 | 246 380.69 | √ | √ | √ | √ |
| | 2 | 12 月 31 日 | 2503# | 研发费 | 管理费用 | 银行存款 | 308 364.00 | √ | √ | √ | √ |
| 截止日期：2013 年 12 月 31 日 | | | | | | | | | | | |
| 报表日后 | 1 | 1 月 2 日 | 0013# | 广告费 | 销售费用 | 银行存款 | 16 000.00 | √ | √ | √ | √ |
| | 2 | 1 月 5 日 | 0018# | 办公费 | 管理费用 | 银行存款 | 12 365.00 | √ | √ | √ | √ |

核对内容说明：①原始凭证是否齐全；②记账凭证与原始凭证是否相符；③账务处理是否正确；④是否记录于恰当的会计期间。

审计说明及结论：

（1）样本选取方法：在资产负债表日 2013 年 12 月 31 日前 3 个工作日，以及后至现场审计日，发生银行存款收支金额在 10 万元以上的交易业务。

（2）实施该审计程序得出结论：关注业务内容及对应科目，没有发现跨期收支款项。

# 课后复习题

## 一、复习思考题

1. 分析货币资金业务的基本特点。
2. 简要描述库存现金盘点的主要目的和程序。
3. 列举银行存款审计的实质性程序主要有哪些内容？

## 二、案例分析题

某 CPA 在审计 A 公司时，取得客户编制的 2012 年 12 月 31 日的银行存款余额调节表（见表 11－5）如下。

表 11－15　　银行存款余额调节表

| | | |
|---|---|---|
| 银行存款总账余额（2012 年 12 月 31 日） | | 51 524.58 |
| 加：在途存款（2012 年 12 月 31 日） | 7 986.75 | |
| 加：本公司收入顾客支票已入账，但遭银行拒付，支票尚存本公司，未调账 | 600.00 | |
| 加：12 月份银行已扣手续费 | 6.50 | 8 893.25 |
| 减：银行未予兑付支票（本公司已开出，供货方尚未交银行兑付） | 6 803.259(1) | |
| 减：银行收到托收票据已入账，但本公司尚未入账 | 1 190.00 | |
| 减：偿还某项应付款项的支票按 722.70 元入账，但支票实开数与银行付款额均为 1 257.00 元 | 534.30 | 8 527.55 |
| 计算余额 | | 51 890.28 |
| 尚未查明原因的差额 | | 900.00 |
| 银行对账单余额（和函证相符） | | 50 990.28 |

注：6 803.259(1) 银行未予兑付支票如下表 11－16 所示。

表 11－16　　银行未予兑付支票

| 支票号码 | 金　额 |
|---|---|
| 573 | 67.27 |
| 724 | 9.90 |
| 903 | 1 456.67 |
| 907 | 305.50 |
| 911 | 482.75 |
| 913 | 2 550 |
| 914 | 366.76 |
| 916 | 2 164.40 |
| 合计 | 6 803.25 |

要求：试根据以下资料，编制正确的银行存款余额调节表工作底稿，并编制相关的调整分录。

# 第十二章

# 终结审计

## 学习目标

1. 了解期初余额、期后事项、持续经营能力相关的审计责任；
2. 掌握审计差异调整表和试算平衡表的编制；
3. 掌握完成阶段执行分析程序进行总体复核的内容；
4. 熟悉对审计结果进行评价的方法；
5. 了解审计师与治理层沟通的作用及内容；
6. 掌握审计工作底稿复核的要点；
7. 理解律师和管理层声明的作用及类型。

## 适用的准则和规范

1. 《中国注册会计师审计准则第1331号——首次接受委托时对期初余额的审计》
2. 《中国注册会计师审计准则第1332号——期后事项》
3. 《中国注册会计师审计准则第1341号——书面声明》
4. 《中国注册会计师审计准则第1313号——分析程序》
5. 《中国注册会计师审计准则第1151号——与治理层的沟通》
6. 《中国注册会计师审计准则第1121号——对财务报表审计实施的质量控制》
7. 《中国注册会计师审计准则第5101号——会计师事务所对执行财务报表审计和审阅、其他鉴证和相关服务业务实施的质量控制》

## 导读案例

**良好的复核并不只是看一看审计底稿**

李明是武汉某事务所的一名高级审计师，他委派助手小刘对一家大型设备制造商ABC公司的应付账款进行审计。对于制造型企业来说，应付账款是一个重要的负债类账户，测试其截止日的账户余额是审计工作的重要一环。测试主要是通过审查被审计单位期后向供应商和其他债权人的付款情况来复核被审计单位的负债记录情况，从而确定其负债是否已经恰当记录。

李明在审计过程中发现，小刘花费大量的时间用于打电话联系个人事务，随后在审计业务即将结束前不久，小刘就宣布将要离开事务所。尽管由于私事而分心，但是小刘还是在预定时间内完成了分配给他的工作。鉴于小刘的工作特点，李明决定格外仔细地复核他的审计底稿。李明所复核的每一份明细表都编制恰当，上面有标记并注明了小刘的解释。表明小刘经对有关数据和凭证进行广泛的审查，并认为被审计单位报表中的应付账款余额是恰当的。

李明完成其审计工作后，将审计底稿转交给张清复核。张清是该项审计业务的项目经理，对有关设备制造商的知识颇为精通，当然对 ABC 公司也十分了解。通过复核，包括在审计过程中执行的分析程序，完成了复核过程中追加的分析程序后，她与李明取得了联系，告知他应付账款余额与她的计算结果相悖，并要求他做额外检查。尽管李明曾经检查过小刘所做的审计底稿，但他还是再次对审计底稿涉及的全部凭证进行了审查。结果表明，李明要么根本没有审查过凭证，要么就是在审查过程中敷衍了事。有一张近 100 万美元的凭证应于所审会计年度入账，但是在资产负债表日的负债余额中却未包括这一余额。可以说，张清的复核意义重大，使该事务所避免了一次尴尬或损失。

这个例子形象地说明了审计工作底稿复核的重要性。审计工作底稿的复核是审计工作完成阶段的重要内容。

## 第一节 完成外勤工作

注册会计师按业务循环完成各业务循环的审计测试后，进入终结审计阶段，终结审计是财务报表审计的最后阶段，对此应予以高度重视。因为注册会计师在这个阶段所作出的决策对审计的最终结果通常有直接和重要的影响。比如，在终结审计工作时，注册会计师所形成的结论通常直接影响对被审计单位财务报表发表意见的类型。在该阶段中，注册会计师会进行更具综合性的审计工作，包括汇总审计测试结果，编制审计差异调整表和试算平衡表，获取管理层声明和律师声明，撰写审计工作总结及完成审计工作底稿的复核等。在此基础上，评价审计结果，在与被审计单位管理层和治理层沟通以后，确定应出具审计报告的意见类型和措辞，进而编制并致送审计报告。

在终结审计阶段，注册会计师需要对一些特殊项目进行审计，包括考虑被审计单位的持续经营假设的合理性，关注期初余额、会计估计、关联方、期后事项、或有事项对财务报表的影响等。

终结审计通常是在时间很紧张的情况下进行的，特别是在客户想要尽早发布审计报告时，注册会计师面临的“时间压力”就更大了。注册会计师不应屈从于“时间压力”，而应该花费必要的时间，全面运用专业判断，以发表适当的审计意见。本章将注册会计师在终结审计阶段的任务分为以下两个方面：一是完成外勤工作：二是评价审计结果。在审计实务中，对待殊项目的关注往往贯穿于审计的整个过程中，而不仅仅是在终结审计予以考虑，本章仅对期后事项、持续经营和期后事项进行介绍。终结审计阶段的实务流程如表 12 - 1 所示。

**表 12 - 1　　　　终结审计的实务流程**

| |
|---|
| 1. 召开项目组会议，汇总审计过程中发现的审计差异，根据错报的重要性建议被审计单位调整的事项，编制账项调整汇总表、重分类调整分录汇总表，未更正错报汇总表以及试算平衡表草表 |
| 2. 与被审计单位召开会议，就下列事项进行沟通，形成总结会议纪要并经双方签字认可：<br>（1）审计意见的类型及审计报告的措辞<br>（2）账项调整汇总表、重分类调整分录汇总表，列报调整汇总表、未更正错报汇总表以及试算平衡表草表。<br>（3）对被审计单位持续经营能力具有重大影响的事项<br>（4）含有已审财务报表的文件中的其他信息对财务报表的影响<br>（5）对完善内部控制的建议<br>（6）执行该项审计业务的注册会计师的独立性。获得被审计单位同意账项调整、重分类调整，列报调整事项的书面认可；如果被审计单位不同意调整，应要求说明原因。根据未更正错报的重要性，确定是否在审计报告中反映，以及如何反映。就上述问题与治理层沟通时，提交书面文件，并或治理层的确认 |
| 3. 编制正式的试算平衡表 |
| 4. 对财务报表总体合理性复核，评价财务报表总体合理性。如果识别出以前未识别的重大错报风险，应重新考虑对全部或部分交易账户列报评估的风险是否恰当，并在此基础上重新评估以前实施的审计程序是否充分，是否有必要追加审计程序 |
| 5. 将项目组成员间的意见分歧的解决过程，记录于意见分歧解决表中。汇总重大事项，编制重大事项概要 |
| 6. 评价审计结果，形成审计意见，并草拟审计报告<br>（1）对重要性和审计风险进行最终确定，确定是否要追加审计程序或提请审计单位作出必要的调整<br>①按财务报表项目确定可能的错误金额<br>②确定财务报表项目可能错报金额的汇总数对财务报表层次重要性水平的影响程度<br>（2）形成审计意见并草拟审计报告 |
| 7. 由项目经理复核工作底稿 |
| 8. 由项目负责人复核工作底稿 |
| 9. 必要时，实施项目质量控制复核 |
| 10. 向适当的高级管理人员获取经签署的管理层声明书，并确定其日期与审计报告的日期一致 |
| 11. 撰写审计报告 |
| 12. 完成审计工作完成核对表 |
| 13. 完成业务复核表核对表 |
| 14. 正式签发审计报告 |

## 一、期初余额的审计

为了明确注册会计师在首次接受委托时对期初余额的审计责任，财政部颁布了审计准则第1331号——首次接受委托时对期初余额的审计》，注册会计师应当遵守。

（一）期初余额的含义

期初余额是指期初已存在的账户余额。期初余额以上期期末余额为基础，反映了以前期间的交易和上期采用的会计政策的结果。理解期初余额概念，需要把握以下三点：

（1）期初余额是期初已存在的账户余额。期初已存在的账户余额是由上期结转至本期的金额，或是上期期末余额调整后的金额。期初余额与上期期末余额是一个事物的两个方面。通常而言，期初余额是上期账户结转至本期账户的余额，与上期期末余额金额相等。但是，由于受上期期后事项、会计政策受更、前期会计差错更正等诸因素的影响，上期期末余额结转到本期时，有时需经过调整或更新表述。例如，根据《企业会计准则第28号——会计政策、会计估计变更和差错更正》的规定，对于会计政策变更，企业应当采用追溯调整法处理，将会计政策变更累积影响数，调整列报前期最早期初留存收益，其他相关项目的期初余额和列报前期披露的其他比较数据也应当一并调整；对于前期会计差错更正事项，企业应当采用追溯重述法更正重要的前期差错。实际上，采用追溯调整法或者追溯重述法，就是在上期期末数的基础上进行适当调整，形成本期初数。

（2）期初余额反映了以前期间的交易和上期采用的会计政策的结果。期初余额应以客观存在的经济业务为根据，是被审计单位按照上期采用的会计政策对以前会计期间发生的交易和事项进行处理的结果。

（3）期初余额与注册会计师首次接受委托相联系。所谓首次接受委托，是指注册会计师对被审计单位财务报表首次接受审计，或上期财务报表由前任注册会计师审计的情况下接受的审计委托。尽管在连续审计业务中，也会涉及期初余额审计，但注册会计师通常只需关注上期期末余额是否已正确结转至本期，或是否在适当的情况下已作调整或更新表述，很少需要再实施其他专门的审计秩序。

（二）期初余额的审计目标

对首次接受委托业务，注册会计师应当获取充分、适当的审计证据予以确定：

（1）期初余额不存在对本期财务报表产生重大影响的错报。主要是判断期初余额的错报对本期财务报表使用者进行决策的影响程度，是否足以改变或影响其判断。如果期初余额存在对本期财务报表产生生重大影响的错报，则注册会计师在审计中必须对此提出适当的审计调整或披露建议；反之，注册会计师无需对此予以特别关注和处理。例如，上期财务报表中对某项新增固定资产的初始计量存在重大差错，这一差错不仅会影响上期期末资产负债表中固定资产项目和资产总额项目的正确列报，同时也会因此影响本期损益核算的正确性，进而可能使得本期财务报表使用者在决策时作出错误判断。这一差错属于对本期财务报表产生重大影响的错报，注册会计师在审计中应建议被审计单位按照《企业会计准则第 28 号——会计政策、会计估计变更和差错更正》的相关规定采用追溯重述法予以更正。

（2）上期期末余额已正确结转至本期。这主要是指：①上期账户余额计算正确；②上期总账余额与各细账余额合计数或日记账余额合计数相等；③上期各总账余额和相应的明细账余额或日记账余额已经分别恰当地过入本期的总账和相应的明细账或日记账。

（3）在适当的情况下，上期期末余额已作出重新表述。通常，上期期末余额应直接结转至本期，但在出现某些情形时，应当作出更新表述。例如，企业会计准则和相关会计制度的要求发生变化；或者上期末余额存在重大的前期差错，如果前期差错累积影响数能够确定，按规定应当采用追溯重述法进行更正。

（4）一贯运用恰当的会计政策或对会计政策的变更作出正确的会计处理和恰当的列报。按照《企业会计准则第 28 号——会计政策、会计估计变更和差错更正》的规定，企业采用的会计政策，在每一会计期间和前后各期应当保持一致，不得随意变更，但是在满足下列条件之一的情形下，可以变更会计政策：①法律、行政法规或者国家统一的会计制度等要求变更会计政策；②会计政策变更能够提供更可靠、更相关的会计信息。

（三）期初余额的审计程序

在确定有关期初余额的审计证据的充分性和适当性时，注册会计师应当考虑：（1）被审计单位运用的会计政策；（2）上期财务报表是否经过审计，如果经过审计，审计报告是否为非标准审计报告；（3）账户的性质和本期财务报表中的重大错报风险；（4）期初余额对于本期财务报表的重要程度。

1. 考虑被审计单位运用会计政策的恰当性和一贯性

注册会计师对被审计单位财务报表期初余额进行审计，首先，应当关注其所选择的会计政策是否恰当和是否被一贯运用，这是为满足会计信息质量达到口径一致、相互对比的要求；其次，如果本期会计政策已经作出变更，注册会计师应当关注其是否符合《企业会计准则第 28 号——会计政策、会计估计变更和差错更正》的规定。

2. 上期财务报表由前任注册会计师审计情况下的审计程序

如果上期财务报表由前任注册会计师审计，注册会计师应当考虑：（1）查阅前任注册会计师的工作底稿；（2）考虑前任注册会计师的独立性和专业胜任能力；（3）与前任注册会计师沟通。

3. 上期财务报表未经审计或审计结论不满意时的审计程序

如果上期财务报表未经审计，或者财务报表虽经前任注册会计师审计、但未能对期初余额得出满意的结论，注册会计师应当根据期初余额有关账户的不同性质，实施相应的审计程序。

（1）对流动资产和流动负债的审计程序。鉴于流动资产和流动负债的流动性比较强，存在的期限比较短，在本期的交易或事项中通常会有所反映，因此，通过本期实施的审计程序有时可以验证期初流动资产和流动负债的存在性和金额。例如，应收账款或应付账款的期初余额通常在本期内即可回或支付，则核查本期收回或支付的事实即可被视为应收账款或应付账款期初余额存在的适当证据。

（2）对非流动资产和非流动负债的审计程序。由于非流动资产和非流动负债比较稳定，变动较少，因此，通过检查形成期初非流动资产和非流动负债的会计记录和其他信息，可以获取较充分、适当的审计证据。对于期初走资产原价而然，审核与这些固定资产相关的采购合同、原始发票、验收凭证等，就是比较有效的审计程序。

在某些情况下，注册会计师向第三方函证也是确认非流动资产类账户和非流动负债类账户期初余额的有效审计程序。例如，对期初长期银行借款余额，除了实施检查其相应的合同、借入时的原始凭证和会计记录等审计程序外，注册会计师还可以通过向贷款银行发函确认其期初余额。

（四）期初余额对审计报告的影响

期初余额对审计报告的影响，有以下四种不同的情形：

（1）如果实施相关审计程序后无法获取有关期初余额的充分、适当的审计证据，注册会计师应当出具保留意见或无法表示意见的审计报告。

（2）如果期初余额存在对本期财务报表产生重大影响的错报，且这一错报的影响未能得到正确的会计处理和恰当的列报，注册会计师应当出具保留意见或否定意见的审计报告。

（3）如果与期初余额相关的会计政策未能在本期得到一贯运用，并且会计政策的变更未能得到正确的会计处理和恰当的列报，注册会计师应当出具保留意见或否定意见的审计报告。

（4）如果前任注册会计师对上期财务报表出具非标准审计报告，注册会计师应当考虑该审计报告对本期财务报表的影响，如果导致出具非标准审计报告的事项对本期财务报告仍然相关和重大，注册会计师应当对本期财务报表出具非标准审计报告。

## 二、期后事项审计

注册会计师对财务报表承担的审计责任，并非仅限于审计资产负债表日前发生的事项和交易，还应包括对期后事项的复核。为了规范注册会计师在财务报表审计中对期后事项的责任，财政部发布了《中国注册会计师审计准则第1332号——期后事项》。

（一）期后事项的基本概念

1. 期后事项的定义

所谓期后事项、是指财务报表日至审计报告日之间发生的事项，以及注册会计师在审计报告日后知悉的事实。

财务报表日，是指财务报表涵盖的最近期间的截止日期。

审计报告日，是指注册会计师按照《中国注册会计师审计准则第1501号——对财务报表形成审计意见和出具审计报告》的规定在对财务报表出具的审计报告上签署的日期。审计报告的日期向财务报表使用者表明，注册会计师已考虑其知悉的、截至审计报告日发生的事项和交易的影响。

财务报表报出日，是指审计报告和已审计财务报表提供给第三方的日期。

财务报表批准日，是指构成整套财务报表的所有报表（包括相关附注）已编制完成，并且被审计单位的董事会、管理层或类似机构已经认可其对财务报表负责的日期。财务报表批准日不得晚于审计报告日，在实务中通常与审计报告日为同一天。图12－1反映了期后事项与这几个日期之间的关系。

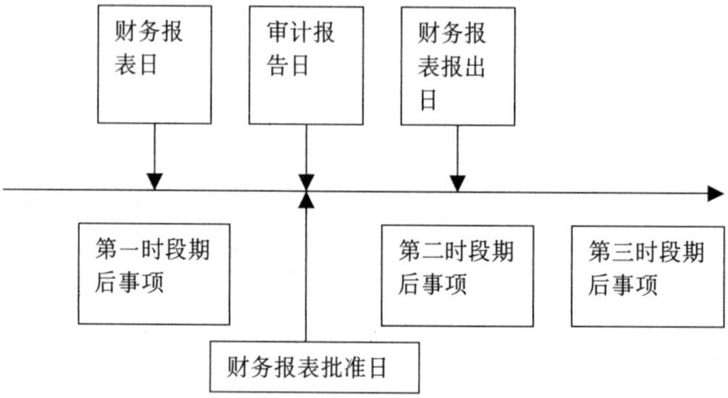


图12－1 期后事项分段示意图

财务报表可能受到财务报表日后发生的事项的影响，进而影响注册会计师发表的审计意见，所以注册会计师必须对期后事项予以充分关注。

2. 期后事项的分类

适用的财务报告编制基础通常专门提及期后事项，并将其区分为两类：第一类是对财务报表日已经存在的情况提供证据的事项；第二类是对财务报表日后发生的情况提供证据的事项。

（1）对财务报表日已经存在的情况提供证据的事项

这类事项既为被审计单位管理层确定财务报表日账户余额提供信息，也为注册会计师核实这些余额提供补充证据。如果这类期后事项的金额重大，应提请被审计单位对年度财务报表及相关的账户余额进行调整。以下举例说明。

①财务报表日被审计单位认为可以收回的大额应收款项，因财务报表日后债务人突然破产而无法收回。在这种情况下，债务人财务状况显然早已恶化，所以注册会计师应该考虑提请被审计单位增加备抵坏账数额，调整财务报表有关项目的数额。

②被审计单位由于某种原因被起诉，法院于财务报表日后判决被审计单位应赔

偿对方损失。因这一负债实际上在财务报表日之前就已存在．所以，如果赔偿数额很大，注册会计师应考虑提请被审计单位增加有关负债项目的数额，并加以说明。

③被审计单位财务报表日后不久有大批产成品经验收不合格。这种情况表示被审计单位财务报表日在产品存货中有相当数量的不合格品，故应予以扣除。

（2）对财务报表日后发生的情况提供证据的事项

这类事项因不影响财务报表日财务状况，所以不需要调整被审计单位的本期财务报表。但如果被审计单位的财务报表因此而受到误解，就应在财务报表中以附注的形式披露。

被审计单位在财务报表日后发生的，需要在财务报表上披露而非调整的事项主要有：被审计单位合并；应付债券的提前兑付；所持有短期投资和转卖的证券市价严重下跌；发行债券或权益性证券；由于政府禁止继续销售某种产品所造成的存货市价下跌；需要为新的养老保险金计划在近期支付大笔现金；偶然性的大额损失等。这些事项如不加以反映，往往会导致对被审计单位财务报表的误解，所以应在财务报表的附注中加以披露。

注册会计师对待期后事项，应注意区分两类不同的期后事项，以保证对被审计单位财务报表是否在所有重大方面符合适用的财务报表编制基础且公允反映表示适当的意见。正确区分两类不同的期后事项，关键在于正确确定期后事项主要情况出现的时间，这就需要注册会计师进行细致深入的调查和分析研究。凡主要情况出现在被审计单位财务报表日之前的重要事项，应当提请被审计单位调整财务报表；凡主要情况出现在被审计单位财务报表日之后的重要事项，只需建议被审计单位在本期财务报表的附注中加以披露即可。

3. 期后事项的审计目标

《中国注册会计师审计准则第 1332 号——期后事项》指出，注册会计师的目标是：

（1）获取充分、适当的审计证据，以确定财务报表日至审计报告日之间发生的、需要在财务报表中调整或披露的事项已经按照适用的财务报告编制基础在财务报表中得到恰当反映；

（2）恰当应对在审计报告日后注册会计师知悉的，且如果在审计报告日知悉可能导致注册会计师修改审计报告的事实。

（二）有关财务报告日至审计报告日之间发生的事项的要求

1. 主动识别责任

在财务报表日至审计报告日之间发生的事项，属于第一时段期后事项。审计准则规定，注册会计师应当设计和实施审计程序，获取充分、适当的审计证据，以确定所有在财务报表日至审计报告日之间发生的需要在财务报表中调整或披露的事项均已得到识别。但是，注册会计师并不需要对之前已实施审计程序并已得出满意结论的事项执行追加的审计程序。

2. 识别期后事项的审计程序

审计期后事项不同于审计一般的财务报表项目，其可以归结为两类。

第一类，结合财务报表项目审计实施的审计程序。这类审计程序是财务报表项目审计的一部分。例如，审计期后的销售和采购业务，以确定本期主营业务收入发生额及期末存货等账户的余额是否正确。又如，通过对期后货币资金收入的审计，以确定应收账款的可收回性等。

第二类，专为识别期后事项而另行实施的审计程序。具体包括：

（1）了解管理层为确保识别期后事项而建立的程序；

（2）询问管理层和治理层（如适用），确定是否已发生可能影响财务报表的期后事项；

（3）查阅被审计单位的所有者、管理层和治理层在财务报表日后举行会议的纪要，在不能获取会议纪要的情况下，询问此类会议讨论的事项；

（4）查阅被审计单位最近的中期财务报表（如有）。

除上述四项必需的审计程序外，注册会计师可能认为实施下列是必要和适当的：

（1）查问被审计单位在财务报表日后最近期间内的预算、现金流量预测和其他相关的管理报告；

（2）就诉讼和索赔事项询问被审计单位的法律顾问，或扩大之前口头或书面查询的范围；

（3）考虑是否有必要获取涵盖特定期后事项的书面声明以支持其他审计证据，从而获取充分、适当的审计证据。

需要说明的是，注册会计师就期后事项实施的审计程序可能取决于可获得的信息，特别是自财务报表日以来会计记录的编制程度。如果会计记录未能反映最新信息，被审计单位也没有编制中期财务报表（无论是基于内部还是外部目的），或者没有编制管理层或治理层会议的纪要，则相关审计程序可以来用检查可获得的账簿和记录（包括银行对账单）。

另外，注册会计师应当恰当设计审计程序的时间安排，以使审计程序能够涵盖财务报表日至审计报告日（或尽可能接近审计报告日）之间的期间。而且，需要根据所考虑的风险评估的结果，恰当设计审计程序的性质和范围。

3. 识别出需要调整或披露事项时的处理

在实施前述审计程序后，如果识别出需要在财务报表中调整或披露的事项，注册会计师应当确定每一事项是否按照适用的财务报告编制基础的规定在财务报表中得到恰当反映。

（三）有关注册会计师在审计报告日后知悉的事实的要求

1. 在审计报告日后至财务报表报出日前知悉事实的情形

注册会计师在审计报告日后至财务报表报出日前知悉的事实，在审计报告日后注册会计师没有义务针对财务报表实施任何审计程序。

在审计报告日后至财务报表报出日前，如果知悉了某事实，且若在审计报告日知悉该事实可能导致修改审计报告，注册会计师应当与管理层和治理层（如适用）讨论该事项，并且确定财务报表是否需要修改。如果需要修改，注册会计师应当询问管理层将如何在财务报表中处理该事项。

（1）管理层修改财务报表。

如果管理层修改财务报表，注册会计师需要区分两种情况进行处理。

第一种情况是管理层修改了财务报表，且该修改并不仅限于反映导致修改的期后事项的影响。这时，注册会计师应当：

①根据具体情况对有关修改实施必要的审计程序；

②将前述旨在识别期后事项的审计程序延伸至新的审计报告日，并针对修改后的财务报表出具新的审计报告。新的审计报告日不应早于修改后的财务报表被批准的日期。

第二种情况是管理层修改了财务报表，但该修改仅限于反映导致修改的期后事项的影响，被审计单位的董事会、管理层或类似机构也仅对有关修改进行批准。这时，注册会计师应当根据具体情况对有关修改实施必要的审计程序。同时，可以仅针对有关修改将旨在识别期后事项的审计程序延伸至新的审计报告日。在这种情况下，注册会计师应当选用下列报告处理方式之一：

①签署双重审计报告日期。修改审计报告，针对财务报表修改部分增加补充报告日期，从而表明注册会计师对期后事项实施的审计程序仅限于财务报表相关附注所述的修改。

②出具新的或经修改的审计报告。在强调事项段或其他事项段中说明注册会计师对期后事项实施的审计程序仅限于财务报表相关附注所述的修改。

（2）管理层应修改而未修改财务报表。

在某些国家或地区，法律法规或财务报告编制基础可能不要求管理层报出经修改的财务报表，相应地，注册会计师也无需出具经修改的或新的审计报告。然而，如果认为管理层应当修改财务报表而没有修改，注册会计师应当分别以下两种情况予以处理：

①如果审计报告尚未提交给被审计单位，注册会计师应当按照《中国注册会计师审计准则第1502号——在审计报告中发表非无保留意见》的规定发表非无保留意见，然后再提交审计报告；

②如果审计报告已经提交给被审计单位，注册会计师应当通知管理层和治理层（除非治理层全部成员参与管理被审计单位）在财务报表作出必要修改前不要向第三方报出。如果财务报表在未经必要修改的情况下仍被报出，注册会计师应当采取适当措施，以设法防止财务报表使用者信赖该审计报告。

2. 在财务报表报出后知悉事实的情形

注册会计师在财务报表报出后知悉的事实，注册会计师没有义务针对财务报表实施任何审计程序。

在财务报表报出后，如果知悉了某事实，且若在审计报告日知悉该事实可能导致修改审计报告，注册会计师应当与管理层和治理层（如适用）讨论该事项，并且确定财务报表是否需要修改。如果需要修改，注册会计师应当询问管理层将如何在财务报表中处理该事项。

（1）管理层修改财务报表。

如果管理层修改了财务报表，注册会计师应当：

①根据具体情况对有关修改实施必要的审计程序；

②复核管理层采取的措施能否确保所有收到原财务报表和审计报告的人士了解这一情况；

③如果管理层对财务报表的修改并不仅限于反映导致修改的期后事项的影响，将旨在识别期后事项的审计程序延伸至新的审计报告日，并针对修改后的财务报表出具新的审计报告，新的审计报告日不应早于修改后的财务报表被批准的日期；

④如果管理层对财务报表的修改仅限于反映导致修改的期后事项的影响，被审计单位的董事会、管理层或类似机构也仅对有关修改进行批准，应当修改审计报告或提供新的审计报告。可以选用的报告处理方式包括：签署双重审计报告日期，或者出具新的或经修改的审计报告。

无论管理层的修改是否限于反映导致修改的期后事项的影响，注册会计师都应当在新的或经修改的审计报告中增加强调事项段或其他事项段，提醒财务报表使用者关注财务报表附注中有关修改原财务报表的详细原因和注册会计师提供的原审计报告。

（2）管理层应修改而未修改财务报表。如果管理层没有采取必要措施确保所有收到原财务报表的人士了解这一情况，也没有在注册会计师认为需要修改的情况下修改财务报表，注册会计师应当通知管理层和治理层（除非治理层全部成员参与管理被审计单位），其将设法防止财务报表使用者信赖该审计报告。

如果注册会计师已经通知管理层或治理层，而管理层或治理层没有采取必要措施，注册会计师应当采取适当措施，以设法防止财务报表使用者信赖该审计报告。

### 三、持续经营审计

持续经营假设是指被审计单位在编制财务报表时，假定其经营活动在可预见的将来会继续下去，不拟也不必终止经营或破产清算，可以在正常的经营过程中变现资产、清偿债务。这里的可预见的将来，通常是指资产负债表日后 12 个月。企业正常的会计核算是在持续经经营假设下进行的。

市场经济环境中，企业竞争十分激烈，企业财务危机一旦爆发，就会面临持续经营问题，并可能使注册会计师因诉讼而陷入困境，因此注册会计师在审计过程中考虑被审计单位的持续经营问题。

为了规范注册会计师在财务报表审计中与管理层编制财务报表时运用持续经营假设的相关责任，财政部发布了《中国注册会计师审计准则第 1324 号——持续经营》。

（一）管理层和注册会计师的责任划分

1. 管理层的责任

某些适用的财务报告编制基础明确要求管理层对持续经营能力作出评估，并规定了与此相关的需要考虑的事项和作出的披露。相关法律法规还可能对管理层评估持续经营能力的责任和相关财务报表披露作出具体规定。其他财务报告编制基础可能没有明确要求管理层对持续经营能力作出评估。然而，由于持续经营假设是编制财务报表的基本原则，即使其他财务报告编制基础没有对此作出明确规定，管理层也需要在编制财务报表时评估持续经营能力。

管理层对持续经营能力的评估涉及在特定时点对事项或情况的未来结果作出判断，这些事项或情况的未来结果具有固有不确定性。下列因素与管理层的判断相关：

（1）某一事项、情况或其结果出现的时点，距离管理层作出评估的时点越远，与事项或情况的结果相关的不确定性程度将显著增加。因此，明确要求管理层对持续经营能力作出评估的大多数财务报告编制基础，可能规定了管理层应当考虑的所有可获得信息的期间。

（2）被审单位的规模和复杂程度、经营活动的性质和状况以及被审计单位受外部因素影响的程度，将影响对事项或情况的结果作出的判断。

（3）对未来的所有判断都以作出判断时可获得的信息为基础。管理层作出的判断在当时情况下可能是合理的，但之后发生的事项可能导致事项或情况的结果与作出的判断不一致。

2. 注册会计师的责任

注册会计师的责任，是就管理层在编制和列报财务报表时运用持续经营假设的适当性获取充分、适当的审计证据，并就持续经营能力是否存在重大不确定性得出结论。

即使编制财务报表时运用的财务报告编制基础没有明确要求管理层对持续经营能力作出专门评估，注册会计师的这种责任仍然存在。

（二）风险评估阶段的相关要求

实施风险评估程序时，注册会计师应当考虑是否存在可能导致对被审计单位持续经营能力产生重大疑虑的事项或情况。在进行考虑时，注册会计师应当确定管理层是否已对被审计单位持续经营能力作出初步评估。

1. 考虑是否存在可能导致对持续经营能力产生疑虑的事项或情况

以下是单独或汇总起来可能导致对持续经营假设产生重大疑虑的事项或情况的示例：

（1）财务方面。

①净资产为负或营运资金出现负数；

②定期借款即将到期，但预期不能展期或偿还或过度依赖短期借款转为长期资产筹资；

③存在债权人撤销财务支持的迹象；

④历史财务报表或预测性财务报表表明经营活动产生的现金流量净额为负数；

⑤关键财务比率不佳；

⑥发生重大经营亏损或用以产生现金流量的资产的价值出现大幅下跌；

⑦拖欠或停止发放股利；

⑧在到期日无法偿还债务；

⑨无法履行借款合同的条款；

⑩与供应商由赊购变为货到付款。

（2）经营方面。

①管理层计划清算被审计单位或终止经营；

②关键管理人员离职且无人代替；

③失去主要市场、关键客户、特许权、执照或主要供应商；

④出现用工困难问题；

⑤重要供应短缺；

⑥出现非常成功的竞争者。

（3）其他方面。

①违反有关资本或其他法定要求；

②未决诉讼或监管程序，可能导致其无法支付索赔金额；

③法律法规或政府政策的变化预期会产生不利影响；

④对发生的灾害未购买保险或保额不足。

某些措施通常可以减轻上述事项或情况的严重性。例如，被审计单位无法正常偿还债务的影响，可能被管理层通过替代方法（如处置资产、重新安排贷款偿还或获得额外资本金）计划保持足够的现金流量所抵消。类似地，主要供应商的流失也可以通过寻找适当的替代供应来源以降低损失。因此，如果发现上述可能导致对持续经营假设产生重大疑虑的事项或情况，注册会计师还需要连同相关的减轻措施一并考虑。

最后需要说明的是，针对有关可能导致对被审计单位持续经营能力产生重大疑虑事项或情况的审计证据，注册会计师应当在整个审计过程中保持警觉。

2. 确定管理层是否已对持续经营能力作出初步评估

如果管理层已对持续经营能力作出初步评估，注册会计师应当与管理层进行讨论，并确定管理层是否已识别出单独或汇总起来可能导致对被审计单价持续经营能力产生重大疑虑的事项或情况。如果管理层已识别出这些事项或情况，注册会计师应当与其讨论应对计划。

如果管理层未对持续经营能力作出初步评估，注册会计师应当与管理层讨论其拟使用持续经营假设的基础，询问管理层是否存在单独或汇总起来可能导致对被审计单位持续经营能力产生重大疑虑的事项或情况。

（三）风险应对阶段的相关要求

在实施风险评估程序和相关活动以后，注册会计师应当评价管理层对被审计单位持续经营能力作出的评估，并且询问管理层是否知悉超出评估期间的、可能导致对持续经营能力产生重大疑虑的事项或情况。必要时，注册会计师应当实施追加审计程序。

1. 评价管理层的评估

（1）管理层的评估、支持性分析和注册会计师的评价。

注册会计师应当评价管理层对被审计单位持续经营能力作出的评估。因为，管理层对被审计单位持续经营能力的评估，是注册会计师考虑管理层运用持续经营假设的一个关键部分。

在评价管理层作出的评估时，注册会计师应当考虑该评估是否已包括注册会计师在审计过程中注意到的所有相关信息。此外，注册会计师还可能需要评价管理层作出评估时遵循的程序、评估依据的假设、管理层未来应对计划以及管理层的计划在当前情况下是否可行。

在某些情况下，管理层可能缺乏详细分析以支持其评估，而这并不一定妨碍注册会计师判断管理层运用持续经营假设是否适合具体情况。例如，如果被审计单位具有盈利经营的记录并很容易获得财务支持，管理层可能不需要进行详细分析就能作出评估。在这种情况下，如果其他审计程序足以使注册会计师认为管理层在编制财务报表时运用的持续经营假设适合具体情况，注册会计师可能不需实施详细的评价程序，就可以对管理层评估的适当性得出结论。

（2）管理层评估的期间。

在评价管理层对被审计单位持续经营能力作出评估时，注册会计师的评价期间应当与管理层按照适用的财务报告编制基础或法律法规（如果法律法规要求的期间更长）的规定作出评估的涵盖期间相同。大多数明确要求管理层作出评估的财务报告编制基础，都详细规定了管理层需要在多长期间内考虑所有可获得的信息。

如果管理层评估持续经营能力涵盖的期间短于自财务报表日起的 12 个月，注册会计师应当提请管理层将其至少延长至自财务报表日起的 12 个月。

2. 询问超出管理层评估期间的事项或情况

注册会计师应当询问管理层是否知悉超出管理层评估期间的、可能导致对持续经营能力产生重大疑虑的事项或情况。除询问管理层外，注册会计师没有责任实施其他任何审计程序，以识别超出管理层评估期间并可能能导致对被审计单位持续经营能力产生重大疑虑的事项或情况。

如果通过询问识别出超出管理层评估期间、可能导致对持续经营能力产生重大疑虑的事项或情况，注册会计师可能需要提请管理层评价这些事项或情况对于其评估被审计单位待续经营能力的潜在重要性，并实施必要的追加审计程序。

3. 识别出事项或情况时实施的追加审计程序

如果识别出可能导致对持续经营能力产生重大疑虑的事项或情况，注册会计师应当通过实施追加的审计程序（包括考虑缓解因素），获取充分、适当的审计证据，以确定是否存在重大不确定性。

这些程序应当包括：

（1）如果管理层尚未对被审计单位持续经营能力作出评估，提请其进行评估；

（2）评价管理层与持续经营评估相关的未来应对计划，这些计划的结果是否可能改变目前的状况，以及管理层的计划对于具体情况是否可行；

（3）如果被审计单位已编制现金流量预测，且对预测的分析是评价管理层未来应对计划时所考虑的事项或情况的未来结果的重要因素，评价用于编制预测的基础数据的可靠性，并确定预测所基于的假设是否具有充分的支持；

（4）考虑自管理层作出评估后是否存在其他可获得的事实或信息；

（5）要求管理层和治理层（如适用）提供有关未来应对计划及其可行性的书面声明。管理层的应对计划可能包括变卖资产、对外借款、重组债务、削减或延缓开支或者获得新的资本等。

（四）审计结论与报告

注册会计师应当根据获取的审计证据，运用职业判断，确定是否存在与事项或情况相关的重大不确定性（且这些事项或情况单独或汇总起来可能导致对被审计单位持续经营能力产生重大疑虑），并已考虑其对审计意见的影响。

如果注册会计师根据职业判断认为，鉴于不确定性潜在影响的重要程度和发生的可能性，为了使财务报表实现公允反映，有必要适当披露该不确定性的性质和影响，则表明存在重大不确定性。

1. 运用持续经营假设适当但存在重大不确定性

如果认为运用持续经营假设适合具体情况，但存在重大不确定性，注册会计师应当确定；第一，财务报表是否已充分描述可能导致对持续经营能力产生重大疑虑的主要事项或情况，以及管理层针对这些事项或情况的应对计划；第二，财务报表是否已清楚披露可能导致对持续经营能力产生重大疑虑的事项或情况存在重大不确定性，并由此导致被审计单位可能无法在正常的经营过程中变现资产和清偿债务。确定财务报表披露的充分性，可能需要确定信息是否明确地提请财务报表使用者关注被审计单位可能无法在正常的经营过程中变现资产、清偿债务。

（1）重大不确定性披露充分时的审计报告。

如果财务报表已作出充分披露，注册会计师应当发表无保留意见，并在审计报告中增加强调事项段，强调可能导致对持续经营能力产生重大疑虑的事项或情况存在重大不确定性的事实，并提醒财务报表使用者关注财务报表附注中对事项的披露。

以下是当注册会计师确信财务报表附注披露充分时强调事项段的举例：

**强调事项**

我们提醒财务报表使用者关注，如财务报表附注×所述，截至2011年12月31日，该公司发生净亏损×元，在2011年12月31日该公司流动负债高于资产总额×元，这些情况连同附注×所示的其他事项，表明存在可能导致对该公司持续经营能力产生重大疑虑的重大不确定性。本段内容不影响已发表的审计意见。

（2）重大不确定性披露不充分时的审计报告。

如果财务报表未作出充分披露，注册会计师应当按照《中国注册会计师审计准则第1502号——在审计报告中发表非无保留意见》的规定，恰当地发表保留意见或否定意见。

注册会计师应当在审计报告中说明，存在可能导致对被审计单位持续经营能力产生重大疑虑的重大不确定性。

以下是对注册会计师发表保留意见时相关段落的举例：

**导致保留意见的事项**

该公司融资协议期满，且未偿付余额将于20×年3月19日到期。该公司未能重新商定协议或获取替代性融资。这种情况表明存在可能导致对该公司持续经营能力产生重大疑虑的重大不确定性。因此，该公司可能无法在正常经营过程中变现资产、清偿债务。财务报表（及其附注）并未对这一事实作出全面披露。

**保留意见**

我们认为，除“导致保留意见的事项”段所述事项产生的影响外，财务报表在所有重大方面按照企业会计准则的规定编制，公允反映了该公司20×1年12月31日的财务状况以及20×1年度的经营成果和现金流量。

2. 运用持续经营假设不适当

如果财务报表按照持续经营基础编制，而注册会计师运用职业判断认为管理层在编制财务报表时运用持续经营假设是不适当的，则无论财务报表对管理层运用持续经营假设的不适当性是否作出披露，注册会计师均应发表否定意见。

以下是对注册会计师发表否定意见时相关段落的举例：

**导致否定意见的事项**

该公司已连续三个会计年度发生巨额亏损，主要财务指标显示其财务状况严重恶化，巨额逾期债务无法偿还，且存在巨额对外担保。截至审计报告日无任何证据表明该公司采取的各项措施能够有效改善公司的财务和经营状况。根据我们的判断该公司不具有持续经营能力。因此，该公司继续按照持续经营假设编制20×1年度财务报表是不适当的。

**否定意见**

我们认为，由于受到前段所述事项的重大影响，该公司财务报表没有在所有重大方面按照企业会计准则的规定编制，未能公允反映该公司20×1年12月31日的财务状况以及 20×1 年度的经营成果和现金流量。

3. 管理层不愿作出评估或延长评估期间

在某些情况下注册会计师可能认为有必要提请管理层作出评估或延长评估期间。如果管理层不愿按照注册会计师的要求作出评估或延长评估期间，注册会计师应当考虑这一情况对审计报告的影响。

如果管理层予以拒绝，由于注册会计师可能无法获取有关运用持续经营假设编制财务报表的充分、适当的审计证据，注册会计师发表保留意见或无法表示意见可能是适当的。

（五）与治理层沟通

注册会计师应当与治理层就识别出的可能导致对被审计单位持续经营能力产生重大疑虑的事项或情况进行沟通，除非治理层全部成员参与管理被审计单位。

与治理层的沟通应当包括下列方面：（1）这些事项或情况是否构成重大不确定性；（2）在财务报表编制和列报中运用持续经营假设是否适当；（3）财务报表中的相关披露是否充分。

（六）应对财务报表批准的严重拖延

如果管理层或治理层在财务报表日后严重拖延对财务报表的批准，注册会计师应当询问拖延的原因。如果认为拖延可能涉及与持续经营评估相关的事项或情况，注册会计师应当实施必要的追加审计程序，并考虑被审计单位持续经营能力存在的重大不确定对审计结论的影响。

## 四、获取管理层声明

书面声明，是指管理层向注册会计师提供的书面陈述，用以确认某些事项或支持其他审计证据。书面声明不包括财务报表及其认定，以及支持性账簿和相关记录。为了规范注册会计师在财务报表审计中向管理层获取书面声明，财政部发布了《中国注册会计师审计准则第 1341 号——书面声明》。

注册会计师应当获取审计证据，以确定管理层认可其按照适用的会计准则和相关会计制度的规定编制财务报表的责任，并且已批准财务报表。在获取此类审计证据时，注册会计师应当考虑查阅治理层相关会议纪要、向管理层获取书面声明或已签署的财务报表副本。如果合理预期不存在其他充分、适当的审计证据，注册会计师应当就对财务报表具有重大影响的事项向管理层获取书面声明。

注册会计师应当就下列事项向管理层获取书面声明。

（1）管理层认可其设计和实施内部控制以防止或发现并纠正错报的责任。

（2）管理层认为注册会计师在审计过程中发现的未更正错报，无论单独还是汇总起来考虑，对财务报表整体均不具有重大影响。

未更正错报项目的概要应当包含在书面声明中或附于书面声明后。

注册会计师要求管理层提供的书面声明可仅限于单独或汇总起来对财务报表产

生重大影响的事项。必要时，注册会计师应将对声明事项重要性的理解告知管理层。

（一）被审计单位管理层声明的作用

1. 明确管理层对财务报表的会计责任

被审计单位管理层应对其财务报表的编制和提供给注册会计师的有关资料的真实性、合法性和完整性负责，并在声明中做出陈述。为了达到这一目的，声明应尽可能详细，以充当被审计单位管理层的提醒者。被审计单位管理层声明为明确被审计单位管理层的会计责任提供了依据。

2. 有利于保护注册会计师

被审计单位管理层声明把管理人员对各方面审计问题的回答以书面方式记录下来，当被审计单位和注册会计师发生意见分歧和法律诉讼时，可作为书面证据，有利于保护注册会计师。

此外，被审计单位管理层声明可作为被审计单位管理层未来意图的证据。

由于被审计单位管理层声明属于非独立来源的书面说明，所以，不能将它视为十分可靠的证据。虽然它提供了注册会计师要求被审计单位管理层回答的某些问题的证据，但其主要作用是心理方面的，是用来保护注册会计师，并使其不致卷入由于管理层不明白自身责任而导致的潜在纠纷。

（二）对管理层声明的审计程序

（1）从被审计单位内部或外部获取佐证证据。

（2）评价管理层声明是否合理并与获取的其他审计证据（包括其他声明）一致。

（3）考虑作出声明的人员是否熟知所声明的事项。

注册会计师不应以管理层声明替代能够合理预期获取的其他审计证据。

如果不能获取对财务报表具有或可能具有重大影响的事项的充分、适当的审计证据，而这些证据预期是可以获取的，即使已收到管理层就这些事项作出的声明，注册会计师仍应将其视为审计范围受到限制。

如果管理层的某项声明与其他审计证据相矛盾，注册会计师应当调查这种情况。必要时，重新考虑管理层做出声明的可靠性。

（三）对管理层声明的记录

注册会计师应当将获取的管理层声明作为审计证据，并形成审计工作底稿。管理层声明包括书面声明和口头声明。书面声明作为审计证据通常比口头声明可靠。

书面声明可采取下列形式。

（1）管理层声明书。

（2）注册会计师提供的列示其对管理层声明的理解并经管理层确认的函。

（3）董事会及类似机构的相关会议纪要，或者已签署的财务报表副本。

（四）管理层声明书

1. 管理层声明书概述

被审计单位管理层声明书是被审计单位管理层在审计期间向注册会计师提供的各种重要口头声明的书面陈述。当要求管理层提供声明书时，注册会计师应当要求将声明书径送注册会计师本人。声明书应当包括要求列明的信息，标明适当的日期并经签署。管理层声明书标明的日期通常与审计报告日一致；但在某些情况下，注册会计师也可能在审计过程中或审计报告日后就某些交易或事项获取单独的声明书。被审计单位管理层声明书，应由管理层中对被审计单位及其财务负主要责任的人员（一般是总经理和财务总监）签署；在某些情况下，注册会计师也可以向管理层中的其他人员获取管理层声明书。

被审计单位管理层声明书形式上出自被审计单位管理层，实际上往往由注册会计师准备好内容，而要求被审计单位管理层用其信笺打印并签名。被审计单位管理层声明书是重要的审计证据。注册会计师在出具审计报告前，应向被审计单位管理层索取声明书，以明确会计责任与审计责任。如被审计单位管理层拒绝就对财务报表具有重大影响的事项提供必要的书面声明，或者拒绝就重要的口头声明予以书面确认，注册会计师应将其视为审计范围受到严重限制，并出具保留意见或无法表示意见的审计报告。

2. 被审计单位管理层声明书的格式

（1）标题：××公司管理层声明书。

（2）收件人：管理层声明书的收件人为接受委托的会计师事务所及签署审计报告的注册会计师。

（3）声明内容：根据注册会计师要求声明的内容，列出各项声明。

（4）签章：由被审计单位及其会计机构负责人签署，并加盖被审计单位公章。

（5）日期：被审计单位管理层声明书的日期应与审计报告的日期一致，以防日期不一致而可能发生的误解。但在特定情况下，被审计单位管理层可能对某些交易或事项出具单独或专项的声明书，在这种情况下，声明书的日期可以是注册会计师获取该声明书的日期。

3. 被审计单位管理层声明书的内容

（1）已按会计准则和会计制度的要求编制财务报表，财务报表的真实性、合法性、完整性由管理层负责。

（2）财务会计资料已全部提供给注册会计师检查。

（3）股东大会及董事会（或其他高层领导会议）的会议记录已全部提供给注册会计师查阅。

（4）被审计期间的所有交易事项均已入账。

（5）关联方交易的有关资料已提交注册会计师检查。

（6）期后事项和或有事项均已向注册会计师提供，重大的期后事项和或有事项均已在财务报表中作相应的调整或披露。

（7）对注册会计师在审计过程中提出的所有重大调整事项已做调整。

(8) 无违法、违纪、舞弊现象。

(9) 无蓄意歪曲或粉饰财务报表各项目的金额或分类的情况。

(10) 无重大的不确定事项。

(11) 其他需做声明的事项。

(五) 管理层拒绝提供声明时的措施

如果管理层拒绝提供注册会计师认为必要的声明，注册会计师应当将其视为审计范围受到限制，出具保留意见或无法表示意见的审计报告。

在这种情况下，注册会计师应当评价审计过程中获取的管理层其他声明的可靠性，并考虑管理层拒绝提供声明是否可能对审计报告产生其他影响。

## 五、获取律师声明

在对被审计单位期后事项和或有事项等进行审计时，注册会计师往往要向被审计单位的法律顾问和律师进行函证，以获取其对资产负债表日业已存在的，以及资产负债表日至他们复函日这一时期内存在的期后事项和或有事项等的确认证据。被审计单位律师对函证问题的答复和说明，就是律师声明。律师声明通常可提供有力的证据，帮助注册会计师解释并报告有关的期后事项和或有事项，从而减少注册会计师误解上述事项的可能性，但其本身不足以对注册会计师形成审计意见提供基本理由。

对律师的函证，通常通过被审计单位向其律师寄发审计询证函的方式来实施。被审计单位应对曾为其提供法律咨询或代理的所有律师寄发审计询证函，其内容应包括被审计单位叙述和评价与该律师业务相关的期后事项和或有事项等情况。律师的责任在于声明被审计单位对有关期后事项和或有事项等的叙述是完整的（或指明其疏漏），并对被审计单位就有关期后事项和或有事项等情况的说明做出评价。

律师声明所用的格式和措辞并没有定式。单位不同或情况不同，律师出具的声明也不相同。但是，律师声明的内容可能会影响注册会计师发表审计意见的类型。

注册会计师应根据该律师的职业条件和声誉情况来确定律师声明的合理性。如果注册会计师熟悉该律师的职业声誉，就不再需要做专门的查询；如果注册会计师对代理被审计单位重大法律事务的律师并不熟悉，则应查询诸如该律师的职业背景、声誉及其在法律界的地位等情况，并考虑从律师协会获取信息。一旦这些方面都令人满意，除非律师关于被审计单位法律事项的意见是不合情理的，否则注册会计师应接纳律师声明中的意见。

对于律师声明应从整体上分析，以便确定它对审计询证函的总体反映，确定它与注册会计师所知的情况是否矛盾。倘若律师声明表明或暗示律师拒绝提供信息，或者隐瞒信息，或对被审计单位叙述的情况应予修正而不加修正，注册会计师一般应认为审计范围受到限制，就不能出具无保留意见的审计报告。

### 六、对财务报表总体合理性实施分析程序

分析程序不仅被广泛运用于审计计划阶段和财务报表项目的实质性测试阶段，也可用于审计报告阶段对财务报表进行总体复核，以帮助注册会计师评价审计过程中形成的审计结论的恰当性和财务报表整体反映的公允性。

注册会计师在对财务报表进行总体性复核时：

首先，应当全面审阅财务报表及其附注，考虑针对实质性测试中发现的异常差异或未预期差异所获取的证据是否充分、恰当，这些异常差异或未预期差异与审计计划阶段的预计之间的关系。在此基础上，对财务报表整体的合理性作最终把握。这时运用分析程序主要目的在于强调并解释财务报表项目自上个会计期间以来发生的重大变化，以确定经审计调整后的财务报表整体是否与注册会计师对被审计单位及其环境的了解一致、是否具有合理性。

其次，应当将分析性复核程序运用于财务报表上，以确定是否还可能存在任何其他的异常或未预期的关系。如果这种异常或未预期的关系存在，在这一阶段识别出以前未识别的重大错报风险，应当重新考虑对全部或部分各类交易、账户余额、列报评估的风险是否恰当，并在此基础上重新评价之前计划的审计程序是否充分，是否有必要追加额外的审计程序。

最后，在对财务报表整体实施分析程序时，可以运用比率法及其他比较技术。但由于这一审计程序的实施有一定的难度，需要比较丰富的审计经验，所以，应由全面了解被审计单位经营情况和所属行业特点的审计项目经理、项目负责人来执行，并且，这种分析性复核程序的对象应集中在注册会计师认定的重要审计领域和考虑了所有建议调整的不符事项和重分类误差后的财务报表方面。比较的一方是被审计单位的资料，比较的另一方则是预期的被审计单位的结果，可获得的行业资料，或者产量、销量和员工人数等相关的一些非财务资料。

## 第二节 编制审计差异调整表和试算平衡表

### 一、编制审计差异调整表

在完成各业务循环的内部控制测试和实质性程序以及特殊项目的审计后，对审计项目组成员在审计中发现的被审计单位的会计处理方法与有关会计准则、会计制度的不一致，即审计差异内容，审计项目经理应根据审计重要性原则予以初步确定并汇总，并建议被审计单位进行调整，使经审计的财务报表所载信息能够公允反映被审计单位的财务状况、经营成果和现金流量。这一对审计差异内容的“初步确定并汇总”直至形成“经审计的财务报表”的过程，主要是通过编制审计差异调整表

和试算平衡表得以完成的。

（一）审计差异的种类

审计差异内容按是否需要调整账户记录可分为核算误差和重分类误差。核算误差是因企业对经济业务进行了不正确的会计核算而引起的误差，用审计重要性原则来衡量每项核算误差，又可把这些核算误差区分为建议调整的不符事项和不建议调整的不符事项（即未调整不符事项）；重分类误差是因企业未按有关会计准则、会计制度规定编制财务报表而引起的误差，例如，企业在应付账款项目中反映的预付账款、在应收账款项目中反映的预收账款等。

无论建议调整的不符事项、未调整不符事项还是重分类误差，在审计工作底稿中通常都是以会计分录的形式反映的。由于审计中发现的误差往往不止一两项，为便于审计项目的各级负责人综合判断、分析和决策，也为了便于有效编制试算平衡表和代编经审计的财务报表，通常需要将这些建议调整的不符事项、重分类误差和未调整不符事项分别汇总至调整分录汇总表、重分类分录汇总表和未调整不符事项汇总表。三张汇总表的参考格式分别如表 12－2、表 12－3 和表 12－4 所示。

**表 12－2　　调整分录汇总表**

客户名称：　　编制人：　　日期：　　索引号：

会计期间：　　复核人：　　日期：　　页　次：

| 序号 | 调整内容及项目 | 索引号 | 调整金额 | | 影响利润 +（－） |
|---|---|---|---|---|---|
| | | | 借方 | 贷方 | |
| | | | | | |
| | | | | | |
| | | | | | |

**表 12－3　　重分类分录汇总表**

客户名称：　　编制人：　　日期：　　索引号：

会计期间：　　复核人：　　日期：　　页　次：

| 序号 | 重分类内容及项目 | 索引号 | 重分类金额 | |
|---|---|---|---|---|
| | | | 借方 | 贷方 |
| | | | | |
| | | | | |
| | | | | |

**表 12-4　未调整不符事项汇总表**

客户名称：　　　编制人：　　　日期：　　　索引号：

会计期间：　　　复核人：　　　日期：　　　页　次：

| 序号 | 未调整内容及说明 | 索引号 | 未调整金额 | | 备注 |
|---|---|---|---|---|---|
| | | | 借方 | 贷方 | |
| | | | | | |
| | | | | | |
| | | | | | |

未予调整的影响：　　　项目　　　金额　　　百分比　　　计划百分比

1. 净利润
2. 净资产
3. 资产总额
4. 主营业务收入

结论：

（二）审计差异的评价与处理

对审计中发现的核算误差，如何运用审计重要性原则来划分建议调整的不符事项与未调整不符事项，是正确编制审计差异调整表的关键。重要性具有数量和质量两个方面的特征。换言之，注册会计师在划分建议调整的不符事项与未调整不符事项时，应当考虑核算误差的金额和性质两个因素。

（1）对于单笔核算误差超过所涉及财务报表项目（或账项）层次重要性水平的，应视为建议调整的不符事项。

（2）对于单笔核算误差低于所涉及财务报表项目（或账项）层次重要性水平，但性质重要的，比如涉及舞弊与违法行为的核算误差、影响收益趋势的核算误差、股本项目等不期望出现的核算误差，应视为建议调整的不符事项。

（3）对于单笔核算误差低于所涉及财务报表项目（或账项）层次重要性水平，并且性质不重要的，一般应视为未调整不符事项；但当若干笔同类型未调整不符事项汇总数超过财务报表项目（或账项）层次重要性水平时，应从中选取几笔转为建议调整的不符事项，过入调整分录汇总表，使未调整不符事项汇总金额降至重要性水平之下。

注册会计师确定了建议调整的不符事项和重分类误差后，应以书面方式及时征求被审计单位对需要调整财务报表事项的意见。若被审计单位予以采纳，应取得被审计单位同意调整的书面确认；若被审计单位不予采纳，应分析原因，并根据未调整不符事项的性质和重要程度，确定是否在审计报告中予以反映，以及如何反映。

## 二、编制试算平衡表

### （一）编制试算平衡表

试算平衡表是注册会计师在被审计单位提供未审财务报表的基础上，考虑调整分录、重分类分录等内容以确定已审数与报表披露数的表式。有关资产负债表和利润及利润分配表的试算平衡表的参考格式分别如表 12－5 和表 12－6 所示。

**表 12－5　　资产负债表试算平衡表工作底稿**

客户名称：　　编制人：　　日期：　　索引号：

会计期间：　　复核人：　　日期：　　页　次：

| 资产类项目 | 审计前金额 | 调整金额 | | 期末审定金额 | 重分类调整 | | 报表反映数 | 负债及所有者权益类项目 | 审计前金额 | 调整金额 | | 审定金额 | 重分类调整 | | 报表反映数 |
|---|---|---|---|---|---|---|---|---|---|---|---|---|---|---|---|
| | | 借方 | 贷方 | | 借方 | 贷方 | | | | 借方 | 贷方 | | 借方 | 贷方 | |
| 货币资金 | | | | | | | | 短期借款 | | | | | | | |
| 交易性金融资产 | | | | | | | | 应付票据 | | | | | | | |
| 略 | | | | | | | | 略 | | | | | | | |
| 合计 | | | | | | | | 合计 | | | | | | | |

**表 12－6　　利润及利润分配表试算平衡表工作底稿**

客户名称：　　编制人：　　日期：　　索引号：

会计期间：　　复核人：　　日期：　　页　次：

| 项目 | 审计前金额 | 调整金额 | | 审定金额 |
|---|---|---|---|---|
| | | 借方 | 贷方 | |
| 营业收入 | | | | |
| 减：营业成本 | | | | |
| 　营业税金及附加 | | | | |
| 略 | | | | |
| 未分配利润 | | | | |

需要说明以下几点。

（1）试算平衡表中的“审计前金额”栏，应根据被审计单位提供的未审计财务报表填列。

（2）有些财务报表项目往往会在为调整这些审计差异所做的会计分录中多次出现，因此，在手工编制试算平衡表前，可先通过按财务报表项目设置的“丁”字形账户，区分调整分录与重分类分录分别进行汇总，再将按财务报表项目汇总后的借、贷方发生额分别过入试算平衡表中的“调整金额”和“重分类调整”栏内。

（3）在编制完试算平衡表后，应注意核对相应的勾稽关系。例如，资产负债表试算平衡表左边的审计前金额、审定金额、报表反映数各栏合计数应分别等于其右边相应各栏合计数；资产负债表试算平衡表左边的调整金额栏中的借方合计数与贷方合计数之差应等于右边的调整金额栏中的贷方合计数与借方合计数之差；资产负债表试算平衡表左边的重分类调整栏中的借方合计数与贷方合计数之差应等于右边的重分类调整栏中的贷方合计数与借方合计数之差，等等。

### 三、与管理层和治理层的沟通

注册会计师与被审计单位的沟通，主要是指与被审计单位管理层和治理层的沟通。

管理层是指对被审计单位经营活动的执行负有管理责任的人员或组织。管理层负责编制财务报表，并受到治理层的监督。治理层是指对被审计单位战略方向及管理层履行经营管理责任负有监督责任的人员或组织。治理层的责任包括对财务报告编制过程的监督。

注册会计师应当就与财务报表审计相关、且根据职业判断认为与管理层和治理层责任相关的重大事项，以适当的方式及时与被审计单位管理层和治理层沟通。

（一）沟通的目的与方式

1. 沟通的目的

注册会计师与被审计单位管理层和治理层进行沟通是审计工作中不可缺少的一部分，沟通不只限于完成审计工作时，它与审计的所有阶段相关，是贯穿于整个审计过程的一项重要工作。注册会计师在执行财务报表审计业务时，从接受委托前至出具报告后，在审计计划、审计实施和审计报告各个阶段都需要与被审计单位管理层和治理层进行沟通。其主要目的如下。

（1）明确责任。注册会计师通过与被审计单位管理层和治理层进行适当的沟通，可以明确各自的责任与义务，增进彼此间的了解，促使双方认真履行职责，从而保护有关各方的合法权益，避免注册会计师可能受到不公正的指责或控告。

（2）建立良好的工作关系。注册会计师在遵守职业道德原则的前提下，与被审计单位管理层和治理层进行必要的沟通，有利于与被审计单位形成良好的工作关系，加强相互间的协作与配合，保证各种必要的审计程序得以顺利实施，最终实现审计目标。

（3）保证执业质量，提高审计效果和效率。与被审计单位管理层和治理层进行适当的沟通，可以使注册会计师获取更多的相关信息，有助于注册会计师对各种复杂、疑难问题进行正确分析，作出合理判断，从而降低审计风险，确保审计工作质量。注册会计师通过与管理层和治理层的沟通，还可以避免一些不必要的麻烦，从而节约审计时间，提高审计效率。

（4）为被审计单位提供更好的服务。在审计业务执行过程中，注册会计师往往会发现被审计单位在内部控制、经营管理等方面存在的问题，对此，通过与被审计单位管理层和治理层进行适当的沟通，可以帮助被审计单位加强内部控制、提高经营效率和管理效果。注册会计师在不违背职业道德原则的前提下，通过与管理层和治理层的沟通可以为被审计单位提供更多、更好的服务，为被审计单位带来附加值，从而取得被审计单位的信赖。

2. 沟通的方式

注册会计师与被审计单位管理层和治理层进行的沟通包括口头和书面两种方式。注册会计师在执行审计业务时，采用口头方式进行沟通的情况很多。例如向管理层和治理层询问被审计单位的基本情况，以增加对被审计单位的了解；与管理层和治理层就审计中的有关问题进行讨论等，这种口头沟通非常重要，不仅可以澄清某些事实、弄清某些问题，还为被审计单位创造了提供更多信息的机会。但对于某些重要事项，注册会计师应当采用书面方式。书面沟通文件统称为沟通函，包括管理建议书及其他各种致管理层函等。值得一提的是，由于沟通函是注册会计师与被审计单位管理层和治理层进行沟通的书面文件，对外不具有公证性，所以，为了明确使用责任，注册会计师在必要时应对沟通函的使用加以限制，即通常应在沟通函的最后一段注明，沟通函仅供被审计单位内部使用，因被审计单位使用不当造成的后果与注册会计师及其所在会计师事务所无关。

（二）沟通的事项

由于注册会计师在审计计划、审计实施和审计报告阶段均需与被审计单位管理层和治理层进行沟通。

1. 审计计划阶段的沟通事项

在审计计划阶段，注册会计师应当与被审计单位管理层和治理层沟通的主要事项如下。

（1）首次接受委托前的沟通。注册会计师在首次接受委托前应当就被审计单位的基本情况与管理层和治理层进行沟通，以便初步评估审计风险，确定是否接受委托。这些基本情况主要包括业务性质、经营规模和组织结构；经营情况及经营风险；以前期间接受审计的情况；会计机构的设置情况等。

（2）签订业务约定书时的沟通。在签订业务约定书时，注册会计师应就业务约定书中的基本条款与被审计单位管理层和治理层进行沟通，以达成一致意见。主要包括审计目的、审计范围、会计责任与审计责任、签约双方的义务和审计报告的使用责任。对于出具审计报告的时间要求、审计收费、审计业务约定书的有效期间、违约责任等，注册会计师也需要在签约前与管理层和治理层进行沟通，并在协商一致的基础上签订审计业务约定书。

（3）编制审计计划时的沟通。在编制审计计划时，注册会计师应当就以下事项与被审计单位管理层和治理层沟通：①被审计单位情况及其最新变化，②新的法规或专业准则对审计工作的影响，③评估审计风险所需的资料，④被审计单位采用的会计政策、会计估计及其变更等。

2. 审计实施阶段的沟通事项

在审计实施阶段，注册会计师应当与被审计单位管理层和治理层沟通的主要事项如下。

（1）审计计划中确定的需要其协助的工作，如存货监盘与询证函的寄发。将存货监盘计划告知管理层和治理层，以使其按照注册会计师的要求安排和组织存货盘点工作；而告知询证函的发送，主要是为了及时索取询证对象的通信地址等。

（2）被审计单位管理层和治理层对有关事项的解释、声明及提供的其他证据。例如对关联方及其交易，注册会计师应就管理层和治理层所提供的识别关联方的资料是否真实、完整，财务报表对关联方及其交易的披露是否充分等与管理层和治理层进行沟通。

（3）固有风险和控制风险较高的财务报表认定。

（4）已发现的重大错误、舞弊或可能违反法规的行为。

注册会计师对于在审计中注意到的重大错误、舞弊或可能违反法规的行为，应以适当方式告知被审计单位管理层和治理层，如果涉及管理人员，应注意报告的层次，一般应向对该人员负责的更高层管理人员报告，以期问题能够得到较好地解决。当怀疑高层管理人员涉嫌舞弊或违反法规行为时，应谨慎考虑是否向股东大会、董事会、监事会报告，确定是否继续进行审计以及由此带来的后果。

（5）审计工作中受到的限制与阻碍，包括与被审计单位管理层和治理层协商解除限制或阻碍的途径，向管理层和治理层告知因限制或阻碍而导致的审计意见等。

3. 完成审计工作时的沟通内容

在完成审计工作时，注册会计师与被审计单位管理层和治理层沟通的主要事项如下。

（1）有关财务报表的分歧，主要是指注册会计师与管理层和治理层就财务报表编制与披露方面存在的不同意见。例如，在对某些特定交易和事项所采用的会计政策、管理层对会计估计的判断基础、财务报表披露的内容及审计范围、审计报告的措辞等方面，双方可能产生分歧，需要沟通。

（2）重大审计调整事项，即对财务报表所反映的财务状况、经营成果或现金流量有重大影响的、注册会计师认为需要调整的审计事项。

（3）财务信息披露中存在的可能导致修改审计报告的重大问题，即关联方交易、持续经营等方面的披露中存在的对审计报告有影响的问题。

（4）被审计单位面临的可能危及其持续经营能力等的重大风险，即在可预见的将来影响被审计单位持续经营能力的重大风险。注册会计师应当就影响被审计单位持续经营能力的事项与被审计单位管理层和治理层进行沟通，并按照《中国注册会计师审计准则第 1324 号——持续经营》的要求进行处理。

（5）审计意见的类型及审计报告的措辞。注册会计师在编制审计报告时，应向被审计单位管理层和治理层告知其所确定的审计意见类型及审计报告的措辞，并使其理解其含义。需要明确的是，注册会计师在发表审计意见时，必须坚持独立、客观、公正的原则，这里的沟通仅仅是向管理层和治理层告知和解释，绝不意味着对审计意见的类型及审计报告的措辞需要与管理层和治理层商讨。

（6）注册会计师拟提出的关于内部控制方面的建议。注册会计师应就审计过程中注意到的、对财务报表将产生影响的、被审计单位在内部控制设计或运行方面存在的重大缺陷，向被审计单位管理层和治理层提出口头或书面建议。

（7）与已审计财务报表一同披露的其他信息的沟通。如认为已审计财务报表和与其一同披露的其他信息存在重大不一致，或者认为其他信息可能存在重大错报，注册会计师应当及时与被审计单位管理层和治理层沟通。

一方面，注册会计师如认为已审计财务报表和与其一同披露的其他信息存在重大不一致，应当与管理层和治理层商讨重大不一致产生的原因和对已审计财务报表的影响程度。如重大不一致确实存在，注册会计师应当提请被审计单位修改财务报表或其他信息。如已审计财务报表需作修改，但被审计单位予以拒绝，注册会计师应当根据需作修改的事项对财务报表的影响程度，发表保留意见或否定意见。如其他信息需做修改，但被审计单位予以拒绝，注册会计师应当根据不一致事项的性质及重要程度，决定是否在审计报告意见段后增加对重大不一致事项的说明，或者考虑以下措施，并可以同时征求律师的意见：拒绝出具审计报告，解除业务约定，在被审计单位股东大会等重要会议上陈述。

（三）与治理层沟通

注册会计师应当就与财务报表审计相关、且根据职业判断认为与治理层责任相关的重大事项，以适当的方式及时与治理层沟通。

1. 沟通的目的

（1）就审计范围和时间以及注册会计师、治理层和管理层各方在财务报表审计和沟通中的责任，取得相互了解。

（2）及时向治理层告知审计中发现的与治理层责任相关的事项。

（3）共享有助于注册会计师获取审计证据和治理层履行责任的其他信息。

注册会计师应当与治理层进行明晰的沟通，并提请治理层以同样的方式与注册会计师沟通，以建立有效的双向沟通关系。注册会计师在建立这种关系时应当保持独立性和客观性。

2. 沟通的对象

注册会计师应当确定与被审计单位治理结构中的哪些适当人员沟通。适当人员可能因沟通事项的不同而不同。

在确定与哪些适当人员沟通特定事项时，注册会计师应当利用在了解被审计单位及其环境时获取的有关治理结构和治理过程的信息。

如果无法清楚地识别需要与哪些人员沟通，注册会计师应当与委托人商定。

在决定与治理层下设组织或个人沟通时，注册会计师应当考虑下列主要事项。

（1）下设组织、个人及治理层整体各自的责任。

（2）拟沟通事项的性质。

（3）法律法规的规定。

（4）下设组织或个人是否有权对沟通的信息采取措施，以及是否能够提供注册会计师可能需要的进一步信息和解释。

（5）是否有必要将有关信息详尽或扼要地与治理层整体沟通。

注册会计师应当考虑在业务约定条款中明确与治理层整体直接沟通的权利。

如果被审计单位设有审计委员会或监事会，注册会计师应当着重与审计委员会或监事会沟通。注册会计师应当考虑仅与审计委员会或监事会沟通是否足以履行其与治理层沟通的责任。在某些情况下，注册会计师可能还需要与治理层整体沟通。

如果被审计单位是某集团的组成部分，注册会计师应当根据不同的业务环境和沟通事项，确定与哪些适当人员沟通。适当人员除了包括该组成部分治理层外，可能还包括集团治理层。当集团治理层履行组成部分治理责任时，适当人员为集团治理层。

（四）与管理层沟通

在与治理层沟通特定事项前，注册会计师通常先与管理层讨论，除非这些事项不适合与管理层讨论。不适合与管理层讨论的事项包括管理层的胜任能力和诚信问题等。如果被审计单位设有内部审计职能，注册会计师可以在与治理层沟通特定事项前，先与内部审计人员讨论有关事项。如果管理层或内部审计人员的意见及拟采取的措施有助于治理层了解特定事项，注册会计师应当考虑将这些意见和措施包括在与治理层沟通的内容中。

管理层就相关事项与管理层的沟通，并不能减轻注册会计师就这些事项与治理层沟通的责任。

（五）与管理层和治理层沟通的记录

注册会计师应当记录与治理层沟通的重大事项。如果以被审计单位编制的纪要作为沟通的记录，注册会计师应当确定这些纪要恰当地记录了沟通的内容，并将其副本形成审计工作底稿。

如果根据业务环境不易识别适当的沟通人员，注册会计师还应当记录识别治理结构中的适当沟通人员的过程。

审计师与治理层的沟通函的参考格式如下。

**与治理层的沟通函**

S公司董事会（审计委员会）：

根据《中国注册会计师审计准则第1151号——与治理层的沟通》的规定，在上市公司审计中，注册会计师应当就自身的独立性与治理层进行书面沟通。此外，注册会计师还应当就财务报表审计相关且根据职业判断认为与治理层责任相关的重大事项，以适当的方式及时与治理层沟通。保持有效的双向沟通关系，有利于注册会计师与治理层履行各自的职责。必须特别强调的是，除法律法规和审计准则另有规定的情形之外，这份书面沟通文件仅供贵公司治理层使用，我们对第三方不承担任何责任。未经我们事先书面同意，沟通文件不得被引用、提及或向他人披露。

一、独立性问题

现就独立性问题声明如下：

（一）参与贵公司审计工作的审计项目组成员、本会计师事务所其他相关人员及本会计事务所按照法律法规和职业道德规范的规定保持了独立性。

（二）根据职业判断，我们认为本会计师事务所与贵公司之间不存在可能影响独立性的关系和事项。

（三）我们已经根据法律法规和职业道德规范的规定采取了必要的防护措施，以防止可能出现的对独立性的威胁。

二、重大事项

以下内容是与我们对贵公司20××年度财务报表进行审计相关的、按规定应予以沟通的重大事项：

（一）对贵公司所采用的会计政策、会计估计和对务报表披露的看法

（二）审计工作中遇到的重大困难

（三）未更正错报

……

我们发现，贵公司……

我们已于20××年×月×日就上述事项与贵公司管理层沟通并提请更正，但至今尚未得到更正。如不更正，将会导致少计费用，从而虚增年度利润的后果。根据该笔业务的性质和重要程度，我们对贵公司20××年度的财务报表将不能出具标准无保留意见的审计报告。现再次请贵公司予以更正。

……

（四）其他事项

……

××会计师事务所（盖章）

中国注册会计师：（签名并盖章）

20××年×月×日

贵公司的意见：

结论：

是否同意上述本所就独立性问题所作的声明以及就上述重大事项所作的说明

贵公司授权代表签字：　　　　　　　　　　　　日期：

## 第三节 评价审计结果

注册会计师评价审计结果，主要为了确定将要发表的审计意见的类型及在整个审计工作中是否遵循了审计准则。为此，注册会计师必须完成四项工作：一是对重要性和审计风险进行最终的评价，二是已审计报表进行技术性复核，三是对已审计报表形成审计意见并草拟审计报告，四是对审计工作底稿进行最终复核。

### 一、对重要性和审计风险进行最终的评价

对重要性和审计风险进行最终评价，是注册会计师决定发表何种类型审计意见的必要过程。该过程可通过以下两个步骤来完成。

1. 按财务报表项目确定可能的审计差异即可能错报金额

按财务报表项目确定的可能的错报金额由三部分组成：

（1）通过交易和财务报表项目的实质性测试所确认的未更正错报，即“已知错报”。这部分“已知错报”既包含注册会计师考虑报表项目层次重要性水平而未建议被审计单位予以调整的未调整不符事项，也包括被审计单位拒绝按注册会计师的建议进行调整而形成的未调整不符事项。

（2）通过运用审计抽样技术所估计的未更正预计错报。

（3）通过运用分析性复核程序发现和运用其他审计程序所量化的其他估计错报。

2. 确定各财务报表项目可能的错报金额的汇总数（即可能错报总额）对财务报表层次重要性水平和其他与这些错报有关的财务报表总额（如流动资产或流动负债）的影响程度

应当注意以下方面：

（1）财务报表层次的重要性水平是指审计计划阶段确定的重要性水平，如果该重要性水平在审计过程中已作过修正，则应按修正后的财务报表层次重要性水平进行比较。

（2）可能错报总额一般是指各财务报表项目可能的错报金额的汇总数，但也可能包括上一期间的任何未更正可能错报对本期财务报表的影响。如果注册会计师将上一期间的未更正可能错报包括进来，可能导致本期财务报表被严重错报的风险高到无法接受的程度，则注册会计师估计本期的可能错报总和时，就应包括上一期间的未更正可能错报。

注册会计师在审计计划阶段已确定了审计风险的可接受水平。随着可能错报总和的增加，财务报表可能被严重错报的风险也会增加。如果注册会计师得出结论，审计风险处在一个可接受的水平，则可以直接提出审计结果所支持的意见；如果注册会计师认为审计风险不能接受，则应追加实施额外的实质性测试或说服被审计单位作必要调整，以便将重要错报的风险降低到一个可接受的水平。否则，注册会计

师应慎重考虑该审计风险对审计报告的影响。

## 二、对已审计财务报表进行技术性复核

对已审计财务报表进行技术性复核，可以通过填列和复核财务报表检查清单的方式来进行。很多会计师事务所都备有详细的财务报表检查清单，甚至为不同行业、不同性质的被审计单位准备了不同的检查清单。该检查清单由负责全面复核审计工作底稿的项目经理来填列完成。完成后的检查清单应由负责该审计项目的合伙人或审计项目负责人再加以复核。

检查清单的完成和复核，不仅可对那些经常容易被忽视的审计方面起到提醒的作用，还有利于检查审计证据的充分性和适当性。如果注册会计师认为他未能获得充分证据，不足以对被审计单位财务报表的合法性和公允性作出结论，就有两种选择：一是必须再收集其他相关的审计证据，二是发表保留意见或无法表示意见。

## 三、对已审计财务报表形成审计意见并草拟审计报告

在审计过程中，要实施各种测试。这些测试通常是由参与本次审计工作的审计项目组成员来执行的，而每个成员所执行的测试可能只限于某几个领域或账项，所以，在每个领域或报表项目的测试都完成之后，审计项目经理应汇总所有成员的审计结果。

在完成审计工作阶段，为了对财务报表整体发表适当的意见，必须将这些分散的审计结果加以汇总和评价，综合考虑在审计过程中所收集到的全部证据。负责该审计项目的合伙人对这些工作负有最终的责任。在有些情况下，这些工作可以先由审计项目经理初步完成，再逐级交给合伙人或审计项目负责人认真复核。

在对审计意见形成最后决定之前，会计师事务所通常要与被审计单位召开沟通会。在会议上，注册会计师可口头报告本次审计所发现的问题，并说明建议被审计单位作必要调整或表外披露的理由。管理层也可以在会上申辩其立场。最后，通常会对需要被审计单位做出的改变达成协议。如达成了协议，注册会计师一般即可签发标准审计报告，否则，注册会计师则可能不得不发表其他类型的审计意见。

## 四、对审计工作底稿进行最终复核

审计机构应当建立完善的审计工作底稿分级复核制度。会计师事务所对审计工作底稿的复核可以分为两个层次：项目组内部复核和独立的项目质量控制复核。

最终复核是在完成审计工作、签发审计报告前所进行的复核。

对审计工作底稿进行最终复核这项工作，一般由会计师事务所的合伙人或审计项目负责人承担，是对整套审计工作底稿进行的原则性复核。

（一）对审计工作底稿进行最终复核的意义

（1）实施对审计工作结果的最后质量控制。审计工作的高质量，在于形成审计

意见的正确性。注册会计师在审计工作中将工作结果和工作过程中的各种情况记录于审计工作底稿中，并据此形成审计意见。若形成的审计意见与工作结果存在矛盾，注册会计师的工作就会失去其有效性。对签发审计报告前的审计工作底稿进行复核，是实施对审计工作结果的最后质量控制，能避免对重大审计问题的遗留或对具体审计工作理解不透彻等情况，从而形成与审计工作结果相一致的审计意见。

（2）确认审计工作已达到会计师事务所的工作标准。会计师事务所对开展各项审计工作，都应有明确、统一的标准。但在执行过程中，会计师事务所内不同的注册会计师的工作质量会有差异，有的甚至可能背离统一的工作标准。因此，必须由合伙人或审计项目负责人谨慎复核，严格保持整体审计工作质量的一致性，确认该审计工作已达到会计师事务所的工作标准。

（3）消除妨碍注册会计师判断的偏见。在审计工作中，常常需要注册会计师对各种问题作出专业判断。注册会计师可能期望在整个审计过程中保持客观性，但如有大量问题需要解决而又经过长时间的审计，就容易丧失正确的观察能力和判断能力，对一些问题作出不符合事实的审计结论。而合伙人或审计项目负责人在签发审计报告前对审计工作底稿进行复核，可以消除妨碍注册会计师正确判断的偏见，作出符合事实的审计结论。

（二）对审计工作底稿进行最终复核的内容

签发审计报告前复核的内容。会计师事务所的合伙人或审计项目负责人在签发审计报告前，主要复核以下内容。

（1）所采用审计程序的恰当性。复核审计项目所采用的审计程序是否符合审计计划的要求，这些审计程序在审计过程中是否被充分实施，所有审计程序是否已完成并在审计工作底稿中予以恰当记录。

（2）所编制审计工作底稿的充分性。复核已编制的审计工作底稿是否足以支持注册会计师所发表的审计意见；对已经收集的被审计单位的概况资料、经济业务情况、内部控制及会计记录等，连同注册会计师制定的审计计划、审计程序及所采用的审计步骤、方法，是否都已编入审计工作底稿；每份审计工作底稿的标题、编制日期、资料的来源及资料的性质等基本要素是否完整；相关审计工作底稿是否表述清晰、记录有序并足以自明等。

（3）审计过程中是否存在重大遗漏。复核并研究是否存在会导致进一步查询和追加审计程序的事项；是否存在涉及未遵循会计准则和会计制度或未遵循有关管理机构要求的重大事项；所有例外事项是否已经查清并已记录；是否存在审计步骤不完善或存在未解决的问题；是否存在前期审计中注明的至今未解决的重大事项；是否存在与被审计单位未达成一致意见的未解决的会计和审计事项；是否存在严重影响被审计单位财务报表反映的其他事项。

（4）审计工作是否符合会计师事务所的质量要求。复核和检查注册会计师在审计工作中是否遵循了独立性原则；对助理审计人员是否进行了指导和监督；对超越注册会计师知识范围的事项是否向有关专家或机构进行了咨询；是否遵循了会计师事务所内部管理制度；注册会计师及其助理人员的知识和专业技能是否符合要求；是否已经实现了审计目标；提出的审计结论是否与工作结果相一致等。

（三）必要时，进行项目质量控制复核

项目质量控制复核是指会计师事务所挑选不参与该业务的人员，在出具报告前，对项目组作出的重大判断和在准备报告时形成的结论做出客观评价的过程。

对一些特殊行业或特别重要、审计风险较大的被审计单位，例如上市公司，有些会计师事务所的全面质量控制政策与程序中还规定，在致送审计报告之前，应由一位完全独立的、并不直接负责这一审计项目的其他合伙人对财务报表进行独立复核。该复核人一般站在对立立场，以保证审计的实施和审计意见是恰当的。他可能对前面各级复核人所认同的事项提出质疑。因此，这种复核无疑为本次审计工作遵守审计准则提供了额外的保证。对于该独立复核人的质疑，审计项目组必须能以所收集的审计证据来证明他们根据具体的审计项目环境和审计证据得出的审计结论和审计意见是适当的。

对特定业务实施项目质量控制复核，充分体现了分类控制、突出重点的质量控制理念。值得注意的是，项目质量控制复核并不减轻项目负责人的责任，更不能替代项目负责人的责任。

项目质量控制复核的对象主要包括：

①对所有上市公司财务报表审计实施项目质量控制复核；

②规定适当的标准，据此评价上市公司财务报表审计以外的历史财务信息审计和审阅、其他鉴证业务及相关服务业务，以确定是否应当实施项目质量控制复核；

③对符合适当标准的所有业务实施项目质量控制复核；

④在实务中，还可以自行建立判断标准，确定对那些涉及公众利益的范围较大，或者已识别出存在重大异常情况或较高风险的特定业务，实施项目质量控制复核；

⑤法律法规明确要求对特定业务实施项目质量控制复核，会计师事务所应当对其实施项目质量控制复核。

实现项目质量控制复核的方法主要有：

①与项目负责人进行讨论；

②复核财务报表或其他业务对象信息及报告，尤其考虑报告是否适当；

③选取与项目组作出重大判断及形成结论有关的工作底稿进行复核；

④复核有关处理和解决重大疑难问题或争议事项形成的工作底稿，复核重大事项概要等。

在项目质量控制复核时间方面，要求在业务过程中选择适当阶段及时实施复核，以使重大事项在出具报告前得到满意解决。如果项目负责人不接受项目质量控制复核人员的建议，并且重大事项未得到满意解决，项目负责人不应当出具报告。只有在按照会计师事务所处理意见分歧的程序解决重大事项后，项目负责人才能出具报告。

在进行项目质量控制复核时，复核人员应当考虑以下内容：

①项目组就具体业务对会计师事务所独立性做出的评价；

②在审计过程中识别的特别风险以及采取的应对措施；

③作出的判断，尤其是关于重要性和特别风险的判断；

④是否已就存在的意见分歧、其他疑难问题或争议事项进行适当咨询，以及咨询得出的结论；

⑤在审计中识别的已更正和未更正的错报的重要程度及处理情况；

⑥拟与管理层、治理层以及其他方面沟通的事项；

⑦所复核的审计工作底稿是否反映了针对重大判断执行的工作，是否支持得出的结论；

⑧拟出具的审计报告的适当性。

# 课后复习题

## 一、复习思考题

1. 注册会计师首次接受委托时对期初余额的审计从哪几方面进行？

2. 为什么要对被审计单位的持续经营假设进行审计，如何计划和实施相应的审计程序？

3. 期后事项有哪些？为识别各时段期后事项，审计人员应执行何种审计程序？

4. 获取管理层声明书有哪些作用？在将管理层声明作为审计证据使用时，注册会计师应如何保持职业怀疑态度？

5. 注册会计师在审计完成阶段要对审计测试结果进行汇总，执行更具综合性的审计程序，为此应完成哪些审计工作？

## 二、案例分析题

在审计甲公司2005年度财务报表的过程中，注册会计师发现甲公司发生了下列重大期后事项：

（1）2006年1月2日，公司董事会决议通过了所有职工每月工资普涨5%，自2005年10月1日开始补发。公司每月工资费用计入生产成本的金额为6 000 000元，计入制造费用的金额为300 000元，计入销售费用的金额为700 000元，计入管理费用的金额为800 000元。

（2）2006年2月15日，甲公司申请发行公司债券的申请获得政府批准，公司准备在5月中旬按面值发行1000万元债券，期限3年，年利率为5%。

(3) 2006年2月20日公司的一个客户乙公司宣告破产。截至2005年12月31日，乙公司还欠甲公司货款500 000元。甲公司与乙公司的法律顾问联系后确认大约300 000元将无法收回。2005年12月31日，甲公司已经针对甲乙公司的应收账款计提了100 000元的坏账准备。注册会计师于2月21日重新返回公司针对2005年的坏账准备计提数的变动搜集了审计证据。

要求：

(1) 分析说明上述事项属于哪一类型的期后事项，企业应在财务报表中如何反映这些事项。

(2) 如果甲公司2005年度财务报表的审计报告日是2月15日，财务报表对外公布的日期是2月27日，注册会计师对上述事项的审计责任有何不同？

# 第十三章

# 审计报告

## 学习目标

1. 熟悉审计报告的概念、作用、分类；
2. 掌握标准审计报告及非标准审计报告的适用条件；
3. 掌握审计报告意见的决策方法。

## 适用的准则和规范

1.《中国注册会计师审计准则第1501号——对财务报表形成审计意见和出具审计报告》
2.《中国注册会计师审计准则第1502号——在审计报告中发表非无保留意见》
3.《中国注册会计师审计准则第1503号——在审计报告中增加强调事项段和其他事项段》

## 导读案例

### 渝钛白公司案——我国第一份否定意见的审计报告

一、事件背景

重庆渝港钛白粉股份有限公司（以下简称渝钛白公司）成立于1992年9月11日，是一家以吸收合并方式接受重庆化工厂的社会募集资金的股份有限公司。1993年7月12日，“渝钛白A”在深圳证券交易所上市交易。公司上市之初，取得了较好的经营业绩，但从1996年开始出现亏损1 318万元，1996年年末公司未进行利润分配。1997年公司的年报迟迟未予以公布，至1998年4月29日，渝钛白不得不公布附有否定意见审计报告的会计年报。原来早在1998年3月8日，重庆会计师事务所就对重庆渝港钛白粉股份有限公司出具了否定意见的审计报告。

二、公司存在的问题及审计意见

1. 重庆会计师事务所的注册会计师在审查中发现以下问题：

（1）违规将收益性支出作为资本性支出处理。渝钛白公司1997年度的亏损总额为3 136万元，而1997年一笔借款的应付债务利息总额为8 064万元，该笔利息予以资本化了，渝钛白公司的总会计师认为，钛白粉项目交付使用进入投资回报期、产生效益前，还有一个过渡期，即整改和试生产期间，这仍属于工程在建期，公司在1997年报中，将8 064万元的项目建设期借款的应付债券利息计入工程成本是有依据的。注册会计师认为，根据《企业会计准则》的规定，一旦固定资产购建完毕，并投入使用，为购建固定资产而发生借款利息就应计入期间费用，予以费用化。双方各执一词，渝钛白公司为了证实总会计师的说法，还以重庆市有关部门的批发文件为依据，坚持认为该工程为在建性质，而非完工项目。

（2）少计借款利息支出，违反权责发生制原则。截至1997年年底，渝钛白公司欠付银行的借款利息89.8万美元（折合人民币743万元）是否应计提入账？公司管理当局的解释为：这是1987年12月原重庆化工厂为上PVC彩色地板生产线，向中国银行重庆分行借入的贷款60万美元造成的，该项目建成后，一直未正常批量生产。1992年公司改制时，已部分作为未使用资产。但改制前，重庆化工厂已部分偿还了利息和本金。数年之后，即1997年，该行通知公司欠付利息89.8万美元。1997年决算期间，公司未能与银行认真核对所欠本息数额，故未予入账，公司打算在1998年度核对清楚后再据实入账。而重庆会计师事务所则坚持认为，这笔利息已经发生，应予以确认并计提入账，依据是确认费用应遵循权责发生制原则。

2. 审计意见。重庆会计师事务所对渝钛白公司于1998年3月8日签发了颇有争议的否定意见审计报告："1997年度应计入财务费用的借款即应付债务利息809万元，贵公司将其资本化计入了钛白粉工程成本；欠付中国银行重庆分行的美元借款利息89.8万元（折合人民币743万元），贵公司未计提入账，两项共影响利润8 807万元。"

"我们认为，由于本报告第二段所述事项的重大影响，贵公司1997年12月31日的资产负债表、1997年度利润及利润分配表、财务状况变动表未能公允地反映贵公司1997年12月31日的财务状况和1997年度经营成果及资金变动情况。"

（资料来源：《上海证券报》1998年5月5日）

重庆会计师事务所出具的这份报告，面对企业财务报表中出现的严重虚假错报问题，注册会计师勇敢地说了"不"字，标志着注册会计师社会责任意识的加强和中国注册会计师行业已具有一定的独立性。这个案例说明出具恰当的审计报告不仅有利于保护信息使用者的合法权益，也有利于会计师事务所树立声誉，赢得更多的客户。

**思考与讨论**

注册会计师在什么情况下出具否定意见的审计报告？

# 第一节 审计报告概述

编制审计报告是审计工作的最后工作，目前与财务报表审计报表相关的审计准则共有三个，分别是《中国注册会计师审计准则第 1501 号——对财务报表形成审计意见和出具审计报告》、《中国注册会计师审计准则第 1502 号——在审计报告中发表非无保留意见》以及《中国注册会计师审计准则第 1503 号——在审计报告中增加强调事项段和其他事项段》。第 1501 号审计准则旨在规范注册会计师对财务报表形成审计意见，以及作为财务报表审计结果出具的审计报告的格式和内容；第 1502 号准则旨在规范注册会计师在财务报表审计中出具非无保留意见的审计报告：第 1503 号准则旨在规范注册会计师在审计报告中增加强调事项段和其他事项段，以提供必要的补充信息。

## 一、审计报告的概念及作用

（一）审计报告的概念

审计报告是注册会计师根据审计准则的要求，在实施审计程序的基础上对被审计单位财务报表发表意见或声明无法表示意见的书面文件。审计报告是审计工作的最终成果，具有法定证明效力。注册会计师应当在审计报告中清楚地表达对财务报表的意见，并对出具的审计报告负责。注册会计师应当将已审计的财务报表附于审计报告后。

（二）审计报告的作用

1. 鉴证作用

注册会计师签发的审计报告，不同于政府审计和内部审计的审计报告，是以超然独立的第三者身份，对被审计单位财务报表合法性、公允性发表意见。这种意见，具有鉴证作用，得到了政府及其各部门和社会各界的普遍认可。政府有关部门，如财政部门、税务部门等了解、掌握企业的财务状况和经营成果的主要依据是企业提供的财务报表。财务报表是否合法、公允，主要依据注册会计师的审计报告作出判断。股份制企业的股东，主要依据注册会计师的审计报告，来判断被投资企业的财务报表是否公允地反映了财务状况和经营成果，以进行投资决策；而银行等债权人则主要依据审计后的财务报表来评价债务企业的偿债能力。

2. 保护作用

注册会计师通过审计，可以对被审计单位出具不同类型审计意见的审计报告，以提高或降低财务报表信息使用者对财务报表的信赖程度，能够在一定程度上对被审计单位的财产、债权人和股东的权益及企业利害关系人的利益起到保护作用。例如，投资者为了减少投资风险，在进行投资之前，必须要查阅被投资企业的财务报表和注册会计师的审计报告，了解被投资企业的经营情况和财务状况。投资者根据注册会计师的审计报告作出投资决策，可以降低其投资风险。

3. 证明作用

审计报告是对注册会计师审计任务完成情况及其结果所做的总结，它可以表明审计工作的质量并明确注册会计师的审计责任。因此，审计报告可以对审计工作质量和注册会计师的审计责任起证明作用。通过审计报告，可以证明注册会计师在审计过程中是否实施了必要的审计程序，是否以审计工作底稿为依据发表审计意见，发表的审计意见是否与被审计单位的实际情况相一致，审计工作的质量是否符合要求。通过审计报告，可以证明注册会计师审计责任的履行情况。

（三）审计报告与财务报告的关系

财务报表是企业或其他组织向外部信息使用者（包括所有者、债权人、雇员、政府部门、证券交易所及社会公众等）提供有关各企业或组织财务状况、经营成果及现金流量等方面财务信息的载体。一般来说，财务报表主要包括资产负债表、利润表、股东权益变动表和现金流量表及财务报表附注。企业或其他组织有责任或义务按现行的会计准则或会计制度及时编制正确、完整的财务报表。

审计报告是审计工作的结果。注册会计师以第三者身份，对企业或有关组织提供的财务报表进行检查，并对财务报表的合法性和公允性做出独立鉴证，以增强财务报表的可信性。所以，审计报告只是注册会计师表述审计结论的载体，它本身不包括被审计企业或组织的财务信息或具体数据资料，不能代替财务报表。

财务报表属于审计对象，其编制质量的最终责任是由被审计单位而非注册会计师来承担。注册会计师的责任只限于检查财务报表的合法性和公允性。根据检查结果，注册会计师可以发表不同意见类型和内容的审计报告来表达意见，但他无权修改或编制财务报表。在审计过程中，注册会计师可以建议被审计单位根据会计准则或会计制度的要求，调整或修改财务报表的内容或格式，或者由被审计单位委托注册会计师根据检查结果代为编制审定的财务报表及其附注。可见，审计报告与财务报表是属于性质不同的两种报告文件。

另外，审计报告又与财务报表密切相关。审计报告应当后附已审计的财务报表一并致送收件人。审计报告的重要作用是，对财务报表的合法性和公允性加以鉴证，作为委托人和其他信息使用者信赖财务报表，并据以进行合理经济决策的直接依据。没有注册会计师鉴证，财务报表的可信性及使用价值就会打折扣。但是，如果审计报告编写不当，又会削弱财务报表的效用。审计报告的正确性取决于审计证据的充分性与适当性。由此可见，审计报告的质量将直接影响审计的作用；因此，审计报告必须根据审计准则的要求进行编制。

## 二、审计报告的种类

（一）按照审计报告的性质分类

按照审计报告的性质可分为标准审计报告和非标准审计报告。

(1) 标准审计报告是指包括标准措辞而不附加任何说明段、强调事项段或修正性用语的无保留意见的审计报告。包含其他报告责任段，但不含有强调事项段或其他事项段的无保留意见的审计报告也被视为标准审计报告。

(2) 非标准审计报告，是指带强调事项段或其他事项段的无保留意见的审计报告和非无保留意见的审计报告，而非无保留意见的审计报告又包括保留意见、否定意见、无法表示意见的审计报告。

(二) 按照审计报告使用的目的分类

按照审计报告使用的目的可分为公布目的的审计报告和非公布目的的审计报告。

(1) 公布目的的审计报告，一般是用于对企业投资者、债权人等非特定利益关系者公布的并附送已审财务报表的审计报告。注册会计师的审计报告一般属于这类报告。

(2) 非公布目的的审计报告，一般是用于经营管理、合并或业务转让、融通资金等特定目的而实施审计的审计报告。这类审计报告是分发给特定使用者的，如经营者、合并或业务转让的关系人、提供贷款的金融机构等。

(三) 按照审计报告的详略程度分类

按照审计报告的详略程度可分为简式审计报告和详式审计报告。

(1) 简式审计报告，又称短式审计报告。它是指注册会计师对应公布的财务报表进行审计后所编制的简明扼要的审计报告。简式审计报告反映的内容是非特定多数的利害关系人共同认为的必要审计事项，它具有记载事项为法令或审计准则所规定的特征，具有标准格式。因而，简式审计报告一般适用于公布目的，注册会计师出具的审计报告一般为简式审计报告。

(2) 详式审计报告，又称长式审计报告。它是指对审计对象所有重要的经济业务和情况都要做详细说明和分析的审计报告。详式审计报告主要用于指出企业经营管理存在的问题和帮助企业改善经营管理，所以其内容要较简式审计报告丰富得多、详细得多。详式审计报告一般适用于非公布目的。政府审计报告和内部审计报告一般为详式审计报告。

(四) 按审计意见的类型不同分类

1. 标准审计报告，标准审计报告是注册会计师发表无保留意见，且不附加任何修饰性用语时所出具的审计报告。

2. 带强调事项段的无保留意见的审计报告，带强调事项段的无保留意见的审计报告是注册会计师发表无保留意见，但需要附加说明段、强调事项段或一些修饰性用语时所出具的审计报告。

3. 保留意见的审计报告，保留意见的审计报告是注册会计师发表保留意见时所出具的审计报告。

4. 否定意见的审计报告，否定意见的审计报告是注册会计师发表否定意见时所出具的审计报告。

5. 无法表示意见的审计报告，无法表示意见的审计报告是注册会计师无法表示意见时所出具的审计报告。

上述后四种审计报告可统称为非标准审计报告；前两种审计报告可统称为无保留意见的审计报告；后二种审计报告可统称为非无保留意见的审计报告。

## 三、审计报告的基本要素

根据《中国注册会计师审计准则第1501号——对财务报表形成审计意见和出具审计报告》的规定，审计报告应当采用书面形式，具体可以纸质或电子方式存在。审计报告应当包括下列要素。

（一）标题

（二）收件人

（三）引言段

（四）管理层对财务报表的责任段

（五）注册会计师的责任段

（六）审计意见段

（七）注册会计师的签名和盖章

（八）会计师事务所的名称、地址及盖章

（九）报告日期

下面予以详细介绍。

（一）标题

审计报告的标题应当统一规范为“审计报告”。

（二）收件人

审计报告的收件人是指注册会计师按照业务约定书的要求致送审计报告的对象，一般指审计业务的委托人（被审计单位的股东或治理层），审计报告应当载明收件人的全称。

（三）引言段

审计报告的引言段应当说明被审计单位的名称和财务报表已经过审计，并包括下列内容：

（1）指出被审计单位的名称。

（2）说明财务报表已经审计。

（3）指出构成整套财务报表的每一财务报表的名称。

（4）提及财务报表附注，包括重要会计政策概要和其他解释性信息。

（5）指明构成整套财务报表的每一财务报表的日期或涵盖的期间。

（四）管理层对财务报表的责任段

管理层对财务报表的责任段描述被审计单位中负责编制财务报表的人员的责任，

有利于区分管理层和注册会计师的责任，降低财务报表使用者误解注册会计师责任的可能性。它应当说明，编制财务报表是管理层的责任，这种责任包括：

（1）按照适用的财务报告编制基础编制财务报表，并使其实现公允反映。

（2）设计、执行和维护必要的内部控制，以使财务报表不存在由于舞弊或错误导致的重大错报。

在某些情况下，根据某一国家或地区的法律法规或被审计单位的性质，管理层需要承担与财务报表编制相关的额外责任，注册会计师可能需要在上述责任的基础上增加对额外责任的说明。

（五）注册会计师的责任段

注册会计师的责任段应当说明下列内容。

（1）注册会计师的责任是在执行审计工作的基础上对财务报表发表审计意见。

（2）注册会计师按照中国注册会计师审计准则的规定执行了审计工作。中国注册会计师审计准则要求注册会计师遵守中国注册会计师职业道德守则，计划和执行审计工作以对财务报表是否不存在重大错报获取合理保证。

（3）审计工作涉及实施审计程序，以获取有关财务报表金额和披露的审计证据。选择的审计程序取决于注册会计师的判断，包括对由于舞弊或错误导致的财务报表重大错报风险的评估。在进行风险评估时，注册会计师考虑与财务报表编制和公允列报相关的内部控制，以设计恰当的审计程序，但目的并非对内部控制的有效性发表意见。审计工作还包括评价管理层选用会计政策的恰当性和作出会计估计的合理性，以及评价财务报表的总体列报。

（4）注册会计师相信获取的审计证据是充分、适当的，为其发表审计意见提供了基础。

如果结合财务报表审计对内部控制的有效性发表意见，注册会计师应当删除第（3）项中“但目的并非对内部控制的有效性发表意见”的措辞。

对注册会计师责任段的理解：

理解注册会计师的责任段内容时，应当注意以下三点：

（1）审计报告需要指明注册会计师的责任是在实施审计工作的基础上对财务报表发表审计意见，以与管理层编制财务报表的责任相区分。

（2）提及使用的审计准则是为了向审计报告使用者说明，注册会计师按照审计准则规定执行了审计工作。

（3）按照《中国注册会计师审计准则第 1101 号——注册会计师的总体目标和审计工作的基本要求》的规定，除非注册会计师已经遵守该准则以及与审计工作相关的其他所有审计准则，否则不得在审计报告中声称遵守了审计准则。

（六）审计意见段

审计意见段应当说明，财务报表是否在所有重大方面按照适用的会计准则和相关会计制度的规定编制，是否公允反映了被审计单位的财务状况、经营成果和现金流量。这也是财务报表审计的总目标。注册会计师完成审计工作，获取了充分、适当的审计证据后，应当就上述内容（即是否完成审计目标）发表审计意见。

（1）如果对财务报表发表无保留意见，除非法律法规另有规定，审计意见应当使用“财务报表在所有重大方面按照适用的财务报告编制基础（如企业会计准则等）编制，公允反映了……”的措辞。

按照《中国注册会计师审计准则第 1502 号——在审计报告中发表非无保留意见》的规定：当出具保留意见、否定意见或无法表示意见的审计报告时，注册会计师应当在注册会计师的责任段之后、审计意见段之前增加说明段，清楚地说明导致所发表意见或无法发表意见的原因，并在可能情况下，指出其对财务报表的影响程度。

（2）审计报告的说明段是指审计报告中位于审计意见段之前用于描述注册会计师对财务报表发表保留意见、否定意见或无法表示意见理由的段落。

需要注意两种特殊情况：

①适用的财务报告编制基础不是企业会计准则的情形。

在审计意见段中指出适用的财务报告编制基础的目的是，告知审计报告使用者注册会计师发表审计意见的背景。该编制基础通常为企业会计准则。但是，如果在审计意见中提及的适用的财务报告编制基础不是企业会计准则，而是国际财务报告准则、国际公共部门会计准则或者其他国家或地区的财务报告准则，注册会计师应当在审计意见段中指明国际财务报告准则或国际公共部门会计准则，或者财务报告准则所属的国家或地区。相应地，在对适用的财务报告编制基础进行描述时，注册会计师可能使用的措辞为“……按照国际财务报告准则的规定”等。

如果适用的财务报告编制基础包括财务报表准则和法律法规的规定，可以使用诸如下列措辞指明适用的财务报告编制基础：“……按照国际财务报告准则和［××国家公司法］的要求”。

②存在其他报告责任的情形。

除审计准则规定的注册会计师对财务报表出具审计报告的责任外，相关法律法规可能对注册会计师设定了其他报告责任。

如果注册会计师在对财务报表出具的审计报告中履行其他报告责任，应当在审计报告中将其单独作为一部分，并以“按照相关法律法规的要求报告的事项”为标题。

如果审计报告包含“按照相关法律法规的要求报告的事项”部分，审计报告应当区分为“对财务报表出具的审计报告”和“按照相关法律法规的要求报告的事项”两部分。本节前面提及的标题和段落要素属于第一部分，置于“对财务报表出具的审计报告”标题下；“按照相关法律法规的要求报告的事项”属于第二部分，置于“对财务报表出具的审计报告”部分之后。

（七）注册会计师的签名和盖章

审计报告应当由注册会计师签名和盖章。《财政部关于注册会计师在审计报告上签名盖章有关问题的通知》规定，我国的审计报告应当由两名具备相关业务资格的注册会计师签名盖章。如果是合伙会计师事务所出具的审计报告，应当由一名对审计项目负最终复核责任的合伙人和一名负责该项目的注册会计师签名盖章。如果是有限责任会计师事务所出具的审计报告，由会计师事务所主任会计师或其授权的副主任会计师和一名负责该项目的注册会计师签名盖章。

（八）会计师事务所的名称、地址和盖章

审计报告应当载明会计师事务所的名称和地址，并加盖会计师事务所公章。

（九）报告日期

审计报告应当注明报告日期。审计报告的日期不应早于注册会计师获取充分、适当的审计证据，并在此基础上对财务报表形成审计意见的日期。在确定审计报告日期时，注册会计师应当确信已获取下列两方面的审计证据：

（1）构成整套财务报表的所有报表（包括相关附注）已编制完成。

（2）被审计单位的董事会、管理层或类似机构已经认可其对财务报表负责。

在这种情况下，注册会计师需要在签署审计报告前获取财务报表已得到批准的证据。审计报告日不得早于财务报表的批准日期。

## 第二节　审计报告的类型及其决策

### 一、审计报告的类型

审计报告分为标准审计报告和非标准审计报告。标准审计报告是指不含有说明段、强调事项段、其他事项段和其他任何修饰性用语的无保留意见的审计报告，非标准审计报告是指带强调事项段或其他事项段的无保留意见的审计报告和非无保留审计报告。

### 二、标准审计报告

标准审计报告，是指不含有说明段、强调事项段、其他事项段或其他任何修饰性用语的无保留意见的审计报告。包含其他报告责任段，但不含有强调事项段或其他事项段的无保留意见的审计报告也被视为标准审计报告。

无保留意见是指注册会计师对被审计单位的财务报表，依照中国注册会计师审计准则的要求进行检查后确认：被审计单位采用的会计处理方法遵循了会计准则及相关会计制度的规定；财务报表反映的内容符合被审计单位的实际情况；财务报表内容完整，表达清楚，无重要遗漏；报表项目的分类和编制方法符合规定要求，因而对被审计单位的财务报表无保留地表示满意。无保留意见意味着注册会计师认为财务报表的反映是公允的，能满足非特定多数的利害关系人的共同需要，并对发表的意见负责。无保留意见也是被审计单位最希望获得的审计意见，可以使审计报告的使用者对被审计单位的财务状况、经营成果和现金流量具有较高的信赖。

经过审计后，如果认为财务报表在所有重大方面按照适用的财务报告编制基础编制并实现公允反映，注册会计师应当发表无保留意见。

其中，注册会计师应当依据适用的财务报告编制基础特别评价下列内容：

（1）财务报表是否充分披露了选择和运用的重要会计政策。

（2）选择和运用的会计政策是否符合适用的财务报告编制基础，并适合于被审计单位的具体情况。

（3）管理层作出的会计估计是否合理。

（4）财务报表列报的信息是否具有相关性、可靠性、可比性和可理解性。

（5）财务报表是否作出充分披露，使财务报表预期使用者能够理解重大交易和事项对财务报表所传递的信息的影响。

（6）财务报表使用的术语（包括每一财务报表的标题）是否适当。

在评价财务报表是否实现公允反映时，注册会计师还应当考虑下列内容：

（1）财务报表的整体列报、结构和内容是否合理；

（2）财务报表（包括相关附注）是否公允地反映了相关交易和事项。

注册会计师出具无保留意见的审计报告时，一般以“我们认为”的术语作为意见段的开头，以表明本段内容为注册会计师提出的意见，并表示承担对该审计意见的责任。不能使用“我们保证”等字样，因为注册会计师发表的是自己的判断或意见，不能对财务报表的合法性和公允性做出绝对保证，以避免财务报表使用人产生误解，同时也可明确注册会计师仅仅承担审计责任，而并不减除被审计单位对财务报表所承担的会计责任。在对财务报表的反映内容是否公允提出审计意见时，应使用“在所有重大方面公允反映了”的术语，因为人们已普遍认识到财务报表不可能做到完全正确和绝对公允，所以审计报告中不应使用“完全正确”、“绝对公允”等词汇，但也不能使用“大致反映”、“基本反映”等模糊不清、态度暧昧的术语。

标准审计报告的格式举例说明如下。

**【例 13－1】** 标准审计报告

审 计 报 告

ABC 股份有限公司全体股东：

一、对财务报表出具的审计报告

我们审计了后附的 ABC 股份有限公司（以下简称 ABC 公司）财务报表，包括 20×1 年 12 月 31 日的资产负债表，20×1 年度的利润表、股东权益变动表和现金流量表及财务报表附注。

（一）管理层对财务报表的责任

编制和公允列报财务报表是 ABC 公司管理层的责任，这种责任包括：（1）按照企业会计准则的规定编制财务报表，并使其实现公允反映；（2）设计、执行和维护必要的内部控制，以使财务报表不存在由于舞弊或错误导致的重大错报。

（二）注册会计师的责任

我们的责任是在执行审计工作的基础上对财务报表发表审计意见。我们按照中国注册会计师审计准则的规定执行了审计工作。中国注册会计师审计准则要求我们遵守中国注册会计师职业道德守则，计划和执行审计工作以对财务报表是否不存在重大错报获取合理保证。

审计工作涉及实施审计程序，以获取有关财务报表金额和披露的审计证据。选择的审计程序取决于注册会计师的判断，包括对由于舞弊或错误导致的财务报表重大错报风险的评估。在进行风险评估时，注册会计师考虑与财务报表编制和公允列报相关的内部控制，以设计恰当的审计程序，但目的并非对内部控制的有效性发表意见。审计工作还包括评价管理层选用会计政策的恰当性和作出会计估计的合理性，以及评价财务报表的总体列报。

我们相信，我们获取的审计证据是充分、适当的，为发表审计意见提供了基础。

（三）审计意见

我们认为，ABC 公司财务报表在所有重大方面按照企业会计准则的规定编制，公允反映了 ABC 公司 20×1 年 12 月 31 日的财务状况以及 20×1 年度的经营成果和现金流量。

二、按照相关法律法规的要求报告的事项

（本部分报告的格式和内容，取决于相关法律法规对其他报告责任的规定。）

××会计师事务所　　　　　　　　　　　　中国注册会计师：×××

（盖章）　　　　　　　　　　　　　　　（签名并盖章）

中国注册会计师：×××

（签名并盖章）

中国××市　　　　　　　　　　　　　　二○×二年×月×日

## 三、非标准审计报告

（一）带强调事项段或其他事项段的无保留意见的审计报告

所谓强调事项段，是指审计报告中含有的一个段落，该段落提及已在财务报表中恰当列报或披露的事项，根据注册会计师的职业判断，该事项对财务报表使用者理解财务报表至关重要。其他事项段，是指审计报告中含有的一个段落，该段落提及未在财务报表中列报或披露的事项，根据注册会计师的职业判断，该事项与财务报表使用者理解审计工作、注册会计师的责任或审计报告相关。

如果认为有必要提醒财务报表使用者关注已在财务报表中列报或披露，且根据职业判断认为对财务报表使用者理解财务报表至关重要的事项，注册会计师在已获取充分、适当的审计证据证明该事项在财务报表中不存在重大错报的条件下，应当在审计报告中增加强调事项段。强调事项段应当仅提及已在财务报表中列报或披露的信息。

如果在审计报告中增加强调事项段，注册会计师应当采取下列措施：(1) 将强调事项段紧接在审计意见段之后；(2) 使用“强调事项”或其他适当标题；(3) 明确提及被强调事项以及相关披露的位置，以便能够在财务报表中找到对该事项的详细描述；(4) 指出审计意见没有因该强调事项而改变。

对于未在财务报表中列报或披露，但根据职业判断认为与财务报表使用者理解审计工作、注册会计师的责任或审计报告相关且未被法律法规禁止的事项，如果认为有必要沟通，注册会计师应当在审计报告中增加其他事项段，并使用“其他事项”或其他适当标题。注册会计师应当将其他事项段紧接在审计意见段和强调事项段（如有）之后。如果其他事项段的内容与其他报告责任部分相关，这一段落也可以置于审计报告的其他位置。

除上述规定的两种情形外，注册会计师不应在审计报告的意见段之后增加强调事项段或任何解释性段落，以免财务报表使用人产生误解。

如果拟在审计报告中增加强调事项段或其他事项段，注册会计师应当就该事项和拟使用的措辞与治理层沟通。

（二）保留意见的审计报告

经过审计，当存在下列情形之一时，注册会计师应当按照《中国注册会计师审计准则第 1502 号——在审计报告中发表非无保留意见》的规定，在审计报告中发表非无保留意见：

(1) 根据获取的审计证据，得出财务报表整体存在重大错报的结论。

(2) 无法获取充分、适当的审计证据，不能得出财务报表整体不存在重大错报的结论。

如果财务报表没有实现公允反映，注册会计师应当就该事项与管理层讨论，并视适用的财务报告编制基础的规定和该事项得到解决的情况，决定是否有必要按照《中国注册会计师审计准则第 1502 号——在审计报告中发表非无保留意见》的规定在审计报告中发表非无保留意见。当出具非无保留意见的审计报告时，注册会计师应当在注册会计师的责任段之后、审计意见段之前增加说明段；审计报告的说明段是指审计报告中位于审计意见段之前用于描述注册会计师对财务报表发表保留意见、否定意见或无法表示意见理由的段落。注册会计师应当在说明段中清楚地说明导致所发表意见或无法发表意见的原因，并在可能情况下，指出其对财务报表的影响程度。

保留意见是指注册会计师对财务报表的反映有所保留的审计意见。一般是由于某些事项的存在，使无保留意见的条件不完全具备，影响了被审计单位财务报表的表达，因而注册会计师对无保留意见加以修正，对影响事项提出保留意见，并表示对该意见负责。

经过审计后，当存在下列情形之一时，注册会计师应当发表保留意见：

（1）在获取充分、适当的审计证据后，注册会计师认为错报单独或累计起来对财务报表影响重大，但不具有广泛性；

（2）注册会计师无法获取充分、适当的审计证据以作为形成审计意见的基础，但认为未发现的错报（如存在）对财务报表可能产生的影响重大，但不具有广泛性。

广泛性，是描述错报影响的术语，用以说明错报对财务报表的影响，或者由于无法获取充分、适当的审计证据而未发现的错报（如存在）对财务报表可能产生的影响。

根据注册会计师的判断，对财务报表的影响具有广泛性的情形包括：（1）不限于对财务报表的特定要素、账户或项目产生影响；（2）虽然仅对财务报表的特定要素、账户或项目产生影响，但这些要素、账户或项目是或可能是财务报表的主要组成部分；（3）当与披露相关时，产生的影响对财务报表使用者理解财务报表至关重要。

上述条件要求注册会计师在遇到可能对被审计单位财务报表产生重大影响的个别事项时，应在审计意见中加以保留。如果性质严重，应出具否定意见或无法表示意见的审计报告。这是注册会计师提出审计意见时必须注意的。上述保留事项可归纳为以下两类。

（1）未调整事项，即被审计单位采用的会计处理方法与注册会计师的看法不一致，又不愿按照注册会计师的意见进行调整，而且这种不一致所产生的差异能够准确地计量。一般来说，注册会计师在审计过程中提出的应予调整的项目或应在财务报表附注中披露的事项，被审计单位已经采纳的，审计报告中就不再表示保留，只在相应的审计工作底稿中列示。但被审计单位对于注册会计师认为比较重要的审计调整事项或附注披露建议不予采纳的，注册会计师应将这些对审计意见有较大影响的内容在审计报告中明确提出，并说明理由，指出这些调整或披露事项对被审计单位提供的财务报表可能产生的重大影响。

（2）审计范围受到局部限制，即注册会计师在审计过程中应实施的审计程序，由于审计范围受到局部限制而无法实施，也难以实施必要的替代审计程序，而且无法实施的审计程序对被审计单位的财务报表可能产生重大影响，但不至于对财务报表整体无法发表意见。

当由于财务报表存在重大错报而发表保留意见时，注册会计师应当根据适用的财务报告编制基础在审计意见段中说明：注册会计师认为，除了导致保留意见的事项段所述事项产生的影响外，财务报表在所有重大方面按照适用的财务报告编制基础编制，并实现公允反映。

当无法获取充分、适当的审计证据而导致发表保留意见时，注册会计师应当在审计意见段中使用“除……可能产生的影响外”等措辞。

此外，当出具保留意见的审计报告时，注册会计师应当在意见段之前增加说明段，清楚地说明发表保留意见的所有原因，并尽可能说明保留事项对被审计单位财务状况、经营成果和现金流量的影响程度。

保留意见审计报告的格式举例说明如下。

**【例 13－2】** 由于财务报表存在重大错报而发表保留意见的审计报告

审 计 报 告

ABC 股份有限公司全体股东：

一、对财务报表出具的审计报告

我们审计了后附的 ABC 股份有限公司（以下简称 ABC 公司）财务报表，包括 20×1 年 12 月 31 日的资产负债表，20×1 年度的利润表、股东权益变动表和现金流量表及财务报表附注。

（一）管理层对财务报表的责任

编制和公允列报财务报表是 ABC 公司管理层的责任，这种责任包括：(1) 按照企业会计准则的规定编制财务报表，并使其实现公允反映；(2) 设计、执行和维护必要的内部控制，以使财务报表不存在由于舞弊或错误导致的重大错报。

（二）注册会计师的责任

我们的责任是在执行审计工作的基础上对财务报表发表审计意见。我们按照中国注册会计师审计准则的规定执行了审计工作。中国注册会计师审计准则要求我们遵守中国注册会计师职业道德守则，计划和执行审计工作以对财务报表是否不存在重大错报获取合理保证。

审计工作涉及实施审计程序，以获取有关财务报表金额和披露的审计证据。选择的审计程序取决于注册会计师的判断，包括对由于舞弊或错误导致的财务报表重大错报风险的评估。在进行风险评估时，注册会计师考虑与财务报表编制和公允列报相关的内部控制，以设计恰当的审计程序，但目的并非对内部控制的有效性发表意见。审计工作还包括评价管理层选用会计政策的恰当性和作出会计估计的合理性，以及评价财务报表的总体列报。

我们相信，我们获取的审计证据是充分、适当的，为发表审计意见提供了基础。

（三）导致保留意见的事项

ABC 公司 20×1 年 12 月 31 日资产负债表中存货的列示金额为×元。管理层根据成本对存货进行计量，而没有根据成本与可变现净值孰低的原则进行计量，这不符合企业会计准则的规定。公司的会计记录显示，如果管理层以成本与可变现净值孰低来计量存货，存货列示金额将减少×元。相应地，资产减值损失将增加×元，所得税、净利润和股东权益将分别减少×元、×元和×元。

（四）保留意见

我们认为，除“（三）导致保留意见的事项”段所述事项产生的影响外，ABC 公司财务报表在所有重大方面按照企业会计准则的规定编制，公允反映了 ABC 公司

20×1年12月31日的财务状况以及20×1年度的经营成果和现金流量。

二、按照相关法律法规的要求报告的事项

（本部分报告的格式和内容，取决于相关法律法规对其他报告责任的规定。）

××会计师事务所　　　　　　　　　　　　中国注册会计师：×××
（盖章）　　　　　　　　　　　　　　　（签名并盖章）
　　　　　　　　　　　　　　　　　　　中国注册会计师：×××
　　　　　　　　　　　　　　　　　　　（签名并盖章）

中国××市　　　　　　　　　　　　　　二〇×二年×月×日

**【例13－3】** 由于注册会计师无法获取充分、适当的审计证据而发表保留意见的审计报告

## 审 计 报 告

ABC股份有限公司全体股东：

一、对财务报表出具的审计报告

我们审计了后附的ABC股份有限公司（以下简称ABC公司）财务报表，包括20×1年12月31日的资产负债表，21×1年度的利润表、现金流量表和股东权益变动表以及财务报表附注。

（一）管理层对财务报表的责任

编制和公允列报财务报表是ABC公司管理层的责任，这种责任包括：(1) 按照企业会计准则的规定编制财务报表，并使其实现公允反映；(2) 设计、执行和维护必要的内部控制，以使财务报表不存在由于舞弊或错误导致的重大错报。

（二）注册会计师的责任

我们的责任是在执行审计工作的基础上对财务报表发表审计意见。我们按照中国注册会计师审计准则的规定执行了审计工作。中国注册会计师审计准则要求我们遵守职业道德守则，计划和执行审计工作以对财务报表是否不存在重大错报获取合理保证。

审计工作涉及实施审计程序，以获取有关财务报表金额和披露的审计证据。选择的审计程序取决于注册会计师的判断，包括对由于舞弊或错误导致的财务报表重大错报风险的评估。在进行风险评估时，注册会计师考虑与财务报表编制和公允列报相关的内部控制，以设计恰当的审计程序，但目的并非对内部控制的有效性发表意见。审计工作还包括评价管理层选用会计政策的恰当性和作出会计估计的合理性，以及评价财务报表的总体列报。

我们相信，我们获取的审计证据是充分、适当的，为发表保留意见提供了基础。

（三）导致保留意见的事项

如财务报表附注×所述，ABC公司于20×1年取得了XYZ公司30%的股权，因能够对XYZ公司施加重大影响，故采用权益法核算该项股权投资，于20×1年度

确认对 XYZ 公司的投资收益×元，截至 20×1 年 12 月 31 日该项股权投资的账面价值为×元。由于我们未被允许接触 XYZ 公司的财务信息、管理层和执行 XYZ 公司审计的注册会计师，我们无法就该项股权投资的账面价值以及 ABC 公司确认的 20×1年度对 XYZ 公司的投资收益获取充分、适当的审计证据，也无法确定是否有必要对这些金额进行调整。

（四）保留意见

我们认为，除"（三）导致保留意见的事项"段所述事项可能产生的影响外，ABC 公司财务报表在所有重大方面按照企业会计准则的规定编制，公允反映了 ABC 公司 20×1 年 12 月 31 日的财务状况以及 20×1 年度的经营成果和现金流量。

二、按照相关法律法规的要求报告的事项

（本部分报告的格式和内容，取决于相关法律法规对其他报告责任的规定。）

××会计师事务所　　　　　　　　　　中国注册会计师：×××
（盖章）　　　　　　　　　　　　　　（签名并盖章）
　　　　　　　　　　　　　　　　　　中国注册会计师：×××
　　　　　　　　　　　　　　　　　　（签名并盖章）
中国××市　　　　　　　　　　　　　二〇×二年×月×日

（三）否定意见的审计报告

在获取充分、适当的审计证据后，如果认为错报单独或累计起来对财务报表的影响重大且具有广泛性，注册会计师应当发表否定意见。

发表否定意见是指与无保留意见相反，提出否定财务报表公允地反映被审计单位财务状况、经营成果和现金流量的审计意见。无论注册会计师还是被审计单位都不希望发表此类意见的审计报告。

当未调整事项、未确定事项等对财务报表的影响程度在一定范围内时，注册会计师可以发表保留意见。但是如果其影响程度超出一定范围，以致财务报表无法被接受，被审计单位的财务报表已失去其价值，注册会计师就不能发表保留意见，而只能发表否定意见。

当发表否定意见时，注册会计师应当根据适用的财务报告框架在审计意见段中说明：（1）注册会计师认为，由于导致否定意见的事项段所述事项的重要性，财务报表没有在所有重大方面按照适用的财务报告框架编制，未能实现公允反映（当财务报表按照公允列报框架编制时）；（2）注册会计师认为，由于导致否定意见的事项段所述事项的重要性，财务报表没有在所有重大方面按照适用的财务报告框架编制（当财务报表按照遵循性框架编制时）。并且，注册会计师应当在意见段之前增加说明段，清楚地说明发表否定意见的所有原因，并尽可能说明否定事项对被审计单位财务状况、经营成果和现金流量的影响程度。

否定意见审计报告的格式举例说明如下：

【例13-4】由于财务报表存在重大错报而发表否定意见的审计报告

审计报告

ABC股份有限公司全体股东：

一、对合并财务报表出具的审计报告

我们审计了后附的ABC股份有限公司（以下简称ABC公司）的合并财务报表，包括20×1年12月31日的合并资产负债表、20×1年度的合并利润表、合并现金流量表和合并股东权益变动表以及财务报表附注。

（一）管理层对合并财务报表的责任

编制和公允列报财务报表是ABC公司管理层的责任，这种责任包括：（1）按照×国财务报告准则的规定编制财务报表，并使其实现公允反映；（2）设计、执行和维护必要的内部控制，以使财务报表不存在由于舞弊或错误导致的重大错报。

（二）注册会计师的责任

我们的责任是在执行审计工作的基础上对合并财务报表发表审计意见。我们按照中国注册会计师审计准则的规定执行了审计工作。中国注册会计师审计准则要求我们遵守职业道德守则，计划和执行审计工作以对合并财务报表是否不存在重大错报获取合理保证。

审计工作涉及实施审计程序，以获取有关合并财务报表金额和披露的审计证据。选择的审计程序取决于注册会计师的判断，包括对由于舞弊或错误导致的合并财务报表重大错报风险的评估。在进行风险评估时，注册会计师考虑与合并财务报表编制和公允列报相关的内部控制，以设计恰当的审计程序，但目的并非对内部控制的有效性发表意见。审计工作还包括评价管理层选用会计政策的恰当性和作出会计估计的合理性，以及评价合并财务报表的总体列报。

我们相信，我们获取的审计证据是充分、适当的，为发表否定意见提供了基础。

（三）导致否定意见的事项

如财务报表附注×所述，20×1年ABC公司通过非同一控制下的企业合并获得对XYZ公司的控制权，因未能取得购买日XYZ公司某些重要资产和负债的公允价值，故未将XYZ公司纳入合并财务报表的范围，而是按成本法核算对XYZ公司的股权投资。ABC公司的这项会计处理不符合企业会计准则的规定。如果将XYZ公司纳入合并财务报表的范围，ABC公司合并财务报表的多个报表项目将受到重大影响。但我们无法确定未将XYZ公司纳入合并范围对财务报表产生的影响。

（四）否定意见

我们认为，由于“（三）导致否定意见的事项”段所述事项的重要性，ABC公司的合并财务报表没有在所有重大方面按照企业会计准则的规定编制，未能公允反映ABC公司及其子公司20×1年12月31日的财务状况以及20×1年度的经营成果和现金流量。

二、按照相关法律法规的要求报告的事项

（本部分报告的格式和内容，取决于相关法律法规对其他报告责任的规定。）

××会计师事务所　　　　　　　　　　　　　　中国注册会计师：×××
（盖章）　　　　　　　　　　　　　　　　　　（签名并盖章）
　　　　　　　　　　　　　　　　　　　　　中国注册会计师：×××
　　　　　　　　　　　　　　　　　　　　　　（签名并盖章）
中国××市　　　　　　　　　　　　　　　　　二〇×二年×月×日

（四）无法表示意见的审计报告

如果无法获取充分、适当的审计证据以作为形成审计意见的基础，但认为未发现的错报（如存在）对财务报表可能产生的影响重大且具有广泛性，注册会计师应当发表无法表示意见。

在极其特殊的情况下，可能存在多个不确定事项。尽管注册会计师对每个单独的不确定事项获取了充分、适当的审计证据，但由于不确定事项之间可能存在相互影响，以及可能对财务报表产生累积影响，注册会计师不可能对财务报表形成审计意见。在这种情况下，注册会计师应当发表无法表示意见。

在承接审计业务后，如果注意到管理层对审计范围施加了限制，且认为这些限制可能导致对财务报表发表保留意见或无法表示意见，注册会计师应当要求管理层消除这些限制。如果管理层拒绝消除这些限制，除非治理层全部成员参与管理被审计单位，注册会计师应当就此事项与治理层沟通，并确定能否实施替代程序以获取充分、适当的审计证据。

如果无法获取充分、适当的审计证据，注册会计师应当通过下列方式确定其影响：

（1）如果未发现的错报（如存在）可能对财务报表产生的影响重大，但不具有广泛性，注册会计师应当发表保留意见。

（2）如果未发现的错报（如存在）可能对财务报表产生的影响重大且具有广泛性，以至于发表保留意见不足以反映情况的严重性，注册会计师应当在可行时解除业务约定（除非法律法规禁止）；如果在出具审计报告之前解除业务约定被禁止或不可行，应当发表无法表示意见。

无法表示意见是指注册会计师说明其对被审计单位的财务报表不能发表意见，即对财务报表不发表包括肯定、否定和保留的审计意见。注册会计师出具无法表示意见的审计报告，不同于拒绝接受委托，它是注册会计师实施了一定的审计程序后发表审计意见的一种方式；而拒绝接受委托则是指注册会计师在与被审计单位签订审计业务约定书之前，发现自身缺乏独立性、不具备胜任能力或审计风险超出了注册会计师接受范围等原因，而未接受被审计单位的委托。注册会计师出具无法表示意见的审计报告，也不是不愿发表意见。如果注册会计师已能确定应当出具保留意见或否定意见的审计报告，不得以无法表示意见的审计报告来代替。保留意见或否定意见是注册会计师在取得充分、适当的审计证据后形成的，由于被审计单位存在某些未调整事项或未确定事项等，按其影响的严重程度而表示保留或否定的意见，并不是无法判断使用的措辞或问题的归属。无法表示意见是由于某些限制而未对某些重要事项取得证据，没有完成取证工作，使得注册会计师无法判断问题的归属，从而不能对财务报表整体发表意见。

当由于无法获取充分、适当的审计证据而发表无法表示意见时，注册会计师应当在审计意见段中说明：由于导致无法表示意见的事项段所述事项的重要性，注册会计师无法获取充分、适当的审计证据以为发表审计意见提供基础，因此，注册会计师不对这些财务报表发表审计意见。

无法表示意见审计报告的格式举例说明如下。

**【例13－5】** 由于注册会计师无法针对财务报表多个要素获取充分、适当的审计证据而发表无法表示意见的审计报告

审 计 报 告

ABC股份有限公司全体股东：

一、对财务报表出具的审计报告

我们接受委托，审计后附的ABC股份有限公司（以下简称ABC公司）财务报表，包括20×1年12月31日的资产负债表，20×1年度的利润表、现金流量表和股东权益变动表以及财务报表附注。

（一）管理层对财务报表的责任

编制和公允列报财务报表是ABC公司管理层的责任，这种责任包括：(1) 按照企业会计准则的规定编制财务报表，并使其实现公允反映；(2) 设计、执行和维护必要的内部控制，以使财务报表不存在由于舞弊或错误导致的重大错报。

（二）注册会计师的责任

我们的责任是在按照中国注册会计师审计准则的规定执行审计工作的基础上对财务报表发表审计意见。但由于“（三）导致无法表示意见的事项”段中所述的事项，我们无法获取充分、适当的审计证据以为发表审计意见提供基础。

（三）导致无法表示意见的事项

我们于20×2年1月接受ABC公司的审计委托，因而未能对ABC公司20×1年初金额为×元的存货和年末金额为×元的存货实施监盘程序。此外，我们也无法实施替代审计程序获取充分、适当的审计证据。并且，ABC公司于20×1年9月采用新的应收账款电算化系统，由于存在系统缺陷导致应收账款出现大量错误。截至审计报告日，管理层仍在纠正系统缺陷并更正错误，我们也无法实施替代审计程序，以对截至20×1年12月31日的应收账款总额×元获取充分、适当的审计证据。因此，我们无法确定是否有必要对存货、应收账款以及财务报表其他项目作出调整，也无法确定应调整的金额。

（四）无法表示意见

由于“（三）导致无法表示意见的事项”段所述事项的重要性我们无法获取充分、适当的审计证据以为发表审计意见提供基础，因此，我们不对 ABC 公司财务报表发表审计意见。

二、按照相关法律法规的要求报告的事项

（本部分报告的格式和内容，取决于相关法律法规对其他报告责任的规定。）

××会计师事务所　　　　　　　　　　中国注册会计师：×××
（盖章）　　　　　　　　　　　　　　（签名并盖章）
　　　　　　　　　　　　　　　　　　中国注册会计师：×××
　　　　　　　　　　　　　　　　　　（签名并盖章）
中国××市　　　　　　　　　　　　　二〇×二年×月×日

## 四、审计报告意见类型的决策

（一）选择审计报告意见类型的决策步骤

注册会计师选择审计意见类型的正确与否，直接决定着审计风险和法律责任的大小。从国外大会计公司审计经验看，选用正确的审计意见类型、出具适当的审计报告，一般应采取以下三个决策步骤。

1. 确定是否存在需要偏离“标准审计报告”的任何情况

注册会计师在外勤审计完成后，应当根据工作底稿的记录，确定是否存在偏离“标准审计报告”的任何情况。如不存在这些情况，使出具标准审计报告。如存在这些情况，转按以下步骤处理。

2. 决定每个情况的重要性程度

《中国注册会计师审计准则等 1502 号——在审计报告中发表非无保留意见》规定，注册会计师要根据下列事项确定恰当的非无保留意见类型：一是导致非无保留意见的事项的性质，是财务报表存在重大错报，还是在无法获取充分、适当的审计证据的情况下，财务报表可存在重大错报；二是注册会计师就导致非无保留意见的事项对财务报表产生或可能产生影响的广泛性作出的判断。

如存在需要偏离“标准审计报告”的情况，注册会计师应当分析该情况对客户会计报表的潜在影响，决定该情况是“不重要”、“重要”，还是“重要且广泛”。注册会计师对情况重要性的决策是个困难的过程，需要运用大量的专业判断。下文将重点说明确定重要性程度应考虑的因素。

3. 根据偏离情况的重要性程度，决定适当的审计意见类型和审计报告类型。

（二）确定重要性程度应考虑的因素

重要性是考虑审计报告类型的主要因素。但在实际工作中，根据特定的情况来判断重要性程度却很不容易。某一问题不重要、重要或重要且广泛，并无明确的标准。根据《中国注册会计师审计准则第 1221 号——计划和执行审计工作时的重要性》的规定，重要性取决于在具体环境下对错报金额和性质的判断，如果一项错报单独或连同其他错报可能影响财务报表使用者依据财务报表作出的经济决策，则该错报是重大的。因此，确定重要性程度时应当考虑错报金额和性质两个方面。同时，当审计范围受到限制时，还需要考虑审计范围受到限制的程度。

1. 错报金额或审计范围受到限制的影响程度与重要性水平的比较

重要性水平可以用基数乘以一定比率的办法确定。例如，注册会计师可以采用资产总额的0.5% ~1%、净资产的1%、营业收入的0.5% ~1%等来确定重要性水平。重要性水平一旦确定，可将错报金额或审计范围受到限制的影响与重要性水平进行比较，以判断出具审计报告的类型：

（1）错报金额或审计范围受到限制的影响不重要。被审计单位会计政策的选用、会计估计的作出或财务报表的披露不符合适用的会计准则和相关会计制度的规定，或审计范围受到限制，但所涉金额不大，远远低于重要性水平，不至于影响财务报表使用者的决策，则该错报金额或审计范围受到限制的影响不重要。此时，注册会计师应当出具无保留意见的审计报告。如果需要在审计报告中附加说明段、强调事项段或一些修饰性用语，则出具带强调事项段的无保留意见的审计报告，否则，出具标准审计报告。

（2）错报金额或审计范围受到限制的影响重要，但就财务报表整体而言是公允的。被审计单位会计政策的选用、会计估计的作出或财务报表的披露不符合适用的会计准则和相关会计制度的规定，或（且）审计范围受到限制，且所涉金额接近或超过重要性水平，以致在某些方面影响财务报表使用者的决策，但就财务报表整体而言是公允的，此时注册会计师应当出具保留意见的审计报告。

（3）错报金额重要或审计范围受到限制且影响广泛，以至于财务报表整体公允性存在问题。被审计单位会计政策的选用、会计估计的作出或财务报表的披露不符合适用的会计准则和相关会计制度的规定，所涉金额超过重要性水平且影响广泛，将全面影响财务报表使用者的决策，此时注册会计师应当出具否定意见的审计报告；审计范围受到限制，所涉金额超过重要性水平且影响广泛，将全面影响财务报表使用者的决策，此时注册会计师应当出具无法表示意见的审计报告。

值得注意的是，确定某一例外事项是否重要时，必须考虑该例外事项对财务报表各部分的影响程度，这叫做“牵扯性”。现金和应收账款的错误分类只影响这两个账户，因而没有牵扯性。但漏记一项重要的销售业务就具有很强的牵扯性，因为它会影响流动资产、资产总额、流动负债、负债总额、所行者权益、毛利润和营业收入。因此，在确定出具的审计报告的类型时，注册会计师必须考虑所有受该错报影响的账户及其金额大小（牵扯性）。一项错报金额或审计范围受到限制所涉及的影响牵扯性越广泛，注册会计师出具否定意见或无法表示意见审计报告的可能性就越大。

2. 错报的性质

会计报表中的错误类型不同，也会影响使用者的决策。有些错报金额可能不大，但性质却是严重的。某些事项会影响使用者的决策，从而会以不同于大多数其他错报的方式影响注册会计师对重要性的判断。从性质上看，下列事项通常认为是严重的：

（1）业务是非法或欺诈性的。

（2）某一项目单从本期考虑并不重要，但对未来某些期间有重大影响。

（3）具有“心理”效应的项目，如小额利润相对于小额亏损，存款结余相对于透支。

（4）根据合同责任判断影响重大。如未能遵守某项债务约束，可能导致一笔重要的贷款被要求立即偿还。

（5）对遵守国家有关法律、法规和规章影响重大，如首次发行股票公司的净资产收益率。

综上所述，重要性与审计报告类型之间的关系如表 13－1 所示。

**表 13－1　　重要性与审计报告类型之间的关系**

| 重要性水平 | 从正常使用者的决策角度考察重要性水平 | 审计报告类型 |
|---|---|---|
| 不重要 | 不影响使用者的决策，且无强调事项段 | 标准审计报告 |
| | 不影响使用者的决策，但有强调事项段 | 带强调事项段的无保留意见审计报告 |
| 重要 | 在某些方面影响使用者的决策，但就财务报表整体而言是公允的 | 保留意见的审计报告 |
| 重要且广泛 | 由于错报全面影响使用者的决策 | 否定意见的审计报告 |
| | 由于审计范围受到限制全面影响使用者的决策 | 无法表示意见的审计报告 |

根据重要性水平和审计范围受到限制的程度确定审计意见类型在概念上是很清楚的，然而在实际应用中却是一件非常困难的事情。它在很大程度上取决于注册会计师的专业判断，需要注册会计师具备较高的职业道德素质和业务水平。

# 课后复习题

## 一、复习思考题

1. 注册会计师在划分建议调整的不符事项与未调整不符事项时，应当考虑哪些因素？
2. 注册会计师签发的审计报告主要具有哪些作用？
3. 注册会计师在什么情况下可以发表标准审计报告？

## 二、案例分析题

1. A 注册会计师作为 ABC 会计师事务所审计项目负责人，在审计以下单位 20×3年度财务报表时分别遇到以下情况。

（1）甲公司拥有一项长期股权投资，账面价值500万元，持股比例30%。20×3年12月31日，甲公司与K公司签署投资转让协议，拟以450万元的价格转让该项长期股权投资，已收到价款300万元，但尚未办理产权过户手续，甲公司以该项长期股权投资正在转让之中为由，不再计减值准备。

（2）乙公司于20×2年5月为L公司1年期银行借款1 000万元提供担保，因L公司不能及时偿还，银行于20×3年11月向法院提起诉讼，要求乙公司承担连带清偿责任。20×3年12月31日，乙公司在咨询律师后，根据L公司的财务状况，计提了500万元的预计负债。对上述预计负债，乙公司已在财务报表附注中进行了适当披露。截至审计工作完成日，法院未对该项诉讼做出判决。

（3）丙公司在20×3年度向其控股股东M公司以市场价格销售产品5 000万元，以成本加成价格购入原材料3 000万元，上述销售和采购分别占丙公司当年销售、购货的比例为30%和40%，丙公司已在财务报表附注中进行了适当披露。

（4）丁公司于20×3年11月20日发现，20×2年漏记固定资产折旧费用200万元，丁公司在编制20×3年度财务报表时，对此项会计差错予以更正，追溯调整了相关财务报表项目，并在财务报表附注中进行了适当披露。

（5）戊公司于20×3年末更换了大股东，并成立了新的董事会，继任法定代表人以刚上任不了解以前年度情况为由，拒绝签署20×3年度已审财务报表和提供管理层声明。原法定代表人以不再继续履行职责为由，也拒绝签署20×3年度已审计财务报表和提供的管理层声明。

要求：

假定上述情况对各被审计单位20×3年度财务报表的影响都是重要的，且各被审计单位均拒绝接受A注册会计师提出的审计处理建议（如有）。在不考虑其他因素影响的前提下，请分别针对上述5种情况，判断A注册会计师应对20×3年度财务报表出具何种类型的审计报告，并简要说明理由。

2. Y股份有限公司系P公司的控股子公司，ABC会计师事务所注册会计师A和B负责对Y公司（简称）20×5年度财务报表进行审计，并于20×6年3月6日完成外勤审计工作，Y公司未经审计的部分报表资料如表13－2所示。

**表13－2　　Y公司未经审核的部分报表资料**　　金额：万元

| 项　　目 | 年初数（上年数） | 年末数（本年数） |
|---|---|---|
| 主营业务收入 | 20 000 | 15 000 |
| 净利润 | 2 500 | 0 |
| 资产总额 | 18 000 | 19 000 |
| 净资产 | 10 000 | 9 600 |

A和B注册会计师在审计过程中发现以下情况。

（1）Y公司当年向S公司（为P的控股子公司）售出a产品1 000件，每件售价1万元。Y公司生产的a产品对外售价为0.6万元/件，Y公司已将1 000万元计入当年主营业务收入。

（2）Y公司应收P公司货款300万元，由于账龄达两年以上，仍未收回，且P公司经营状况不佳，故Y公司将应收P公司300万元全部计提为坏账准备（Y公司坏账准备按应收款余额的10%计提）。

（3）Y公司持有短期股票投资账面余额为500万元，20×5年12月31日，该股票投资市价仅为450万元，Y公司提取了50万元的短期投资跌价准备，20×5年12月31日后，该投资市价一直下跌，至20×6年3月6日其市价仅为250万元。

（4）Y公司拥有T公司30%的股权，T公司20×5年未经审计报表显示实现净利1 000万元，Y公司已确认了300万元的投资收益。而实际上T公司当年亏损200万元。

要求：

（1）根据所给资料，按资产总额0.5%，净资产1%，营业收入0.5%和净利润5%计算财务报表层次的重要性水平。（请列示计算过程）

（2）假设不考虑重要性水平，针对上述4个事项，注册会计师应提出的建议，若需调整，请列示调整分录。

（3）假设Y公司同意A、B注册会计师针对（1）、（2）和（4）事项提出的建议，但拒绝接受（3）事项的建议，注册会计师应发表何种审计意见，并说明其理由。

3. 注册会计师在对被审计单位20×5年度财务报表进行审计时，发现以下情况。

（1）被审计单位出现亏损，净资产已成负数，注册会计师通过评价管理层的具体改善措施，认为编制财务报表所依据的持续经营假设是合理的，但被审计单位拒绝在财务报表附注中作任何的披露。

（2）被审计单位在被审计期间的一笔100万元的重大销售在审计报告日以后财务报表公布日之前被退回，注册会计师提请被审计单位修订财务报表，被审计单位拒绝。（被审计单位当年实现主营业务收入总额为5 000万元）

（3）被审计单位因侵权于20×5年12月1日被控告，且原告要求赔偿3亿元，公司的律师不愿对该案的结果表示意见。（被审计单位的净资产为2亿元）

要求：根据下列情况，说明注册会计师应出具何种审计意见？并简要说明理由。

4. 几位注册会计师各自讲述了以下审计中遇到的一些情况，请你对他们讲述的情况进行分析，并提出你的意见。

注册会计师甲：我审计的客户在资产负债表日后发生了火灾，导致该客户两个车间严重损坏，报纸已经报道了此事，但客户的财务报表和附注中并没有披露该场大火造成的损失。客户认为财务报表反映的资产负债表日的财务状况和经营成果是正确的，火灾损失不能在上年度的财务报表中进行反映。

注册会计师乙：我审计的公司销售汽车零配件，今年年初该公司收到了来自其主要供应商的通知，所有汽车零配件批发价格都将上涨10%。根据这一通知，汽车零配件销售公司对其去年12月31日的存货进行了重新估值，以反映进货成本的升高。存货构成了总资产很重要的一部分，重新估值对流动资产有重大影响，但对总资产和净收益无重大影响。该情况在公司财务报定附注中进行了披露。

注册会计师丙：我审计一家公司的财务报表时，客户不让查看公司董事会会议记录，我认为该记录包含了董事会的重大决策信息。公司财务部经理说他们手里没有董事会会议记录，而找到董事会秘长时，他说董事会议记录里没有与审计有关的内容。

注册会计师丁：这是我起草的一份审计报告，你们看应该怎么写审计意见。

审　计　报　告

致国持投资公司的董事会及股东：

我们审计了后附的国持投资公司及其子公司截至加2008年12月31日及2008年度的利润表和现金流量表。这些财务报表的编制是国持投资公司管理层的责任，我们的责任是在实施审计工作的基础上对这些财务报表发表意见。

公司的内部控制存在严重问题，包括缺乏详细的记录和特定的支持数据，我们在审计中无法获得以上信息。因此，我们不能获得足够的证据来对公司的财务报表出具审计意见。

# 参考文献

[1] 阿尔文·A·阿伦斯（Alvin A. Arens）、兰德尔·J. 埃尔德（Randal J. Elder）、马克·S·比斯利（Mstk S. Beasley）著，谢盛纹译：《审计学：一种整合方法（第12版）》，中国人民大学出版社2009年版。

[2] 中华人民共和国财政部等：《企业内部控制规范2010》，中国财政经济出版社2010年版。

[3] 财政部会计司：《企业内部控制规范讲解2010》，经济科学出版社2010年版。

[4] 中国注册会计师协会：《中国注册会计师执业准则2010》，经济科学出版社2010年版。

[5] 中国注册会计师协会：《中国注册会计师执业准则应用指南2010》，中国财政经济出版社2010年版。

[6] 中国注册会计师协会：《中国注册会计师职业道德守则2009》，中国财政经济出版社2009年版。

[7] 中国注册会计师协会：《中国注册会计师执业道德守则讲解》，中国财政经济出版社2011年版。

[8] 张龙平：《现代审计学》，北京大学出版社2012年版。

[9] 中国注册会计师协会：《审计》，经济科学出版社2015年版。

[10] 秦荣生、卢春泉：《审计学（第8版）》，中国人民大学出版社2014年版。

[11] 胡中艾：《审计（第4版）》，东北财经大学出版社2014年版。

[12] 刘明辉、史德刚：《审计（第5版）》，东北财经大学出版社2015年版。

[13] 李晓惠：《审计学：实务与案例（第3版）》，中国人民大学出版社2014年版。

[14] 刘明辉、史德刚：《审计（第4版）》，东北财经大学出版2011年版。

[15] 徐政旦、谢荣、朱荣恩等：《审计研究前沿（第2版）》，上海财经大学出版社2011年版。

[16] 谢胜纹：《审计学（第3版）》，东北财经大学出版社2014年版。

[17] 陈汉文：《审计（第2版）》，厦门大学出版社2006年版。

[18] 王砚书、董丽英：《审计案例（第2版）》，东北财经大学出版社2015

年版。

［19］方红星、池国华：《内部控制》，东北财经大学出版社 2011 年版。

［20］耿建新、宋常：《审计学（第 6 版）》，中国人民大学出版社 2013 年版。

［21］刘华：《审计理论与实务研究：案例结合法》，上海财经大学出版社 2012 年版。

［22］刘华：《审计理论与案例》，复旦大学出版社 2005 年版。

［23］余玉苗：《审计学（第 2 版）》，清华大学出版社 2010 年版。

［24］余玉苗：《审计学》，清华大学出版社 2008 年版。

［25］丁瑞玲、吴溪：《审计学（第 3 版）》，经济科学出版社 2010 年版。

［26］刘静：《审计案例与模拟实验》，经济科学出版社 2006 年版。

［27］王英姿：《审计学原理与实务》，上海财经大学出版社 2006 年版。

［28］冯均科：《审计学》，西安交通大学出版社 2007 年版。

［29］赵雪媛、丁瑞玲：《审计学》，北京交通大学出版社 2008 年版。

［30］孟宪胜、冀锋昌：《审计学》，电子工业出版社 2013 年版。

［31］杨志国：《风险导向审计方法与案例》，中国财政经济出版社 2013 年版。

［32］高雅青：《会计报表实质性测试案例分析》，中国审计出版社 2001 年版。